경찰 시험대비

**박문각
경찰**

기출문제

기출로 합격까지!

경찰 형사법 수사와 증거 기출문제 총정리

풍부한 문제와 사례문제를 통한 학습효과 제고

중복 기출 지문 제거, 4지선다형 효율적 재구성

최정훈 편저

최정훈 형사소송법
기출문제집 ★★★★★ 수사와 증거

동영상강의 www.pmg.co.kr

PREFACE
이 책의 머리말

본서는 기존의 기출문제집을 공무원 수험서에 맞게 개편 작업을 하였다. 막상 마음먹은 개정 작업을 하려다 보니 상당한 시간과 정성을 가지고 작업을 하지 않으면 안 될 것 같았고, 기왕 개정을 할 바에는 기존 기출문제집의 단점이었던 것을 보완하여 공무원 수험서의 틀에 맞추어 수험생들이 효과적으로 대응할 수 있도록 군더더기 없이 전면적인 개정을 하기로 하였다.

경찰 공무원시험에 있어서 수사·증거는 분명 수험생들에게 처음 접근할 때 부담이 되는 과목일 것이다.
그것은 그 양의 방대함과 지난한 이론들, 또한 절차법의 특성상 휘발성이 강한 과목임에 연유한다.

그러나 기출문제를 통하여 중요한 부분을 파악하고, 기본서를 읽으면서 강약을 조절한다면 재미를 느낄 수 있고 또한 고득점을 담보하는 과목임을 부인할 수 없다.

각종 국가고시, 자격시험의 기출문제를 정리함으로써 장래에 출제될 문제를 예상하고, 집중적으로 공부해야 할 포인트를 파악하는 것은 고득점의 비결이고 첩경이라고 저자는 믿는다.

기출지문 하나하나의 내용을 분석하고 이해하여 기본기를 착실하게 닦아 나가는 것은 고득점에 접근하는 최선의 방법이다. 기본이 탄탄할 때 신경향 문제의 적응력도 높아지기 때문이다.

본서는 2025년까지의 각종 국가고시(변호사 시험, 7급·9급 국가직, 법원직, 경찰간부, 경찰승진, 일반순경 채용시험)의 기출문제를 가급적 총망라하여 정리하였다.

본서는 다음과 같은 점에 유의하여 구성하였다.

첫째 - 수험생들에게 익숙한 기본서 편제에 따라 문제를 편성하여 전체적인 체계가 낯설지 않도록 배려하였다.

둘째 - 2025년까지의 각종 국가고시 문제와 자격시험의 기출문제에 명쾌하게 자세한 해설을 수록하고 정확한 정답 분석을 제시하였다.

셋째 – 기본서 순서대로 문제를 배열하였고 함정에 빠지기 쉬운 비교문제를 순차적으로 나열함으로써 한 페이지에서 이를 비교·정리할 수 있도록 하였다.

넷째 – 기존 기출문제집의 단점이었던 중복된 기출지문을 공무원 수험서의 틀에 맞추어 중복되지 않게 4지선다로 편집·응용하여 효율적이고 알차게 정리하였다.

본서가 생명을 얻기까지 많은 분들의 도움이 있었다.

바쁘신 와중에도 본서의 출간에 힘이 되어 주신 박문각 편집부 김미리님, 춥거나 덥거나 연구실 골방에서 물심양면으로 애써준 도규민, 최수현 조교에게 지면을 통해 진심으로 감사드린다.

아울러 본서를 믿고 아껴주시고 자신과의 외로운 싸움을 하고 있는 수험생 여러분들의 격려와 질책에 감사드리고 조속히 수험생 여러분 앞날에 승전보가 전해지기를 간절히 기원한다.

최정훈 드림

CONTENTS 이 책의 차례

Part 01 수사

Chapter 01	수사총론	··· 06
Chapter 02	강제처분과 강제수사	··· 79
Chapter 03	수사의 종결	··· 194

Part 02 증거

| Chapter 01 | 증거 | ··· 214 |

PART 01

수사

Chapter 01 수사총론
Chapter 02 강제처분과 강제수사
Chapter 03 수사의 종결

Chapter 01 수사총론

01 수사기관에 대한 설명으로 옳지 않은 것은?   21. 국가직 7급

① 특별사법경찰관은 모든 수사에 관하여 검사의 지휘를 받는다.
② 검사는 경찰청 소속 사법경찰관과 동일한 범죄사실을 수사하게 된 때에는 사법경찰관에게 사건을 송치할 것을 요구할 수 있다.
③ 경찰청 소속 사법경찰관이 고소·고발 사건을 포함하여 범죄를 수사한 때에 범죄혐의가 인정되지 않을 경우에는 그 이유를 명시한 서면만을 검사에게 송부하면 된다.
④ 검사가 경찰청 소속 사법경찰관이 신청한 영장을 정당한 이유 없이 판사에게 청구하지 아니한 경우 경찰청 소속 사법경찰관은 그 검사 소속의 지방검찰청 소재지를 관할하는 고등검찰청에 영장 청구 여부에 대한 심의를 신청할 수 있다.

[해설]

① 【 O 】 특별사법경찰관리는 일반사법경찰관리와는 달리 모든 수사에 관하여 검사의 지휘·감독을 받는다(제245조의10 제2항).
② 【 O 】 검사는 사법경찰관과 동일한 범죄사실을 수사하게 된 때에는 사법경찰관에게 사건을 송치할 것을 요구할 수 있다(제197조의4 제1항). 다만, 검사가 영장을 청구하기 전에 동일한 범죄사실에 관하여 사법경찰관이 영장을 신청한 경우에는 해당 영장에 기재된 범죄사실을 계속 수사할 수 있다(제197조의4 제2항).
③ 【 X 】 그 밖의 경우(범죄혐의가 있다고 인정되지 않는 경우)에는 그 이유를 명시한 서면(불송치결정서)과 함께 관계 서류(압수물 총목록, 기록목록 등)와 증거물을 지체 없이 검사에게 송부하여야 한다(제245조의5 제2호 1문, 수사준칙규정 제62조 제1항). 이 경우 검사는 송부받은 날로부터 90일 이내에 사법경찰관에게 반환하여야 한다(제245조의5 제2호 2문).
④ 【 O 】 제221조의5 제1항

정답 ③

02 검사와 사법경찰관의 상호협력과 일반적 수사준칙에 관한 규정에 대한 설명으로 가장 적절하지 않은 것은?   21. 경찰채용 1차

① 검사 또는 사법경찰관은 특별한 사정이 없으면 총조사시간 중 식사시간, 휴식시간 및 조서의 열람시간 등을 제외한 실제 조사시간이 12시간을 초과하지 않도록 해야 한다.
② 검사 또는 사법경찰관은 조사에 상당한 시간이 소요되는 경우에는 특별한 사정이 없으면 피의자 또는 사건관계인에게 조사 도중에 최소한 2시간마다 10분 이상의 휴식시간을 주어야 한다.
③ 검사 또는 사법경찰관은 피의자에게 출석요구를 하려는 경우 피의자와 조사의 일시·장소에 관하여 협의해야 하고, 이 경우 변호인이 있는 경우에는 변호인과도 협의해야 한다.
④ 검사 또는 사법경찰관은 임의동행을 요구하는 경우 상대방에게 동행을 거부할 수 있다는 것과 동행하는 경우에도 언제든지 자유롭게 동행 과정에서 이탈하거나 동행 장소에서 퇴거할 수 있다는 것을 알려야 한다.

해 설

① 【 X 】 검사 또는 사법경찰관은 특별한 사정이 없으면 총조사시간 중 식사시간, 휴식시간 및 조서의 열람시간 등을 제외한 실제 조사시간이 8시간을 초과하지 않도록 해야 한다(수사준칙 제22조 제2항).
② 【 O 】 수사준칙규정 제23조 제1항
③ 【 O 】 수사준칙규정 제19조 제2항
④ 【 O 】 수사준칙규정 제20조

정답 ①

03 검사와 사법경찰관의 관계에 관한 설명으로 옳지 않은 것을 모두 고른 것은?

21. 경찰채용 2차

㉠ 검사는 사법경찰관과 동일한 범죄사실을 수사하게 될 때에는 사법경찰관에게 사건을 송치할 것을 요구할 수 있고 그 요구를 받은 사법경찰관은 지체 없이 검사에게 사건을 송치하여야 하나, 검사가 영장을 청구하기 전에 범죄사실에 관하여 사법경찰관이 영장을 신청한 경우에는 해당 영장에 기재된 범죄사실을 계속 수사할 수 있다.
㉡ 사법경찰관이 범죄를 수사하여 범죄의 혐의가 있다고 인정되는 경우에는 지체 없이 검사에게 사건을 송치하고 관계서류와 증거물을 검사에게 송부하여야 하고, 그 밖의 경우에는 그 이유를 명시한 서면과 함께 관계 서류와 증거물을 지체 없이 검사에게 송부하여야 한다. 후자의 경우 검사는 관계서류와 증거물을 사법경찰관에게 반환할 필요가 없다.
㉢ 위 ㉡의 밑줄 친 경우 사법경찰관이 사건을 검사에게 송치하지 아니한 것이 위법 또는 부당한 때에는 검사는 그 이유를 문서로 명시하여 사법경찰관에게 재수사를 요청할 수 있고, 검사가 재수사를 요청한 경우 사법경찰관은 사건을 재수사하여야 한다.
㉣ 검사는 사법경찰리의 수사과정에서 법령위반, 인권침해 또는 현저한 수사권 남용이 의심되는 사실의 신고가 있거나 그러한 사실을 인식하게 된 경우에는 즉시 사법경찰관에게 사건의 송치를 요구할 수 있고, 검사의 송치요구를 받은 사법경찰관은 검사에게 사건을 송치하여야 한다.

① ㉠, ㉡
② ㉠, ㉢
③ ㉡, ㉣
④ ㉢, ㉣

해 설

㉠ 【 O 】 제197조의4 제1항, 제2항
㉡ 【 X 】 사법경찰관이 범죄를 수사하여 범죄의 혐의가 있다고 인정되는 경우에는 지체 없이 검사에게 사건을 송치하고 관계서류와 증거물을 검사에게 송부하여야 하고, 그 밖의 경우에는 그 이유를 명시한 서면과 함께 관계 서류와 증거물을 지체 없이 검사에게 송부하여야 한다. 이 경우 검사는 송부받은 날부터 90일 이내에 사법경찰관에게 반환하여야 한다(제245조의5).
㉢ 【 O 】 제245조의8 제1항, 제2항
㉣ 【 X 】 검사는 사법경찰리의 수사과정에서 법령위반, 인권침해 또는 현저한 수사권 남용이 의심되는 사실의 신고가 있거나 그러한 사실을 인식하게 된 경우에는 사법경찰관에게 사건기록 등본의 송부를 요구할 수 있다. 송부요구를 받은 사법경찰관은 지체 없이 검사에게 사건기록 등본을 송부하여야 한다(제197조의3 제1항, 제2항).

정답 ③

04 검사와 사법경찰관의 상호협력과 일반적 수사준칙에 관한 규정의 내용으로 가장 적절한 것은? 21. 경찰채용 2차

① 검사 또는 사법경찰관은 피의자신문에 참여한 변호인이 피의자의 옆자리 등 실질적인 조력을 할 수 있는 위치에 앉도록 해야 하고, 정당한 사유가 없으면 피의자에 대한 법적인 조언 상담을 보장해야 하며, 피의자에 대한 신문이 아닌 단순 면담 등이라는 이유로 변호인의 참여 조력을 제한해서는 안 된다.
② 피의자신문에 참여한 변호인은 검사 또는 사법경찰관의 신문 후 조서를 열람하고 의견을 진술할 수 있으며, 신문 중이라도 부당한 신문방법에 대해서는 검사 또는 사법경찰관의 승인을 받아 이의를 제기할 수 있다.
③ 검사 또는 사법경찰관은 피의자의 범죄수법, 범행 동기, 피해자와의 관계, 언동 및 그 밖의 상황으로 보아 피해자가 피의자 또는 그 밖의 사람으로부터 생명·신체에 위해를 입거나 입을 염려가 있다고 인정되는 경우에는 피해자의 신청이 있는 때에 한하여 신변보호에 필요한 조치를 강구할 수 있다.
④ 검사 또는 사법경찰관은 피의자에게 출석요구를 하려는 경우에는 피의자와 조사의 일시·장소에 관하여 협의해야 하고 변호인이 있는 때에는 변호인과도 협의해야 하나, 피의자 외의 사람에 대한 출석요구의 경우에는 협의를 요하지 아니한다.

해설

① 【 O 】 수사준칙 제13조 제1항, 제2항
② 【 X 】 피의자신문에 참여한 변호인은 부당한 신문방법에 대해서는 검사 또는 사법경찰관의 승인 없이 이의를 제기할 수 있다(수사준칙 제14조 제3항).
③ 【 X 】 검사 또는 사법경찰관은 피의자의 범죄수법, 범행 동기, 피해자와의 관계, 언동 및 그 밖의 상황으로 보아 피해자가 피의자 또는 그 밖의 사람으로부터 생명·신체에 위해를 입거나 입을 염려가 있다고 인정되는 경우에는 직권 또는 피해자의 신청에 따라 신변보호에 필요한 조치를 강구하여야 한다(수사준칙 제15조 제2항).
④ 【 X 】 검사 또는 사법경찰관은 피의자에게 출석요구를 하려는 경우에는 피의자와 조사의 일시·장소에 관하여 협의해야 하고 변호인이 있는 때에는 변호인과도 협의해야 한다. 피의자 외의 사람에 대한 출석요구의 경우에도 마찬가지이다(수사준칙 제19조 제2항, 제6항).

정답 ①

05 검사와 사법경찰관의 상호협력과 일반적 수사준칙에 관한 규정상 사법경찰관이 그 행위에 착수한 때에는 수사를 개시한 것으로 보고 해당 사건을 즉시 입건해야 하는 경우가 아닌 것은? 21. 경찰채용 2차

① 피혐의자의 수사기관 출석조사 ② 피의자신문조서의 작성
③ 현행범인 체포 ④ 체포·구속영장의 청구 또는 신청

해설

③ 【 X 】 검사 또는 사법경찰관이 피혐의자의 수사기관 출석조사, 피의자신문조서의 작성, 긴급체포, 체포·구속영장의 청구 또는 신청, 사람의 신체, 주거, 관리하는 건조물, 자동차, 선박, 항공기 또는 점유하는 방실에 대한 압수·수색 또는 검증영장(부검을 위한 검증영장은 제외한다)의 청구 또는 신청하는 행위에 착수한 때에는 수사를 개시한 것으로 본다. 이 경우 검사 또는 사법경찰관은 해당 사건을 즉시 입건해야 한다(수사준칙 제16조 제1항). 현행범인의 체포는 본 규정에 포함되어 있지 않다.

정답 ③

06 검사와 사법경찰관의 관계에 관한 설명으로 가장 적절하지 않은 것은?

25. 경찰승진

① 검사가 사법경찰관이 신청한 영장을 정당한 이유 없이 판사에게 청구하지 아니한 경우 「형사소송법」상 사법경찰관에게 영장의 청구 여부에 대한 심의 신청권은 인정되나, 영장심의위원회에서의 의견 개진권은 인정되지 않는다.
② 검사는 사법경찰관리의 수사과정에서 법령위반, 인권침해 또는 현저한 수사권 남용이 의심되는 사실의 신고가 있거나 그러한 사실을 인식하게 된 경우에는 사법경찰관에게 사건기록 등본의 송부를 요구할 수 있고, 송부를 받은 검사는 필요하다고 인정되는 경우에는 시정조치를 요구할 수 있다.
③ 검사는 사법경찰관에 대한 시정조치 요구가 정당한 이유 없이 이행되지 않았다고 인정되는 경우에는 사법경찰관에게 사건을 송치할 것을 요구할 수 있고, 송치 요구를 받은 사법경찰관은 검사에게 사건을 송치하여야 한다.
④ 검찰총장 또는 각급 검찰청 검사장은 사법경찰관리의 수사과정에서 법령위반, 인권침해 또는 현저한 수사권 남용이 있었던 때에는 권한 있는 사람에게 해당 사법경찰관리의 징계를 요구할 수 있다.

해설

① 【 X 】 사법경찰관은 심의위원회에 출석하여 의견을 개진할 수 있다(형사소송법 제221조의5 제4항).
② 【 O 】 검사는 사법경찰관리의 수사과정에서 법령위반, 인권침해 또는 현저한 수사권 남용이 의심되는 사실의 신고가 있거나 그러한 사실을 인식하게 된 경우에는 사법경찰관에게 사건기록 등본의 송부를 요구할 수 있다(형사소송법 제197조의3 제1항). 송부를 받은 검사는 필요하다고 인정되는 경우에는 사법경찰관에게 시정조치를 요구할 수 있다(형사소송법 제197조의3 제3항).
③ 【 O 】 제4항의 통보를 받은 검사는 제3항에 따른 시정조치 요구가 정당한 이유 없이 이행되지 않았다고 인정되는 경우에는 사법경찰관에게 사건을 송치할 것을 요구할 수 있다(형사소송법 제197조의3 제5항).
④ 【 O 】 검찰총장 또는 각급 검찰청 검사장은 사법경찰관리의 수사과정에서 법령위반, 인권침해 또는 현저한 수사권 남용이 있었던 때에는 권한 있는 사람에게 해당 사법경찰관리의 징계를 요구할 수 있고, 그 징계 절차는 「공무원 징계령」 또는 「경찰공무원 징계령」에 따른다(형사소송법 제197조의3 제7항).

정답 ①

07 형사소송법 및 검사와 사법경찰관의 상호협력과 일반적 수사준칙에 관한 규정에 따른 피의자신문에 관한 설명으로 가장 적절하지 않은 것은? (다툼이 있는 경우 판례에 의함)

25. 경찰승진

① 검사 또는 사법경찰관은 피의자신문을 위한 출석요구를 하려는 경우 피의자와 조사의 일시·장소에 관하여 협의해야 하고, 변호인이 있는 경우에는 변호인과도 협의해야 한다.
② 구속영장 발부에 의하여 적법하게 구금된 피의자가 피의자 신문을 위한 출석요구에 응하지 아니하면서 수사기관 조사실에 출석을 거부할 경우, 수사기관은 그 구속영장의 효력에 의하여 피의자를 조사실로 구인할 수 있다.
③ 구금된 피의자를 신문할 때 변호인의 보호장비 해제 요구를 거부하고 신문하는 것이 부당한 신문방법이라 할지라도 변호인이 인정신문을 시작하기 전 피의자의 수갑을 해제해 달라고 계속 요구한다면 이는 신문을 방해하는 행위로 보아 변호인을 퇴실시킬 수 있다.
④ 사법경찰관이 10시부터 22시까지 피의자신문을 진행하면서, 조사시간 2시간마다 20분씩 휴식시간을 주어 총 6시간의 실제 조사시간에 대해 합계 1시간의 휴식시간을 주고, 4시간의 식사시간을 보장하는 한편, 21시부터 1시간 동안 조서열람을 진행하였다면 이러한 사법경찰관의 조치는 적법하다.

해설

① 【O】 검사 또는 사법경찰관은 피의자에게 출석요구를 하려는 경우 피의자와 조사의 일시·장소에 관하여 협의해야 한다. 이 경우 변호인이 있는 경우에는 변호인과도 협의해야 한다(수사준칙 제19조 제2항).

② 【O】 형사소송법(이하 '법'이라고 한다) 제70조 제1항 제1호, 제2호, 제3호, 제199조 제1항, 제200조, 제200조의2 제1항, 제201조 제1항의 취지와 내용에 비추어 보면, 수사기관이 관할 지방법원판사가 발부한 구속영장에 의하여 피의자를 구속하는 경우, 그 구속영장은 기본적으로 장차 공판정에의 출석이나 형의 집행을 담보하기 위한 것이지만, 이와 함께 법 제202조, 제203조에서 정하는 구속기간의 범위 내에서 수사기관이 법 제200조, 제241조 내지 제244조의5에 규정된 피의자신문의 방식으로 구속된 피의자를 조사하는 등 적정한 방법으로 범죄를 수사하는 것도 예정하고 있다고 할 것이다. 따라서 구속영장 발부에 의하여 적법하게 구금된 피의자가 피의자신문을 위한 출석요구에 응하지 아니하면서 수사기관 조사실에 출석을 거부한다면 수사기관은 그 구속영장의 효력에 의하여 피의자를 조사실로 구인할 수 있다고 보아야 한다. 다만 이러한 경우에도 그 피의자신문 절차는 어디까지나 법 제199조 제1항 본문, 제200조의 규정에 따른 임의수사의 한 방법으로 진행되어야 하므로, 피의자는 헌법 제12조 제2항과 법 제244조의3에 따라 일체의 진술을 하지 아니하거나 개개의 질문에 대하여 진술을 거부할 수 있고, 수사기관은 피의자를 신문하기 전에 그와 같은 권리를 알려주어야 한다(대결 2013.7.1. 2013모160).

③ 【X】 형사소송법 제417조는 검사 또는 사법경찰관의 '구금에 관한 처분'에 불복이 있으면 법원에 그 처분의 취소 또는 변경을 청구할 수 있다고 규정하고 있다. 검사 또는 사법경찰관이 보호장비 사용을 정당화할 예외적 사정이 존재하지 않음에도 구금된 피의자에 대한 교도관의 보호장비 사용을 용인한 채 그 해제를 요청하지 않는 경우에, 검사 및 사법경찰관의 이러한 조치를 형사소송법 제417조에서 정한 '구금에 관한 처분'으로 보지 않는다면 구금된 피의자로서는 이에 대하여 불복하여 침해된 권리를 구제받을 방법이 없게 된다. 따라서 검사 또는 사법경찰관이 구금된 피의자를 신문할 때 피의자 또는 변호인으로부터 보호장비를 해제해 달라는 요구를 받고도 거부한 조치는 형사소송법 제417조에서 정한 '구금에 관한 처분'에 해당한다고 보아야 한다(대결 2020.3.17. 2015모2357). ⇒ 원심은, 준항고인 1의 변호인인 준항고인 2가 인정신문을 시작하기 전 검사에게 준항고인 1의 수갑을 해제하여 달라고 계속 요구하자, 검사가 수사에 현저한 지장을 초래한다는 이유로 준항고인 2를 퇴실시킨 것이 변호인의 피의자신문 참여권을 침해하여 위법하다고 판단하였다. 준항고인 2의 수갑 해제 요구가 정당하며, 이 요구를 거부한 검사의 조치가 위법하다는 점은 앞서 살펴본 바와 같다. 따라서 검사가 준항고인 2의 수갑 해제 요구가 부당하다는 전제에서 피의자신문 방해에 해당한다고 보아 준항고인 2를 퇴실시킨 조치도 마찬가지로 위법하다. 따라서 원심판단은 정당하며, 거기에 재판에 영향을 미친 헌법·법률·명령 또는 규칙의 위반이 없다.

④ 【O】 검사 또는 사법경찰관은 조사, 신문, 면담 등 그 명칭을 불문하고 피의자나 사건관계인에 대해 오후 9시부터 오전 6시까지 사이에 조사(이하 "심야조사"라 한다)를 해서는 안 된다. 다만, 이미 작성된 조서의 열람을 위한 절차는 자정 이전까지 진행할 수 있다(수사준칙 제21조 제1항). 검사 또는 사법경찰관은 조사, 신문, 면담 등 그 명칭을 불문하고 피의자나 사건관계인을 조사하는 경우에는 대기시간, 휴식시간, 식사시간 등 모든 시간을 합산한 조사시간(이하 "총조사시간"이라 한다)이 12시간을 초과하지 않도록 해야 한다(수사준칙 제22조 제1항). 검사 또는 사법경찰관은 조사에 상당한 시간이 소요되는 경우에는 특별한 사정이 없으면 피의자 또는 사건관계인에게 조사 도중에 최소한 2시간마다 10분 이상의 휴식시간을 주어야 한다(수사준칙 제23조 제1항). 위의 규정을 종합해 보면, 이러한 사법경찰관의 조치는 적법하다.

정답 ③

08 수사의 종결에 대한 설명으로 가장 적절하지 않은 것은? (다툼이 있는 경우 판례에 의함) 21. 경찰간부

① 검사는 사법경찰관이 사건을 송치하지 아니한 것이 위법 또는 부당한 때에는 그 이유를 명시한 서면과 함께 관계서류와 증거물을 송부받은 날부터 원칙적으로 90일 이내에 사법경찰관에게 재수사를 요청할 수 있다.
② 사법경찰관의 불송치결정 통지를 받은 고소인·고발인·피해자 또는 그 법정대리인은 해당 사법경찰관의 소속 관서의 장에게 이의를 신청할 수 있다.
③ 검사의 재수사 요청에도 사법경찰관이 불송치결정을 유지하는 경우, 검사가 사법경찰관의 재차 불송치결정이 위법·부당하다고 판단되면 1회에 한하여 다시 재수사요청을 할 수 있다.
④ 검사의 불기소처분에는 확정력과 같은 효력이 없어 일단 불기소처분을 한 후에도 공소시효가 완성되기 전이면 공소를 제기할 수 있다.

[해설]

① 【 O 】 수사준칙 제63조 제1항
② 【 O 】 제245조의7 제1항
③ 【 X 】 검사는 사법경찰관이 제1항 제2호(기존의 불송치결정을 유지하는 경우)에 따라 재수사 결과를 통보한 사건에 대해서 다시 재수사를 요청을 하거나 송치 요구를 할 수 없다. 다만, 사법경찰관의 재수사에도 불구하고 관련 법리에 위반되거나 송부받은 관계 서류 및 증거물과 재수사결과만으로도 공소제기를 할 수 있을 정도로 명백히 채증법칙에 위반되거나 공소시효 또는 형사소추의 요건을 판단하는 데 오류가 있어 사건을 송치하지 않은 위법 또는 부당이 시정되지 않은 경우에는 재수사 결과를 통보받은 날부터 30일 이내에 법 제197조의3에 따라 사건송치를 요구할 수 있다(수사준칙 제64조 제1항).
④ 【 O 】 대판 1966.12.29. 66도1416

정답 ③

09 수사의 일반원칙에 관한 설명 중 가장 적절하지 않은 것은? 16. 경찰승진

① 수사에 관하여는 공무소 기타 공사단체에 조회하여 필요한 사항의 보고를 요구할 수 있다.
② 수사기관은 변사자의 검시로 범죄의 혐의를 인정하고 긴급을 요할 때에도 영장이 있어야만 검증을 할 수 있다.
③ 수사는 원칙적으로 임의수사에 의하고 강제수사는 법률에 규정된 경우에 한하여 허용된다.
④ 피의자에 대한 수사는 불구속 상태에서 함을 원칙으로 한다.

[해설]

① 【 O 】 제199조 제2항
② 【 X 】 변사자의 검시로 범죄의 혐의를 인정하고 긴급을 요할 때에는 영장 없이 검증을 할 수 있다(제222조 제2항).
③ 【 O 】 제199조 제1항
④ 【 O 】 제198조 제1항

정답 ②

10 수사절차에 대한 설명으로 가장 적절하지 않은 것은?

21. 경찰채용 1차

① 사법경찰관이 검찰송치 결정을 한 경우에는 그 내용을 고소인·고발인·피해자 또는 그 법정대리인(피해자가 사망한 경우에는 그 배우자·직계친족·형제자매를 포함한다)과 피의자에게 통지해야 한다.
② 사법경찰관이 범죄를 수사한 후 범죄의 혐의가 있다고 인정되는 경우에는 지체 없이 검사에게 사건을 송치하고, 검사는 송치사건의 공소제기 여부 결정 또는 공소의 유지에 관하여 필요한 경우 사법경찰관에게 보완수사를 요구할 수 있으며, 특별히 직접 보완수사를 할 필요성이 인정되는 경우에는 예외적으로 직접 보완수사를 할 수 있다.
③ 사법경찰관리의 수사과정에서 현저한 수사권 남용이 의심되는 사실에 대하여, 「형사소송법」 제197조의3의 절차에 따라 사법경찰관으로부터 사건기록 등본을 송부받은 검사는 필요하다고 인정되는 경우 사법경찰관에게 시정조치를 요구할 수 있고, 그 이행 결과를 통보받은 후 시정조치 요구가 정당한 이유 없이 이행되지 않았다고 인정되는 경우에는 사법경찰관에게 사건을 송치할 것을 요구할 수 있다.
④ 사법경찰관이 범죄를 수사한 후 범죄의 혐의가 인정되지 않아 불송치 결정을 하는 경우, 사법경찰관은 그 이유를 명시한 서면과 함께 관계 서류와 증거물을 지체 없이 검사에게 송부해야 하며, 검사는 송부받은 날로부터 60일 이내에 사법경찰관에게 그 서류 등을 반환하여야 한다.

해 설

① 【 O 】 수사준칙규정 제53조 제1항
② 【 O 】 제245조의5 제1호, 제197조의2 제1항 제1호, 수사준칙규정 제59조 제1항
③ 【 O 】 제197조의3 제3항, 제5항
④ 【 X 】 사법경찰관이 범죄를 수사한 후 범죄의 혐의가 인정되지 않아 불송치 결정을 하는 경우, 사법경찰관은 그 이유를 명시한 서면과 함께 관계 서류와 증거물을 지체 없이 검사에게 송부해야 하며, 검사는 송부받은 날로부터 90일 이내에 사법경찰관에게 그 서류 등을 반환하여야 한다(제245조의5 제2호).

정답 ④

11 피내사자와 피의자에 관한 설명 중 가장 적절한 것은? (다툼이 있는 경우 판례에 의함)

20. 경찰승진

① 수사 이전의 단계를 내사라 하며, 형사소송법은 피의자의 권리에 관한 규정 중 일부를 피내사자에게 준용하는 규정을 두는 방법으로 피내사자의 권리를 보호한다.
② 변호인과의 접견교통권은 피의자에게 인정되는 권리이므로, 임의동행 형식으로 연행된 피내사자에게는 그 지위가 피의자로 전환된 이후부터 변호인과의 접견교통권이 인정된다.
③ 검사가 검찰사건사무규칙에 따른 범죄인지 절차를 밟지 않은 상태에서 행한 피의자신문은 피내사자에 대한 신문이므로 그 이유만으로도 이미 위법한 수사에 해당하며, 따라서 당해 피의자 신문조서는 형사소송법이 정한 절차에 따라 작성되었다 하더라도 증거능력이 인정될 수 없다.
④ 미체포된 피의자에 대하여 구속영장을 청구받은 판사는 피의자가 죄를 범하였다고 의심할 만한 이유가 있는 경우에 구인을 위한 구속영장을 발부하여 피의자를 구인한 후 심문하여야 한다. 다만, 피의자가 도망하는 등의 사유로 심문할 수 없는 경우에는 그러하지 아니하다.

[해설]
① 【 X 】 형사소송법은 내사에 관해서는 규정을 두고 있지 않다.
② 【 X 】 변호인의 조력을 받을 권리를 실질적으로 보장하기 위하여는 변호인과의 접견교통권의 인정이 당연한 전제가 되므로, 임의동행의 형식으로 수사기관에 연행된 피의자에게도 변호인 또는 변호인이 되려는 자와의 접견교통권은 당연히 인정된다고 보아야 하고, 임의동행의 형식으로 연행된 피내사자의 경우에도 이는 마찬가지이다(대결 1996.6.3. 96모18).
③ 【 X 】 범죄의 인지는 실질적인 개념이고, 검찰사건사무 규칙의 규정은 검찰행정의 편의를 위한 사무처리절차 규정이므로, 검사가 그와 같은 절차를 거치기 전에 범죄의 혐의가 있다고 보아 수사를 개시하는 행위를 한 때에는 이때에 범죄를 인지한 것으로 보아야 하고, 그 뒤 범죄인지서를 작성하여 사건수리 절차를 밟은 때에 비로소 범죄를 인지하였다고 볼 것이 아니며, 이러한 인지절차를 밟기 전에 수사를 하였다고 하더라도, 그 수사가 장차 인지의 가능성이 전혀 없는 상태하에서 행해졌다는 등의 특별한 사정이 없는 한, 인지절차가 이루어지기 전에 수사를 하였다는 이유만으로 그 수사가 위법하다고 볼 수는 없고, 따라서 그 수사과정에서 작성된 피의자신문조서나 진술조서 등의 증거능력도 이를 부인할 수 없다(대판 2001.10.26. 2000도2968).
④ 【 O 】 제201조의2 제2항

정답 ④

12. 수사에 대한 설명으로 가장 적절하지 않은 것은? (다툼이 있는 경우 판례에 의함) 〈21. 경찰승진〉

① 수사란 범죄의 혐의유무를 명백히 하여 공소의 제기와 유지 여부를 결정하기 위하여 범인을 발견·확보하고 증거를 수집·보전하는 수사기관의 활동을 말한다.
② 「형사소송법」은 범죄의 혐의가 있다고 사료하는 때에는 수사를 개시하여 사실을 밝혀야 할 수사기관의 직무상 의무를 규정하고 있다.
③ 수사절차는 공판절차와 같이 획일적인 절차에 따라 진행되므로, 수사기관의 수사활동은 탄력성, 기동성, 임기응변성, 광역성 등 합목적적인 활동이 필요하다.
④ 수사절차는 수사기관의 주관적 혐의가 객관화·구체화되어 나가는 과정이라고 할 수 있다.

[해설]
① 【 O 】 수사의 개념에 대한 설명으로 타당한 내용이다.
② 【 O 】 제196조, 제197조 제1항
③ 【 X 】 수사는 ⊙ 탄력성, 임기응변성, 기동성, ⓒ 합목적성의 요청, ⓒ 법률적인 색채 미약, ⓔ 당사자주의 관념의 희박, ⓜ 대상의 다양성과 불예측성 등 재판절차와 비교하면 다른 성격을 가지고 있다.
④ 【 O 】 수사과정에 대한 설명으로 타당한 내용이다.

정답 ③

13 피의자에 대한 설명으로 가장 적절하지 않은 것은? (다툼이 있는 경우 판례에 의함)

21. 경찰승진

① 피의자는 수사의 개시부터 공소제기 전까지의 개념으로서 진범인가의 여부를 불문한다.
② 수사기관에 의한 진술거부권 고지대상이 되는 피의자의 지위는 수사기관이 조사대상자에 대한 범죄혐의가 있다고 보아 실질적으로 '수사를 개시하는 행위를 한 때'에 인정된다.
③ 「형사소송법」상 피의자의 권리와 피고인의 권리는 동일하다.
④ 「형사소송법」은 피의자의 지위를 강화하기 위해 진술거부권, 변호인의 조력을 받을 권리, 구속적부심사청구권, 압수·수색·검증에의 참여권 등을 보장하고 있다.

해설

① 【O】 범죄혐의가 있어 수사대상인 자를 피의자라고 한다. 피의자는 범죄혐의가 있어 수사의 대상이 된 자를 말하는데, 진범인지는 불문한다. 수사결과 진범이 아님이 드러나면 사법경찰관의 불송치결정이나 검사의 불기소처분에 의해 피의자의 지위가 소멸된다.
② 【O】 대판 2015.10.29. 2014도5939
③ 【X】 형사소송법에서 피의자와 피고인을 구별하고 있다. 따라서 피의자와 피고인의 권리는 동일하지 않다.
④ 【O】 타당한 설명이다. 제244조의3 제1항, 제243조의2, 제34조, 제214조의2, 제219조·제121조 등이 지문에 열거한 권리를 모두 규정하고 있다.

정답 ③

14 변사자에 대한 설명으로 가장 적절한 것은? (다툼이 있는 경우 판례에 의함)

20. 경찰채용 2차

① 변사자란 부자연한 사망으로서 그 사인이 분명하지 않은 자뿐만 아니라 범죄로 사망한 것이 명백한 자도 포함된다.
② 변사자는 수사의 단서로서 발견 즉시 수사가 개시된다.
③ 검사의 사법경찰관리에 대한 수사지휘 및 사법경찰관리의 수사준칙에 관한 규정 제51조 제1항에 의하면 사법경찰관리는 변사자 또는 변사의 의심이 있는 사체가 있으면 관할 지방검찰청 또는 지청의 검사에게 보고하고 지휘를 받아야 한다. 단, 긴급을 요하는 경우 그러하지 아니하다.
④ 형사소송법 제222조 제1항의 검시로 범죄의 혐의를 인정하고 긴급을 요할 때에는 영장 없이 검증할 수 있다.

해설

① 【X】 변사자라 함은 부자연한 사망으로서 그 사인이 분명하지 않은 자를 의미하고 그 사인이 명백한 경우는 변사자라 할 수 없다 (대판 2003.6.27. 2003도1331).
② 【X】 변사자는 수사의 단서로서 즉시 수사가 개시되는 것이 아니라, 내사를 거친 이후 범죄혐의가 있다고 판단할 경우 비로소 수사가 개시된다.
③ 【X】 사법경찰관리는 변사자 또는 변사한 것으로 의심되는 사체가 있으면 별지 제51호서식의 변사사건 발생 보고 및 지휘 건의서 또는 별지 제52호서식의 교통사고 변사사건 발생 보고 및 지휘 건의서를 작성하여 즉시 관할 지방검찰청 또는 지청의 검사에게 보고하고 지휘를 받아야 한다. 이 경우 검사는 신속하게 지휘하여야 한다(검사의 사법경찰관리에 대한 수사지휘 및 사법경찰관리의 수사준칙 제51조 제1항).
④ 【O】 제222조 제2항

정답 ④

15 수사의 단서에 관한 설명으로 가장 적절하지 않은 것은? (다툼이 있는 경우 판례에 의함) 25. 경찰승진

① 고발이란 범인을 지적할 필요가 없는 것이고 고발에서 지정한 범인이 진범인이 아니더라도 고발의 효력에는 영향이 없다.
② 변사자 검시는 수사의 단서에 불과하므로 영장을 요하지 아니하며, 변사자 검시로 범죄의 혐의를 인정하고 긴급을 요할 때에는 영장 없이 검증할 수 있다.
③ 뇌물수수의 범죄사실을 자발적으로 신고하였다면, 그 수뢰액을 실제보다 적게 신고함으로써 적용법조와 법정형이 달라지게 되었다 할지라도 자수의 성립이 인정된다.
④ 「경찰관 직무집행법」은 불심검문 대상자에게 질문을 할 때 흉기의 소지검사에 관해서는 명문의 규정을 두고 있으나, 일반소지품 검사에 관해서는 규정하고 있지 않다.

[해설]
① 【O】 고발이란 범죄사실을 수사기관에 고하여 그 소추를 촉구하는 것으로서 범인을 지적할 필요가 없는 것이고 또한 고발에서 지정한 범인이 진범인이 아니더라도 고발의 효력에는 영향이 없는 것이므로, 고발인이 농지전용행위를 한 사람을 갑으로 잘못 알고 갑을 피고발인으로 하여 고발하였다고 하더라도 을이 농지전용행위를 한 이상 을에 대하여도 고발의 효력이 미친다(대판1994.5.13. 94도458).
② 【O】 변사자 검시는 수사의 단서에 불과하므로 영장을 요하지 아니하며, 변사자 검시로 범죄의 혐의를 인정하고 긴급을 요할 때에는 영장 없이 검증할 수 있다(형사소송법 제222조 제2항).
③ 【X】 피고인이 2003.6.3. 검찰에 자수서를 제출하고 제1회 피의자신문을 받으면서 5,000만 원이 아닌 3,000만 원만을 받았다고 신고하고 이를 초과하는 금원의 수수사실을 부인한 이 사건의 경우, 비록 당시의 신고가 자발적이라고 하더라도 이는 그 신고된 내용에 해당하는 특정범죄 가중처벌 등에 관한 법률 제2조 제1항 제2호, 형법 제129조 위반죄에 비하여 뇌물죄의 보호법익에 대한 침해 또는 침해 위험의 정도 및 그 위법성이 상대적으로 높기 때문에 적용법조와 법정형을 달리하는 이 사건 특정범죄 가중처벌 등에 관한 법률 제2조 제1항 제1호, 형법 제129조 위반죄의 범죄성립요건에 관하여 신고한 것이라고 할 수 없으므로 이 사건 죄에 관한 자수가 성립하였다고 할 수 없다(대판 2004.6.24. 2004도2003).
④ 【O】 「경찰관 직무집행법」은 불심검문 대상자에게 질문을 할 때 흉기의 소지검사에 관해서는 명문의 규정을 두고 있으나, 일반소지품 검사에 관해서는 규정하고 있지 않다.

[정답] ③

16 경찰관직무집행법상 불심검문에 대한 설명으로 가장 적절하지 않은 것은? 16. 경찰채용 2차

① 경찰관은 이미 행하여진 범죄나 행하여지려고 하는 범죄행위에 관한 사실을 안다고 인정되는 사람을 정지시켜 질문할 수 있다.
② 경찰관은 정지시킨 장소에서 질문을 하는 것이 그 사람에게 불리하거나 교통에 방해된다고 인정될 때에는 질문을 하기 위하여 가까운 경찰서·지구대·파출소 또는 출장소로 동행할 것을 요구할 수 있다.
③ 경찰관은 질문을 하거나 동행을 요구할 경우 자신의 신분을 표시하는 증표를 제시하면서 소속과 성명을 밝히고 질문이나 동행의 목적과 이유를 설명하여야 하며, 동행을 요구하는 경우에는 동행 장소를 밝혀야 한다.
④ 경찰관은 동행한 사람의 가족이나 친지 등에게 동행한 경찰관의 신분, 동행장소, 동행목적과 이유를 알리거나 본인으로 하여금 즉시 연락할 수 있는 기회를 주어야 하나, 변호인의 도움을 받을 권리가 있음을 알려야 할 필요는 없다.

[해설]
① 【 O 】 경찰관직무집행법 제3조 제1항
② 【 O 】 경찰관직무집행법 제3조 제2항
③ 【 O 】 경찰관직무집행법 제3조 제4항
④ 【 X 】 경찰관은 동행한 사람의 가족이나 친지 등에게 동행한 경찰관의 신분, 동행장소, 동행목적과 이유를 알리거나 본인으로 하여금 즉시 연락할 수 있는 기회를 주어야 하며, 변호인의 조력을 받을 권리가 있음을 고지하여야 한다(경찰관직무집행법 제3조 제5항).

[정답] ④

17 경찰관직무집행법상 불심검문에 관한 설명 중 가장 적절하지 않은 것은? (다툼이 있는 경우 판례에 의함)

18. 경찰승진

① 경찰관은 수상한 행동이나 그 밖의 주위 사정을 합리적으로 판단하여 볼 때 어떠한 죄를 범하였거나 범하려 하고 있다고 의심할 만한 상당한 이유가 있는 자를 정지시켜 질문할 수 있다.
② 경찰관이 불심검문 시 질문을 하거나 동행을 요구할 경우 자신의 신분을 표시하는 증표를 제시하면서 소속과 성명을 밝히고 질문이나 동행의 목적과 이유를 설명하여야 하며, 동행을 요구하는 경우에는 동행 장소를 밝혀야 한다.
③ 경찰관은 동행한 사람의 가족이나 친지 등에게 동행한 경찰관의 신분, 동행 장소, 동행 목적과 이유를 알리거나 본인으로 하여금 즉시 연락할 수 있는 기회를 주어야 하며, 변호인의 도움을 받을 권리가 있음을 알려야 한다.
④ 검문하는 사람이 경찰관이고 검문하는 이유가 범죄행위에 관한 것임을 피검문자가 충분히 알고 있었다고 보이는 경우라도 검문 시 경찰관이 신분증을 제시하지 않았다면 그 불심검문은 위법한 공무집행에 해당한다.

[해설]
① 【 O 】 경찰관직무집행법 제3조 제1항 제1호
② 【 O 】 경찰관직무집행법 제3조 제4항
③ 【 O 】 경찰관직무집행법 제3조 제5항
④ 【 X 】 경찰관직무집행법(이하 '법'이라 한다) 제3조 제4항은 경찰관이 불심검문을 하고자 할 때에는 자신의 신분을 표시하는 증표를 제시하여야 한다고 규정하고, 경찰관직무집행법 시행령 제5조는 위 법에서 규정한 신분을 표시하는 증표는 경찰관의 공무원증이라고 규정하고 있는데, 불심검문을 하게 된 경우, 불심검문 당시의 현장상황과 검문을 하는 경찰관들의 복장, 피고인이 공무원증 제시나 신분 확인을 요구하였는지 여부 등을 종합적으로 고려하여, 검문하는 사람이 경찰관이고 검문하는 이유가 범죄행위에 관한 것임을 피고인이 충분히 알고 있었다고 보이는 경우에는 신분증을 제시하지 않았다고 하여 그 불심검문이 위법한 공무집행이라고 할 수 없다(대판 2014.12.11. 2014도7976).

[정답] ④

18
불심검문에 대한 설명이다. 아래 ㉠부터 ㉣까지의 설명 중 옳고 그름의 표시(○, ×)가 바르게 된 것은? (다툼이 있는 경우 판례에 의함)

19. 경찰채용 1차

㉠ 행정경찰 목적의 경찰활동으로 행하여지는 「경찰관직무집행법」 제3조 제2항 소정의 질문을 위한 동행요구도 「형사소송법」의 규율을 받는 수사로 이어지는 경우에는 수사관이 동행에 앞서 피의자에게 동행을 거부할 수 있음을 알려 주었거나 동행한 피의자가 언제든지 자유로이 동행과정에서 이탈 또는 동행장소로부터 퇴거할 수 있었음이 인정되는 등 오로지 피의자의 자발적인 의사에 의하여 수사관서 등에의 동행이 이루어졌음이 객관적인 사정에 의하여 명백하게 입증된 경우에 한하여 적법하다.

㉡ 경찰관이 불심검문 대상자에의 해당 여부를 판단할 때에는 불심검문 당시의 구체적 상황은 물론 사전에 얻은 정보나 전문적 지식 등에 기초하여 불심검문 대상자인지를 객관적·합리적인 기준에 따라 판단하여, 반드시 불심검문 대상자에게 「형사소송법」상 체포나 구속에 이를 정도의 혐의가 있을 것을 요한다.

㉢ 검문 중이던 경찰관들이, 자전거를 이용한 날치기 사건의 범인과 흡사한 인상착의의 피고인이 자전거를 타고 다가오는 것을 발견하고 정지를 요구하였으나 멈추지 않아, 앞을 가로막고 검문에 협조해 달라고 하였음에도 불응하고 그대로 전진하자 따라가서 재차 앞을 막고 검문에 응하라고 요구하였다면, 그러한 경찰관들의 행위는 적법한 불심검문에 해당하지 않는다.

㉣ 불심검문을 하게 된 경위, 불심검문 당시의 현장상황과 검문을 하는 경찰관들의 복장, 피고인이 공무원증 제시나 신분 확인을 요구하였는지 여부 등을 종합적으로 고려하여, 검문하는 사람이 경찰관이고 검문하는 이유가 범죄행위에 관한 것임을 피고인이 충분히 알고 있었다고 보이는 경우에는 신분증을 제시하지 않았다고 하여 그 불심검문이 위법한 공무집행이라고 할 수 없다.

① ㉠ ○ ㉡ × ㉢ ○ ㉣ ×   ② ㉠ ○ ㉡ × ㉢ × ㉣ ○
③ ㉠ × ㉡ ○ ㉢ × ㉣ ○   ④ ㉠ × ㉡ ○ ㉢ ○ ㉣ ×

해설

㉠ 【 ○ 】 대판 2006.7.6. 2005도6810

㉡ 【 × 】 경찰관직무집행법의 목적, 법 제1조 제1항, 제2항, 제3조 제1항, 제2항, 제3항, 제7항의 내용 및 체계 등을 종합하면, 경찰관이 법 제3조 제1항에 규정된 대상자해당 여부를 판단할 때에는 불심검문 당시의 구체적 상황은 물론 사전에 얻은 정보나 전문적 지식 등에 기초하여 불심검문 대상자인지를 객관적·합리적인 기준에 따라 판단하여야 하나, 반드시 불심검문 대상자에게 형사소송법상 체포나 구속에 이를 정도의 혐의가 있을 것을 요한다고 할 수는 없다(대판 2014.2.27. 2011도13999).

㉢ 【 × 】 검문 중이던 경찰관들이, 자전거를 이용한 날치기 사건 범인과 흡사한 인상착의의 피고인이 자전거를 타고 다가오는 것을 발견하고 정지를 요구하였으나 멈추지 않아, 앞을 가로막고 소속과 성명을 고지한 후 검문에 협조해 달라는 취지로 말하였음에도 불응하고 그대로 전진하자, 따라가서 재차 앞을 막고 검문에 응하라고 요구하였는데, 이에 피고인이 경찰관들의 멱살을 잡아 밀치거나 욕설을 하는 등 항의하여 공무집행방해 등으로 기소된 사안에서, 범행의 경중, 범행과의 관련성, 상황의 긴박성, 혐의의 정도, 질문의 필요성 등에 비추어 경찰관들은 목적 달성에 필요한 최소한의 범위 내에서 사회통념상 용인될 수 있는 상당한 방법을 통하여 경찰관직무집행법 제3조 제1항에 규정된 자에 대해 의심되는 사항을 질문하기 위하여 정지시킨 것으로 보아야 하는데도, 이와 달리 경찰관들의 불심검문이 위법하다고 보아 피고인에게 무죄를 선고한 원심판결에 불심검문의 내용과 한계에 관한 법리오해의 위법이 있다고 한 사례(대판 2012.9.13. 2010도6203).

㉣ 【 ○ 】 대판 2014.12.11. 2014도7976

정답 ②

19. 경찰관직무집행법상 불심검문에 대한 설명 중 가장 적절하지 않은 것은? (다툼이 있는 경우 판례에 의함)

19. 법학경채

① 불심검문시 경찰관이 정복을 착용하고 있고 검문하는 이유가 범죄행위에 관한 것임을 상대방이 충분히 알고 있었다고 보이는 경우라고 하더라도 신분증을 제시하지 않았다면 그 불심검문은 위법한 공무집행에 해당한다.
② 경찰관의 동행요구에 의하여 동행한 사람을 6시간을 초과하여 경찰관서에 머물게 할 수 없다.
③ 「경찰관직무집행법」에는 경찰관이 질문할 때 흉기소지 여부를 조사할 수 있다는 규정을 두고 있으나, 흉기 이외의 소지품에 대해서는 명문규정을 두고 있지 않다.
④ 「경찰관직무집행법」에는 동행한 사람에게 변호인의 조력을 받을 권리가 있음을 알려야 한다는 규정은 있으나, 경찰관이 동행한 사람에게 진술을 거부할 수 있음을 고지해야 한다는 명문규정은 없다.

해설

① 【 X 】 경찰관직무집행법(이하 '법'이라 한다) 제3조 제4항은 경찰관이 불심검문을 하고자 할 때에는 자신의 신분을 표시하는 증표를 제시하여야 한다고 규정하고, 경찰관직무집행법 시행령 제5조는 위 법에서 규정한 신분을 표시하는 증표는 경찰의 공무원증이라고 규정하고 있는데, 불심검문을 하게 된 경위, 불심검문 당시의 현장상황과 검문을 하는 경찰관들의 복장, 피고인이 공무원증 제시나 신분 확인을 요구하였는지 여부 등을 종합적으로 고려하여, 검문하는 사람이 경찰관이고 검문하는 이유가 범죄행위에 관한 것임을 피고인이 충분히 알고 있었다고 보이는 경우에는 신분증을 제시하지 않았다고 하여 그 불심검문이 위법한 공무집행이라고 할 수 없다(대판 2014.12.11. 2014도7976).
② 【 O 】 경찰관직무집행법 제3조 제6항
③ 【 O 】 경찰관직무집행법 제3조 제3항
④ 【 O 】 경찰관직무집행법 제3조 제5항

정답 ①

20. 경찰관 직무집행법상 불심검문에 대한 설명으로 적절하지 않은 것은 모두 몇 개인가? (다툼이 있는 경우 판례에 의함)

21. 경찰승진

㉠ 불심검문 대상자에게 「형사소송법」상 체포나 구속에 이를 정도의 혐의가 없을지라도, 경찰관은 당시의 구체적 상황과 사전에 얻은 정보나 전문적 지식 등에 기초하여 객관적·합리적인 기준에 따라 불심검문 대상 여부를 판단한다.
㉡ 불심검문에 따른 동행요구는 「형사소송법」상 임의수사로서 임의동행의 한 종류로 취급하여야 한다.
㉢ 검문하는 사람이 경찰관이고 검문하는 이유가 범죄행위에 관한 것임을 검문받는 사람이 충분히 알고 있었다고 보이는 경우에는 경찰관이 신분증을 제시하지 않았다고 하여 그 불심검문이 위법한 공무집행이라고 할 수 없다.
㉣ 검문 중이던 경찰관들이, 자전거를 이용한 날치기 사건 범인과 흡사한 인상착의의 사람이 자전거를 타고 다가오는 것을 발견하고 정지를 요구하였으나 멈추지 않아, 앞을 가로막고 소속과 성명을 고지한 후 검문에 협조해 달라고 하였음에도 불응하고 그대로 전진하자, 따라가서 재차 앞을 막고 검문에 응하라고 요구한 경우, 이는 적법한 불심검문에 해당한다.
㉤ 경찰관은 임의동행에 앞서 당해인에 대해 진술거부권과 변호인의 조력을 받을 권리를 고지해야 한다.

① 2개   ② 3개   ③ 4개   ④ 5개

해설

㉠ 【 O 】 대판 2014.2.27. 2011도13999
㉡ 【 X 】 불심검문에 따른 동행요구는 본격적인 수사 개시 이전의 처분이라는 점에서 수사로 취급할 수는 없다.
㉢ 【 O 】 대판 2014.12.11. 2014도7976
㉣ 【 O 】 대판 2012.9.13. 2010도6203
㉤ 【 X 】 경찰관은 동행한 사람의 가족이나 친지 등에게 동행한 경찰관의 신분, 동행 장소, 동행 목적과 이유를 알리거나 본인으로 하여금 즉시 연락할 수 있는 기회를 주어야 하며, 변호인의 도움을 받을 권리가 있음을 알려야 한다(경찰관직무집행법 제3조 제5항). 그러나 진술거부권 고지규정은 없다.

정답 ①

21. 아래 사례에 관한 설명으로 가장 적절한 것은? (다툼이 있는 경우 판례에 의함)

25. 경찰승진

> 2025.1.19. 09:40경 자동차 사고를 낸 차량이 있다는 112신고를 받고 현장에 출동한 경찰관 P는 피의자 甲으로부터 심한 술냄새가 나고 서 있기가 곤란할 정도로 비틀거리며 얼굴에 홍조를 띠는 등 음주 운전 혐의가 상당하다고 판단하여 같은 날 10:00경 甲의 동의를 받아 경찰서로 임의동행하였다(甲에게 자발적인 의사로 임의동행에 동의할 의사능력이 있었다고 전제함).

① P가 출동한 현장에서 질문하는 것이 甲에게 불리하거나 교통에 방해된다는 사정은 없더라도 P가 경찰서로의 동행에 앞서 甲에게 동행을 거부할 수 있음을 알려 주었거나 동행한 甲이 언제든지 자유로이 동행과정에서 이탈 또는 동행장소에서 퇴거할 수 있었음이 인정되는 등 오로지 甲의 자발적인 의사에 의하여 이루어진 경우 임의동행은 적법하다.
② 임의동행한 사람을 6시간을 초과하여 경찰관서에 머물게 할 수 없으므로, 만약 甲이 같은 날 18:00경까지 경찰서에서 조사를 받았다면 이는 불법적인 구금에 해당한다.
③ 같은 날 17:30경 甲으로부터 휴대전화를 임의제출 받아 혐의 관련 전자정보를 압수하였다면, 이는 그 제출의 임의성 여부를 불문하고 불법 구금 상태에서 위법하게 수집된 증거로서 증거능력을 인정할 수 없다.
④ 甲이 주취 상태라 할지라도 자신 또는 다른 사람의 생명·신체·재산에 위해를 끼칠 우려 및 응급구호 필요성이 없다면 보호실 유치는 위법하지만, 甲의 명시적인 동의가 있을 경우에는 그러하지 아니하다.

해설

① 【 O 】 임의동행은 경찰관 직무집행법 제3조 제2항에 따른 행정경찰 목적의 경찰활동으로 행하여지는 것 외에도 형사소송법 제199조 제1항에 따라 범죄 수사를 위하여 수사관이 동행에 앞서 피의자에게 동행을 거부할 수 있음을 알려 주었거나 동행한 피의자가 언제든지 자유로이 동행과정에서 이탈 또는 동행장소로부터 퇴거할 수 있었음이 인정되는 등 오로지 피의자의 자발적인 의사에 의하여 이루어진 경우에도 가능하다(대판 2020.5.14. 2020도398).
② 【 X 】 이 사건 임의동행은 음주운전 혐의에 대한 수사를 위한 것이어서 형사소송법 제199조 제1항에 따른 임의동행에 해당한다. 따라서 6시간을 초과하여 경찰관서에 머물게 할 수 없다는 경찰관직무집행법 제3조 제6항은 적용되지 않는다. 그러므로 만약 甲이 같은 날 18:00경까지 경찰서에서 조사를 받았다 하더라도 불법구금에 해당하지 않는다.
③ 【 X 】 같은 날 17:30경 甲으로부터 휴대전화를 임의제출 받아 혐의 관련 전자정보를 압수하였다면, 그 제출의 임의성이 있다면 증거로 사용할 수 있다.
④ 【 X 】 승낙유치는 영장주의를 잠탈할 우려가 있으므로 허용되지 않는다.

정답 ①

22 수사의 개시에 관한 설명 중 가장 적절한 것은? (다툼이 있는 경우 판례에 의함)   20. 경찰승진

① 고발이란 범죄사실을 수사기관에 고하여 그 소추를 촉구하는 것으로서 범인을 지적하여야 하므로 고발에서 지정한 범인이 진범인이 아니라면 고발의 효력은 진범인에게 미치지 않는다.
② 변사자 검시를 통하여 범죄의 혐의를 인정한 때에는 이미 수사가 개시된 것으로 볼 수 있으므로 긴급을 요하는 경우라 하더라도 반드시 영장을 발부받은 후에 검증하여야 한다.
③ 불심검문 대상자 해당 여부를 판단할 때에는 불심검문 당시의 구체적 상황은 물론 사전에 얻은 정보나 전문적 지식 등에 기초하여 불심검문 대상자인지를 객관적 합리적인 기준에 따라 판단하여야 하나, 반드시 불심검문 대상자에게 형사소송법상 체포나 구속에 이를 정도의 혐의가 있을 것을 요한다고 할 수는 없다.
④ 경찰관 직무집행법 제3조 제4항은 경찰관이 불심검문을 하고자 할 때에는 자신의 신분을 표시하는 증표를 제시하여야 한다고 규정하고, 법 시행령 제5조는 위 법 소정의 신분을 표시하는 증표는 경찰관의 공무원증이라고 규정하고 있는바, 검문하는 사람이 경찰관이고 검문하는 이유가 범죄행위에 관한 것임을 피고인이 충분히 알고 있었다고 보이는 경우에도 경찰관의 공무원증을 제시하지 않았다면 그 불심검문은 위법한 공무집행이 된다.

해설

① 【X】 고발이란 범죄사실을 수사기관에 고하여 그 소추를 촉구하는 것으로서 범인을 지적할 필요가 없는 것이고 또한 고발에서 지정한 범인이 진범인이 아니더라도 고발의 효력에는 영향이 없는 것이다(대판 1994.5.13. 94도458).
② 【X】 변사자 검시를 통하여 범죄의 혐의를 인정하고 긴급을 요할 때에는 영장 없이 검증할 수 있다(제222조 제2항).
③ 【O】 대판 2014.2.27. 2011도13999
④ 【X】 경찰관직무집행법(이하 '법'이라 한다) 제3조 제4항은 경찰관이 불심검문을 하고자 할 때에는 자신의 신분을 표시하는 증표를 제시하여야 한다고 규정하고, 경찰관직무집행법 시행령 제5조는 위 법에서 규정한 신분을 표시하는 증표는 경찰관의 공무원증이라고 규정하고 있는데, 불심검문을 하게 된 경위, 불심검문 당시의 현장상황과 검문을 하는 경찰관들의 복장, 피고인이 공무원증 제시나 신분 확인을 요구하였는지 여부 등을 종합적으로 고려하여, 검문하는 사람이 경찰관이고 검문하는 이유가 범죄행위에 관한 것임을 피고인이 충분히 알고 있었다고 보이는 경우에는 신분증을 제시하지 않았다고 하여 그 불심검문이 위법한 공무집행이라고 할 수 없다(대판 2014.12.11. 2014도7976).

정답 ③

23 수사의 조건에 대한 설명 중 가장 적절하지 않은 것은? (다툼이 있는 경우 판례에 의함)   20. 경찰채용 1차

① 수사기관은 범죄혐의가 있다고 사료하는 때에 수사를 개시하여야 하며 여기서의 범죄혐의는 수사기관의 주관적 혐의일 뿐만 아니라 구체적 범죄혐의이다.
② 필요성과 상당성이라는 수사의 조건은 임의수사에는 적용되지 않고 강제수사에만 적용된다.
③ 친고죄나 세무공무원 등의 고발이 있어야 논할 수 있는 죄에 있어서 고소 또는 고발은 이른바 소추조건에 불과하고 당해 범죄의 성립 요건이나 수사의 조건은 아니므로 위와 같은 범죄에 관하여 고소나 고발이 있기 전에 수사를 하였다고 하더라도 그 수사가 장차 고소나 고발이 있을 가능성이 없는 상태 하에서 행해졌다는 등의 특단의 사정이 없는 한 고소나 고발이 있기 전에 수사를 하였다는 이유만으로 그 수사가 위법하다고 볼 수는 없다.
④ 위법한 함정수사에 해당하는지 여부는 해당 범죄의 종류와 성질, 유인자의 지위와 역할, 유인의 경위와 방법, 유인에 따른 피유인자의 반응, 피유인자의 처벌 전력 및 유인행위 자체의 위법성 등을 종합하여 판단하여야 한다.

[해설]
① 【 O 】 수사개시를 위한 범죄혐의는 수사기관의 주관적 혐의를 의미하며, 아직 객관적 혐의로 발전함을 요하지 않는다. 그러나 주관적 혐의라고 해서 수사기관의 자의를 허용한다는 의미는 아니다. 따라서 범죄의 혐의는 주위의 사정을 합리적으로 판단하여 그 유무를 결정해야 하는 것으로서, 구체적 사실을 근거로 한 혐의일 것을 요한다.
② 【 X 】 필요성과 상당성이라는 수사의 조건은 임의수사 뿐만 아니라 강제수사에도 적용된다.
③ 【 O 】 대판 1995.2.24. 94도252
④ 【 O 】 대판 2007.7.12. 2006도2339

정답 ②

24 함정수사에 관한 설명 중 가장 적절한 것은? (다툼이 있으면 판례에 의함)
16. 경찰승진

① 경찰관이 노래방 도우미 알선 영업 단속 실적을 올리기 위하여 그에 대한 첩보가 없는데도 손님을 가장하고 잠입해 도우미를 불러낸 경우 피고인의 범의를 유발케 한 것으로 위법하다.
② 위법한 함정수사에 기하여 공소를 제기한 경우 그 수사에 기하여 수집한 증거는 증거능력이 없다고 보아야 하므로 법원은 무죄판결을 하여야 한다.
③ 유인자가 수사기관과 직접적인 관련을 맺지 않은 상태에서 피유인자를 상대로 단순히 수차례 반복적으로 범행을 부탁하였을 뿐, 수사기관이 사술이나 계략 등을 사용하였다고 볼 수 없는 경우라 할지라도 그로 인하여 피유인자의 범의가 유발되었다면 위법한 함정수사에 해당한다.
④ 뇌물공여자들이 새롭게 당선된 군수인 피고인을 함정에 빠뜨리겠다는 의사로 뇌물을 공여한 것이었다면, 뇌물공여자들의 함정교사라는 사정은 피고인의 책임을 면하게 하는 사유가 될 수 있다.

[해설]
① 【 O 】 대판 2008.10.23. 2008도7362
② 【 X 】 위법한 함정수사에 기초한 공소제기의 효력에 대하여 판례는 "본래 범의를 가지지 아니한 자에 대하여 수사기관이 사술이나 계략 등을 써서 범의를 유발케 하여 범죄인을 검거하는 함정수사는 위법함을 면할 수 없고, 이러한 함정수사에 기한 공소제기는 그 절차가 법률의 규정에 위반하여 무효인 때에 해당한다(대판 2005.10.28. 2005도1247)"라고 판시하여 공소기각판결로 사건을 종결해야 한다는 입장이다.
③ 【 X 】 수사기관과 직접 관련이 있는 유인자가 피유인자와의 개인적인 친밀관계를 이용하여 피유인자의 동정심이나 감정에 호소하거나, 금전적·심리적 압박이나 위협 등을 가하거나, 거절하기 힘든 유혹을 하거나, 또는 범행방법을 구체적으로 제시하고 범행에 사용할 금전까지 제공하는 등으로 과도하게 개입함으로써 피유인자로 하여금 범의를 일으키게 하는 것은 위법한 함정수사에 해당하여 허용되지 아니하지만, 유인자가 수사기관과 직접적인 관련을 맺지 아니한 상태에서 피유인자를 상대로 단순히 수차례 반복적으로 범행을 부탁하였을 뿐 수사기관이 사술이나 계략 등을 사용하였다고 볼 수 없는 경우는, 설령 그로 인하여 피유인자의 범의가 유발되었다 하더라도 위법한 함정수사에 해당하지 아니한다(대판 2007.7.12. 2006도2339).
④ 【 X 】 피고인의 뇌물수수가 공여자들의 함정교사에 의한 것이기는 하나, 뇌물공여자들에게 뇌물공여의 의사가 전혀 없었다고 보기 어렵다면, 뇌물공여자들의 함정교사라는 사정은 피고인의 책임을 면하게 하는 사유가 될 수 없다(대판 2008.3.13. 2007도10804).

정답 ①

25 경찰관이 취객을 상대로 한 이른바 부축빼기 절도범을 단속하기 위하여, 공원 인도에 쓰러져 있는 취객 근처에서 감시하고 있다가, 마침 피고인이 나타나 취객을 부축하여 10m 정도를 끌고 가 지갑을 뒤지자 현장에서 체포하여 기소한 경우와 관련하여, 판례의 태도에 비추어 옳은 것(O)과 옳지 않은 것(X)을 바르게 연결한 것은?

16. 경찰채용 2차

> ㉠ 본래 범의를 가지지 아니한 자에 대하여 수사기관이 사술이나 계략 등을 써서 범의를 유발케 하여 범죄인을 검거하는 함정수사는 위법함을 면할 수 없고, ㉡ 이러한 함정수사에 기한 공소제기는 그 절차가 법률의 규정에 위반하여 무효인 때에 해당한다 할 것이지만, ㉢ 범의를 가진 자에 대하여 단순히 범행의 기회를 제공하는 것에 불과한 경우에는 위법한 함정수사라고 단정할 수 없다.

① ㉠ ×, ㉡ O, ㉢ O
② ㉠ O, ㉡ ×, ㉢ O
③ ㉠ O, ㉡ O, ㉢ ×
④ ㉠ O, ㉡ O, ㉢ O

[해설]
설문의 내용은 대판 2007.5.31. 2007도1903의 내용에 대한 것으로 모두 옳은 내용이다.

정답 ④

26 위법한 함정수사에 해당하지 않는 것으로만 모두 묶은 것은? (다툼이 있는 경우 판례에 의함)

16. 검찰 7급

> ㉠ 甲이 수사기관에 체포된 동거남의 석방을 위한 공적을 쌓기 위하여 乙에게 대가의 지급을 약속하며 도움을 부탁하였고, 이를 승낙한 乙은 마약수사관에게 연락하여 甲의 동거남을 석방해주는 조건으로 필로폰 밀수입에 관한 정보를 제공하기로 협의한 다음 丙에게 필로폰 밀수입을 권유하였고, 丙은 다시 丁에게 필로폰 밀수입을 권유하여 丁이 이를 승낙하고 필로폰을 받으러 나오자 乙의 연락을 받은 마약수사관이 丁을 체포한 경우
> ㉡ 경찰관이 노래방의 도우미 알선 영업 단속 실적을 올리기 위하여 그에 대한 제보나 첩보가 없는데도 손님을 가장하고 노래방에 들어가 업주에게 도우미를 불러달라고 수차례 요청하여 업주가 도우미를 불러온 경우
> ㉢ 취객을 상대로 한 이른바 부축빼기 절도범을 단속하기 위하여 경찰관이 공원 인도에 쓰러져 있는 취객 근처에서 감시하고 있다가, 마침 피의자가 나타나 취객을 부축하여 10m 정도를 끌고 가 지갑을 뒤지자 현장에서 체포한 경우

① ㉠, ㉡
② ㉠, ㉢
③ ㉡, ㉢
④ ㉠, ㉡, ㉢

[해설]
㉠ 【X】 대판 2007.11.29. 2007도7680
㉡ 【O】 대판 2008.10.23. 2008도7362
㉢ 【X】 대판 2007.5.31. 2007도1903

정답 ②

27 함정수사에 대한 설명 중 가장 적절하지 않은 것은? (다툼이 있는 경우 판례에 의함) 17. 여경

① 甲이 수사기관에 체포된 동거남의 석방을 위한 공적을 쌓기 위하여 乙에게 필로폰 밀수입에 관한 정보제공을 부탁하면서 대가의 지급을 약속하고, 이에 乙이 丙에게, 丙은 丁에게 순차적으로 필로폰 밀수입을 권유하여 이를 승낙하고 필로폰을 받으러 나온 丁을 체포한 사안에서, 乙, 丙 등이 각자의 사적인 동기에 기하여 수사기관과 직접적인 관련이 없이 독자적으로 丁을 유인한 것으로서 위법한 함정수사에 해당하지 않는다.
② 수사기관이 이미 범행을 저지른 범인을 검거하기 위해 정보원을 이용하여 범인을 검거장소로 유인한 경우는 위법한 함정수사에 해당한다.
③ 위법한 함정수사에 의한 공소제기는 그 절차가 법률의 규정에 위반하여 무효인 때에 해당하므로 「형사소송법」 제327조 제2호에 의하여 공소기각 판결을 하여야 한다.
④ 경찰관이 부축빼기 절도범 단속을 위하여 공원에 쓰러져 있는 취객 근처에서 감시하고 있다가 마침 피고인이 나타나 취객을 부축하여 10m정도를 끌고 가 지갑을 뒤지자 현장에서 체포하여 기소한 경우 위법한 함정수사에 해당하지 않는다.

[해설]
① 【O】 대판 2007.11.29. 2007도7680
② 【X】 수사기관이 이미 범행을 저지른 범인을 검거하기 위해 정보원을 이용하여 범인을 검거장소로 유인한 경우, 함정수사로 볼 수 없다(대판 2007.7.26. 2007도4532).
③ 【O】 대판 2005.10.28. 2005도1247
④ 【O】 대판 2007.5.31. 2007도1903

정답 ②

28 함정수사에 대한 설명으로 옳지 않은 것은? (다툼이 있는 경우 판례에 의함) 18. 국가직

① 피고인이 본래 범의를 가지지 아니하였는데 수사기관의 사술 또는 계략으로 인해 범의를 일으켜 행위한 것으로 인정된다면 법원은 무죄판결을 하여야 한다.
② 구체적인 사건에서 위법한 함정수사에 해당하는지 여부는 해당 범죄의 종류와 성질, 유인자의 지위와 역할, 유인의 경위와 방법, 유인에 따른 피유인자의 반응, 피유인자의 처벌 전력 및 유인행위 자체의 위법성 등을 종합하여 판단하여야 한다.
③ 경찰관들이 노래방 단속실적을 올리기 위하여 평소 손님들에게 도우미 알선영업을 해왔다는 자료나 첩보가 없음에도 노래방에 손님을 가장하고 들어가 도우미를 불러 줄 것을 재차 요구한 후 이를 단속하였다면 이는 위법한 함정수사에 해당한다.
④ 수사기관과 직접 관련이 없는 사인(私人)이 피고인에게 범죄의 실행을 부탁한 경우, 그로 인하여 피고인의 범의가 유발되었다 하더라도 이는 위법한 함정수사에 해당하지 아니한다.

[해설]
① 【X】 위법한 함정수사에 기초한 공소제기의 효력에 대하여 판례는 "본래 범의를 가지지 아니한 자에 대하여 수사기관이 사술이나 계략 등을 써서 범의를 유발케 하여 범죄인을 검거하는 함정수사는 위법함을 면할 수 없고, 이러한 함정수사에 기한 공소제기는 그 절차가 법률의 규정에 위반하여 무효인 때에 해당한다(대판 2005.10.28. 2005도1247)"라고 판시하여 공소기각판결로 사건을 종결해야 한다는 입장이다.
② 【O】 대판 2007.7.12. 2006도2339
③ 【O】 대판 2008.10.23. 2008도7362
④ 【O】 대판 2007.11.29. 2007도7680

정답 ①

29 함정수사에 대한 설명으로 가장 적절한 것은? (다툼이 있는 경우 판례에 의함)

19. 경찰채용 2차

① 수사기관과 직접적인 관련을 맺지 않은 유인자가 수차례 반복적으로 범행을 부탁하였을 뿐 수사기관이 사술이나 계략을 사용한 것으로 볼 수 없는 경우라도, 그로 인하여 피유인자의 범의가 유발되었다는 점이 입증되면 위법한 함정수사에 해당한다.
② 위법한 함정수사에 기한 공소제기는 그 절차가 법률의 규정에 위반하여 무효인 때에 해당하므로 그 수사에 기하여 수집된 증거는 증거능력이 없으며, 따라서 법원은 「형사소송법」 제325조에 의하여 무죄판결을 선고해야 한다.
③ 경찰관이 이른바 부축빼기 절도범을 단속하기 위하여 취객 근처에서 감시하고 있다가, 피고인이 나타나 취객을 부축하여 10m 정도를 끌고 가 지갑을 뒤지자 현장에서 체포하여 기소한 경우 수사기관이 위계를 사용한 것으로 볼 수 있으므로 위법한 함정수사에 해당한다.
④ 수사기관이 피고인의 범죄사실을 인지하고도 피고인을 바로 체포하지 않고 추가 범행을 지켜보고 있다가 범죄사실이 많이 늘어난 뒤에야 피고인을 체포하였다는 사정만으로는 피고인에 대한 수사와 공소제기가 위법하다거나 함정수사에 해당한다고 할 수 없다.

해설

① 【X】 수사기관과 직접 관련이 있는 유인자가 피유인자와의 개인적인 친밀관계를 이용하여 피유인자의 동정심이나 감정에 호소하거나, 금전적·심리적 압박이나 위협 등을 가하거나, 거절하기 힘든 유혹을 하거나, 또는 범행방법을 구체적으로 제시하고 범행에 사용할 금전까지 제공하는 등으로 과도하게 개입함으로써 피유인자로 하여금 범의를 일으키게 하는 것은 위법한 함정수사에 해당하여 허용되지 아니하지만, 유인자가 수사기관과 직접적인 관련을 맺지 아니한 상태에서 피유인자를 상대로 단순히 수차례 반복적으로 범행을 부탁하였을 뿐 수사기관이 사술이나 계략 등을 사용하였다고 볼 수 없는 경우는, 설령 그로 인하여 피유인자의 범의가 유발되었다 하더라도 위법한 함정수사에 해당하지 아니한다(대판 2007.7.12. 2006도2339).
② 【X】 범의를 가진 자에 대하여 단순히 범행의 기회를 제공하거나 범행을 용이하게 하는 것에 불과한 수사방법이 경우에 따라 허용될 수 있음은 별론으로 하고, 본래 범의를 가지지 아니한 자에 대하여 수사기관이 사술이나 계략 등을 써서 범의를 유발케 하여 범죄인을 검거하는 함정수사는 위법함을 면할 수 없고, 이러한 함정수사에 기한 공소제기는 그 절차가 법률의 규정에 위반하여 무효인 때에 해당한다(대판 2005.10.28. 2005도1247).
③ 【X】 경찰관이 취객을 상대로 한 이른바 부축빼기 절도범을 단속하기 위하여, 공원 인도에 쓰러져 있는 취객 근처에서 감시하고 있다가, 마침 피고인이 나타나 취객을 부축하여 10m 정도를 끌고 가 지갑을 뒤지자 현장에서 체포하여 기소한 경우, 위법한 함정수사에 기한 공소제기가 아니라고 한 사례(대판 2007.5.31. 2007도1903).
④ 【O】 대판 2007.6.29. 2007도3164

정답 ④

30 함정수사에 대한 설명으로 가장 적절하지 않은 것은? (다툼이 있는 경우 판례에 의함) 21. 경찰승진

① 수사기관이 이미 범행을 저지른 범인을 검거하기 위해 정보원을 이용하여 범인을 검거장소로 유인한 것에 불과한 경우는 함정수사로 볼 수 없다.

② 수사기관이 피고인의 범죄사실을 인지하고도 피고인을 바로 체포하지 않고 추가 범행을 지켜보고 있다가 범죄사실이 많이 늘어난 뒤에야 피고인을 체포하였다는 사정만으로 피고인에 대한 수사와 공소제기가 위법하다거나 함정수사에 해당한다고 할 수 없다.

③ 유인자가 수사기관과 직접적인 관련을 맺지 아니한 상태에서 피유인자를 상대로 단순히 수차례 반복적으로 범행을 부탁하였을 뿐 수사기관이 사술이나 계략 등을 사용하였다고 볼 수 없는 경우는, 설령 그로 인하여 피유인자의 범의가 유발되었다 하더라도 위법한 함정수사에 해당하지 아니한다.

④ 노상에 정신을 잃고 쓰러져 있는 취객을 발견한 경찰관이 보건의료기관 또는 공공구호기관에 긴급구호를 요청하는 등 보호조치를 하지 않고, 취객의 그러한 상태를 이용하여 근처에서 감시하고 있다가 이른바 부축빼기 절도범을 체포한 경우는 경찰의 직분을 도외시한 범죄수사의 한계를 넘어선 위법한 함정수사에 해당한다.

해설

① 【O】 대판 2007.7.26. 2007도4532
② 【O】 대판 2007.6.29. 2007도3164
③ 【O】 대판 2007.7.12. 2006도2339
④ 【X】 국가경찰은 국민의 생명·신체 및 재산의 보호와 범죄의 예방·진압을 가장 우선적인 사명으로 삼고 있는바(경찰법 제3조 참조), 범죄 수사의 필요성을 이유로 일반 국민인 피해자의 생명과 신체에 대한 위험을 의도적으로 방치하면서까지 수사에 나아가는 것은 허용될 수 없고, 또 수사에 국민의 협조가 필요한 경우라 할지라도 본인의 동의 없이 국민의 생명과 신체의 안전에 대한 위험을 무릅쓰고 이른바 미끼로 이용하여 범죄수사에 나아가는 것을 두고 적법한 경찰권의 행사라고 보기도 어려울 것이다.
그러나 위와 같은 사유들은 어디까지나 피해자에 대한 관계에서 문제될 뿐으로서, 위 경찰관들의 행위는 단지 피해자 근처에 숨어서 지켜보고 있었던 것에 불과하고, 피고인은 피해자를 발견하고 스스로 범의를 일으켜 이 사건 범행에 나아간 것이어서, 앞서 본 법리에 의할 때 잘못된 수사방법에 관여한 경찰관에 대한 책임은 별론으로 하고, 스스로 범행을 결심하고 실행행위에 나아간 피고인에 대한 이 사건 기소 자체가 위법하다고 볼 것은 아니라 할 것이다(대판 2007.5.31. 2007도1903).

정답 ④

31. 수사에 관한 설명 중 가장 적절하지 않은 것은? (다툼이 있으면 판례에 의함)

16. 경찰승진

① 친고죄나 세무공무원 등의 고발이 있어야 논할 수 있는 죄에 있어서 고소 또는 고발은 소추조건에 불과하고 당해 범죄의 성립요건이나 수사의 조건은 아니다.
② 사법경찰관은 범죄의 혐의가 있다고 인식하는 때에는 범인, 범죄사실과 증거에 관하여 수사를 개시·진행하여야 한다.
③ 경찰관이 취객을 상대로 한 이른바 부축빼기 절도범 단속을 위하여 공원에 쓰러져 있는 취객 근처에서 감시하고 있다가 마침 피고인이 나타나 취객을 부축하여 10m 정도를 끌고 가 지갑을 뒤지자 현장에서 체포하여 기소한 경우 위법한 함정수사라고 볼 수 있다.
④ 수사란 범죄혐의의 유무를 명백히 하여 공소를 제기·유지할 것인가의 여부를 결정하기 위하여 범인을 발견·확보하고 증거를 수집·보전하는 수사기관의 활동이다.

해설

① 【O】 대판 1995.2.24. 94도252
② 【O】 제196조 제2항
③ 【X】 경찰관이 취객을 상대로 한 이른바 부축빼기 절도범을 단속하기 위하여, 공원 인도에 쓰러져 있는 취객 근처에서 감시하고 있다가, 마침 피고인이 나타나 취객을 부축하여 10m 정도를 끌고 가 지갑을 뒤지자 현장에서 체포하여 기소한 경우, 위법한 함정수사에 기한 공소제기가 아니라고 한 사례(대판 2007.5.31. 2007도1903).
④ 【O】 수사의 개념에 대한 설명으로 타당한 내용이다.

정답 ③

32. 고소와 관련한 다음 설명 중 가장 적절하지 않은 것은? (다툼이 있으면 판례에 의함)

16. 경찰채용 1차

① 친고죄에서 고소는 서면뿐만 아니라 구술로도 할 수 있고, 다만 구술에 의한 고소를 받은 검사 또는 사법경찰관은 조서를 작성하여야 하지만 그 조서가 독립된 조서일 필요는 없다.
② 고소권자가 비친고죄로 고소한 사건을 검사가 친고죄로 구성하여 공소를 제기하였다면 공소장 변경절차를 거쳐 공소사실이 비친고죄로 변경되지 아니하는 한, 법원으로서는 친고죄에서 소송조건이 되는 고소가 유효하게 존재하는지를 직권으로 조사·심리하여야 하고, 만일 그 공소사실에 대하여 피고인과 공범관계에 있는 자에 대한 적법한 고소취소가 있다면 그 고소취소의 효력은 피고인에 대하여도 미친다.
③ 친고죄의 공범 중 그 일부에 대하여 제1심 판결이 선고된 후에는 제1심 판결을 선고하기 이전의 다른 공범자에 대하여 고소취소를 할 수 없고 고소의 취소가 있더라도 그 효력이 발생하지 않는다.
④ 형사소송법 제230조 제1항 규정에서 범인을 알게 된다 함은 통상인의 입장에서 보아 고소권자가 고소를 할 수 있을 정도로 범죄사실과 범인을 아는 것을 의미하고, 여기서 범죄사실을 안다는 것은 고소권자가 친고죄에 해당하는 범죄의 피해가 있었다는 사실관계에 관하여 미필적 인식이 있음을 말한다.

해설

① 【 O 】 대판 1985.3.12. 85도190
② 【 O 】 대판 2015.11.17. 2013도7987
③ 【 O 】 대판 1985.11.12. 85도1940
④ 【 X 】 형사소송법 제230조 제1항 본문은 "친고죄에 대하여는 범인을 알게 된 날로부터 6월을 경과하면 고소하지 못한다."고 규정하고 있는바, 여기서 범인을 알게 된다 함은 통상인의 입장에서 보아 고소권자가 고소를 할 수 있을 정도로 범죄사실과 범인을 아는 것을 의미하고, 범죄사실을 안다는 것은 고소권자가 친고죄에 해당하는 범죄의 피해가 있었다는 사실관계에 관하여 확정적인 인식이 있음을 말한다(대판 2001.10.9. 2001도3106).

정답 ④

33 고소에 관한 다음 설명 중 가장 옳지 않은 것은? (다툼이 있는 경우 판례에 의함)

16. 법원직

① 수사기관이 고소권자를 증인 또는 피해자로서 신문한 경우에 그 진술에 범인의 처벌을 요구하는 의사표시가 포함되어 있고 그 의사표시가 조서에 기재되면 이를 적법한 고소로 볼 수 있다.
② 대리인에 의한 고소의 경우, 고소기간은 대리고소인이 아니라 정당한 고소권자를 기준으로 고소권자가 범인을 알게 된 날부터 기산한다.
③ 고발에 있어서는 이른바 고소・고발 불가분의 원칙이 적용되지 아니하므로, 고발의 구비 여부는 양벌규정에 의하여 처벌받는 자연인인 행위자와 법인에 대하여 개별적으로 논하여야 한다.
④ 출판물에 의한 명예훼손죄의 공범 중 1인에 대한 고소의 효력은 다른 공범에 대해서도 미친다.

해설

① 【 O 】 친고죄에서 고소는, 고소권 있는 자가 수사기관에 대하여 범죄사실을 신고하고 범인의 처벌을 구하는 의사표시로서 서면뿐만 아니라 구술로도 할 수 있고, 다만 구술에 의한 고소를 받은 검사 또는 사법경찰관은 조서를 작성하여야 하지만 그 조서가 독립된 조서일 필요는 없으며, 수사기관이 고소권자를 증인 또는 피해자로서 신문한 경우에 그 진술에 범인의 처벌을 요구하는 의사표시가 포함되어 있고 그 의사표시가 조서에 기재되면 고소는 적법하다(대판 2011.6.24. 2011도4451).
② 【 O 】 형사소송법 제236조의 대리인에 의한 고소의 경우, 대리권이 정당한 고소권자에 의하여 수여되었음이 실질적으로 증명되면 충분하고 그 방식에 특별한 제한은 없으므로 고소를 할 때 반드시 위임장을 제출한다거나 '대리'라는 표시를 하여야 하는 것은 아니고 또 고소기간은 대리고소인이 아니라 정당한 고소권자를 기준으로 고소권자가 범인을 알게 된 날이다(대판 2001.9.4. 2001도3081).
③ 【 O 】 조세범처벌법 제6조는 조세에 관한 범칙행위에 대하여는 원칙적으로 국세청장 등의 고발을 기다려 논하도록 규정하고 있는바, 같은 법에 의하여 하는 고발에 있어서는 이른바 고소・고발 불가분의 원칙이 적용되지 아니하므로, 고발의 구비 여부는 양벌규정에 의하여 처벌받는 자연인인 행위자와 법인에 대하여 개별적으로 논하여야 한다(대판 2004.9.24. 2004도4066).
④ 【 X 】 출판물에 의한 명예훼손죄는 반의사불벌죄에 해당하는바, 판례는 반의사불벌죄에 대해서는 공범간에 주관적 불가분의 원칙을 규정한 제233조가 적용되지 않는다고 본다(대판 1995.5.9. 93도1689).

정답 ④

34 고소에 관한 설명 중 가장 적절하지 않은 것은?

16. 경찰승진

① 피해자의 법정대리인이 피의자이거나 법정대리인의 친족이 피의자인 때에는 피해자의 친족은 독립하여 고소할 수 있다.
② 고소는 제1심 판결 선고 전까지 취소할 수 있다.
③ 고소를 취소한 자는 다시 고소하지 못한다.
④ 친고죄에 대하여 고소할 자가 없는 경우에 이해관계인의 신청이 있으면 검사는 7일 이내에 고소할 수 있는 자를 지정하여야 한다.

[해설]
① 【 O 】 제226조
② 【 O 】 제232조 제1항
③ 【 O 】 제232조 제2항
④ 【 X 】 친고죄에 대하여 고소할 자가 없는 경우에 이해관계인의 신청이 있으면 검사는 10일 이내에 고소할 수 있는 자를 지정하여야 한다(제228조).

정답 ④

35 고소불가분에 관한 설명 중 가장 적절하지 않은 것은? (다툼이 있으면 판례에 의함)

16. 경찰승진

① 상대적 친고죄의 경우 신분관계 있는 자에 대한 피해자의 고소취소는 비신분자에게도 효력이 있다.
② 절대적 친고죄의 공범 중 일부에 대하여만 처벌을 구하고 나머지에 대하여는 처벌을 원하지 않는다는 내용의 고소는 적법한 고소라고 할 수 없다.
③ 친고죄의 공범 중 그 1인 또는 수인에 대한 고소 또는 그 취소는 다른 공범자에 대하여도 효력이 있다.
④ 절대적 친고죄의 경우 공범 중 일부에 대하여 이미 1심 판결이 선고된 때에는 아직 1심판결선고 전의 다른 공범자에 대하여 고소를 취소할 수 없다.

[해설]
① 【 X 】 신분관계 있는 자에 대한 피해자의 고소취소는 비신분자에게 효력이 없다.
② 【 O 】 대판 2009.1.30. 2008도7462
③ 【 O 】 제233조
④ 【 O 】 대판 1985.11.12. 85도1940

정답 ①

36 고소 등에 대한 설명으로 옳은 것만을 모두 고른 것은? (다툼이 있는 경우 판례에 의함) 16. 국가직

㉠ 피해사실을 이해하고, 고소에 따른 사회생활상의 이해관계를 알아차릴 수 있는 사실상의 의사능력이 있다 하더라도 민법상의 행위능력이 없으면 고소능력은 인정되지 않는다.
㉡ 친고죄에서 적법한 고소가 있었는지는 자유로운 증명의 대상이 되고, 일죄의 관계에 있는 범죄사실의 일부에 대한 고소의 효력은 일죄 전부에 대하여 미친다.
㉢ 반의사불벌죄에서 피해자가 사망하여 직접 처벌희망 또는 처벌불원의 의사표시를 할 수 없는 경우 제1심 판결 선고 전에 피해자의 상속인이 피해자를 대신하여 처벌불원의 의사표시를 할 수 있다.
㉣ 고소는 범죄의 피해자 기타 고소권자가 수사기관에 대하여 범죄사실을 신고하여 범인의 소추·처벌을 구하는 의사표시를 말하는 것으로서, 단순한 피해사실의 신고는 소추·처벌을 구하는 의사표시가 아니므로 고소가 아니다.

① ㉠, ㉡   ② ㉠, ㉢   ③ ㉡, ㉣   ④ ㉢, ㉣

해설

㉠ 【 X 】 고소를 할 때는 소송행위능력, 즉 고소능력이 있어야 하나, 고소능력은 피해를 입은 사실을 이해하고 고소에 따른 사회생활 상의 이해관계를 알아차릴 수 있는 사실상의 의사능력으로 충분하므로, 민법상 행위능력이 없는 사람이라도 위와 같은 능력을 갖추었다면 고소능력이 인정된다(대판 2011.6.24. 2011도4451).
㉡ 【 O 】 대판 2011.6.24. 2011도4451
㉢ 【 X 】 폭행죄는 피해자의 명시한 의사에 반하여 공소를 제기할 수 없는 반의사불벌죄로서 처벌불원의 의사표시는 의사능력이 있는 피해자가 단독으로 할 수 있는 것이고, 피해자가 사망한 후 그 상속인이 피해자를 대신하여 처벌불원의 의사표시를 할 수는 없다고 보아야 한다(대판 2010.5.27. 2010도2680).
㉣ 【 O 】 대판 2008.11.27. 2007도4977

정답 ③

37 고소 등에 대한 설명 중 옳고 그름의 표시(○, ×)가 바르게 된 것은? (다툼이 있는 경우 판례에 의함)

17. 여경

> ③ 친고죄에 대하여 고소할 자가 없는 경우에 이해관계인의 신청이 있으면 검사는 7일 이내에 고소할 수 있는 자를 지정하여야 한다.
> ⓒ 고소권자가 비친고죄로 고소한 사건을 검사가 친고죄로 구성하여 공소를 제기하였다면 공소장 변경절차를 거쳐 공소사실이 비친고죄로 변경되지 아니하는 한, 법원으로서는 친고죄에서 소송조건이 되는 고소가 유효하게 존재하는지를 직권으로 조사·심리하여야 하고, 만일 그 공소사실에 대하여 피고인과 공범관계에 있는 자에 대한 적법한 고소취소가 있다면 그 고소취소의 효력은 피고인에 대하여도 미친다.
> ⓒ 세무공무원 등의 고발이 있어야 공소를 제기할 수 있는 조세범처벌법위반죄에 대하여 고발을 받아 수사한 검사가 불기소처분을 하였다가 나중에 공소를 제기하는 경우에는 세무공무원 등의 새로운 고발이 있어야 하는 것은 아니다.
> ② 비친고죄에 해당하는 죄로 기소되었다가 항소심에서 친고죄에 해당하는 죄로 공소장이 변경되고 난 후 비로소 고소가 취소되었다면 항소심법원은 공소기각의 판결을 선고할 수 있다.
> ⓜ 「형사소송법」 제230조 제1항 규정에서 범인을 알게 된다 함은 통상인의 입장에서 보아 고소권자가 고소를 할 수 있을 정도로 범죄사실과 범인을 아는 것을 의미하고, 여기서 범죄사실을 안다는 것은 고소권자가 친고죄에 해당하는 범죄의 피해가 있었다는 사실관계에 관하여 미필적 인식이 있음을 말한다.

① ③ ○ ⓒ × ⓒ × ② × ⓜ ○
② ③ × ⓒ × ⓒ ○ ② ○ ⓜ ×
③ ③ ○ ⓒ ○ ⓒ × ② ○ ⓜ ○
④ ③ × ⓒ ○ ⓒ ○ ② × ⓜ ×

해설

③ 【 × 】 친고죄에 대하여 고소할 자가 없는 경우에 이해관계인의 신청이 있으면 검사는 10일 이내에 고소할 수 있는 자를 지정하여야 한다(제228조).
ⓒ 【 ○ 】 대판 2015.11.17. 2013도7987
ⓒ 【 ○ 】 대판 2009.10.29. 2009도6614
② 【 × 】 항소심에서 비로소 공소사실이 친고죄로 변경된 경우에도 항소심을 제1심이라 할 수는 없는 것이므로, 항소심에 이르러 고소인이 고소를 취소하였다면 이는 친고죄에 대한 고소취소로서의 효력이 없다(대판 2007.3.15. 2007도210).
ⓜ 【 × 】 형사소송법 제230조 제1항 본문은 "친고죄에 대하여는 범인을 알게 된 날로부터 6월을 경과하면 고소하지 못한다."고 규정하고 있는바, 여기서 범인을 알게 된다 함은 통상인의 입장에서 보아 고소권자가 고소를 할 수 있을 정도로 범죄사실과 범인을 아는 것을 의미하고, 범죄사실을 안다는 것은 고소권자가 친고죄에 해당하는 범죄의 피해가 있었다는 사실관계에 관하여 확정적인 인식이 있음을 말한다(대판 2001.10.9. 2001도3106).

정답 ④

38 친고죄의 고소에 대한 설명으로 옳지 않은 것은? (다툼이 있는 경우 판례에 의함)

17. 검찰 7급

① 구술에 의한 고소를 받은 수사기관은 조서를 작성하여야 하지만 그 조서가 독립된 조서일 필요는 없으며, 수사기관이 고소권자를 증인 또는 피해자로서 신문한 경우에 그 진술에 범인의 처벌을 요구하는 의사표시가 포함되어 있고 그 의사표시가 조서에 기재되면 고소는 적법하다.
② 고소인이 현장에 출동한 경찰관에게 고소장을 교부하였으나 경찰서에 도착하여 최종적으로 고소장을 접수하지 아니하기로 마음먹고 고소장을 반환받았다면, 고소장이 수사기관에 적법하게 수리되었다고 할 수 없다.
③ 항소심에서 비로소 공소사실이 친고죄로 변경된 경우 항소심에서 고소인이 고소를 취소하면 이는 친고죄에 대한 고소취소로서 유효하다.
④ 고소권자가 피고인의 처벌을 구하는 의사를 철회한다는 취지의 합의서를 제1심 법원에 제출하였다면 그 고소는 적법하게 취소되었다고 할 것이고, 그 후 고소취소를 철회하는 의사표시를 다시 하여도 그 의사표시는 효력이 없다.

[해설]

① 【O】 대판 1985.3.12. 85도190
② 【O】 대판 2008.11.27. 2007도4977
③ 【X】 항소심에서 공소장의 변경에 의하여 또는 공소장변경절차를 거치지 아니하고 법원 직권에 의하여 친고죄가 아닌 범죄를 친고죄로 인정하였더라도 항소심을 제1심이라 할 수는 없는 것이므로, 항소심에 이르러 비로소 고소인이 고소를 취소하였다면 이는 친고죄에 대한 고소취소로서의 효력은 없다(대판 1999.4.15. 96도1922 전합).
④ 【O】 대판 2009.9.24. 2009도6779

정답 ③

39. 고소 등에 대한 설명 중 옳은 것만을 모두 고른 것은? (다툼이 있는 경우 판례에 의함)

17. 경찰채용 2차

㉠ 「근로기준법」 제44조의2, 제109조는 건설업에서 2차례 이상 도급이 이루어진 경우, 「건설산업기본법」 규정에 따른 건설업자가 아닌 하수급인이 그가 사용한 근로자에게 임금을 지급하지 못할 경우 하수급인의 직상 수급인은 하수급인과 연대하여 하수급인이 사용한 근로자의 임금을 지급할 책임을 지도록 하면서 이를 위반한 직상 수급인을 처벌하되, 근로자의 명시적인 의사와 다르게 공소를 제기할 수 없도록 규정하고 있다. 이때 하수급인의 처벌을 희망하지 아니하는 근로자의 의사표시가 있을 경우, 직상 수급인의 처벌을 희망하지 아니하는 의사표시도 포함되어 있다고 볼 수 있는지를 살펴보아야 하고, 직상 수급인을 배제한 채 오로지 하수급인에 대하여만 처벌을 희망하지 아니하는 의사를 표시한 것으로 쉽사리 단정할 것은 아니다.

㉡ 피해사실을 이해하고, 고소에 따른 사회생활상의 이해관계를 알아차릴 수 있는 사실상의 의사능력이 있다 하더라도 민법상의 행위능력이 없으면 고소능력은 인정되지 않는다.

㉢ 폭행죄는 피해자의 명시한 의사에 반하여 공소를 제기할 수 없는 반의사불벌죄로서 처벌불원의 의사표시는 의사능력이 있는 피해자가 단독으로 할 수 있는 것이고, 피해자가 사망한 후 그 상속인이 피해자를 대신하여 처벌불원의 의사표시를 할 수는 없다.

㉣ 「형사소송법」 제236조의 대리인에 의한 고소의 경우, 대리권이 정당한 고소권자에 의하여 수여되었음을 증명하기 위해 반드시 위임장을 제출한다거나 '대리'라는 표시를 하여야 한다.

㉤ 고소권자가 비친고죄로 고소한 사건이더라도 검사가 사건을 친고죄로 구성하여 공소를 제기하였다면, 공소장 변경절차를 거쳐 공소사실이 비친고죄로 변경되지 아니하는 한, 법원으로서는 친고죄에서 소송조건이 되는 고소가 유효하게 존재하는지를 직권으로 조사·심리 하여야 한다.

① ㉠, ㉡   ② ㉠, ㉢, ㉤   ③ ㉢, ㉤   ④ ㉢, ㉣, ㉤

ⓒ 【 X 】 고소를 함에는 소송행위능력, 즉 고소능력이 있어야 하는바, 고소능력은 피해를 받은 사실을 이해하고 고소에 따른 사회생활상의 이해관계를 알아차릴 수 있는 사실상의 의사능력으로 충분하므로 민법상의 행위능력이 없는 자라도 위와 같은 능력을 갖춘 자에게는 고소능력이 인정된다고 할 것이고, 고소위임을 위한 능력도 위와 마찬가지라고 할 것이다(대판 1999.2.9. 98도2074).
ⓒ 【 O 】 대판 2010.5.27. 2010도2680
ⓔ 【 X 】 형사소송법 제236조의 대리인에 의한 고소의 경우, 대리권이 정당한 고소권자에 의하여 수여되었음이 실질적으로 증명되면 충분하고, 그 방식에 특별한 제한은 없으므로, 고소를 할 때 반드시 위임장을 제출한다거나 '대리'라는 표시를 하여야 하는 것은 아니고, 또 고소기간은 대리고소인이 아니라 정당한 고소권자를 기준으로 고소권자가 범인을 알게 된 날부터 기산한다(대판 2001.9.4. 2001도3081).
ⓜ 【 O 】 대판 2015.11.17. 2013도7987

정답 ②

40 고소에 대한 설명으로 옳은 것을 모두 고른 것은? (다툼이 있는 경우 판례에 의함) *18. 경찰승진*

> ㉠ 수사기관이 고소권자를 증인 또는 피해자로서 신문한 경우에 그 진술에 범인의 처벌을 요구하는 의사표시가 포함되어 있고 그 의사표시가 조서에 기재되면 이를 적법한 고소로 볼 수 있다.
> ㉡ 반의사불벌죄에 있어서 처벌을 희망하는 의사표시의 철회는 제1심 판결 선고 전까지 이를 할 수 있으나, 항소심에 이르러 비로소 반의사불벌죄가 아닌 죄에서 반의사불벌죄로 공소장이 변경된 경우에는 예외적으로 항소심에서도 처벌을 희망하는 의사표시를 철회할 수 있다.
> ㉢ 친고죄에 대하여 고소할 자가 없는 경우에 이해관계인의 신청이 있으면 검사는 7일 이내에 고소할 수 있는 자를 지정하여야 한다.
> ㉣ 친고죄에서 적법한 고소가 있었는지는 자유로운 증명의 대상이고, 일죄의 관계에 있는 범죄사실 일부에 대한 고소의 효력은 일죄 전부에 대하여 미친다.

① ㉠, ㉡   ② ㉠, ㉢   ③ ㉠, ㉣   ④ ㉡, ㉣

해설

㉠㉣ 【 O 】 대판 2011.6.24. 2011도4451
㉡ 【 X 】 형사소송법 제232조 제1항, 제3항의 취지는 국가형벌권의 행사가 피해자의 의사에 의하여 좌우되는 현상을 장기간 방치할 것이 아니라 제1심 판결 선고 이전까지로 제한하자는데 그 목적이 있다 할 것이므로 비록 항소심에 이르러 비로소 반의사불벌죄가 아닌 죄에서 반의사불벌죄로 공소장변경이 있었다 하여 항소심인 제2심을 제1심으로 볼 수는 없다(대판 1988.3.8. 85도2518).
㉢ 【 X 】 친고죄에 대하여 고소할 자가 없는 경우에 이해관계인의 신청이 있으면 검사는 10일 이내에 고소할 수 있는 자를 지정하여야 한다(제228조).

정답 ③

41 고소에 관한 설명 중 옳은 것은? (다툼이 있는 경우 판례에 의함) 21. 변호사시험

① 민사사건에서 '이 사건과 관련하여 서로 상대방에 대해 제기한 형사사건의 고소를 모두 취하한다'는 내용이 포함된 조정이 성립된 것만으로도 위 형사사건의 고소가 취소된 것으로 볼 수 있다.
② 법정대리인의 고소권은 무능력자의 보호를 위하여 법정대리인에게 주어진 독립대리권이므로, 피해자의 명시한 의사에 반하여 행사할 수 없다.
③ 항소심에서 공소장변경 또는 법원의 직권에 의하여 비친고죄를 친고죄로 인정한 경우, 항소심에 이르러 비로소 고소인이 고소를 취소하였다면 이는 친고죄에 대한 고소취소로서 효력이 있다.
④ 영업범 등 포괄일죄의 경우 고소권자가 범죄행위가 계속되는 도중에 범인을 알았다 하더라도 최후의 범죄행위가 종료한 때에 고소기간이 진행된다.
⑤ 변호사 甲이 친고죄의 피해자인 의뢰인 乙로부터 가해자인 A에 대한 고소대리권을 수여받아 고소를 제기한 경우, 고소기간은 고소대리인 甲이 범죄사실을 알게 된 날부터 기산한다.

[해설]

① 【 X 】 민사사건에서 임의조정이 성립된 것만으로는 고소가 취소된 것으로 볼 수 없다(대판 2008.11.27. 2008도2493).
② 【 X 】 법정대리인의 고소권은 무능력자의 보호를 위하여 법정대리인에게 주어진 고유권이어서 피해자의 고소권 소멸 여부에 관계없이 고소할 수 있는 것이며, 그 고소기간은 법정대리인 자신이 범인을 알게 된 날로부터 진행한다(대판 1987.6.9. 87도857).
③ 【 X 】 소송요건인 그 친고죄의 고소를 취소할 수 있는 시기를 언제까지로 한정하는가는 형사소송절차운영에 관한 입법정책상의 문제인바, 항소심을 제1심이라 할 수는 없는 것이므로, 항소심에 이르러 비로소 고소인이 고소를 취소하였다면 이는 친고죄에 대한 고소취소로서의 효력은 없다고 본다(대판[전합] 1999.4.15. 96도1922).
④ 【 O 】 '범인을 알게 된 날'이란 범죄행위가 종료된 후에 범인을 알게 된 날을 가리키는 것으로서, 고소권자가 범죄행위가 계속되는 도중에 범인을 알았다 하여도, 그 날부터 곧바로 위 조항에서 정한 친고죄의 고소기간이 진행된다고는 볼 수 없고, 이러한 경우 고소기간은 범죄행위가 종료된 때부터 계산하여야 하며, 동종행위의 반복이 당연히 예상되는 영업범 등 포괄일죄의 경우에는 최후의 범죄행위가 종료한 때에 전체 범죄행위가 종료된 것으로 보아야 한다(대판 2004.10.28. 2004도5014).
⑤ 【 X 】 형사소송법 제236조의 대리인에 의한 고소의 경우, 대리권이 정당한 고소권자에 의하여 수여되었음이 실질적으로 증명되면 충분하고 그 방식에 특별한 제한은 없으므로 고소를 할 때 반드시 위임장을 제출한다거나 '대리'라는 표시를 하여야 하는 것은 아니고 또 고소기간은 대리고소인이 아니라 정당한 고소권자를 기준으로 고소권자가 범인을 알게 된 날이다(대판 2001.9.4. 2001도3081).

[정답] ④

42 고소에 관한 설명 중 가장 옳지 않은 것은? (다툼이 있는 경우 판례에 의함) 18. 법원직

① 자기 또는 배우자의 직계존속을 고소하지 못하지만, 형법 제298조의 강제추행죄의 경우에는 자기 또는 배우자의 직계존속을 고소할 수 있다.
② A와 B가 2012.3.1. 함께 C를 강제추행하여 C가 A와 B를 성폭력범죄의 처벌 등에 관한 특례법 제4조 제2항의 특수강제추행죄로 고소하였는데, 검사가 A에 대하여 형법 제298조의 강제추행죄로 기소한 경우에, C가 B에 대한 고소를 취소하였다면 고소취소의 효력이 A에게도 미쳐 공소기각의 판결을 하여야 한다.
③ 제1심 법원이 반의사불벌죄로 기소된 피고인에 대하여 소송촉진 등에 관한 특례법 제23조에 따라 피고인의 진술 없이 유죄를 선고하여 판결이 확정된 경우 피고인이 같은 법 제23조의2에 따른 재심청구를 한 경우에는 피해자는 재심의 제1심 판결 선고 전까지 처벌을 희망하는 의사표시를 철회할 수 있다.
④ 위 ③항의 경우에, 피고인이 소송촉진 등에 관한 특례법 제23조의2에 따른 재심청구가 아니라 형사소송법 제345조에 의한 항소권회복청구를 하여 항소심 재판을 받게 된 경우에도 재심을 신청한 경우와의 형평성을 고려하여 항소심 판결이 선고되기 전까지는 피해자가 처벌을 희망하는 의사표시를 철회할 수 있다.

해설

① 【O】 성폭력범죄의 처벌 등에 관한 특례법 제18조
② 【O】 대판 2015.11.17. 2013도7987
③ 【O】 대판 2016.11.25. 2016도9470
④ 【X】 제1심 법원이 반의사불벌죄로 기소된 피고인에 대하여 소송촉진 등에 관한 특례법(이하 '소송촉진법'이라고 한다) 제23조에 따라 피고인의 진술 없이 유죄를 선고하여 판결이 확정된 경우, 만일 피고인이 책임을 질 수 없는 사유로 공판절차에 출석할 수 없었음을 이유로 소송촉진법 제23조의2에 따라 제1심 법원에 재심을 청구하여 재심개시결정이 내려졌다면 피해자는 재심의 제1심 판결 선고 전까지 처벌을 희망하는 의사표시를 철회할 수 있다. 그러나 피고인이 제1심 법원에 소송촉진법 제23조의2에 따른 재심을 청구하는 대신 항소권회복청구를 함으로써 항소심 재판을 받게 되었다면 항소심을 제1심이라고 할 수 없는 이상 항소심 절차에서는 처벌을 희망하는 의사표시를 철회할 수 없다(대판 2016.11.25. 2016도9470).

정답 ④

43 고소에 대한 설명으로 옳은 것을 모두 고른 것은? (다툼이 있는 경우 판례에 의함)

18. 경찰채용 1차

㉠ 「형사소송법」 제236조의 대리인에 의한 고소의 경우, 대리권이 정당한 고소권자에 의하여 수여되었음이 실질적으로 증명되면 충분하고 그 방식에 특별한 제한은 없지만, 고소를 할 때 반드시 위임장을 제출하거나 '대리'라는 표시를 하여야 한다.
㉡ 고소장에 명예훼손죄의 죄명을 붙이고 그 죄에 관한 사실을 적었으나 그 사실이 명예훼손죄를 구성하지 않고 모욕죄를 구성하는 경우 위 고소는 모욕죄에 대한 고소로서의 효력은 갖지 않는다.
㉢ 친고죄의 공범 중 그 1인 또는 수인에 대한 고소 또는 그 취소는 다른 공범자에 대하여는 효력이 없다.
㉣ 고소능력은 피해를 입은 사실을 이해하고 고소에 따른 사회생활상의 이해관계를 알아차릴 수 있는 사실상의 의사능력으로 충분하지만, 민법상 행위능력이 없는 사람은 위와 같은 능력을 갖추었더라도 고소능력이 인정되지 않는다.

① ㉠, ㉢   ② ㉡, ㉣   ③ ㉡, ㉢, ㉣   ④ 없음

해설

㉠ 【X】 형사소송법 제236조의 대리인에 의한 고소의 경우, 대리권이 정당한 고소권자에 의하여 수여되었음이 실질적으로 증명되면 충분하고, 그 방식에 특별한 제한은 없으므로, 고소를 할 때 반드시 위임장을 제출한다거나 '대리'라는 표시를 하여야 하는 것은 아니고, 또 고소기간은 대리고소인이 아니라 정당한 고소권자를 기준으로 고소권자가 범인을 알게 된 날부터 기산한다(대판 2001.9.4. 2001도3081).
㉡ 【X】 고소가 어떠한 사항에 관한 것인가의 여부는 고소장에 붙인 죄명에 구애될 것이 아니라 고소의 내용에 의하여 결정하여야 할 것이므로 고소장에 명예훼손죄의 죄명을 붙이고 그 죄에 관한 사실을 적었으나 그 사실이 명예훼손죄를 구성하지 않고 모욕죄를 구성하는 경우에는 위 고소는 모욕죄에 대한 고소로서의 효력을 갖는다(대판 1981.6.23. 81도1250).
㉢ 【X】 친고죄의 공범 중 그 1인 또는 수인에 대한 고소 또는 그 취소는 다른 공범자에 대하여도 효력이 있다(제233조).
㉣ 【X】 고소를 함에는 소송행위능력, 즉 고소능력이 있어야 하는바, 고소능력은 피해를 받은 사실을 이해하고 고소에 따른 사회생활상의 이해관계를 알아차릴 수 있는 사실상의 의사능력으로 충분하므로 민법상의 행위능력이 없는 자라도 위와 같은 능력을 갖춘 자에게는 고소능력이 인정된다고 할 것이고, 고소위임을 위한 능력도 위와 마찬가지라고 할 것이다(대판 1999.2.9. 98도2074).

정답 ④

44 고소불가분의 원칙에 대한 설명으로 옳지 않은 것은?

18. 검찰 7급

① 다른 환자들 앞에서 수술결과에 불만을 품고 거칠게 항의하는 환자 A에 대하여 의사 甲이 욕을 하면서 업무상 지득한 A에 대한 비밀을 누설한 경우, 모욕행위에 대한 A의 고소는 업무상 비밀누설행위에 대하여도 효력이 미친다.

② 甲이 하나의 문서를 통해 A, B, C를 모욕하였으나 A만이 甲을 모욕죄로 고소한 경우, A의 고소는 B, C에 대한 모욕행위에는 효력이 미치지 않는다.

③ 변호사 甲이 A에게 직무상 알게 된 비밀을 누설하는 방법으로 B의 명예를 훼손한 경우, 명예훼손행위에 대한 B의 고소는 업무상 비밀누설행위에 대하여도 효력이 미친다.

④ 수회의 모욕이 경합범의 관계에 있다면 이 중 하나의 모욕행위에 대한 고소는 다른 모욕행위에 대하여 효력이 미치지 않는다.

해 설

① 【O】 甲은 모욕죄와 업무상 비밀누설죄를 저질렀다. 그런데 위 두 행위는 상상적 경합의 관계에 있으며, 모욕죄와 업무상 비밀누설죄는 모두 친고죄이다. 또한 환자 A에 대해 이러한 죄를 저질렀다. 즉, 이 사안은 고소의 객관적 불가분의 원칙 중 모두 친고죄이며 피해자가 동일한 경우에 해당한다. 따라서 이 경우에는 모욕행위에 대한 고소는 업무상 비밀누설 행위에 대하여도 효력이 미친다.

② 【O】 설문의 사안은 모두 친고죄이고 피해자가 다른 경우에 해당한다. 1인의 피해자가 하는 고소의 효력은 다른 피해자에 대한 범죄사실에는 미치지 않는다.

③ 【X】 甲은 명예훼손죄와 업무상 비밀누설죄를 저질렀다. 그런데 위 두 행위는 상상적 경합관계에 있지만, 명예훼손은 반의사불벌죄이고, 업무상 비밀누설죄는 친고죄이다. 따라서 이 경우에는 일부만이 친고죄인 경우에 해당하기 때문에 객관적 불가분의 효력이 미치지 않는다.

④ 【O】 설문의 사안은 경합범에 해당한다. 객관적 불가분의 원칙은 1개의 범죄사실을 전제로 하는 원칙이므로, 수죄 즉 경합범에 대하여는 적용되지 않는다.

정답 ③

45 고소에 관한 다음 설명 중 가장 옳지 않은 것은? (다툼이 있는 경우 판례에 의함)

19. 법원직

① 친고죄에서 공범 중 일부에 대하여만 처벌을 구하고 나머지에 대하여는 처벌을 원하지 않는 내용의 고소는 적법한 고소라고 할 수 없고, 공범 중 1인에 대한 고소취소는 고소인의 의사와 상관없이 다른 공범에 대하여도 효력이 있다.

② 항소심에서 공소장의 변경에 의하여 친고죄가 아닌 범죄를 친고죄로 인정하였더라도, 항소심에 이르러 비로소 고소인이 고소를 취소하였다면 이는 친고죄에 대한 고소취소로서의 효력은 없다.

③ 친고죄의 공범 중 그 일부에 대하여 제1심판결이 선고된 후에는 제1심판결선고전의 다른 공범자에 대하여는 그 고소를 취소할 수 없고 그 고소의 취소가 있다 하더라도 그 효력을 발생할 수 없다.

④ 피해자가 반의사불벌죄의 공범 중 1인에 대하여 처벌을 희망하는 의사를 철회한 경우, 다른 공범자에 대하여도 처벌희망의사가 철회된 것으로 볼 수 있다.

[해설]

① 【 O 】 대판 2009.1.30. 2008도7462
② 【 O 】 대판 1999.4.15. 96도1922 전합
③ 【 O 】 대판 1985.11.12. 85도1940
④ 【 X 】 형사소송법이 고소와 고소취소에 관한 규정을 하면서 제232조 제1항, 제2항에서 고소취소의 시한과 재고소의 금지를 규정하고 제3항에서는 반의사불벌죄에 제1항, 제2항의 규정을 준용하는 규정을 두면서도, 제233조에서 고소와 고소취소의 불가분에 관한 규정을 함에 있어서는 반의사불벌죄에 이를 준용하는 규정을 두지 아니한 것은 처벌을 희망하지 아니하는 의사표시나 처벌을 희망하는 의사표시의 철회에 관하여 친고죄와는 달리 공범자간에 불가분의 원칙을 적용하지 아니하고자 함에 있다고 볼 것이지, 입법의 불비로 볼 것은 아니다(대판 1994.4.26. 93도1689).

정답 ④

46 고소의 취소에 대한 설명으로 가장 적절한 것은? (다툼이 있는 경우 판례에 의함)

19. 경찰승진

① 항소심이 제1심의 공소기각 판결이 위법함을 이유로 제1심 판결을 파기하고 사건을 제1심으로 다시 환송한 경우, 이미 제1심 판결이 한번 선고되었던 이상 파기환송 후 다시 진행된 제1심 절차에서 고소취소는 허용되지 않는다.
② 항소심에서 공소장변경 또는 법원 직권에 의하여 비친고죄를 친고죄로 인정한 경우, 항소심에서의 고소취소는 친고죄에 대한 고소취소로서의 효력이 없다.
③ 고소는 대리인을 통해서 할 수 있지만, 고소의 취소는 대리가 허용되지 않는다.
④ 검사가 작성한 피해자에 대한 진술조서에 "법대로 처벌하여 주시기 바랍니다."라고 기재되어 있고, "더 할 말이 없나요?"라는 물음에 "젊은 사람들이니 한 번 기회를 주시면 감사하겠습니다."라고 조서에 기재되었다면 처벌의사를 철회한 것으로 볼 수 있다.

[해설]

① 【 X 】 형사소송법 제232조 제1항은 고소를 제1심 판결 선고 전까지 취소할 수 있도록 규정하여 친고죄에서 고소취소의 시한을 한정하고 있다. 그런데 상소심에서 형사소송법 제366조 또는 제393조 등에 의하여 법률 위반을 이유로 제1심 공소기각판결을 파기하고 사건을 제1심법원에 환송함에 따라 다시 제1심 절차가 진행된 경우, 종전의 제1심 판결은 이미 파기되어 효력을 상실하였으므로 환송 후의 제1심 판결 선고 전에는 고소취소의 제한사유가 되는 제1심판결 선고가 없는 경우에 해당한다. 뿐만 아니라 특히 간통죄 고소는 제1심 판결 선고 후 이혼소송이 취하된 경우 또는 피고인과 고소인이 다시 혼인한 경우에도 소급적으로 효력을 상실하게 되는 점까지 감안하면, 환송 후의 제1심 판결 선고 전에 간통죄의 고소가 취소되면 형사소송법 제327조 제5호에 의하여 판결로써 공소를 기각하여야 한다(대판 2011.8.25. 2009도9112).
② 【 O 】 대판 1999.4.15. 96도1922 전합
③ 【 X 】 고소 또는 그 취소는 대리인으로 하여금 하게 할 수 있다(제236조).
④ 【 X 】 검사가 작성한 피해자에 대한 진술조서기재 중 '피의자들의 처벌을 원하는 가요?'라는 물음에 대하여 '법대로 처벌하여 주기 바랍니다'로 되어 있고 이어서 '더 할 말이 있는 가요?'라는 물음에 대하여 '젊은 사람들이니 한번 기회를 주시면 감사하겠습니다'로 기재되어 있다면 피해자의 진술취지는 법대로 처벌하되 관대한 처분을 바란다는 취지로 보아야 하고 처벌의사를 철회한 것으로 볼 것이 아니다(대판 1981.1.13. 80도2210).

정답 ②

47 고소에 대한 설명 중 옳은 것을 모두 고른 것은? (다툼이 있는 경우 판례에 의함)

19. 법학경채

㉠ 모욕죄의 피해자가 15세인 미성년자로서 범인을 알게 된 날부터 6개월이 지나 자신의 고소권이 소멸하였더라도 그 법정대리인이 범인을 안 때로부터 6개월이 경과하지 않았다면 피해자의 고소권 소멸 여부와 상관없이 그 법정대리인이 고소를 할 수 있으며, 이러한 법정대리인의 고소권은 피해자인 미성년자의 명시한 의사에 반하여도 행사할 수 있다.
㉡ 절대적 친고죄의 공범 중 일부에 대해서만 처벌을 구하고 나머지 공범에 대해서는 처벌을 원하지 않는다는 내용의 고소는 적법한 고소라고 할 수 없다.
㉢ 절대적 친고죄의 공범 중 甲에 대하여 먼저 제1심 판결이 선고된 후 나머지 공범인 乙에 대한 수사가 진행 중인 경우 乙에 대해서는 아직 1심 판결 선고 전이므로 피해자는 乙에 대한 고소를 취소할 수 있다.
㉣ 고소나 고발 모두 대리인으로 하여금 하게 할 수 있다.

① ㉠, ㉡ ② ㉡, ㉢ ③ ㉢, ㉣ ④ ㉠, ㉣

해설

㉠【O】대판 1987.6.9. 87도857
㉡【O】대판 2009.1.30. 2008도7462
㉢【X】친고죄의 공범 중 그 일부에 대하여 제1심판결이 선고된 후에는 제1심 판결선고 전의 다른 공범자에 대하여는 그 고소를 취소할 수 없고 그 고소의 취소가 있다 하더라도 그 효력을 발생할 수 없으며, 이러한 법리는 필요적 공범이나 임의적 공범이나를 구별함이 없이 모두 적용된다(대판 1985.11.12. 85도1940).
㉣【X】고소는 대리인으로 하여금 하게 할 수 있지만(제236조), 고발은 대리를 허용하는 규정이 없으므로 대리가 허용되지 않는다.

정답 ①

48 고소에 관한 설명 중 가장 적절한 것은? (다툼이 있는 경우 판례에 의함)

20. 경찰승진

① 피해자가 경찰청 인터넷 홈페이지에 '피고인을 철저히 조사해 달라'는 취지의 신고민원을 접수하는 형태로 피고인에 대한 조사를 촉구하는 의사표시를 한 것은 형사소송법 제237조 제1항에 따른 적법한 고소에 해당한다.
② 고소권자가 비친고죄로 고소한 사건이더라도 검사가 친고죄로 기소하였다면 공소장 변경절차를 거쳐 공소사실이 비친고죄로 변경되지 않는 한, 법원은 고소가 유효하게 존재하는지를 직권으로 조사·심리하여야 한다.
③ 절대적 친고죄의 공범 중 그 1인 또는 수인에 대한 고소는 다른 공범자에 대하여도 효력이 있으나, 취소는 그 취소의 상대방으로 지정된 피고소인에 대해서만 효력이 있다.
④ 친고죄에서 고소는 처벌조건이므로 고소가 있었는지 여부는 엄격한 증명의 대상이 된다.

해설

①【X】출판사 대표인 피고인이 도서의 저작권자인 피해자와 전자도서(e-book)에 대하여 별도의 출판계약 등을 체결하지 않고 전자도서를 제작하여 인터넷서점 등을 통해 판매하였다고 하여 구 저작권법 위반으로 기소된 사안에서, 피해자가 경찰청 인터넷 홈페이지에 '피고인을 철저히 조사해 달라'는 취지의 민원을 접수하는 형태로 피고인에 대한 조사를 촉구하는 의사표시를 한 것은 형사소송법에 따른 적법한 고소로 보기 어렵다는 이유로 공소를 기각한 원심판단을 정당하다고 한 사례(대판 2012.2.23. 2010도9524).
②【O】대판 2015.11.17. 2013도7987
③【X】절대적 친고죄의 공범 중 그 1인 또는 수인에 대한 고소 또는 그 취소는 다른 공범자에 대하여도 효력이 있다(제233조).
④【X】친고죄에서의 고소 유무에 대한 사실은 자유로운 증명의 대상이 된다(대판 1999.2.9. 98도2074).

정답 ②

49 고소 등에 대한 다음의 설명(㉠~㉢) 중 옳고 그름의 표시(○, ×)가 바르게 된 것은? (다툼이 있는 경우 판례에 의함)

20. 경찰채용 1차

㉠ 고소능력은 피해를 입은 사실을 이해하고 고소에 따른 사회생활상의 이해관계를 알아차릴 수 있는 사실상의 의사능력으로 충분하므로, 「민법」상 행위능력이 없는 사람이라도 위와 같은 능력을 갖추었다면 고소능력이 인정된다.

㉡ 고소권자가 비친고죄로 고소한 사건이더라도 검사가 사건을 친고죄로 구성하여 공소를 제기하였다면, 공소장 변경절차를 거쳐 공소사실이 비친고죄로 변경되지 아니하는 한, 법원으로서는 친고죄에서 소송조건이 되는 고소가 유효하게 존재하는지를 직권으로 조사·심리하여야 한다.

㉢ 법정대리인의 고소권은 무능력자의 보호를 위하여 법정대리인에게 주어진 고유권이어서 피해자의 고소권 소멸여부에 관계없이 고소할 수 있는 것이며, 그 고소기간은 법정대리인 자신이 범인을 알게 된 날로부터 진행한다.

㉣ 「형사소송법」 제236조의 대리인에 의한 고소의 경우, 대리권이 정당한 고소권자에 의하여 수여되었음을 증명하기 위해 반드시 위임장을 제출한다거나 '대리'라는 표시를 하여야 한다.

㉤ 친고죄에 관한 고소의 주관적 불가분 원칙을 규정한 「형사소송법」 제233조는 「공정거래법」상 공정거래위원회의 고발에 준용된다.

① ㉠ ○ ㉡ × ㉢ ○ ㉣ ○ ㉤ ×
② ㉠ ○ ㉡ ○ ㉢ × ㉣ × ㉤ ×
③ ㉠ × ㉡ × ㉢ × ㉣ ○ ㉤ ○
④ ㉠ ○ ㉡ ○ ㉢ ○ ㉣ × ㉤ ×

해설

㉠ 【 ○ 】 대판 1999.2.9. 98도2074
㉡ 【 ○ 】 대판 2015.11.17. 2013도7987
㉢ 【 ○ 】 대판 1987.6.9. 87도857
㉣ 【 × 】 형사소송법 제236조의 대리인에 의한 고소의 경우, 대리권이 정당한 고소권자에 의하여 수여되었음이 실질적으로 증명되면 충분하고, 그 방식에 특별한 제한은 없으므로, 고소를 할 때 반드시 위임장을 제출한다거나 '대리'라는 표시를 하여야 하는 것은 아니고, 또 고소기간은 대리고소인이 아니라 정당한 고소권자를 기준으로 고소권자가 범인을 알게 된 날부터 기산한다(대판 2001.9.4. 2001도3081).
㉤ 【 × 】 친고죄에 관한 고소의 주관적 불가분 원칙을 규정하고 있는 형사소송법 제233조가 공정거래위원회의 고발에도 유추적용된다고 해석한다면 이는 공정거래위원회의 고발이 없는 행위자에 대해서까지 형사처벌의 범위를 확장하는 것으로서, 결국 피고인에게 불리하게 형벌법규의 문언을 유추해석한 경우에 해당하므로 죄형법정주의에 반하여 허용될 수 없다(대판 2010.9.30. 2008도4762).

정답 ④

50 친고죄의 고소에 대한 설명으로 옳은 것만을 모두 고르면? (다툼이 있는 경우 판례에 의함)

20. 국가직

> ㉠ 친고죄가 아닌 범죄로 기소되었으나 항소심에서 공소장의 변경에 의하여 친고죄로 인정된 경우, 고소인이 공소제기 전에 행한 고소를 항소심에서 취소하면 법원은 공소기각의 판결을 선고하여야 한다.
> ㉡ 수사기관이 고소권이 있는 자를 증인 또는 피해자로서 신문한 경우에는 그 진술에 범인의 처벌을 요구하는 의사표시가 포함되어 있고 그 의사표시가 조서에 기재되어 있더라도 이는 고소로서 유효하지 않다.
> ㉢ 수사가 장차 고소나 고발의 가능성이 없는 상태 하에서 행해졌다는 등의 특단의 사정이 없는 한, 고소나 고발이 있기 전에 수사를 하였다는 이유만으로 그 수사가 위법하게 되는 것은 아니다.
> ㉣ 친고죄에 있어서 피해자의 고소권은 공법상의 권리로서 법이 특히 명문으로 인정하는 경우를 제외하고는 고소 전에 고소권을 포기할 수 없다.

① ㉠, ㉡   ② ㉡, ㉢   ③ ㉢, ㉣   ④ ㉠, ㉢, ㉣

[해설]

㉠ 【 X 】 형사소송법 제232조 제1항, 제3항의 취지는 국가형벌권의 행사가 피해자의 의사에 의하여 좌우되는 현상을 장기간 방치할 것이 아니라 제1심 판결선고 이전까지로 제한하자는데 그 목적이 있다 할 것이므로 비록 항소심에 이르러 비로소 반의사불벌죄가 아닌 죄에서 반의사불벌죄로 공소장변경이 있었다 하여 항소심인 제2심을 제1심으로 볼수는 없다(대판 1988.3.8. 85도2518).

㉡ 【 X 】 친고죄에 있어서의 고소는 고소권있는 자가 수사기관에 대하여 범죄사실을 신고하고 범인의 처벌을 구하는 의사표시로서 서면뿐만 아니라 구술로도 할 수 있는 것이고, 다만 구술에 의한 고소를 받은 검사 또는 사법경찰관은 조서를 작성하여야 하지만 그 조서가 독립된 조서일 필요는 없으며 수사기관이 고소권자를 증인 또는 피해자로서 신문한 경우에 그 진술에 범인의 처벌을 요구하는 의사표시가 포함되어 있고 그 의사표시가 조서에 기재되면 고소는 적법하게 이루어진 것이다(대판 1985.3.12. 85도190).

㉢ 【 O 】 대판 1995.2.24. 94도252

㉣ 【 O 】 대판 1967.5.23. 67도471

정답 ③

51. 고소와 고발에 대한 다음 설명 중 적절하지 않은 것만을 고른 것은 모두 몇 개인가? (다툼이 있는 경우 판례에 의함)

20. 경찰채용 2차

㉠ 성폭력범죄의 처벌 등에 관한 특례법 제27조에 따라 성폭력범죄 피해자의 변호사는 피해자를 대리하여 피고인에 대한 처벌을 희망하는 의사표시를 철회하거나 처벌을 희망하지 않는 의사표시를 할 수 있다.

㉡ 반의사불벌죄에 있어서 미성년인 피해자에게 의사능력이 있는 이상, 법정대리인의 동의 없이 단독으로 고소취소 또는 처벌불원의 의사를 표시할 수 있다.

㉢ 제1심 법원이 반의사불벌죄로 기소된 피고인에 대하여 소송촉진 등에 관한 특례법 제23조에 따라 피고인의 진술 없이 유죄를 선고하여 판결이 확정된 후 피고인이 제1심 법원에 동법 제23조의2에 따른 재심을 청구하는 대신 항소권 회복청구를 하여 항소심 재판을 받게 된 경우, 항소심 절차일지라도 처벌을 희망하는 의사표시를 철회할 수 있다.

㉣ 세무공무원 등의 고발에 따른 조세범 처벌법 위반죄 혐의에 대하여 검사가 불기소처분을 하였다가 나중에 공소를 제기하는 경우에는 세무공무원 등의 새로운 고발이 있어야 한다.

㉤ 수 개의 범칙사실 중 일부만을 범칙사건으로 하는 고발이 있는 경우에 고발장에 기재된 범칙사실과 동일성이 인정되지 않는 다른 범칙사실에 대해서는 고발의 효력이 미치지 않는다.

① 1개　　② 2개　　③ 3개　　④ 4개

[해설]

㉠ 【 O 】 성폭력범죄의 처벌 등에 관한 특례법 제27조는 성폭력범죄피해자에 대한 변호사선임의 특례를 정하고 있다. 성폭력범죄의 피해자는 형사절차상 법률적 조력을 받기 위해 스스로 변호사를 선임할 수 있고(제1항), 검사는 피해자에게 변호사가 없는 경우 국선변호사를 선정하여 형사절차에서 피해자의 권익을 보호할 수 있으며(제6항), 피해자의 변호사는 형사절차에서 피해자등의 대리가 허용될 수 있는 모든 소송행위에 대한 포괄적인 대리권을 가진다(제5항). 따라서 피해자의 변호사는 피해자를 대리하여 피고인에 대한 처벌을 희망하는 의사표시를 철회하거나 처벌을 희망하지 않는 의사표시를 할 수 있다(대판 2019.12.13. 2019도10678).

㉡ 【 O 】 대판 2009.11.19. 2009도6058 전합

㉢ 【 X 】 제1심 법원이 반의사불벌죄로 기소된 피고인에 대하여 소송촉진 등에 관한 특례법(이하 '소송촉진법'이라고 한다) 제23조에 따라 피고인의 진술 없이 유죄를 선고하여 판결이 확정된 경우, 만일 피고인이 책임을 질 수 없는 사유로 공판절차에 출석할 수 없었음을 이유로 소송촉진법 제23조의2에 따라 제1심 법원에 재심을 청구하여 재심개시결정이 내려졌다면 피해자는 재심의 제1심 판결 선고 전까지 처벌을 희망하는 의사표시를 철회할 수 있다. 그러나 피고인이 제1심 법원에 소송촉진법 제23조의2에 따른 재심을 청구하는 대신 항소권회복청구를 함으로써 항소심 재판을 받게 되었다면 항소심을 제1심이라고 할 수 없는 이상 항소심 절차에서는 처벌을 희망하는 의사표시를 철회할 수 없다(대판 2016.11.25. 2016도9470).

㉣ 【 X 】 검사의 불기소처분에는 확정재판에 있어서의 확정력과 같은 효력이 없어 일단 불기소처분을 한 후에도 공소시효가 완성되기 전이면 언제라도 공소를 제기할 수 있으므로, 세무공무원 등의 고발이 있어야 공소를 제기할 수 있는 조세범처벌법 위반죄에 관하여 일단 불기소처분이 있었더라도 세무공무원 등이 종전에 한 고발은 여전히 유효하다. 따라서 나중에 공소를 제기함에 있어 세무공무원 등의 새로운 고발이 있어야 하는 것은 아니다(대판 2009.10.29. 2009도6614).

㉤ 【 O 】 고발은 범죄사실에 대한 소추를 요구하는 의사표시로서 그 효력은 고발장에 기재된 범죄사실과 동일성이 인정되는 사실 모두에 미치므로, 조세범 처벌절차법에 따라 범칙사건에 대한 고발이 있는 경우 고발의 효력은 범칙사건에 관련된 범칙사실의 전부에 미치고 한 개의 범칙사실의 일부에 대한 고발은 전부에 대하여 효력이 생긴다. 그러나 수 개의 범칙사실 중 일부만을 범칙사건으로 하는 고발이 있는 경우 고발장에 기재된 범칙사실과 동일성이 인정되지 않는 다른 범칙사실에 대해서까지 고발의 효력이 미칠 수는 없다(대판 2014.10.15. 2013도5650).

정답 ②

52 고소에 대한 설명으로 가장 적절하지 않은 것은? (다툼이 있는 경우 판례에 의함)

21. 경찰승진

① 「민법」상 행위능력이 없는 사람이라도 피해를 입은 사실을 이해하고 고소에 따른 사회생활상의 이해관계를 알아차릴 수 있는 사실상의 의사능력을 갖추었다면 고소능력이 인정된다.
② 구 「성폭력범죄의 처벌 등에 관한 특례법」(2013.4.5. 법률 제11729호로 개정) 시행일 이전에 저지른 친고죄인 성폭력범죄의 고소기간은 동법 제19조 제1항 본문(2013.4.5. 법률 제11729호로 개정되기 전의 것)에 따라서 '범인을 알게 된 날부터 1년'으로 본다.
③ 법인세는 사업연도를 과세기간으로 하는 것이므로 그 포탈범죄는 각 사업연도마다 1개의 범죄가 성립하는데, 일죄의 관계에 있는 범죄사실의 일부에 대한 공소제기 및 고발의 효력은 그 일죄의 전부에 대하여 미친다.
④ 구 「컴퓨터프로그램 보호법」(2009.4.22. 법률 제9625호 저작권법 부칙 제2조로 폐지) 제48조는 프로그램의 저작권침해에 대해 프로그램저작권자 또는 프로그램배타적발행권자의 고소가 있어야 공소를 제기할 수 있다고 규정하고 있는데, 프로그램저작권이 명의신탁된 경우 제3자의 침해행위에 대한 고소권자는 명의신탁자이다.

[해 설]

① 【 O 】 대판 1987.9.22. 87도1707
② 【 O 】 대판 2018.6.28. 2014도13504
③ 【 O 】 대판 2005.1.14. 2002도5411
④ 【 X 】 구 컴퓨터프로그램 보호법(2009.4.22. 법률 제9625호 저작권법 부칙 제2조로 폐지, 이하 같다) 제48조는 '프로그램저작권자 또는 프로그램배타적발행권자' 등의 고소가 있어야 공소를 제기할 수 있다고 규정하고 있는데, 프로그램저작권이 명의신탁된 경우 대외적인 관계에서는 명의수탁자만이 프로그램저작권자이므로 제3자의 침해행위에 대한 구 컴퓨터프로그램 보호법 제48조에서 정한 고소 역시 명의수탁자만이 할 수 있다(대판 2013.3.28. 2010도8467).

정답 ④

53 고소취소에 대한 설명으로 가장 적절하지 않은 것은? (다툼이 있는 경우 판례에 의함)

21. 경찰승진

① 고소의 취소는 수사기관 또는 법원에 대한 고소한 자의 의사표시로서 서면 또는 구술로 할 수 있다.
② 피해자가 제1심 법정에서 피고인에 대한 처벌희망 의사표시를 철회할 당시 나이가 14세 10개월이었더라도 그 철회의 의사표시가 의사능력이 있는 상태에서 행해졌다면 법정대리인의 동의가 없었더라도 유효하다.
③ 피해자가 피고인을 고소한 사건에서, 법원으로부터 증인으로 출석하라는 소환장을 받은 피해자가 자신에 대한 증인소환을 연기해 달라고 하거나 기일변경신청을 하고 출석을 하지 않는 경우, 법원은 이를 피해자의 처벌불원의 의사표시로 볼 수 있다.
④ 피고인이 피해자로부터 합의서를 교부받아 피고인이 피해자를 대리하여 처벌불원의사서를 수사기관에 제출한 이상, 이후 피고인이 피해자에게 약속한 치료비 전액을 지급하지 아니한 경우에도 민사상 치료비에 관한 합의금지급채무가 남는 것은 별론으로 하고 피해자는 처벌불원의사를 철회할 수 없다.

[해 설]

① 【 O 】 제239조, 제236조
② 【 O 】 대판 2009.11.19. 2009도6058

③ 【 X 】 반의사불벌죄에 있어서 피해자가 처벌을 희망하지 아니하는 의사표시나 처벌을 희망하는 의사표시의 철회를 하였다고 인정하기 위해서는 피해자의 진실한 의사가 명백하고 믿을 수 있는 방법으로 표현되어야 할 것인바, 기록에 의하면 피해자2는 1999.1.27. 피고인을 고소한 다음, 제1심법원으로부터 2000.8.26.에 2000.9.27. 14:00에 증인으로 출석하라는 소환장을 송달받고서 "수출무역 상담차 약 1개월간 미국을 방문할 예정이니 증인소환을 연기하여 주기 바랍니다."라는 내용의 2000.9.13.자 서면을 제출하고 불출석하였고, 2000.9.30.에 2000.11.22. 14:00에 증인으로 출석하라는 소환장을 송달받고서 "업무출장 관계로 출석할 수 없으니 기일을 변경하여 주시기 바랍니다. 공소외 1(피고인과 함께 피해자2로부터 고소된 사람임)은 90회 이상 증인을 고소, 고발하여 괴롭히고 있습니다. 공소외 2를 고소취하하였는데 무엇 때문에 또 증인을 부르시나요? 제발 생업에 종사할 수 있도록 선처하여 주시기 바랍니다."라는 내용의 2000.11.13.자 서면을 제출하고 불출석하였고, 2000.11.27.에 2000.12.13. 14:00에 증인으로 출석하라는 소환장을 송달받고서 "수출 협의차 외국출장중이니 기일을 변경하여 주시기 바랍니다. 공소외 1은 증인을 90회 이상 고소, 고발하였고, 증인도 공소외 1을 20회 이상 고소, 고발하여 그동안 제대로 업무를 할 수가 없었습니다. 이번 수출 건은 꼭 상담해야 하니 선처하여 주시기 바랍니다."라는 내용의 2000.12.2.자 서면을 제출하고 불출석하였으며, 제1심판결 선고시까지도 고소취하장 등을 제출한 일이 없는 사실을 인정할 수 있고, 그렇다면 위 2000.11.13.자 서면만으로는 피고인에 대한 처벌을 희망하지 아니하거나 처벌을 희망하는 의사표시를 철회하는 피해자2의 진정한 의사가 명백하고 믿을 수 있는 방법으로 표시되었다고 볼 수 없을 것이다(대판 2001.6.15. 2001도1809).

④ 【 O 】 대판 2001.12.14. 2001도4283

정답 ③

54 고소에 관한 다음 설명 중 가장 옳지 않은 것은? (다툼이 있는 경우 판례에 의함) 21. 법원직

① 친고죄가 아닌 죄로 공소가 제기되어 제1심에서 친고죄가 아닌 죄의 유죄판결을 선고받은 경우, 제1심에서 친고죄의 범죄사실은 현실적 심판대상이 되지 아니하였으므로 그 판결을 친고죄에 대한 제1심판결로 볼 수는 없고, 따라서 친고죄에 대한 제1심판결은 없었다고 할 것이므로 그 사건의 항소심에서도 고소를 취소할 수 있다.

② 형사소송법이 고소취소의 시한과 재고소의 금지를 규정하고 반의사불벌죄에 위 규정을 준용하는 규정을 두면서도, 고소와 고소취소의 불가분에 관한 규정을 함에 있어서는 반의사불벌죄에 이를 준용하는 규정을 두지 아니한 것은 처벌을 희망하지 아니하는 의사표시나 처벌을 희망하는 의사표시의 철회에 관하여 친고죄와는 달리 공범자간에 불가분의 원칙을 적용하지 아니하고자 함에 있다.

③ 친고죄에서 구술에 의한 고소를 받은 수사기관은 조서를 작성하여야 하지만 그 조서가 독립된 조서일 필요는 없으며, 수사기관이 고소권자를 증인 또는 피해자로서 신문한 경우에 그 진술에 범인의 처벌을 요구하는 의사표시가 포함되어 있고 그 의사표시가 조서에 기재되면 고소는 적법하다.

④ 제1심 법원이 반의사불벌죄로 기소된 피고인에 대하여 소송촉진 등에 관한 특례법(이하 '소송촉진법'이라고 한다) 제23조에 따라 피고인의 진술 없이 유죄를 선고하여 판결이 확정된 경우, 소송촉진법 제23조의2에 따라 제1심 법원에 재심을 청구하여 재심개시결정이 내려졌다면 피해자는 재심의 제1심 판결 선고 전까지 처벌을 희망하는 의사표시를 철회할 수 있다.

해설

① 【 X 】 [다수의견] 원래 고소의 대상이 된 피고소인의 행위가 친고죄에 해당할 경우 소송요건인 그 친고죄의 고소를 취소할 수 있는 시기를 언제까지로 한정하는가는 형사소송절차운영에 관한 입법정책상의 문제이기에 형사소송법의 그 규정은 국가형벌권의 행사가 피해자의 의사에 의하여 좌우되는 현상을 장기간 방치하지 않으려는 목적에서 고소취소의 시한을 획일적으로 제1심판결 선고시까지로 한정한 것이고, 따라서 그 규정을 현실적 심판의 대상이 된 공소사실이 친고죄로 된 당해 심급의 판결 선고시까지 고소인이 고소를 취소할 수 있다는 의미로 볼 수는 없다 할 것이어서, 항소심에서 공소장의 변경에 의하여 또는 공소장변경절차를 거치지 아니하고 법원 직권에 의하여 친고죄가 아닌 범죄를 친고죄로 인정하였더라도 항소심을 제1심이라 할 수는 없는 것이므로, 항소심에 이르러 비로소 고소인이 고소를 취소하였다면 이는 친고죄에 대한 고소취소로서의 효력은 없다(대판 1999.4.15. 96도1922 전합).

② 【 O 】 대판 1995.5.9. 93도1689
③ 【 O 】 대판 1985.3.12. 85도190
④ 【 O 】 대판 2016.11.25. 2016도9470

정답 ①

55 친고죄에서의 고소취소 및 고소권 포기에 대한 설명으로 가장 적절하지 않은 것은? (다툼이 있는 경우 판례에 의함)

21. 경찰채용 1차

① 고소를 한 피해자가 가해자에게 합의서를 작성하여 준 것만으로는 적법한 고소취소로 보기 어렵지만, '가해자와 원만히 합의하였으므로 피해자는 가해자를 상대로 이 사건과 관련한 어떠한 민·형사상의 책임도 묻지 아니한다.'는 취지의 합의서를 공소제기 이전 수사기관에 제출하였다면 고소취소의 효력이 있다.
② 고소는 제1심판결 선고 전까지 취소할 수 있지만, 항소심에서 공소장변경절차를 거치지 아니하고 법원이 직권으로 친고죄가 아닌 범죄를 친고죄로 인정한 경우, 항소심에서 고소인이 고소를 취소하였다면 친고죄에 대한 고소취소로서 효력을 갖는다.
③ 일단 고소를 취소한 자는 고소기간이 남았더라도 다시 고소하지 못한다.
④ 고소권은 고소 전에 포기될 수 없으므로, 비록 고소 전에 피해자가 처벌을 원치 않았다 하더라도 피해자가 고소장을 제출하여 처벌을 희망하는 의사를 분명히 표시한 후 그 고소를 취소한 바 없다면 피해자의 고소는 유효하다.

해설

① 【 O 】 대판 2002.7.12. 2001도6777
② 【 X 】 [다수의견] 항소심에서 공소장의 변경에 의하여 또는 공소장변경절차를 거치지 아니하고 법원 직권에 의하여 친고죄가 아닌 범죄를 친고죄로 인정하였더라도 항소심을 제1심이라 할 수는 없는 것이므로, 항소심에 이르러 비로소 고소인이 고소를 취소하였다면 이는 친고죄에 대한 고소취소로서의 효력은 없다(대판 1999.4.15. 96도1922 전합).
③ 【 O 】 제232조 제2항
④ 【 O 】 대판 1967.5.23. 67도471

정답 ②

56 소송조건에 대한 설명으로 옳지 않은 것은? (다툼이 있는 경우 판례에 의함)

21. 국가직

① 친고죄에서 고소취소의 의사표시는 공소제기 전에는 고소사건을 담당하는 수사기관에, 공소제기 후에는 고소사건의 수소법원에 대하여 이루어져야 한다.
② 고소를 함에 있어서 고소인은 범죄사실을 특정하여 신고하면 족하며, 범인이 누구인지, 나아가 범인 중 처벌을 구하는 자가 누구인지를 적시할 필요는 없다.
③ 친고죄의 공범 중 그 일부에 대하여 제1심 판결이 선고된 후에는 제1심 판결 선고 전의 다른 공범자에 대하여는 그 고소를 취소할 수 없고, 그 고소의 취소가 있다 하더라도 그 효력을 발생할 수 없으며, 이러한 법리는 필요적 공범과 임의적 공범 모두에 적용된다.
④ 친고죄에서 고소는 제1심 판결 선고 전까지 취소할 수 있으므로, 상소심에서 제1심 공소기각판결을 파기하고 이 사건을 제1심 법원에 환송함에 따라 다시 제1심 절차가 진행된 때에는 환송 후의 제1심 판결 선고 전이라도 고소를 취소할 수 없다.

해설

① 【 O 】 대판 2012.2.23. 2011도17264
② 【 O 】 대판 1996.3.12. 94도2423
③ 【 O 】 대판 1985.11.12. 85도1940
④ 【 X 】 형사소송법 제232조 제1항은 고소를 제1심판결 선고 전까지 취소할 수 있도록 규정하여 친고죄에서 고소취소의 시한을 한정하고 있다. 그런데 상소심에서 형사소송법 제366조 또는 제393조 등에 의하여 법률 위반을 이유로 제1심 공소기각판결을 파기하고 사건을 제1심법원에 환송함에 따라 다시 제1심 절차가 진행된 경우, 종전의 제1심판결은 이미 파기되어 효력을 상실하였으므로 환송 후의 제1심판결 선고 전에는 고소취소의 제한사유가 되는 제1심판결 선고가 없는 경우에 해당한다. 따라서 환송 후의 제1심판결 선고 전에 친고죄의 고소가 취소되면 형사소송법 제327조 제5호에 의하여 판결로써 공소를 기각하여야 한다(대판 2011.8.25. 2009도9112).

정답 ④

57 고소와 고발에 대한 다음 설명으로 적절하지 않은 것은 모두 몇 개인가? (다툼이 있는 경우 판례에 의함)

21. 경찰승진

㉠ 「성폭력범죄의 처벌 등에 관한 특례법」제27조에 따라 성폭력범죄 피해자의 변호사는 피해자를 대리하여 피고인에 대한 처벌을 희망하는 의사표시를 철회하거나 처벌을 희망하지 않는 의사표시를 할 수 있다.
㉡ 세무공무원 등의 고발에 따른 「조세범 처벌법」 위반 사건에 대하여 검사가 불기소처분을 하였다가 나중에 공소를 제기하는 경우에는 세무공무원 등의 새로운 고발이 있어야 한다.
㉢ 「조세범 처벌법」상 수 개의 범칙사실 중 일부만을 범칙사건으로 하는 고발이 있는 경우에 고발장에 기재된 범칙사실과 동일성이 인정되지 않는 다른 범칙사실에 대해서는 고발의 효력이 미치지 않는다.
㉣ 피해자가 반의사불벌죄의 공범 중 1인에 대하여 처벌을 희망하는 의사표시를 철회한 경우, 그 철회의 효력은 다른 공범자에 대해서도 미친다.

① 1개 ② 2개 ③ 3개 ④ 4개

해설

㉠ 【 O 】 대판 2019.12.13. 2019도10678
㉡ 【 X 】 검사의 불기소처분에는 확정재판에 있어서의 확정력과 같은 효력이 없어 일단 불기소처분을 한 후에도 공소시효가 완성되기 전이면 언제라도 공소를 제기할 수 있으므로, 세무공무원 등의 고발이 있어야 공소를 제기할 수 있는 조세범처벌법 위반죄에 관하여 일단 불기소처분이 있었더라도 세무공무원 등이 종전에 한 고발은 여전히 유효하다. 따라서 나중에 공소를 제기함에 있어 세무공무원 등의 새로운 고발이 있어야 하는 것은 아니다(대판 2009.10.29. 2009도6614).
㉢ 【 O 】 대판 2014.10.15. 2013도5650
㉣ 【 X 】 형사소송법이 고소와 고소취소에 관한 규정을 하면서 제232조 제1항, 제2항에서 고소취소의 시한과 재고소의 금지를 규정하고 제3항에서는 반의사불벌죄에 제1항, 제2항의 규정을 준용하는 규정을 두면서도, 제233조에서 고소와 고소취소의 불가분에 관한 규정을 함에 있어서는 반의사불벌죄에 이를 준용하는 규정을 두지 아니한 것은 처벌을 희망하지 아니하는 의사표시나 처벌을 희망하는 의사표시의 철회에 관하여 친고죄와는 달리 공범자간에 불가분의 원칙을 적용하지 아니하고자 함에 있다고 볼 것이지, 입법의 불비로 볼 것은 아니다(대판 1994.4.26. 93도1689).

정답 ②

58 고소와 고발에 대한 설명으로 옳은 것은?

23. 국가직 7급

① 검사는 고소 또는 고발 있는 사건에 관하여 공소를 제기하지 아니하는 처분을 한 경우에 고소인 또는 고발인의 청구가 있는 때에는 7일 이내에 고소인 또는 고발인에게 그 이유를 구두 또는 서면으로 설명하여야 한다.
② 수사기관은 고소장에 범죄사실로 기재된 내용이 불명확하고 특정되어 있지 않은 경우에도 고소의 수리를 거부하거나 진정으로 접수하여 처리할 수는 없다.
③ 법원이 선임한 부재자 재산관리인이 그 관리대상인 부재자의 재산에 대한 범죄행위에 관하여 법원으로부터 고소권행사에 관한 허가를 얻은 경우, 「형사소송법」 제225조 제1항에서 정한 법정대리인으로서의 적법한 고소권자에 해당한다.
④ 사법경찰관으로부터 불송치결정(「형사소송법」 제245조의5제2호)의 통지(「형사소송법」 제245조의6)를 받은 고소인·고발인·피해자 또는 그 법정대리인은 해당 사법경찰관의 소속 관서의 장에게 이의를 신청할 수 있고, 사법경찰관은 그러한 신청이 있는 때에는 지체 없이 검사에게 사건을 송치하고 관계 서류와 증거물을 송부하여야 하며, 처리결과와 그 이유를 신청인에게 통지하여야 한다.

해설

① 【X】 형사소송법 제259조(고소인등에의 공소불제기이유고지) 검사는 고소 또는 고발있는 사건에 관하여 공소를 제기하지 아니하는 처분을 한 경우에 고소인 또는 고발인의 청구가 있는 때에는 7일 이내에 고소인 또는 고발인에게 그 이유를 서면으로 설명하여야 한다.
② 【X】 범죄수사규칙에 따라 경찰은 고소, 고발한 사실이 범죄를 구성하지 않은 경우 등에는 그 고소나 고발을 반려할 수 있다.
③ 【O】 법원이 선임한 부재자 재산관리인이 그 관리대상인 부재자의 재산에 대한 범죄행위에 관하여 법원으로부터 고소권 행사에 관한 허가를 얻은 경우 부재자 재산관리인은 형사소송법 제225조 제1항에서 정한 법정대리인으로서 적법한 고소권자에 해당한다고 보아야 한다(대판 2022.5.26. 2021도2488)
④ 【X】 형사소송법 제245조의7(고소인 등의 이의신청) ① 제245조의6의 통지를 받은 사람(고발인을 제외한다)은 해당 사법경찰관의 소속 관서의 장에게 이의를 신청할 수 있다.
② 사법경찰관은 제1항의 신청이 있는 때에는 지체 없이 검사에게 사건을 송치하고 관계 서류와 증거물을 송부하여야 하며, 처리결과와 그 이유를 제1항의 신청인에게 통지하여야 한다.

정답 ③

59 다음 설명 중 가장 옳지 않은 것은? (다툼이 있는 경우 판례에 의함)

20. 법원직

① 반의사불벌죄의 공범 중 일부에 대하여 제1심 판결이 선고된 후에는 제1심 판결선고 전의 다른 공범자에 대하여 처벌을 희망하지 아니하는 의사표시나 처벌을 희망하는 의사표시의 철회를 할 수 없고, 이를 하더라도 그 효력이 발생하지 않는다.
② 친고죄에서 처벌을 구하는 의사표시의 철회는 수사기관이나 법원에 대한 공법상 의사표시로서 절차적 확실성을 해하는 조건부 고소나 조건부 고소취소는 허용되지 않는다.
③ 반의사불벌죄에 있어서 미성년자인 피해자의 피고인 또는 피의자에 대한 처벌을 희망하지 않는다는 의사표시 또는 처벌을 희망하는 의사표시의 철회는, 의사능력이 있는 한 피해자가 단독으로 할 수 있고, 거기에 법정대리인의 동의가 있어야 한다거나 법정대리인에 의해 대리되어야 하는 것은 아니다.
④ 항소심에서 공소장의 변경에 의하여 또는 공소장변경절차를 거치지 아니하고 법원 직권에 의하여 친고죄가 아닌 범죄를 친고죄로 인정하였더라도 항소심을 제1심이라 할 수는 없는 것이므로, 항소심에 이르러 비로소 고소인이 고소를 취소하였더라도 이는 친고죄에 대한 고소취소로서의 효력이 없다.

해설

① 【 X 】 반의사불벌죄에는 주관적 불가분의 원칙이 적용되지 않는다. 따라서 공범 중 1인이 제1심 판결이 선고되었더라도 다른 공범이 제1심 판결 선고 전이라면 다른 공범에 대해 처벌의사를 철회할 수 있다.
② 【 O 】 대판 2007.4.13. 2007도425
③ 【 O 】 대판 2009.11.19. 2009도6058 전합
④ 【 O 】 대판 1999.4.15. 96도1922 전합

정답 ①

60 고소 등에 대한 설명으로 옳은 것은? (다툼이 있는 경우 판례에 의함) 20. 검찰 7급

① 반의사불벌죄에 있어서 성인인 피해자가 교통사고로 인해 의식을 회복하지 못하여 처벌희망 여부에 관한 의사표시를 할 수 있는 소송능력이 있다고 할 수 없는 경우, 피해자의 부모가 피해자를 대리하여 처벌을 희망하지 아니한다는 의사를 표시하면 처벌할 수 없다.
② 반의사불벌죄에 있어서 미성년자인 피해자는 의사능력이 있더라도 단독으로는 처벌을 희망하는 의사표시를 할 수 없고 법정대리인의 동의가 있어야 한다.
③ 「형사소송법」 제230조 제1항(고소기간)의 '범인을 알게 된'은 통상인의 입장에서 보아 고소권자가 고소를 할 수 있을 정도로 범죄사실과 범인을 아는 것을 의미하고, 여기서 범죄사실을 안다는 것은 고소권자가 친고죄에 해당하는 범죄의 피해가 있었다는 사실관계에 관하여 확정적인 인식이 있음을 말한다.
④ 고소인이 사건 당일 범죄사실을 신고하면서 현장에 출동한 경찰관에게 고소장을 교부하였다면, 그 후 경찰서에 도착하여 최종적으로 고소장을 접수시키지 아니하기로 결심하고 고소장을 반환받았더라도 고소의 효력이 발생된다.

해설

① 【 X 】 피해자가 의식을 회복하지 못하고 있는 이상 피해자에게 반의사불벌죄에서 처벌희망 여부에 관한 의사표시를 할 수 있는 소송능력이 있다고 할 수 없고, 피해자의 아버지가 피해자를 대리하여 피고인에 대한 처벌을 희망하지 아니한다는 의사를 표시하는 것 역시 허용되지 아니할 뿐만 아니라 피해자가 성년인 이상 의사능력이 없다는 것만으로 피해자의 아버지가 당연히 법정대리인이 된다고 볼 수도 없으므로, 피해자의 아버지가 피고인에 대한 처벌을 희망하지 아니한다는 의사를 표시하였더라도 그것이 반의사불벌죄에서의 처벌희망 여부에 관한 피해자의 의사표시로서 소송법적으로 효력이 발생할 수는 없다(대판 2013.9.26. 2012도568).
② 【 X 】 반의사불벌죄에 있어서 피해자의 피고인 또는 피의자에 대한 처벌을 희망하지 않는다는 의사표시 또는 처벌을 희망하는 의사표시의 철회는, 의사능력이 있는 피해자가 단독으로 이를 할 수 있고, 거기에 법정대리인의 동의가 있어야 한다거나 법정대리인에 의해 대리되어야만 한다고 볼 것은 아니다(대판 2009.11.19. 2009도6058 전합).
③ 【 O 】 대판 2001.10.9. 2001도3106
④ 【 X 】 비록 고소인이 사건 당일 범죄사실을 신고하면서 현장에 출동한 경찰관에게 고소장을 교부하였다고 하더라도, 경찰서에 도착하여 최종적으로 고소장을 접수시키지 아니하기로 결심하고 고소장을 반환받은 것이라면, 고소장이 수사기관에 적법하게 수리되어 고소의 효력이 발생되었다고 할 수 없다. 나아가 고소인이 당시 피고인들에 대하여 처벌불원의 의사를 표시하였다고 하더라도, 애초 적법한 고소가 없었던 이상, 그로부터 3개월이 지나 제기된 이 사건 고소가 재고소의 금지를 규정한 형사소송법 제232조 제2항에 위반된다고 볼 수도 없다(대판 2008.11.27. 2007도4977).

정답 ③

61 반의사불벌죄에 대한 설명으로 옳지 않은 것은? (다툼이 있는 경우 판례에 의함) 17. 국가직

① 반의사불벌죄에서 피고인 또는 피의자의 처벌을 희망하지 않는다는 의사표시 또는 처벌희망 의사표시 철회의 유무나 그 효력 여부에 관한 사실은 엄격한 증명의 대상이다.
② 반의사불벌죄에서 처벌불원의 의사표시의 부존재는 소위 소극적 소송조건으로서 직권조사사항이다.
③ 반의사불벌죄에서 피해자의 처벌불원 의사표시 또는 처벌을 희망하는 의사표시의 철회는 법정대리인의 동의 없이도 의사능력이 있는 미성년자인 피해자가 단독으로 할 수 있다.
④ 반의사불벌죄에서 처벌을 희망하지 아니하는 의사표시나 처벌을 희망하는 의사표시의 철회에 관하여는 공범자 간에 불가분의 원칙이 적용되지 않는다.

[해설]
① 【 X 】 반의사불벌죄에서 피고인 또는 피의자의 처벌을 희망하지 않는다는 의사표시 또는 처벌희망 의사표시 철회의 유무나 그 효력 여부에 관한 사실은 엄격한 증명의 대상이 아니라 증거능력이 없는 증거나 법률이 규정한 증거조사방법을 거치지 아니한 증거에 의한 증명, 이른바 자유로운 증명의 대상이다(대판 2010.10.14. 2010도5610).
② 【 O 】 대판 2009.12.10. 2009도9939
③ 【 O 】 대판 2009.11.19. 2009도6058 전합
④ 【 O 】 대판 1994.4.26. 93도1689

[정답] ①

62 반의사불벌죄에 대한 설명으로 가장 적절하지 않은 것은? (다툼이 있는 경우 판례에 의함) 18. 경찰채용 1차

① 폭행죄는 피해자의 명시한 의사에 반하여 공소를 제기할 수 없는 반의사불벌죄로서 처벌불원의 의사표시는 의사능력이 있는 피해자가 단독으로 할 수 있는 것이고, 피해자가 사망한 후 그 상속인이 피해자를 대신하여 처벌불원의 의사표시를 할 수는 없다고 보아야 한다.
② 반의사불벌죄에 있어서 처벌불원의 의사표시의 부존재는 소위 소극적 소송조건으로서 직권조사사항이라 할 것이므로 당사자가 항소이유로 주장하지 아니하였다고 하더라도 원심은 이를 직권으로 조사·판단하여야 한다.
③ 「형사소송법」 제233조에서 고소와 고소취소의 불가분에 관한 규정을 함에 있어서 반의사불벌죄에 이를 준용하는 규정을 두지 아니한 것은 입법의 불비로 볼 것은 아니다.
④ 「형사소송법」 제232조 제1항 및 제3항에 의하면, 반의사불벌죄에 있어서 처벌을 희망하는 의사표시의 철회는 제1심 판결선고 전까지 이를 할 수 있다고 규정하고 있는데, 항소심에 이르러 비로소 반의사불벌죄가 아닌 죄에서 반의사불벌죄로 공소장변경이 있었다면 항소심인 제2심을 제1심으로 볼 수 있다.

[해설]
① 【 O 】 대판 2010.5.27. 2010도2680
② 【 O 】 대판 2002.3.15. 2002도158
③ 【 O 】 대판 1994.4.26. 93도1689
④ 【 X 】 형사소송법 제232조 제1항, 제3항의 취지는 국가형벌권의 행사가 피해자의 의사에 의하여 좌우되는 현상을 장기간 방치할 것이 아니라 제1심판결선고 이전까지로 제한하자는데 그 목적이 있다 할 것이므로 비록 항소심에 이르러 비로소 반의사불벌죄가 아닌 죄에서 반의사불벌죄로 공소장변경이 있었다 하여 항소심인 제2심을 제1심으로 볼 수는 없다(대판 1988.3.8. 85도2518).

[정답] ④

63 친고죄와 반의사불벌죄에 관한 다음 설명 중 가장 옳지 않은 것은? (다툼이 있는 경우 판례에 의함)

18. 법원직

① 반의사불벌죄에 있어서 처벌불원의 의사표시의 부존재는 법원이 직권으로 조사·판단하여야 한다.
② 항소심에 이르러 비로소 반의사불벌죄가 아닌 죄에서 반의사불벌죄로 공소장이 변경된 경우 그 처벌을 희망하는 의사표시를 철회할 수 있다.
③ 친고죄의 공범 중 공범자 1인에 대하여 제1심 판결이 선고된 후에는 나머지 공범자에 대하여 고소를 취소할 수 없다.
④ 고소인이 민·형사상의 아무런 이의를 제기하지 않는다는 합의서를 피고인에게 작성하여준 것만으로는 고소가 적법하게 취소된 것으로 볼 수 없다.

해설

① 【 O 】 대판 2001.4.24. 2000도3172
② 【 X 】 형사소송법 제232조 제1항, 제3항의 취지는 국가형벌권의 행사가 피해자의 의사에 의하여 좌우되는 현상을 장기간 방치할 것이 아니라 제1심 판결 선고 이전까지로 제한하자는데 그 목적이 있다 할 것이므로 비록 항소심에 이르러 비로소 반의사불벌죄가 아닌 죄에서 반의사불벌죄로 공소장변경이 있었다 하여 항소심인 제2심을 제1심으로 볼 수는 없다(대판 1988.3.8. 85도2518).
③ 【 O 】 대판 1985.11.12. 85도1940
④ 【 O 】 대판 1983.9.27. 83도516

정답 ②

64 반의사불벌죄에 대한 설명으로 가장 적절하지 않은 것은? (다툼이 있는 경우 판례에 의함)

19. 경찰승진

① 반의사불벌죄에 있어서 피해자의 피고인 또는 피의자에 대한 처벌을 희망하지 않는다는 의사표시 또는 처벌을 희망하는 의사표시의 철회는 형사소송절차에 있어서의 소송능력에 관한 일반원칙에 따라 의사능력이 있는 미성년자인 피해자가 단독으로 이를 할 수 있고, 거기에 법정대리인의 동의가 있어야 한다거나 법정대리인에 의해 대리되어야만 한다고 볼 것은 아니다.
② 반의사불벌죄에 있어서 처벌불원의 의사표시의 부존재는 법원이 직권으로 조사해야 하는 사항이므로 당사자가 항소이유로 주장하지 않았다고 하더라도 원심은 이를 직권으로 조사·판단하여야 한다.
③ 반의사불벌죄의 공범 중 1인에 대한 처벌을 희망하지 않는 의사표시는 다른 공범자에 대하여 효력이 없다.
④ 폭행죄는 피해자의 명시한 의사에 반하여 공소를 제기할 수 없는 반의사불벌죄로서 처벌불원의 의사표시는 의사능력이 있는 피해자가 단독으로 할 수 있는 것이고, 피해자가 사망한 후에는 그 상속인이 피해자를 대신하여 처벌불원의 의사표시를 할 수 있다.

해설

① 【 O 】 대판 2009.11.19. 2009도6058
② 【 O 】 대판 2009.12.10. 2009도9939
③ 【 O 】 대판 1995.5.9. 93도1689
④ 【 X 】 폭행죄는 피해자의 명시한 의사에 반하여 공소를 제기할 수 없는 반의사불벌죄로서 처벌불원의 의사표시는 의사능력이 있는 피해자가 단독으로 할 수 있는 것이고, 피해자가 사망한 후 그 상속인이 피해자를 대신하여 처벌불원의 의사표시를 할 수는 없다고 보아야 한다(대판 2010.5.27. 2010도2680).

정답 ④

65 전속고발에 대한 설명으로 가장 적절하지 않은 것은? (다툼이 있는 경우 판례에 의함)

21. 경찰채용 1차

① 공정거래위원회의 고발이 있어야 공소를 제기할 수 있는 「독점규제 및 공정거래에 관한 법률」 위반죄를 적용하여 위반행위자들 중 일부에 대하여 공정거래위원회가 고발을 하였다면 나머지 위반행위자에 대하여도 위 고발의 효력이 미친다.
② 전속고발사건에 있어서 수사기관이 고발에 앞서 수사를 하고 甲에 대한 구속영장을 발부받은 후 검찰의 요청에 따라 관계공무원이 고발조치를 하였다고 하더라도 공소제기 전에 고발이 있은 이상 甲에 대한 공소제기의 절차가 법률의 규정에 위반하여 무효라고 할 수는 없다.
③ 세무공무원 등의 고발이 있어야 공소를 제기할 수 있는 「조세범 처벌법」 위반죄에 관하여 일단 불기소처분이 있었더라도 세무공무원 등이 종전에 한 고발은 여전히 유효하고, 따라서 나중에 공소를 제기함에 있어 세무공무원 등의 새로운 고발이 있어야 하는 것은 아니다.
④ 공정거래위원회가 사업자에게 「독점규제 및 공정거래에 관한 법률」의 규정을 위반한 혐의가 있다고 인정하여 동법 제71조에 따라 사업자를 고발하였다면, 법원이 본안에 대하여 심판한 결과 위반되는 혐의 사실이 인정되지 아니하더라도 이러한 사정만으로는 그 고발을 기초로 이루어진 공소제기 등 형사절차의 효력에 영향을 미치지 아니한다.

해설

① 【 X 】 친고죄에 관한 고소의 주관적 불가분원칙을 규정하고 있는 형사소송법 제233조가 공정거래위원회의 고발에도 유추적용된다고 해석한다면 이는 공정거래위원회의 고발이 없는 행위자에 대해서까지 형사처벌의 범위를 확장하는 것으로서, 결국 피고인에게 불리하게 형벌법규의 문언을 유추해석한 경우에 해당하므로 죄형법정주의에 반하여 허용될 수 없다(대판 2010.9.30. 2008도4762).
② 【 O 】 대판 1995.3.10. 94도3373
③ 【 O 】 대판 2009.10.29. 2009도6614
④ 【 O 】 대판 2005.9.10. 2015도3926

정답 ①

66 고소의 취소 및 처벌불원의사에 관한 설명으로 가장 적절하지 않은 것은? (다툼이 있는 경우 판례에 의함)

25. 경찰승진

① 폭행죄에 있어 피해자가 사망한 후 그 상속인이 피해자를 대신하여 처벌불원의 의사표시를 할 수는 없다.
② 고소인이 사건 당일 범죄사실을 신고하면서 현장에 출동한 경찰관에게 고소장을 교부하였다가 경찰서에 도착하여 최종적으로 고소장을 접수시키지 아니하기로 결심하고 고소장을 반환받았다면, 3개월 뒤 다시 고소를 제기하였다 할지라도 「형사소송법」 제232조 제2항에 의해 금지되는 재고소에 해당하지 않는다.
③ 반의사불벌죄의 피해자는 피의자나 피고인 및 그들의 변호인에게 자신을 대리하여 수사기관이나 법원에 자신의 처벌불원의사를 표시할 수 있는 권한을 수여할 수 있다.
④ 반의사불벌죄에서 성년후견인은 명문의 규정이 없는 한 의사무능력자인 피해자를 대리하여 처벌을 희망하지 않는다는 의사를 결정하거나 처벌을 희망하는 의사표시를 철회하는 행위를 할 수 없지만, 성년후견인의 법정대리권 범위에 통상적인 소송행위가 포함되어 있을 때에는 그러하지 아니하다.

해설

① 【O】 폭행죄는 피해자의 명시한 의사에 반하여 공소를 제기할 수 없는 반의사불벌죄로서 처벌불원의 의사표시는 의사능력이 있는 피해자가 단독으로 할 수 있는 것이고, 피해자가 사망한 후 그 상속인이 피해자를 대신하여 처벌불원의 의사표시를 할 수는 없다고 보아야 한다(대판 2010.5.27. 2010도2680).

② 【O】 비록 고소인이 사건 당일 간통의 범죄사실을 신고하면서 현장에 출동한 경찰관에게 고소장을 교부하였다고 하더라도, 송파경찰서에 도착하여 최종적으로 고소장을 접수시키지 아니하기로 결심하고 고소장을 반환받은 것이라면, 고소장이 수사기관에 적법하게 수리되어 고소의 효력이 발생되었다고 할 수 없다. 나아가 고소인이 당시 피고인들에 대하여 처벌 불원의 의사를 표시하였다고 하더라도, 애초 적법한 고소가 없었던 이상, 그로부터 3개월이 지나 제기된 이 사건 고소가 재고소의 금지를 규정한 형사소송법 제232조 제2항에 위반된다고 볼 수도 없다(대판 2008.11.27. 2007도4977).

③ 【O】 반의사불벌죄의 피해자는 피의자나 피고인 및 그들의 변호인에게 자신을 대리하여 수사기관이나 법원에 자신의 처벌불원의사를 표시할 수 있는 권한을 수여할 수 있다(대판 2017.9.7. 2017도8989).

④ 【X】 반의사불벌죄에서 성년후견인은 명문의 규정이 없는 한 의사무능력자인 피해자를 대리하여 피고인 또는 피의자에 대하여 처벌을 희망하지 않는다는 의사를 결정하거나 처벌을 희망하는 의사표시를 철회하는 행위를 할 수 없다. 이는 성년후견인의 법정대리권 범위에 통상적인 소송행위가 포함되어 있거나 성년후견개시심판에서 정하는 바에 따라 성년후견인이 소송행위를 할 때 가정법원의 허가를 얻었더라도 마찬가지이다(대판 2023.7.17. 2021도11126 전원합의체).

정답 ④

67 자수에 대한 설명으로 옳은 것은? (다툼이 있는 경우 판례에 의함) 19. 국가직

① 피고인이 자수하였음에도 불구하고 법원이 「형법」 제52조 제1항에 따른 자수감경을 하지 않거나 자수감경 주장에 대하여 판단을 하지 않았더라도 위법하지 않다.
② 수사기관에의 자발적 신고 내용이 범행을 부인하는 등 범죄성립요건을 갖추지 아니한 경우에는 자수는 성립하지 않지만, 그 후 수사과정에서 범행을 시인하였다면 새롭게 자수가 성립될 여지가 있다.
③ 수사기관의 직무상의 질문 또는 조사에 응하여 범죄사실을 진술하는 경우라도 자수가 인정될 수 있다.
④ 범인이 수사기관에 뇌물수수의 범죄사실을 자발적으로 신고하였다면, 「특정범죄 가중처벌 등에 관한 법률」의 적용을 피하기 위해 그 수뢰액을 실제보다 적게 신고한 것일지라도 자수는 성립한다.

해설

① 【O】 대판 2001.4.24. 2001도872
② 【X】 수사기관에의 신고가 자발적이라고 하더라도 그 신고의 내용이 자기의 범행을 명백히 부인하는 등의 내용으로 자기의 범행으로서 범죄성립요건을 갖추지 아니한 사실일 경우에는 자수는 성립하지 않고, 일단 자수가 성립하지 아니한 이상 그 이후의 수사과정이나 재판과정에서 범행을 시인하였다고 하더라도 새롭게 자수가 성립할 여지는 없다고 할 것이다(대판 2004.10.14. 2003도3133).
③ 【X】 형법 제52조 제1항에서 말하는 '자수'란 범인이 스스로 수사책임이 있는 관서에 자기의 범행을 자발적으로 신고하고 그 처분을 구하는 의사표시이므로, 수사기관의 직무상의 질문 또는 조사에 응하여 범죄사실을 진술하는 것은 자백일 뿐 자수로는 되지 아니하고, 나아가 자수는 범인이 수사기관에 의사표시를 함으로써 성립하는 것이므로 내심적 의사만으로는 부족하고 외부로 표시되어야 이를 인정할 수 있는 것이다(대판 2011.12.22. 2011도12401).
④ 【X】 피고인이 2003.6.3. 검찰에 자수서를 제출하고 제1회 피의자신문을 받으면서 5,000만 원이 아닌 3,000만 원만을 받았다고 신고하고 이를 초과하는 금원의 수수사실을 부인한 이 사건의 경우, 비록 당시의 신고가 자발적이라고 하더라도 이는 그 신고된 내용에 해당하는 특정범죄 가중처벌 등에 관한 법률 제2조 제1항 제2호, 형법 제129조 위반죄에 비하여 뇌물죄의 보호법익에 대한 침해 또는 침해 위험의 정도 및 그 위법성이 상대적으로 높기 때문에 적용법조와 법정형을 달리하는 이 사건 특정범죄 가중처벌 등에 관한 법률 제2조 제1항 제1호, 형법 제129조 위반죄의 범죄성립요건에 관하여 신고한 것이라고 할 수 없으므로 이 사건 죄에 관한 자수가 성립하였다고 할 수 없다(대판 2004.6.24. 2004도2003).

정답 ①

68 수사에 대한 판례의 입장으로 가장 적절하지 않은 것은? (다툼이 있는 경우 판례에 의함) 21. 경찰승진

① 구속영장 발부에 의하여 적법하게 구금된 피의자가 피의자신문을 위한 출석요구에 응하지 아니하면서 수사기관 조사실에 출석을 거부한다면 수사기관은 그 구속영장의 효력에 의하여 피의자를 조사실로 구인할 수 있다고 보아야 한다. 다만 이러한 경우에도 그 피의자신문 절차는 「형사소송법」 제199조 제1항 본문, 제200조의 규정에 따른 임의수사의 한 방법으로 진행되어야 하므로, 피의자는 일체의 진술을 거부할 수 있다.
② 수사기관이 구 「조세범 처벌법」(2010.1.1. 법률 제9919호로 개정되기 전의 것) 제6조의 세무종사 공무원의 고발에 앞서 수사를 하고 피의자에 대한 구속영장을 발부받은 후 검찰의 요청에 따라 세무서장이 공소제기 전에 고발을 하더라도 「조세범 처벌법」 위반사건 피의자에 대한 공소제기의 절차가 무효라고 할 수는 없다.
③ 교도관이 재소자가 맡긴 비망록을 수사기관에 임의로 제출하였다면, 그 비망록의 증거사용에 대하여는 재소자의 사생활의 비밀 기타 인격적 법익이 침해되는 등의 특별한 사정이 없다 하더라도 그 재소자의 동의를 받아야 한다.
④ 일반사법경찰관이 출입국관리사무소장의 고발을 요하는 출입국사범에 대하여 출입국관리사무소장의 고발이 있기 전에 한 수사는 특단의 사정이 없는 한 그 사유만으로 수사가 위법하다고 할 수 없다.

[해설]
① 【 O 】 대결 2013.7.1. 2013모160
② 【 O 】 대판 1995.3.10. 94도3373
③ 【 X 】 형사소송법 및 기타 법령상 교도관이 그 직무상 위탁을 받아 소지 또는 보관하는 물건으로서 재소자가 작성한 비망록을 수사기관이 수사 목적으로 압수하는 절차에 관하여 특별한 절차적 제한을 두고 있지 않으므로, 교도관이 재소자가 맡긴 비망록을 수사기관에 임의 제출하였다면 그 비망록의 증거사용에 대하여도 재소자의 사생활의 비밀 기타 인격적 법익이 침해되는 등의 특별한 사정이 없는 한 반드시 그 재소자의 동의를 받아야 하는 것은 아니다. 따라서 검사가 교도관으로부터 그가 보관하고 있던 피고인의 비망록을 뇌물수수 등의 증거자료로 임의로 제출받아 이를 압수한 경우, 그 압수절차가 피고인의 승낙 및 영장 없이 행하여졌다고 하더라도 이에 적법절차를 위반한 위법이 있다고 할 수 없다(대판 2008.5.15. 2008도1097).
④ 【 O 】 대판 2011.3.10. 2008도7724

정답 ③

---

69 임의수사에 대한 설명으로 가장 적절하지 않은 것은? (다툼이 있는 경우 판례에 의함) 21. 경찰승진

① 임의수사의 경우에도 법률이 수사활동의 요건·절차를 규정하고 있다면, 그에 위반하여 수집한 증거는 위법수집증거로서 증거능력이 부정된다.
② 「형사소송법」상 임의수사가 원칙이고 강제수사는 법률에 특별한 규정이 있는 경우에 한하여 예외적으로 허용된다.
③ 수사기관은 피검사자의 동의를 얻은 경우에 거짓말탐지기를 사용할 수 있다. 다만, 그 검사결과를 공소사실의 존부를 인정하는 직접증거로는 사용할 수 없고, 진술의 신빙성 유무를 판단하는 정황증거로만 사용할 수 있다.
④ 상대방의 동의를 얻어 보호실 등 특정한 장소에 유치하는 승낙유치는 임의수사의 한 종류로 영장 없이 할 수 있다.

해설

① 【 O 】 헌법 제12조 제1항은 형사절차법정주의를 규정하고 있다. 따라서 강제수사뿐 아니라 임의수사라도 그 요건과 절차에 위반하여 위법수집증거가 될 수 있다. 가령, 임의수사인 피의자신문절차에서 진술거부권이 고지되지 않는 경우, 해당절차에서 작성된 피의자신문조서는 진술의 임의성이 인정되는 경우라도 위법수집증거로서 증거능력이 없다(대판 1992.6.23. 92도682). 다만, 임의수사의 요건과 절차를 위반한 경우라도 훈시규정을 위반한 경우에는 증거능력이 인정될 수도 있고, 기본권침해 등의 중대한 위법이 아닌 경우에는 비록 전문법칙 등에 의해 증거능력이 부정되더라도 이를 위법수집증거로 볼 수는 없다(가령, 진술거부권 행사여부에 대한 답변을 피신조서에 기재하지 않아 제244조의3 제2항을 위반한 경우 위법수집증거는 아니나 전문법칙에 의해 증거능력이 부정된다는 판례로는 대법원 2013.3.28. 2010도3359 판결 참조). 이러한 관점에서 본 지문은 "~위법수집증거로서 증거능력이 부정될 수 있다."라고 해야 정확히 타당한 지문이 될 수 있다. 다만, 설문④가 명확히 틀린 지문이라는 점에서 상대적으로 ①지문은 타당한 것으로 처리할 수 있다.

② 【 O 】 제199조 제1항

③ 【 O 】 대판 1984.2.14. 83도3146

④ 【 X 】 보호실 유치에는 피의자의 의사에 반하는 강제유치와 피의자의 승낙을 받아 유치시키는 승낙유치가 있다. 강제유치는 실질적으로 구금에 해당하므로 영장 없이 보호실에 구금하는 것은 불법구금에 해당한다. 승낙유치에 대해서는 임의수사의 방법으로 허용된다고 볼 여지도 있다. 그러나 통설은 승낙유치를 임의수사로 허용하게 되면 체포·구속제도를 엄격히 설정한 취지를 잠탈하므로 승낙유치 역시 불법구금으로 보고 있다. 판례도 같은 취지에서 구속영장 없이 피의자를 보호실에 유치하는 것은 영장주의에 위배되는 위법한 구금이라고 판시하였다(대판 1994.3.11. 93도958).

정답 ④

70 임의동행에 대한 설명 중 가장 적절하지 않은 것은? (다툼이 있는 경우 판례에 의함)

18. 경찰승진

① 「경찰관직무집행법」상 보호조치 요건이 갖추어지지 않았음에도, 경찰관이 실제로는 범죄수사를 목적으로 피의자에 해당하는 사람을 피구호자로 삼아 그의 의사에 반하여 경찰관서에 데려간 행위는, 달리 현행범체포나 임의동행 등의 적법 요건을 갖추었다고 볼 사정이 없다면, 위법한 체포에 해당한다.

② 위법한 강제연행 상태에서 호흡측정 방법에 의한 음주측정을 한 다음, 강제연행 상태로부터 시간적·장소적으로 단절되었다고 볼 수 없는 상황에서 피의자가 호흡측정 결과를 탄핵하기 위하여 스스로 혈액채취 방법에 의한 측정을 할 것을 요구하여 혈액채취가 이루어진 경우 그 사이에 위법한 체포 상태에 의한 영향이 완전하게 배제되고 피의자의 의사결정의 자유가 확실하게 보장되었다고 볼 만한 다른 사정이 개입되지 않은 이상 그러한 혈액채취에 의한 측정 결과를 유죄 인정의 증거로 쓸 수 없다. 그러나 이 경우에도 피고인이 이를 증서로 함에 동의하였다면, 혈액 채취에 의한 측정 결과는 유죄 인정의 증거로 사용할 수 있다.

③ 사법경찰관이 피고인을 수사관서까지 동행한 것이 임의성이 결여되어 사실상의 강제연행, 즉 불법체포에 해당하는 경우 불법체포로부터 6시간 상당이 경과한 후에 이루어진 긴급체포 또한 위법하다.

④ 임의동행의 경우 수사관이 동행에 앞서 피의자에게 동행을 거부할 수 있음을 알려주었거나 동행한 피의자가 언제든지 자유로이 동행과정에서 이탈 또는 동행장소로부터 퇴거할 수 있었음이 인정되는 등 오로지 피의자의 자발적인 의사에 의하여 수사관서 등에의 동행이 이루어졌음이 객관적인 사정에 의하여 명백하게 입증된 경우에 한하여, 그 적법성이 인정된다.

해설

① 【 O 】 대판 2012.12.13. 2012도11162
② 【 X 】 위법한 강제연행 상태에서 호흡측정 방법에 의한 음주측정을 한 다음 강제연행 상태로부터 시간적·장소적으로 단절되었다고 볼 수도 없고 피의자의 심적 상태 또한 강제연행 상태로부터 완전하게 벗어났다고 볼 수 없는 상황에서 피의자가 호흡측정 결과에 대한 탄핵을 하기 위하여 스스로 혈액채취 방법에 의한 측정을 할 것을 요구하여 혈액채취가 이루어졌다고 하더라도 그 사이에 위법한 체포 상태에 의한 영향이 완전하게 배제되고 피의자의 의사결정의 자유가 확실하게 보장되었다고 볼 만한 다른 사정이 개입되지 않은 이상 불법체포와 증거수집 사이의 인과관계가 단절된 것으로 볼 수는 없다. 따라서 그러한 혈액채취에 의한 측정 결과 역시 유죄 인정의 증거로 쓸 수 없다고 보아야 한다. 그리고 이는 수사기관이 위법한 체포 상태를 이용하여 증거를 수집하는 등의 행위를 효과적으로 억지하기 위한 것이므로, 피고인이나 변호인이 이를 증거로 함에 동의하였다고 하여도 달리 볼 것은 아니다(대판 2013.3.14. 2010도2094).
③④ 【 O 】 대판 2006.7.6. 2005도6810

정답 ②

71. 수사에 대한 설명으로 옳지 않은 것은? (다툼이 있는 경우 판례에 의함) 〔21. 국가직 7급〕

① 임의동행은 「경찰관 직무집행법」 제3조 제2항에 따른 행정경찰 목적의 경찰활동으로 행하여지는 것 외에도 「형사소송법」 제199조 제1항에 따라 범죄 수사를 위하여 오로지 피의자의 자발적인 의사에 의하여 이루어진 경우에도 가능하다.
② 범의를 가진 자에 대하여 단순히 범행의 기회를 제공하거나 범행을 용이하게 하는 것에 불과한 수사방법이 경우에 따라 허용될 수 있음은 별론으로 하고, 본래 범의를 가지지 아니한 자에 대하여 수사기관이 사술이나 계략 등을 써서 범의를 유발케 하여 범죄인을 검거하는 함정수사는 위법하므로 이러한 함정수사에 기한 공소제기에 대해 법원은 공소기각결정을 선고해야 한다.
③ 범죄의 인지는 실질적인 개념이므로 인지절차를 거치기 전에 범죄의 혐의가 있다고 보아 수사를 개시하는 행위를 한 때에 범죄를 인지한 것으로 보아야 하며, 그 뒤 범죄인지서를 작성하여 사건수리 절차를 밟은 때에 비로소 범죄를 인지하였다고 볼 것은 아니다.
④ 검사가 조사실에서 피의자를 신문할 때 도주, 자해 등의 위험이 없다면 교도관에게 피의자의 수갑 해제를 요청할 의무가 있고, 교도관은 이에 응하여야 한다.

해설

① 【 O 】 대판 2020.5.14. 2020도398
② 【 X 】 위법한 함정수사의 경우 공소기각판결로써 사건을 종결한다(대판 2005.10.28. 2005도1247).
③ 【 O 】 대판 2001.10.26. 2000도2968
④ 【 O 】 대결 2020.3.17. 2015모2357

정답 ②

72 임의수사에 대한 설명으로 가장 적절하지 않은 것은? (다툼이 있는 경우 판례에 의함) 17. 경찰채용 2차

① 경찰관직무집행법 제4조 제1항 제1호의 보호조치 요건이 갖추어지지 않았음에도, 경찰관이 실제로는 범죄수사를 목적으로 피의자에 해당하는 사람을 위 조항의 피구호자로 삼아 그의 의사에 반하여 경찰관서에 데려간 행위는, 달리 현행범체포나 임의동행 등의 적법 요건을 갖추었다고 볼 사정이 없다면, 위법한 체포에 해당한다고 보아야 한다.

② 수사관이 동행에 앞서 피의자에게 동행을 거부할 수 있음을 알려 주었거나 동행한 피의자가 언제든지 자유로이 동행과정에서 이탈 또는 동행장소로부터 퇴거할 수 있었음이 인정되는 등 오로지 피의자의 자발적인 의사에 의하여 수사관서 등에의 동행이 이루어졌음이 객관적인 사정에 의하여 명백하게 입증된 경우에 한하여, 임의동행의 적법성이 인정된다.

③ 불심검문 대상자 해당 여부를 판단할 때에는 불심검문 당시의 구체적 상황은 물론 사전에 얻은 정보나 전문적 지식 등에 기초하여 불심검문 대상자인지를 객관적·합리적인 기준에 따라 판단하여야 하며, 불심검문 대상자에게 형사소송법상 체포나 구속에 이를 정도의 혐의가 있을 것을 요한다.

④ 수사에 관하여는 공무소 기타 공사단체에 조회하여 필요한 사항의 보고를 요구할 수 있다.

[해설]

① 【O】 대판 2012.12.13. 2012도11162
② 【O】 대판 2006.7.6. 2005도6810
③ 【X】 경찰관직무집행법의 목적, 법 제1조 제1항, 제2항, 제3조 제1항, 제2항, 제3항, 제7항의 내용 및 체계 등을 종합하면, 경찰관이 법 제3조 제1항에 규정된 대상자(이하 '불심검문 대상자'라 한다) 해당 여부를 판단할 때에는 불심검문 당시의 구체적 상황은 물론 사전에 얻은 정보나 전문적 지식 등에 기초하여 불심검문 대상자인지를 객관적·합리적인 기준에 따라 판단하여야 하나, 반드시 불심검문 대상자에게 형사소송법상 체포나 구속에 이를 정도의 혐의가 있을 것을 요한다고 할 수는 없다(대판 2014.2.27. 2011도13999).
④ 【O】 제199조 제2항

정답 ③

73 통신제한조치에 관한 설명 중 가장 적절하지 않은 것은? (다툼이 있으면 판례에 의함) 16. 경찰승진

① 범죄수사를 위한 통신제한조치의 기간은 원칙적으로 2월을 초과하지 못하고 그 기간 중 통신제한조치의 목적이 달성되었을 경우에는 즉시 종료하여야 한다.
② 통신비밀보호법상 '통신'이라 함은 우편물 및 전기통신을 말한다.
③ 무전기와 같은 무선전화기를 이용한 통화가 통신비밀보호법 제3조 제1항 소정의 '타인간의 대화'에 포함된다.
④ 전화통화 당사자의 일방이 상대방 모르게 통화내용을 녹음하는 것은 감청에 해당하지 않지만, 제3자가 전화통화 당사자 일방만의 동의를 받고 그 통화내용을 녹음한 경우에는 '통신비밀보호법' 위반에 해당한다.

[해설]

① 【O】 통신비밀보호법 제6조 제7항 본문
② 【O】 통신비밀보호법 제2조 제1호
③ 【X】 통신비밀보호법에서는 그 규율의 대상을 통신과 대화로 분류하고 그 중 통신을 다시 우편물과 전기통신으로 나눈 다음, 그 제2조 제3호로 "전기통신"이라 함은 유선·무선·광선 및 기타의 전자적 방식에 의하여 모든 종류의 음향·문언·부호 또는 영상을 송신하거나 수신하는 것을 말한다고 규정하고 있는바, 무전기와 같은 무선전화기를 이용한 통화가 위 법에서 규정하고 있는 전기통신에 해당함은 전화통화의 성질 및 위 규정 내용에 비추어 명백하므로 이를 같은 법 제3조 제1항 소정의 '타인간의 대화'에 포함된다고 할 수 없다(대판 2003.11.13. 2001도6213).
④ 【O】 대판 2001.10.9. 2001도3106; 대판 2002.10.8. 2002도123

정답 ③

74 통신비밀보호법상 전기통신의 감청에 대한 설명 중 옳은 것은? (다툼이 있는 경우 판례에 의함) 16. 검찰 7급

① 수사기관이 대화의 일방당사자의 동의를 얻어 통화내용을 녹음하였다면 그 상대방의 동의가 없더라도, 그 녹음은 통신비밀보호법이 금지하는 감청에 해당하지 않는다.
② 무전기와 같은 무선전화기를 이용한 통화는 통신비밀보호법상 '전기통신'에 해당하고 '타인간의 대화'에 포함되지 않는다.
③ 불법감청에 의하여 녹음된 전화통화의 내용은 통신비밀보호법에 의하여 증거능력이 없으나, 피고인이나 변호인이 이를 증거로 함에 동의한 때에는 예외적으로 증거능력이 인정된다.
④ 통신비밀보호법상의 '감청'에는 전기통신의 송수신과 동시에 이루어지는 경우뿐만 아니라 이미 수신이 완료된 전기통신의 내용을 지득하는 행위도 포함된다.

해설

①③ 【 X 】 수사기관이 갑으로부터 피고인의 마약류관리에 관한 법률 위반(향정) 범행에 대한 진술을 듣고 추가적인 증거를 확보할 목적으로, 구속수감되어 있던 갑에게 그 압수된 휴대전화를 제공하여 피고인과 통화하고 위 범행에 관한 통화 내용을 녹음하게 한 행위는 불법감청에 해당하므로, 그 녹음 자체는 물론 이를 근거로 작성된 녹취록 첨부 수사보고는 피고인의 증거동의에 상관없이 그 증거능력이 없다(대판 2010.10.14. 2010도9016).
② 【 O 】 대판 2003.11.13. 2001도6213
④ 【 X 】 통신비밀보호법상 '감청'이란 대상이 되는 전기통신의 송·수신과 동시에 이루어지는 경우만을 의미하고, 이미 수신이 완료된 전기통신의 내용을 지득하는 등의 행위는 포함되지 않는다(대판 2012.10.25. 2012도4644).

정답 ②

75 통신제한조치에 대한 설명 중 옳고 그름의 표시(○, ×)가 바르게 된 것은? (다툼이 있는 경우 판례에 의함) 18. 경찰승진 변형

㉠ 강간죄(형법 제297조), 협박죄(형법 제283조 제1항), 경매입찰방해죄(형법 제315조)는 통신제한조치가 가능한 범죄이다.
㉡ 통신기관등은 통신제한조치허가서 또는 긴급감청서등에 기재된 통신제한조치 대상자의 전화번호 등이 사실과 일치하지 않을 경우에는 그 집행을 거부할 수 있으며, 어떠한 경우에도 전기통신에 사용되는 비밀번호를 누설할 수 없다.
㉢ 통신제한조치허가서에 의하여 허가된 통신제한조치가 '전기통신 감청 및 우편물 검열'뿐이더라도 그 후 연장결정서에 당초 허가 내용에 없던 '대화녹음'이 기재되어 있다면 이는 대화녹음의 적법한 근거가 될 수 있다.
㉣ 통신기관 등은 통신제한조치허가서 또는 긴급감청서 등에 기재된 통신제한조치 대상자의 전화번호 등이 사실과 일치하지 않을 경우에는 그 집행을 거부할 수 있으며, 어떠한 경우에도 전기통신에 사용되는 비밀번호를 누설할 수 없다.

① ㉠ ○ ㉡ ○ ㉢ × ㉣ ×
② ㉠ ○ ㉡ ○ ㉢ × ㉣ ○
③ ㉠ × ㉡ ○ ㉢ × ㉣ ○
④ ㉠ × ㉡ × ㉢ ○ ㉣ ×

해설

㉠ 【 O 】 통신비밀보호법 제5조
㉡ 【 O 】 통신비밀보호법 제9조 제4항
㉢ 【 X 】 통신제한조치허가서에 의하여 허가된 통신제한조치가 '전기통신 감청 및 우편물 검열'뿐이더라도 그 후 연장결정서에 당초 허가 내용에 없던 '대화녹음'이 기재되어 있다 하더라도 이는 대화녹음의 적법한 근거가 되지 못한다(대판 1999.9.3. 99도2317).
㉣ 【 O 】 통신비밀보호법 제9조 제4항

정답 ②

76 통신비밀보호법상 통신제한조치에 대한 설명으로 가장 적절하지 않은 것은? (다툼이 있는 경우 판례에 의함)

19. 경찰채용 1차

① 통신제한조치는「통신비밀보호법」제5조의 범죄를 계획 또는 실행하고 있거나 실행하였다고 의심할 만한 충분한 이유가 있고, 다른 방법으로는 그 범죄의 실행을 저지하거나 범인의 체포 또는 증거수집이 어려운 경우에 한하여 허가할 수 있다.
② 인터넷회선감청(패킷감청)을 가능하게 하는「통신비밀보호법」제5조 제2항 중 '인터넷회선을 통하여 송·수신하는 전기통신'에 관한 부분은 이에 대한 법적 통제수단이 미비하여 개인의 통신 및 사생활 비밀의 자유를 침해하므로 헌법에 합치되지 아니한다.
③ 전기통신의 감청은 전기통신이 이루어지고 있는 상황에서 실시간으로 전기통신의 내용을 지득·채록하는 경우, 통신의 송·수신을 직접적으로 방해하는 경우, 이미 수신이 완료된 전기통신에 관하여 남아 있는 기록이나 내용을 열어보는 경우를 의미한다.
④ 3인 간의 대화에서 그 중 한 사람이 그 대화를 녹음 또는 청취하는 경우에 다른 두 사람의 발언은 그 녹음자 또는 청취자에 대한 관계에서「통신비밀보호법」제3조 제1항에서 정한 '타인 간의 대화'라고 할 수 없으므로, 이러한 녹음 또는 청취하는 행위 및 그 내용을 공개하거나 누설하는 행위가「통신비밀보호법」제16조 제1항에 해당한다고 볼 수 없다.

해설

① 【 O 】 통신비밀보호법 제5조 제1항
② 【 O 】 "인터넷회선 감청의 집행단계나 집행 이후에 수사기관의 권한남용을 통제하고 기본권침해를 최소화하기 위한 제도적 조치가 제대로 마련되지 않은 상태에서 범죄수사를 이유로 인터넷회선 감청을 통신제한조치 허가대상으로 정하는 것은 침해의 최소성 요구에 반한다."라고 판시하여 패킷감청의 위헌성을 확인한바 있다(헌재결 2018.8.30. 2016헌마263).
③ 【 X 】 통신비밀보호법상 '감청'이란, 현재 송신중이거나 수신중인 전기통신을 지득하는 행위만을 의미하고, 이미 수신이 완료된 전기통신의 내용을 지득하는 행위는 포함되지 않는다(대판 2012.10.25. 2012도4644).
④ 【 O 】 3인간의 대화에 있어서 그중 한 사람이 대화를 녹음하는 경우 다른 두 사람의 발언은 그 녹음자에 대한 관계에서 '타인 간의 대화'라고 할 수 없으므로, 이와 같은 녹음행위는 통신비밀보호법 제3조 제1항에 위배된다고 볼 수 없다(대판 2006.10.12. 2006도4981).

정답 ③

77 통신제한조치에 관한 설명 중 가장 적절하지 않은 것은? (다툼이 있는 경우 판례에 의함)

20. 경찰승진

① 무전기와 같은 무선전화기를 이용한 통화는 통신비밀보호법상 '타인간의 대화'에 포함되므로 '전기통신'에는 해당하지 않는다.
② 이미 수신이 완료된 전기통신에 관하여 남아 있는 기록이나 내용을 열어보는 등의 행위는 전기통신의 감청에 해당하지 않는다.
③ 피고인이 범행 후 피해자에게 전화를 걸어오자 피해자가 증거를 수집하려고 그 전화내용을 녹음한 경우 그것이 피고인 모르게 녹음된 것이라 하여 이를 위법하게 수집된 증거라고 할 수 없다.
④ 제3자가 당사자 일방의 동의를 받고 통화내용을 녹음한 경우 통화 상대방의 동의가 없었다면 통신비밀보호법 위반에 해당한다.

해설

① 【 X 】 무전기와 같은 무선전화기를 이용한 통화가 통신비밀보호법에서 규정하고 있는 전기통신에 해당함은 전화통화의 성질 및 위 규정 내용에 비추어 명백하므로 이를 같은 법 제3조 제1항 소정의 '타인간의 대화'에 포함된다고 할 수 없다(대판 2003.11.13. 2001도6213).
② 【 O 】 대판 2012.10.25. 2012도4644
③ 【 O 】 대판 1997.3.28. 97도240
④ 【 O 】 대판 2002.10.8. 2002도123

정답 ①

78 통신비밀보호법상 통신제한조치에 대한 설명으로 가장 적절한 것은? (다툼이 있는 경우 판례에 의함)

21. 경찰승진

① 전기통신의 감청은 전기통신이 이루어지고 있는 상황에서 실시간으로 전기통신의 내용을 지득·채록하는 경우와 통신의 송·수신을 직접적으로 방해하는 경우뿐만 아니라 이미 수신이 완료된 전기통신에 관하여 남아 있는 기록이나 내용을 열어보는 등의 행위도 포함한다.
② 사법경찰관이「통신비밀보호법」제8조에 따른 긴급통신제한조치를 할 경우에는 미리 검사의 지휘를 받아야 한다. 다만, 특히 급속을 요하여 미리 지휘를 받을 수 없는 사유가 있는 경우에는 긴급통신제한조치의 집행 착수 후 지체 없이 검사의 승인을 얻어야 한다.
③ 「형법」상 절도죄, 강도죄, 사기죄, 공갈죄는「통신비밀보호법」상 범죄수사를 위한 통신제한조치가 가능한 범죄이다.
④ 불법감청에 의하여 녹음된 전화통화의 내용은「통신비밀보호법」에 의하여 증거능력이 없으나 피고인이나 변호인이 이를 증거로 함에 동의한 때에는 예외적으로 증거능력이 인정된다.

해설

① 【 X 】 통신비밀보호법상 '감청'이란 대상이 되는 전기통신의 송·수신과 동시에 이루어지는 경우만을 의미하고, 이미 수신이 완료된 전기통신의 내용을 지득하는 등의 행위는 포함되지 않는다(대판 2012.10.25. 2012도4644).
② 【 O 】 통신비밀보호법 제8조 제3항
③ 【 X 】 사기죄는 통신제한조치 대상범죄가 아니다(통신비밀보호법 제5조 제1항 제1호).

④ 【 X 】 전기통신의 감청은 제3자가 전기통신의 당사자인 송신인과 수신인의 동의를 받지 아니하고 전기통신 내용을 녹음하는 등의 행위를 하는 것만을 말한다고 해석함이 타당하므로, 전기통신에 해당하는 전화통화 당사자의 일방이 상대방 모르게 통화 내용을 녹음하는 것은 여기의 감청에 해당하지 않는다. 그러나 제3자의 경우는 설령 전화통화 당사자 일방의 동의를 받고 그 통화 내용을 녹음하였다 하더라도 그 상대방의 동의가 없었던 이상, 이는 여기의 감청에 해당하여 통신비밀보호법 제3조 제1항 위반이 되고, 이와 같이 제3조 제1항을 위반한 불법감청에 의하여 녹음된 전화통화의 내용은 제4조에 의하여 증거능력이 없다. 그리고 사생활 및 통신의 불가침을 국민의 기본권의 하나로 선언하고 있는 헌법규정과 통신비밀의 보호와 통신의 자유 신장을 목적으로 제정된 통신비밀보호법의 취지에 비추어 볼 때 피고인이나 변호인이 이를 증거로 함에 동의하였다고 하더라도 달리 볼 것은 아니다(대판 2019.3.14. 2015도1900).

정답 ②

79 인터넷통신망을 통하여 흐르는 전기신호 형태의 패킷(packet)을 중간에 확보하여 그 내용을 지득하는 소위 패킷감청에 대한 설명으로 가장 적절한 것은? (다툼이 있는 경우 판례에 의함) 21. 경찰승진

① 패킷감청은 사건과 무관한 불특정 다수의 방대한 정보까지 수집되어 개인의 통신 및 사생활의 비밀과 자유를 침해하기 때문에 헌법불합치결정이 선고되었고, 현재 패킷감청에 의한 통신제한조치는 허용되지 않는다.
② 사법경찰관은 「통신비밀보호법」에 따른 패킷감청을 집행하여 그 전기통신을 보관하고자 하는 때에는 집행종료일로부터 14일 이내에 보관등이 필요한 전기통신을 선별하여 통신제한조치를 허가한 법원에 그 승인을 청구할 수 있다.
③ 법원이 패킷감청으로 취득한 자료의 보관을 위한 승인청구를 기각한 경우, 사법경찰관은 청구기각의 통지를 받은 날부터 7일 이내에 해당 전기통신을 폐기하고, 폐기결과보고서를 작성하여 7일 이내에 검사에게 송부하여야 한다.
④ 「통신비밀보호법」은 패킷감청으로 취득한 자료의 관리에 관한 절차(「통신비밀보호법」 제12조의2)의 위반에 대해서는 벌칙 조항을 두고 있지 않다.

해설

① 【 X 】 패킷감청에 대해 헌법불합치결정이 선고되었으며, 이에 대한 보완입법으로 통신비밀보호법 제12조의2가 신설되어 패킷감청도 일정범위 내에 허용되게 되었다.
② 【 X 】 사법경찰관은 인터넷 회선을 통하여 송신·수신하는 전기통신을 대상으로 제6조 또는 제8조에 따른 통신제한조치를 집행한 경우 그 전기통신의 부관등을 하고자 하는 때에는 집행종료일부터 14일 이내에 보관등이 필요한 전기통신을 선별하여 검사에게 보관등의 승인을 신청하고, 검사는 신청일부터 7일 이내에 통신제한조치를 허가한 법원에 그 승인을 청구할 수 있다(통신비밀보호법 제12조의2 제2항).
③ 【 X 】 검사 또는 사법경찰관은 제1항에 따른 청구나 제2항에 따른 신청을 하지 아니하는 경우에는 집행종료일부터 14일(검사가 사법경찰관의 신청을 기각한 경우에는 그 날부터 7일) 이내에 통신제한조치로 취득한 전기통신을 폐기하여야 하고, 법원에 승인청구를 한 경우(취득한 전기통신의 일부에 대해서만 청구한 경우를 포함한다)에는 제4항에 따라 법원으로부터 승인서를 발부받거나 청구기각의 통지를 받은 날부터 7일 이내에 승인을 받지 못한 전기통신을 폐기하여야 한다. 검사 또는 사법경찰관은 제5항에 따라 통신제한조치로 취득한 전기통신을 폐기한 때에는 폐기의 이유와 범위 및 일시 등을 기재한 폐기결과보고서를 작성하여 피의자의 수사기록 또는 피내사자의 내사사건기록에 첨부하고, 폐기일부터 7일 이내에 통신제한조치를 허가한 법원에 송부하여야 한다(통신비밀보호법 제12조의2 제5항, 제6항).
④ 【 O 】 개정 통신비밀보호법은 전기통신의 감청과 관련하여 패킷감청으로 취득한 자료의 관리절차를 위반한 경우 별도로 벌칙규정을 마련하고 있지 않다.

정답 ④

80 통신비밀보호법상 사법경찰관의 통신제한조치(전기통신의 감청)에 관한 설명으로 옳은 것을 모두 고른 것은?

21. 경찰채용 2차

㉠ 일정한 요건이 구비된 경우에는 검사에 대하여 각 피의자별 또는 각 피내사자별로 통신제한조치에 대한 허가를 신청하고, 검사는 법원에 대하여 그 허가를 청구할 수 있다.

㉡ 통신제한조치의 기간은 3개월을 초과하지 못하나 허가요건이 존속하는 경우에는 3개월의 범위에서 통신제한조치기간의 연장을 청구할 수 있다. 다만 통신제한조치의 연장을 청구하는 경우에 통신제한조치의 총 연장기간은 1년(일정한 범죄의 경우는 3년)을 초과할 수 없다.

㉢ 통신제한조치를 집행한 사건에 관하여 검사로부터 공소를 제기하거나 제기하지 아니하는 처분(기소중지 또는 참고인중지결정은 제외한다)의 통보를 받거나 검찰송치를 하지 아니하는 처분(수사중지 결정은 제외한다) 또는 내사사건에 관하여 입건하지 아니하는 처분을 한 때에는 그 날부터 30일 이내에 감청의 대상이 된 전기통신의 가입자에게 통신제한조치를 집행한 사실과 집행기관 및 그 기간 등을 서면으로 통지하여야 한다.

㉣ 인터넷 회선을 통하여 송신 수신하는 전기통신을 대상으로 통신제한조치를 집행한 경우 그 전기통신의 보관 등을 하고자 하는 때에는 집행종료일부터 10일 이내에 보관 등이 필요한 전기통신을 선별하여 검사에게 보관 등의 승인을 신청하고, 검사는 신청일부터 10일 이내에 통신제한조치를 허가한 법원에 그 승인을 청구할 수 있다.

① ㉠, ㉢   ② ㉠, ㉣   ③ ㉡, ㉢   ④ ㉡, ㉣

해설

㉠ 【 O 】 통신비밀보호법 제6조 제2항

㉡ 【 X 】 통신제한조치의 기간은 2개월을 초과하지 못하나 허가요건이 존속하는 경우에는 2개월의 범위에서 통신제한조치기간의 연장을 청구할 수 있다. 다만 통신제한조치의 연장을 청구하는 경우에 통신제한조치의 총 연장기간은 1년(일정한 범죄의 경우는 3년)을 초과할 수 없다(통신비밀보호법 제6조 제7항, 제8항).

㉢ 【 O 】 통신비밀보호법 제9조의2 제1항

㉣ 【 X 】 사법경찰관은 인터넷 회선을 통하여 송신·수신하는 전기통신을 대상으로 통신제한조치를 집행한 경우 그 전기통신의 보관 등을 하고자 하는 때에는 집행종료일부터 14일 이내에 보관 등이 필요한 전기통신을 선별하여 검사에게 보관 등의 승인을 신청하고, 검사는 신청일부터 7일 이내에 통신제한조치를 허가한 법원에 그 승인을 청구할 수 있다(통신비밀보호법 제12조의2 제2항).

정답 ①

81 통신비밀보호법상 감청에 관한 설명으로 가장 적절하지 않은 것은? (다툼이 있는 경우 판례에 의함)

25. 경찰승진

① 「통신비밀보호법」 제3조 제1항 본문에 의하면 누구든지 이 법과 「형사소송법」 또는 「군사법원법」의 규정에 의하지 않고는 공개되지 않은 타인 간의 대화를 녹음하거나 청취하지 못하는데, 거실에 설치된 영상정보 처리기기를 이용해 자동녹음된 피해자들 대화의 녹음물을 재생하여 듣는 행위는 '청취'에 포함된다.

② 통화를 마친 후 전화가 끊기지 않은 상태에서 휴대전화를 통하여 들은 '악' 하는 소리와 '우당탕' 소리는 공개되지 않은 타인 간의 대화에 해당하지 않는다.

③ 단속 경찰관이 손님으로 가장하고 성매매업소에 들어가 여종업원 몰래 여종업원과 나눈 대화를 녹음하였더라도 이는 「통신비밀보호법」 제3조 제1항이 금지하는 공개되지 아니한 타인 간의 대화를 녹음한 경우에 해당하지 않는다.

④ 사법경찰관은 「통신비밀보호법」에 따른 패킷감청을 집행하여 그 전기통신을 보관하고자 하는 때에는 집행종료일로부터 14일 이내 보관 등이 필요한 전기통신을 선별하여 검사에게 보관 등의 승인을 신청하고, 이때 검사가 사법경찰관의 신청을 기각한 경우에는 그날부터 7일 이내에 취득한 전기통신을 폐기하여야 한다.

해설

① 【 X 】 통신비밀보호법 제3조 제1항은 누구든지 이 법과 형사소송법 또는 군사법원법의 규정에 의하지 아니하고는 우편물의 검열·전기통신의 감청 또는 공개되지 않은 타인 간의 대화를 녹음 또는 청취하지 못한다고 규정하고 있고, 같은 법 제16조 제1항은 이를 위반하는 행위를 처벌하도록 규정하고 있다. 여기서 '청취'는 타인 간의 대화가 이루어지고 있는 상황에서 실시간으로 그 대화의 내용을 엿듣는 행위를 의미하고, 대화가 이미 종료된 상태에서 그 대화의 녹음물을 재생하여 듣는 행위는 '청취'에 포함되지 않는다(대판 2024.2.29. 2023도8603).
  ◆ 거실에 설치된 영상정보 처리기기를 이용해 자동녹음된 피해자들 대화의 녹음물을 재생하여 듣는 행위는 '청취'에 포함되지 않는다.

② 【 O 】 공소외인이 들었다는 '우당탕' 소리는 사물에서 발생하는 음향일 뿐 사람의 목소리가 아니므로 통신비밀보호법에서 말하는 타인 간의 '대화'에 해당하지 않는다. '악' 소리도 사람의 목소리이기는 하나 단순한 비명소리에 지나지 않아 그것만으로 상대방에게 의사를 전달하는 말이라고 보기는 어려워 특별한 사정이 없는 한 타인 간의 '대화'에 해당한다고 볼 수 없다(대판 2017.3.15. 2016도19843).

③ 【 O 】 이 사건 녹음은 대화의 당사자인 사법경찰관 공소외 2가 손님으로 가장하고 이 사건 성매매업소를 방문하여 위 업소를 운영하는 피고인 및 종업원인 공소외 1과의 대화 내용을 녹음한 것으로 통신비밀보호법 제3조 제1항이 금지하는 공개되지 아니한 타인 간의 대화를 녹음한 경우에 해당하지 않는다(대판 2024.5.30. 2020도9370).

④ 【 O 】 사법경찰관은 인터넷 회선을 통하여 송신·수신하는 전기통신을 대상으로 제6조 또는 제8조(제5조 제1항의 요건에 해당하는 사람에 대한 긴급통신제한조치에 한정한다)에 따른 통신제한조치를 집행한 경우 그 전기통신의 보관등을 하고자 하는 때에는 집행종료일부터 14일 이내에 보관등이 필요한 전기통신을 선별하여 검사에게 보관등의 승인을 신청하고, 검사는 신청일부터 7일 이내에 통신제한조치를 허가한 법원에 그 승인을 청구할 수 있다(통신비밀보호법 제12조의2 제2항). 검사 또는 사법경찰관은 제1항에 따른 청구나 제2항에 따른 신청을 하지 아니하는 경우에는 집행종료일부터 14일(검사가 사법경찰관의 신청을 기각한 경우에는 그날부터 7일) 이내에 통신제한조치로 취득한 전기통신을 폐기하여야 하고, 법원에 승인청구를 한 경우(취득한 전기통신의 일부에 대해서만 청구한 경우를 포함한다)에는 제4항에 따라 법원으로부터 승인서를 발부받거나 청구기각의 통지를 받은 날부터 7일 이내에 승인을 받지 못한 전기통신을 폐기하여야 한다(통신비밀보호법 제12조의2 제5항).

정답 ①

82 강제처분에 대한 설명 중 가장 적절하지 않은 것은? (다툼이 있는 경우 판례에 의함)

20. 경찰채용 1차

① 압수·수색영장 대상자와 피의자 사이에 요구되는 인적 관련성은 압수·수색영장에 기재된 대상자의 공동정범, 간접정범, 교사범 등은 물론이며 필요적 공범 등에 대한 피고사건에 대해서도 인정될 수 있다.
② 사법경찰관은 피내사자를 대상으로 하는 통신제한조치에 대한 허가를 검사에게 신청하고, 검사는 법원에 대하여 그 허가를 청구할 수 있다.
③ 「통신비밀보호법」 제12조의2에 의하면 사법경찰관은 인터넷 회선을 통하여 송신·수신하는 전기통신을 대상으로 제6조 또는 제8조(제5조 제1항의 요건에 해당하는 사람에 대한 긴급통신제한조치에 한정한다)에 따른 통신제한조치를 집행한 경우 그 전기통신의 보관등을 하고자 하는 때에는 집행종료일부터 14일 이내에 보관등이 필요한 전기통신을 선별하여 검사에게 보관등의 승인을 신청하고 검사는 신청일부터 14일 이내에 통신제한조치를 허가한 법원에 그 승인을 청구할 수 있다.
④ 「마약류 불법거래 방지에 관한 특례법」 제4조 제1항에 따른 조치의 일환으로 특정한 수출입물품을 개봉하여 검사하고 그 내용물의 점유를 취득한 행위는 수출입물품에 대한 적정한 통관 등을 목적으로 하는 조사와 달리 범죄수사인 압수 또는 수색에 해당하여 사전 또는 사후에 영장을 받아야 한다.

해설

① 【 O 】 대판 2017.12.5. 2017도13458
② 【 O 】 통신비밀보호법 제6조 제2항
③ 【 X 】 사법경찰관은 인터넷 회선을 통하여 송신·수신하는 전기통신을 대상으로 제6조 또는 제8조(제5조 제1항의 요건에 해당하는 사람에 대한 긴급통신제한조치에 한정한다)에 따른 통신제한조치를 집행한 경우 그 전기통신의 보관등을 하고자 하는 때에는 집행종료일부터 14일 이내에 보관등이 필요한 전기통신을 선별하여 검사에게 보관 등의 승인을 신청하고, 검사는 신청일부터 7일 이내에 통신제한조치를 허가한 법원에 그 승인을 청구할 수 있다(통신비밀보호법 제12조의2 제2항).
④ 【 O 】 대판 2017.7.18. 2014도8719

정답 ③

83 아래 ㉠부터 ㉢까지의 설명 중 옳고 그름의 표시(○, ×)가 바르게 된 것은? (다툼이 있는 경우 판례에 의함)

19. 법학경채

> ㉠ 전기통신에 해당하는 전화통화 당사자의 일방이 상대방 모르게 통화 내용을 녹음하는 것은 「통신비밀보호법」상 감청에 해당하지 아니하지만, 제3자의 경우는 설령 전화통화 당사자 일방의 동의를 받고 그 통화 내용을 녹음하였다 하더라도 그 상대방의 동의가 없었던 이상, 이는 「통신비밀보호법」상 감청에 해당하고 그와 같이 녹음된 전화통화의 내용은 증거능력이 없다.
> ㉡ 3인 간의 대화에 있어서 그 중 한 사람이 그 대화를 녹음하는 경우에 다른 두 사람의 발언은 그 녹음자에 대한 관계에서 '타인 간의 대화'라고 할 수 없으므로, 이와 같은 녹음행위가 「통신비밀보호법」에 위배된다고 볼 수는 없다.
> ㉢ 甲이 乙에게 휴대폰으로 전화를 걸어 乙과 통화를 마친 후 乙이 전화를 먼저 끊기를 기다리던 중 乙이 휴대폰의 통화종료 버튼을 누르지 아니한 채 타인과 대화하는 것을 몰래 청취·녹음한 경우, 甲은 乙과 타인 간의 대화에 원래부터 참여하지 아니한 제3자이므로 통화연결 상태에 있는 휴대폰을 이용하여 이 사건 대화를 청취·녹음하는 행위는 위법하다.

① ㉠ ○ ㉡ × ㉢ ○   ② ㉠ ○ ㉡ ○ ㉢ ○
③ ㉠ ○ ㉡ × ㉢ ×   ④ ㉠ × ㉡ ○ ㉢ ○

[해설]
㉠【 O 】 대판 2002.10.8. 2002도123
㉡【 O 】 대판 2014.5.16. 2013도16404
㉢【 O 】 대판 2016.5.12. 2013도15616

정답 ②

84 피의자신문에 관한 설명 중 가장 적절하지 않은 것은? (다툼이 있으면 판례에 의함)

16. 경찰승진

① 신문에 참여한 변호인은 신문 후 의견을 진술할 수 있다. 다만, 신문 중이더라도 부당한 신문방법에 대하여 이의를 제기할 수 있고, 검사 또는 사법경찰관의 승인을 얻어 의견을 진술할 수 있다.
② 신문에 참여하고자 하는 변호인이 2인 이상인 때에는 피의자가 신문에 참여할 변호인 1인을 지정한다. 지정이 없는 경우에는 검사 또는 사법경찰관이 이를 지정하여야 한다.
③ 검사 또는 사법경찰관은 변호인의 신문참여 및 그 제한에 관한 사항을 피의자신문조서에 기재하여야 한다.
④ 구속된 피의자가 수사기관의 피의자신문을 위한 출석요구에 불응하면서 조사실에 출석을 거부하는 경우에는 구속영장의 효력에 의하여 피의자를 조사실로 구인할 수 있다.

[해설]
①【 O 】 제243조의2 제3항
②【 X 】 신문에 참여하고자 하는 변호인이 2인 이상인 때에는 피의자가 신문에 참여할 변호인 1인을 지정한다. 지정이 없는 경우에는 검사 또는 사법경찰관이 이를 지정할 수 있다(제243조의2 제2항).
③【 O 】 제243조의2 제5항
④【 O 】 대결 2013.7.1. 2013모160

정답 ②

85 피의자신문에 관한 다음 설명 중 가장 적절한 것은? (다툼이 있으면 판례에 의함) 16. 경찰채용 1차

① 수사기관이 피의자의 진술을 영상녹화 하는 경우에는 반드시 피의자 내지 변호인의 동의를 받아야 하고, 피의자가 아닌 자의 진술을 영상녹화 하는 경우에는 미리 영상녹화 사실을 고지하면 되고 그의 동의를 요하지는 않는다.
② 피의자가 변호인의 참여를 원한다는 의사를 명백하게 표시하였음에도 수사기관이 정당한 사유 없이 변호인을 참여하게 하지 아니한 채 피의자를 신문하여 작성한 피의자신문조서라도 증거능력 자체가 부정되는 것은 아니나, 증명력이 낮게 평가될 수밖에 없다.
③ 피의자와 동석한 신뢰관계에 있는 사람이 피의자를 대신하여 진술한 부분이 조서에 기재되어 있다면 그 부분은 피의자의 진술을 기재한 것이 아니라 동석한 사람의 진술을 기재한 조서에 해당하므로, 그 사람에 대한 진술조서로서의 증거능력을 취득하기 위한 요건을 충족하지 못하는 한 이를 유죄의 증거로 사용할 수 없다.
④ 검사 또는 사법경찰관은 피의자 또는 그 변호인·법정대리인·배우자·직계친족·형제자매의 신청에 따라 변호인을 피의자와 접견하게 하거나 정당한 사유가 없는 한 피의자에 대한 신문에 참여하게 할 수 있다.

[해설]
① 【 X 】 피의자 아닌 자의 경우는 동의를 얻어 영상녹화 할 수 있으나, 피의자의 경우에는 고지만 하면 족하고 동의를 받을 필요는 없다(제244조의2 제1항, 제221조 제1항).
② 【 X 】 헌법 제12조 제1항, 제4항 본문, 형사소송법 제243조의2 제1항 및 그 입법 목적 등에 비추어 보면, 피의자가 변호인의 참여를 원한다는 의사를 명백하게 표시하였음에도 수사기관이 정당한 사유 없이 변호인을 참여하게 하지 아니한 채 피의자를 신문하여 작성한 피의자신문조서는 형사소송법 제312조에 정한 '적법한 절차와 방식'에 위반된 증거일 뿐만 아니라, 형사소송법 제308조의2에서 정한 '적법한 절차에 따르지 아니하고 수집한 증거'에 해당하므로 이를 증거로 할 수 없다(대판 2013.3.28. 2010도3359).
③ 【 O 】 대판 2009.6.23. 2009도1322
④ 【 X 】 검사 또는 사법경찰관은 피의자 또는 그 변호인·법정대리인·배우자·직계친족·형제자매의 신청에 따라 변호인을 피의자와 접견하게 하거나 정당한 사유가 없는 한 피의자에 대한 신문에 참여하게 하여야 한다(제243조의2 제1항).

[정답] ③

86 피의자신문에 대한 설명 중 가장 적절하지 않은 것은? (다툼이 있는 경우 판례에 의함) 17. 여경

① 구속영장 발부에 의하여 적법하게 구금된 피의자가 피의자신문을 위한 출석요구에 응하지 아니하면서 수사기관 조사실에 출석을 거부한다면 수사기관은 그 구속영장의 효력에 의하여 피의자를 조사실로 구인할 수 있다.
② 검사 또는 사법경찰관은 피의자를 신문하는 경우에 있어서, 피의자가 신체적 또는 정신적 장애로 사물을 변별하거나 의사를 결정·전달할 능력이 미약한 때에는 직권 또는 피의자·법정대리인의 신청에 따라 피의자와 신뢰관계에 있는 자를 동석하게 할 수 있다.
③ 피의자신문에 참여하고자 하는 변호인이 2인 이상일 때에는 피의자가 참여할 변호인 1인을 지정하고, 지정이 없는 경우에는 검사 또는 사법경찰관이 지정하여야 한다.
④ 검사 또는 사법경찰관의 '변호인의 피의자신문에 참여'에 관한 처분에 대하여 불복이 있으면 그 직무집행지의 관할법원 또는 검사의 소속검찰청에 대응한 법원에 그 처분의 취소 또는 변경을 청구할 수 있다.

해설
① 【 O 】 대결 2013.7.1. 2013모160
② 【 O 】 제244조의5
③ 【 X 】 피의자신문에 참여하고자 하는 변호인이 2인 이상인 때에는 피의자가 참여할 변호인 1인을 지정하고, 지정이 없는 경우에는 검사 또는 사법경찰관이 지정할 수 있다(제243조의2 제2항).
④ 【 O 】 제417조

정답 ③

87 피의자신문에 대한 설명 중 가장 적절하지 않은 것은? (다툼이 있는 경우 판례에 의함) 18. 경찰승진

① 신문에 참여하고자 하는 변호인이 2인 이상인 때에는 피의자가 신문에 참여할 변호인 1인을 지정한다. 지정이 없는 경우에는 검사 또는 사법경찰관이 이를 지정하여야 한다.
② 검사 또는 사법경찰관이 피의자를 신문하면서 피의자와 신뢰관계에 있는 자를 동석하게 한 경우, 동석한 사람으로 하여금 피의자를 대신하여 진술하도록 하여서는 안 된다. 만약 동석한 사람이 피의자를 대신하여 진술한 부분이 조서에 기재되어 있다면 그 부분은 피의자의 진술을 기재한 것이 아니라 동석한 사람의 진술을 기재한 조서에 해당한다.
③ 피의자의 진술은 영상녹화할 수 있다. 이 경우 미리 영상녹화사실을 알려주어야 하며, 조사의 개시부터 종료까지의 전 과정 및 객관적 정황을 영상녹화하여야 한다.
④ 검사 또는 사법경찰관의 「형사소송법」 제243조의2에 따른 변호인의 참여 등에 관한 처분에 대하여 불복이 있으면 그 직무집행지의 관할법원 또는 검사의 소속검찰청에 대응한 법원에 그 처분의 취소 또는 변경을 청구할 수 있다.

해설
① 【 X 】 신문에 참여하고자 하는 변호인이 2인 이상인 때에는 피의자가 신문에 참여할 변호인 1인을 지정한다. 지정이 없는 경우에는 검사 또는 사법경찰관이 이를 지정할 수 있다(제243조의2 제2항).
② 【 O 】 대판 2009.6.23. 2009도1322
③ 【 O 】 제244조의2 제1항
④ 【 O 】 제417조

정답 ①

88 피의자신문에 대한 설명으로 가장 적절한 것은? (다툼이 있는 경우 판례에 의함)
18. 경찰채용 2차

① 피의자신문에 대한 변호인의 참여권은 구속된 피의자의 방어권을 실질적으로 보장하기 위한 취지이므로 불구속 피의자의 피의자신문에 대해서는 정당한 사유가 있는 경우에만 변호인의 참여가 허용된다.
② 피의자신문에 참여한 변호인은 신문 후 의견을 진술할 수 있고, 부당한 신문방법에 대하여는 신문 중이더라도 이의를 제기하고 의견을 진술할 수 있다. 다만, 부당한 신문방법에 대한 신문 중의 이의제기는 검사 또는 사법경찰관의 승인을 얻어야 한다.
③ 피의자가 "변호인의 조력을 받을 권리를 행사할 것인가요"라는 사법경찰관의 물음에 "예"라고 답변하였음에도 사법경찰관이 변호인의 참여를 제한하여야 할 정당한 사유 없이 변호인이 참여하지 아니한 상태에서 계속하여 피의자를 상대로 신문을 행한 경우, 그 내용을 기재한 피의자신문조서는 적법한 절차에 따르지 않고 수집한 증거에 해당한다.
④ 변호인에게 피의자신문 참여권을 인정하는 이유는 피의자 등이 가지는 '변호인의 조력을 받을 권리'를 충실하게 보장하기 위한 목적에서 비롯된 것이지, 그것이 변호인 자신의 기본권을 보장하기 위하여 인정되는 권리라고 볼 수는 없다.

해설

① 【 X 】 제243조의2는 신청권자인 피의자의 범위를 구속된 피의자에 제한하지 않고 있으므로 구속된 피의자뿐만 아니라 불구속상태에 있는 피의자에 대하여도 변호인의 피의자신문참여권이 인정된다.
② 【 X 】 신문에 참여한 변호인은 신문 후 의견을 진술할 수 있다. 다만, 신문 중이라도 부당한 신문방법에 대하여 이의를 제기할 수 있고, 검사 또는 사법경찰관의 승인을 얻어 의견을 진술할 수 있다(제243조의2 제3항).
③ 【 O 】 대판 2013.3.28. 2010도3359
④ 【 X 】 변호인이 피의자신문에 자유롭게 참여할 수 있는 권리는 피의자가 가지는 변호인의 조력을 받을 권리를 실현하는 수단이므로 헌법상 기본권인 변호인의 변호권으로서 보호되어야 한다(헌재결 2017.11.30. 2016헌마503).

정답 ③

89 피의자신문에 대한 설명으로 가장 적절하지 않은 것은? (다툼이 있는 경우 판례에 의함)
18. 경찰채용 3차

① 검사 또는 사법경찰관은 변호인의 신문참여 및 그 제한에 관한 사항을 피의자신문조서에 기재하여야 한다.
② 검사 또는 사법경찰관은 피의자에 대하여 범죄사실과 정상에 관한 필요사항을 신문하여야 하며 그 이익되는 사실을 진술할 기회를 주어야 한다.
③ 수사기관이 정당한 사유가 없음에도 변호인에게 피의자로부터 떨어진 곳으로 옮겨 앉으라는 지시를 하고, 이에 불응하였다는 이유를 들어 변호인의 피의자신문 참여권을 제한하였다면, 변호인은 항고를 제기할 수 있다.
④ 사법경찰관이 피의자에게 진술거부권을 행사할 수 있음을 알려 주고 그 행사 여부를 질문하였다 하더라도, 진술거부권 행사 여부에 대한 피의자의 답변이 자필로 기재되어 있지 아니하였다면, 사법경찰관이 작성한 피의자신문조서는 특별한 사정이 없는 한 증거능력을 인정할 수 없다.

[해설]
① 【O】 제243조의2 제5항
② 【O】 제242조
③ 【X】 수사기관이 피의자신문을 하면서 위와 같은 정당한 사유가 없는데도 변호인에 대하여 피의자로부터 떨어진 곳으로 옮겨 앉으라고 지시를 한 다음 이러한 지시에 따르지 않았음을 이유로 변호인의 피의자신문 참여권을 제한하는 것 역시 허용될 수 없다 (대결 2008.9.12. 2008모793). 다만, 변호인의 피의자신문참여제한조치에 대해서는 항고가 아니라, 제417조의 수사상 준항고로 불복하여야 한다.
④ 【O】 대판 2013.3.28. 2010도3359

정답 ③

90 형사소송법상 피의자신문에 대한 설명으로 가장 적절하지 않은 것은? (다툼이 있는 경우 판례에 의함)

19. 경찰승진

① 피의자의 진술을 영상녹화할 경우에는 미리 영상녹화사실을 알려주어야 하는데, 이 경우 피의자 또는 변호인의 동의를 얻어야 하는 것은 아니다.
② 수사기관이 변호인의 피의자신문 참여를 부당하게 제한하거나 중단시킨 경우에는 준항고를 통해 다툴 수 있다.
③ 검사 또는 사법경찰관은 피의자가 신체적 또는 정신적 장애로 사물을 변별하거나 의사를 결정·전달할 능력이 미약한 때에는 직권 또는 피의자·법정대리인의 신청에 따라 피의자와 신뢰관계에 있는 자를 동석하게 하여야 한다.
④ 장차 인지의 가능성이 전혀 없는 상태하에서 수사가 행해졌다는 등의 특별한 사정이 없는 한, 인지절차가 이루어지기 전에 수사를 하였다는 이유만으로 그 수사가 위법하다고 할 수 없고 그 수사과정에서 작성된 피의자신문조서나 진술조서 등의 증거능력도 이를 부인할 수 없다.

[해설]
① 【O】 제244조의2 제1항
② 【O】 제417조
③ 【X】 검사 또는 사법경찰관은 피의자가 신체적 또는 정신적 장애로 사물을 변별하거나 의사를 결정·전달할 능력이 미약한 때에는 직권 또는 피의자·법정대리인의 신청에 따라 피의자와 신뢰관계에 있는 자를 동석하게 할 수 있다(제244조의5).
④ 【O】 대판 2001.10.26. 2000도2968

정답 ③

91 피의자신문에 대한 설명으로 옳지 않은 것은? (다툼이 있는 경우 판례에 의함)
19. 국가직

① 적법한 구속영장이 발부된 이상 수사기관으로서는 피의자신문을 위해 그 구속영장의 효력에 의하여 구금된 피의자를 조사실로 구인할 수 있다.
② 수사기관이 진술자의 성명을 가명으로 기재하여 조서를 작성하였다고 해서 그 이유만으로 그 조서가 '적법한 절차와 방식'에 따라 작성되지 않았다고 할 것은 아니다.
③ 검사가 피고인의 공판절차에서 이미 증언을 마친 증인에게 수사기관에 출석할 것을 요구하여 그 증인을 상대로 위증의 혐의를 조사한 내용을 담은 피의자신문조서는 그 피고인이 증거로 함에 동의하더라도 증거능력이 인정되지 않는다.
④ 피의자의 진술을 영상녹화하는 경우 미리 그 사실을 알려주어야 하며, 조사의 개시부터 종료까지의 전 과정 및 객관적 정황을 영상녹화하여야 한다.

[해설]

① 【O】 대결 2913.7.1. 2013모160
② 【O】 대판 2012.5.24. 2011도7757
③ 【X】 공판준비 또는 공판기일에서 이미 증언을 마친 증인을 검사가 소환한 후 피고인에게 유리한 증언 내용을 추궁하여 이를 일방적으로 번복시키는 방식으로 작성한 진술조서를 유죄의 증거로 삼는 것은 당사자주의·공판중심주의·직접주의를 지향하는 현행 형사소송법의 소송구조에 어긋나는 것일 뿐만 아니라, 헌법 제27조가 보장하는 기본권, 즉 법관의 면전에서 모든 증거자료가 조사·진술되고 이에 대하여 피고인이 공격·방어할 수 있는 기회가 실질적으로 부여되는 재판을 받을 권리를 침해하는 것이므로, 이러한 진술조서는 피고인이 증거로 할 수 있음에 동의하지 아니하는 한 증거능력이 없고, 그 후 원진술자인 종전 증인이 다시 법정에 출석하여 증언을 하면서 그 진술조서의 성립의 진정함을 인정하고 피고인 측에 반대신문의 기회가 부여되었다고 하더라도 그 증언 자체를 유죄의 증거로 할 수 있음은 별론으로 하고 위와 같은 진술조서의 증거능력이 없다는 결론은 달리 할 것이 아니다. 이는 검사가 공판준비 또는 공판기일에서 이미 증언을 마친 증인에게 수사기관에 출석할 것을 요구하여 그 증인을 상대로 위증의 혐의를 조사한 내용을 담은 피의자신문조서의 경우도 마찬가지이다(대판 2013.8.14. 2012도13665).
④ 【O】 제244조의2 제1항 후문

정답 ③

92 피의자신문에 대한 설명으로 가장 적절한 것은? (다툼이 있는 경우 판례에 의함)
19. 경찰채용 1차

① 구속영장 발부에 의하여 적법하게 구금된 피의자가 피의자신문을 위한 출석요구에 응하지 아니하면서 수사기관 조사실에 출석을 거부한다면 수사기관은 그 구속영장의 효력에 의하여 피의자를 조사실로 구인할 수 없다.
② 검사가 피의자를 신문함에는 검찰청수사관 또는 서기관이나 서기를 참여하게 하여야 하고, 사법경찰관이 피의자를 신문함에는 사법경찰관리를 참여하게 하여야 한다.
③ 수사기관이 피의자신문을 하면서 정당한 사유가 없더라도 변호인에 대하여 피의자로부터 떨어진 곳으로 옮겨 앉으라고 지시를 한 다음 이러한 지시에 따르지 않았음을 이유로 변호인의 피의자신문 참여권을 제한하는 것은 허용될 수 있다.
④ 피의자의 진술은 피의자 또는 변호인의 동의 없이 영상녹화 할 수 있으므로 미리 영상녹화사실을 알려줄 필요는 없다. 단지 조사의 개시부터 종료까지의 전 과정 및 객관적 정황을 영상녹화하여야 한다.

[해설]
① 【 X 】 수사기관이 관할 지방법원 판사가 발부한 구속영장에 의하여 피의자를 구속하는 경우, 그 구속영장은 기본적으로 장차 공판정에의 출석이나 형의 집행을 담보하기 위한 것이지만, 이와 함께 형사소송법(이하 '법'이라 한다) 제202조, 제203조에서 정하는 구속기간의 범위 내에서 수사기관이 법 제200조, 제241조 내지 제244조의5에 규정된 피의자신문의 방식으로 구속된 피의자를 조사하는 등 적정한 방법으로 범죄를 수사하는 것도 예정하고 있다고 할 것이다. 따라서 구속영장 발부에 의하여 적법하게 구금된 피의자가 피의자신문을 위한 출석 요구에 응하지 아니하면서 수사기관 조사실에의 출석을 거부한다면 수사기관은 그 구속영장의 효력에 의하여 피의자를 조사실로 구인할 수 있다고 보아야 할 것이다(대결 2013.7.1. 2013모160).
② 【 O 】 제243조
③ 【 X 】 수사기관이 피의자신문을 하면서 위와 같은 정당한 사유가 없는데도 변호인에 대하여 피의자로부터 떨어진 곳으로 옮겨 앉으라고 지시를 한 다음 이러한 지시에 따르지 않았음을 이유로 변호인의 피의자신문 참여권을 제한하는 것 역시 허용될 수 없다(대결 2008.9.12. 2008모793).
④ 【 X 】 피의자진술을 영상녹화하기 위해서는 피의자나 변호인의 동의를 받을 필요는 없으나, 미리 영상녹화사실을 알려주어야 한다(제244조의2 제1항).

정답 ②

93 피의자 신문에 대한 설명으로 적절하지 않은 것은? (다툼이 있는 경우 판례에 의함)   19. 경찰채용 2차

① 수사기관이 진술거부권을 고지하지 않은 경우 그 진술을 기재한 조서는 그 진술에 임의성이 인정되더라도 증거능력이 인정되지 않는다.
② 피의자가 피의자신문조서를 열람한 후 이의를 제기한 경우 이를 조서에 추가로 기재해야 하며, 이의를 제기하였던 부분은 부당한 심증형성의 기초가 되지 않도록 삭제하여야 한다.
③ 사법경찰관은 신청이 없더라도 필요성이 있다고 인정되면 직권으로 신뢰관계자를 동석하게 할 수 있다.
④ 사법경찰관이 피의자를 신문하면서 신뢰관계에 있는 자를 동석하게 한 경우 동석한 사람이 피의자를 대신하여 진술하도록 하여서는 안 되며, 만약 동석한 사람이 피의자를 대신하여 진술한 부분이 조서에 기재되어 있다면 그 부분은 동석한 사람의 진술을 기재한 조서에 해당한다.

[해설]
① 【 O 】 대판 2009.8.20. 2008도8213
② 【 X 】 피의자신문조서는 피의자에게 열람하게 하거나 읽어 들려주어야 하며, 진술한 대로 기재되지 아니하였거나 사실과 다른 부분의 유무를 물어 피의자가 증감 또는 변경의 청구 등 이의를 제기하거나 의견을 진술한 때에는 이를 조서에 추가로 기재하여야 한다. 이 경우 피의자가 이의를 제기하였던 부분은 읽을 수 있도록 남겨두어야 한다(제244조 제2항).
③ 【 O 】 제244조의5
④ 【 O 】 대판 2009.6.23. 2009도1322

정답 ②

94 피의자신문에 관한 설명 중 가장 적절하지 않은 것은? (다툼이 있는 경우 판례에 의함)   20. 경찰승진

① 피고인이 피의자신문조서에 기재된 피고인 진술의 임의성을 다투면서 그것이 허위자백이라고 다투는 경우, 법원은 구체적인 사건에 따라 피고인의 학력, 경력, 직업, 사회적 지위, 지능 정도, 진술의 내용, 조서의 형식 등 제반 사정을 참작하여 자유로운 심증으로 위 진술이 임의로 된 것인지 여부를 판단할 수 있다.
② 수사기관은 피의자가 신체적 또는 정신적 장애로 사물을 변별하거나 의사를 결정 전달할 능력이 미약한 때에는 신뢰관계에 있는 자를 동석하게 하여야 하며, 이때 신뢰관계인이 동석하지 않은 상태로 행한 진술은 임의성이 인정되더라도 유죄 인정의 증거로 사용할 수 없다.
③ 신문에 참여하고자 하는 변호인이 2인 이상인 때에는 피의자가 신문에 참여할 변호인 1인을 지정한다. 지정이 없는 경우에는 검사 또는 사법경찰관이 이를 지정할 수 있다.
④ 사법경찰관은 피의자가 조사장소에 도착한 시각, 조사를 시작하고 마친 시각, 그 밖에 조사과정의 진행경과를 확인하기 위하여 필요한 사항을 피의자신문조서에 기록하거나 별도의 서면에 기록한 후 수사기록에 편철하여야 한다.

[해설]
① 【 O 】 대판 1994.11.4. 94도129
② 【 X 】 수사기관은 피의자가 신체적 또는 정신적 장애로 사물을 변별하거나 의사를 결정 전달할 능력이 미약한 때에는 직권 또는 피의자·법정대리인의 신청에 따라 피의자와 신뢰관계에 있는 자를 동석하게 할 수 있다(제244조의5).
③ 【 O 】 제243조의2 제2항
④ 【 O 】 제244조의4 제1항

정답 ②

95 피의자신문에 대한 설명으로 가장 적절하지 않은 것은? (다툼이 있는 경우 판례에 의함)   21. 경찰승진

① 피의자가 불구속 상태에서 피의자신문을 받을 때에도 변호인의 참여를 요구할 권리를 가진다.
② 피의자가 피의자신문조서를 열람한 후 이의를 제기한 경우 이를 조서에 추가로 기재해야 하며, 이의를 제기하였던 부분은 부당한 심증형성의 기초가 되지 않도록 삭제하여야 한다.
③ 검사 또는 사법경찰관은 변호인의 신문참여 및 그 제한에 관한 사항을 피의자신문조서에 기재하여야 한다.
④ 검사 또는 사법경찰관은 피의자가 조사장소에 도착한 시각, 조사를 시작하고 마친 시각, 그 밖에 조사과정의 진행경과를 확인하기 위하여 필요한 사항을 피의자신문조서에 기록하거나 별도의 서면에 기록한 후 수사기록에 편철하여야 한다.

[해설]
① 【 O 】 제243조의2 제1항
② 【 X 】 피의자가 피의자신문조서를 열람한 후 이의를 제기한 경우 이를 조서에 추가로 기재해야 하며, 이의를 제기하였던 부분은 읽을 수 있도록 남겨 두어야 한다(제244조 제2항).
③ 【 O 】 제243조의2 제5항
④ 【 O 】 제244조의4 제1항

정답 ②

96 피의자신문에 대한 설명 중 가장 적절하지 않은 것은? (다툼이 있는 경우 판례에 의함) 20. 경찰채용 1차

① 변호인의 수사방해나 수사기밀의 유출에 대한 우려가 없고 조사실의 장소적 제약 등과 같은 특별한 사정이 없는 상황에서 수사관 A가 피의자신문에 참여한 변호인 B에게 피의자 후방에 앉으라고 요구하는 행위는 목적의 정당성과 수단의 적절성뿐만 아니라 침해의 최소성과 법익 균형성도 충족하지 못하므로 B의 변호권을 침해한다.

② 피의자신문에 참여한 변호인은 원칙적으로 신문 후 의견을 진술할 수 있다. 다만 신문 중이더라도 부당한 신문방법에 대하여 이의를 제기할 수 있고, 검사 또는 사법경찰관의 승인을 얻어 의견을 진술할 수 있다.

③ 검사 또는 사법경찰관은 피의자가 신체적 또는 정신적 장애로 사물을 변별하거나 의사를 결정·전달할 능력이 미약한 때와 피의자의 연령·성별·국적 등의 사정을 고려하여 그 심리적 안정의 도모와 원활한 의사소통을 위하여 필요한 경우 직권 또는 피의자, 법정대리인의 신청에 따라 피의자와 신뢰관계인을 동석시킬 수 있다. 이 경우 동석한 신뢰관계인이 피의자를 대신하여 진술할 수 있으며 진술한 부분이 조서에 기재되어 있다면 이를 유죄 인정의 증거로 사용할 수 있다.

④ 인지절차를 밟기 전에 수사를 하였다고 하더라도 그 수사가 장차 인지의 가능성이 전혀 없는 상태하에서 행해졌다는 등의 특별한 사정이 없는 한 인지절차가 이루어지기 전에 수사를 하였다는 이유만으로 그 수사가 위법하다고 볼 수는 없고, 따라서 그 수사과정에서 작성된 피의자신문조서나 진술조서 등의 증거능력도 이를 부인할 수 없다.

해설

① 【 O 】 헌재결 2017.11.30. 2016헌마503
② 【 O 】 제243조의2 제3항
③ 【 X 】 형사소송법 제244조의5는, 검사 또는 사법경찰관은 피의자를 신문하는 경우 피의자가 신체적 또는 정신적 장애로 사물을 변별하거나 의사를 결정·전달할 능력이 미약한 때나 피의자의 연령·성별·국적 등의 사정을 고려하여 그 심리적 안정의 도모와 원활한 의사소통을 위하여 필요한 경우에는, 직권 또는 피의자·법정대리인의 신청에 따라 피의자와 신뢰관계에 있는 자를 동석하게 할 수 있도록 규정하고 있다. 구체적인 사안에서 위와 같은 동석을 허락할 것인지는 원칙적으로 검사 또는 사법경찰관이 피의자의 건강 상태 등 여러 사정을 고려하여 재량에 따라 판단하여야 할 것이나, 이를 허락하는 경우에도 동석한 사람으로 하여금 피의자를 대신하여 진술하도록 하여서는 안 된다. 만약 동석한 사람이 피의자를 대신하여 진술한 부분이 조서에 기재되어 있다면 그 부분은 피의자의 진술을 기재한 것이 아니라 동석한 사람의 진술을 기재한 조서에 해당하므로, 그 사람에 대한 진술조서로서의 증거능력을 취득하기 위한 요건을 충족하지 못하는 한 이를 유죄 인정의 증거로 사용할 수 없다(대판 2009.6.23. 2009도1322).
④ 【 O 】 대판 2001.10.26. 2000도2968

정답 ③

97 형사소송법 및 형사소송규칙상 신뢰관계에 있는 자의 동석에 대한 설명으로 가장 적절하지 않은 것은? (다툼이 있는 경우 판례에 의함)

21. 경찰승진

① 법원은 범죄로 인한 피해자를 증인으로 신문하는 경우 증인의 연령, 심신의 상태, 그 밖의 사정을 고려하여 증인이 현저하게 불안 또는 긴장을 느낄 우려가 있다고 인정하는 때에는 직권 또는 피해자·법정대리인·검사의 신청에 따라 피해자와 신뢰관계에 있는 자를 동석하게 할 수 있다.
② 법원은 범죄로 인한 피해자가 13세 미만이거나 신체적 또는 정신적 장애로 사물을 변별하거나 의사를 결정할 능력이 미약한 경우에 재판에 지장을 초래할 우려가 있는 등 부득이한 경우가 아닌 한 피해자와 신뢰관계에 있는 자를 동석하게 하여야 한다.
③ 피해자와 신뢰관계에 있는 사람은 피해자의 배우자, 직계친족, 형제자매, 가족, 동거인, 고용주, 변호사, 그 밖에 피해자의 심리적 안정과 원활한 의사소통에 도움을 줄 수 있는 사람을 말한다.
④ 동석한 자는 법원·소송관계인의 신문 또는 증인의 진술을 방해하거나 그 진술의 내용에 부당한 영향을 미칠 수 있는 행위를 하여서는 아니 되며, 재판장은 동석한 자가 부당하게 재판의 진행을 방해하는 때에는 그 행위의 중지를 명할 수 있으나, 동석 자체를 중지시킬 수는 없다.

[해설]
① 【O】 제163조의2 제1항
② 【O】 제163조의2 제2항
③ 【O】 규칙 제84조의3 제1항
④ 【X】 재판장은 동석한 자가 부당하게 재판의 진행을 방해한 때에는 동석을 중지시킬 수 있다(규칙 제84조의3 제3항).

정답 ④

98 피의자진술의 영상녹화에 관한 설명 중 가장 적절하지 않은 것은?

16. 경찰승진

① 피의자진술의 영상녹화가 완료된 때에는 피의자 또는 변호인 앞에서 지체 없이 그 원본을 봉인하고 피의자로 하여금 기명날인 또는 서명하게 하여야 한다.
② 영상녹화가 완료된 이후 피의자가 영상녹화물의 내용에 대하여 이의를 진술하는 때에는 그 진술을 따로 영상녹화하여 첨부하여야 한다.
③ 피의자의 진술은 영상녹화할 수 있다. 이 경우 미리 영상녹화사실을 알려주어야 한다.
④ 피의자의 진술을 영상녹화할 때에는 조사의 개시부터 종료까지의 전 과정 및 객관적 정황을 영상녹화하여야 한다.

[해설]
① 【O】 제244조의2 제2항
② 【X】 영상녹화가 완료된 이후 피의자 또는 변호인의 요구가 있는 때에는 영상녹화물을 재생하여 시청하게 하여야 한다. 이 경우 그 내용에 대하여 이의를 진술하는 때에는 그 취지를 기재한 서면을 첨부하여야 한다(제244조의2 제3항).
③④ 【O】 제244조의2 제1항

정답 ②

99 형사소송법 및 형사소송규칙상 영상녹화에 대한 내용으로 가장 적절하지 않은 것은?   18. 경찰채용 1차

① 검사 또는 사법경찰관은 수사에 필요한 때에는 피의자가 아닌 자의 출석을 요구하여 진술을 들을 수 있다. 이 경우 그의 동의를 받아 영상녹화할 수 있다.
② 검사는 피의자가 아닌 자가 공판준비 또는 공판기일에서 조서가 자신이 검사 또는 사법경찰관 앞에서 진술한 내용과 동일하게 기재되어 있음을 인정하지 아니하는 경우 그 부분의 성립의 진정을 증명하기 위하여 영상녹화물의 조사를 신청할 수 있다.
③ 법원은 검사가 영상녹화물의 조사를 신청한 경우 이에 관한 결정을 함에 있어 피고인 또는 변호인으로 하여금 그 영상녹화물이 적법한 절차와 방식에 따라 작성되어 봉인된 것인지 여부에 관한 의견을 진술하게 하여야 한다.
④ 법원은 공판준비 또는 공판기일에서 봉인을 해체하고 영상녹화물의 전부 또는 일부를 재생하는 방법으로 조사하여야 한다. 이 때 영상녹화물은 그 재생과 조사에 필요한 전자적 설비를 갖춘 법정 외의 장소에서는 이를 재생할 수 없다.

해설

① 【 O 】 제221조 제1항
② 【 O 】 규칙 제134조의3 제1항
③ 【 O 】 규칙 제134조의4 제1항
④ 【 X 】 법원은 공판준비 또는 공판기일에서 봉인을 해체하고 영상녹화물의 전부 또는 일부를 재생하는 방법으로 조사하여야 한다. 이 때 영상녹화물은 그 재생과 조사에 필요한 전자적 설비를 갖춘 법정 외의 장소에서 이를 재생할 수 있다(규칙 제134조의4 제3항).

정답 ④

100 형사절차상 영상녹화에 대한 설명 중 가장 적절한 것은? (다툼이 있는 경우 판례에 의함)   20. 경찰채용 1차

① 법원은 검사, 피고인 또는 변호인의 신청이 있는 때에는 특별한 사정이 없는 한 공판정에서의 심리의 전부 또는 일부를 속기사로 하여금 속기하게 하거나 녹음장치 또는 영상녹화장치를 사용하여 녹음 또는 영상녹화하여야 하며, 필요하다고 인정하는 때에는 직권으로 이를 명할 수 있다.
② 검사 또는 사법경찰관은 수사에 필요한 때에는 피의자가 아닌 자의 출석을 요구하여 진술을 들을 수 있으며, 이 경우 그에게 영상녹화사실을 알리고 영상녹화할 수 있다.
③ 피의자의 진술을 영상녹화할 때에는 그의 동의를 받아 조사의 개시부터 종료까지의 전 과정 및 객관적 정황을 영상녹화하여야 한다.
④ 피의자의 진술에 대한 영상녹화가 완료된 이후 피의자가 그 내용에 대하여 이의를 제기한 때에는 그 이의의 진술을 별도로 녹화하여 첨부하여야 한다.

해설

① 【 O 】 규칙 제56조의2 제1항
② 【 X 】 검사 또는 사법경찰관은 수사에 필요한 때에는 피의자가 아닌 자의 출석을 요구하여 진술을 들을 수 있다. 이 경우 그의 동의를 받아 영상녹화할 수 있다(제221조 제1항).
③ 【 X 】 피의자의 진술은 영상녹화할 수 있다. 이 경우 미리 영상녹화사실을 알려주어야 하며, 조사의 개시부터 종료까지의 전 과정 및 객관적 정황을 영상녹화하여야 한다(제244조의2 제1항).
④ 【 X 】 피의자의 진술에 대한 영상녹화가 완료된 이후 피의자가 그 내용에 대하여 이의를 진술하는 때에는 그 취지를 기재한 서면을 첨부하여야 한다(제244조의2 제3항).

정답 ①

101. 영상녹화제도에 관한 설명 중 가장 적절한 것은? (다툼이 있는 경우 판례에 의함)

① 수사기관이 피의자의 진술을 영상녹화하려는 경우 피의자 또는 변호인에게 미리 영상녹화사실을 알려주어야 하며, 형사소송법 제244조의2 제1항에 따라 반드시 서면으로 사전동의를 받아야 한다.
② 피의자 진술에 대한 영상녹화가 완료된 이후 피의자 또는 변호인에게 영상녹화물을 재생하여 시청하게 하여야 하며, 그 내용에 대하여 이의를 진술하는 때에는 해당 내용을 삭제하고 그 진술을 영상녹화하여 첨부하여야 한다.
③ 피고인 또는 피고인이 아닌 자의 진술을 내용으로 하는 영상녹화물은 공판준비 또는 공판기일에 피고인 또는 피고인이 아닌 자가 진술함에 있어서 기억이 명백하지 아니한 사항에 관하여 기억을 환기시켜야 할 필요가 있다고 인정되는 때에 한하여 피고인 또는 피고인이 아닌 자에게 재생하여 시청하게 할 수 있다.
④ 수사기관이 참고인을 조사하는 과정에서 형사소송법 제221조 제1항에 따라 작성한 영상녹화물은, 다른 법률에서 달리 규정하고 있는 등의 특별한 사정이 없는 한, 원칙적으로 공소사실을 직접 증명할 수 있는 독립적인 증거로 사용될 수 있다.

해설

① 【 X 】 수사기관이 피의자의 진술을 영상녹화하려는 경우 피의자 또는 변호인에게 미리 영상녹화사실을 알려주어야 한다(제244조의2 제1항). 피의자에게 미리 알려주면 족하고 피의자나 변호인의 동의를 받을 필요는 없다.
② 【 X 】 영상녹화가 완료된 경우에 피의자 또는 변호인의 요구가 있는 때에는 영상녹화물을 재생하여 시청하여야 한다. 이 경우 그 내용에 대하여 이의를 진술하는 때에는 그 취지를 기재한 서면을 첨부하여야 한다(제244조의2 제3항).
③ 【 O 】 제318조의2 제2항
④ 【 X 】 2007.6.1. 법률 제8496호로 개정되기 전의 형사소송법에는 없던 수사기관에 의한 피의자 아닌 자(이하 '참고인'이라 한다) 진술의 영상녹화를 새로 정하면서 그 용도를 참고인에 대한 진술조서의 실질적 진정성립을 증명하거나 참고인의 기억을 환기시키기 위한 것으로 한정하고 있는 현행 형사소송법의 규정 내용을 영상물에 수록된 성범죄 피해자의 진술에 대하여 독립적인 증거능력을 인정하고 있는 성폭력범죄의 처벌 등에 관한 특례법 제30조 제6항 또는 아동·청소년의 성보호에 관한 법률 제26조 제6항의 규정과 대비하여 보면, 수사기관이 참고인을 조사하는 과정에서 형사소송법 제221조 제1항에 따라 작성한 영상녹화물은, 다른 법률에서 달리 규정하고 있는 등의 특별한 사정이 없는 한, 공소사실을 직접 증명할 수 있는 독립적인 증거로 사용될 수는 없다고 해석함이 타당하다(대판 2014.7.10. 2012도5041).

정답 ③

102 진술의 영상녹화제도에 대한 설명으로 가장 적절하지 않은 것은? (다툼이 있는 경우 판례에 의함) 21. 경찰승진

① 피의자의 진술은 영상녹화할 수 있다. 이 경우 미리 영상녹화사실을 알려주어야 하며, 조사의 개시부터 종료까지의 전 과정 및 객관적 상황을 영상녹화하여야 한다.
② 영상녹화가 완료된 때에는 피의자 또는 변호인 앞에서 지체 없이 그 원본을 봉인하고 피의자로 하여금 기명날인 또는 서명하게 하여야 한다.
③ 피의자가 아닌 자의 진술을 영상녹화하고자 할 때에는 미리 피의자가 아닌 자에게 영상녹화 사실을 알려주고 동의를 받아야 한다.
④ 아동·청소년대상 성범죄 피해자 진술을 영상녹화하는 경우 피해자 또는 법정대리인이 거부하더라도 영상녹화를 하여야 한다. 다만, 가해자가 친권자 중 일방인 경우는 그러하지 아니하다.

해설

① 【 O 】 제244조의2 제1항
② 【 O 】 제244조의2 제2항
③ 【 O 】 제221조 제1항
④ 【 X 】 아동·청소년대상 성범죄 피해자의 진술내용과 조사과정은 비디오녹화기 등 영상물 녹화장치로 촬영·보존하여야 한다. 이 경우 영상물 녹화는 피해자 또는 법정대리인이 이를 원하지 아니하는 의사를 표시한 때에는 촬영을 하여서는 아니 된다. 다만, 가해자가 친권자 중 일방인 경우는 그러하지 아니하다(아동·청소년의 성보호에 관한 법률 제26조 제1항, 제2항).

정답 ④

103 수사에 대한 설명으로 가장 적절하지 않은 것은? (다툼이 있는 경우 판례에 의함) 21. 경찰간부

① 검사 또는 사법경찰관은 정당한 사유가 없으면 피의자신문에 참여한 변호인에게 피의자에 대한 법적인 조언·상담을 보장해야 하며, 법적인 조언·상담을 위한 변호인의 메모를 허용해야 한다.
② 구속영장 발부에 의하여 적법하게 구금된 피의자가 피의자신문을 위한 출석요구에 응하지 아니하면서 수사기관 조사실에 출석을 거부하는 경우, 수사기관은 그 구속영장의 효력에 의하여 피의자를 조사실로 구인할 수 있다.
③ 피의자 진술의 영상녹화는 조사가 개시된 시점부터 종료까지의 전 과정이 녹화된 것이어야 하며, 조사과정 일부에 대한 선별적 영상녹화는 허용되지 않는다.
④ 사기사건에 있어서 사법경찰관이 작성한 피의자신문조서에 대하여 피의자였던 피고인이 그 조서의 내용을 부인하는 경우, 피의자 진술과정에서 작성한 영상녹화물 재생을 통해 증거능력을 인정할 수 있다.

해설

① 【 O 】 수사준칙 제13조 제1항
② 【 O 】 대결 2013.7.1. 2013모160
③ 【 O 】 제244조의2 제1항
④ 【 X 】 검사 이외의 수사기관이 작성한 피의자신문조서는 적법한 절차와 방식에 따라 작성된 것으로서 공판준비 또는 공판기일에 그 피의자였던 피고인 또는 변호인이 그 내용을 인정하여야 한다(제312조 제3항). 즉, 내용의 인정은 그 피의자였던 피고인 또는 변호인이 하여야만 하며, 영상녹화물의 재생을 통하여 증거능력을 인정할 수는 없다.

정답 ④

104 수사상 감정유치에 관한 설명 중 가장 적절하지 않은 것은?

16. 경찰승진

① 피의자에 대한 감정유치기간은 피의자의 구속기간에 산입한다.
② 검사는 감정을 위촉하는 경우에 피의자의 정신 또는 신체에 관한 감정을 위하여 유치처분이 필요할 때에는 판사에게 이를 청구하여야 한다.
③ 불구속 피고인에 대하여 감정유치장을 발부하여 구속할 때에는 범죄사실의 요지와 변호인을 선임할 수 있음을 알려주어야 한다.
④ 감정유치는 감정을 목적으로 신체의 자유를 구속하는 강제처분이므로 법관이 발부하는 영장, 즉 감정유치장을 요한다.

해설

① 【 X 】 구속 중인 피의자에 대하여 감정유치장이 집행되었을 때에는 피의자가 유치되어 있는 기간 동안 구속은 그 집행이 정지된 것으로 간주한다(제221조의3 제2항, 제172조의2 제1항). 따라서 감정유치기간은 구속기간에 산입되지 아니한다.
② 【 O 】 제221조의3 제1항
③ 【 O 】 제172조 제7항
④ 【 O 】 제172조 제4항

정답 ①

105 임의수사에 대한 설명으로 가장 적절하지 않은 것은? (다툼이 있는 경우 판례에 의함)

18. 경찰채용 2차

① 즉결심판 피의자의 정당한 귀가요청을 거절한 채 다음날 즉결심판법정이 열릴 때까지 피의자를 경찰서 보호실에 강제유치시키려고 함으로써 피의자를 경찰서 내 즉결피의자 대기실에 10 ~ 20분 동안 있게 한 행위는 불법한 감금행위에 해당한다.
② 변사체를 검시하는 검사 혹은 검사의 명을 받은 사법경찰관은 변사자의 검시 결과 범죄의 혐의가 인정되고 긴급을 요할 때에는 영장 없이 검증할 수 있다.
③ 수사기관은 피의자신문절차에서 피의자의 동의없이도 피의자의 진술을 영상녹화할 수 있으며, 영상녹화물의 내용에 대해 피의자가 이의를 진술하는 경우 그 진술을 따로 영상녹화하여 첨부하여야 한다.
④ 특별한 이유 없이 호흡측정기에 의한 측정에 불응하는 운전자에게 경찰공무원이 혈액채취에 의한 측정방법이 있음을 고지하고 그 선택 여부를 물어야 할 의무가 있다고는 할 수 없다.

해설

① 【 O 】 대판 1997.6.13. 97도877
② 【 O 】 제222조 제2항
③ 【 X 】 봉인시 피의자 또는 변호인의 요구가 있는 때에는 영상녹화물을 재생하여 시청하게 하여야 하고 그 내용에 대하여 이의를 진술하는 때에는 그 취지를 기재한 서면을 첨부하여야 한다(제244조의2 제3항).
④ 【 O 】 대판 2002.10.25. 2002도4220

정답 ③

106 임의수사에 대한 설명 중 가장 적절하지 않은 것은? (다툼이 있는 경우 판례에 의함) 19. 법학경채

① 임의동행과 관련하여 수사관이 동행에 앞서 피의자에게 동행을 거부할 수 있음을 알려 주었거나 동행한 피의자가 언제든지 자유로이 동행과정에서 이탈 또는 동행 장소로부터 퇴거할 수 있었음이 인정되는 등 오로지 피의자의 자발적인 의사에 의하여 수사관서 등에의 동행이 이루어졌음이 객관적인 사정에 의하여 명백하게 입증된 경우에 한하여 그 임의동행의 적법성이 인정되는 것으로 봄이 상당하다.
② 피의자의 진술은 영상녹화사실을 미리 고지한 다음 영상녹화를 할 수 있으나, 참고인의 진술은 그 참고인의 동의를 받아 영상녹화할 수 있다.
③ 검사 또는 사법경찰관이 피의자를 신문하면서 피의자와 신뢰관계에 있는 자를 동석하게 한 경우, 동석한 사람으로 하여금 피의자를 대신하여 진술하도록 하여서는 안 된다. 만약 동석한 사람이 피의자를 대신하여 진술한 부분이 조서에 기재되어 있다면 그 부분은 피의자의 진술을 기재한 것이 아니라 동석한 사람의 진술을 기재한 조서에 해당한다.
④ 피의자신문에 참여한 변호인은 신문 후 의견을 진술할 수 있을 뿐, 신문 중에는 부당한 신문방법에 관한 것이라도 이의를 제기할 수 없다.

[해설]
① 【O】 대판 2006.7.6. 2005도6810
② 【O】 제244조의2 제1항, 제221조 제1항
③ 【O】 대판 2009.6.23. 2009도1322
④ 【X】 신문에 참여한 변호인은 신문 후 의견을 진술할 수 있다. 다만, 신문 중이라도 부당한 신문방법에 대하여 이의를 제기할 수 있고, 검사 또는 사법경찰관의 승인을 얻어 의견을 진술할 수 있다(제243조의2 제3항). 여기서 부당한 신문방법에 대한 이의제기는 신문 중에도 이의제기할 수 있다고 규정하고 있지만, 신문 후에도 의견을 진술할 수 있다는 점을 고려하면, 부당한 신문방법에 대한 이의제기는 신문 중이든 신문 후이든 언제든지 할 수 있다고 볼 수 있다.

[정답] ④

107 수사에 대한 설명 중 가장 적절하지 않은 것은? (다툼이 있는 경우 판례에 의함)

19. 법학경채

① 사법경찰관의 피의자 아닌 자에 대한 신체검사는 증적의 존재를 확인할 수 있는 현저한 사유가 있는 경우에 한하여 할 수 있다.
② 수사기관으로부터 수사에 관하여 사실조회를 요구받은 공무소 기타 공사단체는 이를 보고할 의무가 있으므로 사실조회는 강제수사의 한 방법이다.
③ 압수·수색영장에 의해 피의자의 소변을 채취하고자 하는 경우에 임의동행을 기대할 수 없는 사정이 있는 때에는, 수사기관은 인근병원 등 채취에 적합한 장소로 피의자를 데려가기 위해 필요 최소한의 유형력을 행사하는 것이 허용된다.
④ 위법한 체포상태에서 마약투약 혐의를 확인하기 위한 채뇨요구가 이루어진 경우 그 일련의 과정을 전체적으로 보아 그 채뇨요구는 위법하다.

해설

① 【 O 】 제219조, 제141조 제1항
② 【 X 】 수사기관의 조회요청이 있으면 상대방인 공무소 등은 이에 협조할 의무가 있다. 그러나 영장에 의하지 아니하고도 공무소 등에 조회요청을 할 수 있고, 공무소의 협조의무 이행을 강제할 방법이 없다는 점에서 공무소 등에의 조회를 임의수사로 파악한다.
③ 【 O 】 대판 2018.7.12. 2018도6219
④ 【 O 】 대판 2013.3.14. 2012도13611

정답 ②

108 임의수사에 대한 설명으로 가장 적절한 것은? (다툼이 있는 경우 판례에 의함)

20. 경찰채용 2차

① 피의자가 영상녹화물의 내용에 대해 이의를 진술하는 때에는 그 진술을 따로 영상녹화하여 첨부하여야 한다.
② 수사기관이 참고인을 조사하는 과정에서 형사소송법 제221조 제1항에 따라 작성한 영상녹화물은 원칙적으로 공소사실을 직접 증명할 수 있는 독립적인 증거로 사용될 수 있다.
③ 형사소송법 제244조의2 제1항에 따르면 수사기관은 피의자신문절차에서 피의자의 진술을 영상녹화할 경우 미리 영상녹화 사실을 알리고 동의를 받아야 한다.
④ 수사기관이 수사의 필요상 피의자를 임의동행한 경우에도 조사 후 귀가시키지 아니하고 그의 의사에 반하여 경찰서 보호실 등에 계속 유치함으로써 신체의 자유를 속박하였다면 이는 구금에 해당된다.

해설

① 【 X 】 피의자가 영상녹화물의 내용에 대해 이의를 진술하는 때에는 그 취지를 기재한 서면을 첨부하여야 한다(제244조의2 제3항).
② 【 X 】 2007.6.1. 법률 제8496호로 개정되기 전의 형사소송법에는 없던 수사기관에 의한 피의자 아닌 자(이하 '참고인'이라 한다) 진술의 영상녹화를 새로 정하면서 그 용도를 참고인에 대한 진술조서의 실질적 진정성립을 증명하거나 참고인의 기억을 환기시키기 위한 것으로 한정하고 있는 현행 형사소송법의 규정 내용을 영상물에 수록된 성범죄 피해자의 진술에 대하여 독립적인 증거능력을 인정하고 있는 성폭력범죄의 처벌 등에 관한 특례법 제30조 제6항 또는 아동·청소년의 성보호에 관한 법률 제26조 제6항의 규정과 대비하여 보면, 수사기관이 참고인을 조사하는 과정에서 형사소송법 제221조 제1항에 따라 작성한 영상녹화물은, 다른 법률에서 달리 규정하고 있는 등의 특별한 사정이 없는 한, 공소사실을 직접 증명할 수 있는 독립적인 증거로 사용될 수는 없다고 해석함이 타당하다(대판 2014.7.10. 2012도5041).
③ 【 X 】 피의자의 진술은 영상녹화할 수 있다. 이 경우 미리 영상녹화사실을 알려주어야 한다(제244조의2 제1항).
④ 【 O 】 대결 1985.7.29. 85모16

정답 ④

Chapter 02 강제처분과 강제수사

01 다음 중 사후적 구제제도로 보기에 가장 적절하지 않은 것은? 20. 경찰승진

① 구속 전 피의자심문제도
② 체포·구속적부심사제도
③ 강제처분에 대한 준항고
④ 형사보상제도

해설

① 【 X 】 구속 전 피의자심문제도는 구속영장의 청구를 받은 판사가 피의자를 직접 심문하여 구속사유를 판단하는 제도(제201조의2)로서, 사전적 구제절차에 해당한다.

정답 ①

02 체포영장에 의한 체포에 관한 설명 중 가장 적절하지 않은 것은? (다툼이 있는 경우 판례에 의함) 20. 경찰승진

① 체포 및 압수·수색현장에서 변호인의 체포영장 등사 요구를 거절한 것만으로는 변호인의 조력을 받을 권리를 원천적으로 침해한 행위라고 보기 어렵다.
② 체포한 피의자를 구속하고자 할 때에는 체포한 때부터 24시간 이내에 구속영장을 청구하여야 하고, 그 기간 내에 구속영장을 청구하지 아니하는 때에는 피의자를 즉시 석방하여야 한다.
③ 경찰관들이 체포를 위한 실력행사에 나아가기 전에 체포영장을 제시하고 미란다 원칙을 고지할 여유가 있었음에도 애초부터 미란다 원칙을 체포 후에 고지할 생각으로 먼저 체포행위에 나선 행위는 적법한 공무집행이라고 보기 어렵다.
④ 체포의 사유가 없거나 소멸된 때에는 법원은 직권 또는 검사, 피의자, 변호인과 피의자의 변호인 선임권자의 청구에 의하여 결정으로 체포를 취소하여야 한다.

해설

① 【 O 】 대판 2017.11.29. 2017도9747
② 【 X 】 체포한 피의자를 구속하고자 할 때에는 체포한 때부터 48시간 이내에 구속영장을 청구하여야 하고, 그 기간 내에 구속영장을 청구하지 아니하는 때에는 피의자를 즉시 석방하여야 한다(제200조의2 제5항).
③ 【 O 】 대판 2017.9.21. 2017도19866
④ 【 O 】 제200조의6, 제93조

정답 ②

03 영장에 의한 체포에 대한 설명으로 가장 적절한 것은? (다툼이 있는 경우 판례에 의함)

18. 경찰채용 2차

① 수사기관이 영장에 의한 체포를 하고자 하는 경우 검사는 관할지방법원 판사에게 체포영장을 청구할 수 있고, 사법경찰관리는 검사의 승인을 얻어 관할지방법원 판사에게 체포영장을 청구할 수 있다.
② 수사기관이 체포영장을 집행하는 경우 「형사소송법」 제216조에 의하여 필요한 때에는 영장 없이 타인의 주거에서 피의자 수색을 할 수 있으며, 이러한 「형사소송법」 제216조의 규정은 헌법상 영장주의에 위반되지 않는다.
③ 체포영장을 발부받은 후 피의자를 체포하지 아니한 경우 검사 또는 사법경찰관은 변호인이 있는 경우는 피의자의 변호인에게, 변호인이 없는 경우에는 피의자 혹은 변호인선임권자 중 피의자가 지정하는 자에게 지체 없이 그 사유를 서면으로 통지해야 한다.
④ 경찰관들이 체포를 위한 실력행사에 나아가기 전에 체포영장을 제시하고 미란다 원칙을 고지할 여유가 있었음에도 애초부터 미란다 원칙을 체포 후에 고지할 생각으로 먼저 체포행위에 나선 경우 이러한 행위는 적법하지 않다.

해설

① 【 X 】 사법경찰관은 직접 영장을 청구할 수 없고, 검사에게 영장을 청구해줄 것을 신청할 수 있을 뿐이다(제200조의2 제1항).
② 【 X 】 헌법 제16조의 영장주의에 대해서도 그 예외를 인정하되, 이는 그 장소에 범죄혐의 등을 입증할 자료나 피의자가 존재할 개연성이 소명되고, 사전에 영장을 발부받기 어려운 긴급한 사정이 있는 경우에만 제한적으로 허용될 수 있다고 보는 것이 타당하다. 심판대상조항은 체포영장을 발부받아 피의자를 체포하는 경우에 필요한 때에는 영장 없이 타인의 주거 등 내에서 피의자 수사를 할 수 있다고 규정함으로써, 앞서 본 바와 같이 별도로 영장을 발부받기 어려운 긴급한 사정이 있는지 여부를 구별하지 아니하고 피의자가 소재할 개연성만 소명되면 영장 없이 타인의 주거 등을 수색할 수 있도록 허용하고 있다. 이는 체포영장이 발부된 피의자가 타인의 주거 등에 소재할 개연성은 소명되나, 수색에 앞서 영장을 발부받기 어려운 긴급한 사정이 인정되지 않는 경우에도 영장 없이 피의자 수색을 할 수 있다는 것이므로, 위에서 본 헌법 제16조의 영장주의 예외 요건을 벗어나는 것으로서 영장주의에 위반된다(헌재결 2018.4.26. 2015헌바370).
③ 【 X 】 피의자를 체포한 때에는 변호인이 있는 경우에는 변호인에게, 변호인이 없는 경우에는 제30조 제2항에 규정한 자 중 피의자가 지정하는 자에게 피의사건명, 체포일시·장소, 범죄사실의 요지, 체포의 이유와 변호인을 선임할 수 있는 취지를 알려야 한다. 체포의 통지는 지체 없이 서면으로 하여야 한다(제200조의6, 제87조).
④ 【 O 】 대판 2017.9.21. 2017도10866

정답 ④

04 체포에 관한 설명 중 가장 적절하지 않은 것은? (다툼이 있으면 판례에 의함)

16. 경찰승진

① 현행범인으로 규정한 '범죄의 실행의 즉후인 자'라고 함은, 범죄의 실행행위를 종료한 직후의 범인이라는 것이 제3자의 입장에서 볼 때 명백한 경우를 일컫는 것이다.
② 체포영장을 발부받아 피의자를 체포하기 위해서는 피의자가 정당한 이유 없이 수사기관의 출석요구에 응하지 아니하거나 응하지 아니할 우려가 있어야 한다.
③ 현행범인 체포의 요건으로서는 행위의 가벌성, 범죄의 현행성 및 시간의 접착성, 범인·범죄의 명백성 외에 체포의 필요성 즉, 도망 또는 증거인멸의 염려가 있을 것을 요한다.
④ 체포영장을 청구함에 있어 동일한 범죄사실에 관하여 그 피의자에 대하여 전에 체포영장을 청구하였거나 발부받은 사실이 있는 때에는 다시 체포영장을 청구하는 취지 및 이유를 기재하여야 한다.

해설

① 【 X 】 범죄의 실행의 즉후인 자란 범죄의 실행행위를 종료한 직후의 범인이라는 것이 체포하는 자의 입장에서 볼 때 명백한 경우를 말한다(대판 2002.5.10. 2001도300).
② 【 O 】 제200조의2 제1항
③ 【 O 】 대판 1999.1.26. 98도3029
④ 【 O 】 제200조의2 제4항

정답 ①

05 형사소송법상 영장에 의한 체포제도에 대한 설명으로 가장 적절하지 않은 것은? (다툼이 있는 경우 판례에 의함)

21. 경찰승진

① 다액 50만원 이하의 벌금, 구류 또는 과료에 해당하는 사건에 관하여는 피의자가 일정한 주거가 없는 경우 또는 정당한 이유 없이 수사기관의 출석요구에 응하지 아니한 경우에 한하여 체포할 수 있다.
② 「형사소송법」은 강제처분에 대한 사전적 구제제도로서 체포 전 피의자신문제도를 두고 있다.
③ 피의자를 체포한 후 그를 다시 구속하고자 할 때에는 체포한 때로부터 48시간 내에 구속영장을 청구해야 한다.
④ 사법경찰관리는 체포영장을 소지하지 아니한 경우에 급속을 요하는 때에는 피의자에 대하여 피의사실의 요지와 영장이 발부되었음을 알리고 집행할 수 있다. 이 경우 집행을 완료한 후에는 신속히 체포영장을 제시해야 한다.

해설

① 【 O 】 제200조의2 제1항 단서
② 【 X 】 구속과는 달리 체포에 있어서는 지방법원판사가 피의자를 심문(영장실질심사)하는 것은 인정되지 않는다.
③ 【 O 】 제200조의2 제5항
④ 【 O 】 제200조의6, 제85조 제3항, 제4항

정답 ②

06 체포에 관한 다음 설명 중 가장 옳은 것은? (다툼이 있는 경우 판례에 의함)

19. 법원직

① 체포영장의 청구를 받은 지방법원판사는 필요하다고 인정할 때에는 발부 전에 영장실질심사를 위해서 피의자심문을 할 수 있다.
② 검사 또는 사법경찰관은 긴급체포한 피의자에 대하여 구속영장을 청구하지 않거나 발부받지 못하여 석방한 경우에는 다른 중요한 증거를 발견한 경우를 제외하고는 동일한 범죄사실로 다시 체포하지 못한다.
③ 검사의 체포영장 청구를 기각한 지방법원판사의 재판에 대하여는 항고나 준항고가 허용되지 않는다.
④ 긴급체포의 요건을 갖추었는지 여부는 체포 당시의 상황과 사후에 밝혀진 사정을 종합하여 판단하여야 하고, 이에 관한 검사나 사법경찰관 등 수사주체의 판단에는 상당한 재량의 여지가 있다.

해설

① 【 X 】 체포영장의 청구를 받은 지방법원판사는 상당하다고 인정하는 때에는 체포영장을 발부한다(제200조의2 제2항). 구속과는 달리 체포에 있어서는 지방법원판사가 피의자를 심문하는 것은 인정되지 않는다.
② 【 X 】 긴급체포되었으나 구속영장을 청구하지 아니하였거나 발부받지 못하여 석방된 자는 영장 없이는 동일한 범죄사실에 관하여 다시 체포하지 못한다(제200조의4 제3항).
③ 【 O 】 대결 2006.12.18. 2006모646
④ 【 X 】 긴급체포의 요건을 갖추었는지 여부는 사후에 밝혀진 사정을 기초로 판단하는 것이 아니라 체포 당시의 상황을 기초로 판단하여야 하고, 이에 관한 검사나 사법경찰관 등 수사주체의 판단에는 상당한 재량의 여지가 있다고 할 것이다(대판 2002.6.11. 2000도5701).

정답 ③

07 영장에 의한 체포에 관한 설명으로 가장 적절하지 않은 것은?

25. 경찰승진

① 피의자가 죄를 범하였다고 의심할 만한 상당한 이유가 있고 정당한 이유없이 수사기관의 출석요구에 응하지 아니하더라도 명백히 체포의 필요가 인정되지 아니하는 경우 체포영장의 청구를 받은 지방법원판사는 체포영장의 청구를 기각하여야 한다.
② 지방법원판사가 체포영장을 발부하지 아니할 때에는 청구서에 그 취지 및 이유를 기재하고 서명·날인하여야 한다.
③ 변호인 및 「형사소송법」 제30조 제2항에서 정하는 피의자의 법정대리인, 배우자, 직계친족과 형제자매가 없는 경우 사법경찰관은 그 외 피의자가 지정한 사람에게 서면으로 체포의 통지를 하여야 한다.
④ 사법경찰관은 구속영장을 청구하지 아니하는 때에는 체포한 피의자를 즉시 석방하고 지체 없이 검사에게 석방사실을 통보하여야 하며, 사법경찰관이 구속영장의 청구를 신청하였으나 검사가 그 신청을 기각함에 따라 석방하게 된 경우에도 그러하다.

해설

① 【 O 】 피의자가 죄를 범하였다고 의심할 만한 상당한 이유가 있고 정당한 이유없이 수사기관의 출석요구에 응하지 아니하더라도 명백히 체포의 필요가 인정되지 아니하는 경우 체포영장의 청구를 받은 지방법원판사는 체포영장의 청구를 기각하여야 한다(형사소송법 제200조의2 제2항). 영장에 의한 체포에서 체포의 필요성은 소극적 요건에 해당한다.
② 【 O 】 제1항의 청구를 받은 지방법원판사가 체포영장을 발부하지 아니할 때에는 청구서에 그 취지 및 이유를 기재하고 서명·날인하여 청구한 검사에게 교부한다(형사소송법 제200조의2 제3항).
③ 【 X 】 변호인 및 법 제30조 제2항에 따른 사람이 없어서 체포·구속의 통지를 할 수 없을 때에는 그 취지를 수사보고서에 적어 사건기록에 편철한다(수사준칙 제33조 제2항).
④ 【 O 】 사법경찰관은 구속영장을 청구하지 아니하는 때에는 체포한 피의자를 즉시 석방하고 지체 없이 검사에게 석방사실을 통보하여야 하며, 사법경찰관이 구속영장의 청구를 신청하였으나 검사가 그 신청을 기각함에 따라 석방하게 된 경우에도 그러하다(수사준칙 제36조 제1항, 제2항).

정답 ③

08 긴급체포에 관한 설명 중 가장 적절하지 않은 것은? (다툼이 있으면 판례에 의함)

16. 경찰승진

① 사법경찰관이 피의자를 긴급체포 후 구속영장을 신청하지 않고 석방하는 것은 피의자에게 유리하므로 즉시 검사에게 보고하지 않고 석방 후 30일 이내에 보고하면 족하다.
② 긴급체포의 요건을 갖추었는지 여부는 사후에 밝혀진 사정을 기초로 판단하는 것이 아니라 체포 당시의 상황을 기초로 판단하여야 한다.
③ 긴급체포된 피의자에 대하여 구속영장이 발부된 경우에 구속기간은 피의자를 체포한 날부터 기산한다.
④ 긴급체포가 그 요건을 갖추지 못한 경우, 단순히 체포가 위법함에 그치는 것이 아니라 그 체포에 의한 유치 중에 작성된 피의자신문조서도 특별한 사정이 없는 한 증거능력이 부정된다.

해설

① 【 X 】 긴급체포 후 구속영장을 청구하지 않고 피의자를 석방한 경우 사법경찰관은 즉시 검사에게 보고하여야 한다(제200조의4 제6항).
②④ 【 O 】 대판 2002.6.11. 2000도5701
③ 【 O 】 제203조의2

정답 ①

09 긴급체포에 대한 설명으로 옳지 않은 것은? (다툼이 있는 경우 판례에 의함)   17. 국가직

① 피의자가 마약투약을 하였다고 의심할 만한 상당한 이유가 있었더라도, 경찰관이 이미 피의자의 신원과 주거지 및 전화번호 등을 모두 파악하고 있었고 당시 증거가 급속하게 소멸될 상황도 아니었다면 긴급체포의 요건으로 미리 체포영장을 받을 시간적 여유가 없었던 경우에 해당하지 않는다.
② 긴급체포 후 석방된 자 또는 그 변호인·법정대리인·배우자·직계친족·형제자매는 통지서 및 관련 서류를 열람하거나 등사할 수 있다.
③ 수사기관이 긴급체포된 자에 대하여 구속영장을 청구하지 아니하거나 발부받지 못한 때에는 피의자를 즉시 석방하여야 하고, 이 경우 석방된 자는 영장 없이는 동일한 범죄사실에 관하여 체포하지 못한다.
④ 사법경찰관이 검사에게 긴급체포된 피의자에 대한 승인 건의와 함께 구속영장을 신청한 경우 검사는 긴급체포의 합당성이나 구속영장 청구에 필요한 사유를 보강하기 위하여 긴급체포한 피의자를 검찰청으로 출석시켜 직접 대면조사할 수 있다.

[해설]

① 【 O 】 대판 2016.10.13. 2016도5814
② 【 O 】 제200조의4 제5항
③ 【 O 】 제200조의4 제3항
④ 【 X 】 사법경찰관이 검사에게 긴급체포된 피의자에 대한 긴급체포 승인 건의와 함께 구속영장을 신청한 경우, 검사는 긴급체포의 승인 및 구속영장의 청구가 피의자의 인권에 대한 부당한 침해를 초래하지 않도록 긴급체포의 적법성 여부를 심사하면서 수사서류뿐만 아니라 피의자를 검찰청으로 출석시켜 직접 대면조사할 수 있는 권한을 가진다고 보아야 한다. 따라서 이와 같은 목적과 절차의 일환으로 검사가 구속영장 청구 전에 피의자를 대면조사하기 위하여 사법경찰관리에게 피의자를 검찰청으로 인치할 것을 명하는 것은 적법하고 타당한 수사지휘 활동에 해당하고, 수사지휘를 전달받은 사법경찰관리는 이를 준수할 의무를 부담한다. 다만 체포된 피의자의 구금 장소가 임의적으로 변경되는 점, 법원에 의한 영장실질심사 제도를 도입하고 있는 현행 형사소송법하에서 체포된 피의자의 신속한 법관 대면권 보장이 지연될 우려가 있는 점 등을 고려하면, 위와 같은 검사의 구속영장 청구 전 피의자 대면조사는 긴급체포의 적법성을 의심할 만한 사유가 기록 기타 객관적 자료에 나타나고 피의자의 대면조사를 통해 그 여부의 판단이 가능할 것으로 보이는 예외적인 경우에 한하여 허용될 뿐, 긴급체포의 합당성이나 구속영장 청구에 필요한 사유를 보강하기 위한 목적으로 실시되어서는 아니 된다. 나아가 검사의 구속영장 청구 전 피의자 대면조사는 강제수사가 아니므로 피의자는 검사의 출석 요구에 응할 의무가 없고, 피의자가 검사의 출석 요구에 동의한 때에 한하여 사법경찰관리는 피의자를 검찰청으로 호송하여야 한다(대판 2010.10.28. 2008도11999).

정답 ④

10 형사소송법상 긴급체포에 대한 설명 중 옳고 그름의 표시(○, ×)가 바르게 된 것은?

17. 여경

⊙ 긴급체포된 자가 소유·소지 또는 보관하는 물건에 대하여 긴급히 압수할 필요가 있는 경우에는 체포한 때부터 24시간 이내에 영장 없이 압수할 수 있으며, 압수한 물건을 계속 압수할 필요가 있는 경우에는 지체 없이 압수·수색영장을 청구하여야 한다. 이 경우 압수수색영장의 청구는 압수한 때부터 48시간 이내에 하여야 한다.

ⓒ 사법경찰관이 피의자를 긴급체포한 경우에는 즉시 긴급체포서를 작성하여야 할 뿐만 아니라 즉시 검사의 승인을 얻어야 한다.

ⓒ 피의자가 장기 3년 이상의 징역에 해당하는 죄를 범하였다고 의심할 만한 상당한 이유 및 도망할 우려가 있고, 체포영장을 받을 시간적 여유가 없는 때에는 영장 없이 체포할 수 있다.

ⓔ 사법경찰관은 피의자를 긴급체포하는 경우에 필요한 때에는 영장 없이 타인의 주거나 타인이 간수하는 가옥, 건조물, 항공기, 선차 내에서의 피의자 수사를 할 수 있다.

① ⊙ ○ ⓒ × ⓒ × ⓔ ×
② ⊙ × ⓒ ○ ⓒ ○ ⓔ ○
③ ⊙ ○ ⓒ × ⓒ × ⓔ ○
④ ⊙ × ⓒ ○ ⓒ ○ ⓔ ×

해설

⊙ 【 X 】 긴급체포된 자가 소유·소지 또는 보관하는 물건에 대하여 긴급히 압수할 필요가 있는 경우에는 체포한 때부터 24시간 이내에 영장 없이 압수할 수 있으며, 압수한 물건을 계속 압수할 필요가 있는 경우에는 지체 없이 압수·수색영장을 청구하여야 한다. 이 경우 압수수색영장의 청구는 체포한 때부터 48시간 이내에 하여야 한다(제217조 제1항, 제2항).

ⓒ 【 ○ 】 제200조의3 제2항, 제3항

ⓒ 【 ○ 】 제200조의3 제1항

ⓔ 【 ○ 】 제216조 제1항 제1호

정답 ②

11 형사소송법상 긴급체포에 대한 설명으로 가장 적절하지 않은 것은? (다툼이 있는 경우 판례에 의함)

18. 경찰승진

① 긴급체포의 요건을 갖추었는지 여부는 사후에 밝혀진 사정을 기초로 판단하는 것이 아니라 체포 당시의 상황을 기초로 판단하여야 하고, 이에 관한 검사나 사법경찰관 등 수사주체의 판단에는 상당한 재량의 여지가 있다.

② 사법경찰관은 피의자를 긴급체포하는 경우에 필요한 때에는 영장 없이 타인의 주거나 타인이 간수하는 가옥, 건조물, 항공기, 선차 내에서 피의자 수사를 할 수 있다.

③ 사법경찰관은 긴급체포한 피의자에 대하여 구속영장을 신청하지 아니하고 석방한 경우에는 즉시 검사에게 보고하여야 한다.

④ 긴급체포된 자가 소유·소지 또는 보관하는 물건에 대하여 긴급히 압수할 필요가 있는 경우에는 체포한 때로부터 24시간 이내에 한하여 영장 없이 압수·수색할 수 있으며, 압수한 물건을 계속 압수할 필요가 있는 경우에는 지체 없이 압수수색영장을 청구하여야 한다. 이 경우 압수수색영장의 청구는 압수 후 48시간 이내에 하여야 한다.

해설

① 【 O 】 대판 2002.6.11. 2000도5701
② 【 O 】 제216조 제1항 제1호
③ 【 O 】 제200조의4 제6항
④ 【 X 】 긴급체포된 자가 소유·소지 또는 보관하는 물건에 대하여 긴급히 압수할 필요가 있는 경우에는 체포한 때로부터 24시간 이내에 한하여 영장 없이 압수·수색할 수 있으며, 압수한 물건을 계속 압수할 필요가 있는 경우에는 지체 없이 압수수색영장을 청구하여야 한다. 이 경우 압수수색영장의 청구는 체포한 때로부터 48시간 이내에 하여야 한다(제217조 제1항, 제2항).

정답 ④

12. 긴급체포에 대한 설명으로 가장 적절하지 않은 것은? (다툼이 있는 경우 판례에 의함)

18. 경찰채용 1차

① 「형사소송법」 제200조의4 제3항은 영장 없이는 긴급체포 후 석방된 피의자를 동일한 범죄사실에 관하여 체포하지 못한다는 규정으로, 위와 같이 석방된 피의자는 법원으로부터 구속영장을 발부받아도 구속할 수 없다.
② 사법경찰관이 「형사소송법」 제200조의3(긴급체포) 제1항의 규정에 의하여 피의자를 긴급체포한 경우에는 즉시 검사의 승인을 얻어야 한다.
③ 긴급체포의 요건을 갖추었는지 여부는 사후에 밝혀진 사정을 기초로 판단하는 것이 아니라 체포 당시의 상황을 기초로 판단하여야 한다.
④ 긴급체포 후 석방된 자 또는 그 변호인·법정대리인·배우자·직계친족·형제자매는 통지서 및 관련 서류를 열람하거나 등사할 수 있다.

해설

① 【 X 】 형사소송법 제200조의4 제3항은 영장 없이 긴급체포 후 석방된 피의자를 동일한 범죄사실에 관하여 체포하지 못한다는 규정으로, 위와 같이 석방된 피의자라도 법원으로부터 구속영장을 발부받아 구속할 수 있음은 물론이고, 같은 법 제208조 소정의 '구속되었다가 석방된 자'라 함은 구속영장에 의하여 구속되었다가 석방된 경우를 말하는 것이지, 긴급체포나 현행범으로 체포되었다가 사후영장발부 전에 석방된 경우는 포함되지 않는다 할 것이므로, 피고인이 수사 당시 긴급체포되었다가 수사기관의 조치로 석방된 후 법원이 발부한 구속영장에 의하여 구속이 이루어진 경우 앞서 본 법조에 위배되는 위법한 구속이라고 볼 수 없다(대판 2001.9.28. 2001도4291).
② 【 O 】 제200조의3 제2항
③ 【 O 】 대판 2002.6.11. 2000도5701
④ 【 O 】 제200조의4 제5항

정답 ①

13 긴급체포에 관한 설명 중 가장 적절하지 않은 것은? (다툼이 있는 경우 판례에 의함)

20. 경찰승진

① 긴급체포된 자가 소유 소지 또는 보관하는 물건에 대하여 긴급히 압수할 필요가 있어 체포한 때부터 24시간 이내에 영장 없이 압수 수색 또는 검증을 하는 경우 체포현장이 아닌 장소에서도 긴급체포된 자가 소유 소지 또는 보관하는 물건을 대상으로 할 수 있다.

② 긴급체포의 경우에도 미란다 원칙의 고지는 체포를 위한 실력 행사에 들어가기 이전에 미리 하여야 하는 것이 원칙이나, 달아나는 피의자를 쫓아가 붙들거나 폭력으로 대항하는 피의자를 실력으로 제압하는 경우에는 붙들거나 제압하는 과정에서 하거나, 그것이 여의치 않은 경우에는 일단 붙들거나 제압한 후에 지체 없이 행하여야 한다.

③ 긴급체포 후 구속영장을 발부받지 못하여 석방한 경우 동일한 범죄사실로 다시 긴급체포할 수는 없으나 체포영장을 발부받아 다시 체포하는 것은 가능하다.

④ 긴급체포의 요건을 갖추었는지 여부는 체포 당시의 상황뿐만 아니라 사후에 밝혀진 사정을 종합적으로 고려하여 판단하여야 하며, 그 요건의 충족 여부에 관한 수사기관의 판단이 경험칙에 비추어 현저히 합리성을 잃은 경우에는 그 체포는 위법한 체포라 할 것이다.

해설

① 【 O 】 대판 2017.9.12. 2017도10309
② 【 O 】 대판 2010.6.24. 2008도11226
③ 【 O 】 대판 2001.9.28. 2001도4291
④ 【 X 】 긴급체포는 영장주의 원칙에 대한 예외인 만큼 형사소송법 제200조의3 제1항의 요건을 모두 갖춘 경우에 한하여 예외적으로 허용되어야 하고, 요건을 갖추지 못한 긴급체포는 법적 근거에 의하지 아니한 영장 없는 체포로서 위법한 체포에 해당하는 것이고, 여기서 긴급체포의 요건을 갖추었는지 여부는 사후에 밝혀진 사정을 기초로 판단하는 것이 아니라 체포 당시의 상황을 기초로 판단하여야 하고, 이에 관한 검사나 사법경찰관 등 수사주체의 판단에는 상당한 재량의 여지가 있다고 할 것이나, 긴급체포 당시의 상황으로 보아서도 그 요건의 충족 여부에 관한 검사나 사법경찰관의 판단이 경험칙에 비추어 현저히 합리성을 잃은 경우에는 그 체포는 위법한 체포라 할 것이고, 이러한 위법은 영장주의에 위배되는 중대한 것이니 그 체포에 의한 유치 중에 작성된 피의자신문조서는 위법하게 수집된 증거로서 특별한 사정이 없는 한 이를 유죄의 증거로 할 수 없다(대판 2002.6.11. 2000도5701).

정답 ④

14 긴급체포에 대한 다음 설명 중 옳고 그름의 표시(○, ×)가 모두 바르게 된 것은? (다툼이 있는 경우 판례에 의함)

20. 경찰채용 2차

㉠ 긴급체포된 피의자에 대하여 구속영장이 발부된 경우 그 구속기간은 피의자를 체포한 날부터 기산한다.
㉡ 긴급체포 요건을 갖추었는지 여부는 체포 당시 상황과 사후에 밝혀진 사정을 종합적으로 판단함으로써 검사나 사법경찰관 등 수사주체의 판단에는 상당한 재량의 여지가 있다.
㉢ 형사소송법 제208조(재구속의 제한)에서 말하는 '구속되었다가 석방된 자'의 범위에는 긴급체포나 현행범으로 체포되었다가 사후영장발부 전에 석방된 경우도 포함된다.
㉣ 긴급체포된 자로부터 압수한 물건에 대해서는 24시간 이내에 한하여 영장 없이 압수·수색할 수 있고, 압수된 물건을 계속 압수할 필요가 있는 경우에는 압수한 때로부터 48시간 이내에 압수·수색영장을 청구하여야 한다.
㉤ 긴급체포 후 구속영장을 발부받지 못하여 석방한 경우 동일한 범죄사실로 다시 긴급체포 할 수 없다. 그러나 체포영장을 다시 발부받은 경우 체포가 가능하다.

① ㉠ ○ ㉡ × ㉢ × ㉣ × ㉤ ○
② ㉠ ○ ㉡ ○ ㉢ ○ ㉣ × ㉤ ○
③ ㉠ ○ ㉡ × ㉢ × ㉣ ○ ㉤ ×
④ ㉠ × ㉡ ○ ㉢ ○ ㉣ × ㉤ ○

해설

㉠ 【 ○ 】 제203조의2
㉡ 【 × 】 긴급체포의 요건을 갖추었는지 여부는 사후에 밝혀진 사정을 기초로 판단하는 것이 아니라 체포 당시의 상황을 기초로 판단하여야 한다(대판 2002.6.11. 2000도5701).
㉢ 【 × 】 형사소송법 제208조 소정의 '구속되었다가 석방된 자'라 함은 구속영장에 의하여 구속되었다가 석방된 경우를 말하는 것이지, 긴급체포나 현행범으로 체포되었다가 사후영장발부 전에 석방된 경우는 포함되지 않는다 할 것이므로, 피고인이 수사 당시 긴급체포되었다가 수사기관의 조치로 석방된 후 법원이 발부한 구속영장에 의하여 구속이 이루어진 경우 앞서 본 법조에 위배되는 위법한 구속이라고 볼 수 없다(대판 2001.9.28. 2001도4291).
㉣ 【 × 】 압수한 물건을 계속 압수할 필요가 있는 경우에는 체포한 때로부터 48시간 이내에 압수·수색영장을 청구하여야 한다(제217조 제2항).
㉤ 【 ○ 】 긴급체포되었다가 석방된 자는 영장 없이는 동일한 범죄사실에 관하여 체포하지 못하므로(제200조의4 제3항), 영장을 받아 체포하는 것은 가능하다.

정답 ①

15 긴급체포에 대한 설명으로 가장 적절하지 않은 것은? (다툼이 있는 경우 판례에 의함)   21. 경찰승진

① 수사기관은 긴급체포 후 구속영장을 발부받지 못하여 피의자를 석방할 경우, 그 피의자를 동일한 범죄사실로 다시 긴급체포할 수 없으나, 체포영장을 다시 발부받아 체포하는 것은 가능하다.
② 사법경찰관이 피의자를 긴급체포한 경우에는 즉시 긴급체포서를 작성하여야 할 뿐만 아니라 즉시 검사의 승인을 얻어야 한다.
③ 긴급체포의 요건을 갖추었는지 여부는 체포 당시의 상황을 기초로 판단하는 것이 아니라 사후에 밝혀진 사정을 기초로 판단하여야 한다.
④ 긴급체포된 피의자에 대하여 구속영장이 발부된 경우 그 구속기간은 피의자를 체포한 날부터 기산한다.

해설
① 【 O 】 제200조의4 제3항
② 【 O 】 제200조의3 제2항, 제3항
③ 【 X 】 긴급체포는 영장주의 원칙에 대한 예외인 만큼 형사소송법 제200조의3 제1항의 요건을 모두 갖춘 경우에 한하여 예외적으로 허용되어야 하고, 요건을 갖추지 못한 긴급체포는 법적 근거에 의하지 아니한 영장 없는 체포로서 위법한 체포에 해당하는 것이고, 여기서 긴급체포의 요건을 갖추었는지 여부는 사후에 밝혀진 사정을 기초로 판단하는 것이 아니라 체포 당시의 상황을 기초로 판단하여야 하고, 이에 관한 검사나 사법경찰관 등 수사주체의 판단에는 상당한 재량의 여지가 있다고 할 것이다(대판 2002.6.11. 2000도5701).
④ 【 O 】 제203조의2

정답 ③

16 긴급체포에 대한 설명으로 가장 적절하지 않은 것은? (다툼이 있는 경우 판례에 의함)   21. 경찰채용 1차

① 긴급체포의 요건을 갖추었는지 여부는 사후에 밝혀진 사정을 기초로 판단하는 것이 아니라 체포 당시의 상황을 기초로 판단하여야 하고, 이에 관한 검사나 사법경찰관 등 수사주체의 판단에는 상당한 재량의 여지가 있다.
② 긴급체포 후 구속영장을 청구하지 아니하거나 발부받지 못하여 석방된 자는 영장 없이는 동일한 범죄사실에 관하여 체포하지 못한다.
③ 피의자를 긴급체포하는 경우에 필요한 때에는 영장 없이 체포현장에서 압수·수색을 할 수 있고, 이에 따라 압수한 물건을 계속 압수할 필요가 있는 경우에는 지체 없이 압수·수색영장을 청구하여야 하며, 청구한 압수·수색영장을 발부받지 못한 때에는 압수한 물건을 즉시 반환하여야 하는 바, 이를 위반하여 압수·수색영장을 발부받지 아니하고도 즉시 반환하지 아니한 압수물은 피고인이나 변호인이 이를 증거로 함에 동의하지 않는 한 유죄 인정의 증거로 사용할 수 없다.
④ 긴급체포되어 조사를 받고 구속영장이 청구되지 아니하여 석방된 후 검사가 그 석방일로부터 30일 이내에 석방통지를 법원에 하지 아니하더라도, 긴급체포 당시의 상황과 경위, 긴급체포 후 조사 과정 등에 특별한 위법이 없는 이상, 그 긴급체포에 의한 유치 중에 작성된 피의자신문조서가 위법하게 작성되었다고 볼 수는 없다.

해설

① 【 O 】 대판 2002.6.11. 2000도5701
② 【 O 】 제200조의4 제3항
③ 【 X 】 형사소송법 제216조 제1항 제2호, 제217조 제2항, 제3항은 사법경찰관은 형사소송법 제200조의3(긴급체포)의 규정에 의하여 피의자를 체포하는 경우에 필요한 때에는 영장 없이 체포현장에서 압수·수색을 할 수 있고, 압수한 물건을 계속 압수할 필요가 있는 경우에는 지체 없이 압수·수색영장을 청구하여야 하며, 청구한 압수·수색영장을 발부받지 못한 때에는 압수한 물건을 즉시 반환하여야 한다고 규정하고 있는바, 형사소송법 제217조 제2항, 제3항에 위반하여 압수수색영장을 청구하여 이를 발부받지 아니하고도 즉시 반환하지 아니한 압수물은 이를 유죄 인정의 증거로 사용할 수 없는 것이고, 헌법과 형사소송법이 선언한 영장주의의 중요성에 비추어 볼 때 피고인이나 변호인이 이를 증거로 함에 동의하였다고 하더라도 달리 볼 것은 아니다(대판 2009.12.24. 2009도11401).
④ 【 O 】 대판 2014.8.26. 2011도6035

정답 ③

17 현행범인 체포에 관한 설명 중 가장 적절하지 않은 것은? (다툼이 있으면 판례에 의함) 16. 경찰승진

① 사법경찰관이 피의자를 현행범인으로 체포하면서 체포사유 및 변호인선임권을 고지하지 아니하였음에도 불구하고, 고지한 것으로 현행범인체포서를 작성한 경우에는 허위공문서작성죄의 범의가 없다.
② 사법경찰관리가 현행범인의 인도를 받은 때에는 체포자의 성명, 주거, 체포의 사유를 물어야 하고 필요한 때에는 체포자에 대하여 경찰관서에 동행함을 요구할 수 있다.
③ 사법경찰관은 현행범인의 체포를 하는 경우에는 범죄사실의 요지, 체포의 이유와 변호인을 선임할 수 있음을 말하고 변명할 기회를 주어야 한다.
④ 경범죄처벌법을 위반하여 관공서에서 주취소란 행위를 한 자는 주거가 분명한 때에도 현행범인 체포의 대상이 된다.

해설

① 【 X 】 사법경찰관이 피의자를 현행범인으로 체포하면서 체포사유 및 변호인선임권을 고지하지 아니하였음에도 불구하고 고지한 것으로 현행범인체포서를 작성한 경우에는 허위공문서작성죄의 범의가 인정된다(대판 2010.6.24. 2008도11226).
② 【 O 】 제213조 제2항
③ 【 O 】 제213조의2, 제200조의5
④ 【 O 】 경범죄 처벌법 제3소 세3항은 ㉠ (관공서예시의 주취소란) 술에 취한 채로 관공서에서 몹시 거친 말과 행동으로 주정하거나 시끄럽게 한 사람과 ㉡ (거짓신고) 있지 아니한 범죄나 재해 사실을 공무원에게 거짓으로 신고한 사람에 대하여 60만원 이하의 벌금, 구류 또는 과료의 형으로 처벌한다고 규정하고 있다. 따라서 관공서에서 주취소란한 자는 경미범죄특칙(형사소송법 제214조, 50만원이하의 벌금, 구류, 과료에 처할 자에 대한 현행범인체포는 주거부정시에 한정)이 적용되지 않고, 주거가 일정한 경우라도 현행범인 체포의 대상이 된다.

정답 ①

18. 현행범인 또는 준현행범인 체포에 관한 다음 설명 중 옳은 것은 모두 몇 개인가? (다툼이 있으면 판례에 의함)

16. 경찰채용 1차

㉠ 현행범인은 누구든지 영장 없이 체포할 수 있는데, 현행범인으로 체포하기 위하여는 행위의 가벌성, 범죄의 현행성·시간적 접착성, 범인·범죄의 명백성 이외에 체포의 필요성 즉, 도망 또는 증거인멸의 염려가 있어야 하는 것은 아니다.

㉡ '범죄의 실행행위를 종료한 직후'라고 함은 범죄행위를 실행하여 끝마친 순간 또는 이에 아주 접착된 시간적 단계를 의미하는 것으로 해석되므로, 시간적으로나 장소적으로 보아 체포를 당하는 자가 방금 범죄를 실행한 범인이라는 점에 관한 죄증이 명백히 존재하는 것으로 인정되는 경우에만 현행범인으로 볼 수 있다.

㉢ 경찰관의 현행범인 체포경위 및 그에 관한 현행범인체포서와 범죄사실의 기재에 다소 차이가 있더라도, 그것이 논리와 경험칙상 장소적·시간적 동일성이 인정되는 범위 내라면 그 체포행위가 공무집행방해죄의 요건인 적법한 공무집행에 해당한다.

㉣ 다액 50만원 이하의 벌금, 구류 또는 과료에 해당하는 죄의 현행범인에 대하여는 범인의 주거가 분명하지 아니한 때에 한하여 현행범인으로 체포할 수 있다.

㉤ 사법경찰관리가 현행범인의 인도를 받은 때에는 체포자의 성명, 주거, 체포의 사유를 물어야 하고 필요하더라도 체포자에 대하여 경찰관서에 동행함을 요구할 수는 없다.

① 1개　　　② 2개　　　③ 3개　　　④ 4개

해설

옳은 것은 ㉡㉢㉣이다.

㉠ 【 X 】 현행범인 체포의 요건을 갖추었는지는 체포 당시 상황을 기초로 판단하여야 하고, 이에 관한 검사나 사법경찰관 등 수사주체의 판단에는 상당한 재량 여지가 있으나, 체포 당시 상황으로 보아도 요건 충족 여부에 관한 검사나 사법경찰관 등의 판단이 경험칙에 비추어 현저히 합리성을 잃은 경우에는 그 체포는 위법하다고 보아야 한다(대판 2011.5.26. 2011도3682).

㉡ 【 O 】 대판 2007.4.13. 2007도1249

㉢ 【 O 】 대판 2008.10.9. 2008도3640

㉣ 【 O 】 제214조

㉤ 【 X 】 사법경찰관리가 현행범인의 인도를 받은 때에는 체포자의 성명, 주거, 체포의 사유를 물어야 하고 필요한 때에는 체포자에 대하여 경찰관서에 동행함을 요구할 수 있다(제213조).

정답 ③

19 현행범체포에 대한 설명으로 옳지 않은 것은? (다툼이 있는 경우 판례에 의함) 16. 국가직

① 피고인의 행위가 구성요건에 해당하지 않아 사후적으로 무죄로 판단된다고 하더라도, 피고인이 소란을 피운 당시 상황에서는 객관적으로 보아 피고인이 현행범이라고 인정할 만한 충분한 이유가 있는 경우에는 피고인에 대한 현행범체포는 적법하다.
② '범죄의 실행행위를 종료한 직후'라고 함은 범죄행위를 실행하여 끝마친 순간 또는 이에 아주 접착된 시간적 단계를 의미하는 것으로 해석되므로, 시간적으로나 장소적으로 보아 체포를 당하는 자가 방금 범죄를 실행한 범인이라는 점에 관한 죄증이 명백히 존재하는 것으로 인정된다면 현행범인으로 볼 수 있다.
③ 사법경찰리가 현행범인으로 체포하는 경우에는 반드시 범죄사실의 요지, 구속의 이유와 변호인을 선임할 수 있음을 말하고 변명할 기회를 주어야 하며, 이와 같은 고지는 반드시 체포를 위한 실력 행사에 들어가기 전에 미리 행하여야 한다.
④ 일반인이 현행범인을 체포한 경우 즉시 검사에게 인도하여야 하는데, 여기서 '즉시'라고 함은 반드시 체포시점과 시간적으로 밀착된 시점이어야 하는 것은 아니고, '정당한 이유 없이 인도를 지연하거나 체포를 계속하는 등으로 불필요한 지체를 함이 없이'라는 뜻이다.

해설

① 【O】 현행범인 체포의 요건을 갖추었는지는 체포 당시의 상황을 기초로 판단하게 되어 있다(대판 2011.5.26. 2011도3682). 따라서 피고인의 행위가 구성요건에 해당하지 않아 사후적으로 무죄로 판단된다고 하더라도, 피고인이 소란을 피운 당시 상황에서는 객관적으로 보아 피고인이 현행범이라고 인정할 만한 충분한 이유가 있는 경우에는 피고인에 대한 현행범체포는 적법하게 된다.
② 【O】 대판 2002.5.10. 2001도300
③ 【X】 사법경찰리가 현행범인으로 체포하는 경우에는 반드시 범죄사실의 요지, 구속의 이유와 변호인을 선임할 수 있음을 말하고 변명할 기회를 주어야 하며, 이러한 법리는 비단 현행범인을 체포하는 경우뿐만 아니라 긴급체포의 경우에도 마찬가지로 적용되는 것이고, 이와 같은 고지는 체포를 위한 실력행사에 들어가기 전에 미리 하여야 하는 것이 원칙이나, 달아나는 피의자를 쫓아가 붙들거나 폭력으로 대항하는 피의자를 실력으로 제압하는 경우에는 붙들거나 제압하는 과정에서 하거나, 그것이 여의치 않은 경우에는 일단 붙들거나 제압한 후에 지체 없이 하여야 한다(대판 2010.6.24. 2008도11226).
④ 【O】 대판 2011.12.22. 2011도12927

정답 ③

20 현행범 체포에 대한 설명으로 옳지 않은 것은 모두 몇 개인가? (다툼이 있으면 판례에 의함) 16. 경찰채용 2차

㉠ 범죄의 실행 중이거나 실행의 즉후인 자를 현행범인이라 한다.
㉡ 「형사소송법」제211조가 현행범인으로 규정한 "범죄의 실행의 즉후인 자"라고 함은, 범죄의 실행행위를 종료한 직후의 범인이라는 것이 체포하는 자의 입장에서 볼 때 명백한 경우를 말한다.
㉢ 현행범인으로서의 요건을 갖추고 있었다고 인정되지 않는 상황에서 경찰관들이 동행을 거부하는 자를 체포하거나 강제로 연행하려고 하였다면, 이는 적법한 공무집행이라고 볼 수 없다.
㉣ 사법경찰관은 피의자를 체포하는 경우에는 피의사실의 요지, 체포의 이유와 변호인을 선임할 수 있음을 말하고 변명할 기회를 주어야 한다.

① 0개 ② 1개 ③ 3개 ④ 4개

해설

옳지 않은 것은 0개이다.
㉠ 【 O 】 제211조 제1항
㉡ 【 O 】 대판 2007.4.13. 2007도1249
㉢ 【 O 】 대판 2011.5.26. 2001도3682
㉣ 【 O 】 제200조의5

정답 ①

21 현행범인 체포에 대한 설명으로 옳지 않은 것은? (다툼이 있는 경우 판례에 의함) 16. 검찰 7급

① 현행범인 체포의 요건으로 '범죄의 실행행위를 종료한 직후'란 시간적으로나 장소적으로 보아 체포를 당하는 자가 방금 범죄를 실행한 범인이라는 점에 관한 죄증이 명백히 존재하는 것으로 인정되는 경우를 말한다.
② 수사기관이 아닌 사인(私人)이 현행범인을 체포한 때에는 즉시 수사기관에 인도하여야 하며, 여기서 '즉시'란 '정당한 이유없이 인도를 지연하거나 체포를 계속하는 등으로 불필요한 지체를 함이 없이'라는 의미이다.
③ 사인이 현행범인을 체포하여 수사기관에 인도한 경우 수사기관이 그 피의자를 구속하고자 할 때에는 수사기관이 사인으로부터 현행범인을 인도받은 때로부터 48시간 이내에 구속영장을 청구하여야 한다.
④ 수사기관이 현행범인을 직접 체포한 경우와는 달리 사인에 의해 체포된 현행범인을 인도받는 경우에는 피의자에 대하여 피의사실의 요지, 체포의 이유와 변호인을 선임할 수 있음을 말하고 변명할 기회를 주지 않아도 된다.

해설

① 【 O 】 대판 2007.4.13. 2007도1249
②③ 【 O 】 대판 2011.12.22. 2011도12927
④ 【 X 】 헌법 제12조 제5항 전문은 '누구든지 체포 또는 구속의 이유와 변호인의 조력을 받을 권리가 있음을 고지받지 아니하고는 체포 또는 구속을 당하지 아니한다.'는 원칙을 천명하고 있고, 형사소송법 제72조는 '피고인에 대하여 범죄사실의 요지, 구속의 이유와 변호인을 선임할 수 있음을 말하고 변명할 기회를 준 후가 아니면 구속할 수 없다.'고 규정하는 한편, 이 규정은 같은 법 제213조의2에 의하여 검사 또는 사법경찰관리가 현행범인을 체포하거나 일반인이 체포한 현행범인을 인도받는 경우에 준용되므로, 사법경찰리가 현행범인으로 체포하는 경우에는 반드시 범죄사실의 요지, 구속의 이유와 변호인을 선임할 수 있음을 말하고 변명할 기회를 주어야 할 것임은 명백하며, 이러한 법리는 비단 현행범인을 체포하는 경우뿐만 아니라 긴급체포의 경우에도 마찬가지로 적용되는 것이고, 이와 같은 고지는 체포를 위한 실력행사에 들어가기 이전에 미리 하여야 하는 것이 원칙이나, 달아나는 피의자를 쫓아가 붙들거나 폭력으로 대항하는 피의자를 실력으로 제압하는 경우에는 붙들거나 제압하는 과정에서 하거나, 그것이 여의치 않은 경우에라도 일단 붙들거나 제압한 후에는 지체 없이 행하여야 한다(대판 2000.7.4. 99도4341).

정답 ④

22
소말리아 해적인 피고인들 등이 아라비아 해 인근 공해상에서 대한민국 해운회사가 운항 중인 선박을 납치하여 대한민국 국민인 선원 등에게 해상강도 등 범행을 저질렀다는 내용으로 국군 청해부대에 의해 체포·이송되어 국내 수사기관에 인도된 후 구속·기소된 사안에 대한 설명으로 옳지 않은 것은 모두 몇 개인가? (다툼이 있으면 판례에 의함)

16. 경찰채용 2차

> ㉠ 형사소송법 제4조 제1항은 "토지관할은 범죄지, 피고인의 주소, 거소 또는 현재지로 한다"라고 정하고, 여기서 '현재지'라고 함은 공소제기 당시 피고인이 현재한 장소로서 임의에 의한 현재지뿐만 아니라 적법한 강제에 의한 현재지도 이에 해당한다.
> ㉡ 현행범인은 누구든지 영장 없이 체포할 수 있고, 검사 또는 사법경찰관리(이하 '검사 등'이라고 한다) 아닌 이가 현행범인을 체포한 때에는 즉시 검사 등에게 인도하여야 한다.
> ㉢ 여기서 '즉시'라고 함은 반드시 체포시점과 시간적으로 밀착된 시점이어야 하므로, '정당한 이유 없이 인도를 지연하거나 체포를 계속하는 등으로 불필요한 지체를 함이 없이'라는 뜻으로 볼 것이다.
> ㉣ 검사 등이 현행범인을 체포하거나 현행범인을 인도받은 후 현행범인을 구속하고자 하는 경우 48시간 이내에 구속영장을 청구하여야 하고, 그 기간 내에 구속영장을 청구하지 아니하는 때에는 즉시 석방하여야 한다.
> ㉤ 검사 등이 아닌 이에 의하여 현행범인이 체포된 후 불필요한 지체 없이 검사 등에게 인도된 경우 위 48시간의 기산점은 체포시가 아니라 검사 등이 현행범인을 인도받은 때라고 할 것이다.

① 0개 ② 1개 ③ 2개 ④ 3개

해설

설문은 대판 2011.12.22. 2011도12927에 관한 내용이다. 옳지 않은 것은 ㉢이다.
㉠㉡㉣㉤ 【 O 】 대판 2011.12.22. 2011도12927
㉢ 【 X 】 여기서 '즉시'라고 함은 반드시 체포시점과 시간적으로 밀착된 시점이어야 하는 것은 아니고, '정당한 이유 없이 인도를 지연하거나 체포를 계속하는 등으로 불필요한 지체를 함이 없이'라는 뜻으로 볼 것이다(대판 2011.12.22. 2011도12927).

정답 ②

23 현행범인 체포에 대한 설명 중 가장 적절하지 않은 것은? (다툼이 있는 경우 판례에 의함) 〔18. 경찰승진〕

① 현행범인은 누구든지 영장 없이 체포할 수 있는데, 현행범인으로 체포하기 위하여는 행위의 가벌성, 범죄의 현행성·시간적 접착성, 범인·범죄의 명백성 이외에 체포의 필요성 즉, 도망 또는 증거인멸의 염려가 있어야 한다.

② 경찰관이 현행범인 체포요건을 갖추지 못하였는데도, 실력으로 현행범인을 체포하려고 하였다면 적법한 공무집행이라고 할 수 없고, 현행범인 체포행위가 적법한 공무집행을 벗어나 불법인 것으로 볼 수밖에 없다면 현행범인 체포를 면하려고 반항하는 과정에서 경찰관에게 상해를 가한 것은 불법체포로 인한 신체에 대한 현재의 부당한 침해에서 벗어나기 위한 행위로서 정당방위에 해당하여 위법성이 조각된다.

③ 검사 또는 사법경찰관리 아닌 이가 현행범인을 체포한 경우 즉시 검사 등에게 인도해야 하는데, 여기서 '즉시'라고 함은 반드시 체포시점과 시간적으로 밀착된 시점이어야 하는 것은 아니고, '정당한 이유 없이 인도를 지연하거나 체포를 계속하는 등으로 불필요한 지체를 함이 없이'라는 뜻이다.

④ 검사 또는 사법경찰관리 아닌 이에 의하여 현행범인이 체포된 후 불필요한 지체 없이 검사 등에게 인도된 경우, 구속영장 청구기간인 48시간의 기산점은 현행범인 체포시이다.

[해설]

①② 【O】 대판 2011.5.26. 2011도3682
③ 【O】 대판 2011.12.22. 2011도12927
④ 【X】 검사 등이 아닌 이에 의하여 현행범인이 체포된 후 불필요한 지체 없이 검사 등에게 인도된 경우 위 48시간의 기산점은 체포시가 아니라 검사 등이 현행범인을 인도받은 때라고 할 것이다(대판 2011.12.22. 2011도12927).

정답 ④

24 현행범체포에 대한 설명으로 가장 적절하지 않은 것은? (다툼이 있는 경우 판례에 의함) 〔18. 경찰채용 2차〕

① 현행범인으로 체포하려면 행위의 가벌성, 범죄의 현행성·시간적 접착성, 범인·범죄의 명백성 외에 체포의 필요성, 즉 도망 또는 증거인멸의 염려가 있어야 한다.

② 현행범인 체포의 요건을 갖추었는지에 대한 수사주체의 판단에는 상당한 재량의 여지가 있으므로 체포 당시의 상황에서 보아 그 요건에 관한 수사주체의 판단이 경험칙에 비추어 현저히 합리성이 없다고 인정되지 않는 한 수사주체의 현행범인 체포를 위법하다고 단정할 것은 아니다.

③ 검사 또는 사법경찰관은 현행범 체포 현장에서 소지자 등이 임의로 제출하는 물건을 영장 없이 압수할 수 있으나, 이 경우 계속 압수할 필요가 있는 경우에는 체포한 때로부터 48시간 이내에 압수영장을 청구하여야 한다.

④ 피고인의 소란행위가 업무방해죄의 구성요건에 해당하지 않아 사후적으로 무죄로 판단된다고 하더라도, 피고인이 경찰관 앞에서 소란을 피운 당시 상황에서는 객관적으로 보아 피고인이 업무방해죄의 현행범이라고 인정할 만한 충분한 이유가 있었다면 경찰관들이 피고인을 현행범으로 체포하려고 한 행위는 적법하다.

해설

①② 【 O 】 대판 2016.2.18. 2015도13726
③ 【 X 】 형사소송법 제218조에 의하면 검사 또는 사법경찰관은 피의자 등이 유류한 물건이나 소유자·소지자 또는 보관자가 임의로 제출한 물건은 영장 없이 압수할 수 있으므로, 현행범 체포 현장이나 범죄 장소에서도 소지자 등이 임의로 제출하는 물건은 위 조항에 의하여 영장 없이 압수할 수 있고, 이 경우에는 검사나 사법경찰관이 사후에 영장을 받을 필요가 없다(대판 2016.2.18. 2015도13726).
④ 【 O 】 대판 2013.8.23. 2011도4763

정답 ③

25 현행범체포에 대한 설명으로 옳지 않은 것은? (다툼이 있는 경우 판례에 의함) 21. 국가직 7급

① 현행범을 체포한 경찰관의 진술이라 하더라도 범행을 목격한 부분에 관하여는 여느 목격자의 진술과 다름없이 증거능력이 있으며, 다만 그 증거의 신빙성만 문제가 된다.
② 甲과 乙이 주차문제로 다투던 중 乙이 112신고를 하였고, 甲이 출동한 경찰관에게 폭행을 가하여 공무집행방해죄의 현행범으로 체포된 경우, 112에 신고를 한 것은 乙이었고, 甲이 현행범으로 체포되어 파출소에 도착한 이후에도 경찰관의 신분증 제시 요구에 20여 분 동안 응하지 아니하면서 인적 사항을 밝히지 아니하였다면, 甲에게는 현행범체포 당시에 도망 또는 증거인멸의 염려가 있었다고 할 수 있다.
③ 범행 중 또는 범행 직후의 범죄 장소에서 영장 없이 압수·수색 또는 검증을 할 수 있도록 규정한 「형사소송법」 제216조 제3항의 요건 중 어느 하나라도 갖추지 못한 경우 압수·수색 또는 검증은 잠정적으로 위법하지만, 이에 대하여 사후에 법원으로부터 영장을 발부받게 되면 그 위법성은 소급하여 치유될 수 있다.
④ 전투경찰대원들이 공장에서 점거농성 중이던 조합원들을 체포하는 과정에서 체포의 이유 등을 제대로 고지하지 않다가 30~40분이 지난 후 체포된 조합원 등의 항의를 받고 나서야 비로소 체포의 이유 등을 고지한 것은 현행범체포의 적법한 절차를 준수한 것이 아니므로 적법한 공무집행이라고 볼 수 없다.

해설

① 【 O 】 대판 1995.5.9. 95도535
② 【 O 】 대판 2018.3.29. 2017도21537
③ 【 X 】 범행 중 또는 범행직후의 범죄장소에서 긴급을 요하여 법원판사의 영장을 발부받을 수 없는 때에는 영장 없이 압수, 수색 또는 검증을 할 수 있으나, 이 경우에는 사후에 지체 없이 영장을 받아야 한다(제216조 제3항). 형사소송법 제216조 제3항의 요건 중 어느 하나라도 갖추지 못한 경우 그러한 압수·수색 또는 검증은 위법하고, 이에 대하여 사후에 법원으로부터 영장을 발부받았다고 하여 그 위법성이 치유되는 것은 아니다(대판 2012.2.9. 2009도14884).
④ 【 O 】 대판 2012.2.9. 2011도7193

정답 ③

26 체포 및 영장제도에 대한 설명으로 옳지 않은 것은? (다툼이 있는 경우 판례에 의함)

① 경찰의 긴급체포 승인 및 구속영장의 신청이 있으면, 검사는 체포된 피의자를 검찰청으로 출석시켜 직접 대면조사할 수 있지만, 검사의 구속영장 청구 전 피의자 대면조사는 임의수사이므로 피의자는 검사의 출석요구에 응할 의무가 없다.
② 검사가 현행범인을 체포하는 경우 체포를 위한 실력행사에 들어가기 전에 미리 피의사실의 요지와 변호인선임권 등을 고지하여야 하지만, 폭력으로 대항하는 피의자를 실력으로 제압하는 경우에는 제압하는 과정에서 고지하거나, 그것이 여의치 않은 경우에는 제압한 후에 지체 없이 고지하여야 한다.
③ 사법경찰관은 범행 중 또는 범행 직후의 범죄장소에서 긴급을 요하여 판사의 영장을 받을 수 없는 때에는 영장 없이 압수·수색 또는 검증을 할 수 있으나, 이 경우에는 사후에 지체 없이 영장을 받아야 한다.
④ 경찰은 피의자를 긴급체포한 후 24시간 이내에 피의자가 보관하는 물건을 영장 없이 압수할 수 있으며, 압수한 물건을 계속 압수할 필요가 있는 경우에는 압수·수색이 종료한 때로부터 48시간 이내에 영장을 청구하여야 한다.

해설

① 【 O 】 대판 2010.10.28. 2008도11999
② 【 O 】 대판 2000.7.4. 99도4341
③ 【 O 】 제216조 제3항
④ 【 X 】 검사 또는 사법경찰관은 피의자를 긴급체포한 후 24시간 이내에 피의자가 보관하는 물건을 영장 없이 압수할 수 있으며, 압수한 물건을 계속 압수할 필요가 있는 경우에는 지체 없이 압수수색영장을 청구하여야 한다. 이 경우 압수수색영장의 청구는 체포한 때로부터 48시간 이내에 하여야 한다(제217조 제2항).

정답 ④

27 현행범인 및 준현행범인 체포에 대한 설명이다. 아래 ㉠부터 ㉣까지의 설명 중 옳고 그름의 표시(○, ×)가 바르게 된 것은? (다툼이 있는 경우 판례에 의함)

㉠ 음주운전을 종료한 후 40분 이상이 경과한 시점에서 길가에 앉아 있던 운전자를 술냄새가 난다는 점만을 근거로 음주운전의 현행범으로 체포한 경우 적법한 공무집행이다.
㉡ 피고인이 경찰관의 불심검문에 응하여 운전면허증을 교부한 후 경찰관에게 큰 소리로 욕설을 하였는데, 경찰관이 모욕죄의 현행범으로 체포하겠다고 고지한 후 피고인의 오른쪽 어깨를 붙잡자 반항하면서 경찰관에게 상해를 가한 사안에서, 경찰관뿐 아니라 인근 주민도 욕설을 직접 들었다는 점을 근거로 피고인을 현행범으로 체포한 경우 적법한 공무집행이다.
㉢ 교사가 교장실에 들어가 불과 약 5분 동안 식칼을 휘두르며 교장을 협박하는 등의 소란을 피운 후 40여분 정도가 지나 경찰관들이 출동하여 교장실이 아닌 서무실에서 동행을 거부하는 그 교사를 현행범으로 체포한 경우 적법한 공무집행이다.
㉣ 순찰 중이던 경찰관이 교통사고를 낸 차량이 도주하였다는 무전연락을 받고 주변을 수색하다가 범퍼 등의 파손상태로 보아 사고차량으로 인정되는 차량에서 내리는 사람을 발견하여 준현행범으로 체포한 경우 적법한 공무집행이다.

① ㉠ ○ ㉡ × ㉢ ○ ㉣ ×
② ㉠ × ㉡ ○ ㉢ × ㉣ ×
③ ㉠ × ㉡ × ㉢ ○ ㉣ ○
④ ㉠ × ㉡ × ㉢ × ㉣ ○

> 해설

㉠ 【 X 】 음주운전을 종료한 후 40분 이상이 경과한 시점에서 길가에 앉아 있던 운전자를 술냄새가 난다는 점만을 근거로 음주운전의 현행범으로 체포한 것은 적법한 공무집행으로 볼 수 없다(대판 2007.4.13. 2007도1249).
㉡ 【 X 】 피고인이 경찰관의 불심검문을 받아 운전면허증을 교부한 후 경찰관에게 큰 소리로 욕설을 하였는데, 경찰관이 모욕죄의 현행범으로 체포하겠다고 고지한 후 피고인의 오른쪽 어깨를 붙잡자 반항하면서 경찰관에게 상해를 가한 사안에서, 피고인은 경찰관의 불심검문에 응하여 이미 운전면허증을 교부한 상태이고, 경찰관뿐 아니라 인근 주민도 욕설을 직접 들었으므로, 피고인이 도망하거나 증거를 인멸할 염려가 있다고 보기는 어렵고, 피고인의 모욕 범행은 불심검문에 항의하는 과정에서 저지른 일시적, 우발적인 행위로서 사안 자체가 경미할 뿐 아니라, 피해자인 경찰관이 범행현장에서 즉시 범인을 체포할 급박한 사정이 있다고 보기도 어려우므로, 경찰관이 피고인을 체포한 행위는 적법한 공무집행이라고 볼 수 없다(대판 2011.5.26. 2011도3682).
㉢ 【 X 】 교사가 교장실에 들어가 불과 약 5분 동안 식칼을 휘두르며 교장을 협박하는 등의 소란을 피운 후 40여분 정도가 지나 경찰관들이 출동하여 교장실이 아닌 서무실에서 그를 연행하려 하자 그가 구속영장의 제시를 요구하면서 동행을 거부하였다면, 체포 당시 서무실에 앉아 있던 위 교사가 방금 범죄를 실행한 범인이라는 죄증이 경찰관들에게 명백히 인식될 만한 상황이었다고 단정할 수 없는데도 이와 달리 그를 "범죄의 실행의 즉후인 자"로서 현행범인이라고 단정한 원심판결에는 현행범인에 관한 법리오해의 위법이 있다고 하여 이를 파기한 사례(대판 1991.9.24. 91도1314).
㉣ 【 O 】 대판 2000.7.4. 99도4341

정답 ④

28. 긴급체포 또는 현행범체포에 관한 다음 설명 중 가장 옳지 않은 것은? (다툼이 있는 경우 판례에 의함)

19. 법원직

① A가 필로폰을 투약한다는 제보를 받은 경찰관이 제보된 주거지에 A가 살고 있는지 등 제보의 정확성을 사전에 확인한 후에 제보자를 불러 조사하기 위하여 A의 주거지를 방문하였다가, 현관에서 담배를 피우고 있는 A를 발견하고 사진을 찍어 제보자에게 전송하여 사진에 있는 사람이 제보한 대상자가 맞다는 확인을 한 후, 가지고 있던 A의 전화번호로 전화를 하여 차량 접촉사고가 났으니 나오라고 하였으나 나오지 않고, 또한 경찰관임을 밝히고 만나자고 하는데도 현재 집에 있지 않다는 취지로 거짓말을 하자 A의 집 문을 강제로 열고 들어가 A를 긴급체포한 경우, A에 대한 긴급체포는 위법하다.
② 검사 등이 아닌 이에 의하여 현행범인이 체포된 후 불필요한 지체 없이 검사 등에게 인도된 경우라도 체포시부터 48시간 내에 구속영장을 청구하지 못할 경우 석방하여야 한다.
③ 형사소송법 제200조의4 제3항은 영장 없이 긴급체포 후 석방된 피의자를 동일한 범죄사실에 관하여 체포하지 못한다고 규정하고 있으나, 위와 같이 석방된 피의자라도 법원으로부터 구속영장을 발부받아 구속할 수는 있다.
④ 순찰 중이던 경찰관이 교통사고를 낸 차량이 도주하였다는 무전연락을 받고 주변을 수색하다가 범퍼 등의 파손상태로 보아 사고차량으로 인정되는 차량에서 내리는 사람을 발견한 경우, 준현행범으로 영장 없이 체포할 수 있다.

> 해설

① 【 O 】 대판 2016.10.13. 2016도5814
② 【 X 】 검사 등이 아닌 이에 의하여 현행범인이 체포된 후 불필요한 지체 없이 검사 등에게 인도된 경우 위 48시간의 기산점은 체포시가 아니라 검사 등이 현행범인을 인도받은 때라고 할 것이다(대판 2011.12.22. 2011도12927).
③ 【 O 】 대판 2001.9.28. 2001도4291
④ 【 O 】 대판 2000.7.4. 99도4341

정답 ②

29 현행범인 체포에 대한 설명 중 가장 적절하지 않은 것은? (다툼이 있는 경우 판례에 의함) _{19. 법학경채}

① 현행범인 체포의 요건을 갖추었는지 여부는 체포 당시의 상황을 기초로 판단하여야 하고, 이에 관한 검사나 사법경찰관 등 수사주체의 판단에는 상당한 재량의 여지가 있지만, 체포 당시의 상황으로 볼 때 그 요건의 충족 여부에 관한 검사나 사법경찰관 등의 판단이 경험칙에 비추어 현저히 합리성을 잃은 경우 그 체포는 위법하다고 보아야 한다.
② 다액 50만 원 이하의 벌금, 구류 또는 과료에 해당하는 죄의 현행범인에 대하여는 범인의 주거가 분명하지 아니한 때에 한하여 현행범인으로 체포할 수 있다.
③ 현행범인으로 체포하기 위하여는 행위의 가벌성, 범죄의 현행성·시간적 접착성, 범인·범죄의 명백성이 있어야 하고, 이외에 도망 또는 증거인멸의 염려가 있어야 하는 것은 아니다.
④ 검사 또는 사법경찰관리 아닌 자에 의하여 현행범인이 체포된 후 불필요한 지체 없이 검사 등에게 인도된 경우 구속영장 청구기간인 48시간의 기산점은 체포시가 아니라 검사 등이 현행범인을 인도받은 때이다.

해설

① 【O】 대판 2011.5.26. 2011도3682
② 【O】 제214조
③ 【X】 현행범인은 누구든지 영장 없이 체포할 수 있으므로 사인의 현행범인 체포는 법령에 의한 행위로서 위법성이 조각된다고 할 것인데, 현행범인 체포의 요건으로서는 행위의 가벌성, 범죄의 현행성·시간적 접착성, 범인·범죄의 명백성 외에 체포의 필요성 즉, 도망 또는 증거인멸의 염려가 있을 것을 요한다(대판 1999.1.26. 98도3029).
④ 【O】 대판 2011.12.22. 2011도12927

정답 ③

30 체포절차에 대한 설명으로 가장 적절하지 않은 것은? _{19. 경찰채용 2차 변형}

① 사법경찰관이 피의자를 체포하였을 때에는 변호인이 있으면 변호인에게, 변호인이 없으면 변호인선임권자 중 피의자가 지정한 자에게 지체 없이 서면으로 체포의 통지를 하여야 한다.
② 체포된 피의자는 관할법원에 체포의 적부심사를 청구할 수 있으며, 청구를 받은 법원은 심사청구 후 피의자에 대하여 공소제기가 있는 경우에도 청구가 이유 있다고 인정한 때에는 결정으로 피의자의 석방을 명하여야 한다.
③ 사법경찰관은 수사중지 결정 또는 기소중지 결정이 된 피의자를 소속 경찰관서가 위치하는 특별시·광역시·특별자치시·도 또는 특별자치도 외의 지역에서 긴급체포한 경우에는 긴급체포 후 12시간 이내에 긴급체포의 승인을 요청해야 한다.
④ 사법경찰관은 긴급체포한 피의자에 대하여 구속영장을 신청하지 아니하고 석방한 경우에는 즉시 검사에게 보고하여야 한다.

해설

① 【O】 제200조의6, 제87조
② 【O】 제214조의2 제4항
③ 【X】 사법경찰관은 긴급체포 후 12시간 내에 검사에게 긴급체포의 승인을 요청해야 한다. 다만, 수사중지 결정 또는 기소중지 결정이 된 피의자를 소속 경찰관서가 위치하는 특별시·광역시·특별자치시·도 또는 특별자치도 외의 지역이나 바다에서 긴급체포한 경우에는 긴급체포 후 24시간 이내에 긴급체포의 승인을 요청해야 한다(수사준칙 제27조 제1항).
④ 【O】 제200조의4 제6항

정답 ③

31 체포제도에 대한 설명 중 가장 적절하지 않은 것은? (다툼이 있는 경우 판례에 의함)   20. 경찰채용 1차

① 사법경찰관이 긴급체포된 피의자에 대해 검사에게 긴급체포의 승인건의와 구속영장 신청을 함께 한 경우 검사는 긴급체포의 합당성이나 구속영장 청구에 필요한 사유를 보강하기 위해 피의자 대면조사를 실시할 수 있다.
② 현행범 체포의 요건으로서 행위의 가벌성, 범죄의 현행성·시간적 접착성, 범인·범죄의 명백성 이외에 체포의 필요성 즉, 도망 또는 증거인멸의 우려가 있어야 한다.
③ 체포영장이 발부된 피의자를 체포하기 위하여 타인의 주거 등을 수색하는 경우에는 피의자가 그 장소에 소재할 개연성 이외에도 별도로 사전에 수색영장을 발부받기 어려운 긴급한 사정이 있는 경우에만 제한적으로 이루어져야 한다.
④ A가 경찰관 B의 불심검문을 받아 운전면허증을 교부한 후 B에게 큰 소리로 욕설을 하는 것을 인근에 있던 C, D 등도 들은 상황에서 B가 A를 현행범으로 체포하는 것은 적법한 공무집행이라 볼 수 없다.

[해설]

① 【 X 】 사법경찰관이 검사에게 긴급체포된 피의자에 대한 긴급체포 승인 건의와 함께 구속영장을 신청한 경우, 검사는 긴급체포의 승인 및 구속영장의 청구가 피의자의 인권에 대한 부당한 침해를 초래하지 않도록 긴급체포의 적법성 여부를 심사하면서 수사서류뿐만 아니라 피의자를 검찰청으로 출석시켜 직접 대면조사할 수 있는 권한을 가진다고 보아야 한다. 따라서 이와 같은 목적과 절차의 일환으로 검사가 구속영장 청구 전에 피의자를 대면조사하기 위하여 사법경찰관리에게 피의자를 검찰청으로 인치할 것을 명하는 것은 적법하고 타당한 수사지휘 활동에 해당하고, 수사지휘를 전달받은 사법경찰관리는 이를 준수할 의무를 부담한다. 다만 체포된 피의자의 구금 장소가 임의적으로 변경되는 점, 법원에 의한 영장실질심사 제도를 도입하고 있는 현행 형사소송법하에서 체포된 피의자의 신속한 법관 대면권 보장이 지연될 우려가 있는 점 등을 고려하면, 위와 같은 검사의 구속영장 청구 전 피의자 대면조사는 긴급체포의 적법성을 의심할 만한 사유가 기록 기타 객관적 자료에 나타나고 피의자의 대면조사를 통해 그 여부의 판단이 가능할 것으로 보이는 예외적인 경우에 한하여 허용될 뿐, 긴급체포의 합당성이나 구속영장 청구에 필요한 사유를 보강하기 위한 목적으로 실시되어서는 아니 된다. 나아가 검사의 구속영장 청구 전 피의자 대면조사는 강제수사가 아니므로 피의자는 검사의 출석 요구에 응할 의무가 없고, 피의자가 검사의 출석 요구에 동의한 때에 한하여 사법경찰관리는 피의자를 검찰청으로 호송하여야 한다 (대판 2010.10.28. 2008도11999).
② 【 O 】 대판 1999.1.26. 98도3029
③ 【 O 】 헌재결 2018.4.26. 2015헌바370
④ 【 O 】 대판 2011.5.26. 2011도3682

정답 ①

32 현행범인의 체포에 관한 설명 중 가장 적절한 것은? (다툼이 있는 경우 판례에 의함)   20. 경찰승진

① 형사소송법 제211조가 현행범인으로 규정한 '범죄의 실행의 즉후인 자'라고 함은 범죄의 실행행위를 종료한 직후의 범인이라는 것이 객관적인 제3자의 입장에서 볼 때 명백한 경우를 일컫는 것이고, '범죄의 실행행위를 종료한 직후'라고 함은 범죄행위를 실행하여 끝마친 순간 또는 이에 아주 접착된 시간적 단계를 의미하는 것으로 해석된다.
② 다액 100만원이하의 벌금, 구류 또는 과료에 해당하는 죄의 현행범인에 대하여는 범인의 주거가 분명하지 아니한 때에 한하여 현행범인으로 체포할 수 있다.
③ 검사 또는 사법경찰관리가 아닌 자에 의하여 현행범인이 체포된 후 불필요한 지체 없이 검사 또는 사법경찰관리에게 인도된 경우라면 구속영장 청구기간인 48시간의 기산점은 체포시가 아니라 검사 등이 현행범인을 인도받은 때라고 할 것이다.
④ 현행범인은 누구든지 영장 없이 체포할 수 있으며, 현행범을 체포하는 자는 일반 사인이라 하더라도 영장 없이 타인의 주거에 들어갈 수 있다.

해설

① 【 X 】 형사소송법 제211조가 현행범인으로 규정한 '범죄의 실행의 즉후인 자'라고 함은, 범죄의 실행행위를 종료한 직후의 범인이라는 것이 체포하는 자의 입장에서 볼 때 명백한 경우를 일컫는 것으로서, 위 법조가 제1항에서 본래의 의미의 현행범인에 관하여 규정하면서 '범죄의 실행의 즉후인 자'를 '범죄의 실행 중인 자'와 마찬가지로 현행범인으로 보고 있고, 제2항에서는 현행범인으로 간주되는 준현행범인에 관하여 별도로 규정하고 있는 점 등으로 미루어 볼 때, '범죄의 실행행위를 종료한 직후'라고 함은, 범죄행위를 실행하여 끝마친 순간 또는 이에 아주 접착된 시간적 단계를 의미하는 것으로 해석되므로, 시간적으로나 장소적으로 보아 체포를 당하는 자가 방금 범죄를 실행한 범인이라는 점에 관한 죄증이 명백히 존재하는 것으로 인정되는 경우에만 현행범인으로 볼 수 있다(대판 2002.5.10. 2001도300).
② 【 X 】 다액 50만원 이하의 벌금, 구류 또는 과료에 해당하는 죄의 현행범인에 대하여는 범인의 주거가 분명하지 아니한 때에 한하여 현행범인으로 체포할 수 있다(제214조).
③ 【 O 】 대판 2011.12.22. 2011도12927
④ 【 X 】 현행범인은 누구든지 영장 없이 체포할 수 있다. 하지만 현행범을 체포하는 일반 사인은 타인의 주거에 들어갈 수 없다(대판 1965.12.21. 65도899).

정답 ③

33 현행범인 체포에 대한 설명으로 가장 적절한 것은? (다툼이 있는 경우 판례에 의함)   20. 경찰채용 2차

① 검사 또는 사법경찰관리 아닌 이가 현행범인을 체포한 때에는 즉시 검사 또는 사법경찰관리에게 인도하여야 하고, 여기서 '즉시'란 반드시 체포시점과 시간적으로 밀착된 시점이어야 한다.
② 현행범인으로 체포하기 위하여는 행위의 가벌성, 범죄의 현행성, 시간적 접착성, 범인 범죄의 명백성이 있으면 족하고, 도망 또는 증거인멸의 염려가 있어야 하는 것은 아니다.
③ 현행범 체포의 적법성은 체포 당시의 구체적 상황을 기초로 주관적으로 판단하여야 하고, 사후에 범인으로 인정되었는지에 의할 것은 아니다.
④ 현행범을 체포한 경찰관의 진술이라 하더라도 범행을 목격한 부분에 관하여는 여느 목격자의 진술과 다름 없이 증거능력이 있다.

> 해설

① 【 X 】 검사 또는 사법경찰관리(이하 '검사 등'이라고 한다) 아닌 이가 현행범인을 체포한 때에는 즉시 검사 등에게 인도하여야 한다(형사소송법 제213조 제1항). 여기서 '즉시'라고 함은 반드시 체포시점과 시간적으로 밀착된 시점이어야 하는 것은 아니고, '정당한 이유 없이 인도를 지연하거나 체포를 계속하는 등으로 불필요한 지체를 함이 없이'라는 뜻으로 볼 것이다(대판 2011.12.22. 2011도12927).

② 【 X 】 현행범인은 누구든지 영장 없이 체포할 수 있으므로 사인의 현행범인 체포는 법령에 의한 행위로서 위법성이 조각된다고 할 것인데, 현행범인 체포의 요건으로서는 행위의 가벌성, 범죄의 현행성·시간적 접착성, 범인·범죄의 명백성 외에 체포의 필요성 즉, 도망 또는 증거인멸의 염려가 있을 것을 요한다(대판 1999.1.26. 98도3029).

③ 【 X 】 공무집행방해죄는 공무원의 적법한 공무집행이 전제로 되는데, 추상적인 권한에 속하는 공무원의 어떠한 공무집행이 적법한지 여부는 행위 당시의 구체적 상황에 기하여 객관적·합리적으로 판단하여야 하고 사후적으로 순수한 객관적 기준에서 판단할 것은 아니다. 마찬가지로 현행범체포의 적법성은 체포 당시의 구체적 상황을 기초로 객관적으로 판단하여야 하고, 사후에 범인으로 인정되었는지에 의할 것은 아니다(대판 2013.8.23. 2011도4763).

④ 【 O 】 대판 1995.5.9. 95도535

정답 ④

34 현행범체포에 대한 설명으로 가장 적절한 것은? (다툼이 있는 경우 판례에 의함)

21. 경찰승진

① 현행범으로 체포하기 위하여는 행위의 가벌성, 범죄의 현행성·시간적 접착성, 범인·범죄의 명백성이 있으면 족하고, 도망 또는 증거인멸의 염려가 있어야 하는 것은 아니다.

② 신고를 받고 출동한 경찰관이 음주운전을 종료한 후 40분 이상이 경과한 시점에서 길가에 앉아 있던 피의자에게서 술냄새가 난다는 점만을 근거로 하여 피의자를 음주운전의 현행범으로 체포한 것은 적법한 공무집행이라고 볼 수 있다.

③ 현행범을 체포한 경찰관의 진술이라 하더라도 범행을 목격한 부분에 관하여는 여느 목격자의 진술과 다름없이 증거능력이 있다.

④ 수사기관이 일반인으로부터 체포된 현행범을 인도받고 현행범을 구속하고자 하는 경우 48시간 이내에 구속영장을 청구해야 하며, 그 48시간의 기산점은 일반인에 의한 체포시점으로 보아야 한다.

> 해설

① 【 X 】 현행범인은 누구든지 영장 없이 체포할 수 있으므로 사인의 현행범인 체포는 법령에 의한 행위로서 위법성이 조각된다고 할 것인데, 현행범인 체포의 요건으로서는 행위의 가벌성, 범죄의 현행성·시간적 접착성, 범인·범죄의 명백성 외에 체포의 필요성 즉, 도망 또는 증거인멸의 염려가 있을 것을 요한다(대판 1999.1.26. 98도3029).

② 【 X 】 음주운전을 종료한 후 40분 이상이 경과한 시점에서 길가에 앉아 있던 운전자를 술냄새가 난다는 점만을 근거로 음주운전의 현행범으로 체포한 것은 적법한 공무집행으로 볼 수 없다(대판 2007.4.13. 2007도1249).

③ 【 O 】 대판 1995.5.9. 95도535

④ 【 X 】 검사 등이 아닌 이에 의하여 현행범인이 체포된 후 불필요한 지체 없이 검사 등에게 인도된 경우 위 48시간의 기산점은 체포시가 아니라 검사 등이 현행범인을 인도받은 때라고 할 것이다(대판 2011.12.22. 2011도12927).

정답 ③

35 현행범 체포에 관한 설명으로 가장 적절하지 않은 것은? (다툼이 있는 경우 판례에 의함)

25. 경찰승진

① 검사 또는 사법경찰관리는 사인으로부터 현행범인을 인도받은 경우 피의사실의 요지, 체포의 이유와 변호인을 선임할 수 있음을 말하고 변명할 기회를 주어야 한다.

② 수사기관이 2024.5.29.경 피의자가 바지선을 타고 밀입국하면서 필로폰을 밀수한다는 제보를 받고 6.1.경 항구에 도착한 위 바지선을 수색하여 숨어 있던 피의자를 발견한 뒤 바지선 내 다른 장소에서 필로폰이 발견되자 곧바로 피의자를 현행범 체포한 경우 이러한 수사기관의 체포는 위법하다.

③ 현행범 체포의 요건을 갖추었는지에 관한 수사주체의 판단에는 상당한 재량의 여지가 있으므로 체포 당시의 상황에서 보아 그 요건에 관한 수사주체의 판단이 경험칙에 비추어 현저히 합리성이 없다고 인정되지 않는 한 수사주체의 현행범인 체포를 위법하다고 단정할 것은 아니다.

④ 피의자는 주취 상태에서 야밤에 전혀 알지 못하는 사람을 일방적으로 폭행하였는데, 경찰관이 출동한 이후 CCTV 영상과 달리 자신의 범행을 부인하였고 피의자가 제시한 신분증의 주소지(거제시)와 범행 현장(안양시)이 멀리 떨어져 있어 추가적인 거소 확인이 필요하다는 등의 사정이 있다면 피의자에게 도망 또는 증거인멸의 염려가 없다고 단정하기 어렵다.

해설

① 【 O 】 검사 또는 사법경찰관리는 사인으로부터 현행범인을 인도받은 경우 피의사실의 요지, 체포의 이유와 변호인을 선임할 수 있음을 말하고 변명할 기회를 주어야 한다(형사소송법 제213조의2, 제200조의5).

② 【 X 】 피고인이 바지선에 승선하여 밀입국하면서 필로폰을 밀수입하는 범행을 실행 중이거나 실행한 직후에 검찰수사관이 바지선 내 피고인을 발견한 장소 근처에서 필로폰이 발견되자 곧바로 피고인을 체포하였으므로 이는 현행범 체포로서 적법하고, 체포 당시 상황에서 피고인이 밀입국하면서 필로폰을 밀수한 현행범인에 해당하지 않는다거나 그에 관한 검찰수사관의 판단이 경험칙에 비추어 현저히 합리성이 없다고 볼 수는 없다(대판 2016.2.18. 2015도13726).

③ 【 O 】 범죄를 실행 중이거나 실행 직후의 현행범인은 누구든지 영장 없이 체포할 수 있다(형사소송법 제212조). 현행범인으로 체포하기 위하여는 행위의 가벌성, 범죄의 현행성·시간적 접착성, 범인·범죄의 명백성 외에 체포의 필요성, 즉 도망 또는 증거인멸의 염려가 있어야 하는데, 이러한 현행범인 체포의 요건을 갖추었는지는 체포 당시의 상황을 기초로 판단하여야 하고, 이에 관한 수사주체의 판단에는 상당한 재량의 여지가 있다. 따라서 체포 당시의 상황에서 보아 그 요건에 관한 수사주체의 판단이 경험칙에 비추어 현저히 합리성이 없다고 인정되지 않는 한 수사주체의 현행범인 체포를 위법하다고 단정할 것은 아니다(대판 2016.2.18. 2015도13726).

④ 【 O 】 경찰관들이 출동하였을 당시는 피고인이 공소외 1에 대한 폭행 이후에도 계속하여 공소외 1에게 욕설을 하면서 시비를 거는 등으로 피고인의 폭행범행이 실행 중이거나 실행 직후였다고 볼 수 있고, 술에 취한 상태에서 늦은 밤에 식당에서 전혀 알지 못하는 사람에게 시비를 걸어 일방적으로 폭행에 이른 범행경위에 비추어 볼 때 사안 자체가 경미하다고 보기 어렵다. 또한 피고인은 경찰관이 출동한 이후 CCTV 영상으로 확인되는 폭행상황과는 달리 자신의 범행은 부인하면서 피해자로부터 폭행을 당하였다고 주장하였고, 피고인이 제시한 신분증의 주소지는 거제시로서 사건 현장인 안양시와는 멀리 떨어져 있는 곳이어서 위와 같은 폭행에 이르게 된 범행경위를 고려할 때 추가적인 거소 확인이 필요하다고 보이는 등으로 피고인에게 도망 또는 증거인멸의 염려가 없다고 단정하기 어렵다(대판 2022.2.11. 2021도12213).

정답 ②

36 체포 및 구속에 대한 설명으로 옳지 않은 것은? (다툼이 있는 경우 판례에 의함) 18. 검찰 7급

① 변호인 없는 불구속 피고인에 대하여 국선변호인을 선정하지 않은 채 판결을 선고한 다음 법정 구속하더라도 형사소송법 제33조 제1항 제1호 위반에 해당하지 않는다.
② 사법경찰관이 검사에게 긴급체포된 피의자에 대한 긴급체포 승인 건의와 함께 구속영장을 신청한 경우, 검사는 긴급체포의 합당성을 보강하기 위한 목적으로 피의자를 검찰청으로 출석시켜 직접 대면 조사할 수 있다.
③ 형사소송법에서 현행범인으로 규정한 '범죄의 실행의 즉후인 자'라고 함은 범죄의 실행행위를 종료한 직후의 범인임이 체포하는 자의 시각에서 볼 때 명백한 경우를 의미한다.
④ 피의자가 긴급체포된 후 사후영장 발부 전에 수사기관의 조치에 의하여 석방되었다면, 그 후 동일한 범죄사실에 관하여 법원이 발부한 구속영장에 의하여 구속하더라도 위법은 아니다.

[해설]
① 【 O 】 대판 2011.3.10. 2010도17353
② 【 X 】 사법경찰관이 검사에게 긴급체포된 피의자에 대한 긴급체포 승인 건의와 함께 구속영장을 신청한 경우, 긴급체포의 합당성이나 구속영장 청구에 필요한 사유를 보강하기 위한 목적으로 실시되어서는 아니 된다(대판 2010.10.28. 2008도11999).
③ 【 O 】 대판 2007.4.13. 2007도1249
④ 【 O 】 대판 2001.9.28. 2001도4291

정답 ②

37 체포 및 구속에 대한 설명으로 옳은 것은 모두 몇 개인가? (다툼이 있는 경우 판례에 의함) 19. 국가직

㉠ 긴급체포의 요건을 갖추었는지 여부는 사후에 밝혀진 사정을 기초로 판단하는 것이 아니라 체포 당시의 상황을 기초로 판단하여야 한다.
㉡ 구속집행 당시 영장이 제시되지는 않았으나, 피고인이 청구한 구속적부심사절차에서 영장을 제시받아 그 기재된 범죄사실을 숙지하고 있으며, 구속 중 이루어진 법정진술의 임의성 등을 다투지 않고 오히려 변호인과의 충분한 상의를 거친 후 공소사실 전부에 대하여 자백한 경우라면, 그 자백을 증거로 할 수 있다.
㉢ 현행범인 체포의 적법성과 관련하여 체포사유의 판단은 현행범인체포서에 기재된 죄명에 의하여야만 한다.
㉣ 「형사소송법」 제33조 제1항은 국선변호인을 반드시 선정해야 하는 사유를 정하고 있는데, 그 제1호에서 정한 '피고인이 구속된 때'라고 함에는 피고인이 별건으로 구속된 경우가 제외되는 것은 아니다.

① 1개   ② 2개   ③ 3개   ④ 4개

[해설]
㉠ 【 O 】 대판 2002.6.11. 2000도5701
㉡ 【 O 】 대판 2009.4.23. 2009도526
㉢ 【 X 】 현행범인 체포의 적법성과 관련하여 체포사유의 판단은 현행범인체포서에 기재된 죄명에 의하여야만 판단하여야 할 것은 아니다(대판 2006.9.28. 2005도6461).
㉣ 【 O 】 형사소송법 제33조 제1항 제1호의 문언, 위 법률조항의 입법 과정에서 고려된 '신체의 자유', '변호인의 조력을 받을 권리', '공정한 재판을 받을 권리' 등 헌법상 기본권 규정의 취지와 정신 및 입법 목적 그리고 피고인이 처한 입장 등을 종합하여 보면, 형사소송법 제33조 제1항 제1호의 '피고인이 구속된 때'라고 함은 피고인이 해당 형사 사건에서 구속되어 재판을 받고 있는 경우에 한정된다고 볼 수 없고, 피고인이 별건으로 구속영장이 발부되어 집행되거나 다른 형사사건에서 유죄판결이 확정되어 그 판결의 집행으로 구금 상태에 있는 경우 또한 포괄하고 있다고 보아야 한다(대판 2024.5.23. 2021도6357 전원합의체).

정답 ③

38 체포 및 구속에 대한 설명으로 옳은 것만을 모두 고르면? (다툼이 있는 경우 판례에 의함) 19. 검찰 7급

> ⊙ 현행범인 체포의 요건으로는 행위의 가벌성, 범죄의 현행성·시간적 접착성, 범인·범죄의 명백성 외에 체포의 필요성, 즉 도망 또는 증거인멸의 염려가 있을 것을 요한다.
> ⓒ 현행범인 체포에 있어서 체포 당시의 상황으로 보아 체포의 요건에 관한 수사주체의 판단이 경험칙에 비추어 현저히 합리성이 없다고 인정되지 않는 한, 수사주체의 현행범인 체포를 위법하다고 단정할 수 없다.
> ⓔ 법원은 피고인에 대한 구속영장을 발부함에 있어서, 피고인에게 범죄사실의 요지, 구속의 이유와 변호인을 선임할 수 있음을 말하고 변명할 기회를 주는 것을 합의부원으로 하여금 이행하게 할 수 있다.
> ② "검사 또는 사법경찰관에 의하여 구속되었다가 석방된 자는 다른 중요한 증거를 발견한 경우를 제외하고는 동일한 범죄사실에 관하여 재차 구속하지 못한다."라는 「형사소송법」 규정은 법원이 피고인을 구속하는 경우에는 적용되지 않는다.

① ⊙, ②   ② ⊙, ⓒ, ⓔ   ③ ⓒ, ⓔ, ②   ④ ⊙, ⓒ, ⓔ, ②

해설

⊙ 【 O 】 대판 1999.1.26. 98도3029
ⓒ 【 O 】 대판 2011.5.26. 2011도3682
ⓔ 【 O 】 제72조, 제72조의2
② 【 O 】 수소법원의 구속에 관하여는 검사 또는 사법경찰관이 피의자를 구속함을 규율하는 형사소송법 제208조의 규정은 적용되지 아니하므로 구속기간의 만료로 피고인에 대한 구속의 효력이 상실된 후 항소법원이 피고인에 대한 판결을 선고하면서 피고인을 구속하였다 하여 위 법 제208조의 규정에 위배되는 재구속 또는 이중구속이라 할 수 없다(대결 1985.7.23. 85모12).

정답 ④

39 체포와 구속에 관한 설명으로 가장 적절하지 않은 것은? (다툼이 있는 경우 판례에 의함) 21. 경찰채용 2차

① 피고인이 경찰관들과 마주하자마자 도망가려는 태도를 보이거나 먼저 폭력을 행사하며 대항한 바 없는 등 경찰관들이 체포를 위한 실력행사에 나아가기 전에 체포영장을 제시하고 미란다원칙을 고지할 여유가 있었음에도, 애초부터 미란다 원칙을 체포 후에 고지할 생각으로 먼저 체포행위에 나선 경찰관들의 행위는 적법한 공무집행이라고 보기 어렵다.

② 구속의 효력은 원칙적으로 구속영장에 기재된 범죄사실에만 미치므로, 구속기간이 만료될 무렵에 종전 구속영장에 기재된 범죄사실과 다른 범죄사실로 피고인을 구속하였다는 사정만으로는 피고인에 대한 구속이 위법하다고 할 수 없다.

③ 검사의 체포영장 또는 구속영장 청구에 대한 지방법원 판사의 재판은 항고의 대상이 되는 '법원의 결정'에 해당하지 아니하고 준항고의 대상이 되는 '재판장 또는 수명법관의 구금 등에 관한 재판'에도 해당하지 아니하므로, 영장청구를 기각하는 결정에 대해서는 검사가 항고 또는 준항고를 할 수 없다.

④ 검사가 사법경찰관이 신청한 영장을 정당한 이유 없이 판사에게 청구하지 아니한 경우 사법경찰관은 그 검사 소속의 지방검찰청에 영장청구 여부에 대한 심의를 신청할 수 있으며, 각 지방검찰청은 이를 심의하기 위하여 영장심의위원회를 둔다.

해설

① 【 O 】 대판 2017.9.21. 2017도10866
② 【 O 】 대결 1996.8.12. 96모46
③ 【 O 】 대결 2006.12.18. 2006모646
④ 【 X 】 검사가 사법경찰관이 신청한 영장을 정당한 이유 없이 판사에게 청구하지 아니한 경우 사법경찰관은 그 검사 소속의 지방검찰청 소재지를 관할하는 고등검찰청에 영장청구 여부에 대한 심의를 신청할 수 있으며, 각 고등검찰청은 이를 심의하기 위하여 영장심의위원회를 둔다(제221조의5 제1항, 제2항).

정답 ④

40 구속에 대한 설명 중 가장 적절하지 않은 것은? (다툼이 있는 경우 판례에 의함)

17. 여경

① 구속기간이 만료될 무렵에 종전 구속영장에 기재된 범죄사실과 다른 범죄사실로 피고인을 구속하였다는 사정만으로는 피고인에 대한 구속이 위법하다고 할 수 없다.
② 구속적부심에서 법원이 구속된 피의자를 심문하고 그에 대한 피의자의 진술 등을 기재한 구속적부심문조서는 특별한 사정이 없는 한 피고인이 증거로 함에 부동의 하더라도 당연히 그 증거능력이 인정된다.
③ 피고인에게 구속의 사유가 없거나 소멸된 때에는 법원은 직권 또는 검사, 피고인, 변호인 등의 청구에 의하여 결정으로 구속을 취소하여야 한다.
④ 피의자에 대한 구속기간 연장을 허가하지 않은 지방법원 판사의 결정에 대하여 검사는 항고할 수 없으나 준항고는 할 수 있다.

해설

① 【 O 】 대결 1996.8.12. 96모46
② 【 O 】 대판 2004.1.16. 2003도5693
③ 【 O 】 제93조
④ 【 X 】 형사소송법 제402조, 제403조에서 말하는 법원은 형사소송법상의 수소법원만을 가리키므로, 같은 법 제205조 제1항 소정의 구속기간의 연장을 허가하지 아니하는 지방법원 판사의 결정에 대하여는 같은 법 제402조, 제403조가 정하는 항고의 방법으로는 불복할 수 없고, 나아가 그 지방법원 판사는 수소법원으로서의 재판장 또는 수명법관도 아니므로 그가 한 재판은 같은 법 제416조가 정하는 준항고의 대상이 되지도 않는다(대결 1997.6.16. 97모1).

정답 ④

41 형사소송법상 구속 등에 대한 설명 중 가장 적절하지 않은 것은? (다툼이 있는 경우 판례에 의함)

18. 경찰승진

① 구속은 구금과 구인을 포함하며, 구인한 피고인을 법원에 인치한 경우에 구금할 필요가 없다고 인정한 때에는 그 인치한 때로부터 24시간 내에 석방하여야 한다.
② 피고인에 대한 구속기간은 2개월로 한다. 그럼에도 특히 구속을 계속할 필요가 있는 경우에는 심급마다 2개월 단위로 2차에 한하여 결정으로 갱신할 수 있다. 다만, 상소심은 피고인 또는 변호인이 신청한 증거의 조사, 상소이유를 보충하는 서면의 제출 등으로 추가 심리가 필요한 부득이한 경우에는 3차에 한하여 갱신할 수 있다.
③ 구속기간의 연장을 허가하지 아니하는 지방법원 판사의 결정에 대하여는 「형사소송법」 제402조, 제403조가 정하는 항고의 방법으로 불복할 수 없고 「형사소송법」 제416조가 정하는 준항고의 대상이 되지도 않는다.
④ 검사 또는 사법경찰관에 의하여 구속되었다가 석방된 자는 다른 중요한 증거를 발견한 경우를 제외하고는 동일한 범죄사실에 관하여 재차 구속하지 못하며, 이 경우 1개의 목적을 위하여 동시 또는 수단결과의 관계에서 행하여진 행위는 별개의 범죄사실로 간주한다.

해설

① 【 O 】 제69조, 제71조
② 【 O 】 제92조 제1항, 제2항
③ 【 O 】 대결 1997.6.16. 97모1
④ 【 X 】 검사 또는 사법경찰관에 의하여 구속되었다가 석방된 자는 다른 중요한 증거를 발견한 경우를 제외하고는 동일한 범죄사실에 관하여 재차 구속하지 못하며, 이 경우 1개의 목적을 위하여 동시 또는 수단결과의 관계에서 행하여진 행위는 동일한 범죄사실로 간주한다(제208조 제1항, 제2항).

정답 ④

42 구속 전 피의자 심문제도에 관한 설명 중 가장 적절하지 않은 것은?

16. 경찰승진

① 검사와 변호인은 판사의 심문이 끝난 후에 의견을 진술할 수 있고, 필요한 경우에는 심문 도중에도 판사의 허가를 얻어 의견을 진술할 수 있다.
② 피의자는 판사의 심문 도중에도 변호인에게 조력을 구할 수 있다.
③ 판사는 피의자가 심문기일에의 출석을 거부하거나 질병 그 밖의 사유로 출석이 현저하게 곤란하고, 피의자를 심문 법정에 인치할 수 없다고 인정되는 때에는 피의자의 출석 없이 심문절차를 진행할 수 있다.
④ 피의자에 대한 심문절차는 원칙적으로 공개하나 국가의 안전보장 또는 안녕질서를 방해하거나 선량한 풍속을 해할 염려가 있을 때에는 법원의 결정으로 공개하지 아니할 수 있다.

해설

① 【 O 】 규칙 제96조의16 제3항
② 【 O 】 규칙 제96조의16 제4항
③ 【 O 】 규칙 제96조의13 제1항
④ 【 X 】 피의자에 대한 심문절차는 공개하지 아니한다. 다만, 판사는 상당하다고 인정하는 경우에는 피의자의 친족, 피해자 등 이해관계인의 방청을 허가할 수 있다(규칙 제96조의14).

정답 ④

43 구속에 대한 설명으로 가장 적절하지 않은 것은? (다툼이 있는 경우 판례에 의함) 18. 경찰채용 1차

① 구속영장 발부에 의하여 적법하게 구금된 피의자가 피의자신문을 위한 출석요구에 응하지 아니하면서 수사기관 조사실에 출석을 거부한다면 수사기관은 그 구속영장의 효력에 의하여 피의자를 조사실로 구인할 수 있다.
② 구인한 피고인을 법원에 인치한 경우에 구금할 필요가 없다고 인정한 때에는 그 인치한 때로부터 24시간 내에 석방하여야 한다.
③ 검사의 체포영장 또는 구속영장 청구에 대한 지방법원판사의 재판은 「형사소송법」 제402조의 규정에 의하여 항고의 대상이 되는 '법원의 결정'에 해당하지 않지만, 제416조 제1항의 규정에 의하여 준항고의 대상이 되는 '재판장 또는 수명법관의 구금 등에 관한 재판'에는 해당한다.
④ 검사의 구속영장 청구 전 피의자 대면조사는 강제수사가 아니므로 피의자는 검사의 출석 요구에 응할 의무가 없고, 피의자가 검사의 출석 요구에 동의한 때에 한하여 사법경찰관리는 피의자를 검찰청으로 호송하여야 한다.

해설

① 【 O 】 대결 2013.7.1. 2013모160
② 【 O 】 제71조
③ 【 X 】 형사소송법 제402조, 제403조에서 말하는 법원은 형사소송법상의 수소법원만을 가리키므로, 같은 법 제205조 제1항 소정의 구속기간의 연장을 허가하지 아니하는 지방법원 판사의 결정에 대하여는 같은 법 제402조, 제403조가 정하는 항고의 방법으로는 불복할 수 없고, 나아가 그 지방법원 판사는 수소법원으로서의 재판장 또는 수명법관도 아니므로 그가 한 재판은 같은 법 제416조가 정하는 준항고의 대상이 되지도 않는다(대결 1997.6.16. 97모1).
④ 【 O 】 대판 2010.10.28. 2008도11999

정답 ③

44 구속 전 피의자심문제도에 대한 다음의 설명 중 가장 적절하지 않은 것은? (다툼이 있는 경우 판례에 의함) 18. 경찰승진

① 체포된 피의자 외의 피의자에 대한 심문기일은 관계인에 대한 심문기일의 통지 및 그 출석에 소요되는 시간 등을 고려하여 피의자가 법원에 인치된 때로부터 가능한 한 빠른 일시로 지정하여야 한다.
② 심문기일의 통지는 서면 이외에 구술·전화·모사전송·전자우편·휴대전화 문자전송 그 밖에 적당한 방법으로 신속하게 하여야 한다.
③ 변호인은 구속영장이 청구된 피의자에 대한 심문 시작 전에 피의자와 접견할 수 있고, 피의자는 판사의 심문 도중에도 변호인에게 조력을 구할 수 있다.
④ 판사는 구속 여부의 판단을 위하여 심문장소에 출석한 피해자 그 밖의 제3자를 심문하여야 한다.

해설

① 【 O 】 규칙 제96조의12 제2항
② 【 O 】 규칙 제96조의12 제3항
③ 【 O 】 규칙 제96조의20 제1항, 제96조의16 제4항
④ 【 X 】 판사는 구속 여부의 판단을 위하여 필요하다고 인정하는 때에는 심문장소에 출석한 피해자 그 밖의 제3자를 심문할 수 있다 (규칙 제96조의16 제5항).

정답 ④

45 구속 전 피의자심문제도에 대한 설명이다. 아래 ㉠부터 ㉥까지의 설명 중 옳은 것을 모두 고른 것은?

18. 경찰채용 2차

> ㉠ 체포된 피의자에 대하여 구속영장을 청구받은 판사는 지체 없이 피의자를 심문하여야 하며, 이 경우 특별한 사정이 없는 한 구속영장이 청구된 날의 다음날까지 심문하여야 한다.
> ㉡ 검사와 피의자의 변호인은 구속 전 피의자 심문기일에 출석하여 의견을 진술하여야 한다.
> ㉢ 심문할 피의자에게 변호인이 없는 때에는 지방법원판사는 직권으로 변호인을 선정하여야 한다.
> ㉣ 이 경우 지방법원판사에 의한 변호인의 직권 선정은 당해 구속 전 피의자 심문까지만 효력이 있다.
> ㉤ 피의자에 대한 심문절차는 공개하지 않는 것이 원칙이다.
> ㉥ 피의자는 심문 시작 전에 변호인과 접견할 수 있고, 판사의 심문 도중에도 변호인의 조력을 구할 수 있다.

① ㉠, ㉡, ㉣, ㉤   ② ㉠, ㉡, ㉤, ㉥   ③ ㉠, ㉢, ㉤, ㉥   ④ ㉡, ㉢, ㉣, ㉥

해설

㉠ 【O】 제201의2 제1항
㉡ 【X】 검사와 피의자의 변호인은 구속 전 피의자 심문기일에 출석하여 의견을 진술할 수 있다(제201조의2 제4항).
㉢ 【O】 제201조의2 제8항 본문
㉣ 【X】 심문할 피의자에게 변호인이 없는 때에는 지방법원판사는 직권으로 변호인을 선정하여야 한다. 이 경우 변호인의 선정은 피의자에 대한 구속영장 청구가 기각되어 효력이 소멸한 경우를 제외하고는 제1심까지 효력이 있다(제201조의2 제8항).
㉤ 【O】 피의자에 대한 심문절차는 공개하지 아니한다. 다만, 판사는 상당하다고 인정하는 경우에는 피의자의 친족, 피해자 등 이해관계인의 방청을 허가할 수 있다(규칙 제96조의14).
㉥ 【O】 변호인은 구속영장이 청구된 피의자에 대한 심문 시작 전에 피의자와 접견할 수 있다(규칙 제96조의20 제1항).

정답 ③

46 구속 전 피의자심문에 대한 설명으로 가장 적절하지 않은 것은?

19. 경찰승진

① 변호인은 구속영장이 청구된 피의자에 대한 심문 시작 전에 피의자와 접견할 수 있고, 피의자는 판사의 심문 도중에도 변호인에게 조력을 구할 수 있다.
② 피의자에 대한 심문절차는 원칙적으로 공개하나 국가의 안전보장 또는 안녕질서를 방해하거나 선량한 풍속을 해할 염려가 있을 때에는 법원의 결정으로 공개하지 아니할 수 있다.
③ 검사와 변호인은 판사의 심문이 끝난 후에 의견을 진술할 수 있다. 다만, 필요한 경우에는 심문 도중에도 판사의 허가를 얻어 의견을 진술할 수 있다.
④ 판사는 구속영장이 청구된 피의자를 심문하는 때에는 공범의 분리심문이나 그 밖에 수사상의 비밀보호를 위하여 필요한 조치를 하여야 하고, 법원사무관등은 심문의 요지 등을 조서로 작성하여야 한다.

해설

① 【O】 규칙 제96조의20 제1항, 규칙 제96조의16 제4항
② 【X】 피의자에 대한 심문절차는 공개하지 아니한다. 다만, 판사는 상당하다고 인정하는 경우에는 피의자의 친족, 피해자 등 이해관계인의 방청을 허가할 수 있다(규칙 제96조의14).
③ 【O】 규칙 제96조의16 제3항
④ 【O】 제201조의2 제5항, 제6항

정답 ②

47 구속영장 청구와 피의자 심문에 관한 다음 설명 중 가장 옳지 않은 것은? (다툼이 있는 경우 판례에 의함)

20. 법원직

① 체포된 피의자에 대하여 구속영장을 청구받은 판사는 지체 없이 피의자를 심문하여야 한다. 이 경우 특별한 사정이 없는 한 구속영장이 청구된 날의 다음날까지 심문하여야 한다.
② 피의자심문을 하는 경우 법원이 구속영장청구서·수사관계 서류 및 증거물을 접수한 날부터 구속영장을 발부하여 검찰청에 반환한 날까지의 기간은 사법경찰관 및 검사의 구속기간 규정 적용에 있어서 그 구속기간에 이를 산입하지 아니한다.
③ 검사와 변호인은 피의자심문기일에 출석하여 의견을 진술할 수 있고, 필요한 경우에는 판사의 허가를 얻어 피의자를 심문할 수도 있다.
④ 피의자는 판사의 심문 도중에도 변호인에게 조력을 구할 수 있다.

해설

① 【O】 제201조의2 제1항
② 【O】 제201조의2 제7항
③ 【X】 검사와 변호인은 심문기일에 출석하여 의견을 진술할 수 있다(제201조의2 제4항). 검사와 변호인은 판사의 심문이 끝난 후에 의견을 진술할 수 있다. 다만, 필요한 경우에는 심문 도중에도 판사의 허가를 얻어 의견을 진술할 수 있다(규칙 제96조의13 제3항). 하지만, 피의자를 심문할 수는 없다.
④ 【O】 규칙 제96조의15 제4항

정답 ③

48 구속 전 피의자심문제도에 대한 설명 중 가장 적절하지 않은 것은? (다툼이 있는 경우 판례에 의함)

20. 경찰채용 1차

① 검사와 변호인은 판사의 심문이 끝난 후에 의견을 진술할 수 있다. 다만, 필요한 경우에는 심문 도중에도 판사의 허가를 얻어 의견을 진술할 수 있다.
② 구속 전 피의자심문시 피의자에게 변호인이 없는 때에는 지방법원판사는 직권으로 변호인을 선정해야 한다. 이 경우 변호인의 선정은 피의자에 대한 구속영장 청구가 기각되어 효력이 소멸한 경우를 제외하고는 제1심까지 효력이 있다.
③ 법원은 변호인의 사정이나 그 밖의 사유로 변호인 선정결정이 취소되어 변호인이 없게 된 때에는 직권으로 변호인을 다시 선정할 수 있다.
④ 피의자심문을 하는 경우 법원이 구속영장청구서, 수사 관계 서류 및 증거물을 접수한 날부터 구속영장을 발부하여 검찰청에 반환한 날까지의 기간은 검사와 사법경찰관의 구속기간에 산입한다.

해설

① 【O】 규칙 제96조의16 제3항
② 【O】 제201조의2 제8항
③ 【O】 제201조의2 제9항
④ 【X】 피의자심문을 하는 경우 법원이 구속영장청구서, 수사 관계 서류 및 증거물을 접수한 날부터 구속영장을 발부하여 검찰청에 반환한 날까지의 기간은 검사와 사법경찰관의 구속기간에 산입하지 아니한다(제201조의2 제7항).

정답 ④

49 법원의 피고인 구속에 관한 다음 설명 중 가장 옳지 않은 것은?

16. 법원직

① 피고인을 구속한 때에는 변호인이 있는 경우에는 변호인에게, 변호인이 없는 경우에는 법정대리인, 배우자, 직계친족과 형제자매 중 피고인이 지정한 자에게 피고사건명, 구속일시·장소, 범죄사실의 요지, 구속의 이유와 변호인을 선임할 수 있는 취지를 알려야 한다.
② 구속기간의 초일은 시간을 계산하지 않고 1일로 산정한다.
③ 기피신청으로 소송진행이 정지된 기간은 구속기간에 산입되지 아니한다.
④ 공소제기 전의 체포·구인·구금된 기간은 구속기간에 산입된다.

해 설

① 【 O 】 제87조 제1항
② 【 O 】 제66조 제1항 단서
③ 【 O 】 제92조 제3항
④ 【 X 】 공소제기 전 체포·구인·구금된 기간은 법원의 구속기간에 산입하지 아니한다(제92조 제3항).

정답 ④

50 체포 또는 구속에 대한 설명으로 가장 적절하지 않은 것은? (다툼이 있는 경우 판례에 의함)

19. 경찰승진

① 법원이 구속 피고인에 대하여 집행유예의 판결을 선고하는 경우, 구속영장의 효력이 소멸하므로 판결의 확정 전이라도 피고인을 즉시 석방하여야 한다.
② 피의자가 죄를 범하였다고 의심할 만한 상당한 이유가 있고 정당한 이유없이 출석요구에 응하지 아니하거나 아니할 우려가 있는 때라고 하더라도 명백히 체포의 필요가 인정되지 아니하는 경우에는 체포영장의 청구를 받은 판사는 체포영장의 청구를 기각하여야 한다.
③ 피고인에 대하여 범죄사실의 요지, 구속의 이유와 변호인을 선임할 수 있음을 말하고 변명할 기회를 준 후가 아니면 구속할 수 없다. 다만, 피고인이 도망한 경우에는 그러하지 아니하다.
④ 법원의 피고인에 대한 구속기간에는 공소제기 전의 체포·구인·구금 기간도 산입한다.

해 설

① 【 O 】 헌재결 1992.12.24. 92헌가8
② 【 O 】 제200조의2 제2항
③ 【 O 】 제72조
④ 【 X 】 공소제기 전의 체포·구인·구금기간은 구속기간에 산입하지 아니한다(제92조 제3항).

정답 ④

51 구속기간에 관한 설명 중 가장 적절하지 않은 것은?

20. 경찰승진

① 기피신청으로 소송진행이 정지된 기간은 구속기간에 산입하지 아니한다.
② 공소장 변경으로 피고인의 불이익이 증가할 염려가 있다고 인정되어 공판절차가 정지된 기간은 구속기간에 산입하지 아니한다.
③ 구속기간의 말일이 공휴일 또는 토요일이면 구속기간에 산입하지 아니한다.
④ 구속 전 피의자심문을 위하여 법원이 구속영장청구서 수사 관계 서류 및 증거물을 접수한 날부터 구속영장을 발부하여 검찰청에 반환한 날까지의 기간은 구속기간에 산입하지 아니한다.

해설

① 【 O 】 제92조 제3항
② 【 O 】 제92조 제3항
③ 【 X 】 기간의 말일이 공휴일 또는 토요일에 해당하는 날은 기간에 산입하지 아니한다. 단, 시효와 구속의 기간에 관하여서는 예외로 한다(제66조 제3항).
④ 【 O 】 제201조의2 제7항

정답 ③

52 구속에 관한 다음 설명 중 가장 적절하지 않은 것은? (다툼이 있으면 판례에 의함)

16. 경찰채용 1차

① 수사기관이 관할 지방법원 판사가 발부한 구속영장에 의하여 피의자를 구속하는 경우, 구속영장 발부에 의하여 적법하게 구금된 피의자가 피의자신문을 위한 출석요구에 응하지 아니하면서 수사기관 조사실에 출석을 거부한다면 수사기관은 그 구속영장의 효력에 의하여 피의자를 조사실로 구인할 수 있다.
② 형사소송법 제88조는 '피고인을 구속한 때에는 즉시 공소사실의 요지와 변호인을 선임할 수 있음을 알려야 한다.'고 규정하고 있는 바, 이를 위반할 경우 구속영장의 효력이 상실된다.
③ 구속영장에는 청구인을 구금할 수 있는 장소로 특정 경찰서 유치장으로 기재되어 있었는데, 그 신병이 조사차 국가안전기획부 직원에게 인도된 후 위 경찰서 유치장에 인도된 바 없이 계속하여 국가안전기획부 청사에 사실상 구금되어 있다면, 청구인의 방어권이나 접견교통권의 행사에 중대한 장애를 초래하는 것이므로 위법하다.
④ 구인한 피고인을 법원에 인치한 경우에 구금할 필요가 없다고 인정한 때에는 그 인치한 때로부터 24시간 내에 석방하여야 한다.

해설

① 【 O 】 대결 2013.7.1. 2013모160
② 【 X 】 형사소송법 제88조는 "피고인을 구속한 때에는 즉시 공소사실의 요지와 변호인을 선임할 수 있음을 알려야 한다."고 규정하고 있는바, 이는 사후 청문절차에 관한 규정으로서 이를 위반하였다 하여 구속영장의 효력에 어떠한 영향을 미치는 것은 아니다(대결 2000.11.10. 2000모134).
③ 【 O 】 대결 1996.5.15. 95모94
④ 【 O 】 제71조

정답 ②

53 구속에 대한 설명으로 가장 적절하지 않은 것은? (다툼이 있는 경우 판례에 의함)

① 구속적부심에서 법원이 구속된 피의자를 심문하고 그에 대한 피의자의 진술 등을 기재한 구속적부심문조서는 특별한 사정이 없는 한, 피고인이 증거로 함에 부동의한다면 증거능력이 인정되지 않는다.
② 지방법원판사의 영장기각 결정에 대해서는 검사의 준항고가 허용되지 않는다.
③ 검사 또는 사법경찰관에 의하여 구속되었다가 석방된 자는 다른 중요한 증거를 발견한 경우를 제외하고는 동일한 범죄사실에 관하여 재차 구속하지 못하며, 이 경우 1개의 목적을 위하여 동시 또는 수단결과의 관계에서 행하여진 행위는 동일한 범죄사실로 간주한다.
④ 현행범 체포된 피의자에 대하여 구속영장을 청구 받은 판사는 지체 없이 피의자를 심문하여야 하며, 이 경우 특별한 사정이 없는 한 구속영장이 청구된 날의 다음날까지 심문하여야 한다.

해설

① 【 X 】 구속적부심은 구속된 피의자 또는 그 변호인 등의 청구로 수사기관과는 별개 독립의 기관인 법원에 의하여 행하여지는 것으로서 구속된 피의자에 대하여 피의사실과 구속사유 등을 알려 그에 대한 자유로운 변명의 기회를 주어 구속의 적부를 심사함으로써 피의자의 권리보호에 이바지하는 제도인바, 법원 또는 합의부원, 검사, 변호인, 청구인이 구속된 피의자를 심문하고 그에 대한 피의자의 진술 등을 기재한 구속적부심문조서는 형사소송법 제311조가 규정한 문서에는 해당하지 않는다 할 것이나, 특히 신용할 만한 정황에 의하여 작성된 문서라고 할 것이므로 특별한 사정이 없는 한, 피고인이 증거로 함에 부동의하더라도 형사소송법 제315조 제3호에 의하여 당연히 그 증거능력이 인정된다(대판 2004.1.16. 2003도5693).
② 【 O 】 대결 1997.9.29. 97모66
③ 【 O 】 제208조 제1항, 제2항
④ 【 O 】 제201조의2 제1항

정답 ①

54 구속 및 구속기간에 대한 설명으로 가장 적절한 것은? (다툼이 있는 경우 판례에 의함)

① 형사소송법 제88조는 '피고인을 구속한 때에는 즉시 공소사실의 요지와 변호인을 선임할 수 있음을 알려야 한다.'고 규정하고 있는바, 이를 위반하였다면 구속영장의 효력은 당연히 상실된다.
② 구속기간연장허가결정이 있는 경우에 그 연장기간은 형사소송법 제203조(검사의 구속기간)의 규정에 의한 구속기간 만료일부터 기산한다.
③ 피고인에게 구속의 사유가 없거나 소멸된 때에는 법원은 직권 또는 검사, 피고인, 변호인 등의 청구에 의하여 결정으로 구속을 취소하여야 한다.
④ 구속 중인 피고인에 대하여 감정유치장이 집행된 경우 피고인이 유치되어 있는 기간 구속은 그 집행이 정지되지 아니한다.

해설

① 【 X 】 형사소송법 제88조는 "피고인을 구속한 때에는 즉시 공소사실의 요지와 변호인을 선임할 수 있음을 알려야 한다."고 규정하고 있는바, 이는 사후 청문절차에 관한 규정으로서 이를 위반하였다 하여 구속영장의 효력에 어떠한 영향을 미치는 것은 아니다(대결 2000.11.10. 2000모134).
② 【 X 】 구속기간연장허가결정이 있는 경우에 그 연장기간은 「형사소송법」 제203조(검사의 구속기간)의 규정에 의한 구속기간 만료 다음날로부터 기산한다(규칙 제98조).
③ 【 O 】 제93조
④ 【 X 】 구속 중인 피고인에 대하여 감정유치장이 집행되었을 때에는 피고인이 유치되어 있는 기간 구속은 집행이 정지된 것으로 간주한다(제172조의2).

정답 ③

55 법원의 구속에 관한 다음 설명 중 가장 옳지 않은 것은? (다툼이 있는 경우 판례에 의함)

18. 법원직

① 공소기각판결, 무죄판결, 면소판결, 선고유예판결, 형면제판결의 선고는 구속영장이 실효되는 사유에 해당한다.
② 피고인의 구속기간이 만료될 무렵에 종전 구속영장에 기재된 범죄사실과 다른 범죄사실로 피고인을 구속하였다는 사정만으로 그 구속이 위법하다고 할 수 없다.
③ 구속되었다가 공소제기 후 수소법원이 석방한 피고인은 다른 중요한 증거가 발견된 경우가 아니면 동일한 범죄사실에 관하여 재차 구속하지 못한다.
④ 구인한 피고인을 법원에 인치한 경우에 구금할 필요가 없다고 인정한 때에는 그 인치한 때로부터 24시간 내에 석방하여야 한다.

[해설]

① 【 O 】 제331조
② 【 O 】 대결 1996.8.12. 96모46
③ 【 X 】 항소법원은 항소피고사건의 심리 중 또는 판결선고 후 상고제기 또는 판결확정에 이르기까지 수소법원으로서 형사소송법 제70조 제1항 각호의 사유있는 불구속 피고인을 구속할 수 있고 또 수소법원의 구속에 관하여는 검사 또는 사법경찰관이 피의자를 구속함을 규율하는 형사소송법 제208조의 규정은 적용되지 아니하므로 구속기간의 만료로 피고인에 대한 구속의 효력이 상실된 후 항소법원이 피고인에 대한 판결을 선고하면서 피고인을 구속하였다 하여 위 법 제208조의 규정에 위배되는 재구속 또는 이중구속이라 할 수 없다(대결 1985.7.23. 85모12).
④ 【 O 】 제71조

정답 ③

56 구속에 대한 설명 중 가장 적절하지 않은 것은? (다툼이 있는 경우 판례에 의함)

19. 법학경채

① 구속은 반드시 사전에 발부된 구속영장에 의해서만 가능할 뿐 긴급체포나 현행범체포와 같은 사전 영장주의의 예외가 없다.
② 구속영장에 의하여 적법하게 구금된 피의자가 수사기관 조사실에 출석을 거부하는 경우에 수사기관은 그 구속영장의 효력에 의하여 피의자를 조사실로 구인할 수 있다.
③ 구속영장을 소지하지 아니한 경우에 급속을 요하는 때에는 피의자에 대하여 피의사실의 요지와 구속영장이 발부되었음을 알리고 집행할 수 있으며, 이 경우 집행을 완료한 후에는 신속히 구속영장을 제시하여야 한다.
④ 수사기관이 구속영장에 기재되지 않은 장소로 구금장소를 임의적으로 변경하더라도 피의자의 방어권이나 접견교통권의 행사에 중대한 장애를 초래하는 것은 아니므로 적법하다.

[해설]

① 【 O 】 타당한 설명이다.
② 【 O 】 대결 2013.7.1. 2013모160
③ 【 O 】 제209조, 제85조
④ 【 X 】 구속영장에는 청구인을 구금할 수 있는 장소로 특정 경찰서 유치장으로 기재되어 있었는데, 청구인에 대하여 위 구속영장에 의하여 1995.11.30. 07:50경 위 경찰서 유치장에 구속이 집행되었다가 같은 날 08:00에 그 신병이 조사차 국가안전기획부 직원에게 인도된 후 위 경찰서 유치장에 인도된 바 없이 계속하여 국가안전기획부 청사에 사실상 구금되어 있다면, 청구인에 대한 이러한 사실상의 구금장소의 임의적 변경은 청구인의 방어권이나 접견교통권의 행사에 중대한 장애를 초래하는 것이므로 위법하다(대결 1996.5.15. 95모94).

정답 ④

57 구속에 대한 설명으로 가장 적절하지 않은 것은? (다툼이 있는 경우 판례에 의함) 19. 경찰채용 2차

① 피의자는 검사의 구속영장 청구 전 대면조사를 위한 출석요구에 응할 의무가 없으므로, 사법경찰관리는 피의자가 검사의 출석 요구에 동의한 때에 한하여 피의자를 검찰청으로 호송하여야 한다.
② 구속영장 발부에 의하여 적법하게 구금된 피의자가 피의자신문을 위한 출석요구에 응하지 아니하면서 수사기관 조사실에 출석을 거부할 경우, 수사기관은 구속영장의 효력에 의하여 피의자를 조사실로 구인할 수 있다.
③ 검사의 구속영장 청구에 대한 지방법원판사의 재판은 「형사소송법」 제402조의 규정에 의하여 항고의 대상이 되는 법원의 결정에는 해당하지 아니하나, '재판장 또는 수명법관의 구금 등에 관한 재판'에는 해당하므로 「형사소송법」 제416조 제1항의 규정에 의하여 준항고의 대상이 된다.
④ 구속기간이 만료될 무렵에 종전 구속영장에 기재된 범죄사실과 다른 범죄사실로 피고인을 구속하였다는 사정만으로는 피고인에 대한 구속이 위법하다고 할 수 없다.

해설
① 【 O 】 대판 2010.10.28. 2008도11999
② 【 O 】 대결 2013.7.1. 2013모160
③ 【 X 】 검사의 체포영장 또는 구속영장 청구에 대한 지방법원판사의 재판은 형사소송법 제402조의 규정에 의하여 항고의 대상이 되는 '법원의 결정'에 해당하지 아니하고, 제416조 제1항의 규정에 의하여 준항고의 대상이 되는 '재판장 또는 수명법관의 구금 등에 관한 재판'에도 해당하지 아니한다(대결 2006.12.18. 2006모646).
④ 【 O 】 대결 1996.8.12. 96모46

정답 ③

58 구속에 관한 설명으로 가장 적절한 것은? (다툼이 있는 경우 판례에 의함) 21. 경찰채용 2차

① 사인(私人)이 체포한 현행범인을 검사 등이 인도받은 후 그를 구속하고자 하는 경우에는 48시간 이내에 구속영장을 청구하여야 하고, 그 기간 내에 구속영장을 청구하지 아니하는 때에는 즉시 석방하여야 한다. 이 경우 48시간의 기산점은 현행범인을 인도받은 때가 아니라 현행범인을 체포한 때이다.
② 피고인의 구속기간은 2개월로 하나, 특히 구속을 계속할 필요가 있는 경우에는 심급마다 2개월 단위로 2차에 한하여 결정으로 갱신할 수 있다. 다만, 상소심은 피고인 또는 변호인이 신청한 증거의 조사, 상소이유를 보충하는 서면의 제출 등으로 추가심리가 필요한 부득이한 경우에는 3차에 한하여 갱신할 수 있다.
③ 구속영장 발부에 의하여 적법하게 구금된 피의자가 피의자신문을 위한 출석요구에 응하지 아니하면서 수사기관 조사실에 출석을 거부한다면 수사기관은 그 구속영장의 효력에 의하여 피의자를 조사실로 구인할 수 있으며, 이 경우 피의자는 수사기관의 질문에 대하여 진술을 거부할 수 없다.
④ 형사소송법 제72조는 "피고인에 대하여 범죄사실의 요지, 구속의 이유와 변호인을 선임할 수 있음을 말하고 변명할 기회를 준 후가 아니면 구속할 수 없다"라고 규정하고 있는 바, 이는 수소법원 등 법관이 취하여야 하는 절차가 아니라 구속영장을 집행함에 있어 집행기관이 취하여야 하는 절차에 관한 것이다.

해설

① 【 X 】 검사 등이 아닌 이에 의하여 현행범인이 체포된 후 불필요한 지체 없이 검사 등에게 인도된 경우 위 48시간의 기산점은 체포시가 아니라 검사 등이 현행범인을 인도받은 때라고 할 것이다(대판 2011.12.22. 2011도12927).
② 【 O 】 제92조 제1항, 제2항
③ 【 X 】 구속영장 발부에 의하여 적법하게 구금된 피의자가 피의자신문을 위한 출석요구에 응하지 아니하면서 수사기관 조사실에 출석을 거부한다면 수사기관은 그 구속영장의 효력에 의하여 피의자를 조사실로 구인할 수 있다고 보아야 한다. 다만 이러한 경우에도 그 피의자신문 절차는 어디까지나 법 제199조 제1항 본문, 제200조의 규정에 따른 임의수사의 한 방법으로 진행되어야 하므로, 피의자는 헌법 제12조 제2항과 법 제244조의3에 따라 일체의 진술을 하지 아니하거나 개개의 질문에 대하여 진술을 거부할 수 있고, 수사기관은 피의자를 신문하기 전에 그와 같은 권리를 알려주어야 한다(대결 2013.7.1. 2013모160).
④ 【 X 】 형사소송법 제72조는 "피고인에 대하여 범죄사실의 요지, 구속의 이유와 변호인을 선임할 수 있음을 말하고 변명할 기회를 준 후가 아니면 구속할 수 없다."고 규정하고 있는바, 이는 피고인을 구속함에 있어 법관에 의한 사전 청문절차를 규정한 것으로서, 구속영장을 집행함에 있어 집행기관이 취하여야 하는 절차가 아니라 구속영장 발부함에 있어 수소법원 등 법관이 취하여야 하는 절차라 할 것이다(대결 2011.11.10. 2000모134).

정답 ②

59 구속에 대한 설명으로 옳지 않은 것은? (다툼이 있는 경우 판례에 의함) 21. 국가직

① '범죄의 중대성, 재범의 위험성, 피해자 및 중요 참고인 등에 대한 위해우려 등'은 독립된 구속사유가 아니라 구속사유를 심사함에 있어서 필요적 고려사항이다.
② 지방법원판사가 구속영장청구를 기각한 경우에 검사는 지방법원판사의 기각결정에 대하여 항고 또는 준항고의 방법으로 불복할 수 없다.
③ 긴급체포된 피의자를 구속 전 피의자심문을 하는 경우 구속기간은 구속영장 발부시가 아닌 피의자를 체포한 날부터 기산하며, 법원이 구속영장청구서·수사 관계 서류 및 증거물을 접수한 날부터 구속영장을 발부하여 검찰청에 반환한 날까지의 기간은 구속기간에 산입하지 않는다.
④ 구속영장 발부에 의하여 적법하게 구금된 피의자가 피의자신문을 위한 출석요구에 응하지 아니하면서 수사기관 조사실에 출석을 거부하는 경우에도 수사기관은 구속영장의 효력에 의하여 피의자를 조사실로 구인할 수 없다.

해설

① 【 O 】 제70조 제2항
② 【 O 】 대결 2006.12.18. 2006모646
③ 【 O 】 제201조의2 제7항
④ 【 X 】 구속영장 발부에 의하여 적법하게 구금된 피의자가 피의자신문을 위한 출석요구에 응하지 아니하면서 수사기관 조사실에 출석을 거부한다면 수사기관은 그 구속영장의 효력에 의하여 피의자를 조사실로 구인할 수 있다고 보아야 한다(대결 2013.7.1. 2013모160).

정답 ④

60 법원의 구속기간과 갱신에 관한 다음 설명 중 가장 옳지 않은 것은? (다툼이 있는 경우 판례에 의함) 21. 법원직

① 구속기간은 2개월로 하며, 구속을 계속할 필요가 있는 경우에는 심급마다 2개월 단위로 2차에 한하여 결정으로 갱신할 수 있다. 다만, 상소심은 검사, 피고인 또는 변호인이 신청한 증거의 조사, 상소이유를 보충하는 서면의 제출 등으로 추가 심리가 필요한 부득이한 경우에는 3차에 한하여 갱신할 수 있다.
② 대법원의 파기환송 판결에 의하여 사건을 환송받은 법원은 형사소송법 제92조 제1항에 따라 2월의 구속기간이 만료되면 특히 계속할 필요가 있는 경우에는 2차(대법원이 형사소송규칙 제57조 제2항에 의하여 구속기간을 갱신한 경우에는 1차)에 한하여 결정으로 구속기간을 갱신할 수 있는 것이고, 무죄추정을 받는 피고인이라고 하더라도 이러한 조치가 무죄추정의 원칙에 위배되는 것이라고 할 수는 없다.
③ 기피신청으로 소송진행이 정지된 기간, 공소장의 변경이 피고인의 불이익을 증가할 염려가 있다고 인정되어 피고인으로 하여금 필요한 방어의 준비를 하게 하기 위하여 결정으로 공판절차를 정지한 기간, 공소제기 전의 체포·구인·구금 기간은 법원의 구속기간에 산입하지 아니한다.
④ 구속 중인 피고인에 대하여 감정유치장이 집행되어 피고인이 유치되어 있는 기간은 법원의 구속기간에 산입하지 않지만 미결구금일수의 산입에 있어서는 구속으로 간주한다.

[해설]
① 【 X 】 구속기간은 2개월로 한다(제92조 제1항). 특히 구속을 계속할 필요가 있는 경우에는 심급마다 2개월 단위로 2차에 한하여 결정으로 갱신할 수 있다. 다만, 상소심은 피고인 또는 변호인이 신청한 증거의 조사, 상소이유를 보충하는 서면의 제출 등으로 추가 심리가 필요한 부득이한 경우에는 3차에 한하여 갱신할 수 있다(제92조 제2항).
② 【 O 】 대판 2001.11.30. 2001도5225
③ 【 O 】 제92조 제3항
④ 【 O 】 제172조의2, 제172조 제8항

정답 ①

61 재체포, 재구속에 대한 설명 중 가장 적절하지 않은 것은? 19. 법학경채

① 긴급체포하였다가 구속영장을 청구하지 아니하거나 발부받지 못하여 석방된 경우, 새로운 증거가 발견되고 긴급체포 요건을 갖춘 경우에도 동일한 범죄사실에 관하여 다시 긴급체포를 할 수 없다.
② 검사 또는 사법경찰관에 의하여 구속되었다가 석방된 자는 다른 중요한 증거를 발견한 경우를 제외하고는 동일한 범죄사실에 관하여 재차 구속하지 못한다.
③ 동일한 범죄사실에 관하여 전에 체포영장을 청구하였거나 발부받은 사실이 있는 경우에는 다시 체포영장에 의한 체포를 할 수 없다.
④ 체포·구속적부심사결정에 의하여 석방된 피의자가 도망하거나 죄증을 인멸하는 경우를 제외하고는 동일한 범죄사실에 관하여 재차 체포 또는 구속하지 못한다.

[해설]
① 【 O 】 제200조의4 제3항
② 【 O 】 제208조 제1항
③ 【 X 】 체포영장에 의한 체포에 있어서는 긴급체포의 경우와 달리 재체포 제한 규정이 없다. 따라서 동일한 범죄사실에 관하여 전에 체포영장을 청구하였거나 발부받은 사실이 있는 경우에도 다시 체포영장에 의한 체포를 할 수 있다.
④ 【 O 】 제214조의3 제1항

정답 ③

62 구속에 관한 설명으로 가장 적절하지 않은 것은? (다툼이 있는 경우 판례에 의함) 25. 경찰승진

① 구속기간이 만료될 무렵 종전 구속영장에 기재된 횡령죄의 범죄사실과 범행일시 및 장소, 범행의 목적물과 행위의 내용은 같으나 그 영득행위에 대한 법적 평가가 다른 사기죄의 범죄사실로 재차 구속하였다면 피의자에 대한 구속은 위법하다.
② [2025.1.1.(수) 23:00 사법경찰관의 피의자 체포 → 1.2.(목) 17:00 법원에 구속영장 청구서 및 수사기록의 접수 → 1.3.(금) 16:00 판사의 피의자 심문 후 검찰청에 구속영장 및 수사기록 반환 → 1.3.(금) 18:00 구속]의 경우 피의자의 구속기간은 1.12.(일) 16:00까지이다.
③ 검사 또는 사법경찰관에 의하여 구속되었다가 석방된 자일지라도 다른 중요한 증거를 발견한 경우에는 동일한 범죄사실에 관하여 재차 구속할 수 있다.
④ 구속적부심사결정에 의하여 석방된 피의자가 도망하거나 범죄의 증거를 인멸하는 경우에는 동일한 범죄사실로 재차 구속할 수 있다.

해설

① 【 O 】 구속영장의 효력은 구속영장에 기재된 범죄사실 및 그 사실의 기초가 되는 사회적 사실관계가 기본적인 점에서 동일한 공소사실에 미친다고 할 것이고, 이러한 기본적 사실관계의 동일성을 판단함에 있어서는 그 사실의 동일성이 갖는 기능을 염두에 두고 피고인의 행위와 그 사회적인 사실관계를 기본으로 하되 규범적 요소도 아울러 고려하여야 한다고 할 것이다. 원심은 재항고인이 2001.1.13. 수원지방법원 판사가 재항고인을 심문하고 발부한 횡령죄의 구속영장에 의하여 구속되었는데, 그 구속영장의 범죄사실은 "재항고인이 1999년 10월 초순경 피해자 이상훈으로부터 (주)시스컴의 주식을 팔아달라는 부탁을 받고 위 회사의 신주인수증을 교부받아 소지하고 있던 중, ① 1999.10.13. 삼성동 국민은행 무역센터지점에서 심근종에게 위 회사주식 4,000주(액면5,000원)를 1주당 금 35,000원에 매도하고 동인으로부터 매매대금 1억 4,000만 원을 교부받아 보관 중 같은 해 11월 중순경 피의자 경영 사무실에서 김정식에게 기술도입자금으로 교부하여 이를 횡령하고, ② 1999.10.17. 역삼동 동원증권 역삼역지점에서 안홍재에게 위 회사주식 2,350주(액면 5,000원)를 1주당 금 35,000원에 매도하고 동인으로부터 매매대금 8,000만 원을 교부받아 보관 중 같은 해 11월 하순경 피의자 경영 사무실에서 김정식에게 기술도입자금으로 교부하여 이를 횡령하였다."는 내용인 사실, 한편검사는 2001.1.30. 위 법원에 "피고인이 위 신주인수증을 위조하여 위와 같은 일시·장소에서 피해자 심근종, 안홍재에게 제시하여 위와 같은 매매계약을 체결하고 그들로부터 금 1억 4,000만 원과 금 8,225만 원을 교부받아 각 편취하였다."는 취지로 공소를 제기한 사실을 각 인정한 다음, 이 사건 구속영장 기재 범죄사실은 공소사실과 전혀 동일성이 없으므로 구속영장의 효력이 공소사실에 미치지 아니한다는 재항고인의 주장에 대하여, 이 사건 구속영장에 기재된 횡령죄의 범죄사실과 공소장에 기재된 사기죄의 공소사실은 범행일시 및 장소가 같고, 매도금액이 일부 증가되었을 뿐 범행의 목적물과 그 행위의 내용인 사실도 각각 같은데, 다만 피고인이 한 영득행위에 대한 법적인 평가만이 다를 뿐이어서 그 기본적인 사실관계가 동일하다고 할 것이므로 이 사건 구속영장의 효력은 이 사건 공소사실에 미친다고 판단하여 재항고인의 주장을 배척하였는바, 앞서 본 법리와 기록에 비추어 살펴보면, 원심의 위와 같은 조치는 수긍이 가고, 거기에 재항고이유에서 지적하는 바와 같은 형사소송법 제70소, 제93조, 제201조에 관한 법리오해의 위법이 있다고 할 수 없다(대결 2001.5.25. 2001모85).
② 【 X 】 피의자의 경찰단계의 구속기간은 최장 10일이다(제202조). 이때 구속기간은 일(日)로써 계산하고, 일로써 계산할 때에는 시간을 계산함이 없이 초일부터 산입한다(형사소송법 제66조 제1항 단서). 따라서, 2025.1.1.부터 구속기간이 기산되어 원칙적으로 1.10.24:00까지가 경찰의 구속기간이다. 그런데, 영장실질심사과정에서 법원에 구속에 관한 서류가 접수된 날로부터 영장을 발부하여 검찰에 반환한 날까지의 기간을 구속기간에서 제외된다(형사소송법 제201조의2 제7항). 구속기간과 마찬가지로 구속기간에서 제외되는 기간 역시 일로써 계산하므로 1.2.과 1.3. 총 2일이 구속기간에서 제외된다. 따라서 피의자에 대한 속기간은 최장 1.12.(일) 24:00까지이다.
③ 【 O 】 검사 또는 사법경찰관에 의하여 구속되었다가 석방된 자는 다른 중요한 증거를 발견한 경우를 제외하고는 동일한 범죄사실에 관하여 재차 구속하지 못한다(형사소송법 제208조 제1항).
④ 【 O 】 제214조의2 제4항에 따른 체포 또는 구속적부심사결정에 의하여 석방된 피의자가 도망하거나 범죄의 증거를 인멸하는 경우를 제외하고는 동일한 범죄사실로 재차 체포하거나 구속할 수 없다(형사소송법 제214조의3 제1항).

정답 ②

63 재체포·재구속에 대한 설명으로 옳은 것은?

23. 국가직

① 보증금 납입을 조건으로 석방된 피의자가 주거의 제한이나 그 밖에 법원이 정한 조건을 위반한 때에는 동일한 범죄사실로 재차 체포하거나 구속할 수 있다.
② 체포 또는 구속 적부심사결정에 의하여 석방된 피의자가 도망하거나 범죄의 증거를 인멸할 염려가 있다고 믿을 만한 충분한 이유가 있는 때에는 동일한 범죄사실로 재차 체포하거나 구속할 수 있다.
③ 보증금 납입을 조건으로 석방된 피의자가 피해자, 당해 사건의 재판에 필요한 사실을 알고 있다고 인정되는 자 또는 그 친족의 생명·신체·재산에 해를 가하거나 가할 염려가 있다고 믿을 만한 충분한 이유가 있는 때에는 동일한 범죄사실로 재차 체포하거나 구속할 수 있다.
④ 검사 또는 사법경찰관에 의하여 영장에 의해 체포되었다가 석방된 자는 다른 중요한 증거를 발견한 경우를 제외하고는 동일한 범죄사실로 재차 체포하지 못한다.

〔해설〕

① 【 O 】 형사소송법 제214조의3 제2항 제4호
② 【 X 】 체포 또는 구속 적부심사결정에 의하여 석방된 피의자가 도망하거나 범죄의 증거를 인멸하는 경우를 제외하고는 동일한 범죄사실로 재차 체포하거나 구속할 수 없다(형사소송법 제214조의3). 지문의 사유는 보증금 납입조건부로 석방된 피의자의 재체포·재구속 사유이다.
③ 【 X 】 재체포 또는 재구속 사유가 아닌 보증금 납입조건부 피의자 석방 제외 사유에 해당한다(형사소송법 제214조의2 제5항 제2호).
④ 【 X 】 검사 또는 사법경찰관에 의하여 구속되었다가 석방된 자는 다른 중요한 증거를 발견한 경우를 제외하고는 동일한 범죄사실에 관하여 재차 구속하지 못한다(형사소송법 제208조 제1항).

정답 ①

64 접견교통권에 관한 설명 중 가장 적절하지 않은 것은? (다툼이 있으면 판례에 의함)

16. 경찰승진

① 변호인과의 접견교통권은 법령에 의한 제한이 없는 한 수사기관의 처분은 물론 법원의 결정으로도 제한할 수 없다.
② 접견교통권의 주체는 체포·구속을 당한 피의자이고, 신체구속상태에 있지 않은 피의자는 포함되지 않는다.
③ 수사기관이 구금장소를 임의적으로 변경하여 접견교통을 어렵게 한 것은 접견교통권의 행사에 중대한 장애를 초래하는 것이므로 위법하다.
④ 수사기관이나 법원의 접견불허처분이 없더라도, 변호인의 접견신청일로부터 상당한 기간이 경과하였거나 접견신청일이 경과하도록 접견이 이루어지지 않는 경우에는 실질적으로 접견불허가처분이 있는 것과 동일시된다.

해설
① 【 O 】 대결 200.5.6. 2000모112
② 【 X 】 판례는 "우리 헌법은 변호인의 조력을 받을 권리가 불구속 피의자·피고인 모두에게 포괄적으로 인정되는지 여부에 관하여 명시적으로 규율하고 있지는 않지만, 불구속 피의자의 경우에도 변호인의 조력을 받을 권리는 우리 헌법에 나타난 법치국가원리, 적법절차원칙에서 인정되는 당연한 내용이고, 헌법 제12조 제4항도 이를 전제로 특히 신체구속을 당한 사람에 대하여 변호인의 조력을 받을 권리의 중요성을 강조하기 위하여 별도로 명시하고 있다. 피의자·피고인의 구속 여부를 불문하고 조언과 상담을 통하여 이루어지는 변호인의 조력자로서의 역할은 변호인선임권과 마찬가지로 변호인의 조력을 받을 권리의 내용 중 가장 핵심적인 것이고, 변호인과 상담하고 조언을 구할 권리는 변호인의 조력을 받을 권리의 내용 중 구체적인 입법형성이 필요한 다른 절차적 권리의 필수적인 전제요건으로서 변호인의 조력을 받을 권리 그 자체에서 바로 도출되는 것이다(헌재결 2004.9.23. 2000헌마138)."라고 하여 신체구속상태에 있지 않은 피의자에게도 접견교통권이 보장된다는 것이 판례의 태도이다.
③ 【 O 】 대결 1996.5.15. 95모94
④ 【 O 】 대결 1991.3.28. 91모24

정답 ②

65 접견교통권에 관한 다음 설명 중 틀린 것은 모두 몇 개인가? (다툼이 있으면 판례에 의함) 16. 경찰채용 1차

㉠ 국가정보원 사법경찰관이 경찰서 유치장에 구금되어 있던 피의자에 대하여 의사의 진료를 받게 할 것을 신청한 변호인에게 국가정보원이 추천하는 의사의 참여를 요구한 것은 변호인의 수진권을 침해하는 위법한 처분이라고 할 수 있다.
㉡ 수사기관의 형사소송법 제243조의2에 따른 변호인의 참여 등에 관한 처분에 대하여 불복이 있으면 준항고에 의해서 할 수 있다.
㉢ 변호인의 접견교통권은 법령에 의한 제한이 없는 한 수사기관의 처분이나 법원의 결정으로 제한할 수 없다.
㉣ 법원은 도망하거나 또는 죄증을 인멸할 염려가 있다고 인정할 만한 상당한 이유가 있는 때에는 직권 또는 검사의 청구에 의하여 결정으로 구속된 피고인과 비변호인과의 접견을 금하거나 수수할 서류 기타 물건의 검열, 의류 및 의료품을 포함한 물건의 수수를 금지 또는 압수를 할 수 있다.

① 0개 ② 1개 ③ 2개 ④ 3개

해설
틀린 것은 ㉠㉣이다.
㉠ 【 X 】 국가정보원 사법경찰관이 경찰서 유치장에 구금되어 있던 피의자에 대하여 의사의 진료를 받게 할 것을 신청한 변호인에게 국가정보원이 추천하는 의사의 참여를 요구한 것은 행형법시행령 제176조의 규정에 근거한 것으로서 적법하고, 이를 가리켜 변호인의 수진권을 침해하는 위법한 처분이라고 할 수는 없다(대결 2002.5.6. 2000모112).
㉡ 【 O 】 제417조
㉢ 【 O 】 대결 2002.5.6. 2000모112
㉣ 【 X 】 법원은 도망하거나 또는 죄증을 인멸할 염려가 있다고 인정할 만한 상당한 이유가 있는 때에는 직권 또는 검사의 청구에 의하여 결정으로 구속된 피고인과 비변호인과의 접견을 금하거나 수수할 서류 기타 물건의 검열, 물건의 수수를 금지 또는 압수를 할 수 있다. 단, 의류, 양식, 의료품의 수수를 금지 또는 압수할 수 없다(제91조).

정답 ③

66 접견교통권에 대한 설명 중 옳고 그름의 표시(○, ×)가 바르게 된 것은? (다툼이 있는 경우 판례에 의함)

17. 경찰채용 2차

> ㉠ 변호인의 접견교통 상대방인 신체구속을 당한 사람이 그 변호인을 자신의 범죄행위에 공범으로 가담시키려고 하였다는 사정이 있었다면 그 변호인의 신체구속을 당한 사람과의 접견교통을 금지하는 것은 정당하다.
> ㉡ 법령에 의한 제한이 없는 한 변호인의 구속피의자에 대한 접견이 접견신청일이 경과하도록 이루어지지 아니한 것은 실질적으로 접견불허가처분이 있는 것과 동일시된다.
> ㉢ 피의자가 변호인의 참여를 원한다는 의사를 명백하게 표시하였음에도 수사기관이 정당한 사유 없이 변호인을 참여하게 하지 아니한 채 피의자를 신문하여 작성한 피의자신문조서의 증거능력은 없다.
> ㉣ 교도관이 미결수용자와 변호인 간에 주고받는 서류를 확인하고, 소송관계서류처리부에 그 제목을 기재하여 등재한 행위는 미결수용자의 변호인 접견교통권이나 개인정보자기결정권을 침해하지 아니한다.

① ㉠ × ㉡ ○ ㉢ ○ ㉣ ×
② ㉠ × ㉡ ○ ㉢ ○ ㉣ ○
③ ㉠ ○ ㉡ × ㉢ ○ ㉣ ×
④ ㉠ × ㉡ ○ ㉢ × ㉣ ○

해설

㉠ 【 × 】 신체구속을 당한 피의자 또는 피고인이 범한 것으로 의심받고 있는 범죄행위에 해당 변호인이 관련되어 있다는 등의 사유에 기하여 그 변호인의 변호활동을 광범위하게 규제하는 변호인의 제척과 같은 제도를 두고 있지 아니한 우리 법제 아래에서는, 변호인의 접견교통의 상대방인 신체구속을 당한 사람이 그 변호인을 자신의 범죄행위에 공범으로 가담시키려고 하였다는 등의 사정만으로 그 변호인의 신체구속을 당한 사람과의 접견교통을 금지하는 것이 정당화될 수는 없다(대결 2007.1.31. 2006모657).
㉡ 【 ○ 】 대결 1991.3.28. 91모24
㉢ 【 ○ 】 대판 2013.3.28. 2010모3359
㉣ 【 ○ 】 이 사건 서류 확인 및 등재행위는 청구인의 개인정보자기결정권을 침해하지 아니한다(헌재결 2016.4.28. 2015헌마243).

정답 ②

67 접견교통권에 대한 설명으로 가장 적절하지 않은 것은? (다툼이 있는 경우 판례에 의함) 18. 경찰채용 2차

① 변호인이 되려는 의사를 표시한 자가 객관적으로 변호인이 될 가능성이 있다고 인정되는데도, 「형사소송법」 제34조에서 정한 '변호인 또는 변호인이 되려는 자'가 아니라고 보아 신체구속을 당한 피고인 또는 피의자와 접견하지 못하도록 제한하여서는 아니 된다.
② 교도관이 미결수용자와 변호인 간에 주고받는 서류내용의 검열없이 금지물품 차단 등을 위해 서류를 확인하고, 소송관계서류처리부에 그 제목을 기재하여 등재한 행위는 접견당사자의 소송수행에 관한 개인정보자기결정권 제한이므로, 이러한 행위는 그 자체로 변호인의 접견교통권을 침해한 것이다.
③ 변호인의 접견교통의 상대방인 신체구속을 당한 사람이 그 변호인을 자신의 범죄행위에 공범으로 가담시키려고 하였다는 등의 사정만으로 그 변호인의 신체구속을 당한 사람과의 접견교통을 금지하는 것이 정당화될 수는 없다.
④ 변호인의 조력을 받을 권리가 침해되었다고 하기 위해서는 특정 시점에 접견이 불허됨으로써 피의자의 방어권 행사에 어느 정도는 불이익이 초래되었다고 인정할 수 있어야 한다.

해설
① 【 O 】 대판 2017.3.9. 2013도16162
② 【 X 】 헌법재판소는 목적의 정당성, 방법의 적절성, 법익균형성 등을 고려하여, 이는 구금시설의 안전과 질서를 유지하기 위하여 필요한 범위 내의 제한으로서 청구인의 개인정보자기결정권을 침해하지 아니한다고 보았다(헌재결 2016.4.28. 2015헌마243).
③ 【 O 】 대결 2007.1.31. 2006모657
④ 【 O 】 헌재결 2011.5.26. 2009헌마341

정답 ②

68 접견교통권에 대한 설명으로 가장 적절하지 않은 것은? (다툼이 있는 경우 판례에 의함) 19. 경찰승진

① 임의동행의 형식으로 수사기관에 연행된 피의자 또는 피내사자에게는 변호인 또는 변호인이 되려는 자와의 접견교통권이 인정된다.
② 수사기관이 구금장소를 임의적으로 변경하여 접견교통을 어렵게 한 것은 접견교통권의 행사에 중대한 장애를 초래하는 것이므로 위법하다.
③ 신체구속을 당한 사람이 그 변호인을 자신의 범죄행위에 공범으로 가담시키려고 하였다는 사정만으로도 신체구속을 당한 사람과 그 변호인과의 접견교통권을 금지하는 것은 정당하다.
④ 수사기관의 접견불허처분이 없더라도, 변호인의 접견신청일로부터 상당한 기간이 경과하였거나 접견신청일이 경과하도록 접견이 이루어지지 않는 경우에는 실질적으로 접견불허가처분이 있는 것과 동일시된다.

해설
① 【 O 】 대결 1996.6.3. 96모18
② 【 O 】 대결 1996.5.15. 95모94
③ 【 X 】 신체구속을 당한 피의자 또는 피고인이 범한 것으로 의심받고 있는 범죄행위에 해당 변호인이 관련되어 있다는 등의 사유에 기하여 그 변호인의 변호활동을 광범위하게 규제하는 변호인의 제척과 같은 제도를 두고 있지 아니한 우리 법제 아래에서는, 변호인의 접견교통의 상대방인 신체구속을 당한 사람이 그 변호인을 자신의 범죄행위에 공범으로 가담시키려고 하였다는 등의 사정만으로 그 변호인의 신체구속을 당한 사람과의 접견교통을 금지하는 것이 정당화될 수는 없다(대결 2007.1.31. 2006모657).
④ 【 O 】 대결 1990.2.13. 89모37

정답 ③

69 접견교통권에 대한 설명으로 가장 적절하지 않은 것은? (다툼이 있는 경우 판례에 의함)

19. 경찰채용 1차

① 국가정보원 사법경찰관이 경찰서 유치장에 구금되어 있던 피의자에 대하여 의사의 진료를 받게 할 것을 신청한 변호인에게 국가정보원이 추천하는 의사의 참여를 요구한 것은 변호인의 수진권을 침해하는 위법한 처분이라고 할 수 있다.

② 변호인이 되려는 의사를 표시한 자가 객관적으로 변호인이 될 가능성이 있다고 인정되는데도, 「형사소송법」 제34조에서 정한 '변호인 또는 변호인이 되려는 자'가 아니라고 보아 신체구속을 당한 피고인 또는 피의자와 접견하지 못하도록 제한하여서는 아니 된다.

③ 변호인의 접견교통의 상대방인 신체구속을 당한 사람이 그 변호인을 자신의 범죄행위에 공범으로 가담시키려고 하였다는 등의 사정만으로, 그 변호인의 신체구속을 당한 사람과의 접견교통을 금지하는 것이 정당화될 수는 없다.

④ 피의자가 구속되어 국가안전기획부에서 조사를 받다가 변호인의 접견신청이 불허되어 이에 대한 준항고를 제기 중에 검찰로 송치되어 검사가 피의자를 신문하여 제1회 피의자신문조서를 작성한 후 준항고절차에서 위 접견불허처분이 취소되어 접견이 허용된 경우에는 검사의 피의자에 대한 위 제1회 피의자신문은 변호인의 접견교통을 침해한 상황에서 시행된 것이다.

해설

① 【 X 】 변호인의 수진권 행사시 교도관 및 의무관이 참여하고 그 경과를 신분장부에 기재하도록 규정하고 있는 구 행형법시행령 제176조, 변호인의 수진권 행사에 대한 법령상의 제한에 해당한다고 보아야 할 것이고, 그렇다면 국가정보원 사법경찰관이 경찰서 유치장에 구금되어 있던 피의자에 대하여 의사의 진료를 받게 할 것을 신청한 변호인에게 국가정보원이 추천하는 의사의 참여를 요구한 것은 행형법시행령 제176조의 규정에 근거한 것으로서 적법하고, 이를 가리켜 변호인의 수진권을 침해하는 위법한 처분이라고 할 수는 없다(대결 2002.5.6. 2000모112).

② 【 O 】 대판 2017.3.9. 2013도16162
③ 【 O 】 대결 2007.1.31. 2006모657
④ 【 O 】 대판 1990.9.25. 90도1586

정답 ①

70 접견교통권에 대한 설명 중 적절하지 않은 것을 모두 고른 것은? (다툼이 있는 경우 판례에 의함)   19. 법학경채

㉠ 구속된 피의자 또는 피고인의 변호인과의 접견교통권은 헌법상 인정되는 권리이지만, 변호인이 되려는 자와의 접견교통권은 헌법상 권리라고 할 수 없다.
㉡ 수사기관이 구속된 피의자의 변호인과의 접견교통권을 침해한 경우에는 준항고의 대상이 된다.
㉢ 가족, 친지 등 비변호인과의 접견교통권은 일정한 범위 안에서 제한될 수 있다.
㉣ 임의동행의 형식으로 연행된 피내사자에 대하여는 아직 수사의 전 단계에 있으므로 변호인과의 접견교통권은 인정되지 않는다.
㉤ 형이 확정되어 집행 중에 있는 수형자에 대한 재심청구절차에서도 「형사소송법」 제34조에 따른 변호인과의 접견교통권이 그대로 인정된다.

① ㉠, ㉡, ㉢   ② ㉡, ㉢, ㉣   ③ ㉠, ㉣, ㉤   ④ ㉢, ㉤, ㉥

해설

㉠ 【 X 】 변호인이 피의자신문에 자유롭게 참여할 수 있는 권리는 피의자가 가지는 변호인의 조력을 받을 권리를 실현하는 수단이므로 헌법상 기본권인 변호인의 변호권으로서 보호되어야 한다. 피의자신문에 참여한 변호인이 피의자 옆에 앉는다고 하여 피의자 뒤에 앉는 경우보다 수사를 방해할 가능성이 높아진다거나 수사기밀을 유출할 가능성이 높아진다고 볼 수 없으므로, 이 사건 후방착석요구행위의 목적의 정당성과 수단의 적절성을 인정할 수 없다. 이 사건 후방착석요구행위로 인하여 위축된 피의자가 변호인에게 적극적으로 조언과 상담을 요청할 것을 기대하기 어렵고, 변호인이 피의자의 뒤에 앉게 되면 피의자의 상태를 즉각적으로 파악하거나 수사기관이 피의자에게 제시한 서류 등의 내용을 정확하게 파악하기 어려우므로, 이 사건 후방착석요구행위는 변호인인 청구인의 피의자신문참여권을 과도하게 제한한다. 그런데 이 사건에서 변호인의 수사방해나 수사기밀의 유출에 대한 우려가 없고, 조사실의 장소적 제약 등과 같이 이 사건 후방착석요구행위를 정당화할 그 외의 특별한 사정도 없으므로, 이 사건 후방착석요구행위는 침해의 최소성 요건을 충족하지 못한다(헌재결 2017.11.30. 2016헌마503).
㉡ 【 O 】 제417조
㉢ 【 O 】 법원은 도망하거나 또는 죄증을 인멸할 염려가 있다고 인정할 만한 상당한 이유가 있는 때에는 직권 또는 검사의 청구에 의하여 결정으로 구속된 피고인과 제34조에 규정한 외의 타인과의 접견을 금하거나 수수할 서류 기타 물건의 검열, 수수의 금지 또는 압수를 할 수 있다. 단, 의류, 양식, 의료품의 수수를 금지 또는 압수할 수 없다(제91조).
㉣ 【 X 】 변호인의 조력을 받을 권리를 실질적으로 보장하기 위하여는 변호인과의 접견교통권의 인정이 당연한 전제가 되므로, 임의동행의 형식으로 수사기관에 연행된 피의자에게도 변호인 또는 변호인이 되려는 자와의 접견교통권은 당연히 인정된다고 보아야 하고, 임의동행의 형식으로 연행된 피내사자의 경우에도 이는 마찬가지이다. 접견교통권은 피고인 또는 피의자나 피내사자의 인권보장과 방어준비를 위하여 필수불가결한 권리이므로 법령에 의한 제한이 없는 한 수사기관의 처분은 물론 법원의 결정으로도 이를 제한할 수 없다(대결 1996.6.3. 96모18).
㉤ 【 X 】 형사소송법 제34조는 "변호인 또는 변호인이 되려는 자는 신체구속을 당한 피고인 또는 피의자와 접견하고 서류 또는 물건을 수수할 수 있으며 의사로 하여금 진료하게 할 수 있다."고 규정하고 있는바, 이 규정은 형이 확정되어 집행 중에 있는 수형자에 대한 재심개시의 여부를 결정하는 재심청구절차에는 그대로 적용될 수 없다(대판 1998.4.28. 96다48831).

정답 ③

71 다음 사례에 대한 설명으로 옳지 않은 것은? (다툼이 있는 경우 판례에 의함) 17. 검찰 7급

> 사법경찰관 甲은 ○○노동조합 시위현장에서 6명의 조합원을 ㉠ 집회 및 시위에 관한 법률 위반 혐의로 현행범 체포 후 경찰서로 연행하였고, ㉡ 그 과정에서 체포의 이유를 설명하지 않다가 조합원들의 항의를 받고 1시간이 지난 후 그 이유를 설명하였다. 한편 위 노동조합으로부터 사전에 "조합원이 경찰에 강제연행될 경우 신속한 변호사 접견이 이루어질 수 있도록 적절한 조치를 취해달라"는 공문을 받은 ㉢ 변호사 A는 시위 현장에서 위 상황을 목격한 후 甲에게 자신이 변호사임을 밝히고 노동조합의 공문을 보여주며 조합원들을 접견할 수 있도록 해달라고 요청하였다. ㉣ 하지만 甲은 이에 응하지 않았다.

① ㉠과 관련, 현행범 체포의 요건을 갖추었는지를 판단할 때 수사기관에 상당한 재량의 여지가 있으나, 체포 당시 상황으로 보아도 체포 요건 충족에 관한 甲의 판단이 경험칙에 비추어 현저히 합리성을 잃은 경우에는 체포는 위법하다.
② ㉡과 관련, 특별한 사정이 없는 한 체포 당시에 체포 이유를 고지하였어야 하므로 항의를 받은 후에야 체포 이유를 고지한 것은 위법하다.
③ ㉢과 관련, A는 변호인이 되려는 자로서 접견교통권을 갖는다.
④ ㉣과 관련, A는 법원에 甲의 처분의 취소를 청구할 수 없다.

해설
위의 사례는 대법원 2017.3.9. 선고 2013도16162의 내용에 관한 것이다.
①②③ 【 O 】 대판 2017.3.9. 2013도16162
④ 【 X 】 A는 법원에 甲의 처분의 취소를 청구할 수 있다(제417조).

정답 ④

72 변호인의 조력을 받을 권리에 관한 설명 중 가장 적절하지 않은 것은? (다툼이 있는 경우 판례에 의함) 20. 경찰승진

① 변호인의 조력을 받을 권리는 불구속 피의자·피고인 모두에게 포괄적으로 인정되는 권리이므로 신체구속 상태에 있지 아니한 자도 변호인의 조력을 받을 권리의 주체가 될 수 있다.
② 변호인이 되려는 의사를 표시한 자가 객관적으로 변호인이 될 가능성이 있다고 인정되는데도, 형사소송법 제34조에서 정한 '변호인 또는 변호인이 되려는 자'가 아니라고 보아 신체구속을 당한 피고인 또는 피의자와 접견하지 못하도록 제한하여서는 아니 된다.
③ 구치소장이 형의 집행 및 수용자의 처우에 관한 법률 및 그 시행규칙의 규정에 따라 변호인 접견실에 영상녹화, 음성수신, 확대기능 등이 없는 CCTV를 설치하여 미결수용자와 변호인 간의 접견을 관찰하였다 하더라도 이를 통해 대화내용을 알게 되는 것이 불가능하였다면 변호인의 조력을 받을 권리를 침해한 것이라고 할 수 없다.
④ 교도관이 변호인 접견이 종료된 뒤 변호인과 미결수용자가 지켜보는 가운데 미결수용자와 변호인 간에 주고받는 서류를 확인하여 그 제목을 소송관계처리부에 기재하여 등재한 행위는 이를 통해 내용에 대한 검열이 이루어질 수 없었다 하더라도 침해의 최소성 요건을 갖추지 못하였으므로 변호인의 조력을 받을 권리를 침해한다.

해설

① 【 O 】 헌재결 2004.9.23. 2000헌마138
② 【 O 】 대판 2017.3.9. 2013도16162
③ 【 O 】 헌재결 2016.4.28. 2015헌마243
④ 【 X 】 교도관이 변호인 접견이 종료된 뒤 변호인과 미결수용자가 지켜보는 가운데 미결수용자와 변호인 간에 주고받는 서류를 확인하여 그 제목을 소송관계처리부에 기재하여 등재한 행위는 내용에 대한 검열이 이루어질 수도 없는 점에 비추어 보면 침해의 최소성 요건을 갖추었고, 달성하고자 하는 공익과 제한되는 청구인의 사익 간에 불균형이 발생한다고 볼 수 없으므로 법익의 균형성도 갖추었다. 따라서 이 사건 서류 확인 및 등재행위는 청구인의 변호인의 조력을 받을 권리를 침해한다고 할 수 없다(헌재결 2016.4.28. 2015헌마243).

정답 ④

73 접견교통권에 대한 설명으로 옳은 것은? (다툼이 있는 경우 판례에 의함) 20. 검찰 7급

① 구속피의자가 변호인을 자신의 범죄행위에 공범으로 가담시키려고 하였다는 사정만으로 수사기관이 그 변호인의 구속피의자와의 접견교통을 금지하는 것은 정당화될 수 없다.
② 변호인의 구속된 피고인과의 접견교통권에 관한 「형사소송법」 제34조는 형이 확정되어 집행 중에 있는 수형자에 대한 재심개시의 여부를 결정하는 재심청구절차에도 그대로 적용된다.
③ 구속된 피고인의 변호인과의 접견교통권과 달리 변호인의 구속된 피고인과의 접견교통권은 헌법이 아니라 「형사소송법」에 의해 보장되는 권리이므로, 그 제한은 법령 또는 법원의 결정에 의해서만 가능하고 수사기관의 처분에 의해서는 할 수 없다.
④ 수사기관에 임의동행 형식으로 연행된 피의자에게는 변호인 또는 변호인이 되려는 자와의 접견교통권이 인정되지만, 임의동행 형식으로 연행된 피내사자의 경우에는 그 접견교통권이 인정되지 않는다.

해설

① 【 O 】 대결 2007.1.31. 2006모657
② 【 X 】 형사소송법 제34조는 "변호인 또는 변호인이 되려는 자는 신체구속을 당한 피고인 또는 피의자와 접견하고 서류 또는 물건을 수수할 수 있으며 의사로 하여금 진료하게 할 수 있다."고 규정하고 있는바, 이 규정은 형이 확정되어 집행 중에 있는 수형자에 대한 재심개시의 여부를 결정하는 재심청구절차에는 그대로 적용될 수 없다(대판 1998.4.28. 96다48831).
③ 【 X 】 변호인의 구속된 피고인 또는 피의자와의 접견교통권은 피고인 또는 피의자 자신이 가지는 변호인과의 접견교통권과는 성질을 달리하는 것으로서 헌법상 보장된 권리라고는 할 수 없고, 형사소송법 제34소에 의하여 비로소 보장되는 권리이지만, 신체구속을 당한 피고인 또는 피의자의 인권보장과 방어준비를 위하여 필수불가결한 권리이므로, 수사기관의 처분 등에 의하여 이를 제한할 수 없고, 다만 법령에 의하여서만 제한이 가능하다(대결 2002.5.6. 2000모112).
④ 【 X 】 변호인의 조력을 받을 권리를 실질적으로 보장하기 위하여는 변호인과의 접견교통권의 인정이 당연한 전제가 되므로, 임의동행의 형식으로 수사기관에 연행된 피의자에게도 변호인 또는 변호인이 되려는 자와의 접견교통권은 당연히 인정된다고 보아야 하고, 임의동행의 형식으로 연행된 피내사자의 경우에도 이는 마찬가지이다(대결 1996.6.3. 96모18).

정답 ①

74 체포 · 구속적부심사제도에 관한 설명 중 가장 적절하지 않은 것은?

16. 경찰승진

① 체포·구속적부심사청구에 대한 법원의 결정은 체포 또는 구속된 피의자에 대한 심문이 종료된 때로부터 24시간 이내에 이를 하여야 한다.
② 체포·구속적부심사청구에 대한 법원의 석방결정에 대해서는 항고할 수 있다.
③ 체포 또는 구속의 적부심사의 청구를 받은 법원은 지체 없이 청구인, 변호인, 검사 및 피의자를 구금하고 있는 관서의 장에게 심문기일과 장소를 통지하여야 한다.
④ 공범 또는 공동피의자의 순차청구가 수사방해의 목적이 명백한 때에는 법원은 심문 없이 결정으로 청구를 기각할 수 있다.

해설
① 【O】 규칙 제106조
② 【X】 체포·구속적부심사청구에 대한 법원의 석방결정에 대해서는 항고하지 못한다(제214조의2 제8항).
③ 【O】 규칙 제104조 제1항
④ 【O】 제214조의2 제3항 제2호

정답 ②

75 체포 · 구속적부심사에 관한 다음 설명 중 가장 적절하지 않은 것은? (다툼이 있으면 판례에 의함)

16. 경찰채용 1차

① 체포·구속적부심사결정에 의하여 석방된 피의자가 도망하거나 죄증을 인멸하는 경우를 제외하고는 동일한 범죄사실에 관하여 재차 체포 또는 구속하지 못한다.
② 체포·구속적부심사청구에 대한 기각결정에 대하여는 3일 이내 항고할 수 있다.
③ 법원이 수사 관계 서류와 증거물을 접수한 때부터 결정 후 검찰청에 반환된 때까지의 기간은 형사소송법 제202조·제203조 및 제205조의 적용에 있어서는 그 구속기간에 산입하지 아니한다.
④ 구속적부심절차에서 피구속자의 변호를 맡은 변호인은 수사기록 중 고소장과 피의자신문조서를 열람·등사할 권리가 있다.

해설
① 【O】 제214조의3 제1항
② 【X】 체포·구속적부심사청구에 대한 기각결정과 석방결정에 대하여는 항고하지 못한다(제214조의2 제8항).
③ 【O】 제214조의2 제13항
④ 【O】 헌재결 2004.3.15. 2002헌바104

정답 ②

76. 체포·구속적부심사에 대한 설명으로 가장 적절하지 않은 것은? (다툼이 있는 경우 판례에 의함)

17. 경찰채용 2차

① 체포·구속적부심사결정에 의하여 석방된 피의자가 도망하거나 죄증을 인멸하는 경우를 제외하고는 동일한 범죄사실에 관하여 재차 체포 또는 구속하지 못한다.
② 체포·구속적부심사청구에 대한 기각결정에 대하여는 3일 이내 항고할 수 있다.
③ 긴급체포 등 체포영장에 의하지 아니하고 체포된 피의자의 경우에도 체포·구속적부심사를 청구할 권리를 가진다.
④ 구속된 피의자로부터 구속적부심사의 청구를 받은 법원이 피의자의 출석을 보증할 만한 보증금의 납입을 조건으로 하여 석방결정을 하는 경우에 주거의 제한, 법원 또는 검사가 지정하는 일시·장소에 출석할 의무 기타 적당한 조건을 부가할 수 있다.

해설

① 【 O 】 제214조의3 제1항
② 【 X 】 체포·구속적부심사청구에 대한 기각결정과 석방결정에 대하여는 항고하지 못한다(제214조의2 제8항).
③ 【 O 】 헌법 제12조 제6항은 누구든지 체포 또는 구속을 당한 때에는 적부의 심사를 법원에 청구할 권리를 가진다고 규정하고 있고, 형사소송법 제214조의2 제1항은 체포영장 또는 구속영장에 의하여 체포 또는 구속된 피의자 등이 체포 또는 구속의 적부심사를 청구할 수 있다고 규정하고 있는바, 형사소송법의 위 규정이 체포영장에 의하지 아니하고 체포된 피의자의 적부심사청구권을 제한한 취지라고 볼 것은 아니므로 긴급체포 등 체포영장에 의하지 아니하고 체포된 피의자의 경우에도 헌법과 형사소송법의 위 규정에 따라 그 적부심사를 청구할 권리를 가진다(대결 1997.8.27. 97모21).
④ 【 O 】 제214조의3 제6항

정답 ②

77. 체포·구속적부심사제도에 대한 설명으로 옳지 않은 것은?

18. 국가직

① 체포적부심을 신청한 피의자에 대하여 법원은 직권으로 보증금납입조건부 석방결정을 할 수 있다.
② 심사청구 후 검사가 전격 기소한 경우에도 법원은 심사청구에 대한 판단을 해야 한다.
③ 구속영장을 발부한 법관도 구속적부심사의 심문, 조사, 결정에 관여할 수 있는 경우가 있다.
④ 법원은 공동피의자의 연속적인 심사청구가 수사방해의 목적임이 명백한 경우에는 심문 없이 기각할 수 있다.

해설

① 【 X 】 현행법상 체포된 피의자에 대하여는 보증금 납입을 조건으로 한 석방이 허용되지 않는다(대결 1997.8.27. 97모21).
② 【 O 】 제214조의2 제4항 제2문
③ 【 O 】 체포영장 또는 구속영장을 발부한 법관은 심사에 관여하지 못한다. 다만, 체포영장 또는 구속영장을 발부한 법관 외에는 심문·조사·결정할 판사가 없는 경우에는 그러하지 아니하다(제214조의2 제12항).
④ 【 O 】 제214조의2 제3항 제2호

정답 ①

78 구속적부심사제도에 대한 설명으로 가장 적절하지 않은 것은?

21. 경찰간부

① 구속적부심사의 청구를 받은 법원은 청구서가 접수된 때부터 48시간 이내에 구속된 피의자를 심문하고 수사관계서류와 증거물을 조사하여 그 청구가 이유없다고 인정한 때에는 결정으로 이를 기각하고, 이유있다고 인정한 때에는 결정으로 구속된 피의자의 석방을 명하여야 한다.
② 보증금의 납입을 조건으로 하여 결정으로 석방된 피의자가 출석요구를 받고 정당한 이유없이 출석하지 아니한 때에는 동일한 범죄사실에 관하여 재차 구속할 수 없다.
③ 구속영장을 발부한 법관은 구속적부심사의 심문·조사·결정에 관여하지 못하는데, 이는 구속영장을 발부한 법관 외에는 심문·조사·결정을 한 판사가 없는 경우에도 마찬가지이다.
④ 법원은 보증금의 납입을 조건으로 하여 결정으로 석방된 자가 동일한 범죄사실에 관하여 형의 선고를 받고 그 판결이 확정된 후, 집행하기 위한 소환을 받고 정당한 이유없이 출석하지 아니하거나 도망한 때에는 직권 또는 검사의 청구에 의하여 결정으로 보증금의 전부 또는 일부를 몰수하여야 한다.

해설

① 【O】 제214조의2 제4항
② 【O】 제214조의3 제2항 제3호
③ 【X】 구속영장을 발부한 법관은 구속적부심사의 심문·조사·결정에 관여하지 못한다. 다만, 구속영장을 발부한 법관 외에는 심문·조사·결정을 할 판사가 없는 경우에는 그러하지 아니하다(제214조의2 제12항).
④ 【O】 제214조의4 제2항

정답 ③

79 체포·구속적부심사에 대한 설명으로 옳지 않은 것은? (다툼이 있는 경우 판례에 의함)

19. 국가직

① 체포·구속적부심사의 청구권자(「형사소송법」 제214조의2 제1항)는 변호인선임권자(「형사소송법」 제30조 제2항)보다 범위가 넓다.
② 구속적부심사절차와 달리 체포적부심사절차에서는 보증금납입조건부 피의자석방결정을 할 수 없다.
③ 구속적부심사청구에 대한 법원의 결정에는 기각결정과 석방결정, 보증금납입조건부 석방결정이 있으며, 검사와 피의자는 이와 같은 법원의 결정에 대해 항고할 수 없다.
④ 구속적부심문조서는 특히 신용할 만한 정황에 의하여 작성된 문서이므로 특별한 사정이 없는 한, 증거동의 여부와 상관없이 당연히 증거능력이 인정된다.

해설

① 【O】 구속적부심의 청구권자는 체포 또는 구속된 피의자 또는 그 변호인, 법정대리인, 배우자, 직계친족, 형제자매나 가족, 동거인 또는 고용주이다(제214조의2 제1항). 그리고 변호인선임권자는 피고인 또는 피의자, 피고인 또는 피의자의 법정대리인, 배우자, 직계친족과 형제자매이다(제30조 제1항, 제2항).
② 【O】 대결 1997.8.27. 97모21
③ 【X】 체포·구속적부심사청구에 대한 법원의 간이기각결정(제214조의2 제3항)과 피의자심문 후에 대한 기각결정 및 석방결정(제214조의2 제4항)에 대하여는 항고할 수 없다. 하지만, 보증금납입조건부 피의자석방결정(제214조의2 제5항)에 대해서는 보통항고로 불복할 수 있다(대결 1997.8.27. 97모21).
④ 【O】 대판 2004.1.16. 2003도5693

정답 ③

80 체포 · 구속적부심사에 관한 설명 중 가장 적절한 것은? (다툼이 있는 경우 판례에 의함)   20. 경찰승진

① 법원 또는 합의부원, 검사, 변호인, 청구인이 구속된 피의자를 심문하고 그에 대한 피의자의 진술 등을 기재한 구속적부심문조서는 특히 신용할 만한 정황에 의하여 작성된 문서라고 할 것이므로 특별한 사정이 없는 한, 피고인이 증거로 함에 부동의 하더라도 형사소송법 제315조 제3호에 의하여 당연히 그 증거능력이 인정된다.
② 체포의 적부심사는 구속의 적부심사와 달리 국선변호인에 관한 규정이 준용되지 않으므로 체포된 피의자가 심신장애의 의심이 있는 경우에도 법원은 원칙적으로 국선변호인을 선정하지 않고 심사를 진행할 수 있다.
③ 형사소송법 제214조의2 제4항의 규정에 의한 체포 · 구속적부심사결정에 의하여 석방된 피의자는 법원의 출석요구를 받고 정당한 이유 없이 출석하지 아니하거나 주거의 제한 기타 법원이 정한 조건을 위반한 경우를 제외하고는 동일한 범죄사실에 관하여 재차 체포 또는 구속하지 못한다.
④ 법원은 체포된 피의자에 대하여 피의자의 출석을 보증할 만한 보증금의 납입을 조건으로 하여 결정으로 석방을 명할 수 있다.

해설

① 【 O 】 대판 2004.1.16. 2003도5693
② 【 X 】 체포 또는 구속된 피의자에게 변호인이 없는 때에는 제33조(국선변호인)의 규정을 준용한다(제214조의2 제10항). 따라서 체포된 피의자가 심신장애의 의심이 있는 경우에는 법원은 국선변호인을 선정하여야 한다.
③ 【 X 】 제214조의2 제4항의 규정에 의한 체포 또는 구속적부심사결정에 의하여 석방된 피의자가 도망하거나 죄증을 인멸하는 경우를 제외하고는 동일한 범죄사실에 관하여 재차 체포 또는 구속하지 못한다(제214조의3 제1항).
④ 【 X 】 형사소송법은 수사단계에서의 체포와 구속을 명백히 구별하고 있고 이에 따라 체포와 구속의 적부심사를 규정한 같은 법 제214조의2에서 체포와 구속을 서로 구별되는 개념으로 사용하고 있는바, 같은 조 제4항에 기소 전 보증금 납입을 조건으로 한 석방의 대상자가 '구속된 피의자'라고 명시되어 있고, 같은 법 제214조의3 제2항의 취지를 체포된 피의자에 대하여도 보증금 납입을 조건으로 한 석방이 허용되어야 한다는 근거로 보기는 어렵다 할 것이어서 현행법상 체포된 피의자에 대하여는 보증금 납입을 조건으로 한 석방이 허용되지 않는다(대결 1997.8.27. 97모21).

정답 ①

81. 체포·구속적부심사에 대한 설명으로 옳은 것만을 모두 고르면?

23. 국가직 7급

㉠ 체포영장이나 구속영장을 발부한 법관은 체포·구속적부심사의 심문·조사·결정에 관여할 수 없지만, 체포영장이나 구속영장을 발부한 법관 외에는 심문·조사·결정을 할 판사가 없는 경우에는 그러하지 아니하다.

㉡ 체포·구속적부심사결정에 의하여 석방(보증금납입조건부 피의자석방의 경우는 제외한다)된 피의자가 도망할 우려가 있거나 범죄의 증거를 인멸할 염려가 있는 경우에는 동일한 범죄사실로 재차 체포하거나 구속할 수 있다.

㉢ 보증금납입을 조건으로 석방된 피의자가 동일한 범죄사실에 관하여 형의 선고를 받고 그 판결이 확정된 후, 집행하기 위한 소환을 받고 정당한 이유없이 출석하지 아니하거나 도망한 때에는 검사의 결정으로 보증금의 전부 또는 일부를 몰수하여야 한다.

㉣ 구속적부심문조서는 특히 신용할 만한 정황에 의하여 작성된 문서라고 할 것이므로, 특별한 사정이 없는 한 피고인이 증거로 함에 부동의하더라도 「형사소송법」 제315조 제3호에 의하여 당연히 그 증거능력이 인정된다.

① ㉠, ㉡   ② ㉠, ㉣   ③ ㉡, ㉢   ④ ㉢, ㉣

해설

㉠ 【O】 형사소송법 제214조의2(체포와 구속의 적부심사) ⑫ 체포영장이나 구속영장을 발부한 법관은 제4항부터 제6항까지의 심문·조사·결정에 관여할 수 없다. 다만, 체포영장이나 구속영장을 발부한 법관 외에는 심문·조사·결정을 할 판사가 없는 경우에는 그러하지 아니하다.

㉡ 【X】 형사소송법 제214조의3(재체포 및 재구속의 제한) ① 제214조의2 제4항에 따른 체포 또는 구속 적부심사결정에 의하여 석방된 피의자가 도망하거나 범죄의 증거를 인멸하는 경우를 제외하고는 동일한 범죄사실로 재차 체포하거나 구속할 수 없다. ② 제214조의2 제5항에 따라 석방된 피의자에게 다음 각 호의 어느 하나에 해당하는 사유가 있는 경우를 제외하고는 동일한 범죄사실로 재차 체포하거나 구속할 수 없다. 1. 도망한 때 2. 도망하거나 범죄의 증거를 인멸할 염려가 있다고 믿을 만한 충분한 이유가 있는 때 3. 출석요구를 받고 정당한 이유없이 출석하지 아니한 때 4. 주거의 제한이나 그 밖에 법원이 정한 조건을 위반한 때

㉢ 【X】 제103조(보증금 등의 몰취) ① 법원은 보석을 취소하는 때에는 직권 또는 검사의 청구에 따라 결정으로 보증금 또는 담보의 전부 또는 일부를 몰취할 수 있다.
② 법원은 보증금의 납입 또는 담보제공을 조건으로 석방된 피고인이 동일한 범죄사실에 관하여 형의 선고를 받고 그 판결이 확정된 후 집행하기 위한 소환을 받고 정당한 사유 없이 출석하지 아니하거나 도망한 때에는 직권 또는 검사의 청구에 따라 결정으로 보증금 또는 담보의 전부 또는 일부를 몰취하여야 한다.

㉣ 【O】 구속적부심은 구속된 피의자 또는 그 변호인 등의 청구로 수사기관과는 별개 독립의 기관인 법원에 의하여 행하여지는 것으로서 구속된 피의자에 대하여 피의사실과 구속사유 등을 알려 그에 대한 자유로운 변명의 기회를 주어 구속의 적부를 심사함으로써 피의자의 권리보호에 이바지하는 제도인바, 법원 또는 합의부원, 검사, 변호인, 청구인이 구속된 피의자를 심문하고 그에 대한 피의자의 진술 등을 기재한 구속적부심문조서는 형사소송법 제311조가 규정한 문서에는 해당하지 않는다 할 것이나, 특히 신용할 만한 정황에 의하여 작성된 문서라고 할 것이므로 특별한 사정이 없는 한, 피고인이 증거로 함에 부동의하더라도 형사소송법 제315조 제3호에 의하여 당연히 그 증거능력이 인정된다(대판 2004.1.16. 2003도5693).

정답 ②

82 보증금납입조건부 피의자석방과 보석에 대한 설명으로 옳지 않은 것은? (다툼이 있는 경우 판례에 의함)

21. 국가직 7급

① 법원이 검사의 의견을 듣지 아니한 채 보석에 관한 결정을 하였다고 하더라도 그 결정이 적정한 이상, 이러한 절차상의 하자만을 들어 그 결정을 취소할 수 없다.
② 보석이 취소된 경우 보증금납입을 포함한 모든 보석조건은 즉시 그 효력을 상실한다.
③ 검사는 보증금납입조건부 피의자석방결정과 보석허가결정에 대해서 항고할 수 있다.
④ 보석취소결정을 비롯하여 고등법원이 한 최초 결정이 제1심 법원이 하였더라면 보통항고가 인정되는 결정인 경우에는 이에 대한 재항고와 관련한 집행정지의 효력은 인정되지 않는다.

해설

① 【O】 검사의 의견이 법원을 구속하는 것은 아니며, 설사 법원이 검사의 의견을 듣지 아니한 채 보석에 관한 결정을 하였다고 하더라도 그 결정이 적정한 이상, 절차상의 하자만을 들어 그 결정을 취소할 수는 없다(대결 1997.11.27. 97모88).
② 【X】 구속영장의 효력이 소멸한 때에는 보석조건은 즉시 그 효력을 상실한다(제104조의2 제1항). 보석이 취소된 경우에도 보석조건은 즉시 효력을 상실하는 것이 원칙이다(동조 제2항 본문). 다만, 보석조건 가운데에서 "피고인 또는 법원이 지정하는 자가 납입한 보증금이나 제공한 담보"조건은 그러하지 않다(동조 제2항 단서).
③ 【O】 보증금납입조건부 피의자석방결정에 대해서는 보통항고가 허용된다는 것이 판례의 태도이다(대결 1997.8.27. 97모21). 보석허가결정에 대해서는 명문으로 보통항고 허용규정이 존재하고(제403조 제2항), 판례 역시 보통항고가 허용된다고 본다(대결 1997.4.18. 97모26).
④ 【O】 즉시항고는 법률관계 내지 재판절차의 조속한 안정을 위해 일정한 기간 내에서만 제기 가능한 항고로서, 즉시항고의 제기기간 내와 그 제기가 있는 때에 재판의 집행을 정지하는 효력이 있으나(형사소송법 제410조), 보통항고의 경우에도 법원의 결정으로 집행정지가 가능한 점(형사소송법 제409조)을 고려하면, 집행정지의 효력이 즉시항고의 본질적인 속성에서 비롯된 것이라고 볼 수 없다. 한편 형사소송법 제415조는 "고등법원의 결정에 대하여는 재판에 영향을 미친 헌법·법률·명령 또는 규칙의 위반이 있음을 이유로 하는 때에 한하여 대법원에 즉시항고를 할 수 있다."라고 규정하고 있다. 이는 재항고이유를 제한함과 동시에 재항고 제기기간을 즉시항고 제기기간 내로 정함으로써 재항고심의 심리부담을 경감하고 항소심 재판절차를 조속히 안정시키기 위한 것이므로, 형사소송법 제415조가 고등법원의 결정에 대한 재항고를 즉시항고로 규정하고 있다고 하여 당연히 즉시항고가 가지는 집행정지의 효력이 인정된다고 볼 수는 없다. 만약 고등법원의 결정에 대하여 일률적으로 집행정지의 효력을 인정하면, 보석허가나 구속집행정지 등 제1심 법원이 결정하였다면 신속한 집행이 이루어질 사안에서 고등법원이 결정하였다는 이유만으로 피고인을 신속히 석방하지 못하게 되는 등 부당한 결과가 발생하게 되고, 나아가 항소심 재판절차의 조속한 안정을 보장하고자 한 형사소송법 제415조의 입법목적을 달성할 수 없게 되기 때문이다.
위와 같은 사정들을 종합하여 보면, <u>보석취소결정을 비롯하여 고등법원이 한 최초 결정이 제1심 법원이 하였더라면 보통항고가 인정되는 결정인 경우에는 이에 대한 재항고와 관련한 집행정지의 효력은 인정되지 않는다</u>고 봄이 타당하다(대결 2020.10.29. 2020모1845).

정답 ②

83 형사소송법상 피의자를 보호하기 위한 제도에 관한 다음 설명 중 가장 옳지 않은 것은?

18. 법원직

① 체포·구속적부심사에 관한 법원의 결정에 대하여는 기각결정과 석방결정을 불문하고 항고가 허용되지 않는다.
② 미체포된 피의자에 대하여는 구속영장을 청구받은 판사는 피의자가 죄를 범하였다고 의심할만한 이유가 있는 경우에 피의자가 도망하는 등의 사유로 심문할 수 없는 경우 이외에는 피의자를 구인한 후 심문하여야 한다.
③ 법원은 체포·구속적부심사에서 체포 또는 구속된 피의자에게 변호인이 없는 때에는 국선변호인을 선정하여야 하나, 심문 없이 기각 결정하는 경우에는 국선변호인을 선정할 필요는 없다.
④ 체포·구속적부심사의 심문기일에 출석한 검사·변호인·청구인은 피의자를 직접 심문할 수 없고 법원의 심문이 끝난 후 의견을 진술할 수 있다.

해설

① 【 O 】 제214조의2 제8항
② 【 O 】 제201조의2 제2항
③ 【 X 】 법원은 체포·구속적부심사에서 체포 또는 구속된 피의자에게 변호인이 없는 때에는 국선변호인을 선정하여야 한다(제214조의2 제10항). 또한 심문 없이 기각 결정을 하는 경우에도 국선변호인을 선정하여야 한다(법원실무제요Ⅰ, 332면).
④ 【 O 】 제214조의2 제9항, 규칙 제105조 제1항

정답 ③

84 다음 사례에 대한 설명으로 옳은 것은? (다툼이 있는 경우 판례에 의함)

16. 국가직

甲은 상해죄로 긴급체포된 후, 구속되어 수사를 받던 도중에 구속적부심사를 청구, ㉠ 법원의 석방결정에 의하여 석방된 후 불구속 기소되었다. 검사는 정상을 참작하여 甲에 대해 벌금 300만원의 약식명령을 청구하였고 ○○지방법원판사 A는 甲에게 벌금 300만원의 약식명령을 고지하였다. ㉡ 이후 甲이 정식재판을 청구하였는데 그 재판은 甲에 대한 구속영장을 발부한 판사 B가 담당하게 되었다. ㉢ 변론이 모두 종결된 후 선고를 앞둔 상태에서 甲은 B가 자신의 구속영장을 발부한 판사임을 알고 기피신청을 하였으나 B는 소송절차를 정지하지 않은 채 그대로 벌금 300만원을 선고하였다. ㉣ 이에 甲이 항소하였는데 항소심 재판부의 합의부원 중 한 명이 판사 A였으며 A는 항소사건의 제1차 공판에는 관여하였으나 제2차 공판에서 경질되어 항소심의 판결에는 관여하지 않았다.

① ㉠과 관련, 법원의 석방결정에 대하여 검사는 항고할 수 없다.
② ㉡과 관련, 판사 B에게는 형사소송법 제17조 제7호의 제척사유가 있다.
③ ㉢과 관련, 판사 B가 소송절차를 정지하지 않고 한 판결선고는 위법하다.
④ ㉣에서 판사 A에게는 형사소송법 제17조 제7호의 제척사유가 있다.

[해설]

① 【O】 체포·구속적부심사청구에 대한 법원의 간이기각결정과 피의자 심문 후에 행하는 기각결정 및 석방결정에 대하여는 항고할 수 없다(제214조의2 제8항).
② 【X】 법관이 수사단계에서 피고인에 대하여 구속영장을 발부한 경우는 형사소송법 제17조 제7호 소정의 "법관이 사건에 관하여 전심재판 또는 그 기초되는 조사, 심리에 관여한 때"에 해당한다고 볼 수 없다(대판 1989.9.12. 89도612).
③ 【X】 형사소송법 제22조에 규정된 정지하여야 할 소송절차란 실체재판에의 도달을 직접의 목적으로 하는 본안의 소송절차를 말하며 구속기간의 갱신절차는 이에 포함되지 아니하는 것이다(대결 1987.2.3. 86모57).
④ 【X】 약식명령을 발부한 법관이 그 정식재판 절차의 항소심판결에 관여함은 형사소송법 제17조 제7호, 제18조 제1항 제1호 소정의 법관이 사건에 관하여 전심재판 또는 그 기초되는 조사심리에 관여한 때에 해당하여 제척·기피의 원인이 되나, 제척 또는 기피되는 재판은 불복이 신청된 당해 사건의 판결절차를 말하는 것이므로 약식명령을 발부한 법관이 그 정식재판 절차의 항소심 공판에 관여한 바 있어도 후에 경질되어 그 판결에는 관여하지 아니한 경우는 전심재판에 관여한 법관이 불복이 신청된 당해 사건의 재판에 관여하였다고 할 수 없다(대판 1985.4.23. 85도281).

정답 ①

85. 체포와 구속에 대한 설명으로 옳은 것만을 모두 고르면? (다툼이 있는 경우 판례에 의함) 23. 해경간부(유사)

㉠ 구속영장에 구금장소로 기재된 특정 경찰서 유치장에 피의자가 구속집행되었다가 같은 날 조사차 별도의 특별수사기관에 인도된 후 위 영장기재 경찰서 유치장에 인도되지 않고 그 수사기관에 사실상 계속 구금되어 있었다면, 이러한 사실상 구금장소의 임의적 변경은 위법하다.
㉡ 체포적부심사절차에서는 체포된 피의자를 보증금 납입을 조건으로 석방할 수 있다.
㉢ 공범 또는 공동피의자의 구속적부심사 순차청구가 수사방해의 목적임이 명백하더라도 법원은 피의자에 대한 심문 없이 그 청구를 기각해서는 아니 된다.
㉣ 체포적부심사청구를 받은 법원이 그 청구가 이유 있다고 인정한 때에는 결정으로 체포된 피의자의 석방을 명하여야 하며, 검사는 이 결정에 대하여 항고하지 못한다.

① ㉠, ㉢   ② ㉠, ㉣   ③ ㉡, ㉢   ④ ㉡, ㉣

[해설]

㉠ 【O】 대결 1996.5.15. 95모94
㉡ 【X】 형사소송법은 수사단계에서의 체포와 구속을 명백히 구별하고 있고 이에 따라 체포와 구속의 적부심사를 규정한 같은 법 제214조의2에서 체포와 구속을 서로 구별되는 개념으로 사용하고 있는바, 같은 조 제4항에 기소 전 보증금 납입을 조건으로 한 석방의 대상자가 '구속된 피의자'라고 명시되어 있고, 같은 법 제214조의3 제2항의 취지를 체포된 피의자에 대하여도 보증금 납입을 조건으로 한 석방이 허용되어야 한다는 근거로 보기는 어렵다 할 것이어서 현행법상 체포된 피의자에 대하여는 보증금 납입을 조건으로 한 석방이 허용되지 않는다(대결 1997.8.27. 97모21).
㉢ 【X】 공범 또는 공동피의자의 구속적부심사 순차청구가 수사방해의 목적임이 명백한 경우에는 법원이 심문 없이 청구를 기각할 수 있다(제214조의2 제3항 제2호, 간이기각결정).
㉣ 【O】 제214조의2 제8항

정답 ②

86 보석에 관한 설명 중 가장 적절하지 않은 것은? (다툼이 있으면 판례에 의함)

16. 경찰승진

① 구속영장의 효력이 소멸한 때에는 보석조건은 즉시 그 효력을 상실한다.
② 피고인이 형의 집행유예기간 중에 있어도 보석이 가능하다.
③ 보석청구권자는 피고인, 피고인의 변호인, 법정대리인, 배우자, 직계친족, 형제자매에 한정된다.
④ 구속 또는 보석을 취소하거나 구속영장의 효력이 소멸된 때에는 몰취하지 아니한 보증금 또는 담보를 청구한 날로부터 7일 이내에 환부하여야 한다.

해설

① 【O】 제104조의2 제1항
② 【O】 대결 1990.4.18. 90모22
③ 【X】 피고인, 피고인의 변호인·법정대리인·배우자·직계친족·형제자매·가족·동거인 또는 고용주는 법원에 구속된 피고인의 보석을 청구할 수 있다(제94조).
④ 【O】 제104조

정답 ③

87 보석에 대한 설명으로 옳지 않은 것은?

18. 국가직

① 피고인이 사형, 무기 또는 장기 10년이 넘는 징역이나 금고에 해당하는 죄를 범한 경우에도 법원이 직권으로 보석을 허가할 수 있다.
② 구속된 피고인 외에도 그 변호인·법정대리인·배우자·직계친족·형제자매·가족·동거인·고용주가 보석을 청구할 수 있다.
③ 법원은 보석청구자 이외의 자에게 보증금의 납입을 허가할 수 있고, 유가증권으로써 보증금에 갈음함을 허가할 수 있다.
④ 보석으로 석방된 피고인이 재판 중 법원의 소환에 불응한 경우 법원은 직권 또는 검사의 청구에 따라 결정으로 보증금의 전부 또는 일부를 몰수하여야 한다.

해설

① 【O】 제96조
② 【O】 제94조
③ 【O】 제100조 제3항
④ 【X】 법원은 보증금의 납입 또는 담보제공을 조건으로 석방된 피고인이 동일한 범죄사실에 관하여 형의 선고를 받고 그 판결이 확정된 후 집행하기 위한 소환을 받고 정당한 사유 없이 출석하지 아니하거나 도망한 때에는 직권 또는 검사의 청구에 따라 결정으로 보증금 또는 담보의 전부 또는 일부를 몰취하여야 한다(제103조 제2항).

정답 ④

88. 보석에 대한 설명으로 옳지 않은 것은? (다툼이 있는 경우 판례에 의함)

① 법원이 검사의 의견을 듣지 아니한 채 보석에 관한 결정을 하였다고 하더라도 그 결정이 적정한 이상 절차상의 하자만을 들어 그 결정을 취소할 수는 없다.
② 보석의 청구를 받은 법원은 24시간 이내에 심문기일을 정하여 구속된 피고인을 심문하여야 하고, 특별한 사정이 없는 한 보석의 청구를 받은 날부터 7일 이내에 그에 관한 결정을 하여야 한다.
③ 보석이 취소된 경우 보석조건은 즉시 그 효력을 상실하지만, 보증금납입 또는 담보제공의 보석조건은 예외로 한다.
④ 법원은 피고인이 정당한 사유 없이 보석조건을 위반한 경우에는 결정으로 피고인에 대하여 1천만 원 이하의 과태료를 부과하거나 20일 이내의 감치처분을 내릴 수 있고, 이 결정에 대하여는 즉시항고가 가능하다.

[해설]
① 【 O 】 대결 1997.11.27. 97모88
② 【 X 】 보석청구를 받은 법원은 지체 없이 심문기일을 정하여 구속된 피고인을 심문하여야 한다(규칙 제54조의2 제1항).
③ 【 O 】 제104조의2 제2항
④ 【 O 】 제102조 제3항

정답 ②

89. 보석제도에 관한 다음 설명 중 가장 옳지 않은 것은? (다툼이 있는 경우 판례에 의함)

① 보석의 청구를 받은 법원은 이미 제출한 자료만을 검토하여 보석을 허가하거나 불허가할지 여부가 명백하다면, 심문기일을 열지 않은 채 보석의 허가 여부에 관한 결정을 할 수도 있다.
② 보석허가결정으로 구속영장은 효력이 소멸하므로 피고인이 도망하는 등 피고인을 재구금할 필요가 생긴 때에는 법원이 피고인에 대해 새로운 구속영장을 발부하여야 한다.
③ 보석보증금은 현금으로 전액이 납부되어야 하고 유가증권이나 피고인 외의 자가 제출한 보증서로써 이를 갈음하기 위해서는 반드시 법원의 허가를 받아야 한다.
④ 출석보증서의 제출을 보석조건으로 한 법원의 보석허가결정에 따라 석방된 피고인이 정당한 사유 없이 기일에 불출석하는 경우, 출석보증인에 대하여 500만 원 이하의 과태료를 부과하는 제재를 가할 수 있다.

[해설]
① 【 O 】 규칙 제54조의2 제1항 제4호
② 【 X 】 보석이라 함은 일정 보증금의 납부 등을 조건으로 구속의 집행을 정지하고 구속된 피고인을 석방하는 제도를 말한다. 따라서 보석허가결정에 의하더라도 구속영장은 효력이 소멸하지 않으므로, 보석을 취소한 때에는 새로운 구속영장을 발부하는 것이 아니라 그 취소결정의 등본에 의하여 피고인을 재구금하여야 한다(규칙 제56조).
③ 【 O 】 제100조 제3항
④ 【 O 】 제102조 제3항

정답 ②

90 보석제도에 대한 설명으로 가장 적절하지 않은 것은? (다툼이 있는 경우 판례에 의함) 19. 경찰채용 1차

① 법원이 집행유예기간 중에 있는 피고인의 보석을 허가한 경우, 이러한 법원의 결정은 누범과 상습범을 필요적 보석의 제외사유로 규정한 「형사소송법」 제95조 제2호의 취지에 반하여 위법이라고 할 수 없다.
② 보석허가결정의 취소는 그 취소결정을 고지하거나 결정법원에 대응하는 검찰청 검사에게 결정서를 교부 또는 송달함으로써 즉시 집행할 수 있는 것이고, 그 결정등본이 피고인에게 송달되어야 집행할 수 있는 것은 아니다.
③ 「형사소송법」 제97조 제1항은 "재판장은 보석에 관한 결정을 하기 전에 검사의 의견을 물어야 한다"라고 규정하고 있으므로, 법원이 검사의 의견을 듣지 아니한 채 보석에 관한 결정을 하였다면 결정의 적정성 여부를 불문하고 절차상의 하자만으로도 그 결정을 취소할 수 있다.
④ 법원은 보석취소 후에 별도로 보증금몰수결정을 할 수도 있다.

해설

① 【O】 피고인이 집행유예의 기간 중에 있어 집행유예의 결격자라고 하여 보석을 허가할 수 없는 것은 아니고 형사소송법 제95조는 그 제1 내지 5호 이외의 경우에는 필요적으로 보석을 허가하여야 한다는 것이지 여기에 해당하는 경우에는 보석을 허가하지 아니할 것을 규정한 것이 아니므로 집행유예기간 중에 있는 피고인의 보석을 허가한 것이 누범과 상습범에 대하여는 보석을 허가하지 아니할 수 있다는 형사소송법 제95조 제2호의 취지에 위배되어 위법하다고 할 수 없다(대결 1990.4.18. 90모22).
② 【O】 보석취소결정은 송달을 요하지 않는다. 보석허가결정의 취소는 그 취소결정을 고지하거나 결정법원에 대응하는 검찰청 검사에게 결정서를 교부 또는 송달함으로써 즉시 집행할 수 있는 것이고 그 결정등본이 피고인에게 송달(또는 고지)되어야 집행할 수 있는 것은 아니다(대결 1983.4.21. 83모19).
③ 【X】 검사의 의견이 법원을 구속하는 것은 아니며, 설사 법원이 검사의 의견을 듣지 아니한 채 보석에 관한 결정을 하였다고 하더라도 그 결정이 적정한 이상, 절차상의 하자만을 들어 그 결정을 취소할 수는 없다(대결 1997.11.27. 97모88).
④ 【O】 보석보증금을 몰수하려면 반드시 보석취소와 동시에 하여야만 가능한 것이 아니라 보석취소 후에 별도로 보증금몰수결정을 할 수도 있다. 그리고 형사소송법 제104조가 구속 또는 보석을 취소하거나 구속영장의 효력이 소멸된 때에는 몰수하지 아니한 보증금을 청구한 날로부터 7일 이내에 환부하도록 규정되어 있다고 하여도, 이 규정의 해석상 보석취소 후에 보증금몰수를 하는 것이 불가능하게 되는 것도 아니다(대결 2001.5.29. 2000모22 전합).

정답 ③

91 보석에 대한 설명으로 옳지 않은 것은? (다툼이 있는 경우 판례에 의함)

19. 검찰 7급

① 구속영장의 효력이 소멸하는 경우에도 보석조건이 즉시 효력을 상실하는 것은 아니다.
② 법원은 직권 또는 보석청구권자의 청구에 의하여 결정으로 보석을 허가할 수 있다.
③ 법원이 보석을 취소하는 때에는 직권 또는 검사의 청구에 따라 결정으로 보증금 또는 담보의 전부 또는 일부를 몰취할 수 있다.
④ 상소기간 중 또는 상소 중의 사건에 관한 피고인 보석의 결정은 소송기록이 상소법원에 도달하기까지는 원심법원이 하여야 한다.

[해설]

① 【 X 】 구속영장의 효력이 소멸한 때에는 보석조건은 즉시 그 효력을 상실한다(제104조의2 제1항).
② 【 O 】 제96조(임의적 보석)
③ 【 O 】 제103조 제1항
④ 【 O 】 제105조

정답 ①

92 보석보증금에 관한 다음 설명 중 가장 옳지 않은 것은? (다툼이 있는 경우 판례에 의함)

19. 법원직

① 형사소송법 제103조(보석된 자가 형의 선고를 받고 그 판결이 확정된 후 집행하기 위한 소환을 받고 정당한 이유 없이 출석하지 아니하거나 도망한 때에는 직권 또는 검사의 청구에 의하여 결정으로 보증금의 전부 또는 일부를 몰수하여야 한다)에 의한 보증금몰수사건은 보석허가결정 또는 그 취소결정 등을 한 본안 재판부에 관할이 있다.
② 보석보증금을 몰수하려면 반드시 보석취소결정과 동시에 하여야만 하는 것이 아니라 보석취소결정 후에 별도로 할 수도 있다.
③ 형사소송법 제103조의 '보석된 자'에는 판결확정 전에 그 보석이 취소되었으나 도망 등으로 재구금이 되지 않은 상태에 있는 사람도 포함된다.
④ 보석보증금이 소송절차 진행 중의 피고인의 출석을 담보하는 기능 외에 형 확정 후의 형 집행을 위한 출석을 담보하는 기능도 담당한다.

[해설]

① 【 X 】 형사소송법 제103조에 의한 보증금몰수사건은 그 성질상 당해 형사본안 사건의 기록이 존재하는 법원 또는 그 기록을 보관하는 검찰청에 대응하는 법원의 토지관할에 속하고, 그 법원이 지방법원인 경우에 있어서 사물관할은 법원조직법 제7조 제4항의 규정에 따라 지방법원 단독판사에게 속하는 것이지 소송절차 계속 중에 보석허가결정 또는 그 취소결정 등을 본안 관할법원인 제1심 합의부 또는 항소심인 합의부에서 한 바 있었다고 하여 그러한 법원이 사물관할을 갖게 되는 것은 아니다(대결 2002.5.17. 2001모53).
② 【 O 】 대결 2001.5.29. 2000모22 전합
③④ 【 O 】 대결 2002.5.17. 2001모53

정답 ①

93 형사소송법에 대한 설명으로 가장 적절하지 않은 것은?

19. 경찰승진

① 검사 또는 사법경찰관은 피의자가 사형·무기 또는 장기 3년 이상의 징역이나 금고에 해당하는 죄를 범하였다고 의심할 만한 상당한 이유가 있고, 증거를 인멸할 염려가 있는 경우에 긴급을 요하여 지방법원판사의 체포영장을 받을 수 없는 때에는 그 사유를 알리고 영장 없이 피의자를 체포할 수 있다.
② 장기 10년 이상의 징역 또는 금고에 해당하는 범죄는 10년의 경과로 공소시효가 완성된다.
③ 피고인이 사형, 무기 또는 단기 1년 이상의 징역이나 금고에 해당하는 사건으로 기소된 때 변호인이 없는 때에는 법원은 직권으로 변호인을 선정하여야 한다.
④ 피고인의 보석청구가 있어도 피고인이 사형, 무기 또는 장기 10년이 넘는 징역이나 금고에 해당하는 죄를 범한 경우는 필요적 보석 제외사유에 해당한다.

[해설]

① 【 O 】 제200조의3 제1항
② 【 O 】 제249조 제1항 제3호
③ 【 X 】 피고인이 사형, 무기 또는 단기 3년 이상의 징역이나 금고에 해당하는 사건으로 기소된 때 변호인이 없는 때에는 법원은 직권으로 변호인을 선정하여야 한다(제33조 제1항 제6호).
④ 【 O 】 제95조 제1호

정답 ③

94 법원의 구속집행정지 및 보석제도에 관한 다음 설명 중 가장 옳지 않은 것은? (다툼이 있는 경우 판례에 의함)

18. 법원직

① 검사는 법원의 구속집행정지결정에 관하여 즉시항고를 할 수 없다.
② 피고인이 집행유예기간 중에 있는 때에는 보석을 허가할 수 없다.
③ 구속영장의 효력이 소멸한 때에는 보석조건은 즉시 그 효력을 상실한다.
④ 보석취소의 결정이 있는 때에는 그 취소결정의 등본에 의하여 피고인을 재구금하여야 한다.

[해설]

① 【 O 】 헌재결 2012.6.27. 2011헌가36
② 【 X 】 피고인이 집행유예의 기간중에 있어 집행유예의 결격자라고 하여 보석을 허가할 수 없는 것은 아니고 형사소송법 제95조는 그 제1 내지 5호 이외의 경우에는 필요적으로 보석을 허가하여야 한다는 것이지 여기에 해당하는 경우에는 보석을 허가하지 아니할 것을 규정한 것이 아니므로 집행유예기간중에 있는 피고인의 보석을 허가한 것이 누범과 상습범에 대하여는 보석을 허가하지 아니할 수 있다는 형사소송법 제95조 제2호의 취지에 위배되어 위법이라고 할 수 없다(대결 1990.4.18. 90모22).
③ 【 O 】 제104조의2 제1항
④ 【 O 】 규칙 제56조 제1항

정답 ②

95 구속에 대한 설명으로 옳은 것은? (다툼이 있는 경우 판례에 의함) 20. 국가직

① 구속기간의 만료로 피고인에 대한 구속의 효력이 상실된 후 항소법원이 판결을 선고하면서 피고인을 구속한 것은 실질적으로 재구속 또는 이중구속에 해당되므로 위법하다.
② 법원이 구속된 피고인의 구속집행정지의 결정을 함에 있어서 급속을 요하는 경우가 아닌 한 검사의 의견을 물어야 하지만, 구속집행정지결정에 대한 검사의 즉시항고는 허용되지 않는다.
③ 구속의 사유가 소멸된 때에는 법원은 직권 또는 검사, 피고인, 변호인 등의 청구에 의하여 결정으로 구속을 취소하여야 하므로, 구속 중인 피고인에 대하여 자유형(실형)의 판결이 확정된 때에는 법원은 구속의 취소 결정을 하여야 한다.
④ 수사 당시 긴급체포되었다가 수사기관의 조치로 석방된 피의자를 동일한 범죄사실에 관하여 법원이 발부한 구속영장에 의하여 수사기관이 다시 구속하는 것은 위법하다.

[해설]

① 【 X 】 항소법원은 항소피고사건의 심리 중 또는 판결선고 후 상고제기 또는 판결확정에 이르기까지 수소법원으로서 형사소송법 제70조 제1항 각 호의 사유있는 불구속 피고인을 구속할 수 있고 또 수소법원의 구속에 관하여는 검사 또는 사법경찰관이 피의자를 구속함을 규율하는 형사소송법 제208조의 규정은 적용되지 아니하므로 구속기간의 만료로 피고인에 대한 구속의 효력이 상실된 후 항소법원이 피고인에 대한 판결을 선고하면서 피고인을 구속하였다 하여 위 법 제208조의 규정에 위배되는 재구속 또는 이중구속이라 할 수 없다(대결 1985.7.23. 85모12).
② 【 O 】 제101조 제2항, 헌재결 2012.6.27. 2011헌가36
③ 【 X 】 구속 중인 피고인에 대하여 자유형(실형)의 판결이 확정된 때에는 구속영장은 실효되므로, 위 경우 자유형이 선고된 유죄 부분이 확정되면 그때에 구속영장은 실효되고(따라서 피고인을 계속 구금하기 위하여는 확정된 유죄 부분에 대한 형집행의 절차를 취하여야 한다), 구속영장이 이미 실효된 이상 법원이 형사소송법 제93조에 의한 구속의 취소 결정을 할 수는 없다(대결 1999.9.7. 99초355, 99도3454).
④ 【 X 】 형사소송법 제200조의4 제3항은 영장 없이는 긴급체포 후 석방된 피의자를 동일한 범죄사실에 관하여 체포하지 못한다는 규정으로, 위와 같이 석방된 피의자라도 법원으로부터 구속영장을 발부받아 구속할 수 있음은 물론이고, 같은 법 제208조 소정의 '구속되었다가 석방된 자'라 함은 구속영장에 의하여 구속되었다가 석방된 경우를 말하는 것이지, 긴급체포나 현행범으로 체포되었다가 사후영장발부 전에 석방된 경우는 포함되지 않는다 할 것이므로, 피고인이 수사 당시 긴급체포되었다가 수사기관의 조치로 석방된 후 법원이 발부한 구속영장에 의하여 구속이 이루어진 경우 앞서 본 법조에 위배되는 위법한 구속이라고 볼 수 없다(대판 2001.9.28. 2001도4291).

[정답] ②

96 구속의 집행정지와 취소에 대한 설명으로 가장 적절하지 않은 것은? (다툼이 있는 경우 판례에 의함)

20. 경찰채용 2차

① 구속의 사유가 없거나 소멸된 때에는 법원은 직권 또는 검사, 피고인, 변호인과 형사소송법 제30조 제2항에 규정된 자의 청구에 의하여 결정으로 구속을 취소하여야 한다.
② 피고인 甲은 형사소송법 제72조에 정한 사전 청문절차 없이 발부된 구속영장에 기하여 구속되었다. 제1심 법원이 그 위법을 시정하기 위하여 구속취소결정 후 적법한 청문절차를 밟아 甲에 대한 구속영장을 발부하였고, 甲이 이 청문절차부터 제1·2심의 소송절차에 이르기까지 변호인의 조력을 받았다면, 법원은 甲에 대한 구속영장 발부와 집행에 관한 소송절차의 법령위반 등을 다투는 상고이유 주장은 받아들이지 않는다.
③ 법원은 형사소송법 제101조 제4항에 따라 구속영장의 집행이 정지된 국회의원이 소환을 받고도 정당한 사유 없이 출석하지 아니한 때에는 그 회기 중이라도 구속영장의 집행정지를 취소할 수 있다.
④ 법원은 상당한 이유가 있는 때에는 결정으로 구속된 피고인을 친족 보호단체 기타 적당한 자에게 부탁하거나 피고인의 주거를 제한하여 구속의 집행을 정지할 수 있고, 이때 급속을 요하는 경우를 제외하고는 검사의 의견을 물어야 한다.

해설

① 【O】 제93조
② 【O】 피고인은 이 사건 범죄사실에 관하여 형사소송법 제72조에서 정한 사전청문절차없이 발부된 구속영장에 기하여 2018.1.19. 구속되었다. 그러나 제1심법원이 위 구속의 위법을 시정하기 위하여 2018.4.13. 구속취소결정을 하고 적법한 청문절차를 밟아 구속 사유가 있음을 인정하고 같은 날 피고인에 대한 구속영장을 새로 발부하였다. 이와 같이 적법하게 발부된 새로운 구속영장에 따라 피고인에 대한 구속이 계속되었다. 피고인이 위 청문절차에서부터 제1심과 원심의 소송절차에 이르기까지 변호인의 조력을 받았다. 위와 같은 사실관계를 기록에 비추어 살펴보면, 피고인에 대한 신체구금 과정에 피고인의 방어권이 본질적으로 침해되어 원심판결의 정당성마저 인정하기 어렵다고 볼 정도의 위법은 없다. 따라서 피고인에 대한 구속영장발부와 집행에 관한 소송절차의 법령위반 등을 다투는 상고이유 주장은 받아들이지 않는다(대판 2019.2.28. 2018도19034).
③ 【X】 국회의원에 대한 구속영장의 집행정지는 그 회기 중 취소하지 못한다(제102조 제2항 단서).
④ 【O】 제101조 제1항, 제2항

정답 ③

97 구속의 집행정지 또는 구속의 실효에 관한 설명 중 가장 적절하지 않은 것은? (다툼이 있는 경우 판례에 의함)

20. 경찰승진

① 헌법 제44조에 의하여 구속된 국회의원에 대한 석방요구가 있으면 당연히 구속영장의 집행이 정지된다.
② 피고인 또는 그 변호인은 구속집행정지를 청구할 권리가 있다. 청구를 받은 법원은 48시간 이내에 구속된 피고인을 심문하여야 하고, 그 청구가 이유 있다고 인정한 때에는 결정으로 구속의 집행정지를 명하여야 한다.
③ 무죄, 면소, 형의 면제, 형의 선고유예, 형의 집행유예, 공소기각 또는 벌금이나 과료를 과하는 판결이 선고된 때에는 구속영장은 판결 선고와 동시에 바로 효력을 잃는다.
④ 구속의 사유가 없거나 소멸된 때에는 법원은 직권 또는 검사, 피고인, 변호인과 변호인선임권자의 청구에 의하여 결정으로 구속을 취소하여야 한다.

해설
① 【 O 】 제101조 제4항
② 【 X 】 법원은 상당한 이유가 있는 때에는 결정으로 구속된 피고인을 친족·보호단체 기타 적당한 자에게 부탁하거나 피고인의 주거를 제한하여 구속의 집행을 정지할 수 있다(제101조 제1항). 즉, 구속집행정지는 피고인의 청구가 아닌 법원의 직권에 의해서만 행해진다.
③ 【 O 】 제331조
④ 【 O 】 제93조

정답 ②

98 구속의 집행정지와 취소에 대한 설명으로 가장 적절하지 않은 것은? (다툼이 있는 경우 판례에 의함)

21. 경찰승진

① 법원은 「형사소송법」 제101조 제4항에 따라 구속영장의 집행이 정지된 국회의원이 소환을 받고도 정당한 사유 없이 출석하지 아니한 때에는 그 회기 중이라도 구속영장의 집행정지를 취소할 수 있다.
② 검사가 구속된 피의자를 석방한 때에는 지체 없이 구속영장을 발부한 법원에 그 사유를 서면으로 통지하여야 한다.
③ 구속의 사유가 없거나 소멸된 때에는 법원은 직권 또는 검사, 피고인, 변호인과 「형사소송법」 제30조 제2항에 규정된 자의 청구에 의하여 결정으로 구속을 취소하여야 한다.
④ 법원은 상당한 이유가 있는 때에는 결정으로 구속된 피고인을 친족·보호단체 기타 적당한 자에게 부탁하거나 피고인의 주거를 제한하여 구속의 집행을 정지할 수 있고, 이때 급속을 요하는 경우를 제외하고는 검사의 의견을 물어야 한다.

해설
① 【 X 】 국회의원에 대한 구속영장의 집행정지는 그 회기 중 취소하지 못한다(제102조 제2항 단서).
② 【 O 】 제204조
③ 【 O 】 제93조
④ 【 O 】 제101조 제1항, 제2항

정답 ①

99 체포와 구속에 대한 설명 중 옳은 것(○)과 옳지 않은 것(×)을 바르게 연결한 것은? (다툼이 있는 경우 판례에 의함)

20. 검찰 7급

> ⊙ 체포된 피의자에 대하여 구속영장을 청구받은 판사는 지체 없이 피의자를 심문하여야 한다. 이 경우 특별한 사정이 없는 한 구속영장이 청구된 날의 다음날까지 심문하여야 한다.
> ⓒ 사법경찰관리가 현행범인의 인도를 받은 때에는 체포자의 성명, 주거, 체포의 사유를 물어야 하고 필요한 때에는 체포자에 대하여 경찰관서에 동행함을 요구할 수 있다.
> ⓒ 구속의 사유가 없거나 소멸된 때에는 피고인, 피고인의 변호인·법정대리인·배우자·직계친족·형제자매·가족·동거인 또는 고용주는 법원에 구속된 피고인의 구속취소를 청구할 수 있다.
> ② 구속기간이 만료될 무렵에 종전 구속영장에 기재된 범죄사실과 다른 범죄사실로 피고인을 구속하였다는 사정만으로는 피고인에 대한 구속이 위법하다고 할 수 없다.

① ㉠ ○ ㉡ ○ ㉢ ○ ㉣ ○
② ㉠ × ㉡ ○ ㉢ ○ ㉣ ○
③ ㉠ ○ ㉡ × ㉢ ○ ㉣ ×
④ ㉠ ○ ㉡ ○ ㉢ × ㉣ ○

해설

㉠ 【○】 제201조의2 제1항
㉡ 【○】 제213조 제2항
㉢ 【×】 구속의 사유가 없거나 소멸된 때에는 법원은 직권 또는 검사, 피고인, 변호인과 제30조 제2항에 규정된 자(법정대리인, 배우자, 직계친족, 형제자매)의 청구에 의하여 결정으로 구속을 취소하여야 한다(제93조).
㉣ 【○】 대결 1996.8.12. 96모46

정답 ④

100 수사에 대한 설명으로 옳은 것은? (다툼이 있는 경우 판례에 의함)

16. 국가직

① 임의동행의 형식으로 수사기관에 연행된 피내사자에게는 변호인 또는 변호인이 되려는 자와의 접견교통권은 인정되지 아니한다.
② 보석보증금을 몰수하려면 반드시 보석취소와 동시에 하여야만 하고 보석취소 후에 별도로 보증금몰수결정을 할 수는 없다.
③ 위법한 함정수사에 기한 공소제기는 그 절차가 법률의 규정에 위반하여 무효인 때에 해당한다.
④ 형사소송법 제244조의5에 의해서 신뢰관계에 있는 자가 피의자신문에 동석하여 피의자신문조서가 작성된 경우에 동석한 자가 피의자를 대신하여 진술한 부분은 피의자신문조서의 증거능력의 요건을 충족하여야 증거능력이 인정된다.

[해설]

① 【 X 】 변호인의 조력을 받을 권리를 실질적으로 보장하기 위하여는 변호인과의 접견교통권의 인정이 당연한 전제가 되므로, 임의 동행의 형식으로 수사기관에 연행된 피의자에게도 변호인 또는 변호인이 되려는 자와의 접견교통권은 당연히 인정된다고 보아야 하고, 임의동행의 형식으로 연행된 피내사자의 경우에도 이는 마찬가지이다(대결 1996.6.3. 96모18).

② 【 X 】 보석보증금을 몰수하려면 반드시 보석취소와 동시에 하여야만 가능한 것이 아니라 보석취소 후에 별도로 보증금몰수결정을 할 수도 있다. 그리고 형사소송법 제104조가 구속 또는 보석을 취소하거나 구속영장의 효력이 소멸된 때에는 몰수하지 아니한 보증금을 청구한 날로부터 7일 이내에 환부하도록 규정되어 있다고 하여도, 이 규정의 해석상 보석취소 후에 보증금몰수를 하는 것이 불가능하게 되는 것도 아니다(대결 2001.5.29. 2000모22 전합).

③ 【 O 】 대판 2005.10.28. 2005도1247

④ 【 X 】 만약 동석한 사람이 피의자를 대신하여 진술한 부분이 조서에 기재되어 있다면 그 부분은 피의자의 진술을 기재한 것이 아니라 동석한 사람의 진술을 기재한 조서에 해당하므로, 그 사람에 대한 진술조서로서의 증거능력을 취득하기 위한 요건을 충족하지 못하는 한 이를 유죄 인정의 증거로 사용할 수 없다(대판 2009.6.23. 2009도1322).

정답 ③

101 강제수사에 대한 설명으로 옳은 것만을 모두 고르면?

23. 국가직

㉠ 현행범인 체포의 요건을 갖추었는지 여부는 체포 당시의 상황을 기초로 판단하여야 하고, 체포 당시의 상황으로 볼 때 그 요건의 충족 여부에 관한 검사나 사법경찰관 등의 판단이 경험칙에 비추어 현저히 합리성을 잃은 경우에는 그 체포는 위법하다.

㉡ 구속기간연장허가결정이 있는 경우에 그 연장기간은 구속기간이 만료된 날로부터 기산한다.

㉢ 피의자, 피의자의 변호인·법정대리인·배우자·직계친족·형제자매·가족·동거인 또는 고용주는 구속된 피의자의 보석을 법원에 청구할 수 있다.

㉣ 수사기관이 압수·수색영장에 적힌 '수색할 장소'에 있는 컴퓨터 등 정보처리장치에 저장된 전자정보 외에 원격지 서버에 저장된 전자정보를 압수·수색하기 위해서는 압수·수색영장에 적힌 '압수할 물건'에 별도로 원격지 서버 저장 전자정보가 특정되어 있어야 한다.

① ㉠, ㉡   ② ㉠, ㉣   ③ ㉡, ㉢   ④ ㉢, ㉣

[해설]

㉠ 【 O 】 대판 2016.2.18. 2015도13726

㉡ 【 X 】 구속기간연장허가결정이 있는 경우에 그 연장기간은 법 제203조의 규정에 의한 구속기간만료 다음날로부터 기산한다(형사소송규칙 제98조).

㉢ 【 X 】 피의자 보석(보증금 납입조건부 피의자 석방결정)은 심사에 대한 법원의 결정이기 때문에 직권·재량일 뿐 청구는 할 수 없다(대판 1997.8.27. 97모21).

㉣ 【 O 】 대판 2022.6.30. 2022도1452

정답 ②

102 전자정보의 압수·수색에 대한 설명으로 옳지 않은 것은? (다툼이 있는 경우 판례에 의함)   16. 국가직

① 수사기관 사무실 등으로 반출된 저장매체 또는 복제본에서 혐의사실 관련성에 대한 구분 없이 임의로 저장된 전자정보를 문서로 출력하거나 파일로 복제하는 행위는 원칙적으로 영장주의 원칙에 반하는 위법한 압수가 된다.
② 전자정보 저장매체를 수사기관 사무실 등으로 옮겨 복제·탐색·출력하는 경우에도 변호인에게 참여의 기회를 보장하지 않으면 위법하다.
③ 전자정보에 대한 압수·수색이 종료되기 전에 혐의사실과 관련된 전자정보를 적법하게 탐색하는 과정에서 별도의 범죄혐의와 관련된 전자정보를 우연히 발견한 경우라면 따로 압수·수색영장을 발부받지 않고 이 전자정보를 적법하게 압수·수색할 수 있다.
④ 전자정보에 대한 압수·수색 과정에서 이루어진 현장에서의 저장매체 압수·이미징·탐색·복제 및 출력 행위 등 수사기관의 처분은 하나의 영장에 의한 압수·수색 과정에서 이루어지므로, 당해 압수·수색 과정 전체를 하나의 절차로 파악하여 그 과정에서 나타난 위법이 압수·수색 절차 전체를 위법하게 할 정도로 중대한지 여부에 따라 전체적으로 압수·수색 처분을 취소할 것인지를 판단하여야 한다.

해설

①②④ 【O】 대결 2015.7.16. 2011모1839 전합
③ 【X】 전자정보에 대한 압수·수색에 있어 저장매체 자체를 외부로 반출하거나 하드카피·이미징 등의 형태로 복제본을 만들어 외부에서 저장매체나 복제본에 대하여 압수·수색이 허용되는 예외적인 경우에도 혐의사실과 관련된 전자정보 이외에 이와 무관한 전자정보를 탐색·복제·출력하는 것은 원칙적으로 위법한 압수·수색에 해당하므로 허용될 수 없다. 그러나 전자정보에 대한 압수·수색이 종료되기 전에 혐의사실과 관련된 전자정보를 적법하게 탐색하는 과정에서 별도의 범죄혐의와 관련된 전자정보를 우연히 발견한 경우라면, 수사기관은 더 이상의 추가 탐색을 중단하고 법원에서 별도의 범죄혐의에 대한 압수·수색영장을 발부받은 경우에 한하여 그러한 정보에 대하여도 적법하게 압수·수색을 할 수 있다(대결 2015.7.16. 2011모1839 전합).

정답 ③

103 전자정보의 압수·수색에 대한 설명으로 옳지 않은 것은? (다툼이 있는 경우 판례에 의함)   16. 국가직

① 전자정보에 대한 압수·수색은 원칙적으로 영장 발부의 사유로 된 범죄혐의사실과 관련된 부분만을 문서출력물로 수집하거나 수사기관이 휴대한 저장매체에 해당 파일을 복제하는 방식으로 이루어져야 한다.
② 수사기관 사무실 등으로 반출된 저장매체 또는 복제본에서 혐의사실 관련성에 대한 구분 없이 임의로 저장된 전자정보를 문서로 출력하거나 파일로 복제하는 행위는 원칙적으로 영장주의 원칙에 반하는 위법한 압수가 된다.
③ 전자정보가 담긴 저장매체 또는 복제본을 수사기관 사무실 등으로 옮겨 이를 복제·탐색·출력하는 경우, 피압수자 측에 절차참여를 보장한 취지가 실질적으로 침해되었더라도 수사기관이 저장매체 또는 복제본에서 혐의사실과 관련된 전자정보만을 복제·출력하였다면 그 압수·수색은 적법하다.
④ 전자정보에 대한 압수·수색이 종료되기 전에 혐의사실과 관련된 전자정보를 적법하게 탐색하는 과정에서 별도의 범죄혐의와 관련된 전자정보를 우연히 발견한 경우, 수사기관으로서는 더 이상의 추가 탐색을 중단하고 법원으로부터 별도의 범죄혐의에 대한 압수·수색영장을 발부받은 경우에 한하여 그러한 정보에 대하여도 적법하게 압수·수색을 할 수 있다.

해설

①②④ 【 O 】 대결 2015.7.16. 2011모1839 전합
③ 【 X 】 저장매체에 대한 압수·수색 과정에서 범위를 정하여 출력 또는 복제하는 방법이 불가능하거나 압수의 목적을 달성하기에 현저히 곤란한 예외적인 사정이 인정되어 전자정보가 담긴 저장매체 또는 하드카피나 이미징 등 형태(이하 '복제본'이라 한다)를 수사기관 사무실 등으로 옮겨 복제·탐색·출력하는 경우에도, 그와 같은 일련의 과정에서 형사소송법 제219조, 제121조에서 규정하는 피압수·수색 당사자(이하 '피압수자'라 한다)나 변호인에게 참여의 기회를 보장하고 혐의사실과 무관한 전자정보의 임의적인 복제 등을 막기 위한 적절한 조치를 취하는 등 영장주의 원칙과 적법절차를 준수하여야 한다. 만약 그러한 조치가 취해지지 않았다면 피압수자 측이 참여하지 아니한다는 의사를 명시적으로 표시하였거나 절차 위반행위가 이루어진 과정의 성질과 내용 등에 비추어 피압수자 측에 절차 참여를 보장한 취지가 실질적으로 침해되었다고 볼 수 없을 정도에 해당한다는 등의 특별한 사정이 없는 이상 압수·수색이 적법하다고 평가할 수 없고, 비록 수사기관이 저장매체 또는 복제본에서 혐의사실과 관련된 전자정보만을 복제·출력하였다 하더라도 달리 볼 것은 아니다(대결 2015.7.16. 2011모1839 전합).

정답 ③

104 전자정보의 압수·수색에 대한 설명으로 가장 적절하지 않은 것은? (다툼이 있는 경우 판례에 의함)

17. 경찰채용 2차

① 압수물인 디지털 저장매체로부터 출력한 문건을 증거로 사용하기 위해서는 디지털 저장매체 원본에 저장된 내용과 출력한 문건의 동일성이 인정되어야 하고, 이를 위해서는 디지털 저장매체 원본이 압수시부터 문건 출력시까지 변경되지 않았음이 담보되어야 한다.
② 전자정보에 대한 압수·수색영장을 집행할 때에는 원칙적으로 저장매체 자체를 수사기관 사무실 등으로 옮겨 혐의사실과 관련된 부분만을 문서로 출력하거나 해당 파일을 복사하는 방식으로 이루어져야 한다.
③ 전자정보가 담긴 저장매체 또는 복제본을 수사기관 사무실 등으로 옮겨 이를 복제·탐색·출력하는 경우, 피압수자 측에 절차 참여를 보장한 취지가 실질적으로 침해되었다면 수사기관이 저장매체 또는 복제본에서 혐의사실과 관련된 전자정보만을 복제·출력하였더라도 그 압수·수색은 위법하다.
④ 전자정보에 대한 압수·수색이 종료되기 전에 혐의사실과 관련된 전자정보를 적법하게 탐색하는 과정에서 별도의 범죄혐의와 관련된 전자정보를 우연히 발견한 경우, 수사기관은 더 이상의 추가 탐색을 중단하고 법원에서 별도의 범죄혐의에 대한 압수·수색영장을 발부받은 경우에 한하여 그러한 정보에 대하여도 적법하게 압수·수색을 할 수 있다.

해설

① 【 O 】 대판 2007.12.13. 2007도7257
② 【 X 】 전자정보에 대한 압수·수색영장의 집행에 있어서는 원칙적으로 영장 발부의 사유로 된 혐의사실과 관련된 부분만을 문서 출력물로 수집하거나 수사기관이 휴대한 저장매체에 해당 파일을 복사하는 방식으로 이루어져야 하고, 집행현장의 사정상 위와 같은 방식에 의한 집행이 불가능하거나 현저히 곤란한 부득이한 사정이 있더라도 그 같은 경우에 그 저장매체 자체를 직접 또는 하드카피나 이미징 등 형태로 수사기관 사무실 등 외부로 반출하여 해당 파일을 압수·수색할 수 있도록 영장에 기재되어 있고 실제 그와 같은 사정이 발생한 때에 한하여 예외적으로 허용될 수 있을 뿐이다(대판 2012.3.29. 2011도10508).
③④ 【 O 】 대결 2015.7.16. 2011모1839 전합

정답 ②

105 전자정보의 압수·수색 및 증거능력에 대한 설명 중 가장 적절하지 않은 것은? (다툼이 있는 경우 판례에 의함)

18. 경찰승진

① 전자정보에 대한 압수수색영장을 집행할 때에는 원칙적으로 영장발부의 사유인 혐의사실과 관련된 부분만을 문서 출력물로 수집하거나 수사기관이 휴대한 저장매체에 해당 파일을 복사하는 방법으로 이루어져야 한다.
② 압수수색영장에 저장매체 자체를 직접 또는 하드카피나 이미징 등 형태로 수사기관 사무실 등 외부로 반출하여 해당 파일을 압수·수색할 수 있도록 기재되어 있지 않더라도, 수사기관이 전자정보의 복사 또는 출력이 불가능하거나 현저히 곤란한 부득이한 사정이 있을 때에는 압수목적물인 저장매체 자체를 수사관서로 반출할 수 있다.
③ 검사가 영장을 집행하면서 영장기재 압수·수색의 장소에서 압수할 전자정보를 용이하게 하드카피·이미징 또는 문서로 출력할 수 있음에도 저장매체 자체를 반출하여 가지고 간 경우, 이에 대하여 불복이 있으면 그 직무집행지의 관할법원 또는 검사의 소속검찰청에 대응한 법원에 그 처분의 취소 또는 변경을 청구할 수 있다.
④ 피고인 또는 피고인 아닌 사람이 컴퓨터용 디스크 그 밖에 이와 비슷한 정보저장매체에 입력하여 기억된 문자정보 또는 그 출력물을 증거로 사용하는 경우, 그 내용의 진실성에 관하여는 전문법칙이 적용되고, 원칙적으로 「형사소송법」 제313조 제1항에 의하여 작성자 또는 진술자의 진술에 의하여 성립의 진정함이 증명된 때에 한하여 이를 증거로 사용할 수 있다.

해설

① 【 O 】 대판 2012.3.29. 2011도10508
② 【 X 】 집행현장의 사정상 위와 같은 방식에 의한 집행이 불가능하거나 현저히 곤란한 부득이한 사정이 있더라도 그 같은 경우에 그 저장매체 자체를 직접 또는 하드카피나 이미징 등 형태로 수사기관 사무실 등 외부로 반출하여 해당 파일을 압수·수색할 수 있도록 영장에 기재되어 있고 실제 그와 같은 사정이 발생한 때에 한하여 예외적으로 허용될 수 있을 뿐이다(대판 2012.3.29. 2011도10508).
③ 【 O 】 제417조
④ 【 O 】 대판 2013.2.15. 2010도3504

정답 ②

106 정보저장매체기록의 증거능력에 대한 설명으로 옳은 것은? (다툼이 있는 경우 판례에 의함)   18. 검찰 7급

① 수사기관이 압수물목록을 작성하는 경우 압수된 정보의 상세목록에는 정보의 파일 명세를 특정하여야 하고, 이를 출력한 서면을 피의자 등에게 교부하여야 하되 전자파일 형태로 복사해 주는 방식으로 교부하는 것은 허용되지 않는다.
② 수사기관이 압수현장에서 정보저장매체에 기억된 정보 중에서 범죄 혐의사실과 관련 있는 정보를 선별한 다음 이를 복제하여 생성한 이미지 파일을 제출받아 압수한 경우, 수사기관이 수사기관 사무실에서 압수된 파일을 탐색·복제·출력하는 과정에서 피의자 등에게 참여의 기회를 보장하여야 한다.
③ 압수된 디지털 저장매체로부터 출력된 문건이 진술증거로 사용되는 경우에는 형사소송법 제313조 제1항에 의하여 공판준비나 공판기일에서의 그 작성자 또는 진술자의 진술에 의하여 그 성립의 진정함이 증명된 때에 한하여 이를 증거로 사용할 수 있다.
④ 컴퓨터 디스켓에 들어있는 기재내용을 증거로 사용하는 경우 컴퓨터 디스켓 자체를 물증으로 취급하여야 하므로 그 기재내용의 진실성에 관하여는 전문법칙이 적용되지 않는다.

해설

① 【 X 】 압수물 목록은 피압수자 등이 압수처분에 대한 준항고를 하는 등 권리행사절차를 밟는 가장 기초적인 자료가 되므로, 수사기관은 이러한 권리행사에 지장이 없도록 압수 직후 현장에서 압수물 목록을 바로 작성하여 교부해야 하는 것이 원칙이다. 이러한 압수물 목록 교부 취지에 비추어 볼 때, 압수된 정보의 상세목록에는 정보의 파일 명세가 특정되어 있어야 하고, 수사기관은 이를 출력한 서면을 교부하거나 전자파일 형태로 복사해 주거나 이메일을 전송하는 등의 방식으로도 할 수 있다(대판 2018.2.8. 2017도13263).
② 【 X 】 수사기관이 정보저장매체에 기억된 정보 중에서 키워드 또는 확장자 검색 등을 통해 범죄 혐의사실과 관련 있는 정보를 선별한 다음 정보저장매체와 동일하게 비트열 방식으로 복제하여 생성한 파일(이하 '이미지 파일'이라 한다)을 제출받아 압수하였다면 이로써 압수의 목적물에 대한 압수·수색 절차는 종료된 것이므로, 수사기관이 수사기관 사무실에서 위와 같이 압수된 이미지 파일을 탐색·복제·출력하는 과정에서도 피의자 등에게 참여의 기회를 보장하여야 하는 것은 아니다(대판 2018.2.8. 2017도13263).
③ 【 O 】 대판 2013.6.13. 2012도16001
④ 【 X 】 컴퓨터 디스켓에 들어 있는 문건이 증거로 사용되는 경우 그 컴퓨터 디스켓은 그 기재의 매체가 다를 뿐 실질에 있어서는 피고인 또는 피고인 아닌 자의 진술을 기재한 서류와 크게 다를 바 없고, 압수 후의 보관 및 출력과정에 조작의 가능성이 있으며, 기본적으로 반대신문의 기회가 보장되지 않는 점 등에 비추어 그 기재내용의 진실성에 관하여는 전문법칙이 적용된다고 할 것이다(대판 1999.9.3. 99도2317).

정답 ③

107 전자정보의 압수·수색에 대한 설명으로 가장 적절하지 않은 것은? (다툼이 있는 경우 판례에 의함)

18. 경찰채용 2차

① 수사기관이 정보저장매체에 기억된 정보 중에서 범죄 혐의사실과 관련 있는 정보를 선별한 다음 '이미지 파일'을 제출받아 압수하고, 수사기관 사무실에서 그 압수된 이미지 파일을 탐색·복제·출력하는 과정을 거치는 경우, 이 모든 과정에 피의자나 변호인 등에게 참여의 기회를 보장하여야 한다.
② 수사기관이 정보저장매체에 기억된 정보의 압수 직후 현장에서 작성하여 교부하는 압수된 정보의 상세목록에는 정보의 파일 명세가 특정되어 있어야 하고, 수사기관은 이를 출력한 서면을 교부하거나 전자파일 형태로 복사해 주거나 이메일을 전송하는 등의 방식으로도 할 수 있다.
③ 수사기관이 인터넷서비스이용자인 피의자를 상대로 피의자의 컴퓨터 등 정보처리장치 내에 저장되어 있는 이메일 등 전자정보를 압수·수색하는 것은 전자정보의 소유자 내지 소지자를 상대로 해당 전자정보를 압수·수색하는 대물적 강제처분으로 형사소송법의 해석상 허용된다.
④ 압수·수색할 전자정보가 수색장소에 있지 않고 제3자가 관리하는 원격지의 서버 등 저장매체에 저장되어 있는 경우, 수사기관이 발부받은 영장에 따라 피의자가 접근하는 통상적인 방법으로 원격지의 저장매체에 접속하여 그곳에 저장되어 있는 피의자의 이메일 관련 전자정보를 수색장소의 정보처리장치로 내려받는 것이 허용된다.

해설

① 【 X 】 형사소송법 제219조, 제121조에 의하면, 수사기관이 압수·수색영장을 집행할 때 피의자 또는 변호인은 그 집행에 참여할 수 있다. 압수의 목적물이 컴퓨터용디스크 그 밖에 이와 비슷한 정보저장매체인 경우에는 영장 발부의 사유로 된 범죄 혐의사실과 관련 있는 정보의 범위를 정하여 출력하거나 복제하여 이를 제출받아야 하고, 피의자나 변호인에게 참여의 기회를 보장하여야 한다. 만약 그러한 조치를 취하지 않았다면 이는 형사소송법에 정한 영장주의 원칙과 적법절차를 준수하지 않은 것이다. 수사기관이 정보저장매체에 기억된 정보 중에서 키워드 또는 확장자 검색 등을 통해 범죄 혐의사실과 관련 있는 정보를 선별한 다음 정보저장매체와 동일하게 비트열 방식으로 복제하여 생성한 파일(이하 '이미지 파일'이라 한다)을 제출받아 압수하였다면 이로써 압수의 목적물에 대한 압수·수색 절차는 종료된 것이므로, 수사기관이 수사기관 사무실에서 위와 같이 압수된 이미지 파일을 탐색·복제·출력하는 과정에서도 피의자 등에게 참여의 기회를 보장하여야 하는 것은 아니다(대판 2018.2.8. 2017도13263).
② 【 O 】 대판 2018.2.8. 2017도13263
③④ 【 O 】 대판 2017.11.29. 2017도9747

정답 ①

108 전자정보의 압수·수색에 대한 설명으로 가장 적절하지 않은 것은? (다툼이 있는 경우 판례에 의함)

19. 경찰채용 1차

① 피의자의 이메일 계정에 대한 접근권한에 갈음하여 발부받은 압수·수색영장의 효력은 대한민국의 사법관할권이 미치지 아니하는 해외 이메일서비스제공자의 해외 서버 및 그 해외 서버에 소재하는 저장매체 속 피의자의 전자정보에 대하여까지 미치지는 않는다.

② 피의자의 이메일 계정에 대한 접근권한에 갈음하여 발부받은 압수·수색영장에 따라 국내 원격지의 저장매체에 적법하게 접속하여 내려받거나 현출된 전자정보를 대상으로 하여 범죄 혐의사실과 관련된 부분에 대하여 압수·수색하는 것은 「형사소송법」 제120조 제1항에서 정한 압수·수색영장의 집행에 필요한 처분에 해당한다.

③ 수사기관이 정보저장매체에 기억된 정보 중에서 키워드 또는 확장자 검색 등을 통해 범죄 혐의사실과 관련 있는 정보를 선별한 다음 정보저장매체와 동일하게 비트열 방식으로 복제하여 생성한 이미지 파일을 제출받아 압수하였다면, 이후 압수된 이미지 파일을 탐색·복제·출력하는 과정에서 피의자 등에게 참여의 기회를 보장하여야 하는 것은 아니다.

④ 전자정보에 대한 압수·수색이 종료되기 전에 혐의사실과 관련된 전자정보를 적법하게 탐색하는 과정에서 별도의 범죄혐의와 관련된 전자정보를 우연히 발견한 경우라면, 수사기관은 더 이상의 추가 탐색을 중단하고 법원에서 별도의 범죄혐의에 대한 압수·수색영장을 발부받은 경우에 한하여 그러한 정보에 대하여도 적법하게 압수·수색을 할 수 있다.

해설

① 【 X 】 수사기관이 인터넷서비스이용자인 피의자를 상대로 피의자의 컴퓨터 등 정보처리장치 내에 저장되어 있는 이메일 등 전자정보를 압수·수색하는 것은 전자정보의 소유자 내지 소지자를 상대로 해당 전자정보를 압수·수색하는 대물적 강제처분으로 형사소송법의 해석상 허용된다. 나아가 압수·수색할 전자정보가 압수·수색영장에 기재된 수색장소에 있는 컴퓨터 등 정보처리장치 내에 있지 아니하고 그 정보처리장치와 정보통신망으로 연결되어 제3자가 관리하는 원격지의 서버 등 저장매체에 저장되어 있는 경우에도, 수사기관이 피의자의 이메일 계정에 대한 접근권한에 갈음하여 발부받은 영장에 따라 영장 기재 수색장소에 있는 컴퓨터 등 정보처리장치를 이용하여 적법하게 취득한 피의자의 이메일 계정 아이디와 비밀번호를 입력하는 등 피의자가 접근하는 통상적인 방법에 따라 그 원격지의 저장매체에 접속하고 그곳에 저장되어 있는 피의자의 이메일 관련 전자정보를 수색장소의 정보처리장치로 내려 받거나 그 화면에 현출시키는 것 역시 피의자의 소유에 속하거나 소지하는 전자정보를 대상으로 이루어지는 것이므로 그 전자정보에 대한 압수·수색을 위와 달리 볼 필요가 없다(대판 2017.11.29. 2017도9747).

② 【 O 】 대판 2017.11.29. 2017도9747
③ 【 O 】 대판 2018.2.8. 2017도13263
④ 【 O 】 대결 2015.7.16. 2011모1839 전합

정답 ①

109 전자정보의 압수·수색에 대한 설명으로 가장 적절한 것은? (다툼이 있는 경우 판례에 의함) 21. 경찰승진

① 전자정보에 대한 압수·수색이 종료되기 전에 혐의사실과 관련된 전자정보를 적법하게 탐색하는 과정에서 별도의 범죄혐의와 관련된 전자정보를 우연히 발견한 경우라면 따로 압수·수색영장을 발부받지 않고 그 전자정보를 적법하게 압수·수색할 수 있다.

② 전자정보가 담긴 저장매체를 수사기관 사무실 등으로 옮겨 복제·탐색·출력하는 경우에는 변호인의 참여 기회를 보장할 필요는 없다.

③ 전자정보에 대한 압수·수색영장을 집행할 때에는 원칙적으로 영장발부의 사유인 혐의사실과 관련된 부분만을 문서 출력물로 수집하거나 수사기관이 휴대한 저장매체에 해당 파일을 복사하는 방법으로 이루어져야 한다.

④ 압수·수색영장에 저장매체 자체를 직접 또는 하드카피나 이미징 등 형태로 수사기관 사무실 등 외부로 반출하여 해당파일을 압수·수색할 수 있도록 기재되어 있지 않더라도, 수사기관이 전자정보의 복사 또는 출력이 불가능하거나 현저히 곤란한 부득이한 사정이 있을 때에는 압수목적물인 저장매체 자체를 수사관서로 반출할 수 있다.

해설

① 【 X 】 전자정보에 대한 압수·수색이 종료되기 전에 혐의사실과 관련된 전자정보를 적법하게 탐색하는 과정에서 별도의 범죄혐의와 관련된 전자정보를 우연히 발견한 경우라면, 수사기관은 더 이상의 추가 탐색을 중단하고 법원에서 별도의 범죄혐의에 대한 압수·수색영장을 발부받은 경우에 한하여 그러한 정보에 대하여도 적법하게 압수·수색을 할 수 있다(대결 2015.7.16. 2011모1839 전합).

② 【 X 】 저장매체에 대한 압수·수색 과정에서 범위를 정하여 출력 또는 복제하는 방법이 불가능하거나 압수의 목적을 달성하기에 현저히 곤란한 예외적인 사정이 인정되어 전자정보가 담긴 저장매체 또는 하드카피나 이미징 등 형태를 수사기관 사무실 등으로 옮겨 복제·탐색·출력하는 경우에도, 그와 같은 일련의 과정에서 형사소송법 제219조, 제121조에서 규정하는 피압수·수색 당사자(이하 '피압수자'라 한다)나 변호인에게 참여의 기회를 보장하고 혐의사실과 무관한 전자정보의 임의적인 복제 등을 막기 위한 적절한 조치를 취하는 등 영장주의 원칙과 적법절차를 준수하여야 한다(대결 2015.7.16. 2011모1839 전합).

③ 【 O 】 대결 2015.7.16. 2011모1839 전합

④ 【 X 】 전자정보에 대한 압수·수색영장의 집행에 있어서 저장매체 자체를 직접 또는 하드카피나 이미징 등 형태로 수사기관 사무실 등 외부로 반출하여 해당 파일을 압수·수색할 수 있도록 영장에 기재되어 있고 실제 그와 같은 사정이 발생한 때에 한하여 예외적으로 허용될 수 있을 뿐이다(대판 2012.3.29. 2011도10508).

정답 ③

110 전자정보에 대한 압수·수색에 관한 다음 설명 중 가장 옳지 않은 것은? (다툼이 있는 경우 판례에 의함)

21. 법원직

① 전자정보에 대한 압수·수색은 사생활의 비밀과 자유, 정보에 대한 자기결정권, 재산권 등을 침해할 우려가 크므로 포괄적으로 이루어져서는 아니 되고 비례의 원칙에 따라 필요한 최소한의 범위 내에서 이루어져야 한다.

② 전자정보가 담긴 저장매체 또는 복제본을 수사기관 사무실 등으로 옮겨 이를 복제·탐색·출력하는 경우에도, 그와 같은 일련의 과정에서 형사소송법 제219조, 제121조에서 규정하는 피압수·수색 당사자나 그 변호인에게 참여의 기회를 보장하고 혐의사실과 무관한 전자정보의 임의적인 복제 등을 막기 위한 적절한 조치를 취하는 등 영장주의 원칙과 적법절차를 준수하여야 한다.

③ 전자정보에 대한 압수·수색이 종료되기 전에 혐의사실과 관련된 전자정보를 적법하게 탐색하는 과정에서 별도의 범죄혐의와 관련된 전자정보를 우연히 발견한 경우라면, 수사기관은 더 이상의 추가 탐색을 중단하고 법원에서 별도의 범죄혐의에 대한 압수·수색영장을 발부받은 경우에 한하여 그러한 정보에 대하여도 적법하게 압수·수색을 할 수 있다.

④ 준항고인이 전체 압수·수색 과정을 단계적·개별적으로 구분하여 각 단계의 개별 처분의 취소를 구한 경우, 특별한 사정이 없는 한 준항고법원으로서는 그 구분된 개별 처분의 위법이나 취소 여부를 판단하여야 한다.

[해설]

① 【 O 】 대판 2017.11.14. 2017도3449
② 【 O 】 대판 2020.11.26. 2020도10729
③ 【 O 】 대결 2015.7.16. 2011모1839 전합
④ 【 X 】 [다수의견] 전자정보에 대한 압수·수색 과정에서 이루어진 현장에서의 저장매체 압수·이미징·탐색·복제 및 출력행위 등 수사기관의 처분은 하나의 영장에 의한 압수·수색 과정에서 이루어진다. 그러한 일련의 행위가 모두 진행되어 압수·수색이 종료된 이후에는 특정단계의 처분만을 취소하더라도 그 이후의 압수·수색을 저지한다는 것을 상정할 수 없고 수사기관에게 압수·수색의 결과물을 보유하도록 할 것인지가 문제 될 뿐이다. 그러므로 이 경우에는 준항고인이 전체 압수·수색 과정을 단계적·개별적으로 구분하여 각 단계의 개별 처분의 취소를 구하더라도 준항고법원은 특별한 사정이 없는 한 구분된 개별 처분의 위법이나 취소 여부를 판단할 것이 아니라 당해 압수·수색 과정 전체를 하나의 절차로 파악하여 그 과정에서 나타난 위법이 압수·수색 절차 전체를 위법하게 할 정도로 중대한지 여부에 따라 전체적으로 압수·수색 처분을 취소할 것인지를 가려야 한다. 여기서 위법의 중대성은 위반한 절차조항의 취지, 전체과정 중에서 위반행위가 발생한 과정의 중요도, 위반사항에 의한 법익침해 가능성의 경중 등을 종합하여 판단하여야 한다(대결 2015.7.16. 2011모1839 전합).

정답 ④

111 압수 · 수색에 대한 설명으로 가장 적절하지 않은 것은? (다툼이 있는 경우 판례에 의함)

19. 경찰승진

① 압수 · 수색영장의 집행 중에는 타인의 출입을 금지할 수 있고, 이를 위배한 자에게는 퇴거하게 하거나 집행 종료시까지 간수자를 붙일 수 있다.
② 압수 · 수색영장에 압수할 물건을 '압수장소에 보관 중인 물건'이라고 기재한 경우, 이를 '압수장소에 현존하는 물건'이라고 해석할 수 없다.
③ 우편물 통관검사절차에서 이루어지는 우편물의 개봉, 시료채취, 성분분석 등의 검사가 압수 · 수색영장 없이 진행되었다 하더라도 특별한 사정이 없는 한 위법하다고 볼 수 없다.
④ 기존에 발부받은 압수 · 수색영장으로 이미 집행을 마쳤더라도 영장의 유효기간이 도과하지 않았다면, 남은 유효기간 내에서는 동일한 영장으로 동일한 장소 또는 목적물에 대하여 다시 압수 · 수색을 할 수 있다.

해설

① 【 O 】 제119조 제1항, 제2항
② 【 O 】 대판 2009.3.12. 2008도763
③ 【 O 】 대판 2013.9.26. 2013도7718
④ 【 X 】 형사소송법 제215조에 의한 압수 · 수색영장은 수사기관의 압수 · 수색에 대한 허가장으로서 거기에 기재되는 유효기간은 집행에 착수할 수 있는 종기를 의미하는 것일 뿐이므로, 수사기관이 압수 · 수색영장을 제시하고 집행에 착수하여 압수 · 수색을 실시하고 그 집행을 종료하였다면 이미 그 영장은 목적을 달성하여 효력이 상실되는 것이고, 동일한 장소 또는 목적물에 대하여 다시 압수 · 수색할 필요가 있는 경우라면 그 필요성을 소명하여 법원으로부터 새로운 압수 · 수색영장을 발부 받아야 하는 것이지, 앞서 발부 받은 압수 · 수색영장의 유효기간이 남아있다고 하여 이를 제시하고 다시 압수 · 수색을 할 수는 없다(대결 1999.12.1. 99모161).

정답 ④

112 압수 · 수색에 관한 다음 설명 중 가장 옳지 않은 것은? (다툼이 있는 경우 판례에 의함)

19. 법원직

① 영장 발부의 사유로 된 범죄 혐의사실과 무관한 별개의 증거를 압수하였을 경우 이는 원칙적으로 유죄 인정의 증거로 사용할 수 없다.
② 정보저장매체에 저장된 전자정보에 대한 압수 · 수색은 영장 발부의 사유로 된 범죄 혐의사실과 관련된 부분만을 출력하거나 복제하는 방법으로 하여야 하고, 다만 범위를 정하여 출력 또는 복제하는 방법이 불가능하거나 압수의 목적을 달성하기에 현저히 곤란한 경우에는 정보저장매체 자체를 압수할 수 있다.
③ 수사기관이 인터넷서비스이용자인 피의자를 상대로 피의자의 컴퓨터 등 정보처리장치 내에 저장되어 있는 이메일 등 전자정보를 압수 · 수색하는 것은 전자정보의 소유자 내지 소지자를 상대로 해당 전자정보를 압수 · 수색하는 강제처분으로 형사소송법의 해석상 허용된다.
④ 이메일 등 전자정보 압수 · 수색 시 해외 인터넷서비스제공자의 저장매체가 국외에 있는 경우에는 우리나라의 재판권이 미치지 않으므로 피의자의 이메일 계정에 대한 접근권한에 갈음하여 발부받은 압수 · 수색영장에 따라 수사기관이 적법하게 취득한 이메일 계정 아이디와 비밀번호를 입력하는 등의 방법으로, 국외에 있는 원격지의 저장매체에 접속하여 내려받은 전자정보에 대한 압수 · 수색은 위법하다.

해설

① 【 O 】 대판 2016.3.10. 2013도11233
② 【 O 】 대판 2012.3.29. 2011도10508
③ 【 O 】 대판 2017.11.29. 2017도9747

④ 【 X 】 피의자의 이메일 계정에 대한 접근권한에 갈음하여 발부받은 압수·수색영장에 따라 원격지의 저장매체에 적법하게 접속하여 내려받거나 현출된 전자정보를 대상으로 하여 범죄 혐의사실과 관련된 부분에 대하여 압수·수색하는 것은, 압수·수색영장의 집행을 원활하고 적정하게 행하기 위하여 필요한 최소한도의 범위 내에서 이루어지며 그 수단과 목적에 비추어 사회통념상 타당하다고 인정되는 대물적 강제처분 행위로서 허용되며, 형사소송법 제120조 제1항에서 정한 압수·수색영장의 집행에 필요한 처분에 해당한다. 그리고 이러한 법리는 원격지의 저장매체가 국외에 있는 경우라 하더라도 그 사정만으로 달리 볼 것은 아니다(대판 2017.11.29. 2017도9747).

정답 ④

113 전자정보의 압수 수색에 관한 설명 중 가장 적절한 것은? (다툼이 있는 경우 판례에 의함) 20. 경찰승진

① 수사기관이 키워드 또는 확장자 검색 등을 통해 범죄 혐의사실과 관련 있는 정보를 선별한 다음 정보저장매체와 동일하게 비트열 방식으로 복제하여 생성한 파일을 제출받아 압수하였다면 아직 압수의 목적물에 대한 압수 수색 절차는 종료된 것이 아니므로, 수사관서에서 압수된 이미지 파일을 탐색 복제 출력하는 과정에 피의자 등에게 참여 기회를 보장하여야 한다.

② 저장매체 자체를 직접 또는 하드카피나 이미징 등 형태로 수사기관 사무실 등 외부로 반출하여 해당 파일을 압수 수색할 수 있도록 영장에 기재되어 있지 않더라도 집행현장의 사정상 선별적 방식에 의한 집행이 불가능하거나 현저히 곤란한 부득이한 사정이 있는 때에는 저장매체 자체를 수사관서로 반출할 수 있다.

③ 압수물 목록은 피압수자 등이 압수처분에 대한 준항고를 하는 등 권리행사절차를 밟는 가장 기초적인 자료가 되므로 압수된 정보의 상세목록에는 정보의 파일 명세가 특정되어 있어야 하고 수사기관은 이를 서면으로 교부하여야 하며, 전자파일 형태로 복사해 주거나 이메일을 전송하는 등의 방식으로는 교부할 수 없다.

④ 증거로 제출된 전자문서 파일의 원본 동일성은 증거능력의 요건에 해당하므로 검사가 그 존재에 대하여 구체적으로 주장 증명해야 한다.

해설

① 【 X 】 수사기관이 정보저장매체에 기억된 정보 중에서 키워드 또는 확장자 검색 등을 통해 범죄 혐의사실과 관련 있는 정보를 선별한 다음 정보저장매체와 동일하게 비트열 방식으로 복제하여 생성한 파일을 제출받아 압수하였다면 이로써 압수의 목적물에 대한 압수·수색 절차는 종료된 것이므로, 수사기관이 수사기관 사무실에서 위와 같이 압수된 이미지 파일을 탐색·복제·출력하는 과정에서도 피의자 등에게 참여의 기회를 보장하여야 하는 것은 아니다(대판 2018.2.8. 2017도13263).

② 【 X 】 전자정보에 대한 압수·수색영장을 집행할 때에는 원칙적으로 영장 발부의 사유인 혐의사실과 관련된 부분만을 문서 출력물로 수집하거나 수사기관이 휴대한 저장매체에 해당 파일을 복사하는 방식으로 이루어져야 하고, 집행현장 사정상 위와 같은 방식에 의한 집행이 불가능하거나 현저히 곤란한 부득이한 사정이 존재하더라도 저장매체 자체를 직접 혹은 하드카피나 이미징 등 형태로 수사기관 사무실 등 외부로 반출하여 해당 파일을 압수·수색할 수 있도록 영장에 기재되어 있고 실제 그와 같은 사정이 발생한 때에 한하여 위 방법이 예외적으로 허용될 수 있을 뿐이다(대결 2011.5.26. 2009모1190).

③ 【 X 】 형사소송법 제219조, 제129조에 의하면, 압수한 경우에는 목록을 작성하여 소유자, 소지자, 보관자 기타 이에 준할 자에게 교부하여야 한다. 그리고 법원은 압수·수색영장의 집행에 관하여 범죄 혐의사실과 관련 있는 정보의 탐색·복제·출력이 완료된 때에는 지체 없이 압수된 정보의 상세목록을 피의자 등에게 교부할 것을 정할 수 있다. 압수물 목록은 피압수자 등이 압수처분에 대한 준항고를 하는 등 권리행사절차를 밟는 가장 기초적인 자료가 되므로, 수사기관은 이러한 권리행사에 지장이 없도록 압수 직후 현장에서 압수물 목록을 바로 작성하여 교부해야 하는 것이 원칙이다. 이러한 압수물 목록 교부 취지에 비추어 볼 때, 압수된 정보의 상세목록에는 정보의 파일 명세가 특정되어 있어야 하고, 수사기관은 이를 출력한 서면을 교부하거나 전자파일 형태로 복사해 주거나 이메일을 전송하는 등의 방식으로도 할 수 있다(대판 2018.2.8. 2017도13263).

④ 【 O 】 대판 2018.2.8. 2017도13263

정답 ④

114 전자정보 압수·수색에 대한 설명으로 옳은 것은 몇 개인가? (다툼이 있는 경우 판례에 의함) 20. 경찰채용 1차

㉠ 전자정보에 대한 압수·수색영장을 집행할 때에는 원칙적으로 영장 발부의 사유인 혐의사실과 관련된 부분만을 문서 출력물로 수집하거나 수사기관이 휴대한 저장매체에 해당 파일을 복사하는 방식으로 이루어져야 하고, 집행현장 사정상 위와 같은 방식에 의한 집행이 불가능하거나 현저히 곤란한 부득이한 사정이 존재하더라도 저장매체 자체를 직접 혹은 하드카피나 이미징 등 형태로 수사기관 사무실 등 외부로 반출하여 해당 파일을 압수·수색할 수 있도록 영장에 기재되어 있고 실제 그와 같은 사정이 발생한 때에 한하여 위 방법이 예외적으로 허용될 수 있을 뿐이다.

㉡ 수사기관 사무실 등으로 반출된 저장매체 또는 복제본에서 혐의사실 관련성에 대한 구분 없이 임의로 저장된 전자정보를 문서로 출력하거나 파일로 복제하는 행위는 원칙적으로 영장주의 원칙에 반하는 위법한 압수가 된다.

㉢ 수사기관이 피의자 甲의 공직선거법 위반 범행을 영장 범죄사실로 하여 발부받은 압수·수색영장의 집행 과정에서 乙, 丙 사이의 대화가 녹음된 녹음파일을 압수하여 乙, 丙의 공직선거법 위반 혐의사실을 발견한 사안에서, 별도의 압수·수색영장을 발부받지 않고 압수한 위 녹음파일은 위법수집증거로서 증거능력이 없다.

㉣ 수사기관이 정보저장매체에 기억된 정보 중에서 키워드 또는 확장자 검색 등을 통해 범죄 혐의사실과 관련 있는 정보를 선별한 다음 정보저장매체와 동일하게 비트열 방식으로 복제하여 생성한 파일('이미지 파일')을 제출받아 압수하였다면 이로써 압수의 목적물에 대한 압수·수색 절차는 종료된 것이므로, 수사기관이 수사기관 사무실에서 위와 같이 압수된 이미지 파일을 탐색·복제·출력하는 과정에서도 피의자 등에게 참여의 기회를 보장하여야 하는 것은 아니다.

① 1개   ② 2개   ③ 3개   ④ 4개

해설

모두 타당한 지문이다.
㉠㉡ 【 O 】 대판 2012.3.29. 2011도10508
㉢ 【 O 】 대판 2014.1.16. 2013도7101
㉣ 【 O 】 대판 2018.2.8. 2017도13263

정답 ④

115 압수·수색에 관한 설명 중 가장 적절하지 않은 것은? (다툼이 있는 경우 판례에 의함) 20. 경찰승진

① 검사가 공소제기 후 형사소송법 제215조에 따라 수소법원 이외의 지방법원 판사에게 청구하여 발부받은 영장에 의하여 압수 수색을 하였다면, 그와 같이 수집된 증거는 기본적 인권 보장을 위해 마련된 적법한 절차에 따르지 않은 것으로서 원칙적으로 유죄의 증거로 삼을 수 없다.

② 수사기관이 압수·수색에 착수하면서 그 장소의 관리책임자에게 영장을 제시하였더라도, 물건을 소지하고 있는 다른 사람으로부터 이를 압수하고자 하는 때에는 그 사람에게 따로 영장을 제시하여야 한다.

③ 법관의 서명·날인란에 서명만 있고 날인이 없는 압수·수색영장이라 하더라도 야간집행을 허가하는 판사의 수기와 날인, 영장 앞면과 별지 사이에 판사의 간인이 있어 법관의 진정한 의사에 따라 발부되었다는 점이 외관상 분명한 경우라면 그 영장은 적법하게 발부된 것으로 볼 수 있다.

④ 검사, 사법경찰관은 피의자 기타인의 유류한 물건이나 소유자, 소지자 또는 보관자가 임의로 제출한 물건을 영장 없이 압수할 수 있다.

해설

① 【 O 】 대판 2011.4.28. 2009도10412
② 【 O 】 대판 2009.3.12. 2008도763
③ 【 X 】 압수·수색영장에는 피의자의 성명, 죄명, 압수할 물건, 수색할 장소, 신체, 물건, 발부 연월일, 유효기간과 그 기간을 경과하면 집행에 착수하지 못하며 영장을 반환하여야 한다는 취지, 그 밖에 대법원규칙으로 정한 사항을 기재하고 영장을 발부하는 법관이 서명·날인하여야 한다(제219조, 제114조 제1항 본문). 이 사건 영장은 법관의 서명·날인란에 서명만 있고 날인이 없으므로, 형사소송법이 정한 요건을 갖추지 못하여 적법하게 발부되었다고 볼 수 없다. 그런데도 원심이 이와 달리 이 사건 영장이 법관의 진정한 의사에 따라 발부되었다는 등의 이유만으로 이 사건 영장이 유효라고 판단한 것은 잘못이다(대판 2019.7.11. 2018도20504).
④ 【 O 】 제218조

정답 ③

116 압수·수색에 대한 설명으로 가장 적절하지 않은 것은? (다툼이 있는 경우 판례에 의함) 19. 경찰채용 1차

① 압수·수색영장에 기재한 혐의사실과 범죄와의 객관적 관련성은 압수·수색영장에 기재된 혐의사실의 내용과 수사의 대상, 수사 경위 등을 종합하여 구체적·개별적 연관관계가 있는 경우에는 인정되지만, 혐의사실과 단순히 동종 또는 유사 범행이라는 사유만으로 관련성이 있다고 할 것은 아니다.
② 압수·수색영장 대상자와 피의자 사이에 요구되는 인적 관련성은 압수·수색영장에 기재된 대상자의 공동정범이나 교사범 등 공범이나 간접정범은 물론 필요적 공범 등에 대한 피고사건에 대해서도 인정될 수 있다.
③ 피압수자에게 영장의 표지인 첫 페이지와 피압수자의 혐의사실 부분만을 보여주고 나머지 부분을 확인하지 못하게 한 것은 압수·수색영장의 필요적 기재사항이나 그와 일체를 이루는 사항을 충분히 알 수 있도록 제시한 것이라 할 수 없다.
④ 수사기관이 압수·수색에 착수하면서 그 장소의 관리책임자에게 영장을 제시하였다면, 물건을 소지하고 있는 다른 사람으로부터 이를 압수하고자 하는 때에는 그 사람에게 따로 영장을 제시할 필요는 없다.

해설

① 【O】 압수·수색영장의 범죄 혐의사실과 관계있는 범죄라는 것은 압수·수색영장에 기재한 혐의사실과 객관적 관련성이 있고 압수·수색영장 대상자와 피의자 사이에 인적 관련성이 있는 범죄를 의미한다. 그중 혐의사실과의 객관적 관련성은 압수·수색영장에 기재된 혐의사실 자체 또는 그와 기본적 사실관계가 동일한 범행과 직접 관련되어 있는 경우는 물론 범행 동기와 경위, 범행 수단과 방법, 범행 시간과 장소 등을 증명하기 위한 간접증거나 정황증거 등으로 사용될 수 있는 경우에도 인정될 수 있다. 그 관련성은 압수·수색영장에 기재된 혐의사실의 내용과 수사의 대상, 수사 경위 등을 종합하여 구체적·개별적 연관관계가 있는 경우에만 인정되고, 혐의사실과 단순히 동종 또는 유사 범행이라는 사유만으로 관련성이 있다고 할 것은 아니다(대판 2017.12.5. 2017도13458).
② 【O】 피의자와 사이의 인적 관련성은 압수·수색영장에 기재된 대상자의 공동정범이나 교사범 등 공범이나 간접정범은 물론 필요적 공범 등에 대한 피고사건에 대해서도 인정될 수 있다(대판 2017.12.5. 2017도13458).
③ 【O】 대판 2017.9.21. 2015도12400
④ 【X】 압수·수색영장은 처분을 받는 자에게 반드시 제시하여야 하는바, 현장에서 압수·수색을 당하는 사람이 여러 명일 경우에는 그 사람들 모두에게 개별적으로 영장을 제시해야 하는 것이 원칙이다. 수사기관이 압수·수색에 착수하면서 그 장소의 관리책임자에게 영장을 제시하였다고 하더라도, 물건을 소지하고 있는 다른 사람으로부터 이를 압수하고자 하는 때에는 그 사람에게 따로 영장을 제시하여야 한다(대판 2009.3.12. 2008도763).

정답 ④

117 압수와 수색에 대한 설명으로 옳지 않은 것은? (다툼이 있는 경우 판례에 의함) 20. 국가직 변형

① 압수·수색영장의 범죄 혐의사실과 관계있는 범죄라는 것은 압수·수색영장에 기재한 혐의사실과 객관적 관련성이 있고 압수·수색영장 대상자와 피의자 사이에 인적 관련성이 있는 범죄를 의미한다.
② 압수·수색영장의 집행에 있어서 여관, 음식점 기타 야간에 공중이 출입할 수 있는 장소는 공개한 시간 내에 한하여 야간집행의 제한을 받지 않는다.
③ 전자정보에 대한 압수·수색이 종료되기 전에 혐의사실과 관련된 전자정보를 적법하게 탐색하는 과정에서 별도의 범죄혐의와 관련된 전자정보를 우연히 발견한 경우라면, 수사기관은 더 이상의 추가 탐색을 중단하고 법원에서 별도의 범죄혐의에 대한 압수·수색영장을 발부받은 경우에 한하여 그 정보에 대하여 적법하게 압수·수색을 할 수 있다.
④ 검사 또는 사법경찰관은 현행범 체포현장이나 범죄장소에서 소지자 등이 임의로 제출하는 물건을 영장 없이 압수할 수 있다. 다만, 이 경우에 검사나 사법경찰관은 사후에 영장을 받아야 한다.

해 설

① 【 O 】 압수·수색영장의 범죄 혐의사실과 관계있는 범죄라는 것은 압수·수색영장에 기재한 혐의사실과 객관적 관련성이 있고 압수·수색영장 대상자와 피의자 사이에 인적 관련성이 있는 범죄를 의미한다. 그중 혐의사실과의 객관적 관련성은 압수·수색영장에 기재된 혐의사실 자체 또는 그와 기본적 사실관계가 동일한 범행과 직접 관련되어 있는 경우는 물론 범행 동기와 경위, 범행 수단과 방법, 범행 시간과 장소 등을 증명하기 위한 간접증거나 정황증거 등으로 사용될 수 있는 경우에도 인정될 수 있다. 이러한 객관적 관련성은 압수·수색영장에 기재된 혐의사실의 내용과 수사의 대상, 수사 경위 등을 종합하여 구체적·개별적 연관관계가 있는 경우에만 인정된다고 보아야 하고, 혐의사실과 단순히 동종 또는 유사 범행이라는 사유만으로 객관적 관련성이 있다고 할 것은 아니다(대판 2020.2.13. 2019도14341).

② 【 O 】 제126조 제2호

③ 【 O 】 대결 2015.7.16. 2011모1839

④ 【 X 】 범죄를 실행 중이거나 실행 직후의 현행범인은 누구든지 영장 없이 체포할 수 있고(형사소송법 제212조), 검사 또는 사법경찰관은 피의자 등이 유류한 물건이나 소유자·소지자 또는 보관자가 임의로 제출한 물건은 영장 없이 압수할 수 있으므로(제218조), 현행범 체포현장이나 범죄 현장에서도 소지자 등이 임의로 제출하는 물건은 형사소송법 제218조에 의하여 영장 없이 압수하는 것이 허용되고, 이 경우 검사나 사법경찰관은 별도로 사후에 영장을 받을 필요가 없다(대판 2019.11.14. 2019도13290).

정답 ④

118 전자정보 또는 디지털 증거에 대한 설명 중 가장 적절하지 않은 것은? (다툼이 있는 경우 판례에 의함)

19. 법학경채

① 이메일의 형태로 송·수신이 완료된 전자정보는 「통신비밀보호법」상의 감청대상이 아니다.
② 피의자가 소지·소유하고 있는 컴퓨터 등에 대한 압수·수색영장으로 해당 컴퓨터와 정보통신망으로 연결되어 제3자가 관리하는 원격지 서버에 대한 압수·수색을 할 수 있다.
③ 수사기관이 범죄를 수사함에 있어 현재 범행이 행하여지고 있거나 행하여진 직후이고, 증거보전의 필요성 내지 긴급성이 있으며, 일반적으로 허용되는 상당한 방법에 의하여 촬영된 사진이라도 영장 없이 사진촬영이 이루어졌다면 그 사진촬영은 위법하다.
④ 압수의 목적물이 정보저장매체인 경우에는 원칙적으로 기억된 정보의 범위를 정하여 출력하거나 제출받아야 하고, 예외적으로 그 방법이 불가능하거나 압수의 목적을 달성하기에 현저히 곤란하다고 인정되는 때에는 그 취지가 압수·수색영장에 기재되어 있어야 정보저장매체를 압수할 수 있다.

해 설

① 【 O 】 대판 2016.10.13. 2016도8137
② 【 O 】 대판 2017.11.29. 2017도9747
③ 【 X 】 누구든지 자기의 얼굴 기타 모습을 함부로 촬영당하지 않을 자유를 가지나 이러한 자유도 국가권력의 행사로부터 무제한으로 보호되는 것은 아니고 국가의 안전보장·질서유지·공공복리를 위하여 필요한 경우에는 상당한 제한이 따르는 것이고, 수사기관이 범죄를 수사함에 있어 현재 범행이 행하여지고 있거나 행하여진 직후이고, 증거보전의 필요성 및 긴급성이 있으며, 일반적으로 허용되는 상당한 방법에 의하여 촬영을 한 경우라면 위 촬영이 영장 없이 이루어졌다 하여 이를 위법하다고 단정할 수 없다(대판 1999.9.3. 99도2317).
④ 【 O 】 대판 2012.3.29. 2011도10508

정답 ③

119 압수·수색에 관한 다음 설명 중 틀린 것은 모두 몇 개인가? (다툼이 있으면 판례에 의함)   16. 경찰채용 1차

> ⊙ 압수·수색영장에서 압수할 물건을 '압수장소에 보관 중인 물건'이라고 기재하고 있는 것을 '압수장소에 현존하는 물건'으로 해석할 수는 없다.
> ⓒ 소유자, 소지자 또는 보관자가 아닌 자로부터 제출받은 물건을 영장 없이 압수한 '압수물' 및 '압수물을 찍은 사진'은 이를 유죄 인정의 증거로 사용할 수 없지만 피고인이나 변호인이 이를 증거로 함에 동의하였다면 증거능력이 인정된다.
> ⓒ 수사기관이 압수·수색에 착수하면서 그 장소의 관리책임자에게 영장을 제시하였다면 물건을 소지하고 있는 다른 사람으로부터 이를 압수하고자 하는 때 그 사람에게 따로 영장을 제시할 필요는 없다.
> ⓔ 검사가 공소제기 후 형사소송법 제215조에 따라 수소법원 이외의 지방법원 판사에게 청구하여 발부받은 영장에 의하여 압수·수색을 하였다면, 그와 같이 수집된 증거는 원칙적으로 유죄의 증거로 삼을 수 없다.
> ⓜ 전자정보에 대한 압수·수색에 있어 저장매체 자체를 외부로 반출하거나 하드카피·이미징 등의 형태로 복제본을 만들어 외부에서 저장매체나 복제본에 대하여 압수·수색이 허용되는 예외적인 경우에도 혐의사실과 관련된 전자정보 이외에 이와 무관한 전자정보를 탐색·복제·출력하는 것은 원칙적으로 위법한 압수·수색에 해당하므로 허용될 수 없다.

① 1개 ② 2개 ③ 3개 ④ 4개

해설

틀린 것은 ⓒⓒ이다.
- ⊙ 【 O 】 대판 2009.3.12. 2008도763
- ⓒ 【 X 】 형사소송법 제218조는 "사법경찰관은 소유자, 소지자 또는 보관자가 임의로 제출한 물건을 영장 없이 압수할 수 있다"고 규정하고 있는바, 위 규정을 위반하여 소유자, 소지자 또는 보관자가 아닌 자로부터 제출받은 물건을 영장 없이 압수한 경우 그 '압수물' 및 '압수물을 찍은 사진'은 이를 유죄 인정의 증거로 사용할 수 없는 것이고, 헌법과 형사소송법이 선언한 영장주의의 중요성에 비추어 볼 때 피고인이나 변호인이 이를 증거로 함에 동의하였다고 하더라도 달리 볼 것은 아니다(대판 2010.1.28. 2009도10092).
- ⓒ 【 X 】 수사기관이 압수·수색에 착수하면서 그 장소의 관리책임자에게 영장을 제시하였다고 하더라도, 물건을 소지하고 있는 다른 사람으로부터 이를 압수하고자 하는 때에는 그 사람에게 따로 영장을 제시하여야 한다(대판 2009.3.12. 2008도763).
- ⓔ 【 O 】 대판 2011.4.28. 2009도10412
- ⓜ 【 O 】 대결 2015.7.16. 2011모1839 전합

정답 ②

120 압수·수색에 대한 설명으로 옳지 않은 것은? (다툼이 있는 경우 판례에 의함)
16. 검찰 7급

① 수사기관 사무실 등으로 반출된 저장매체 또는 복제본에서 혐의사실 관련성에 대한 구분 없이 임의로 저장된 전자정보를 문서로 출력하거나 파일로 복제하는 행위는 원칙적으로 영장주의 원칙에 반하는 위법한 압수가 된다.
② 수사기관의 압수물의 환부에 관한 처분의 취소를 구하는 준항고는, 소송 계속 중 그것으로써 달성하고자 하는 목적이 이미 이루어졌거나 시일의 경과 또는 그 밖의 사정으로 인하여 그 이익이 상실된 경우에는 부적법하게 된다.
③ 수사기관이 영장에 따라 압수·수색하는 과정에서 영장 발부의 사유로 된 범죄 혐의사실과 무관한 별개의 증거를 압수하였다가 피압수자에게 환부한 다음 임의제출받아 다시 압수한 경우, 그 압수물의 제출에 임의성이 있다는 점에 관하여 검사가 합리적 의심을 배제할 수 있을 정도로 증명하면 그 증거능력이 인정된다.
④ 압수·수색영장은 처분을 받는 자에게 반드시 제시하여야 하나 현장에서 압수·수색을 당하는 사람이 여러 명일 경우에는 그 장소의 관리책임자에게 영장을 제시하면 족하고, 물건을 소지하고 있는 다른 사람으로부터 이를 압수하고자 하는 때에도 그 사람에게 따로 영장을 제시할 필요가 없다.

해설

① 【 O 】 대결 2015.7.16. 2011모1839 전합
② 【 O 】 대결 2015.10.15. 2013모1970
③ 【 O 】 수사기관이 그 별개의 증거를 피압수자 등에게 환부하고 후에 이를 임의제출받아 다시 압수하였다면 그 증거를 압수한 최초의 절차 위반행위와 최종적인 증거수집 사이의 인과관계가 단절되었다고 평가할 수 있는 사정이 될 수 있으나, 환부 후 다시 제출하는 과정에서 수사기관의 우월적 지위에 의하여 임의제출의 명목으로 실질적으로 강제적인 압수가 행하여질 수 있으므로, 그 제출에 임의성이 있다는 점에 관하여는 검사가 합리적 의심을 배제할 수 있을 정도로 증명하여야 하고, 임의로 제출된 것이라고 볼 수 없는 경우에는 그 증거능력을 인정할 수 없다(대판 2016.3.10. 2013도11233).
④ 【 X 】 수사기관이 압수·수색에 착수하면서 그 장소의 관리책임자에게 영장을 제시하였다고 하더라도, 물건을 소지하고 있는 다른 사람으로부터 이를 압수하고자 하는 때에는 그 사람에게 따로 영장을 제시하여야 한다(대판 2009.3.12. 2008도763).

정답 ④

121 압수·수색에 관한 설명 중 가장 적절하지 않은 것은? (다툼이 있으면 판례에 의함)
16. 경찰승진

① 피의자 기타인의 유류한 물건을 압수하는 경우 영장 없이 압수할 수 없다.
② 검사 또는 사법경찰관은 피의자를 현행범으로 체포하는 경우 체포현장에서 영장 없이 압수·수색할 수 있다.
③ 현장에서 압수·수색처분을 받는 사람이 여러 명일 경우에는 개별적으로 모두에게 영장을 제시해야 하는 것이 원칙이다.
④ 압수물인 디지털저장매체로부터 출력한 문건을 증거로 사용하기 위해서는 정보저장매체원본에 저장된 내용과 출력한 문건의 동일성이 인정되어야 하고, 이를 위해서는 디지털저장매체원본이 압수 시부터 문건 출력 시까지 변경되지 않았음이 담보되어야 한다.

해설

① 【 X 】 검사, 사법경찰관은 피의자 기타인의 유류한 물건이나 소유자, 소지자 또는 보관자가 임의로 제출한 물건을 영장 없이 압수할 수 있다(제218조).
② 【 O 】 제216조 제1항 제2호
③ 【 O 】 대판 2009.3.12. 2008도763
④ 【 O 】 대판 2007.12.13. 2007도7257

정답 ①

122 압수·수색에 대한 설명으로 옳지 않은 것은? (다툼이 있는 경우 판례에 의함)

17. 국가직

① 검사는 범죄수사에 필요한 때에는 피의자가 죄를 범하였다고 의심할 만한 정황이 있고 해당 사건과 관계가 있다고 인정할 수 있는 것에 한정하여 지방법원판사에게 청구하여 발부받은 영장에 의하여 압수·수색을 할 수 있다.
② 공무원 또는 공무원이었던 자가 소지 또는 보관하는 물건은 본인 또는 그 해당 공무소가 직무상의 비밀에 관한 것임을 신고한 때에는 그 소속공무소 또는 당해 감독관공서의 승낙 없이는 압수하지 못하나, 소속공무소 또는 당해 감독관공서는 국가의 중대한 이익을 해하는 경우를 제외하고는 승낙을 거부하지 못한다.
③ 수사기관이 압수·수색에 착수하면서 그 장소의 관리책임자에게 영장을 제시하였다면 물건을 소지하고 있는 다른 사람으로부터 이를 압수하고자 하는 때에도 그 사람에게 따로 영장을 제시하여야 하는 것은 아니다.
④ 검사가 피의자를 적법하게 체포하는 경우 그 체포현장에서 영장 없이 압수·수색을 할 수 있고, 이때 압수한 물건을 계속 압수할 필요가 있는 경우에는 늦어도 피의자를 체포한 때로부터 48시간 이내에 압수·수색영장을 청구하여야 한다.

해설

① 【 O 】 제215조 제1항
② 【 O 】 제111조 제1항, 제2항
③ 【 X 】 압수·수색영장은 처분을 받는 자에게 반드시 제시하여야 하는바, 현장에서 압수·수색을 당하는 사람이 여러 명일 경우에는 그 사람들 모두에게 개별적으로 영장을 제시해야 하는 것이 원칙이다. 수사기관이 압수·수색에 착수하면서 그 장소의 관리책임자에게 영장을 제시하였다고 하더라도, 물건을 소지하고 있는 다른 사람으로부터 이를 압수하고자 하는 때에는 그 사람에게 따로 영장을 제시하여야 한다(대판 2009.3.12. 2008도763).
④ 【 O 】 제216조 제1항 제2호, 제217조 제2항

정답 ③

123 압수·수색에 대한 설명 중 가장 적절한 것은? (다툼이 있는 경우 판례에 의함)

18. 경찰승진

① 법관이 압수수색영장을 발부하면서 '압수할 물건'을 특정하기 위하여 기재한 문언의 해석에 있어서 압수수색영장에서 압수할 물건을 '압수장소에 보관중인 물건'이라고 기재하고 있는 것을 '압수장소에 현존하는 물건'으로도 해석할 수 있다.
② 범죄의 피해자인 검사가 그 사건의 수사에 관여하거나, 압수수색영장의 집행에 참여한 검사가 다시 수사에 관여하였다는 이유만으로 바로 그 수사가 위법하다거나 그에 따른 참고인이나 피의자의 진술에 임의성이 없다고 볼 수는 없다.
③ 경찰관이 이른바 전화사기죄 범행의 혐의자를 긴급체포하면서 그가 보관하고 있던 다른 사람의 주민등록증, 운전면허증 등을 압수한 경우 이를 위 혐의자의 점유이탈물횡령죄 범행에 대한 증거로 사용할 수 없다.
④ 압수수색영장을 제시하고 집행에 착수하여 압수·수색을 실시하고 그 집행을 종료한 후, 그 압수수색영장의 유효기간 내에 동일한 장소 또는 목적물에 대하여 다시 압수·수색할 필요가 있는 경우, 종전의 압수수색영장을 제시하고 다시 압수·수색할 수 있다.

해설

① 【 X 】 헌법과 형사소송법이 구현하고자 하는 적법절차와 영장주의의 정신에 비추어 볼 때, 법관이 압수·수색영장을 발부하면서 '압수할 물건'을 특정하기 위하여 기재한 문언은 엄격하게 해석하여야 하고, 함부로 피압수자 등에게 불리한 내용으로 확장 또는 유추 해석하여서는 안 된다. 따라서 압수·수색영장에서 압수할 물건을 '압수장소에 보관중인 물건'이라고 기재하고 있는 것을 '압수장소에 현존하는 물건'으로 해석할 수는 없다(대판 2009.3.12. 2008도763).
② 【 O 】 대판 2013.9.12. 2011도12918
③ 【 X 】 경찰관이 이른바 전화사기죄 범행의 혐의자를 긴급체포하면서 그가 보관하고 있던 다른 사람의 주민등록증, 운전면허증 등을 압수한 경우 이를 위 혐의자의 점유이탈물횡령죄 범행에 대한 증거로 사용할 수 있다(대판 2008.7.10. 2008도2245).
④ 【 X 】 형사소송법 제215조에 의한 압수·수색영장은 수사기관의 압수·수색에 대한 허가장으로서 거기에 기재되는 유효기간은 집행에 착수할 수 있는 종기를 의미하는 것일 뿐이므로, 수사기관이 압수·수색영장을 제시하고 집행에 착수하여 압수·수색을 실시하고 그 집행을 종료하였다면 이미 그 영장은 목적을 달성하여 효력이 상실되는 것이고, 동일한 장소 또는 목적물에 대하여 다시 압수·수색할 필요가 있는 경우라면 그 필요성을 소명하여 법원으로부터 새로운 압수·수색영장을 발부받아야 하는 것이지, 앞서 발부받은 압수·수색영장의 유효기간이 남아있다고 하여 이를 제시하고 다시 압수·수색을 할 수는 없다(대결 1999.12.1. 99모161).

정답 ②

124 다음 사법경찰관의 압수·수색 중 적법하지 않은 것은? (다툼이 있는 경우 판례에 의함) 17. 국가직

① 음주운전 중 교통사고를 당하여 의식불명 상태에 빠져 병원에 후송된 피의자에 대해 사법경찰관이 수사의 목적으로 피의자의 가족으로부터 동의를 받고 의료진에게 요청하여 피의자의 혈액을 채취하였으나 사후 압수·수색영장을 발부받지 않았다.
② 음란물유포의 범죄혐의를 이유로 압수·수색영장을 발부받은 사법경찰관이 피의자의 주거지를 수색하는 과정에서 대마를 발견하자 피의자를 마약류 관리에 관한 법률 위반죄의 현행범으로 체포하면서 대마를 압수하고 그 다음 날 피의자를 석방하면서 압수한 대마에 대해 사후 압수·수색영장을 발부받았다.
③ 사법경찰관이 현행범 체포의 현장에서 소지자로부터 임의로 제출하는 물건을 영장 없이 압수하고 사후에 압수·수색 영장을 발부받지 않았다.
④ 사법경찰관은 2017.3.1. 10:00 보이스피싱 혐의로 피의자를 긴급체포하고 그 다음 날인 3.2. 09:00 피의자가 보관하고 있던 다른 사람의 주민등록증을 발견하고 압수한 다음, 그것을 계속 압수할 필요가 있다고 판단하여 곧바로 검사에게 사후영장 청구를 신청하였고 검사는 같은 날 11:00 사후영장을 청구하였다.

해설

① 【위법】 형사소송법 제216조 제3항의 범죄장소에서의 압수로서 지체 없이 사후영장을 발부받아야 한다(대판 2012.11.15. 2011도15258).
② 【적법】 형사소송법 제216조 제1항 제2호에 따른 압수로서 적법하다(대판 2009.5.14. 2008도10914)
③ 【적법】 현행범 체포현장에서도 임의제출이 가능하고, 이 경우 사후영장을 발부받을 필요가 없다(대판 2016.2.18. 2015도13726).
④ 【적법】 긴급체포된 자가 소지한 타인의 주민등록증은 체포당시의 사정에 비추어 긴급체포사유로 된 물건으로 볼 수 있으므로 제217조 제1항에 따른 압수에 해당하여 적법하다(대판 2008.7.10. 2008도2245).

정답 ①

125 압수·수색·검증에 대한 설명 중 옳고 그름의 표시(○, ×)가 바르게 된 것은? (다툼이 있는 경우 판례에 의함)

17. 여경

> ㉠ 전자정보가 담긴 저장매체 또는 하드카피나 이미징 등 형태(이하 '복제본'이라 한다)를 수사기관 사무실 등으로 옮겨 이를 복제·탐색·출력하는 경우, 피압수자 측에 절차 참여를 보장한 취지가 실질적으로 침해되었더라도 수사기관이 저장매체 또는 복제본에서 혐의사실과 관련된 전자정보만을 복제·출력하였다면 그 압수·수색은 적법하다.
> ㉡ 압수물인 디지털 저장매체로부터 출력한 문건을 증거로 사용하기 위해서는 정보저장매체 원본에 저장된 내용과 출력한 문건의 동일성이 인정되어야 하고, 이를 위해서는 디지털 저장매체 원본이 압수 시부터 문건 출력 시까지 변경되지 않았음이 담보되어야 한다.
> ㉢ 압수·수색영장에서 압수할 물건을 '압수장소에 보관 중인 물건'이라고 기재하고 있는 것을 '압수장소에 현존하는 물건'으로 해석할 수 있다.
> ㉣ 경찰관이 이른바 전화사기죄 범행의 혐의자를 긴급체포하면서 그가 보관하고 있던 다른 사람의 주민등록증, 운전면허증 등을 압수한 경우, 이는 구「형사소송법」제217조 제1항에서 규정한 해당 범죄사실의 수사에 필요한 범위 내의 압수가 아니므로 이를 위 혐의자의 점유이탈물횡령죄 범행에 대한 유죄의 증거로 사용할 수 없다.
> ㉤ 경찰관이 음주운전자를 단속하면서 주취운전이라는 범죄행위로 체포·구속하지 아니한 경우에도 필요하다면 그 음주운전자의 차량열쇠는 영장 없이 압수할 수 있다.

① ㉠ × ㉡ ○ ㉢ × ㉣ × ㉤ ○
② ㉠ ○ ㉡ × ㉢ ○ ㉣ × ㉤ ×
③ ㉠ ○ ㉡ ○ ㉢ ○ ㉣ ○ ㉤ ○
④ ㉠ × ㉡ × ㉢ × ㉣ ○ ㉤ ×

해설

㉠【 × 】저장매체에 대한 압수·수색 과정에서 범위를 정하여 출력 또는 복제하는 방법이 불가능하거나 압수의 목적을 달성하기에 현저히 곤란한 예외적인 사정이 인정되어 전자정보가 담긴 저장매체 또는 하드카피나 이미징 등 형태(이하 '복제본'이라 한다)를 수사기관 사무실 등으로 옮겨 복제·탐색·출력하는 경우에도, 그와 같은 일련의 과정에서 형사소송법 제219조, 제121조에서 규정하는 피압수·수색 당사자(이하 '피압수자'라 한다)나 변호인에게 참여의 기회를 보장하고 혐의사실과 무관한 전자정보의 임의적인 복제 등을 막기 위한 적절한 조치를 취하는 등 영장주의 원칙과 적법절차를 준수하여야 한다. 만약 그러한 조치가 취해지지 않았다면 피압수자 측이 참여하지 아니한다는 의사를 명시적으로 표시하였거나 절차 위반행위가 이루어진 과정의 성질과 내용 등에 비추어 피압수자 측에 절차 참여를 보장한 취지가 실질적으로 침해되었다고 볼 수 없을 정도에 해당한다는 등의 특별한 사정이 없는 이상 압수·수색이 적법하다고 평가할 수 없고, 비록 수사기관이 저장매체 또는 복제본에서 혐의사실과 관련된 전자정보만을 복제·출력하였다 하더라도 달리 볼 것은 아니다(대결 2015.7.16. 2011모1839 전합).

㉡【 ○ 】대판 2013.7.26. 2013도2511

㉢【 × 】헌법과 형사소송법이 구현하고자 하는 적법절차와 영장주의의 정신에 비추어 볼 때, 법관이 압수·수색영장을 발부하면서 '압수할 물건'을 특정하기 위하여 기재한 문언은 엄격하게 해석하여야 하고, 함부로 피압수자 등에게 불리한 내용으로 확장 또는 유추 해석하여서는 안 된다. 따라서 압수·수색영장에서 압수할 물건을 '압수장소에 보관 중인 물건'이라고 기재하고 있는 것을 '압수장소에 현존하는 물건'으로 해석할 수는 없다(대판 2009.3.12. 2008도763).

㉣【 × 】경찰관이 이른바 전화사기죄 범행의 혐의자를 긴급체포하면서 그가 보관하고 있던 다른 사람의 주민등록증, 운전면허증 등을 압수한 사안에서, 이는 구 형사소송법(2007.6.1. 법률 제8496호로 개정되기 전의 것) 제217조 제1항에서 규정한 해당 범죄사실의 수사에 필요한 범위 내의 압수로서 적법하므로, 이를 위 혐의자의 점유이탈물횡령죄 범행에 대한 증거로 인정한 사례(대판 2008.7.10. 2008도2245).

㉤【 ○ 】대판 1998.5.8. 97다54482

정답 ①

126 압수・수색에 대한 설명으로 옳지 않은 것은? (다툼이 있는 경우 판례에 의함)
17. 검찰 7급

① 법원은 압수・수색영장 집행 사실을 미리 알려주면 증거물을 은닉할 염려가 있어 압수・수색의 실효를 거두기 어려울 경우에는 영장 집행의 일시와 장소를 피고인 또는 변호인에게 미리 통지하지 않을 수 있다.
② 우편물 통관검사절차에서 압수・수색영장 없이 우편물의 개봉, 시료채취, 성분분석 등 검사가 진행되었다면 이 검사는 특별한 사정이 없는 한 위법하다.
③ 수사기관이 압수・수색영장 집행 과정에서 영장 발부의 사유인 범죄 혐의사실과 무관한 별개의 증거를 압수하였다가 피압수자 등에게 환부하고 후에 이를 다시 임의제출받아 압수한 경우 검사가 위 압수물 제출의 임의성을 증명하면 이를 유죄 인정의 증거로 사용할 수 있다.
④ 수사기관의 압수물 환부 처분의 취소를 구하는 준항고는 소송계속 중 준항고로써 달성하고자 하는 목적이 이미 이루어졌거나 시일의 경과 등으로 그 이익이 상실된 경우에는 부적법하게 된다.

해설

① **【 O 】** 피의자 또는 변호인은 압수・수색영장의 집행에 참여할 수 있고(제219조, 제121조), 압수・수색영장을 집행함에는 원칙적으로 미리 집행의 일시와 장소를 피의자 등에게 통지하여야 하나(제122조 본문), '급속을 요하는 때'에는 위와 같은 통지를 생략할 수 있다(제122조 단서). 여기서 '급속을 요하는 때'라고 함은 압수・수색영장 집행 사실을 미리 알려주면 증거물을 은닉할 염려 등이 있어 압수・수색의 실효를 거두기 어려울 경우라고 해석함이 옳고, 그와 같이 합리적인 해석이 가능하므로 형사소송법 제122조 단서가 명확성의 원칙 등에 반하여 위헌이라고 볼 수 없다(대판 2012.10.11. 2012도7455).
② **【 X 】** 관세법 제246조 제1항, 제2항, 제257조, '국제우편물 수입통관 사무처리'(2011.9.30. 관세청고시 제2011-40호) 제1-2조 제2항, 제1-3조, 제3-6조, 구 '수출입물품 등의 분석사무 처리에 관한 시행세칙'(2013.1.4. 관세청훈령 제1507호로 개정되기 전의 것) 등과 관세법이 관세의 부과・징수와 아울러 수출입물품의 통관을 적정하게 함을 목적으로 한다는 점(관세법 제1조)에 비추어 보면, 우편물 통관검사절차에서 이루어지는 우편물의 개봉, 시료채취, 성분분석 등의 검사는 수출입물품에 대한 적정한 통관 등을 목적으로 한 행정조사의 성격을 가지는 것으로서 수사기관의 강제처분이라고 할 수 없으므로, 압수・수색영장 없이 우편물의 개봉, 시료채취, 성분분석 등 검사가 진행되었다 하더라도 특별한 사정이 없는 한 위법하다고 볼 수 없다(대판 2013.9.26. 2013도7718).
③ **【 O 】** 검사 또는 사법경찰관은 범죄수사에 필요한 때에는 피의자가 죄를 범하였다고 의심할 만한 정황이 있는 경우에 판사로부터 발부받은 영장에 의하여 압수・수색을 할 수 있으나, 압수・수색은 영장 발부의 사유로 된 범죄 혐의사실과 관련된 증거에 한하여 할 수 있으므로, 영장 발부의 사유로 된 범죄 혐의사실과 무관한 별개의 증거를 압수하였을 경우 이는 원칙적으로 유죄 인정의 증거로 사용할 수 없다. 다만 수사기관이 별개의 증거를 피압수자 등에게 환부하고 후에 임의제출받아 다시 압수하였다면 증거를 압수한 최초의 절차 위반행위와 최종적인 증거수집 사이의 인과관계가 단절되었다고 평가할 수 있으나, 환부 후 다시 제출하는 과정에서 수사기관의 우월적 지위에 의하여 임의제출 명목으로 실질적으로 강제적인 압수가 행하여질 수 있으므로, 제출에 임의성이 있다는 점에 관하여는 검사가 합리적 의심을 배제할 수 있을 정도로 증명하여야 하고, 임의로 제출된 것이라고 볼 수 없는 경우에는 증거능력을 인정할 수 없다(대판 2016.3.10. 2013도11233).
④ **【 O 】** 대결 2015.10.15. 2013모1970

정답 ②

127 압수·수색의 절차에 대한 설명으로 가장 적절하지 않은 것은? (다툼이 있는 경우 판례에 의함)

18. 경찰채용 2차

① 수사기관이 압수·수색에 착수하면서 그 장소의 관리책임자에게 영장을 제시하였더라도, 물건을 소지하고 있는 다른 사람으로부터 이를 압수하고자 하는 때에는 그 사람에게 따로 영장을 제시하여야 한다.
② 세관공무원이 「마약류 불법거래 방지에 관한 특례법」 제4조 제1항에 따른 조치의 일환으로 검사의 요청에 따라 특정한 수출입물품을 개봉하여 검사하고 그 내용물의 점유를 취득한 행위는 범죄수사인 압수 또는 수색에 해당하여 사전 또는 사후에 영장을 받아야 한다.
③ 수사기관이 압수·수색영장을 제시하고 집행에 착수하여 압수·수색을 실시하고 그 집행을 종료하였는데 동일한 장소 또는 목적물에 대하여 다시 압수·수색할 필요가 있는 경우, 법원으로부터 새로운 압수·수색영장을 발부받아야 하고, 앞서 발부 받은 영장의 유효기간이 남아있다고 하여 이를 제시하고 다시 압수·수색을 할 수는 없다.
④ 압수·수색영장에서 압수할 물건을 '압수장소에 보관 중인 물건'이라고 기재하고 있다면 압수대상물의 장소적 특정이라는 그 문언해석의 취지상 압수대상물을 '압수장소에 현존하는 물건'으로 해석하는 것이 가능하다.

해설

① 【 O 】 대판 2009.3.12. 2008도763
② 【 O 】 대판 2017.7.18. 2014도8719
③ 【 O 】 대결 1999.12.1. 99모161
④ 【 X 】 압수·수색영장에서 압수할 물건을 '압수장소에 보관 중인 물건'이라고 기재하고 있는 것을 '압수장소에 현존하는 물건'으로 해석할 수 없다(대판 2009.3.12. 2008도763)

정답 ④

128 수사상 압수·수색·검증에 대한 설명으로 가장 적절하지 않은 것은? (다툼이 있는 경우 판례에 의함)

18. 경찰채용 3차

① 수사기관이 피의자 등을 참여시킨 상태에서 정보저장매체에 기억된 정보 중에서 키워드 또는 확장자 검색 등을 통해 범죄 혐의사실과 관련 있는 정보를 선별한 다음 정보저장매체와 동일하게 비트열 방식으로 복제하여 생성한 이미지 파일을 제출받아 적법하게 압수하였다면, 이로써 압수의 목적물에 대한 압수·수색 절차는 종료된 것이므로, 수사기관이 수사기관 사무실에서 이와 같이 압수된 이미지 파일을 탐색·복제·출력하는 과정에서는 피의자 등에게 참여의 기회를 보장하여야 하는 것은 아니다.
② 압수·수색영장에서 압수할 물건을 '압수장소에 보관 중인 물건'이라고 기재하고 있는 것을 '압수장소에 현존하는 물건'으로 해석할 수는 없다.
③ 수사기관이 인터넷서비스이용자인 피의자를 상대로 피의자의 컴퓨터 등 정보처리장치 내에 저장되어 있는 이메일 등 전자정보를 압수·수색하는 것은 전자정보의 소유자 내지 소지자를 상대로 해당 전자정보를 압수·수색하는 대물적 강제처분으로 「형사소송법」의 해석상 허용된다.
④ 지방법원 판사가 한 압수·수색·검증영장 발부 여부에 관한 재판에 대하여는 「형사소송법」 제416조에서 규정한 준항고의 방법으로 불복할 수 있다.

해설
① 【 O 】 대판 2018.2.8. 2017도13263
② 【 O 】 대판 2009.3.12. 2008도763
③ 【 O 】 대판 2017.11.29. 2017도9747
④ 【 X 】 형사소송법 제416조는 재판장 또는 수명법관이 한 재판에 대한 준항고에 관하여 규정하고 있는바, 여기에서 말하는 '재판장 또는 수명법관'이라 함은 수소법원의 구성원으로서의 재판장 또는 수명법관만을 가리키는 것이어서, 수사기관의 청구에 의하여 압수영장 등을 발부하는 독립된 재판기관인 지방법원 판사가 이에 해당된다고 볼 수 없으므로, 지방법원 판사가 한 압수영장발부의 재판에 대하여는 위 조항에서 정한 준항고로 불복할 수 없고, 나아가 같은 법 제402조, 제403조에서 규정하는 항고는 법원이 한 결정을 그 대상으로 하는 것이므로 법원의 결정이 아닌 지방법원 판사가 한 압수영장발부의 재판에 대하여 그와 같은 항고의 방법으로도 불복할 수 없다(대결 1997.9.29. 97모66).

정답 ④

129 압수·수색에 대한 설명으로 가장 적절하지 않은 것은? (다툼이 있는 경우 판례에 의함) 19. 경찰채용 2차

① 수사기관의 압수·수색은 법관이 발부한 압수·수색영장에 의하여야 하는 것이 원칙이고, 그 영장에는 피의자의 성명, 압수할 물건, 수색할 장소·신체·물건과 압수·수색의 사유 등이 특정되어야 하며, 피의자 아닌 자의 신체 또는 물건은 압수할 물건이 있음을 인정할 수 있는 경우에 한하여 수색할 수 있다.
② 법관이 압수·수색영장을 발부하면서 '압수할 물건'을 특정하기 위하여 기재한 문언은 엄격하게 해석해야 하고, 함부로 피압수자 등에게 불리한 내용으로 확장 또는 유추해석해서는 안되므로, 압수·수색영장에서 압수할 물건을 '압수장소에 보관 중인 물건'이라고 기재하고 있는 것을 '압수장소에 현존하는 물건'으로 해석할 수는 없다.
③ 피의자의 컴퓨터 내에 저장되어 있는 이메일 등 전자정보를 압수·수색하는 것은 전자정보의 소유자 내지 소지자를 상대로 해당 전자정보를 압수·수색하는 대물적 강제처분으로 「형사소송법」의 해석상 허용된다.
④ 영장에 수색할 장소를 특정하도록 한 취지에 비추어 보면, 수색장소에 있는 정보처리장치를 이용하여 정보통신망으로 연결된 원격지의 저장매체에서 수색장소에 있는 정보처리장치로 전자정보를 내려 받아 이를 압수하는 것은 압수·수색영장에서 허용한 집행의 장소적 범위를 위법하게 확대하는 것이다.

해설
① 【 O 】 제109조 제2항
② 【 O 】 대판 2009.3.12. 2008도763
③ 【 O 】 대판 2017.11.29. 2017도9747
④ 【 X 】 형사소송법 제109조 제1항, 제114조 제1항에서 영장에 수색할 장소를 특정하도록 한 취지와 정보통신망으로 연결되어 있는 한 정보처리장치 또는 저장매체 간 이전, 복제가 용이한 전자정보의 특성 등에 비추어 보면, 수색장소에 있는 정보처리장치를 이용하여 정보통신망으로 연결된 원격지의 저장매체에 접속하는 것이 위와 같은 형사소송법의 규정에 위반하여 압수·수색영장에서 허용한 집행의 장소적 범위를 확대하는 것이라고 볼 수 없다. 수색행위는 정보통신망을 통해 원격지의 저장매체에서 수색장소에 있는 정보처리장치로 내려받거나 현출된 전자정보에 대하여 위 정보처리장치를 이용하여 이루어지고, 압수행위는 위 정보처리장치에 존재하는 전자정보를 대상으로 그 범위를 정하여 이를 출력 또는 복제하는 방법으로 이루어지므로, 수색에서 압수에 이르는 일련의 과정이 모두 압수·수색영장에 기재된 장소에서 행해지기 때문이다(대판 2017.11.29. 2017도9747).

정답 ④

130 압수·수색에 대한 설명으로 가장 적절한 것은? (다툼이 있는 경우 판례에 의함)

19. 경찰채용 2차

① 검사나 사법경찰관은 현행범체포 현장이나 범죄 장소에서 소지자 등이 임의로 제출하는 물건을 영장 없이 압수할 수 있으나, 이 경우 사후에 영장을 받아야 한다.
② 범행 중 또는 범행 직후의 범죄 장소에서 영장 없이 압수·수색 또는 검증을 할 수 있도록 규정한 「형사소송법」 제216조 제3항의 요건 중 어느 하나라도 갖추지 못한 경우, 그 압수·수색 또는 검증은 위법하나 사후에 법원으로부터 영장을 발부받았다면 그 위법성이 치유된다.
③ 검사가 압수·수색영장의 효력이 상실되었음에도 다시 그 영장에 기하여 피의자의 주거에 대한 압수·수색을 실시하여 증거물 또는 몰수할 것으로 사료되는 물건을 압수한 경우 압수 자체가 위법하게 됨은 별론으로 하더라도 몰수의 효력에는 영향을 미치지 않는다.
④ 압수·수색영장은 현장에서 피압수자가 여러 명일 경우에는 그들 모두에게 개별적으로 영장을 제시해야 하나, 그 장소의 관리책임자에게 영장을 제시하였다면 압수하고자 하는 물건을 소지하고 있는 사람에게는 따로 영장을 제시할 것까지 요하지 아니한다.

해설

① 【 X 】 현행범 체포 현장이나 범죄 장소에서도 소지자 등이 임의로 제출하는 물건은 위 조항에 의하여 영장 없이 압수할 수 있고, 이 경우에는 검사나 사법경찰관이 사후에 영장을 받을 필요가 없다(대판 2016.2.18. 2015도13726).
② 【 X 】 범행 중 또는 범행 직후의 범죄 장소에서 긴급을 요하여 법원 판사의 영장을 받을 수 없는 때에는 영장 없이 압수·수색 또는 검증을 할 수 있으나, 사후에 지체 없이 영장을 받아야 한다(형사소송법 제216조 제3항). 형사소송법 제216조 제3항의 요건 중 어느 하나라도 갖추지 못한 경우에 그러한 압수·수색 또는 검증은 위법하며, 이에 대하여 사후에 법원으로부터 영장을 발부받았다고 하여 그 위법성이 치유되지 아니한다(대판 2017.11.29. 2014도16080).
③ 【 O 】 범죄행위에 제공하려고 한 물건은 범인 이외의 자의 소유에 속하지 아니하거나 범죄 후 범인 이외의 자가 정을 알면서 취득한 경우 이를 몰수할 수 있고, 한편 법원이나 수사기관은 필요한 때에는 증거물 또는 몰수할 것으로 사료하는 물건을 압수할 수 있으나, 몰수는 반드시 압수되어 있는 물건에 대하여서만 하는 것이 아니므로, 몰수대상물건이 압수되어 있는가 하는 점 및 적법한 절차에 의하여 압수되었는가 하는 점은 몰수의 요건이 아니다(대판 2003.5.30. 2003도705).
④ 【 X 】 수사기관이 압수·수색에 착수하면서 그 장소의 관리책임자에게 영장을 제시하였다고 하더라도, 물건을 소지하고 있는 다른 사람으로부터 이를 압수하고자 하는 때에는 그 사람에게 따로 영장을 제시하여야 한다(대판 2009.3.12. 2008도763).

정답 ③

131 압수·수색에 대한 설명으로 가장 적절하지 않은 것은? (다툼이 있는 경우 판례에 의함)

21. 경찰승진

① 압수·수색영장의 유효기간 내에서 동일한 영장으로 동일한 장소에서 수회 압수·수색하는 것은 허용된다.
② 압수·수색영장의 집행 중에는 타인의 출입을 금지할 수 있고, 이를 위배한 자에게는 퇴거하게 하거나 집행 종료시까지 간수자를 붙일 수 있다.
③ 압수·수색영장의 제시가 현실적으로 불가능한 경우, 영장을 제시하지 아니한 채 압수·수색을 하더라도 위법하다고 볼 수 없다.
④ 압수·수색영장의 집행은 주간에 하는 것이 원칙이고, 야간에 집행하기 위해서는 압수·수색영장에 야간집행을 할 수 있다는 기재가 있어야 하나, 도박 기타 풍속을 해하는 행위에 상용된다고 인정하는 장소에서 압수·수색영장을 집행함에는 그러한 제한을 받지 아니한다.

> 해설

① 【 X 】 형사소송법 제215조에 의한 압수·수색영장은 수사기관의 압수·수색에 대한 허가장으로서 거기에 기재되는 유효기간은 집행에 착수할 수 있는 종기를 의미하는 것일 뿐이므로, 수사기관이 압수·수색영장을 제시하고 집행에 착수하여 압수·수색을 실시하고 그 집행을 종료하였다면 이미 그 영장은 목적을 달성하여 효력이 상실되는 것이고, 동일한 장소 또는 목적물에 대하여 다시 압수·수색할 필요가 있는 경우라면 그 필요성을 소명하여 법원으로부터 새로운 압수·수색영장을 발부받아야 하는 것이지, 앞서 발부받은 압수·수색영장의 유효기간이 남아있다고 하여 이를 제시하고 다시 압수·수색을 할 수는 없다(대결 1999.12.1. 99모161).
② 【 O 】 제119조
③ 【 O 】 대판 2015.1.22. 2014도10978
④ 【 O 】 제125조, 제126조 제1호

정답 ①

132 압수·수색에 대한 설명으로 가장 적절하지 않은 것은? (다툼이 있는 경우 판례에 의함) 21. 경찰채용 1차

① 설령 피압수자가 수사기관에 압수·수색영장의 집행에 참여하지 않는다는 의사를 명시하였다고 하더라도, 특별한 사정이 없는 한 그 변호인에게는 미리 집행의 일시와 장소를 통지하는 등으로 압수·수색영장의 집행에 참여할 기회를 별도로 보장하여야 한다.
② 압수·수색영장을 집행하는 수사기관은 원칙적으로 피압수자로 하여금 법관이 발부한 영장에 의한 압수·수색이라는 사실을 확인함과 동시에 「형사소송법」이 압수·수색영장에 필요적으로 기재하도록 정한 사항이나 그와 일체를 이루는 사항을 충분히 알 수 있도록 압수·수색영장을 제시하여야 한다.
③ 저장매체에 대한 압수·수색 과정에서 압수의 목적을 달성하기에 현저히 곤란한 예외적인 사정이 인정되어 전자정보가 담긴 저장매체 등을 수사기관 사무실 등으로 옮겨 복제·탐색·출력하는 경우에도 피압수자나 변호인에게 참여 기회를 보장하여야 하는데, 이는 수사기관이 저장매체 등에서 혐의사실과 관련된 전자정보만을 복제·출력하는 경우에도 마찬가지이다.
④ 검사나 사법경찰관에게는 현행범 체포현장에서 소지자 등이 임의로 제출하는 물건을 「형사소송법」 제218조에 의하여 영장 없이 압수하는 것이 허용되는데, 이후 검사나 사법경찰관이 압수한 물건을 계속 압수할 필요가 있는 경우에는 지체 없이 영장을 청구하여야 한다.

> 해설

① 【 O 】 대판 2020.11.26. 2020도10729
② 【 O 】 대판 2017.9.21. 2015도12400
③ 【 O 】 대판 2012.3.29. 2011도10508
④ 【 X 】 범죄를 실행 중이거나 실행 직후의 현행범인은 누구든지 영장 없이 체포할 수 있고(형사소송법 제212조), 검사 또는 사법경찰관은 피의자 등이 유류한 물건이나 소유자·소지자 또는 보관자가 임의로 제출한 물건을 영장 없이 압수할 수 있으므로(제218조), 현행범 체포현장이나 범죄 현장에서도 소지자 등이 임의로 제출하는 물건을 형사소송법 제218조에 의하여 영장 없이 압수하는 것이 허용되고, 이 경우 검사나 사법경찰관은 별도로 사후에 영장을 받을 필요가 없다(대판 2020.4.9. 2019도17142).

정답 ④

133 압수·수색에 관한 설명으로 가장 적절하지 않은 것은? (다툼이 있는 경우 판례에 의함) 21. 경찰채용 2차

① 사법경찰관은 긴급체포된 자가 소유·소지 또는 보관하는 물건에 대하여 긴급히 압수할 필요가 있는 경우에는 체포한 때부터 24시간 이내에 한하여 영장 없이 압수·수색 또는 검증을 할 수 있으며, 이 경우 압수·수색 또는 검증은 체포현장이 아닌 장소에서도 할 수 있다.

② 경찰관이 현행범인 체포 당시 임의제출 방식으로 피의자로부터 압수한 휴대전화기에 대하여 작성한 압수조서 중 압수경위란에 피의자의 범행을 직접 목격한 사람의 진술이 기재된 경우, 이는 형사소송법 제312조 제5항에서 정한 '피고인이 아닌 자가 수사과정에서 작성한 진술서'에 준하며, 휴대전화기에 대한 임의제출 절차가 적법하지 않다면 압수조서에 기재된 진술은 증거로 할 수 없다.

③ 사법경찰관은 소유자·소지자 또는 보관자가 임의로 제출한 물건을 영장 없이 압수할 수 있으므로, 현행범 체포현장이나 범죄 현장에서도 소지자 등이 임의로 제출하는 물건을 영장 없이 압수하는 것이 허용되고, 이 경우 별도로 사후에 영장을 받을 필요가 없다.

④ 사법경찰관은 피의사실이 중대하고 범죄혐의가 명백함에도 불구하고 피의자가 장시간의 설득에도 소변의 임의제출을 거부하면서 영장집행에 저항하여 다른 방법으로 수사 목적을 달성하기 곤란하다고 판단한 때에는, '압수·수색영장의 집행에 필요한 처분'으로 필요최소한의 한도 내에서 피의자를 강제로 인근병원으로 데리고 가서 의사로 하여금 피의자의 신체에서 소변을 채취하는 것이 허용된다.

해설

① 【 O 】 대판 2017.9.12. 2017도10309
② 【 X 】 피고인이 지하철역 에스컬레이터에서 휴대전화기의 카메라를 이용하여 성명불상 여성 피해자의 치마 속을 몰래 촬영하다가 현행범으로 체포되어 성폭력범죄의 처벌 등에 관한 특례법 위반(카메라등이용촬영)으로 기소된 사안에서, 피고인은 공소사실에 대해 자백하고 검사가 제출한 모든 서류에 대하여 증거로 함에 동의하였는데, 그 서류들 중 체포 당시 임의제출 방식으로 압수된 피고인 소유 휴대전화기(이하 '휴대전화'라고 한다)에 대한 압수조서의 '압수경위'란에 '지하철역 승강장 및 게이트 앞에서 경찰관이 지하철범죄 예방·검거를 위한 비노출 잠복근무 중 검정 재킷, 검정 바지, 흰색 운동화를 착용한 20대가량 남성이 짧은 치마를 입고 에스컬레이터를 올라가는 여성을 쫓아가 뒤에 밀착하여 치마 속으로 휴대폰을 집어넣는 등 해당 여성의 신체를 몰래 촬영하는 행동을 하였다'는 내용이 포함되어 있고, 그 하단에 피고인의 범행을 직접 목격하면서 위 압수조서를 작성한 사법경찰관 및 사법경찰리의 각 기명날인이 들어가 있으므로, 위 압수조서 중 '압수경위'란에 기재된 내용은 피고인이 범행을 저지르는 현장을 직접 목격한 사람의 진술이 담긴 것으로서 형사소송법 제312조 제5항에서 정한 '피고인이 아닌 자가 수사과정에서 작성한 진술서'에 준하는 것으로 볼 수 있고, 이에 따라 휴대전화기에 대한 임의제출 절차가 적법하였는지에 영향을 받지 않는 별개의 독립적인 증거에 해당하여, 피고인이 증거로 함에 동의한 이상 유죄를 인정하기 위한 증거로 사용할 수 있을 뿐 아니라 피고인의 자백을 보강하는 증거가 된다고 볼 여지가 많다는 이유로, 이와 달리 피고인의 자백을 뒷받침할 보강증거가 없다고 보아 무죄를 선고한 원심판결에 자백의 보강증거 등에 관한 법리를 오해하거나 필요한 심리를 다하지 아니한 잘못이 있다고 한 사례(대판 2019.11.14. 2019도13290).
③ 【 O 】 대판 2016.2.18. 2015도13726
④ 【 O 】 대판 2018.7.12. 2018도6219

정답 ②

134 압수·수색에 대한 설명으로 옳지 않은 것만을 모두 고르면? (다툼이 있는 경우 판례에 의함) 21. 국가직

㉠ 수사기관이 정보저장매체에 기억된 정보 중에서 범죄혐의사실과 관련 있는 정보를 선별한 다음, 선별한 파일을 복제하여 생성한 파일을 제출받아 적법하게 압수하였다면 수사기관 사무실에서 위와 같이 압수된 이미지 파일을 탐색·복제·출력하는 과정에서 피의자 등에게 참여의 기회를 보장하여야 하는 것은 아니다.

㉡ 영장담당판사가 발부한 압수·수색영장에 법관의 서명이 있다면 비록 날인이 없다고 하더라도 그 압수·수색영장은 「형사소송법」이 정한 요건을 갖추지 못하였다고 볼 수는 없다.

㉢ 압수·수색영장의 피처분자가 현장에 없거나 현장에서 그를 발견할 수 없는 등 영장제시가 현실적으로 불가능한 경우에도 영장을 제시하지 아니한 채 압수·수색을 하면 위법하다.

㉣ 수사기관이 압수·수색영장을 집행하면서 압수·수색 대상 기관에 팩스로 영장 사본을 송신하기만 하였을 뿐 영장 원본을 제시하거나 압수조서와 압수물 목록을 작성하여 피압수·수색 당사자에게 교부하지도 않았다면 그 압수·수색은 위법하다.

① ㉠, ㉡   ② ㉠, ㉣   ③ ㉡, ㉢   ④ ㉢, ㉣

해설

㉠ 【 O 】 대판 2018.2.8. 2017도13263

㉡ 【 X 】 압수·수색영장에는 피의자의 성명, 죄명, 압수할 물건, 수색할 장소, 신체, 물건, 발부 연월일, 유효기간과 그 기간을 경과하면 집행에 착수하지 못하며 영장을 반환하여야 한다는 취지, 그 밖에 대법원규칙으로 정한 사항을 기재하고 영장을 발부하는 법관이 서명·날인하여야 한다(형사소송법 제219조, 제114조 제1항 본문). 이 사건 영장은 법관의 서명·날인란에 서명만 있고 날인이 없으므로, 형사소송법이 정한 요건을 갖추지 못하여 적법하게 발부되었다고 볼 수 없다(대판 2019.7.11. 2018도20504).

㉢ 【 X 】 형사소송법 제219조가 준용하는 제118조는 "압수·수색영장은 처분을 받는 자에게 반드시 제시하여야 한다."고 규정하고 있으나, 이는 영장제시가 현실적으로 가능한 상황을 전제로 한 규정으로 보아야 하고, 피처분자가 현장에 없거나 현장에서 그를 발견할 수 없는 경우 등 영장제시가 현실적으로 불가능한 경우에는 영장을 제시하지 아니한 채 압수·수색을 하더라도 위법하다고 볼 수 없다(대판 2015.1.22. 2014도10978 전합).

㉣ 【 O 】 대판 2017.9.12. 2015도10648

정답 ③

135 압수·수색에 대한 설명으로 옳은 것은? (다툼이 있는 경우 판례에 의함)

21. 국가직

① 증거물을 압수하였을 때에는 압수조서 및 압수목록을 작성하여야 하지만, 수색한 결과 증거물이 없는 경우에는 그 취지의 증명서를 교부할 필요는 없다.
② 수사기관이 압수·수색영장을 제시하고 압수·수색을 실시하여 그 집행을 종료하였다 하더라도 영장의 유효기간이 남아 있다면 아직 그 영장의 효력이 상실되지 않았으므로, 동일한 장소에 대하여 다시 압수·수색할 수 있다.
③ 수사기관이 압수·수색영장 집행과정에서 영장발부의 사유인 범죄혐의사실과 무관한 별개의 증거를 압수하였다가 피압수자에게 환부하고 후에 이를 다시 임의제출받아 압수한 경우, 검사가 위 압수물 제출의 임의성을 합리적인 의심을 배제할 수 있을 정도로 증명하여 임의성이 인정된다면 이를 유죄 인정의 증거로 사용할 수 있다.
④ 압수·수색할 전자정보가 영장에 기재된 수색장소에 있는 정보처리장치에 있지 않고 그 정보처리장치와 정보통신망으로 연결되어 제3자가 관리하고 있는 원격지의 저장매체에 저장되어 있는 경우, 수사기관이 압수·수색영장에 기재되어 있는 압수할 물건을 적법한 절차와 집행방법에 따라 수색장소의 정보처리장치를 이용하여 원격지의 저장매체에 접속하였다 하더라도 이와 같은 압수·수색은 형사소송법에 위반된다.

해설

① 【X】 수색한 경우에 증거물 또는 몰수할 물건이 없는 때에는 그 취지의 증명서를 교부하여야 한다(제128조).
② 【X】 수사기관이 압수·수색영장을 제시하고 집행에 착수하여 압수·수색을 실시하고 그 집행을 종료하였다면 이미 그 영장은 목적을 달성하여 효력이 상실되는 것이고, 동일한 장소 또는 목적물에 대하여 다시 압수·수색할 필요가 있는 경우라면 그 필요성을 소명하여 법원으로부터 새로운 압수·수색영장을 발부받아야 하는 것이지, 앞서 발부받은 압수·수색영장의 유효기간이 남아 있다고 하여 이를 제시하고 다시 압수·수색을 할 수는 없다(대결 1999.12.1. 99모161).
③ 【O】 대판 2016.3.10. 2013도11233
④ 【X】 수사기관이 피의자의 이메일 계정에 대한 접근권한에 갈음하여 발부받은 영장에 따라 영장 기재 수색장소에 있는 컴퓨터 등 정보처리장치를 이용하여 적법하게 취득한 피의자의 이메일 계정 아이디와 비밀번호를 입력하는 등 피의자가 접근하는 통상적인 방법에 따라 원격지의 저장매체에 접속하고 그곳에 저장되어 있는 피의자의 이메일 관련 전자정보를 수색장소의 정보처리장치로 내려받거나 그 화면에 현출시키는 것 역시 피의자의 소유에 속하거나 소지하는 전자정보를 대상으로 이루어지는 것이므로, 해당 전자정보를 압수·수색하는 대물적 강제처분으로 형사소송법의 해석상 허용된다(대판 2017.11.29. 2017도9747).

정답 ③

136
아래 [사안의 전제]를 참고할 때, 전자정보 압수·수색에 관한 [문제 사례]에서 사법경찰관 P의 조치 중 적법하지 않은 것은 모두 몇 개인가? (다툼이 있는 경우 판례에 의함)

25. 경찰승진

> [사안의 전제] ● 전제 외 특별한 사정은 고려하지 않음
> 사법경찰관 P는 피의자 甲의 기부금품의 모집 및 사용에 관한 법률 위반 혐의를 수사하던 중 '압수할 물건'을 '정보처리장치(컴퓨터, 노트북, 태블릿 등) 및 정보저장매체(USB, 외장하드 등)에 저장되어 있는 본건 범죄사실에 해당하는 회계, 회의 관련 전자정보'로 하는 압수·수색영장을 발부받아 甲의 참여권을 보장한 상태에서 사무실에 대한 압수·수색에 착수하였다.
>
> [문제 사례]
> P는 책상 위에서 甲의 노트북을 발견하고 ㉠ 전자정보를 탐색하고자 전원을 눌렀으나 노트북이 켜지지 않고 이미징도 되지 않아 봉인하여 반출하였고, 甲이 소지하고 있던 ㉡ 휴대전화도 압수하면서 甲이 휴대전화의 잠금을 해제해 주지 않아 봉인하여 반출하였다. 甲은 압수·수색 중 변호인을 선임하였다는 사실과 이후 자신은 압수·수색 과정에는 불참하겠다는 의사를 밝혔고, ㉢ P는 甲과 변호인에 대한 별도 통지 없이 피의자 측의 참여가 없는 상태에서 디지털포렌식 과정을 거쳐 전자정보를 탐색하던 중 ㉣ 여고생들에 대한 불법 촬영 동영상 30개와 사진 등을 발견하고 출력한 뒤 보충 조사를 통해 범행 사실을 인지하고 압수·수색영장을 발부받아 증거물로 압수하였다.

① 1개　　② 2개　　③ 3개　　④ 4개

해설

㉠ 【O】 甲의 노트북은 압수·수색영장에 기재된 압수대상물 중의 하나이다. 전자정보에 대한 압수·수색영장의 집행에 있어서는 원칙적으로 영장 발부의 사유로 된 혐의사실과 관련된 부분만을 문서 출력물로 수집하거나 수사기관이 휴대한 저장매체에 해당 파일을 복사하는 방식으로 이루어져야 하고, 집행현장의 사정상 위와 같은 방식에 의한 집행이 불가능하거나 현저히 곤란한 부득이한 사정이 있더라도 그 같은 경우에 그 저장매체 자체를 직접 또는 하드카피나 이미징 등 형태로 수사기관 사무실 등 외부로 반출하여 해당 파일을 압수·수색할 수 있도록 영장에 기재되어 있고 실제 그와 같은 사정이 발생한 때에 한하여 예외적으로 허용될 수 있을 뿐이다(대결 2011.5.26. 2009모1190; 대판 2012.3.29. 2011도10508). 설문에서는 집행현장의 사정상 이와 현장에서 집행을 할 수 없으므로 이를 반출할 수 있는 사유는 존재한다. 이를 기준으로 외부반출이 적법하다는 취지에서 출제한 것으로 볼 수 있다. 다만, 사전에 외부로 반출하여 압수할 수 있도록 영장에 기재되어 있다는 사실이 전제되어 있지 않아 어느 정도의 오답시비는 발생할 수 있는 지문으로 볼 수 있다. 대법원 2024.9.25.자 2024모2020 결정에서 설문과 유사한 사실관계가 제시되었는데, 해당사건에서는 외부반출이 가능함이 영장에 기재되었는지 여부에 대해 피고인 측의 다툼이 없는 것으로 보아 외부반출이 가능하다는 점이 기재되어 있었던 사안으로 보인다. 그러나, 출제단계에서 이 부분에 대한 검토가 빠진 것은 아쉬울 수밖에 없다.

㉡ 【X】 휴대전화는 정보처리장치나 정보저장매체의 특성을 가지고 있기는 하나, 기본적으로 통신매체의 특성을 가지고 있어 컴퓨터, 노트북 등 정보처리장치나 USB, 외장하드 등 정보저장매체와는 명확히 구별되는 특성을 가지고 있다. 휴대전화, 특히 스마트폰에는 통신의 비밀이나 사생활에 관한 방대하고 광범위한 정보가 집적되어 있는 등 휴대전화에 저장된 전자정보는 컴퓨터나 USB 등에 저장된 전자정보와는 그 분량이나 내용, 성격 면에서 현저한 차이가 있으므로, 압수·수색영장에 기재된 '압수할 물건'에 휴대전화에 저장된 전자정보가 포함되어 있지 않다면, 특별한 사정이 없는 한 그 영장으로 휴대전화에 저장된 전자정보를 압수할 수는 없다고 보아야 한다(대결 2024.10.8. 2024모2020).

㉢ 【X】 변호인의 압수·수색 참여권은 고유권으로서 피의자의 참여권과 별도로 보장된다. 따라서 피의자 甲이 압수·수색과정에 불참하겠다는 의사를 밝혔다하더라도 변호인에게는 별도로 사전통지 및 참여권보장조치가 이루어져야 한다. 특히, 디지털포렌식 과정은 통상 수사기관의 사무실에서 이루어지므로 증거인멸의 가능성이 있다고 볼 수 없어 변호인에게 미리 통지하지 않고 변호인의 참여권을 침해한 것은 위법하다.

㉣ 【X】 압수·수색영장이 발부된 범죄사실은 "피의자 甲의 기부금품의 모집 및 사용에 관한 법률 위반 혐의"이다. 형사소송법 제215조 제2항은 혐의와의 관련성이 있는 물건에 한하여 압수·수색할 수 있도록 하고 이때 관련성이란 인적 관련성과 객관적 관련성을 의미하는데, 甲의 범죄사실이라는 점에서 인적 관련성은 인정할 수 있다. 그런데 압수된 불법촬영동영상 30개와 사진은 기부금품모집 및 사용에 관한 법률위반혐의와 혐의사실 자체가 다르고 기본적 사실관계가 동일하지 않다. 나아가 동기, 경위, 수단, 방법 등에 대한 간접증거나 정황증거로 사용될 것도 아니다. 결국, 해당 압수는 관련성이 없는 증거에 대한 압수로서 삭제·폐기의 대상이 될 뿐이다.

정답 ③

137 수사상 채혈에 대한 설명으로 가장 적절한 것은? (다툼이 있는 경우 판례에 의함)

18. 경찰채용 3차

① 수사기관은 「형사소송법」이 정한 압수의 방법으로 피의자의 동의 없이 그의 혈액을 범죄 증거의 수집목적으로 취득·보관할 수 있으나, 감정에 필요한 처분으로는 이를 할 수 없다.
② 경찰관이 담당의사로부터 진료 목적으로 이미 채혈되어 있던 피고인의 혈액 중 일부를 주취운전 여부에 대한 감정을 목적으로 임의로 제출받아 이를 압수한 경우, 그 압수절차가 피고인 또는 피고인의 가족의 동의 및 영장 없이 행하여졌다고 하더라도 이에 적법절차를 위반한 위법이 있다고 할 수 없다.
③ 피의자의 신체 내지 의복류에 주취로 인한 냄새가 강하게 나는 등 범죄의 증적이 현저한 준현행범인의 요건이 갖추어져 있고 교통사고 발생 시각으로부터 사회통념상 범행 직후라고 볼 수 있는 시간 내라면, 피의자의 생명·신체를 구조하기 위하여 사고현장으로부터 곧바로 후송된 병원 응급실 등의 장소는 「형사소송법」 제216조 제1항 제2호의 체포현장에 준하므로 수사기관은 영장 없이 혈액을 압수할 수 있다.
④ 음주운전과 관련한 「도로교통법」 위반죄의 범죄수사를 위하여 미성년자인 피의자의 혈액채취가 필요한 경우, 수사기관은 피의자의 의사능력이 있는 경우라도 그 법정대리인의 동의를 얻어야 피의자의 혈액을 압수할 수 있다.

해설

① 【 X 】 수사기관이 범죄 증거를 수집할 목적으로 피의자의 동의 없이 피의자의 혈액을 취득·보관하는 행위는 법원으로부터 감정처분허가장을 받아 형사소송법 제221조의4 제1항, 제173조 제1항에 의한 '감정에 필요한 처분'으로도 할 수 있지만, 형사소송법 제219조, 제106조 제1항에 정한 압수의 방법으로도 할 수 있고, 압수의 방법에 의하는 경우 혈액의 취득을 위하여 피의자의 신체로부터 혈액을 채취하는 행위는 혈액의 압수를 위한 것으로서 형사소송법 제219조, 제120조 제1항에 정한 '압수영장의 집행에 있어 필요한 처분'에 해당한다(대판 2012.11.15. 2011도15258).
② 【 O 】 대판 1999.9.3. 98도968
③ 【 X 】 음주운전 중 교통사고를 야기한 후 피의자가 의식불명 상태에 빠져 있는 등으로 도로교통법이 음주운전의 제1차적 수사방법으로 규정한 호흡조사에 의한 음주측정이 불가능하고 혈액 채취에 대한 동의를 받을 수도 없을 뿐만 아니라 법원으로부터 혈액 채취에 대한 감정처분허가장이나 사전 압수영장을 발부받을 시간적 여유도 없는 긴급한 상황이 생길 수 있다. 이러한 경우 피의자의 신체 내지 의복류에 주취로 인한 냄새가 강하게 나는 등 형사소송법 제211조 제2항 제3호가 정하는 범죄의 증적이 현저한 준현행범인의 요건이 갖추어져 있고 교통사고 발생 시각으로부터 사회통념상 범행 직후라고 볼 수 있는 시간 내라면, 피의자의 생명·신체를 구조하기 위하여 사고현장으로부터 곧바로 후송된 병원 응급실 등의 장소는 형사소송법 제216조 제3항의 범죄장소에 준한다 할 것이므로, 검사 또는 사법경찰관은 피의자의 혈중알코올농도 등 증거의 수집을 위하여 의료법상 의료인의 자격이 있는 자로 하여금 의료용 기구로 의학적인 방법에 따라 필요최소한의 한도 내에서 피의자의 혈액을 채취하게 한 후 그 혈액을 영장 없이 압수할 수 있다. 다만 이 경우에도 형사소송법 제216조 제3항 단서, 형사소송규칙 제58조, 제107조 제1항 제3호에 따라 사후에 지체 없이 강제채혈에 의한 압수의 사유 등을 기재한 영장청구서에 의하여 법원으로부터 압수영장을 받아야 한다(대판 2012.11.15. 2011도15258).
④ 【 X 】 음주운전과 관련한 도로교통법 위반죄의 범죄수사를 위하여 미성년자인 피의자의 혈액채취가 필요한 경우에도 피의자에게 의사능력이 있다면 피의자 본인만이 혈액채취에 관한 유효한 동의를 할 수 있고, 피의자에게 의사능력이 없는 경우에도 명문의 규정이 없는 이상 법정대리인이 피의자를 대리하여 동의할 수는 없다(대판 2014.11.13. 2013도1228).

정답 ②

138 형사소송법상 압수 · 수색에 대한 설명으로 가장 적절하지 않은 것은?

16. 경찰채용 2차

① 사법경찰관은 제200조의3(긴급체포)의 규정에 의하여 피의자를 체포하는 경우에 필요한 때에는 영장 없이 타인의 주거 내에서 피의자를 수색할 수 있다.
② 사법경찰관은 제200조의3(긴급체포)에 따라 체포된 자가 소유하는 물건에 대하여 긴급히 압수할 필요가 있는 경우에는 체포한 때부터 24시간 이내에 한하여 영장 없이 압수할 수 있다.
③ 사법경찰관은 제212조(현행범인의 체포)의 규정에 의하여 피의자를 체포하는 경우에 필요한 때에는 영장 없이 체포현장에서 압수할 수 있다.
④ 사법경찰관은 제216조(영장에 의하지 아니한 강제처분)의 규정에 의하면 범행 중 또는 범행직후의 장소에서 긴급을 요하여 법원판사의 영장을 받을 수 없는 때에는 영장 없이 압수할 수 있다. 이 경우에는 사후 24시간 이내에 영장을 받아야 한다.

해설

① 【 O 】 제216조 제1항 제1호
② 【 O 】 제217조 제1항
③ 【 O 】 제216조 제1항 제2호
④ 【 X 】 범행 중 또는 범행직후의 장소에서 긴급을 요하여 법원판사의 영장을 받을 수 없는 때에는 영장 없이 압수, 수색 또는 검증을 할 수 있다. 이 경우에는 사후에 지체 없이 영장을 받아야 한다(제216조 제3항). 즉, 사후에 지체 없이 영장을 받으면 되는 것이며, 24시간 이내라는 시간의 제한을 두고 있지는 않다.

정답 ④

139 영장에 의하지 않는 압수·수색·검증에 대한 설명으로 가장 적절한 것은? (다툼이 있는 경우 판례에 의함)

18. 경찰채용 2차

① 사고발생 직후 사고장소에서 사법경찰관 사무취급이 작성한 실황조서가 긴급을 요하여 판사의 영장 없이 작성된 것이어서 「형사소송법」 제216조 제3항에 의한 검증에 해당한다면, 이 조서는 적법한 절차에 따라 작성된 것이므로 특별한 사유가 없는 한 증거능력이 있다.

② 범행 직후의 범죄 장소에서는 수사상 필요가 있는 경우라면, 긴급한 경우가 아니더라도, 수사기관은 영장 없이 압수·수색 또는 검증을 할 수 있으나, 사후에 지체 없이 영장을 받아야 한다.

③ 교통사고로 의식을 잃어 응급실에 실려온 운전자에게서 담당의사가 응급수술을 목적으로 이미 채취한 혈액 중 일부를 주취운전 여부의 감정을 목적으로 출동한 경찰관이 담당의사로부터 임의로 제출받아 이를 압수한 경우, 담당의사에게 혈액제출권한이 없었다고 볼 특별한 사정이 없는 한 사후영장을 받지 않아도 이러한 압수는 위법하지 않다.

④ 경찰관이 피고인 소유의 쇠파이프를 피고인의 주거지 앞마당에서 발견하였음에도 그 소유자, 소지자 또는 보관자가 아닌 피해자로부터 임의로 제출받는 형식으로 그 쇠파이프를 압수하였고 그 후 압수물의 사진을 찍은 경우, 그 '압수물' 및 '압수물을 찍은 사진'은 피고인이 증거로 사용함에 동의한 경우에만 유죄인정의 증거로 사용할 수 있다.

해설

① 【X】 당해인의 동의가 없어 실황조사서가 실질적으로 '검증'에 해당하는 경우에는 명칭 여하에도 불구하고 제216조 제3항에 따라 사후영장을 발부받지 않으면 영장주의에 위배되어 증거능력이 없다(대판 1989.3.14. 88도1399).

② 【X】 범행 중 또는 범행직후의 범죄장소에서 긴급을 요하여 법원판사의 영장을 받을 수 없는 때에는 영장 없이 압수, 수색 또는 검증을 할 수 있다. 이 경우에는 사후에 지체 없이 영장을 받아야 한다(제216조 제3항).

③ 【O】 대판 1999.9.3. 98도968

④ 【X】 형사소송법 제218조는 '사법경찰관은 소유자, 소지자 또는 보관자가 임의로 제출한 물건들을 영장 없이 압수할 수 있다'고 규정하고 있는바, 위 규정에 위반하여 소유자, 소지자 또는 보관자가 아닌 자로부터 제출받은 물건을 영장 없이 압수한 경우 그 압수물 및 압수물을 찍은 사진은 이를 유죄 인정의 증거로 사용할 수 없는 것이고, 헌법과 형사소송법이 선언한 영장주의의 중요성에 비추어 볼 때 피고인이나 변호인이 이를 증거로 함에 동의하였다고 하더라도 달리 볼 것은 아니다(대판 2010.1.28. 2009도10092).

정답 ③

140 영장에 의하지 아니한 압수·수색·검증에 대한 설명으로 가장 적절하지 않은 것은? (다툼이 있는 경우 판례에 의함)

19. 경찰승진

① 주취운전이라는 범죄행위로 당해 음주운전자를 구속·체포하지 아니한 경우에도 필요하다면 주취운전 중 또는 주취운전 직후의 현장에 있던 차량열쇠는 「형사소송법」 제216조 제3항에 의하여 영장 없이 이를 압수할 수 있다.
② 사법경찰관이 「형사소송법」 제215조 제2항의 규정에 위반하여 영장 없이 물건을 압수한 경우에 추후 피의자로부터 그 압수물에 대한 임의제출동의서를 받았더라도 그 압수는 위법하다.
③ 음란물 유포의 범죄혐의를 이유로 압수·수색영장을 발부받은 사법경찰관이 피의자의 주거지를 수색하다가 대마를 발견하자 피의자를 「마약류 관리에 관한 법률」 위반죄의 현행범으로 체포하면서 대마를 압수하였다면, 다음날 피의자 석방 후에 사후 압수·수색영장을 발부받지 않았더라도 압수는 위법하지 않다.
④ 긴급체포된 자가 소유하고 있는 물건에 대하여 긴급히 압수할 필요가 있는 경우에는 체포한 때부터 24시간 이내에 한하여 영장 없이 압수·수색 또는 검증을 할 수 있다.

> 해설

① 【 O 】 대판 1998.5.8. 97다54482
② 【 O 】 대판 2010.7.22. 2009도14376
③ 【 X 】 음란물 유포의 범죄혐의를 이유로 압수수색영장을 발부받은 사법경찰리가 피고인의 주거지를 수색하는 과정에서 대마를 발견하자, 피고인을 마약류관리에 관한 법률 위반죄의 현행범으로 체포하면서 대마를 압수하였으나 그 다음날 피고인을 석방하고도 사후 압수수색영장을 발부받지 않은 경우 위 압수물과 압수조서는 형사소송법상 영장주의를 위반하여 수집한 증거로서 증거능력이 부정된다(대판 2009.5.14. 2008도10914).
④ 【 O 】 제217조 제1항

정답 ③

141 영장에 의하지 아니한 강제처분에 대한 설명으로 가장 적절하지 않은 것은? (다툼이 있는 경우 판례에 의함)

19. 경찰채용 2차

① 체포영장의 집행을 위하여 타인의 주거를 수색하는 경우 별도로 영장을 발부받기 어려운 긴급한 사정이 있는지 여부를 구별하지 않고 피의자가 그 장소에 소재할 개연성만 소명되면 수색영장 없이 피의자 수색을 할 수 있도록 허용하는 「형사소송법」 제216조 제1항 제1호 중 제200조의2에 관한 부분은 영장주의에 위반된다.
② 사법경찰관은 긴급체포된 자가 소유·소지 또는 보관하는 물건에 대하여 긴급히 압수할 필요가 있는 경우에는 체포한 때부터 24시간 이내에 한하여 영장 없이 압수·수색 또는 검증을 할 수 있다.
③ 긴급체포된 자가 소유·소지 또는 보관하는 물건을 영장 없이 압수한 이후 이 물건을 계속 압수할 필요가 있는 경우 사법경찰관은 압수한 때부터 48시간 이내에 압수·수색영장을 청구하여야 한다.
④ 교통사고를 가장한 살인사건의 범행일로부터 약 3개월 가까이 경과한 후 범죄에 이용된 승용차의 일부분인 강판조각이 범행 현장에서 발견된 경우 이 강판조각은 「형사소송법」 제218조에 규정된 유류물에 해당하므로 영장 없이 압수할 수 있다.

해설

① 【O】 헌재결 2018.4.26. 2015헌바370
② 【O】 제217조 제1항
③ 【X】 긴급체포된 자가 소유·소지 또는 보관하는 물건을 영장 없이 압수한 이후 이 물건을 계속 압수할 필요가 있는 경우 사법경찰관은 체포한 때부터 48시간 이내에 압수·수색영장을 청구하여야 한다(제217조 제2항).
④ 【O】 대판 2011.5.26. 2011도1902

정답 ③

142 압수에 대한 설명으로 옳지 않은 것은? (다툼이 있는 경우 판례에 의함)

20. 검찰 7급

① 영장 발부의 사유로 된 범죄 혐의사실과 무관한 별개의 증거를 영장 없이 압수한 후에 수사기관이 그 증거를 피압수자 등에게 환부하고 후에 임의제출받아 다시 압수한 경우, 그 제출의 임의성에 관하여 검사가 합리적 의심을 배제할 수 있을 정도로 증명하지 못한다면 증거능력을 인정할 수 없다.
② 범행 현장에서 지문채취 대상물에 대한 지문채취가 적법하게 이루어진 이상, 수사기관이 그 이후에 지문채취 대상물을 적법한 절차에 의하지 아니한 채 압수하였더라도 이미 채취된 지문은 위법하게 압수한 지문채취 대상물로부터 획득한 2차적 증거에 해당하지 않으므로 위법수집증거라고 할 수 없다.
③ 범인으로부터 압수한 물품에 대하여 몰수의 선고가 없어 그 압수가 해제된 것으로 간주되더라도 공범자에 대한 범죄수사를 위하여 그 물품의 압수가 필요하다거나 공범자에 대한 재판에서 그 물품이 몰수될 가능성이 있다면 검사는 그 물품을 다시 압수할 수 있다.
④ 압수자 등 환부를 받을 자가 압수 후 수사기관에 대하여 「형사소송법」상의 환부청구권을 포기한다는 의사표시를 하면 수사기관의 필요적 환부의무가 면제된다.

해설

① 【 O 】 대판 2016.3.10. 2013도11233
② 【 O 】 대판 2008.10.23. 2008도7471
③ 【 O 】 대결 1997.1.9. 96모34
④ 【 X 】 피압수자 등 압수물을 환부받을 자가 수사기관에 대하여 형사소송법상의 환부청구권을 포기한다는 의사표시를 한 경우에 있어서도, 그 효력이 없어 그에 의하여 수사기관의 필요적 환부의무가 면제된다고 볼 수는 없으므로, 그 환부의무에 대응하는 압수물의 환부를 청구할 수 있는 절차법상의 권리가 소멸하는 것은 아니다(대결 1996.8.16. 94모51 전합).

정답 ④

143 압수에 대한 설명으로 가장 적절하지 않은 것은? (다툼이 있는 경우 판례에 의함)   21. 경찰승진

① 경찰관이 진료 목적으로 이미 채혈되어 있던 피고인의 혈액 중 일부를 주취운전 여부에 대한 감정을 목적으로 간호사로부터 임의로 제출받아 이를 압수한 경우 간호사가 혈액의 소지자 겸 보관자인 병원 또는 담당의사를 대리하여 혈액을 경찰관에게 임의로 제출할 수 있는 권한이 없었다고 볼 특별한 사정이 없는 이상, 이를 위법하다고 볼 수 없다.
② 피해자의 신고를 받고 현장에 출동한 경찰서 과학수사팀 소속 경찰관이 피해자가 범인과 함께 술을 마신 테이블 위에 놓여 있던 맥주컵에서 지문 6점, 물컵에서 지문 8점, 맥주병에서 지문 2점을 각각 현장에서 직접 채취한 후, 지문채취 대상물을 적법한 절차에 의하지 않고 압수하였더라도 채취된 지문은 위법수집증거라고 할 수 없다.
③ 현행범 체포현장이나 범죄장소에서도 소지자 등이 임의로 제출하는 물건은 영장 없이 압수할 수 있다. 이 경우 검사나 사법경찰관은 사후에 영장을 받아야 한다.
④ 소유자, 소지자 또는 보관자가 아닌 자로부터 제출받은 물건을 영장 없이 압수한 경우 그 압수물 및 압수물을 찍은 사진은 유죄 인정의 증거로 사용할 수 없다.

해설

① 【 O 】 대판 1999.9.3. 98도968
② 【 O 】 대판 2008.10.23. 2008도7471
③ 【 X 】 검사 또는 사법경찰관은 형사소송법 제212조의 규정에 의하여 피의자를 현행범 체포하는 경우에 필요한 때에는 체포 현장에서 영장 없이 압수·수색·검증을 할 수 있으나, 이와 같이 압수한 물건을 계속 압수할 필요가 있는 경우에는 체포한 때부터 48시간 이내에 지체 없이 압수영장을 청구하여야 한다(제216조 제1항 제2호, 제217조 제2항). 그리고 검사 또는 사법경찰관이 범행 중 또는 범행 직후의 범죄 장소에서 긴급을 요하여 판사의 영장을 받을 수 없는 때에는 영장 없이 압수·수색 또는 검증을 할 수 있으나, 이 경우에는 사후에 지체 없이 영장을 받아야 한다(제216조 제3항). 다만 형사소송법 제218조에 의하면 검사 또는 사법경찰관은 피의자 등이 유류한 물건이나 소유자·소지자 또는 보관자가 임의로 제출한 물건은 영장 없이 압수할 수 있으므로, 현행범체포 현장이나 범죄장소에서도 소지자 등이 임의로 제출하는 물건은 위 조항에 의하여 영장 없이 압수할 수 있고, 이 경우에는 검사나 사법경찰관이 사후에 영장을 받을 필요가 없다(대판 2016.2.18. 2015도13726).
④ 【 O 】 대판 2010.1.28. 2009도10092

정답 ③

144 미성년자인 甲은 술에 취한 상태에서 승용차를 운전하던 중 교통사고를 야기하고 그 직후 의식불명인 상태로 병원응급실로 후송되었다. 이 경우 甲의 혈액 압수에 관한 설명으로 가장 적절하지 않은 것은? (다툼이 있는 경우 판례에 의함)

21. 경찰채용 2차

① 수사기관이 범죄증거를 수집할 목적으로 甲의 동의 없이 甲의 혈액을 취득·보관하는 행위는 법원으로부터 감정처분허가장을 받아 감정에 필요한 처분으로도 할 수 있지만, 압수의 방법으로도 할 수 있고, 압수의 방법에 의하는 경우 혈액의 취득을 위하여 甲의 신체로부터 혈액을 채취하는 행위는 압수영장의 집행에 있어 필요한 처분에 해당한다.

② 의식불명인 甲에 대하여 영장을 발부받을 시간적 여유가 없는 상황에서 甲에게서 술냄새가 강하게 나는 등 준현행범인의 요건이 갖추어져 있고 교통사고 발생시각으로부터 범행 직후라고 볼 수 있는 시간 내라면, 사법경찰관은 의료인으로 하여금 의학적인 방법에 따라 필요최소한의 한도 내에서 甲의 혈액을 채취하게 한 후 그 혈액을 영장 없이 압수할 수 있다.

③ 甲의 법정대리인인 부모가 병원응급실에 있는 경우 사법경찰관은 부모의 동의를 받아 의료인으로 하여금 의료용 기구로 의학적인 방법에 따라 필요최소한의 한도 내에서 甲의 혈액을 채취하게 한 후 그 혈액을 영장 없이 압수할 수 있다.

④ 간호사가 병원이나 담당의사를 대리하여 甲의 혈액을 사법경찰관에게 임의로 제출할 수 있는 권한이 없다고 볼 특별한 사정이 없는 이상, 사법경찰관은 간호사가 진료 목적으로 채혈해 둔 甲의 혈액 중 일부를 주취운전 여부에 대한 감정의 목적으로 임의로 제출받아 압수할 수 있다.

[해설]

① 【O】 대판 2012.11.15. 2011도15258
② 【O】 대판 2012.11.15. 2011도15258
③ 【X】 음주운전과 관련한 도로교통법 위반죄의 범죄수사를 위하여 미성년자인 피의자의 혈액채취가 필요한 경우에도 피의자에게 의사능력이 있다면 피의자 본인만이 혈액채취에 관한 유효한 동의를 할 수 있고, 피의자에게 의사능력이 없는 경우에도 명문의 규정이 없는 이상 법정대리인이 피의자를 대리하여 동의할 수는 없다(대판 2014.11.13. 2013도1228).
④ 【O】 대판 1999.9.3. 98도968

[정답] ③

145 영장주의에 관한 설명 중 가장 적절하지 않은 것은? (다툼이 있는 경우 판례에 의함) 20. 경찰승진

① 법원이 직권으로 발부하는 영장은 집행기관에 대한 허가장의 성격을 가지나, 수사기관의 청구에 의하여 발부하는 영장은 수사기관에 대한 명령장으로서의 성질을 갖는 것으로 이해되고 있다.
② 교도소의 안전과 질서유지를 위하여 마약류 수형자에게 소변을 받아 제출하게 한 것은 응하지 않을 경우 불리한 처우를 받을 수 있다는 심리적 압박이 존재하리라는 것을 충분히 예상할 수 있는 점에 비추어 공권력의 행사에 해당하나, 영장 없이 실시되었다 하더라도 영장주의에 위배되지 않는다.
③ 법원이 피고인의 구속 또는 그 유지 여부의 필요성에 관하여 한 재판의 효력이 검사나 다른 기관의 이견이나 불복이 있다 하여 좌우되거나 제한받는다면 이는 헌법 제12조 제3항의 영장주의에 위배된다.
④ 수사기관이 영장에 의하지 아니하고 신용카드회사가 발행한 매출전표의 거래명의자에 관한 정보를 획득하였다면, 그와 같이 수집된 증거는 원칙적으로 '적법한 절차에 따르지 아니하고 수집한 증거'에 해당하여 특별한 사정이 없는 한 유죄의 증거로 삼을 수 없다.

[해설]

① 【 X 】 법원이 직권으로 발부하는 영장과 수사기관의 청구에 의하여 발부하는 구속영장의 법적 성격은 갖지 않다. 즉, 전자는 명령장으로서의 성질을 갖지만 후자는 허가장으로서의 성질을 갖는 것으로 이해되고 있다(헌재결 1997.3.27. 96헌바28).
② 【 O 】 헌재결 2006.7.27. 2005헌마277
③ 【 O 】 헌재결 1992.12.24. 92헌가8
④ 【 O 】 대판 2013.3.28. 2012도13607

정답 ①

146 다음 사례에 대한 설명으로 옳지 않은 것은? (다툼이 있는 경우 판례에 의함) 18. 국가직

> 경찰관은 절도범을 현행범으로 체포하면서 상의 주머니와 소지품을 수색하여 지갑과 노트북 1대를 압수하였다. 그 이후 노트북은 피의자의 소유인 것으로 확인하여 돌려주었다가, 추가 수사의 목적으로 다시 임의제출 받았다.

① 노트북 1대를 임의제출 받는 과정에서 제출에 임의성이 있었다는 점에 대해서는 검사가 입증해야 한다.
② 지갑이 체포범죄사실과 관련성이 있다면 압수영장 없이 압수했더라도 적법하다.
③ 현행범 체포과정에서 적법하게 압수한 것이라도 계속 압수할 필요성이 있으면 압수한 때로부터 48시간 내에 사후압수영장을 받아야 한다.
④ 현행범으로 체포하면서 현장에서 범인의 상의 주머니를 수색한 행위는 적법하다.

[해설]

① 【 O 】 대판 2016.3.10. 2013도11233
② 【 O 】 대판 2017.12.5. 2017도13458
③ 【 X 】 현행범 체포과정에서 적법하게 압수한 것이라도 계속 압수할 필요성이 있으면 지체 없이 압수수색영장을 청구하여야 한다. 이 경우 압수수색영장의 청구는 체포한 때로부터 48시간 이내에 하여야 한다(제217조 제2항).
④ 【 O 】 제216조 제1항 제2호

정답 ③

147 유류물 및 임의제출물 압수에 관한 설명으로 가장 적절하지 않은 것은? (다툼이 있는 경우 판례에 의함)

25. 경찰승진

① 임의제출에 있어 피의자가 일부 범행을 부인하는 등 제출의 임의성을 엄격히 심사해야 하는 상황에서 경찰관이 임의제출의 의미, 절차와 효과에 대하여 고지하였음을 인정할 자료가 없고 피의자가 임의제출할 경우 나중에 번의하더라도 되돌려받지 못한다는 사정을 인식하고 있었다고 단정하기 어렵다면, 현행범 체포 시 임의제출 형식으로 압수한 휴대전화 및 그에 저장된 전자정보의 증거능력은 인정되지 않는다.

② 임의제출물 압수의 경우에도 압수 직후 현장에서 압수목록을 바로 작성하여 교부하는 것이 원칙이지만, 예외적으로 압수물의 수량·종류·특성 기타의 사정상 압수 직후 현장에서 압수목록을 작성·교부하지 않을 수 있다는 취지가 영장에 명시되어 있고, 이와 같은 특수한 사정이 실제로 존재하는 경우에는 압수영장을 집행한 후 일정한 기간이 경과하고서 압수목록을 작성·교부할 수도 있다.

③ 임의제출된 증거물을 압수한 경우 압수 경위 등을 구체적으로 기재한 압수조서를 작성하여야 하지만, 피의자신문조서 등에 압수의 취지를 기재하여 압수조서를 갈음하더라도 위법하지 않다.

④ 피의자가 SSD 카드 등이 든 신발주머니를 거주지 바깥으로 투척하였고 경찰관들이 이 신발주머니를 수거한 후 SSD 카드의 소유자가 맞는지 질문하자 소유권을 부인하여 경찰관들이 SSD 카드를 유류물로 압수한 경우에도 압수의 대상이나 범위는 해당 사건과 관계가 있다고 인정할 수 있는 것에 한정된다.

해설

① 【O】 임의제출물을 압수한 경우 압수물이 형사소송법 제218조에 따라 실제로 임의제출된 것인지에 관하여 다툼이 있을 때에는 임의제출의 임의성을 의심할 만한 합리적이고 구체적인 사실을 피고인이 증명할 것이 아니라 검사가 그 임의성의 의문점을 없애는 증명을 해야 한다. ⇒ 피고인이 자신의 휴대전화 카메라를 이용하여 총 9회에 걸쳐 성적 욕망 또는 수치심을 유발할 수 있는 피해자 4명의 신체를 그들의 의사에 반하여 촬영하였다는 성폭력범죄의 처벌 등에 관한 특례법 위반(카메라등이용촬영)의 공소사실과 관련하여, 수사기관이 피고인을 현행범으로 체포할 당시 임의제출 형식으로 압수한 휴대전화의 증거능력이 문제 된 사안에서, 피고인은 현행범 체포 당시 목격자로부터 휴대전화를 빼앗겨 위축된 심리 상태였고, 목격자 및 경찰관으로부터 휴대전화를 되찾기 위해 달려들기도 하였으며, 경찰서로 연행되어 변호인의 조력을 받지 못한 상태에서 피의자로 조사받으면서 일부 범행에 대하여 부인하고 있던 상황이었으므로, 피고인이 자발적으로 휴대전화를 수사기관에 제출하였는지를 엄격히 심사해야 하는 점, 수사기관이 임의제출자인 피고인에게 임의제출의 의미, 절차와 임의제출할 경우 피압수물을 임의로 돌려받지는 못한다는 사정 등을 고지하였음을 인정할 자료가 없는 점, 피고인은 당시 "경찰관으로부터 '휴대전화를 반환할 수 있다.'는 말을 들었다."라고 진술하는 등 휴대전화를 임의제출할 경우 나중에 번의하더라도 되돌려받지 못한다는 사정을 인식하고 있었다고 단정하기 어려운 점 등에 비추어 볼 때, 휴대전화 제출에 관하여 검사가 임의성의 의문점을 없애는 증명을 다하지 못하였으므로 휴대전화 및 그에 저장된 전자정보는 위법수집증거에 해당하여 증거능력이 없다는 이유로, 공소사실에 대하여 범죄의 증명이 없다고 보아 무죄를 선고한 원심의 결론이 옳다고 한 사례(대판 2024.3.12. 2020도9431).

② 【O】 임의제출에 따른 압수(형사소송법 제218조)의 경우에도 압수물에 대한 수사기관의 점유 취득이 제출자의 의사에 따라 이루어진다는 점에서만 차이가 있을 뿐 범죄혐의를 전제로 한 수사 목적이나 압수의 효력은 영장에 의한 압수의 경우와 동일하므로, 헌법상 기본권에 관한 수사기관의 부당한 침해로부터 신속하게 권리를 구제받을 수 있도록 수사기관은 영장에 의한 압수와 마찬가지로 객관적·구체적인 압수목록을 신속하게 작성·교부할 의무를 부담한다. 다만, 적법하게 발부된 영장의 기재는 그 집행의 적법성 판단의 우선적인 기준이 되어야 하므로, 예외적으로 압수물의 수량·종류·특성 기타의 사정상 압수 직후 현장에서 압수목록을 작성·교부하지 않을 수 있다는 취지가 영장에 명시되어 있고, 이와 같은 특수한 사정이 실제로 존재하는 경우에는 압수영장을 집행한 후 일정한 기간이 경과하고서 압수목록을 작성·교부할 수도 있으나, 압수목록 작성·교부 시기의 예외에 관한 영장의 기재는 피의자·피압수자 등의 압수 처분에 대한 권리구제절차 또는 불복절차가 형해화되지 않도록 그 취지에 맞게 엄격히 해석되어야 하고, 나아가 예외적 적용의 전제가 되는 특수한 사정의 존재 여부는 수사기관이 이를 증명하여야 하며, 그 기간 역시 필요 최소한에 그쳐야 한다(대결 2024.1.5. 2021모385).

③ 【O】 구 범죄수사규칙 제119조 제3항에 따라 피의자신문조서 등에 압수의 취지를 기재하여 압수조서를 갈음할 수 있도록 하더라도, 압수절차의 적법성 심사·통제 기능에 차이가 없으므로 이러한 사정만으로 압수절차가 위법하다고 볼 수 없다(대판 2023.6.1. 2020도2550).

④ 【 X 】 형사소송법 제215조 제1항은 '범죄수사에 필요한 때에는 피의자가 죄를 범하였다고 의심할 만한 정황이 있고 해당 사건과 관계가 있다고 인정할 수 있는 것에 한정하여 지방법원판사에게 청구하여 발부받은 영장에 의하여 압수, 수색 또는 검증을 할 수 있다.'고 규정하고 있다. 그러나 유류물 압수의 근거인 형사소송법 제218조는 유류물을 압수하는 경우에 사전, 사후에 영장을 받을 것을 요구하지 않는다. 유류물 압수와 같은 조문에 규정된 임의제출물 압수의 경우, 제출자가 제출 · 압수의 대상을 개별적으로 지정하거나 그 범위를 한정할 수 있으나, 유류물 압수는 그와 같은 제출자의 존재를 생각하기도 어렵다. 따라서 유류물 압수 · 수색에 대해서는 원칙적으로 영장에 의한 압수 · 수색 · 검증에 관하여 적용되는 형사소송법 제215조 제1항이나 임의제출물 압수에 관하여 적용되는 형사소송법 제219조에 의하여 준용되는 제106조 제1항, 제3항, 제4항에 따른 관련성의 제한이 적용된다고 보기 어렵다(대판 2024.7.25. 2021도1181).

◎ 피의자가 SSD 카드 등이 든 신발주머니를 거주지 바깥으로 투척하였고 경찰관들이 이 신발주머니를 수거한 후 SSD 카드의 소유자가 맞는지 질문하자 소유권을 부인하여 경찰관들이 SSD 카드를 유류물로 압수한 경우 압수의 대상이나 범위는 해당 사건과 관계가 있다고 인정할 수 있는 것에 한정되지 않는다.

【 정답 】 ④

148 수사의 적법성에 대한 설명으로 옳지 않은 것은? (다툼이 있는 경우 판례에 의함) 18. 국가직

① 법원으로부터 감정처분허가장이 아닌 혈액에 대한 압수영장을 발부받아 피의자의 신체로부터 혈액을 채취하는 행위는 위법한 강제수사이다.
② 검찰수사관이 피의자신문에 참여한 변호인에게 피의자 후방에 앉으라고 요구한 행위는 이를 정당화할 특별한 사정이 없는 한 변호인의 변호권을 침해하므로 헌법에 위배된다.
③ 응급구호가 필요한 자살기도자를 영장 없이 24시간을 초과하지 아니하는 범위에서 경찰서에 설치되어 있는 보호실에 유치한 것은 위법한 강제수사가 아니다.
④ 수사기관이 범행 중 또는 직후에 증거보전의 필요성, 긴급성이 있어서 상당한 방법으로 사진을 촬영한 경우라면 영장 없는 사진촬영도 위법한 수사가 아니다.

【 해설 】

① 【 X 】 수사기관이 범죄 증거를 수집할 목적으로 피의자의 동의 없이 피의자의 혈액을 취득 · 보관하는 행위는 법원으로부터 감정처분허가장을 받아 형사소송법 제221조의4 제1항, 제173조 제1항에 의한 '감정에 필요한 처분'으로도 할 수 있지만, 형사소송법 제219조, 제106조 제1항에 정한 압수의 방법으로도 할 수 있고, 압수의 방법에 의하는 경우 혈액의 취득을 위하여 피의자의 신체로부터 혈액을 채취하는 행위는 혈액의 압수를 위한 것으로서 형사소송법 제219조, 제120조 제1항에 정한 '압수영장의 집행에 있어 필요한 처분'에 해당한다(대판 2012.11.15. 2011도15258).
② 【 O 】 헌재결 2017.11.30. 2016헌마503
③ 【 O 】 대판 1994.3.11. 93도958
④ 【 O 】 대판 1999.9.3. 99도2317

【 정답 】 ①

149 압수·수색 시 참여권 보장에 관한 설명으로 가장 적절하지 않은 것은? (다툼이 있는 경우 판례에 의함)

25. 경찰승진

① 「형사소송법」 제123조 제2항 및 제3항에 따라 주거주 등 또는 이웃 등이 참여하였다고 하더라도 그 참여자에게 최소한 압수·수색절차의 의미를 이해할 수 있는 정도의 능력이 없거나 부족한 경우에는, 주거주 등이나 이웃 등의 참여 없이 이루어진 것과 마찬가지로 위법하다.

② 피해자 등 제3자가 피의자의 소유·관리에 속하는 정보저장매체를 임의제출한 경우에는 특별한 사정이 없는 한 피의자에게 참여권을 보장하고 압수한 전자정보 목록을 교부하는 등 피의자의 절차적 권리를 보장하기 위한 적절한 조치가 이루어져야 한다.

③ 증거은닉범이 본범으로부터 "수사가 끝날 때까지 숨겨 놓으라."라는 취지로 지시를 받고 본범의 정보저장매체를 소지·보관하던 중 수사기관으로부터 증거은닉혐의 피의자로 입건되자 본범의 정보저장매체를 임의제출한 경우 증거은닉범 외 본범에게도 참여권이 인정된다.

④ 과거 정보저장매체의 이용 내지 개별 전자정보의 생성·이용 등에 관여한 사실이 있다거나 그 과정에서 생성된 전자정보에 의해 식별되는 정보주체에 해당한다는 사정만으로 참여권 보장의 대상이 된다고 보기는 어렵다.

① 【O】 형사소송법 제123조 제2항과 제3항은 주거주, 간수자 또는 이에 준하는 사람(이하 '주거주 등'이라고 한다)이나 이웃 사람 또는 지방공공단체의 직원(이하 '이웃 등'이라고 한다)의 참여에 관하여 그 참여 없이 압수·수색영장을 집행할 수 있는 예외를 인정하지 않고 있다. 이는 형사소송법 제121조, 제122조에서 압수·수색영장의 집행에 대한 검사, 피의자, 변호인의 참여에 대하여 급속을 요하는 등의 경우 집행의 일시와 장소의 통지 없이 압수·수색영장을 집행할 수 있다고 한 것과 다른 점이다. 따라서 형사소송법 제123조 제2항에서 정한 타인의 주거, 간수자 있는 가옥, 건조물, 항공기 또는 선박·차량 안에 대한 압수·수색영장의 집행이 주거주 등이나 이웃 등의 참여 없이 이루어진 경우 특별한 사정이 없는 한 그러한 압수·수색영장의 집행은 위법하다고 보아야 한다. 나아가 주거주 등 또는 이웃 등이 참여하였다고 하더라도 그 참여자에게 최소한 압수·수색절차의 의미를 이해할 수 있는 정도의 능력(참여능력)이 없거나 부족한 경우에는, 주거주 등이나 이웃 등의 참여 없이 이루어진 것과 마찬가지로 형사소송법 제123조 제2항, 제3항에서 정한 압수·수색절차의 적법요건이 갖추어졌다고 볼 수 없으므로 그러한 압수·수색영장의 집행도 위법하다(대판 2024.10.8. 2020도11223).

② 【O】 피해자 등 제3자가 피의자의 소유·관리에 속하는 정보저장매체를 임의제출한 경우에는 실질적 피압수자인 피의자가 수사기관으로 하여금 그 전자정보 전부를 무제한 탐색하는 데 동의한 것으로 보기 어려울 뿐만 아니라 피의자 스스로 임의제출한 경우 피의자의 참여권 등이 보장되어야 하는 것과 견주어 보더라도 특별한 사정이 없는 한 피의자에게 참여권을 보장하고 압수한 전자정보 목록을 교부하는 등 피의자의 절차적 권리를 보장하기 위한 적절한 조치가 이루어져야 한다(대판 2023.9.18. 2022도7453 전합).

③ 【X】 피고인이 허위의 인턴십 확인서를 작성한 후 갑의 자녀 대학원 입시에 활용하도록 하는 방법으로 갑 등과 공모하여 대학원 입학담당자들의 입학사정업무를 방해하였다는 공소사실과 관련하여, 갑 등이 주거지에서 사용하던 컴퓨터 내 정보저장매체(하드디스크)에 인턴십 확인서 등 증거들이 저장되어 있고, 갑은 자신 등의 혐의에 대한 수사가 본격화되자 을에게 지시하여 하드디스크를 은닉하였는데, 이후 수사기관이 을을 증거은닉혐의 피의자로 입건하자 을이 이를 임의제출하였고, 수사기관은 하드디스크 임의제출 및 그에 저장된 전자정보에 관한 탐색·복제·출력 과정에서 을측에 참여권을 보장한 반면 갑 등에게는 참여 기회를 부여하지 않아 그 증거능력이 문제 된 사안에서, 증거은닉범행의 피의자로서 하드디스크를 임의제출한 을에 더하여 임의제출자가 아닌 갑 등에게도 참여권이 보장되어야 한다고 볼 수 없다고 한 사례(대판 2023.9.18. 2022도7453 전합).

④ 【O】 정보저장매체를 임의제출한 피압수자에 더하여 임의제출자 아닌 피의자에게도 참여권이 보장되어야 하는 '피의자의 소유·관리에 속하는 정보저장매체'란, 피의자가 압수·수색 당시 또는 이와 시간적으로 근접한 시기까지 해당 정보저장매체를 현실적으로 지배·관리하면서 그 정보저장매체 내 전자정보 전반에 관한 전속적인 관리처분권을 보유·행사하고, 달리 이를 자신의 의사에 따라 제3자에게 양도하거나 포기하지 아니한 경우로서, 피의자를 그 정보저장매체에 저장된 전자정보 전반에 대한 실질적인 압수·수색 당사자로 평가할 수 있는 경우를 말하는 것이다. 이에 해당하는지 여부는 민사법상 권리의 귀속에 따른 법률적·사후적 판단이 아니라 압수·수색 당시 외형적·객관적으로 인식 가능한 사실상의 상태를 기준으로 판단하여야 한다. 이러한 정보저장매체의 외형적·객관적 지배·관리 등 상태와 별도로 단지 피의자나 그 밖의 제3자가 과거 그 정보저장매체의 이용 내지 개별 전자정보의 생성·이용 등에 관여한 사실이 있다거나 그 과정에서 생성된 전자정보에 의해 식별되는 정보주체에 해당한다는 사정만으로 그들을 실질적으로 압수·수색을 받는 당사자로 취급하여야 하는 것은 아니다(대판 2023.9.18. 2022도7453 전합).

정답 ③

150 수사에 대한 설명으로 옳지 않은 것은? (다툼이 있는 경우 판례에 의함)

18. 검찰 7급

① 헌법 제16조 후문은 "주거에 대한 압수나 수색을 할 때에는 검사의 신청에 의하여 법관이 발부한 영장을 제시하여야 한다."라고 규정하고 있을 뿐 영장주의에 대한 예외를 마련하고 있지 않지만, 주거에 대한 압수나 수색에 있어 영장주의가 예외 없이 반드시 관철되어야 하는 것은 아니다.

② 피의자가 구속 당시에 헌법 및 형사소송법에 규정된 사항(구속의 이유 및 변호인의 조력을 받을 권리)을 고지받지 못하였고, 구금기간 중 면회거부 등의 처분을 받은 경우, 이는 형사소송법 제93조의 구속취소사유에 해당한다.

③ 검사는 증거에 사용할 압수물에 대하여 소유자 등에 의한 가환부의 청구가 있는 경우, 가환부를 거부할 수 있는 특별한 사정이 없는 한 가환부에 응하여야 한다.

④ 재소자가 법령에 근거하여 위탁한 비망록을 교도관이 수사기관에 임의로 제출하였다면, 재소자의 사생활의 비밀 기타 인격적 법익이 침해되는 등의 특별한 사정이 없는 한 그 비망록의 증거사용에 대하여 반드시 재소자의 동의를 받아야 하는 것은 아니다.

해설

① 【 O 】 헌법 제12조 제3항과는 달리 헌법 제16조 후문은 "주거에 대한 압수나 수색을 할 때에는 검사의 신청에 의하여 법관이 발부한 영장을 제시하여야 한다."라고 규정하고 있을 뿐 영장주의에 대한 예외를 명문화하고 있지 않다. 그러나 헌법 제12조 제3항과 헌법 제16조의 관계, 주거 공간에 대한 긴급한 압수·수색의 필요성, 주거의 자유와 관련하여 영장주의를 선언하고 있는 헌법 제16조의 취지 등을 종합하면, 헌법 제16조의 영장주의에 대해서도 그 예외를 인정하되, 이는 그 장소에 범죄혐의 등을 입증할 자료나 피의자가 존재할 개연성이 소명되고, 사전에 영장을 발부받기 어려운 긴급한 사정이 있는 경우에만 제한적으로 허용될 수 있다고 보는 것이 타당하다(헌재결 2018.4.26. 2015헌바370).

② 【 X 】 체포, 구금 당시에 헌법 및 형사소송법에 규정된 사항(체포, 구금의 이유 및 변호인의 조력을 받을 권리) 등을 고지받지 못하였고, 그 후의 구금기간 중 면회거부 등의 처분을 받았다 하더라도 이와 같은 사유는 형사소송법 제93조 소정의 구속취소사유에는 해당하지 아니한다(대결 1991.12.30. 91모76).

③ 【 O 】 대결 2017.9.29. 2017모236

④ 【 O 】 대판 2008.5.15. 2008도1097

정답 ②

151 형사절차에 대한 설명으로 옳지 않은 것은? (다툼이 있는 경우 판례에 의함)

21. 국가직

① 체포·구속적부심사에 대한 법원의 기각결정에 대하여는 항고하지 못하지만, 보증금납입조건부 석방결정에 대하여는 항고할 수 있다.
② 법원은 피고인이 도망하거나 죄증을 인멸할 염려가 있다고 믿을 만한 충분한 이유가 있는 때에는 직권으로 보석을 취소할 수 있으며, 이러한 보석취소결정에 대하여는 항고할 수 있다.
③ 수사기관이 법원으로부터 영장 또는 감정처분허가장을 발부받지 아니한 채 피의자의 동의 없이 피의자의 신체로부터 혈액을 채취하고 사후에도 지체 없이 영장을 발부받지 아니한 채 혈액 중 알코올농도에 관한 감정을 의뢰하였더라도, 이러한 과정을 거쳐 얻은 감정의뢰회보 등은 피고인이나 변호인의 동의가 있다면 유죄의 증거로 사용할 수 있다.
④ 압수·수색의 방법으로 소변을 채취하는 경우 압수대상물인 피의자의 소변을 확보하기 위한 수사기관의 노력에도 불구하고, 피의자가 소변 채취에 적합한 인근 병원 등으로 이동하는 것에 저항하는 등 임의동행을 기대할 수 없는 사정이 있는 때에는, 수사기관으로서는 소변 채취에 적합한 장소로 피의자를 데려가기 위해서 필요 최소한의 유형력을 행사하는 것이 허용된다.

[해설]

① 【 O 】 제214조의2 제8항, 대결 1997.8.27. 97모21
② 【 O 】 제402조 제2항
③ 【 X 】 형사소송법 제215조 제2항, 제216조 제3항, 제221조, 제221조의4, 제173조 제1항의 규정을 위반하여 수사기관이 법원으로부터 영장 또는 감정처분허가장을 발부받지 아니한 채 피의자의 동의 없이 피의자의 신체로부터 혈액을 채취하고 사후적으로도 지체 없이 이에 대한 영장을 발부받지도 아니한 채 강제채혈한 피의자의 혈액 중 알코올농도에 관한 감정이 이루어졌다면, 이러한 감정결과보고서 등은 형사소송법상 영장주의 원칙을 위반하여 수집되거나 그에 기초한 증거로서 그 절차 위반행위가 적법절차의 실질적인 내용을 침해하는 정도에 해당하고, 이러한 증거는 피고인이나 변호인의 증거동의가 있다고 하더라도 유죄의 증거로 사용할 수 없다(대판 2011.4.28. 2009도2109).
④ 【 O 】 대판 2018.7.12. 2018도6219

[정답] ③

152 사진 촬영에 관한 설명으로 가장 적절하지 않은 것은? (다툼이 있는 경우 판례에 의함)

25. 경찰승진

① 피의자의 임의적 동의하에 사인이 촬영한 나체사진이 범죄현장의 사진으로서 피의자에 대한 형사소추를 위해 반드시 필요한 증거로 보인다면 공익의 실현을 위하여 그 사진을 범죄의 증거로 제출하는 것이 허용되어야 한다.
② 제3자의 주거지 외부에서 담장 밖 및 2층 계단을 통하여 제3자의 집에 출입하는 피의자들의 모습을 촬영한 경우 촬영방법의 상당성이 결여된 것이라고는 할 수 없다.
③ 과속단속카메라가 제한속도 위반 차량의 차량번호 등을 촬영한 사진의 증거능력은 인정될 수 있다.
④ 경찰관들이 甲이 운영하는 성매매업소를 단속하여 甲을 현행범 체포하면서 성매매업소 내부를 수색하여 발견한 콘돔 7개와 업소시설을 사진 촬영하고 콘돔은 그대로 두고 나온 경우, 사후 압수영장을 발부받지 않았다면 촬영한 사진의 증거능력은 인정되지 않는다.

해설

① 【 O 】 모든 국민의 인간으로서의 존엄과 가치를 보장하는 것은 국가기관의 기본적인 의무에 속하는 것이고, 이는 형사절차에서도 당연히 구현되어야 하는 것이기는 하나 그렇다고 하여 국민의 사생활 영역에 관계된 모든 증거의 제출이 곧바로 금지되는 것으로 볼 수는 없고, 법원으로서는 효과적인 형사소추 및 형사소송에서의 진실발견이라는 공익과 개인의 사생활의 보호이익을 비교형량하여 그 허용 여부를 결정하고, 적절한 증거조사의 방법을 선택함으로써 국민의 인간으로서의 존엄성에 대한 침해를 피할 수 있다고 보아야 할 것이므로, 피고인의 동의하에 촬영된 나체사진의 존재만으로 피고인의 인격권과 초상권을 침해하는 것으로 볼 수 없고, 가사 사진을 촬영한 제3자가 그 사진을 이용하여 피고인을 공갈할 의도였다고 하더라도 사진의 촬영이 임의성이 배제된 상태에서 이루어진 것이라고 할 수는 없으며, 그 사진은 범죄현장의 사진으로서 피고인에 대한 형사소추를 위하여 반드시 필요한 증거로 보이므로, 공익의 실현을 위하여는 그 사진을 범죄의 증거로 제출하는 것이 허용되어야 하고, 이로 말미암아 피고인의 사생활의 비밀을 침해하는 결과를 초래한다 하더라도 이는 피고인이 수인하여야 할 기본권의 제한에 해당된다(대판 1997.9.30. 97도1230).
② 【 O 】 이 사건 비디오촬영은 피고인들에 대한 범죄의 혐의가 상당히 포착된 상태에서 그 회합의 증거를 보전하기 위한 필요에서 이루어진 것이고 공소외 2의 주거지 외부에서 담장 밖 및 2층 계단을 통하여 공소외 2의 집에 출입하는 피고인들의 모습을 촬영한 것으로 그 촬영방법 또한 반드시 상당성이 결여된 것이라고는 할 수 없다 할 것인바, 위와 같은 사정 아래서 원심이 이 사건 비디오 촬영행위가 위법하지 않다고 판단하고 그로 인하여 취득한 비디오테이프의 증거능력을 인정한 것은 정당하고 거기에 영장 없이 촬영한 비디오테이프의 증거능력에 관한 해석을 그르친 잘못이 있다고 할 수 없다(대판 1999.9.3. 99도2317).
③ 【 O 】 무인장비에 의한 제한속도 위반차량 단속은 이러한 수사활동의 일환으로서 도로에서의 위험을 방지하고 교통의 안전과 원활한 소통을 확보하기 위하여 도로교통법령에 따라 정해진 제한속도를 위반하여 차량을 주행하는 범죄가 현재 행하여지고 있고, 그 범죄의 성질·태양으로 보아 긴급하게 증거보전을 할 필요가 있는 상태에서 일반적으로 허용되는 한도를 넘지 않는 상당한 방법에 의한 것이라고 판단되므로, 이를 통하여 피고인 운전 차량의 차량번호 등을 촬영한 이 사건 사진을 두고 위법하게 수집된 증거로서 증거능력이 없다고 말할 수도 없다(대판 1999.12.7. 98도3329).
④ 【 X 】 사법경찰관 공소외 2는 이 사건 성매매알선 행위를 범죄사실로 하여 피고인을 현행범인으로 체포하였고, 단속 경찰관들이 그 체포현장인 이 사건 성매매업소를 수색하여 체포의 원인이 되는 이 사건 성매매알선 혐의사실과 관련하여 이 사건 사진 촬영을 하였다. 이는 형사소송법 제216조 제1항 제2호에 의하여 예외적으로 영장에 의하지 아니한 강제처분을 할 수 있는 경우에 해당한다고 봄이 상당하므로 그 수색이나 촬영이 영장 없이 이루어졌다고 하더라도 위법하다고 할 수 없다. 나아가 압수는 증거물 또는 몰수할 것으로 사료되는 물건의 점유를 취득하는 강제처분인데, 범행 현장에서 발견된 콘돔을 촬영하였다는 사정만으로는 단속 경찰관들이 강제로 그 점유를 취득하여 이를 압수하였다고 할 수 없으므로 사후에 압수영장을 받을 필요가 있었다고 보기도 어렵다. 따라서 이 사건 사진의 증거능력이 인정된다(대판 2024.5.30. 2020도9370).

정답 ④

153 압수물의 처리에 관한 설명 중 가장 적절하지 않은 것은?

16. 경찰승진

① 형사소송법상 압수장물의 환부에 관한 규정은 이해관계인이 민사소송 절차에 의하여 그 권리를 주장함에 영향을 미친다.
② 증거에만 공할 목적으로 압수한 물건으로서 그 소유자 또는 소지자가 계속 사용하여야 할 물건은 사진촬영 기타 원형보존의 조치를 취하고 신속히 가환부하여야 한다.
③ 압수한 장물로서 피해자에게 환부할 이유가 명백한 것은 판결로써 피해자에게 환부하는 선고를 하여야 한다.
④ 압수한 서류 또는 물품에 대하여 몰수의 선고가 없는 때에는 압수를 해제한 것으로 간주한다.

해설

① 【 X 】 형사소송법상 압수장물의 환부에 관한 규정은 이해관계인이 민사소송 절차에 의하여 그 권리를 주장함에 영향을 미치지 아니한다(제333조 제4항).
② 【 O 】 제133조 제2항
③ 【 O 】 제333조 제1항
④ 【 O 】 제332조

정답 ①

154 압수물의 환부 및 가환부에 대한 설명으로 가장 적절하지 않은 것은? (다툼이 있으면 판례에 의함)

16. 경찰채용 2차

① 증거에 공할 압수물을 가환부할 것인지의 여부는 범죄의 태양, 경중, 압수물의 증거로서의 가치, 압수물의 은닉, 인멸, 훼손될 위험, 수사나 공판수행상의 지장 유무, 압수에 의하여 받는 피압수자 등의 불이익의 정도 등 여러 사정을 검토하여 종합적으로 판단하여야 할 것이다.
② 사법경찰관은 압수물을 피압수자에게 환부하기에 앞서 피해자뿐만 아니라 피의자에게도 통지하여야 한다.
③ 피압수자 등 압수물을 환부 받을 자가 수사기관에 대하여 「형사소송법」상의 환부청구권을 포기한다는 의사표시를 한 경우 그에 의하여 수사기관의 필요적 환부의무가 면제되므로, 그 환부의무에 대응하는 압수물의 환부를 청구할 수 있는 권리도 소멸하게 된다.
④ 검사는 사본을 확보한 경우 등 압수를 계속할 필요가 없다고 인정되는 압수물 및 증거에 사용할 압수물에 대하여 공소제기 전이라도 소유자의 청구가 있는 때에는 환부 또는 가환부하여야 한다.

[해설]
① 【 O 】 대결 1994.8.18. 94모42
② 【 O 】 제219조, 제135조
③ 【 X 】 피압수자 등 환부를 받을 자가 압수 후 그 소유권을 포기하는 등에 의하여 실체법상의 권리를 상실하더라도 그 때문에 압수물을 환부하여야 하는 수사기관의 의무에 어떠한 영향을 미칠 수 없고, 또한 수사기관에 대하여 형사소송법상의 환부청구권을 포기한다는 의사표시를 하더라도 그 효력이 없어 그에 의하여 수사기관의 필요적 환부의무가 면제된다고 볼 수는 없으므로, 압수물의 소유권이나 그 환부청구권을 포기하는 의사표시로 인하여 위 환부의무에 대응하는 압수물에 대한 환부청구권이 소멸하는 것은 아니다(대결 1996.8.16. 94모41 전합).
④ 【 O 】 제218조의2 제1항

정답 ③

155 압수물의 처리에 대한 설명으로 가장 적절하지 않은 것은? (다툼이 있는 경우 판례에 의함)

18. 경찰승진

① 세관이 시계행상이 소지하고 있던 외국산시계를 관세장물의 혐의가 있다고 하여 압수하였던 것을 검사가 그것이 관세포탈품인지를 확인할 수 없어 그 사건을 기소중지처분 하였다면 위 압수물은 국고에 귀속시킬 수 없다.
② '증거에 공할 압수물'에는 증거물로서의 성격을 가진 압수물은 포함되나 몰수할 것으로 사료되는 물건으로서의 성격을 가진 압수물은 포함되지 않는다.
③ 위험발생의 염려가 있는 압수물은 폐기할 수 있다.
④ 피해품인 압수물은 피고인에 대한 범죄의 증명이 없게 된 경우에는 압수물의 존재만으로 그 유죄의 증거가 될 수 없다.

[해설]
① 【 O 】 대결 1996.8.16. 94모51 전합
② 【 X 】 형사소송법 제133조 제1항 후단이, 제2항의 '증거에만 공할' 목적으로 압수할 물건과는 따로이, '증거에 공할' 압수물에 대하여 법원의 재량에 의하여 가환부할 수 있도록 규정한 것을 보면, '증거에 공할 압수물'에는 증거물로서의 성격과 몰수할 것으로 사료되는 물건으로서의 성격을 가진 압수물이 포함되어 있다고 해석함이 상당하다(대결 1998.4.16. 97모25).
③ 【 O 】 제130조 제2항
④ 【 O 】 대판 1984.3.27. 83도3067

정답 ②

156 형사소송법상 압수물의 환부 및 가환부에 대한 설명으로 옳은 것을 모두 고른 것은? (다툼이 있는 경우 판례에 의함)

18. 경찰채용 1차

> ㉠ 수사기관의 압수물의 환부에 관한 처분의 취소를 구하는 준항고는 소송 계속 중 준항고로써 달성하고자 하는 목적이 이미 이루어졌거나 시일의 경과 또는 그 밖의 사정으로 인하여 그 이익이 상실된 경우에도 적법하다.
> ㉡ 검사는 사본을 확보한 경우 등 압수를 계속할 필요가 없다고 인정되는 압수물 및 증거에 사용할 압수물에 대하여 공소제기 전이라도 소유자, 소지자, 보관자 또는 제출인의 청구가 있는 때에는 환부 또는 가환부할 수 있다.
> ㉢ 증거에만 공할 목적으로 압수한 물건으로서 그 소유자 또는 소지자가 계속 사용하여야 할 물건은 사진촬영 기타 원형보존의 조치를 취하고 신속히 가환부하여야 한다.
> ㉣ 압수한 장물로서 피해자에게 환부할 이유가 명백한 것은 판결로써 피해자에게 환부하는 선고를 하여야 한다.

① ㉠, ㉡ ② ㉡, ㉣ ③ ㉢, ㉣ ④ ㉠, ㉡, ㉢

해설

㉠【X】수사기관의 압수물의 환부에 관한 처분의 취소를 구하는 준항고는 일종의 항고소송이므로, 통상의 항고소송에서와 마찬가지로 그 이익이 있어야 하고, 소송 계속 중 준항고로써 달성하고자 하는 목적이 이미 이루어졌거나 시일의 경과 또는 그 밖의 사정으로 인하여 그 이익이 상실된 경우에는 준항고는 그 이익이 없어 부적법하게 된다(대결 2015.10.15. 2013모1970).

㉡【X】검사는 사본을 확보한 경우 등 압수를 계속할 필요가 없다고 인정되는 압수물 및 증거에 사용할 압수물에 대하여 공소제기 전이라도 소유자, 소지자, 보관자 또는 제출인의 청구가 있는 때에는 환부 또는 가환부하여야 한다(제218조의2 제1항).

㉢【O】제133조 제2항

㉣【O】제333조 제1항

정답 ③

157 압수물의 환부 및 가환부에 대한 설명으로 가장 적절하지 않은 것은? (다툼이 있는 경우 판례에 의함)

19. 경찰승진

① 가환부한 장물에 대하여 별단의 선고가 없는 때에는 환부의 선고가 있는 것으로 간주한다.
② 증거에만 공할 목적으로 압수할 물건으로서 그 소유자 또는 소지자가 계속 사용하여야 할 물건은 사진촬영 기타 원형보존의 조치를 취하고 신속히 가환부하여야 한다.
③ 수사기관의 압수물의 환부에 관한 처분의 취소를 구하는 준항고는 소송 계속 중 준항고로써 달성하고자 하는 목적이 이미 이루어졌거나 시일의 경과 또는 그 밖의 사정으로 인하여 그 이익이 상실된 경우에는 부적법하게 된다.
④ 검사는 사본을 확보한 경우 등 압수를 계속할 필요가 없다고 인정되는 압수물 및 증거에 사용할 압수물에 대하여 공소제기 전이라도 소유자, 소지자, 보관자 또는 제출인의 청구가 있는 때에는 환부 또는 가환부할 수 있다.

해설

① 【 O 】 제333조 제3항
② 【 O 】 제133조 제2항
③ 【 O 】 대결 2015.10.15. 2013모1970
④ 【 X 】 검사는 사본을 확보한 경우 등 압수를 계속할 필요가 없다고 인정되는 압수물 및 증거에 사용할 압수물에 대하여 공소제기 전이라도 소유자, 소지자, 보관자 또는 제출인의 청구가 있는 때에는 환부 또는 가환부하여야 한다(제218조의2 제1항).

정답 ④

158 대물적 강제수사에 대한 설명으로 옳지 않은 것은? (다툼이 있는 경우 판례에 의함)

21. 국가직 7급

① 검사는 증거에 사용할 압수물에 대하여 가환부 청구가 있는 경우, 이를 거부할 수 있는 특별한 사정이 없는 한 가환부에 응하여야 한다.
② 피고인 이외 제3자의 소유에 속하는 압수물에 대하여 몰수를 선고한 판결이 있는 경우, 그 판결의 효력은 유죄판결을 받은 피고인에 대하여 미치는 것뿐만 아니라 제3자의 소유권에도 영향을 미친다.
③ 압수물 목록 교부 취지에 비추어 볼 때, 압수된 정보의 상세목록에는 정보의 파일 명세가 특정되어 있어야 하고, 수사기관은 이를 출력한 서면을 교부하거나 전자파일 형태로 복사해 주거나 이메일을 전송하는 등의 방식으로도 할 수 있다.
④ 세관공무원이 마약류 수사에 관한 「마약류 불법거래 방지에 관한 특례법」 제4조 제1항에 따른 조치의 일환으로 검사의 요청에 따라 특정한 수출입물품을 개봉하여 검사하고 그 내용물의 점유를 취득한 행위는 통상의 수출입물품에 대한 적정한 통관 등을 목적으로 조사를 하는 경우와는 달리 사전 또는 사후에 영장을 받아야 한다.

해설

① 【 O 】 대결 2017.9.29. 2017모236
② 【 X 】 이 사건 자동차는 범인이 간접으로 점유하는 물품으로서 필요적 몰수의 대상인데 이 사건 밀수출 범죄와 무관한 준항고인의 소유에 속하기 때문에 범인에 대한 몰수는 범인으로 하여금 소지를 못하게 함에 그친다(대결 2017.9.29. 2017모236). 즉, 피고인 이외 제3자의 소유물에 대해 피고인에게 몰수판결이 선고되더라도 제3자 소유물에는 영향을 미칠 수 없다.
③ 【 O 】 대판 2018.2.8. 2017도13263
④ 【 O 】 대판 2017.7.18. 2014도8719

정답 ②

159 압수물의 처리에 대한 설명으로 가장 적절하지 않은 것은? (다툼이 있는 경우 판례에 의함) 20. 경찰채용 2차

① 검사는 증거에 사용할 압수물에 대하여 가환부의 청구가 있는 경우 거부할 수 있는 특별한 사정이 없는 한 이에 응하여야 한다.
② 외국산 물품을 관세장물의 혐의가 있다고 보아 압수하였다 하더라도 그것이 언제, 누구에 의하여 관세포탈된 물건인지 알 수 없어 기소중지 처분을 한 경우에는 그 압수물은 관세장물이라고 단정할 수 없으므로 이를 국고에 귀속시킬 수 없으나, 압수는 계속할 필요가 있다.
③ 압수를 계속할 필요가 없다고 인정되는 압수물은 피고사건 종결 전이라도 결정으로 환부하여야 하고, 증거에 공할 압수물은 소유자, 소지자, 보관자 또는 제출인의 청구에 의하여 가환부할 수 있다.
④ 법령상 생산 제조가 금지된 압수물로서 부패의 염려가 있거나 보관하기 어려운 압수물도 소유자 등 권한 있는 자의 동의를 받아 폐기할 수 있다.

해설

① 【 O 】 대결 2017.9.29. 2017모236
② 【 X 】 외국산 물품을 관세장물의 혐의가 있다고 보아 압수하였다 하더라도 그것이 언제, 누구에 의하여 관세포탈된 물건인지 알 수 없어 기소중지 처분을 한 경우에는 그 압수물은 관세장물이라고 단정할 수 없어 이를 국고에 귀속시킬 수 없을 뿐만 아니라 압수를 더 이상 계속할 필요도 없다(대결 1996.8.16. 94모51 전합).
③ 【 O 】 제133조 제1항
④ 【 O 】 제130조 제3항

정답 ②

160 증거보전에 관한 설명 중 가장 적절하지 않은 것은? (다툼이 있으면 판례에 의함) 16. 경찰승진

① 수사상 증거보전절차는 공소제기 전에 한하여 허용된다.
② 증거보전을 청구함에는 서면으로 사유를 소명하여야 하며, 청구기각 결정에 대하여는 3일 이내에 항고할 수 있다.
③ 검사, 피고인, 피의자 또는 변호인은 미리 증거를 보전하지 아니하면 그 증거를 사용하기 곤란한 사정이 있는 때 판사에게 청구할 수 있다.
④ 공동피고인이나 공범자를 증거보전절차에서 증인으로 신문하는 것은 허용된다.

해설

① 【 X 】 검사, 피고인, 피의자 또는 변호인은 미리 증거를 보전하지 아니하면 그 증거를 사용하기 곤란한 사정이 있는 때에는 제1회 공판기일 전이라도 판사에게 압수, 수색, 검증, 증인신문 또는 감정을 청구할 수 있다(제184조 제1항).
② 【 O 】 제184조 제2항, 제4항
③ 【 O 】 검사, 피고인, 피의자 또는 변호인은 미리 증거를 보전하지 아니하면 그 증거를 사용하기 곤란한 사정이 있는 때에는 제1회 공판기일 전이라도 판사에게 압수, 수색, 검증, 증인신문 또는 감정을 청구할 수 있다(제184조 제1항).
④ 【 O 】 대판 1988.11.8. 86도1646

정답 ①

161 증거보전제도에 대한 설명으로 가장 적절하지 않은 것은? (다툼이 있으면 판례에 의함)
16. 경찰채용 2차

① 검사, 피고인, 피의자 또는 변호인은 미리 증거를 보전하지 아니하면 그 증거를 사용하기 곤란한 사정이 있는 때에는 제1회 공판기일 전이라도 판사에게 압수, 수색, 검증, 증인신문 또는 감정을 청구할 수 있다.
② 증거보전은 제1심 제1회 공판기일 전에 한하여 허용되는 것이므로 재심청구사건에서는 증거보전절차는 허용되지 아니한다.
③ 검사, 피고인, 피의자 또는 변호인은 법원의 허가를 얻어 증거보전의 처분에 관한 서류와 증거물을 열람 또는 등사할 수 있다.
④ 증거보전의 청구를 함에는 서면으로 그 사유를 소명하여야 한다.

해설

① 【 O 】 제184조 제1항
② 【 O 】 대결 1984.3.29. 84모15
③ 【 X 】 검사, 피고인, 피의자 또는 변호인은 판사의 허가를 얻어 증거보전의 처분에 관한 서류와 증거물을 열람 또는 등사할 수 있다(제185조).
④ 【 O 】 제184조 제3항

정답 ③

162 증거보전에 대한 설명으로 가장 적절하지 않은 것은? (다툼이 있는 경우 판례에 의함)
19. 경찰승진

① 피고인뿐만 아니라 피의자도 미리 증거를 보전하지 아니하면 그 증거를 사용하기 곤란한 사정이 있는 때에는 제1회 공판기일 전이라도 판사에게 압수, 수색, 검증, 증인신문 또는 감정을 청구할 수 있다.
② 증거보전의 청구를 함에는 구술 또는 서면으로 그 사유를 소명하여야 한다.
③ 검사는 수사단계에서 피고인에 대한 증거를 미리 보전하기 위하여 필요한 경우에는 판사에게 공동피고인을 증인으로 신문할 것을 청구할 수 있다.
④ 형사입건되기 전의 자는 피의자가 아니므로 증거보전을 청구할 수 없다.

해설

① 【 O 】 제184조 제1항
② 【 X 】 증거보전의 청구를 함에는 서면으로 그 사유를 소명하여야 한다(제184조 제2항).
③ 【 O 】 대판 1988.11.8. 86도1646
④ 【 O 】 대판 1979.6.12. 79도792

정답 ②

163 증거보전과 증인신문에 관한 설명 중 가장 적절하지 않은 것은? (다툼이 있으면 판례에 의함) 16. 경찰승진

① 증거보전청구를 기각하는 결정에 대하여는 항고할 수 있으나, 증인신문청구를 기각하는 결정에 대하여는 불복할 수 없다.
② 재심청구사건에서도 실체적 진실발견을 위하여 증거보전청구가 예외적으로 허용된다.
③ 증거보전은 물론 증인신문의 청구를 받은 판사도 그 처분에 관하여 법원 또는 재판장과 동일한 권한이 있다.
④ 판사가 증인신문기일을 정한 때에는 피고인·피의자 또는 변호인에게 이를 통지하여 증인신문에 참여할 수 있도록 하여야 한다.

해설

① 【 O 】 제184조 제4항은 명문으로 3일 이내 항고할 수 있다고 규정하고 있는 반면, 증인신문기각결정에 대해서는 명문의 규정이 없다. 증인신문기각결정은 이른바 수임판사의 명령으로 항고·준항고의 대상이 될 수 없다.
② 【 X 】 증거보전이란 장차 공판에 있어서 사용하여야 할 증거가 멸실되거나 또는 그 사용하기 곤란한 사정이 있을 경우에 당사자의 청구에 의하여 공판 전에 미리 그 증거를 수집보전하여 두는 제도로서 제1심 제1회 공판기일 전에 한하여 허용되는 것이므로 재심청구사건에서는 증거보전절차는 허용되지 아니한다(대결1984.3.29. 84모15).
③ 【 O 】 제184조 제2항
④ 【 O 】 제184조 제2항, 제163조

정답 ②

164 증거보전절차에 대한 설명으로 가장 적절하지 않은 것은? (다툼이 있는 경우 판례에 의함) 17. 경찰채용 2차

① 공동피고인과 피고인이 뇌물을 주고받은 사이로 필요적 공범관계에 있다고 하더라도 검사는 수사단계에서 피고인에 대한 증거를 미리 보전하기 위하여 필요한 경우에는 판사에게 공동피고인을 증인으로 신문할 것을 청구할 수 있다.
② 증거보전의 청구를 함에는 서면 또는 구술로 그 사유를 소명할 수 있다.
③ 증거보전은 제1심 제1회 공판기일 전에 한하여 허용되는 것이므로 재심청구사건에서는 증거보전절차는 허용되지 아니한다.
④ 제1회 공판기일 전에 「형사소송법」제184조에 의한 증거보전절차에서 증인신문을 하면서, 위 증인신문의 일시와 장소를 피의자 및 변호인에게 미리 통지하지 아니하여 증인신문에 참여할 수 있는 기회를 주지 아니하였고, 또 변호인이 제1심 공판기일에 위 증인신문조서의 증거조사에 관하여 이의신청을 하였다면, 위 증인신문조서는 증거능력이 없다 할 것이고, 그 증인이 후에 법정에서 그 조서의 진정성립을 인정한다 하여 다시 그 증거능력을 취득한다고 볼 수도 없다.

해설

① 【 O 】 대판 1988.11.8. 86도1646
② 【 X 】 증거보전의 청구를 함에는 서면으로 그 사유를 소명하여야 한다(제184조 제3항).
③ 【 O 】 대결 1984.3.29. 84모15
④ 【 O 】 대판 1992.2.28. 91도2337

정답 ②

165 형사소송법 제184조에 의한 증거보전에 대한 설명 중 가장 적절하지 않은 것은? (다툼이 있는 경우 판례에 의함)

18. 경찰승진

① 증거보전절차에서 작성된 증인신문조서 중 증인에 대한 반대신문과정에서 피의자였던 피고인이 당사자로 참여하여 자신의 범행사실을 시인하는 전제하에 증인에게 반대신문한 내용이 기재되어 있는 경우, 그 조서 중 피의자 진술부분에 대하여는 「형사소송법」 제311조에 의한 증거능력을 인정할 수 있다.
② 증거보전절차에서는 증인신문뿐만 아니라 압수, 수색, 검증 및 감정도 할 수 있으나 증거보전의 방법으로 피의자신문, 피고인신문을 청구할 수는 없다.
③ 검사는 일정한 경우 제1회 공판기일 전이라도 판사에게 증거보전을 청구할 수 있으며, 증거보전의 청구를 기각하는 결정에 대하여는 3일 이내에 항고할 수 있다.
④ 증거보전의 청구를 받은 판사는 그 처분에 관하여 법원 또는 재판장과 동일한 권한이 있다.

해설

① 【 X 】 증인신문조서가 증거보전절차에서 피고인이 증인으로서 증언한 내용을 기재한 것이 아니라 증인(갑)의 증언내용을 기재한 것이고 다만 피의자였던 피고인이 당사자로 참여하여 자신의 범행사실을 시인하는 전제하에 위 증인에게 반대신문한 내용이 기재되어 있을 뿐이라면, 위 조서는 공판준비 또는 공판기일에 피고인 등의 진술을 기재한 조서도 아니고, 반대신문과정에서 피의자가 한 진술에 관한 한 형사소송법 제184조에 의한 증인신문조서도 아니므로 위 조서 중 피의자의 진술기재부분에 대하여는 형사소송법 제311조에 의한 증거능력을 인정할 수 없다(대판 1984.5.15. 84도508).
② 【 O 】 대판 1979.6.12. 79도792
③ 【 O 】 제184조 제4항
④ 【 O 】 제184조 제2항

정답 ①

166 수사상의 증거보전절차에 관한 설명 중 가장 적절하지 않은 것은?

20. 경찰승진

① 피고인, 피의자 또는 변호인뿐만 아니라 검사도 미리 증거를 보전하지 아니하면 그 증거를 사용하기 곤란한 사정이 있는 때에는 형사소송법 제184조에 따라 제1회 공판기일 전이라도 판사에게 압수, 수색, 검증, 증인신문 또는 감정을 청구할 수 있다. 이때 청구를 받은 판사는 그 처분에 관하여 법원 또는 재판장과 동일한 권한이 있다.
② 범죄의 수사에 없어서는 아니될 사실을 안다고 명백히 인정되는 자가 형사소송법 제221조에 의한 출석 또는 진술을 거부한 경우에는 검사는 제1회 공판기일 전에 한하여 판사에게 그에 대한 증인신문을 청구할 수 있다.
③ 판사는 형사소송법 제221조의2에 의한 검사의 증인신문 청구에 따라 증인신문기일을 정한 때에는 피고인 피의자 또는 변호인에게 이를 통지하여 증인신문에 참여할 수 있도록 하여야 하며, 증인신문을 한 후에는 이에 관한 서류를 판사 소속 법원에 보관하여야 한다.
④ 증거보전 또는 증인신문을 청구하는 자는 그 사유를 서면으로 소명하여야 한다.

해설

① 【 O 】 제184조 제1항, 제2항
② 【 O 】 제221조의2 제1항
③ 【 X 】 판사는 형사소송법 제221조의2에 의한 검사의 증인신문 청구에 따라 증인신문기일을 정한 때에는 피고인 피의자 또는 변호인에게 이를 통지하여 증인신문에 참여할 수 있도록 하여야 하며(제221조의2 제4항), 판사는 증인신문을 한 때에는 지체 없이 이에 관한 서류를 검사에게 송부하여야 한다(제221조의2 제5항).
④ 【 O 】 제184조 제3항, 제221조의2 제3항

정답 ③

167 다음 사례에 대한 〈보기〉의 설명으로 옳은 것만을 모두 고르면?

18. 검찰 7급

(가) 검사는 甲을 강도혐의로 긴급체포하여 수사하였으나 甲은 범행을 부인하였다.
(나) 이에 검사는 수사 중 A가 강도사건의 유일한 목격자임을 알고 A에게 전화하여 검찰청에 출석해서 참고인으로 진술을 해줄 것을 요청하였으나 A가 거절하자 A에게 출석요구서를 발송하였다.
(다) 그러나 A는 정당한 이유 없이 검사의 출석요구에 계속 불응하였다.
(라) 이에 검사는 A의 진술을 확보하기 위하여 공소제기 전에 판사에게 A에 대한 증인신문을 청구하였다.

〈보기〉
㉠ (가)와 관련하여, 검사는 법원으로부터 즉시 긴급체포에 대하여 사후 승인을 받아야 한다.
㉡ (나)와 관련하여, 검사가 A의 출석을 전화로 요구한 것은 위법하다.
㉢ (다)와 관련하여, 검사가 A를 조사하기 위하여 출석불응을 이유로 체포영장을 청구할 수는 없다.
㉣ (라)와 관련하여, 판사가 A에 대하여 증인신문을 한 경우 지체 없이 해당 증인신문조서를 검사에게 송부하여야 한다.

① ㉠, ㉡   ② ㉠, ㉣   ③ ㉡, ㉢   ④ ㉢, ㉣

해설

㉠ 【 X 】 사법경찰관이 긴급체포를 한 경우에는 즉시 검사의 승인을 얻어야 하지만, 검사의 경우에는 법원의 승인을 받는 규정은 존재하지 않는다.
㉡ 【 X 】 출석요구의 방법에는 제한이 없다. 따라서 전화로 출석요구를 해도 위법한 것은 아니다.
㉢ 【 O 】 참고인은 강제로 소환 내지 구인을 당하지 않으며 진술의무도 없다. 따라서 출석불응을 이유로 체포영장을 청구할 수는 없다.
㉣ 【 O 】 제221조의2 제6항

정답 ④

Chapter 03 수사의 종결

01 수사의 종결에 관한 설명 중 가장 적절하지 않은 것은? (다툼이 있으면 판례에 의함) 16. 경찰승진

① 검사의 불기소처분에는 확정력과 같은 효력이 없어 일단 불기소처분을 한 후에도 공소시효가 완성되기 전이면 공소를 제기할 수 있다.
② 수사 중 피의자가 사망한 경우 검사는 공소권 없음을 이유로 불기소처분을 하여야 한다.
③ 검사의 수사종결 처분에는 공소제기, 불기소처분, 타관송치 등이 있다.
④ 검사는 형사소송법상 불기소처분 또는 타관송치를 한 때에는 피해자에게 즉시 그 취지를 통지하여야 한다.

[해 설]

① 【 O 】 대판 2009.10.29. 2009도6614
② 【 O 】 검찰사건사무규칙 제69조 제3항 제4호
③ 【 O 】 검찰사건사무규칙 제57조 제1항
④ 【 X 】 검사는 불기소 또는 타관송치의 처분을 한 때에는 피의자에게 즉시 그 취지를 통지하여야 한다(제258조 제2항).

정답 ④

02 수사의 종결처분에 대한 설명 중 가장 적절하지 않은 것은? (다툼이 있는 경우 판례에 의함) 18. 경찰승진

① 검사는 고소 또는 고발있는 사건에 관하여 공소제기, 불기소, 공소취소 또는 타관송치의 처분을 한 때에는 그 처분한 날로부터 7일 이내에 서면으로 고소인 또는 고발인에게 그 취지를 통지하여야 한다.
② 검사는 고소 또는 고발있는 사건에 관하여 공소를 제기하지 아니하는 처분을 한 경우에 고소인 또는 고발인의 청구가 있는 때에는 7일 이내 고소인 또는 고발인에게 그 이유를 서면으로 설명하여야 한다.
③ 검사는 범죄로 인한 피해자 또는 그 법정대리인의 신청이 있는 때에는 당해 사건의 공소제기여부, 공판의 일시·장소, 재판결과, 피의자·피고인의 구속·석방 등 구금에 관한 사실 등을 신속하게 통지하여야 한다.
④ 검사의 불기소처분이 있는 경우 일사부재리의 원칙이 적용되므로 다시 공소를 제기할 수 없다.

[해 설]

① 【 O 】 제258조 제1항
② 【 O 】 제259조
③ 【 O 】 제259조의2
④ 【 X 】 검사의 불기소처분에는 확정재판에 있어서의 확정력과 같은 효력이 없어 일단 불기소처분을 한 후에도 공소시효가 완성되기 전이면 언제라도 공소를 제기할 수 있다(대판 2009.10.29. 2009도6614).

정답 ④

03 수사의 종결에 관한 설명 중 가장 적절하지 않은 것은? (다툼이 있는 경우 판례에 의함)

20. 경찰승진

① 검사가 고소 또는 고발에 의하여 범죄를 수사할 때에는 고소 또는 고발을 수리한 날로부터 3월 이내에 수사를 완료하여 공소 제기 여부를 결정하여야 한다.
② 검사가 불기소처분을 한 후에도 공소시효가 완성되기 전이면 언제라도 공소를 제기할 수 있으나, 세무공무원 등의 고발이 있어야 공소를 제기할 수 있는 조세범처벌법위반죄에 관하여 종전 세무공무원 등의 고발에 대한 불기소처분이 있었던 경우는 세무공무원 등의 새로운 고발이 있어야 공소를 제기할 수 있다.
③ 고소장의 기재만으로는 고소 사실이 불분명함에도 고소장 제출 후 고소인이 출석요구에 불응하거나 소재불명이 되어 고소 사실에 대한 진술을 청취할 수 없는 경우는 불기소처분 중 각하 사유에 해당한다.
④ 반의사불벌죄의 경우 처벌을 희망하지 아니하는 의사표시가 있거나 처벌을 희망하는 의사표시가 철회된 경우는 불기소처분 중 공소권 없음 사유에 해당한다.

[해설]

① 【 O 】 제257조
② 【 X 】 검사의 불기소처분에는 확정재판에 있어서의 확정력과 같은 효력이 없어 일단 불기소처분을 한 후에도 공소시효가 완성되기 전이면 언제라도 공소를 제기할 수 있으므로, 세무공무원 등의 고발이 있어야 공소를 제기할 수 있는 조세범처벌법 위반죄에 관하여 일단 불기소처분이 있었더라도 세무공무원 등이 종전에 한 고발은 여전히 유효하다. 따라서 나중에 공소를 제기함에 있어 세무공무원 등의 새로운 고발이 있어야 하는 것은 아니다(대판 2009.10.29. 2009도6614).
③ 【 O 】 검찰사건사무규칙 제69조 제3항 제5호
④ 【 O 】 검찰사건사무규칙 제69조 제3항 제4호

정답 ②

04 사법경찰관의 수사종결 처분에 관한 설명으로 가장 적절하지 않은 것은?

25. 경찰승진

① 사법경찰관은 범죄수사 후 범죄 혐의가 있다고 인정되면 지체 없이 검사에게 사건을 송치하고, 검사는 송치사건의 공소제기 여부 결정에 관하여 필요한 경우 사법경찰관에게 보완수사를 요구할 수 있다.
② 사법경찰관은 사건불송치의 경우에 사건기록을 송부한 날부터 7일 이내에 서면으로 고소인·고발인·피해자 또는 그 법정대리인에게 사건불송치 취지와 그 이유를 통지해야 하고, 고소인·피해자 또는 그 법정대리인은 해당 사법경찰관 소속 관서장에게 수사결과 통지를 받은 날로부터 30일 이내에 이의를 신청할 수 있다.
③ 사법경찰관이 수사중지 결정을 한 경우 7일 이내에 사건기록을 검사에게 송부해야 하며, 검사는 사건기록을 송부받은 날부터 30일 내에 「형사소송법」 제197조의3에 따라 시정조치요구를 할 수 있다.
④ 20만 원 이하의 벌금 또는 구류나 과료에 처할 범죄사건으로서 즉결심판절차에 의해 처리될 경미사건은 관할 경찰서장이 관할 법원에 즉결심판을 청구하여 수사절차를 종결한다.

[해설]

① 【 O 】 형사소송법 제245조의5 제2호, 제197조의2 제1항 제1호
② 【 X 】 형사소송법 제245조의6, 제245조의6의 통지를 받은 사람(고발인을 제외한다)은 해당 사법경찰관의 소속 관서의 장에게 이의를 신청할 수 있다(형사소송법 제245조의7 제1항). 30일 이내라는 날짜 제한은 없다.
③ 【 O 】 수사준칙 제51조 제4항
④ 【 O 】 즉결심판에 관한 절차법 제2조

정답 ②

05 협의의 불기소결정에 관한 유형과 결정 이유의 연결이 가장 적절하지 않은 것은?

25. 경찰승진

① 공소권없음 - 동일사건에 관하여 이미 검사의 불기소처분이 있는 경우
② 죄가안됨 - 명예훼손죄에 있어서 「형법」 제310조에 따라 위법성이 조각되는 경우
③ 혐의없음 - 피의사실을 인정할 만한 충분한 증거가 없는 경우
④ 각하 - 고소권자가 아닌 자가 고소한 경우

해설

① 【 X 】 각하(검찰사건사무규칙 제115조 제3항 5호 다목)
② 【 O 】 검찰사건사무규칙 제115조 제3항 3호
③ 【 O 】 검찰사건사무규칙 제115조 제3항 2호 나목
④ 【 O 】 검찰사건사무규칙 제115조 제3항 5호 라목

정답 ①

06 불기소처분에 대한 불복에 관한 설명 중 가장 적절하지 않은 것은? (다툼이 있는 경우 판례에 의함)

20. 경찰승진

① 검사의 불기소처분에 불복하는 고소인이나 고발인은 그 검사가 속한 지방검찰청 또는 지청을 거쳐 서면으로 관할 고등검찰청 검사장에게 항고할 수 있다.
② 고소권자로서 고소를 한 자는 검사로부터 공소를 제기하지 아니한다는 통지를 받은 때에는 그 검사 소속의 지방검찰청 소재지를 관할하는 고등법원에 그 당부에 관한 재정을 신청할 수 있으나, 검찰항고 전치주의가 적용되어 반드시 검찰항고를 먼저 거쳐야 한다.
③ 재정신청은 법원의 결정이 있을 때까지 취소할 수 있으나 취소한 자는 다시 재정신청을 할 수 없다.
④ 대통령에게 제출한 청원서를 대통령비서실로부터 이관받은 검사가 진정사건으로 내사 후 내사종결 처리한 경우 위 내사종결 처리는 고소 또는 고발사건에 대한 불기소처분이라고 볼 수 없어 재정신청의 대상이 되지 아니한다.

해설

① 【 O 】 검찰청법 제10조 제1항
② 【 X 】 재정신청을 하려면 검찰청법 제10조에 따른 항고를 거쳐야 한다. 다만, 항고 이후 재기수사가 이루어진 다음에 다시 공소를 제기하지 아니한다는 통지를 받은 경우, 항고 신청 후 항고에 대한 처분이 행하여지지 아니하고 3개월이 경과한 경우, 검사가 공소시효 만료일 30일 전까지 공소를 제기하지 아니하는 경우에는 검찰항고를 거치지 않고 바로 재정신청을 할 수 있다(제260조 제2항).
③ 【 O 】 제264조 제2항
④ 【 O 】 대결 1991.11.5. 90모34

정답 ②

07 다음 설명 중 옳지 않은 것은? (다툼이 있는 경우 판례에 의함)   17. 국가직

① 검사는 고소 또는 고발 있는 사건에 관하여 공소제기, 불기소, 공소취소 또는 타관송치의 처분을 한 때에는 그 처분한 날로부터 7일 이내에 서면으로 고소인 또는 고발인에게 그 취지를 통지하여야 한다.
② 검사가 불기소 또는 타관송치의 처분을 한 때에는 피의자에게 즉시 그 취지를 통지하여야 한다.
③ 검사는 범죄로 인한 피해자 또는 그 법정대리인의 신청이 있는 때에는 당해 사건의 공소제기여부, 공판의 일시·장소, 재판결과, 피의자·피고인의 구속·석방 등 구금에 관한 사실 등을 신속하게 통지하여야 한다.
④ 고소한 피해자는 불기소처분의 취소를 구하는 헌법소원심판을 청구할 수 있으나 고소하지 아니한 피해자 또는 고발인은 헌법소원심판을 청구할 수 없다.

[해 설]

① 【 O 】 제258조 제1항
② 【 O 】 제258조 제2항
③ 【 O 】 제259조의2
④ 【 X 】 고소한 피해자는 재정신청을 할 수 있다. 하지만 고소하지 않은 피해자는 헌법소원을 청구할 수 있다.

정답 ④

08 재정신청에 관한 설명 중 가장 적절하지 않은 것은?   16. 경찰승진

① 재정신청은 대리인에 의하여 할 수 있으며 공동신청권자 중 1인의 신청은 그 전원을 위하여 효력을 발생한다.
② 법원은 직권 또는 피의자의 신청에 따라 재정신청인에게 피의자가 재정신청절차에서 부담하였거나 부담할 변호인선임료 등 비용의 전부 또는 일부의 지급을 명할 수 있다.
③ 재정신청을 취소한 자는 다시 재정신청을 할 수 없다.
④ 고소인 또는 고발인은 대상범죄에 제한 없이 모든 범죄에 대하여 재정신청을 할 수 있다.

[해 설]

① 【 O 】 제264조 제1항
② 【 O 】 제262조의3 제1항
③ 【 O 】 제264조 제2항
④ 【 X 】 고소인은 범죄의 구분 없이 재정신청을 할 수 있으나, 고발인은 형법 제123조부터 제126조까지의 범죄에만 재정신청을 할 수 있다.

정답 ④

09 재정신청에 대한 설명으로 옳지 않은 것은? (다툼이 있는 경우 판례에 의함)
16. 국가직

① 기소유예 처분에 대해서도 재정신청을 할 수 있다.
② 공동신청권자 중 1인의 신청은 그 전원을 위하여 효력을 발생하나, 그 취소의 경우에는 다른 공동신청권자에게 효력을 미치지 아니한다.
③ 법원은 재정신청서를 송부받은 때에는 송부받은 날부터 10일 이내에 피의자에게 그 사실을 통지하여야 한다.
④ 법원의 공소제기 결정에 따라 검사가 공소를 제기한 경우에도 검사는 공소를 취소할 수 있다.

해설

① 【 O 】 대결 1988.1.29. 86모58
② 【 O 】 제264조 제1항, 제3항
③ 【 O 】 제262조 제1항
④ 【 X 】 검사는 제262조 제2항 제2호의 결정(공소제기결정)에 따라 공소를 제기한 때에는 이를 취소할 수 없다(제264조의2).

정답 ④

10 재정신청에 대한 설명으로 옳지 않은 것은? (다툼이 있는 경우 판례에 의함)
17. 국가직

① 고등법원은 재정신청서를 송부받은 날부터 3개월 이내에 항고의 절차에 준하여 기각 또는 공소제기의 결정을 하여야 하고, 필요한 때에는 증거를 조사할 수 있다.
② 고등법원이 공소제기를 결정한 경우 검사는 그 결정에 대해서는 불복할 수 없으며, 기각결정이 확정된 사건에 대하여는 다른 중요한 증거를 발견한 경우를 제외하고는 소추할 수 없다.
③ 재정신청인이 그 신청을 취소한 경우 고등법원은 결정으로 재정신청인에게 신청절차에 의하여 생긴 비용의 전부 또는 일부를 부담하게 할 수 있다.
④ 재정신청인이 교도소에 수감되어 있는 경우 재정신청 기각결정에 대한 재항고의 법정기간 준수 여부는 재항고장을 교도소장에게 제출한 시점을 기준으로 판단하여야 한다.

해설

① 【 O 】 제262조 제2항
② 【 O 】 제262조 제4항 후문
③ 【 O 】 제262조 제1항
④ 【 X 】 재정신청 기각결정에 대한 재항고나 그 재항고 기각결정에 대한 즉시항고로서의 재항고에 대한 법정기간의 준수 여부는 도달주의 원칙에 따라 재항고장이나 즉시항고장이 법원에 도달한 시점을 기준으로 판단하여야 하고, 거기에 재소자 피고인 특칙은 준용되지 아니한다(대결 2015.7.16. 2013모2347 전합).

정답 ④

11   재정신청에 대한 설명 중 가장 적절하지 않은 것은? (다툼이 있는 경우 판례에 의함)   17. 여경

① 검사가 공소시효 만료일 30일 전까지 공소를 제기하지 아니하는 경우에는 검찰항고를 거치지 않고 공소시효 만료일 전날까지 재정신청서를 제출할 수 있다.
② 다른 중요한 증거를 발견한 경우를 제외하고는 소추할 수 없도록 규정한 「형사소송법」 제262조 제4항 후문에서 말하는 '재정신청 기각결정이 확정된 사건'은 재정신청사건을 담당하는 법원에서 공소제기의 가능성과 필요성 등에 관한 심리와 판단이 현실적으로 이루어져 재정신청 기각결정의 대상이 된 사건만을 의미하는 것은 아니다.
③ 법원은 재정신청서를 송부 받은 날부터 10일 이내에 피의자에게 그 사실을 통지하여야 한다.
④ 재정신청은 대리인에 의하여 할 수 있으며 공동신청권자 중 1인의 신청은 그 전원을 위하여 효력을 발생한다.

[해설]
① 【 O 】 제260조 제3항
② 【 X 】 형사소송법 제262조 제2항, 제4항과 형사소송법 제262조 제4항 후문의 입법 취지 등에 비추어 보면, 형사소송법 제262조 제4항 후문에서 말하는 '제2항 제1호의 결정이 확정된 사건'은 재정신청사건을 담당하는 법원에서 공소제기의 가능성과 필요성 등에 관한 심리와 판단이 현실적으로 이루어져 재정신청 기각결정의 대상이 된 사건만을 의미한다(대판 2015.9.10. 2012도14755).
③ 【 O 】 제262조 제1항
④ 【 O 】 제264조 제1항

정답 ②

12   재정신청에 대한 설명 중 가장 적절한 것은? (다툼이 있는 경우 판례에 의함)   18. 경찰승진

① 검사의 불기소처분에 대하여 고소인은 재정신청을 할 수 있으나 고발인은 할 수 없다.
② 재정신청사건의 심리는 항고절차에 준하여 진행되며 심리 중에는 증거조사가 허용되지 아니한다.
③ 재정신청은 대리인에 의하여 할 수 있으며 공동신청권자 중 1인의 신청은 그 전원을 위하여 효력을 발생하고, 재정신청의 취소도 다른 공동신청권자에게 효력을 발생한다.
④ 「형사소송법」 제262조 제4항 후문에서 말하는 '재정신청 기각결정이 확정된 사건'이라 함은 재정신청 사건을 남낭하는 법원에서 공소제기의 가능성과 필요성 등에 관한 심리와 판단이 현실적으로 이루어져 재정신청 기각결정의 대상이 된 사건만을 의미한다.

[해설]
① 【 X 】 고소인은 범죄의 구분 없이 재정신청을 할 수 있으나, 고발인은 형법 제123조부터 제126조까지의 범죄에만 재정신청을 할 수 있다. 즉, 고소인과 고발인 모두 재정신청을 할 수 있으며, 다만 그 범위가 다를 뿐이다.
② 【 X 】 재정신청사건의 심리에 있어서 법원은 필요한 때에는 증거조사를 할 수 있다(제262조 제2항).
③ 【 X 】 재정신청의 취소는 다른 공동신청권자에게 효력을 미치지 아니한다(제264조 제2항).
④ 【 O 】 대판 2015.9.10. 2012도14755

정답 ④

13 재정신청에 대한 설명으로 가장 적절한 것은? (다툼이 있는 경우 판례에 의함)
18. 경찰채용 2차

① 재정신청사건의 심리결과 혐의 없음을 이유로 한 검사의 불기소처분이 위법하지만 여러 정상들을 참작하여 기소유예의 불기소처분을 할 만한 사건이라고 인정되는 경우에는 재정신청을 기각할 수 없다.
② 구금 중인 고소인이 재정신청서를 재정신청기간 내에 교도소장에게 제출하였다면, 재정신청서가 이 기간 내에 불기소처분을 한 검사가 속하는 지방검찰청 검사장 또는 지청장에게 도달하지 않았더라도 재정신청서의 제출은 적법하다.
③ 재정신청이 있으면 재정결정이 확정될 때까지 공소시효의 진행이 정지되고 공소제기결정이 있는 때에는 공소시효에 관하여 그 결정이 있는 날에 공소가 제기된 것으로 본다.
④ 법원의 공소제기 결정에 따라 검사가 공소를 제기한 경우, 공판과정에서 무죄가 예상된다면 검사는 피고인의 이익을 위하여 공소를 취소할 수 있다.

해설

① 【 X 】 검사의 공소를 제기하지 아니하는 처분에 대한 당부에 관한 재정신청에 당하는 법원은 검사의 무혐의 불기소처분이 위법하다 하더라도 기록에 나타난 제반 사정을 고려하여 기소유예의 불기소처분을 할 만한 사건이라고 인정되는 경우에는 재정신청을 기각할 수 있다(대판 1993.8.12. 93모9).
② 【 X 】 재정신청서에 대하여는 형사소송법에 제344조 제1항과 같은 특례규정이 없으므로 재정신청서는 같은 법 제260조 제2항이 정하는 기간 안에 불기소 처분을 한 검사가 소속한 지방검찰청의 검사장 또는 지청장에게 도달하여야 하고, 설령 구금중인 고소인이 재정신청서를 그 기간 안에 교도소장 또는 그 직무를 대리하는 사람에게 제출하였다 하더라도 재정신청서가 위의 기간 안에 불기소 처분을 한 검사가 소속한 지방검찰청의 검사장 또는 지청장에게 도달하지 아니한 이상 이를 적법한 재정신청서의 제출이라고 할 수 없다(대결 1998.12.14. 98모127).
③ 【 O 】 제262조의4 제1항, 제2항
④ 【 X 】 재정신청의 결과 공소제기결정이 난 사건에서 검사는 공소취소를 할 수는 없다(제264조의2).

정답 ③

14 재정신청에 대한 설명으로 가장 적절한 것은? (다툼이 있는 경우 판례에 의함)
19. 경찰승진

① 법원은 재정신청 기각결정 또는 재정신청 취소가 있는 경우에는 결정으로 재정신청인에게 신청절차에 의하여 생긴 비용의 전부 또는 일부를 부담하게 하여야 한다.
② 검사가 공소시효 만료일 30일 전까지 공소를 제기하지 아니하는 경우에는 검찰항고를 거치지 않고 공소시효 만료일까지 재정신청서를 제출할 수 있다.
③ 법원이 재정신청서에 재정신청을 이유 있게 하는 사유가 기재되어 있지 않음에도 이를 간과한 채 「형사소송법」 제262조 제2항 제2호 소정의 공소제기결정을 한 관계로 그에 따른 공소가 제기되어 본안사건의 절차가 개시된 후에는 다른 특별한 사정이 없는 한 이제 그 본안사건에서 그와 같은 잘못을 다툴 수 없다.
④ 재정신청사건의 관할법원은 불기소처분을 한 검사 소속의 지방검찰청 소재지를 관할하는 지방법원 합의부이다.

해설

① 【 X 】 법원은 재정신청 기각결정 또는 재정신청 취소가 있는 경우에는 결정으로 재정신청인에게 신청절차에 의하여 생긴 비용의 전부 또는 일부를 부담하게 할 수 있다(제262조의3 제1항).
② 【 X 】 검사가 공소시효 만료일 30일 전까지 공소를 제기하지 아니하는 경우에는 검찰항고를 거치지 않고 공소시효 만료일 전날까지 재정신청서를 제출할 수 있다(제260조 제3항 단서).
③ 【 O 】 대판 2010.11.11. 2009도224
④ 【 X 】 재정신청사건의 관할법원은 불기소처분을 한 검사 소속의 지방검찰청 소재지를 관할하는 고등법원이다(제260조 제1항).

정답 ③

15 재정신청에 관한 다음 설명 중 가장 옳지 않은 것은? (다툼이 있는 경우 판례에 의함) *19. 법원직*

① 형사소송법 제262조 제4항 후문은 재정신청 기각결정이 확정된 사건에 대하여 다른 중요한 증거를 발견한 경우를 제외하고는 소추할 수 없도록 규정하고 있는데, 재정신청 기각결정의 대상에 명시적으로 포함되지 않았다고 하더라도 고소의 효력이 미치는 객관적 범위 내에서는 위와 같은 재소추 제한의 효력이 그대로 미친다.

② 법원이 재정신청 대상 사건이 아님에도 이를 간과한 채 공소제기결정을 하였더라도, 그에 따른 공소가 제기되어 본안사건의 절차가 개시된 후에는 다른 특별한 사정이 없는 한 본안사건에서 위와 같은 잘못을 다툴 수 없다.

③ 재정신청 제기기간이 경과된 후에 재정신청보충서를 제출하면서 원래의 재정신청에 재정신청 대상으로 포함되어 있지 않은 고발사실을 재정신청의 대상으로 추가한 경우, 그 재정신청보충서에서 추가한 부분에 관한 재정신청은 법률상 방식에 어긋난 것으로서 부적법하다.

④ 재정신청절차는 고소·고발인이 검찰의 불기소처분에 불복하여 법원에 그 당부에 관한 판단을 구하는 절차로서 검사가 공소를 제기하여 공판절차가 진행되는 형사재판절차와는 다르며, 또한 고소·고발인인 재정신청인은 검사에 의하여 공소가 제기되어 형사재판을 받는 피고인과는 지위가 본질적으로 다르다.

[해설]

① 【 X 】 형사소송법 제262조 제2항, 제4항과 형사소송법 제262조 제4항 후문의 입법 취지 등에 비추어 보면, 형사소송법 제262조 제4항 후문에서 말하는 '제2항 제1호의 결정이 확정된 사건'은 재정신청사건을 담당하는 법원에서 공소제기의 가능성과 필요성 등에 관한 심리와 판단이 현실적으로 이루어져 재정신청 기각결정의 대상이 된 사건만을 의미한다. 따라서 재정신청 기각결정의 대상이 되지 않은 사건은 형사소송법 제262조 제4항 후문에서 말하는 '제2항 제1호의 결정이 확정된 사건'이라고 할 수 없고, 재정신청 기각결정의 대상이 되지 않은 사건이 고소인의 고소내용에 포함되어 있다 하더라도 이와 달리 볼 수 없다(대판 2015.9.10. 2012도14755).

② 【 O 】 대판 2017.11.14. 2017도13465
③ 【 O 】 대결 1997.4.22. 97모30
④ 【 O 】 대결 2015.7.16. 2013모2347 전합

정답 ①

16 재정신청에 대한 설명으로 옳은 것은? (다툼이 있는 경우 판례에 의함)
19. 국가직

① 재정신청 기각결정에 대한 재항고나 그 재항고 기각결정에 대한 즉시항고로서의 재항고에 대한 법정기간의 준수 여부는 재항고장이나 즉시항고장이 법원에 도달한 시점을 기준으로 판단하여야 하고, 거기에 재소자 피고인 특칙은 준용되지 아니한다.
② 재정신청사건의 심리 중에는 관련 서류 및 증거물을 열람 또는 등사할 수 있다.
③ 공동신청권자 중 1인의 재정신청 및 취소는 전원을 위하여 효력을 발생한다.
④ 법원이 재정신청 대상 사건이 아닌 「공직선거법」 제251조의 후보자비방죄에 관한 재정신청임을 간과한 채 공소제기결정을 한 관계로 그에 따른 공소가 제기되어 본안사건의 절차가 개시되었다면, 다른 특별한 사정이 없는 한 그 본안사건에서 그 잘못을 다툴 수 있다.

해설

① 【 O 】 대결 2015.7.16. 2013모2347
② 【 X 】 재정신청사건의 심리 중에는 관련 서류 및 증거물을 열람 또는 등사할 수 없다(제262조의2 본문).
③ 【 X 】 재정신청은 공동신청권자 중 1인의 신청은 그 전원을 위하여 효력을 발생하지만(제264조 제1항), 재정신청의 취소는 다른 공동신청권자에게 효력을 미치지 아니한다(제264조 제3항).
④ 【 X 】 법원이 재정신청 대상 사건이 아닌 공직선거법 제251조의 후보자비방죄에 관한 재정신청임을 간과한 채 공소제기결정을 한 관계로 그에 따른 공소가 제기된 사안에서, 이와 같은 공소제기에 따라 본안사건의 절차가 개시된 후에는 다른 특별한 사정이 없는 한 그 본안사건에서 위와 같은 잘못을 다툴 수 없다고 보아, 후보자비방죄에 대하여 유죄로 판단한 제1심판결을 그대로 유지한 원심판결은 정당하고 이 부분 공소를 기각하여야 한다는 검사의 상고이유는 받아들일 수 없다고 판단하여 상고기각한 사례(대판 2017.11.14. 2017도13465)

정답 ①

17 재정신청에 대한 설명으로 가장 적절하지 않은 것은? (다툼이 있는 경우 판례에 의함)
19. 경찰채용 1차

① 재정신청의 신청권자는 불기소처분의 통지를 받은 고소인 또는 고발인인데 고소인은 모든 범죄에 대해, 고발인은 「형법」 제123조부터 제126조까지의 죄에 대해서만 재정신청이 가능하다.
② 재정신청에 대한 기각결정에 대해서는 법령위반을 이유로 대법원에 즉시항고할 수 있다. 단 법정기간의 준수 여부는 도달주의 원칙에 따라 재항고장이 법원에 도달한 시점을 기준으로 하고, 재소자 특칙은 준용되지 않는다.
③ 재정신청에 대한 공소제기결정에 대하여는 검사는 물론 공소제기결정의 대상이 된 피의자도 불복할 수 없다. 그러나 공소제기한 검사는 통상의 공판절차에서와 마찬가지로 권한을 행사하고 피고인의 이익을 위해서 공소취소도 할 수 있다.
④ 법원이 재정신청 대상 사건이 아님에도 이를 간과한 채 「형사소송법」 제262조 제2항 제2호에 따라 공소제기결정을 하였더라도, 그에 따른 공소가 제기되어 본안사건의 절차가 개시된 후에는 다른 특별한 사정이 없는 한 본안사건에서 위와 같은 잘못을 다툴 수 없다.

해설
① 【 O 】 제260조 제1항
② 【 O 】 재정신청 기각결정에 대한 재항고나 그 재항고 기각결정에 대한 즉시항고로서의 재항고에 대한 법정기간의 준수 여부는 도달주의 원칙에 따라 재항고장이나 즉시항고장이 법원에 도달한 시점을 기준으로 판단하여야 하고, 거기에 재소자 피고인 특칙은 준용되지 아니한다(대결 2015.7.16. 2013모2347 전합).
③ 【 X 】 고등법원의 공소제기결정에 따른 기소강제절차에서 검사는 공소취소를 할 수는 없다(제264조의2). 공소취소를 허용할 경우 공소제기결정의 취지가 몰각될 수 있기 때문이다.
④ 【 O 】 법원이 재정신청서에 재정신청을 이유 있게 하는 사유가 기재되어 있지 않음에도 이를 간과한 채 법 제262조 제2항 제2호 소정의 공소제기결정을 한 관계로 그에 따른 공소가 제기되어 본안사건의 절차가 개시된 후에는, 다른 특별한 사정이 없는 한 이제 그 본안사건에서 위와 같은 잘못을 다툴 수 없다고 할 것이다. 그렇지 아니하고 위와 같은 잘못을 본안사건에서 다툴 수 있다고 한다면 이는 재정신청에 대한 결정에 대하여 그것이 기각결정이든 인용결정이든 불복할 수 없도록 한 법 제262조 제4항의 규정취지에 위배하여 형사소송절차의 안정성을 해칠 우려가 있기 때문이다(대판 2010.11.11. 2009도224).

정답 ③

18 재정신청에 관한 다음 설명 중 가장 옳지 않은 것은? (다툼이 있는 경우 판례에 의함) 21. 법원직

① 형사소송법 제262조 제4항 후문은 재정신청 기각결정이 확정된 사건에 대하여는 다른 중요한 증거를 발견한 경우를 제외하고는 소추할 수 없다고 규정하고 있다. 여기에서 '다른 중요한 증거를 발견한 경우'란 재정신청 기각결정 당시에 제출된 증거에 새로 발견된 증거를 추가하면 충분히 유죄의 확신을 가지게 될 정도의 증거가 있는 경우를 말하고, 단순히 재정신청 기각결정의 정당성에 의문이 제기되거나 범죄피해자의 권리를 보호하기 위하여 형사재판절차를 진행할 필요가 있는 정도의 증거가 있는 경우는 여기에 해당하지 않는다. 그리고 관련 민사판결에서의 사실인정 및 판단은, 그러한 사실인정 및 판단의 근거가 된 증거자료가 새로 발견된 증거에 해당할 수 있음은 별론으로 하고, 그 자체가 새로 발견된 증거라고 할 수는 없다.
② 법원은 재정신청서를 송부받은 때에는 송부받은 날부터 7일 이내에 피의자에게 그 사실을 통지하여야 한다.
③ 형사소송법 제260조에 따른 재정신청이 있으면 제262조에 따른 재정결정이 확정될 때까지 공소시효의 진행이 정지된다.
④ 재정신청사건의 심리 중에는 관련 서류 및 증거물을 열람 또는 등사할 수 없다. 다만, 법원은 형사소송법 제262조 제2항 후단의 증거조사과정에서 작성된 서류의 전부 또는 일부의 열람 또는 등사를 허가할 수 있다.

해설
① 【 O 】 대판 2018.12.28. 2014도17182
② 【 X 】 법원은 재정신청서를 송부받은 때에는 송부받은 날부터 10일 이내에 피의자에게 그 사실을 통지하여야 한다(제262조 제1항).
③ 【 O 】 제262조의4 제1항
④ 【 O 】 제262조의2

정답 ②

19. 재정신청에 대한 설명으로 옳은 것은? (다툼이 있는 경우 판례에 의함)

23. 국가직

① 법원은 재정신청서를 송부받은 때에는 송부받은 날부터 7일 이내에 피의자에게 그 사실을 통지하여야 하고, 재정신청서를 송부받은 날부터 3개월 이내에 항고의 절차에 준하여 결정한다.
② 검사의 불기소처분은 물론 진정사건에 대한 입건 전 조사(내사) 종결처분도 재정신청의 대상이 된다.
③ 재정신청인이 자기 또는 대리인이 책임질 수 없는 사유로 인하여 재정신청 기각결정에 대한 재항고 제기기간을 준수하지 못한 경우, 형사소송법 제345조(상소권회복청구권자)에 따라 재항고권 회복을 청구할 수 있다.
④ 재소자인 재정신청인이 재정신청 기각결정에 불복하여 재항고를 제기하는 경우, 그 제기기간 내에 교도소장이나 구치소장 또는 그 직무를 대리하는 사람에게 재항고장을 제출한 때에 재항고를 한 것으로 간주한다.

해설

① 【 X 】 법원은 재정신청서를 송부받은 때에는 송부받은 날부터 10일 이내에 피의자에게 그 사실을 통지하여야 한다(형사소송법 제262조 제1항).
② 【 X 】 내사는 재정신청의 대상이 아니다.
③ 【 O 】 대판 2015.7.16. 2013모2347
④ 【 X 】 재정신청 기각결정에 대한 재항고나 그 재항고 기각결정에 대한 즉시항고로서의 재항고에 대한 법정기간의 준수 여부는 도달주의 원칙에 따라 재항고장이나 즉시항고장이 법원에 도달한 시점을 기준으로 판단하여야 하고, 거기에 재소자 피고인 특칙은 준용되지 아니한다(대판 2015.7.16. 2013모2347).

정답 ③

20. 공소취소에 대한 설명으로 가장 적절하지 않은 것은?

19. 경찰승진

① 공소취소는 이유를 기재한 서면으로 하여야 하지만, 공판정에서는 구술로도 할 수 있다.
② 공소가 취소된 사건에 대하여는 공소취소 후 그 범죄사실에 대한 다른 중요한 증거를 발견한 경우에 한하여 다시 공소를 제기할 수 있다.
③ 공소취소는 사실심인 항소심 판결 선고 전까지만 가능하다.
④ 공소가 취소된 경우 법원은 공소기각결정을 하여야 한다.

해설

① 【 O 】 제255조 제2항
② 【 O 】 제329조
③ 【 X 】 공소는 제1심판결의 선고 전까지 취소할 수 있다(제255조 제1항).
④ 【 O 】 제328조 제1항 제1호

정답 ③

21 재정신청에 대한 설명으로 옳지 않은 것은? (다툼이 있는 경우 판례에 의함)

23. 국가직 7급

① 법원이 재정신청 대상사건이 아님에도 이를 간과한 채 「형사소송법」 제262조 제2항 제2호에 따라 공소제기 결정을 하였더라도 그에 따른 공소가 제기되어 본안사건의 절차가 개시된 후에는 다른 특별한 사정이 없는 한 본안사건에서 위와 같은 잘못을 다툴 수 없다.
② 재정신청 기각결정에 대한 재항고나 그 재항고 기각결정에 대한 즉시항고로서의 재항고에 대한 법정기간의 준수 여부는 도달주의 원칙에 따라 재항고장이나 즉시항고장이 법원에 도달한 시점을 기준으로 판단하여야 하고, 거기에 재소자에 대한 특칙(「형사소송법」 제344조 제1항)은 준용되지 아니한다.
③ 공소를 제기하지 아니하는 검사의 처분의 당부에 관한 재정신청이 있는 경우, 법원은 검사의 무혐의 불기소처분이 위법하면 기소유예의 불기소처분을 할 만한 사건으로 인정되더라도 재정신청을 기각할 수 없다.
④ 「형사소송법」 제262조 제4항 후문의 '다른 중요한 증거를 발견한 경우'란 재정신청 기각결정 당시에 제출된 증거에 새로 발견된 증거를 추가하면 충분히 유죄의 확신을 가지게 될 정도의 증거가 있는 경우를 말하고, 단순히 재정신청 기각결정의 정당성에 의문이 제기되거나 범죄피해자의 권리를 보호하기 위하여 형사재판 절차를 진행할 필요가 있는 정도의 증거가 있는 경우는 여기에 해당하지 않는다.

해설

① 【O】 법원이 재정신청 대상 사건이 아님에도 이를 간과한 채 형사소송법 제262조 제2항 제2호에 따라 공소제기결정을 하였다고 하더라도, 그에 따른 공소가 제기되어 본안사건의 절차가 개시된 후에는 다른 특별한 사정이 없는 한 본안사건에서 위와 같은 잘못을 다툴 수 없다(대판 2017.11.14. 2017도13465).
② 【O】 법정기간 준수에 대하여 도달주의 원칙을 정하고 재소자 피고인 특칙의 예외를 개별적으로 인정한 형사소송법의 규정 내용과 입법 취지, 재정신청절차가 형사재판절차와 구별되는 특수성, 법정기간 내의 도달주의를 보완할 수 있는 여러 형사소송법상 제도 및 신속한 특급우편제도의 이용 가능성 등을 종합하여 보면, 재정신청 기각결정에 대한 재항고나 그 재항고 기각결정에 대한 즉시항고로서의 재항고에 대한 법정기간의 준수 여부는 도달주의 원칙에 따라 재항고장이나 즉시항고장이 법원에 도달한 시점을 기준으로 판단하여야 하고, 거기에 재소자 피고인 특칙은 준용되지 아니한다(대판 2015.7.16. 2013모2347 전합).
③ 【X】 검사의 공소를 제기하지 아니하는 처분에 대한 당부에 관한 재정신청에 당하는 법원은 검사의 무혐의 불기소처분이 위법하다 하더라도 기록에 나타난 제반 사정을 고려하여 기소유예의 불기소처분을 할 만한 사건이라고 인정되는 경우에는 재정신청을 기각할 수 있다(대결 1993.8.12. 93모9).
④ 【O】 형사소송법 제262조 제4항 후문은 재정신청 기각결정이 확정된 사건에 대하여는 다른 중요한 증거를 발견한 경우를 제외하고는 소추할 수 없다고 규정하고 있다. 여기에서 '다른 중요한 증거를 발견한 경우'란 재정신청 기각결정 당시에 제출된 증거에 새로 발견된 증거를 추가하면 충분히 유죄의 확신을 가지게 될 정도의 증거가 있는 경우를 말하고, 단순히 재정신청 기각결정의 정당성에 의문이 제기되거나 범죄피해자의 권리를 보호하기 위하여 형사재판절차를 진행할 필요가 있는 정도의 증거가 있는 경우는 여기에 해당하지 않는다(대판 2018.12.28. 20014도17182).

정답 ③

22 공소제기 후의 수사에 관한 설명 중 가장 적절하지 않은 것은? (다툼이 있으면 판례에 의함) 16. 경찰승진

① 검사가 공소제기 후에 피고인을 피의자로 신문하여 작성한 진술조서는 그 증거능력이 없다.
② 검사 또는 사법경찰관이 피고인에 대한 구속영장을 집행하는 경우에 필요한 때에는 영장 없이 구속현장에서 압수·수색·검증을 할 수 있다.
③ 공판준비기일 또는 공판기일에서 이미 증언을 마친 증인을 검사가 소환한 후 피고인에게 유리한 증언내용을 추궁하여 이를 일방적으로 번복시킨 참고인 진술조서는 그 증거능력이 없다.
④ 압수·수색영장 집행 당시 피처분자가 현장에 없거나 현장에서 그를 발견할 수 없는 경우 등 영장제시가 현실적으로 불가능한 경우에는 영장을 제시하지 아니한 채 압수·수색을 하더라도 위법하다고 볼 수 없다.

[해설]
① 【 X 】 검사작성의 피고인에 대한 진술조서가 공소제기 후에 작성된 것이라는 이유만으로는 곧 그 증거능력이 없다고 할 수 없다 (대판 1984.9.25. 84도1646).
② 【 O 】 제216조 제2항
③ 【 O 】 대판 2000.6.15. 99도1108 전합
④ 【 O 】 대판 2015.1.22. 2014도10978

정답 ①

23 공소제기 후 수사에 대한 설명으로 가장 적절하지 않은 것은? (다툼이 있는 경우 판례에 의함) 19. 경찰승진

① 검사 작성의 피고인에 대한 진술조서가 공소제기 후에 작성된 것이라는 이유만으로는 곧 그 증거능력이 없다고 할 수 없다.
② 공소제기된 피고인의 구속상태를 계속 유지할 것인지 여부에 관한 판단은 전적으로 당해 수소법원의 전권에 속한다.
③ 검사 또는 사법경찰관이 피고인에 대한 구속영장을 집행하는 경우에 필요한 때에는 영장 없이 구속현장에서 압수·수색·검증을 할 수 있다.
④ 공소제기 후 증거물의 소유자인 제3자가 임의로 제출하는 피고사건에 대한 그 증거물을 수사기관이 압수하는 것은 위법하다.

[해설]
① 【 O 】 대판 1984.9.25. 84도1646
② 【 O 】 공소제기 후의 피고인 구속은 수소법원의 권한에 속한다(제70조). 따라서 공소제기된 피고인의 구속상태를 계속 유지할 것인지 여부에 관한 판단은 전적으로 당해 수소법원의 전권에 속한다.
③ 【 O 】 제216조 제2항
④ 【 X 】 임의제출물의 압수는 공소제기 전후를 불문하고 할 수 있으며, 제3자가 소유자·소지자·보관자의 지위에 있는 이상 적법한 권리자일 필요도 없다. 따라서 공소제기 후 제3자가 임의로 제출하는 피고사건에 대한 증거물을 수사기관이 압수하는 것은 위법하지 않다.

정답 ④

24 다음 설명 중 옳지 않은 것은? (다툼이 있는 경우 판례에 의함)

16. 검찰 7급

① 공소제기 후 법원이 피고인에 대하여 구속영장을 발부하는 경우에는 검사의 신청을 요하지 않는다.
② 검사가 공소제기 후 수소법원 이외의 지방법원 판사에게 청구하여 발부받은 영장에 의하여 압수·수색을 하였다면, 그와 같이 수집된 증거는 적법한 절차에 따르지 않은 것으로서 원칙적으로 유죄의 증거로 삼을 수 없다.
③ 검사가 피의자를 구속 기소한 후 다시 그를 소환하여 공범들과의 활동 등에 관한 신문을 하면서 피의자신문조서가 아닌 일반적인 진술조서의 형식으로 조서를 작성한 경우, 조서의 내용이 피의자신문조서와 실질적으로 같고, 그 진술의 임의성이 인정되는 경우라도 미리 피의자에게 진술거부권을 고지하지 않았다면 그 조서는 유죄의 증거로 할 수 없다.
④ 공판준비 또는 공판기일에서 이미 증언을 마친 증인을 검사가 소환한 후 그 증언 내용을 추궁하여 이를 일방적으로 번복시키는 방식으로 진술조서를 작성한 경우, 그 후 원진술자인 종전 증인이 다시 법정에 출석하여 증언을 하면서 그 진술조서의 성립의 진정함을 인정하고 피고인측에 반대신문의 기회가 부여되었다면 그 진술조서는 증거능력이 있다.

해설

① 【O】 헌재결 1997.3.27. 96헌바28
② 【O】 대판 2011.4.28. 2009도10412
③ 【O】 대판 2009.8.20. 2008도8213
④ 【X】 공판준비 또는 공판기일에서 이미 증언을 마친 증인을 검사가 소환한 후 피고인에게 유리한 그 증언 내용을 추궁하여 이를 일방적으로 번복시키는 방식으로 작성한 진술조서를 유죄의 증거로 삼는 것은 당사자주의·공판중심주의·직접주의를 지향하는 현행 형사소송법의 소송구조에 어긋나는 것일 뿐만 아니라, 헌법 제27조가 보장하는 기본권, 즉 법관의 면전에서 모든 증거자료가 조사·진술되고 이에 대하여 피고인이 공격·방어할 수 있는 기회가 실질적으로 부여되는 재판을 받을 권리를 침해하는 것이므로, 이러한 진술조서는 피고인이 증거로 할 수 있음에 동의하지 아니하는 한 그 증거능력이 없다고 하여야 할 것이고, 그 후 원진술자인 종전 증인이 다시 법정에 출석하여 증언을 하면서 그 진술조서의 성립의 진정함을 인정하고 피고인측에 반대신문의 기회가 부여되었다고 하더라도 그 증언 자체를 유죄의 증거로 할 수 있음은 별론으로 하고 위와 같은 진술조서의 증거능력이 없다는 결론은 달리 할 것이 아니다(대판 2000.6.15. 99도1108).

정답 ④

25 공소제기 후의 수사에 대한 설명 중 가장 적절하지 않은 것은? (다툼이 있는 경우 판례에 의함) 17. 여경

① 검사가 공소제기 후 수소법원 이외의 지방법원 판사에게 청구하여 발부받은 압수·수색영장으로 압수·수색을 하였다면, 그와 같이 수집된 증거는 원칙적으로 유죄의 증거로 삼을 수 없다.
② 검사 또는 사법경찰관이 피고인에 대한 구속영장을 집행하는 경우에 필요한 때에는 영장 없이 구속현장에서 압수·수색·검증을 할 수 있다.
③ 검사가 공소제기 후에 피고인을 피의자로 신문하여 작성한 진술조서는 그 증거능력이 없다.
④ 공판준비기일 또는 공판기일에서 이미 증언을 마친 증인을 검사가 소환한 후 피고인에게 유리한 증언내용을 추궁하여 이를 일방적으로 번복시키는 방식으로 작성한 진술조서는 피고인이 증거로 할 수 있음에 동의하지 아니하는 한 증거능력이 없다.

[해설]
① 【 O 】 대판 2011.4.28. 2009도10412
② 【 O 】 제216조 제2항
③ 【 X 】 검사작성의 피고인에 대한 진술조서가 공소제기 후에 작성된 것이라는 이유만으로는 곧 그 증거능력이 없다고 할 수 없다 (대판 1984.9.25. 84도1646).
④ 【 O 】 대판 2000.6.15. 99도1108 전합

정답 ③

26 공소제기 후 수사에 대한 설명으로 옳은 것은? (다툼이 있는 경우 판례에 의함) 17. 검찰 7급

① 공소제기 후에도 수사기관은 피고사건에 관하여 수소법원이 아닌 지방법원 판사로부터 구속영장을 발부받아 피고인을 구속할 수 있다.
② 공소제기 후 수사기관이 피고인에 대한 구속영장을 집행하는 경우에도 피고인이 소지하고 있는 당해 사건의 증거물을 압수할 수 있다.
③ 공소제기 후 제3자가 임의로 제출하는 피고사건에 대한 증거물을 수사기관이 압수하는 것은 위법하다.
④ 피고인에게 유리한 증언을 한 증인을 수사기관이 법정 외에서 다시 참고인으로 조사하면서 그 증언을 번복하게 하여 작성한 참고인 진술조서는 피고인이 동의하더라도 증거로 사용할 수 없다.

[해설]
① 【 X 】 공소제기 후의 피고인 구속은 수소법원의 권한에 속한다(제70조). 따라서 검사의 피고인에 대한 구속영장청구는 허용되지 않으며 수소법원의 직권발동을 촉구할 수 있을 뿐이다. 결국 공소제기 후에는 수사기관이 피고인을 구속할 수 없다.
② 【 O 】 제216조 제2항
③ 【 X 】 임의제출물의 압수는 공소제기 전후를 불문하고 할 수 있으며, 제3자가 소유자·소지자·보관자의 지위에 있는 이상 적법한 권리자일 필요도 없다. 따라서 공소제기 후 제3자가 임의로 제출하는 피고사건에 대한 증거물을 수사기관이 압수하는 것은 위법하지 않다.
④ 【 X 】 공판준비 또는 공판기일에서 이미 증언을 마친 증인을 검사가 소환한 후 피고인에게 유리한 그 증언 내용을 추궁하여 이를 일방적으로 번복시키는 방식으로 작성한 진술조서를 유죄의 증거로 삼는 것은 당사자주의·공판중심주의·직접주의를 지향하는 현행 형사소송법의 소송구조에 어긋나는 것일 뿐만 아니라, 헌법 제27조가 보장하는 기본권, 즉 법관의 면전에서 모든 증거자료가 조사·진술되고 이에 대하여 피고인이 공격·방어할 수 있는 기회가 실질적으로 부여되는 재판을 받을 권리를 침해하는 것이므로, 이러한 진술조서는 피고인이 증거로 할 수 있음에 동의하지 아니하는 한 그 증거능력이 없다고 하여야 할 것이고, 그 후 원진술자인 종전 증인이 다시 법정에 출석하여 증언을 하면서 그 진술조서의 성립의 진정함을 인정하고 피고인측에 반대신문의 기회가 부여되었다고 하더라도 그 증언 자체를 유죄의 증거로 할 수 있음은 별론으로 하고 위와 같은 진술조서의 증거능력이 없다는 결론은 달리 할 것이 아니다(대판 2000.6.15. 99도1108 전합).

정답 ②

27 공소제기 후 수사에 대한 설명 중 가장 적절하지 않은 것은? (다툼이 있는 경우 판례에 의함) 　19. 법학경채

① 법원이 피고인에 대하여 구속영장을 발부하는 경우 검사의 청구를 필요로 하지 않는다.
② 일단 공소가 제기된 후에는 피고사건에 관하여 검사로서는 「형사소송법」 제215조에 의하여 압수·수색을 할 수 없다고 보아야 하며, 그럼에도 검사가 공소제기 후 수소법원 이외의 지방법원 판사에게 청구하여 발부받은 영장에 의하여 압수·수색을 하였다면, 그와 같이 수집된 증거는 원칙적으로 유죄의 증거로 삼을 수 없다.
③ 검사작성의 피고인에 대한 진술조서가 공소제기 후에 작성된 것이라는 이유만으로는 곧 그 증거능력이 없다고 할 수 없다.
④ 공판준비 또는 공판기일에서 이미 증언을 마친 증인을 검사가 소환한 후 피고인에게 유리한 그 증언 내용을 추궁하여 이를 일방적으로 번복시키는 방식으로 작성한 진술조서는 피고인이 증거로 할 수 있음에 동의하더라도 그 증거능력이 없다.

> **해설**

① 【O】 피고인을 구속함에는 법원이 구속영장을 발부하여야 한다(제73조). 구속영장은 신청이나 청구절차 없이 수소법원이 직권으로 심사하여 발부한다.
② 【O】 대판 2011.4.28. 2009도10412
③ 【O】 대판 1984.9.25. 84도1646
④ 【X】 공판준비 또는 공판기일에서 이미 증언을 마친 증인을 검사가 소환한 후 피고인에게 유리한 그 증언 내용을 추궁하여 이를 일방적으로 번복시키는 방식으로 작성한 진술조서를 유죄의 증거로 삼는 것은 당사자주의·공판중심주의·직접주의를 지향하는 현행 형사소송법의 소송구조에 어긋나는 것일 뿐만 아니라, 헌법 제27조가 보장하는 기본권, 즉 법관의 면전에서 모든 증거자료가 조사·진술되고 이에 대하여 피고인이 공격·방어할 수 있는 기회가 실질적으로 부여되는 재판을 받을 권리를 침해하는 것이므로, 이러한 진술조서는 피고인이 증거로 할 수 있음에 동의하지 아니하는 한 그 증거능력이 없다고 하여야 할 것이고, 그 후 원진술자인 종전 증인이 다시 법정에 출석하여 증언을 하면서 그 진술조서의 성립의 진정함을 인정하고 피고인측에 반대신문의 기회가 부여되었다고 하더라도 그 증언 자체를 유죄의 증거로 할 수 있음은 별론으로 하고 위와 같은 진술조서의 증거능력이 없다는 결론은 달리 할 것이 아니다(대판 2000.6.15. 99도1108 전합).

정답 ④

28 공소제기 후의 수사에 대한 설명으로 가장 적절하지 않은 것은? (다툼이 있는 경우 판례에 의함) 21. 경찰승진

① 공소제기 후 수사기관에 의한 피고인의 구속은 허용되지 않는다.
② 검사가 공소제기 후에 피고인에 대해 작성한 진술조서는 항상 증거능력이 없다.
③ 검사 또는 사법경찰관이 피고인에 대한 구속영장을 집행하는 경우에 필요한 때에는 영장 없이 구속현장에서 압수·수색·검증을 할 수 있다.
④ 공소가 제기된 후에는 그 피고사건에 관하여 수사기관은 「형사소송법」 제215조에 의하여 압수·수색을 할 수 없다고 보아야 하며, 그럼에도 검사가 공소제기 후 「형사소송법」 제215조에 따라 수소법원 이외의 지방법원 판사에게 청구하여 발부받은 영장에 의하여 압수·수색을 하였다면, 그와 같이 수집된 증거는 기본적 인권 보장을 위해 마련된 적법한 절차에 따르지 않은 것으로서 원칙적으로 유죄의 증거로 삼을 수 없다.

해설

① 【 O 】 공소제기 후의 피고인구속은 수소법원의 권한에 속한다(제70조). 따라서 공소제기 된 피고인의 구속상태를 계속 유지할 것인지 여부에 관한 판단은 전적으로 당해 수소법원의 전권에 속한다. 따라서 공소제기 후 수사기관에 의한 피고인의 구속은 허용되지 않는다.
② 【 X 】 검사작성의 피고인에 대한 진술조서가 공소제기 후에 작성된 것이라는 이유만으로는 곧 그 증거능력이 없다고 할 수 없다 (대판 1984.9.25. 84도1646).
③ 【 O 】 제216조 제2항
④ 【 O 】 대판 2011.4.28. 2009도10412

정답 ②

---

29 공소제기 후의 수사에 관한 설명으로 가장 적절하지 않은 것은? (다툼이 있는 경우 판례에 의함) 21. 경찰채용 2차

① 검사가 공소제기 후 형사소송법 제215조에 따라 수소법원 이외의 지방법원 판사에게 청구하여 발부받은 영장에 의하여 압수·수색을 하였다면, 이는 적법한 절차에 따르지 않은 것으로서 원칙적으로 유죄의 증거로 삼을 수 없다.
② 검사작성의 피고인에 대한 진술조서가 공소제기 후에 작성된 것이라는 이유만으로는 곧 그 증거능력이 없다고 할 수 없다.
③ 검사 또는 사법경찰관이 피고인에 대한 구속영장을 집행하는 경우에 필요한 때에는 그 집행현장에서 영장 없이 압수, 수색, 검증을 할 수 있다.
④ 제1심에서 피고인에 대하여 무죄판결이 선고되어 검사가 항소한 후 수사기관이 항소심 공판기일에 증인으로 신청하여 신문할 수 있는 사람을 특별한 사정 없이 미리 수사기관에 소환하여 작성한 진술조서는 피고인이 증거로 할 수 있음에 동의하지 않는 한 증거능력이 없다. 그러나 그 참고인이 나중에 법정에 증인으로 출석하여 진술조서의 성립의 진정을 인정하고 피고인 측에 반대신문의 기회가 부여되면 그 진술조서를 증거로 할 수 있다.

해설

① 【 O 】 대판 2011.4.28. 2009도10412
② 【 O 】 대판 1984.9.25. 84도1646
③ 【 O 】 제216조 제2항
④ 【 X 】 제1심에서 피고인에 대하여 무죄판결이 선고되어 검사가 항소한 후, 수사기관이 항소심 공판기일에 증인으로 신청하여 신문할 수 있는 사람을 특별한 사정 없이 미리 수사기관에 소환하여 작성한 진술조서는 피고인이 증거로 할 수 있음에 동의하지 않는 한 증거능력이 없다. 검사가 공소를 제기한 후 참고인을 소환하여 피고인에게 불리한 진술을 기재한 진술조서를 작성하여 이를 공판절차에 증거로 제출할 수 있게 한다면, 피고인과 대등한 당사자의 지위에 있는 검사가 수사기관으로서의 권한을 이용하여 일방적으로 법정 밖에서 유리한 증거를 만들 수 있게 하는 것이므로 당사자주의·공판중심주의·직접심리주의에 반하고 피고인의 공정한 재판을 받을 권리를 침해하기 때문이다. 위 참고인이 나중에 법정에 증인으로 출석하여 위 진술조서의 성립의 진정을 인정하고 피고인 측에 반대신문의 기회가 부여된다 하더라도 위 진술조서의 증거능력을 인정할 수 없음은 마찬가지이다. 위 참고인이 법정에서 위와 같이 증거능력이 없는 진술조서와 같은 취지로 피고인에게 불리한 내용의 진술을 한 경우, 그 진술에 신빙성을 인정하여 유죄의 증거로 삼을 것인지는 증인신문 전 수사기관에서 진술조서가 작성된 경위와 그것이 법정진술에 영향을 미쳤을 가능성 등을 종합적으로 고려하여 신중하게 판단하여야 한다(대판 2019.11.28. 2013도6825).

정답 ④

30 공소가 제기된 이후 당해 피고인에 대한 수사와 관련된 설명으로 옳은 것은? (다툼이 있는 경우 판례에 의함)

21. 국가직

① 불구속으로 기소된 피고인이 도망하거나 증거인멸의 염려가 있는 경우 검사는 지방법원판사에게 구속영장을 청구하여 발부받아 피고인을 구속할 수 있다.
② 검사 작성의 피고인에 대한 진술조서가 공소제기 후에 작성된 것이라는 이유만으로 곧 그 증거능력이 없다고 할 수는 없다.
③ 수사기관은 수소법원 이외의 지방법원판사로부터 압수·수색영장을 청구하여 발부받아 피고사건에 관하여 압수·수색을 할 수 있다.
④ 피고인에 대한 수소법원의 구속영장을 집행하는 경우 필요한 때에도 수사기관은 그 집행현장에서 영장 없이는 압수·수색·검증을 할 수 없다.

해설

① 【 X 】 공소제기 후의 피고인 구속은 수소법원의 권한에 속한다(제70조). 따라서 검사의 피고인에 대한 구속영장 청구는 허용되지 않으며 수소법원의 직권 발동을 촉구할 수 있을 뿐이다. 결국 공소제기 후에는 수사기관이 피고인을 구속할 수 없다.
② 【 O 】 대판 1984.9.25. 84도1646
③ 【 X 】 형사소송법은 제215조에서 검사가 압수·수색 영장을 청구할 수 있는 시기를 공소제기 전으로 명시적으로 한정하고 있지는 아니하나, 헌법상 보장된 적법절차의 원칙과 재판받을 권리, 공판중심주의·당사자주의·직접주의를 지향하는 현행 형사소송법의 소송구조, 관련 법규의 체계, 문언 형식, 내용 등을 종합하여 보면, 일단 공소가 제기된 후에는 피고사건에 관하여 검사로서는 형사소송법 제215조에 의하여 압수·수색을 할 수 없다고 보아야 하며, 그럼에도 검사가 공소제기 후 형사소송법 제215조에 따라 수소법원 이외의 지방법원 판사에게 청구하여 발부받은 영장에 의하여 압수·수색을 하였다면, 그와 같이 수집된 증거는 기본적 인권보장을 위해 마련된 적법한 절차에 따르지 않은 것으로서 원칙적으로 유죄의 증거로 삼을 수 없다(대판 2011.4.28. 2009도10412).
④ 【 X 】 검사 또는 사법경찰관은 피고인에 대한 구속영장의 집행의 경우에 필요한 때에는 영장 없이 집행현장에서 압수·수색·검증을 할 수 있다(제216조 제2항).

정답 ②

최정훈 형사소송법
기출문제집 수사와 증거

PART 02

증거

Chapter 01 증거

Chapter 01 증거

01 간접증거에 대한 설명으로 옳지 않은 것은? (다툼이 있는 경우 판례에 의함) 〔18. 국가직〕

① 유죄의 심증은 반드시 직접증거에 의하여 형성되어야만 하는 것은 아니며 경험칙과 논리법칙에 위반되지 아니하는 한 간접증거에 의하여 형성되어도 된다.
② 간접증거가 개별적으로는 범죄사실에 대한 완전한 증명력을 가지지 못하더라도 전체 증거를 상호관련하에 종합적으로 고찰할 경우 종합적 증명력이 있는 것으로 판단되면 그에 의하여도 범죄사실을 인정할 수가 있다.
③ 형사재판에서 유죄로 인정하기 위한 심증형성의 정도는 합리적인 의심을 할 여지가 없을 정도여야 하나, 이는 모든 가능한 의심을 배제할 정도에 이를 것까지 요구하는 것은 아니다.
④ 간접증거에 의하여 주요사실의 전제가 되는 수 개의 간접사실을 인정할 때에는 하나하나의 간접사실 사이에 모순, 저촉이 없어야 할 정도까지는 요구되지 않으며 전체적으로 고찰하여 유죄의 심증을 형성할 수 있으면 충분하다.

[해설]

①②③ 【 O 】 대판 1998.11.13. 96도1783
④ 【 X 】 살인죄 등과 같이 법정형이 무거운 범죄의 경우에도 직접증거 없이 간접증거만으로 유죄를 인정할 수 있으나, 그러한 유죄 인정에는 공소사실에 대한 관련성이 깊은 간접증거들에 의하여 신중한 판단이 요구되므로, 간접증거에 의하여 주요사실의 전제가 되는 간접사실을 인정할 때에는 증명이 합리적인 의심을 허용하지 않을 정도에 이르러야 하고, 하나하나의 간접사실 사이에 모순, 저촉이 없어야 하는 것은 물론 간접사실이 논리와 경험칙, 과학법칙에 의하여 뒷받침되어야 한다(대판 2011.5.26. 2011도1902).

[정답] ④

02 증거에 대한 설명으로 가장 적절한 것은? (다툼이 있는 경우 판례에 의함) 〔21. 경찰승진〕

① 간접증거가 개별적으로 완전한 증명력을 가지지 못한다면, 전체 증거를 상호 관련하여 종합적으로 고찰하여 증명력이 있는 것으로 판단되더라도 그에 의하여 범죄사실을 인정할 수 없다.
② 살인죄와 같이 법정형이 무거운 범죄의 경우에도 직접증거 없이 간접증거만으로도 유죄를 인정할 수 있다.
③ 상해사건에서 피해자 진단서는 상해 사실자체에 대한 직접증거에 해당한다.
④ 증거능력이란 요증사실을 증명하는 증거의 힘, 증거의 실질적 가치를 말하며, 이는 법관의 자유심증에 의해 결정된다.

[해설]

① 【 X 】 간접증거가 개별적으로는 범죄사실에 대한 완전한 증명력을 가지지 못하더라도 전체 증거를 상호관련하에 종합적으로 고찰할 경우 종합적 증명력이 있는 것으로 판단되면 그에 의하여도 범죄사실을 인정할 수가 있다(대판 1998.11.13. 96도1783).
② 【 O 】 대판 2011.5.26. 2011도1902
③ 【 X 】 상해사건발생 직후 피해자를 진찰한 바 있는 의사의 진술 및 상해진단서를 발행한 의사의 진술이나 진단서는 가해자의 상해 사실 자체에 대한 직접적인 증거가 되는 것은 아니고, 다른 증거에 의하여 상해의 가해행위가 인정되는 경우에 그에 대한 상해의 부위나 정도의 점에 대한 증거가 된다(대판 1995.9.29. 95도852).
④ 【 X 】 증거능력이란 증거가 엄격한 증명의 자료로 사용될 수 있는 법률상의 자격을 말한다. 이에 대해 증명력이란 요증사실을 증명하는 증거의 힘, 증거의 실질적 가치를 말하며, 이는 법관의 자유심증에 의해 결정된다.

[정답] ②

03 간접증거에 관한 설명으로 가장 적절하지 않은 것은? (다툼이 있는 경우 판례에 의함) _{25. 경찰승진}

① 직접증거가 전혀 없더라도 적법한 증거들에 의해 인정되는 간접사실들에 논리법칙과 경험칙을 적용하여 공소사실이 합리적인 의심이 없을 정도로 추단될 수 있으면 유죄를 인정할 수 있다.
② 범죄현장에서 채취된 피고인의 지문은 간접증거이다.
③ 피고인이 배임죄의 범의를 부인하는 경우에는 사물의 성질상 배임죄의 주관적 요소로 되는 사실은 고의와 상당한 관련성이 있는 간접사실을 증명하는 방법에 의하여 입증할 수밖에 없다.
④ 살인죄와 같이 법정형이 무거운 범죄의 경우에는 직접증거 없이 간접증거만으로 유죄를 인정할 수 없다.

[해설]

① 【O】 범죄사실의 증명은 반드시 직접증거만으로 이루어져야 하는 것은 아니고 논리와 경험칙에 합치되는 한 간접증거로도 할 수 있으며, 간접증거가 개별적으로는 범죄사실에 대한 완전한 증명력을 가지지 못하더라도 전체 증거를 상호 관련하에 종합적으로 고찰할 경우 그 단독으로는 가지지 못하는 종합적 증명력이 있는 것으로 판단되면 그에 의하여도 범죄사실을 인정할 수가 있다(대판1998.11.13. 96도1783).
② 【O】 요증사실을 간접적으로 추인할 수 있는 사실을 간접증거 또는 정황증거라고 한다. 따라서 범죄현장에서 채취된 피고인의 지문은 간접증거이다.
③ 【O】 배임죄가 성립하기 위하여는 주관적 요건으로서 임무에 위배되는 행위를 한다는 인식 이외에도 그로 인하여 자기 또는 제3자의 이득을 취득하고 본인에게 손해를 가한다는 점에 관한 의사 내지 인식을 필요로 하는 것이므로, 피고인이 배임의 범의를 부인하는 경우에는 사물의 성질상 배임죄의 주관적 요소로 되는 사실(고의, 동기 등의 내심적 사실)은 고의와 상당한 관련성이 있는 간접사실을 증명하는 방법에 의하여 입증할 수밖에 없다고 할 것이고, 이 경우 그 간접 사실 중에는 피고인이 배임행위를 하였다고 볼 만한 징표와 어긋나는 사실의 의문점이 해소되어야 할 것이다(대판 1999.4.13. 98도4022).
④ 【X】 살인죄 등과 같이 법정형이 무거운 범죄의 경우에도 직접증거 없이 간접증거만으로 유죄를 인정할 수 있으나, 그러한 유죄 인정에는 공소사실에 대한 관련성이 깊은 간접증거들에 의하여 신중한 판단이 요구되므로, 간접증거에 의하여 주요사실의 전제가 되는 간접사실을 인정할 때에는 증명이 합리적인 의심을 허용하지 않을 정도에 이르러야 하고, 하나하나의 간접사실 사이에 모순, 저촉이 없어야 하는 것은 물론 간접사실이 논리와 경험칙, 과학법칙에 의하여 뒷받침되어야 한다(대판 2011.5.26. 2011도1902).

정답 ④

04 엄격한 증명의 대상으로 가장 적절하지 않은 것은? (다툼이 있으면 판례에 의함) _{16. 경찰승진}

① 교사범에 있어 '교사의 사실' 인정
② 공모공동정범에 있어서 '공모나 모의의 사실' 인정
③ 구 도로법 제54조 제2항에 의한 '적재량 측정 요구'
④ 친고죄에 있어서 '고소의 유무'

[해설]

① 【O】 엄격한 증명(대판 2000.2.25. 99도1252)
② 【O】 엄격한 증명(대판 1989.9.13. 88도1114)
③ 【O】 엄격한 증명(대판 2005.6.24. 2004도7212)
④ 【X】 자유로운 증명(대판 1967.12.19. 67도1181)

정답 ④

05 다음 중 엄격한 증명의 대상인 것은? (다툼이 있으면 판례에 의함)   16. 경찰채용 1차

① 피고인의 검찰 진술의 임의성의 유무
② 친고죄에서 적법한 고소가 있었는지 여부
③ 형사소송법 제312조 제4항에서 '특히 신빙할 수 있는 상태'
④ 합동범에 있어서의 공모나 모의

해설

① 【자유로운 증명】 대판 2012.11.29. 2010도3029
② 【자유로운 증명】 대판 2011.6.24. 2011도4451
③ 【자유로운 증명】 대판 2012.7.26. 2012도2937
④ 【엄격한 증명】 대판 2001.12.11. 2001도4013

정답 ④

06 엄격한 증명의 대상이 되는 것만을 모두 고른 것은? (다툼이 있는 경우 판례에 의함)   16. 국가직

㉠ 업무상횡령죄에서 불법영득의사를 실현하는 행위로서의 횡령행위가 있다는 점
㉡ 형사소송법 제312조 제4항에서 정한 '특히 신빙할 수 있는 상태'의 존재
㉢ 형법 제6조 단서에서 정한 '외국법규의 존재'와 관련하여 행위지의 법률에 의하여 범죄를 구성하는지 여부
㉣ 몰수·추징의 대상이 되는지 여부나 추징액의 인정
㉤ 목적과 용도를 정하여 위탁한 금전을 수탁자가 임의로 소비하여 횡령죄가 성립하는 경우 피해자 등이 목적과 용도를 정하여 금전을 위탁한 사실과 그 목적과 용도가 무엇인가라는 점

① ㉠, ㉡　　② ㉢, ㉣　　③ ㉠, ㉢, ㉤　　④ ㉡, ㉣, ㉤

해설

㉠ 【엄격한 증명】 대판 2013.12.26. 2013도7360
㉡ 【자유로운 증명】 대판 2012.7.26. 2012도2937
㉢ 【엄격한 증명】 대판 2011.8.25. 2011도6507
㉣ 【자유로운 증명】 대판 2015.4.23. 2015도1233
㉤ 【엄격한 증명】 대판 2013.11.14. 2013도8121

정답 ③

07 다음 설명 중 옳지 않은 것은? (다툼이 있는 경우 판례에 의함)

16. 국가직

① 뇌물죄에서의 수뢰액은 그 다과에 따라 범죄구성요건이 되므로 엄격한 증명의 대상이 된다.
② 공동정범에서 공모관계를 인정하기 위해서는 엄격한 증명이 요구된다.
③ 주취정도의 계산을 위한 위드마크 공식의 경우 그 적용을 위한 자료로 섭취한 알코올의 양, 음주 시각, 체중 등이 필요하며 그런 전제사실에 대하여는 자유로운 증명으로 족하다.
④ 몰수대상이 되는지 여부나 추징액의 인정 등 몰수·추징의 사유는 범죄구성요건 사실에 관한 것이 아니어서 엄격한 증명은 필요 없다.

해 설

① 【 O 】 대판 2011.5.26. 2009도2453
② 【 O 】 대판 1988.9.13. 88도1114
③ 【 X 】 범죄구성요건사실의 존부를 알아내기 위해 과학공식 등의 경험칙을 이용하는 경우에 그 법칙 적용의 전제가 되는 개별적이고 구체적인 사실에 대하여는 엄격한 증명을 요하는바, 위드마크 공식의 경우 그 적용을 위한 자료로 섭취한 알코올의 양, 음주 시각, 체중 등이 필요하므로 그런 전제사실에 대한 엄격한 증명이 요구된다. 한편, 위드마크 공식에 따른 혈중알코올농도의 추정방식에는 알코올의 흡수분배로 인한 최고 혈중알코올농도에 관한 부분과 시간경과에 따른 분해소멸에 관한 부분이 있고, 그 중 최고 혈중알코올농도의 계산에서는 섭취한 알코올의 체내흡수율과 성, 비만도, 나이, 신장, 체중 등이 그 결과에 영향을 미칠 수 있으며 개인마다의 체질, 음주한 술의 종류, 음주 속도, 음주시 위장에 있는 음식의 정도 등에 따라 최고 혈중알코올농도에 이르는 시간이 달라질 수 있고, 알코올의 분해소멸에는 평소의 음주 정도, 체질, 음주 속도, 음주 후 신체활동의 정도 등이 시간당 알코올 분해량에 영향을 미칠 수 있는 등 음주 후 특정 시점에서의 혈중알코올농도에 영향을 줄 수 있는 다양한 요소들이 있는바, 형사재판에 있어서 유죄의 인정은 법관으로 하여금 합리적인 의심을 할 여지가 없을 정도로 공소사실이 진실한 것이라는 확신을 가지게 할 수 있는 증명이 필요하므로, 위 각 영향요소들을 적용함에 있어 피고인이 평균인이라고 쉽게 단정하여서는 아니 되고 필요하다면 전문적인 학식이나 경험이 있는 자의 도움을 받아 객관적이고 합리적으로 혈중알코올농도에 영향을 줄 수 있는 요소들을 확정하여야 한다(대판 2008.8.21. 2008도5531).
④ 【 O 】 대판 2015.4.23. 2015도1233

정답 ③

08 엄격한 증명의 대상이면서 검사에게 거증책임이 있는 것으로 가장 적절한 것은? (다툼이 있는 경우 판례에 의함)

18. 경찰채용 1차

① 「형사소송법」 제312조 제4항에서 정한 '특히 신빙할 수 있는 상태'의 존재 입증
② 몰수대상이 되는지 여부나 추징액의 인정 등 '몰수·추징의 사유' 입증
③ 명예훼손죄의 위법성조각사유인 「형법」 제310조 규정 중 '진실한 사실로서 오로지 공공의 이익에 관한 것'인지 여부에 대한 입증
④ 「형법」 제6조 단서의 '행위지 법률에 의하여 범죄를 구성하는지' 여부에 대한 입증

해 설

① 【 X 】 자유로운 증명의 대상이면서 검사에게 거증책임이 있음(대판 2012.7.26. 2012도2937)
② 【 X 】 자유로운 증명의 대상이면서 검사에게 거증책임이 있음(대판 2006.4.7. 2005도9858 전합)
③ 【 X 】 자유로운 증명의 대상이면서 피고인에게 거증책임이 있음(대판 1996.10.25. 95도1473)
④ 【 O 】 엄격한 증명의 대상이면서 검사에게 거증책임이 있음(대판 2011.8.25. 2011도6507)

정답 ④

09 엄격한 증명의 대상이 되는 것(○)과 그렇지 않은 것(×)을 바르게 연결한 것은? (다툼이 있는 경우 판례에 의함)

19. 검찰 7급

> ㉠ 범죄구성요건에 해당하는 사실을 증명하기 위한 근거가 되는 과학적인 연구결과
> ㉡ 외국인의 국외범(「형법」 제6조)에 해당되는 사실이 행위지 법률에 의하여 범죄를 구성하는지 여부
> ㉢ 참고인진술조서의 증거능력에 관하여 참고인의 진술이 '특히 신빙할 수 있는 상태'하에서 행하여졌다는 사실
> ㉣ 몰수의 대상이 되는지 여부나 추징액의 인정 등 몰수·추징의 사유

① ㉠ ○ ㉡ ○ ㉢ × ㉣ ○
② ㉠ ○ ㉡ ○ ㉢ × ㉣ ×
③ ㉠ × ㉡ ○ ㉢ ○ ㉣ ×
④ ㉠ ○ ㉡ × ㉢ ○ ㉣ ○

〔해설〕
㉠【○】 범죄구성요건에 해당하는 사실을 증명하기 위한 근거가 되는 과학적인 연구결과는 적법한 증거조사를 거친 증거능력 있는 증거에 의하여 엄격한 증명으로 증명되어야 한다(대판 2010.2.11. 2009도2338).
㉡【○】 형법 제6조 단행에 규정한 바 행위지의 법률에 의하여 범죄를 구성하는가 여부에 관하여는 이른바 엄격한 증명을 필요로 한다(대판 1973.5.1. 73도289).
㉢【×】 특신상태는 자유로운 증명으로 충분하다(대판 1986.11.25. 83도1718).
㉣【×】 몰수·추징 대상이 되는지의 여부는 범죄구성사실에 관한 것이 아니므로 엄격한 증명의 대상이 아니다(대판 1982.2.9. 81도3040).

정답 ②

10 엄격한 증명에 대한 설명으로 가장 적절한 것은? (다툼이 있는 경우 판례에 의함)

19. 경찰채용 2차

① 대한민국 영역 외에서 대한민국 국민에 대하여 범죄를 저지른 외국인에 대하여 우리나라 형법을 적용하여 처벌함에 있어 행위지의 법률에 의하여 범죄를 구성하는지는 엄격한 증명을 요하나, 몰수 또는 추징의 대상이 되는지 여부나 추징액의 인정은 엄격한 증명을 요하지 아니한다.
② 뇌물수수죄에서 공무원의 직무에 관하여 수수하였다는 범의를 인정하기 위해서는 엄격한 증명이 요구되나, 내란선동죄에서 국헌문란의 목적은 범죄 성립을 위하여 고의 외에 요구되는 초과주관적 위법요소로서 엄격한 증명을 요하지 아니한다.
③ 횡령죄에서 목적과 용도를 정하여 금전을 위탁한 사실 및 그 목적과 용도가 무엇인지는 엄격한 증명의 대상이 되나, 횡령한 재물의 가액이 「특정경제범죄 가중처벌 등에 관한 법률」의 적용 기준이 되는 하한 금액을 초과한다는 점은 엄격한 증명을 요하지 않는다.
④ 공모공동정범에서 공모관계를 인정하기 위해서는 엄격한 증명이 요구되나, 「특정범죄 가중처벌 등에 관한 법률」 제5조의9 제1항 위반죄의 '보복의 목적'이 행위자에게 있었다는 점은 엄격한 증명을 요하지 아니한다.

〔해설〕
①【○】 대판 1973.5.1. 73도289, 대판 1982.2.9. 81도3040
②【×】 내란선동죄에서 '국헌을 문란할 목적'이란 "헌법 또는 법률에 정한 절차에 의하지 아니하고 헌법 또는 법률의 기능을 소멸시키는 것(형법 제91조 제1호)" 또는 "헌법에 의하여 설치된 국가기관을 강압에 의하여 전복 또는 그 권능행사를 불가능하게 하는 것(같은 조 제2호)"을 말한다. 국헌문란의 목적은 범죄 성립을 위하여 고의 외에 요구되는 초과주관적 위법요소로서 엄격한 증명사항에 속하나, 확정적 인식임을 요하지 아니하며, 다만 미필적 인식이 있으면 족하다(대판 2015.1.22. 2014도10978 전합).
③【×】 횡령한 재물의 가액이 특정경제범죄법의 적용 기준이 되는 하한 금액을 초과한다는 점도 다른 구성요건 요소와 마찬가지로 엄격한 증거에 의하여 증명되어야 한다(대판 2017.5.30. 2016도9027).

④ 【 X 】 특정범죄 가중처벌 등에 관한 법률 제5조의9 제1항 위반의 죄의 행위자에게 보복의목적이 있었다는 점 또한 검사가 증명하여야 하고 그러한 증명은 법관으로 하여금 합리적인 의심을 할 여지가 없을 정도의 확신을 생기게 하는 엄격한 증명에 의하여야 하며 이와 같은 증명이 없다면 피고인의 이익으로 판단할 수밖에 없다(대판 2014.9.26. 2014도9030).

정답 ①

11 증명에 관한 설명 중 가장 적절하지 않은 것은? (다툼이 있는 경우 판례에 의함)
20. 경찰승진

① 사실의 인정은 증거에 의하여야 하고 범죄사실의 인정은 합리적인 의심이 없는 정도의 증명에 이르러야 한다.
② 횡령한 재물의 가액이 특정경제범죄 가중처벌 등에 관한 법률 의적용 기준이 되는 하한 금액을 초과한다는 점은 엄격한 증거에 의하여 증명되어야 한다.
③ 공모공동정범에 있어서 공모나 모의는 범죄될 사실이라 할 것이므로 이를 인정하기 위하여는 엄격한 증명에 의하여야 한다.
④ 범죄사실의 증명은 논리와 경험칙에 합치되는 한 간접증거로도 할 수 있으나, 살인죄와 같이 법정형이 무거운 범죄의 경우에는 직접증거가 있어야만 범죄사실을 증명할 수 있다.

[해설]
① 【 O 】 제307조 제1항, 제2항
② 【 O 】 대판 2017.5.30. 2016도9027
③ 【 O 】 대판 1989.9.13. 88도1114
④ 【 X 】 살인죄 등과 같이 법정형이 무거운 범죄의 경우에도 직접증거 없이 간접증거만으로 유죄를 인정할 수 있다(대판 2011.5.26. 2011도1902).

정답 ④

12 증명에 관한 다음 설명 중 가장 옳지 않은 것은? (다툼이 있는 경우 판례에 의함)
20. 법원직

① 형사재판에서 엄격한 증명이 요구되는 대상에는 검사가 공소장에 기재한 구체적 범죄사실 모두가 포함되고, 특히 공소사실에 특정된 범죄의 일시는 범죄의 성격상 특수한 사정이 있는 경우가 아닌 한 엄격한 증명을 통하여 인정되어야 한다.
② 목적과 용도를 정하여 위탁한 금전을 수탁자가 임의로 소비하면 횡령죄를 구성할 수 있으나, 이 경우 피해자가 목직과 용도를 정하여 금전을 위탁한 사실 및 그 목적과 용도가 무엇인지는 엄격한 증명의 대상이나.
③ 형사소송법 제312조 제4항에서 '특히 신빙할 수 있는 상태'는 증거능력의 요건에 해당하므로 검사가 그 존재에 대하여 구체적으로 주장·증명하여야 하며 그러한 증명은 엄격한 증명을 요한다.
④ 친고죄에 있어서의 고소는 고소권 있는 자가 수사기관에 대하여 범죄사실을 신고하고 범인의 처벌을 구하는 의사표시로서 서면뿐만 아니라 구술로도 할 수 있는 것이고, 친고죄에서 적법한 고소가 있었는지 여부는 자유로운 증명의 대상이 된다.

[해설]
① 【 O 】 대판 2013.9.26. 2012도3722
② 【 O 】 대판 2013.11.14. 2013도8121
③ 【 X 】 형사소송법 제312조 제4항에서 '특히 신빙할 수 있는 상태'란 진술 내용이나 조서 작성에 허위개입의 여지가 거의 없고, 진술 내용의 신빙성이나 임의성을 담보할 구체적이고 외부적인 정황이 있는 것을 말한다. 그리고 이러한 '특히 신빙할 수 있는 상태'는 증거능력의 요건에 해당하므로 검사가 그 존재에 대하여 구체적으로 주장·증명하여야 하지만, 이는 소송상의 사실에 관한 것이므로 엄격한 증명을 요하지 아니하고 자유로운 증명으로 족하다(대판 2012.7.26. 2012도2937).
④ 【 O 】 대판 1999.2.9. 98도2074

정답 ③

13 엄격한 증명과 자유로운 증명에 대한 다음 설명(㉠~㉢) 중 옳고 그름의 표시(○, ×)가 바르게 된 것은? (다툼이 있는 경우 판례에 의함)

20. 경찰채용 1차

> ㉠ 내란선동죄에서 국헌문란의 목적은 초과주관적 위법요소로서 엄격한 증명사항에 속하므로 확정적 인식임을 요한다.
> ㉡ 법원은 재심청구 이유의 유무를 판단함에 필요한 경우에는 사실을 조사할 수 있으며, 공판절차에 적용되는 엄격한 증거조사 방식에 따라야 한다.
> ㉢ 공모관계를 인정하기 위해서는 엄격한 증명이 요구되지만 피고인이 공모관계를 부인하는 경우에는 상당한 관련성이 있는 간접사실 또는 정황사실을 증명하는 방법으로 이를 증명할 수밖에 없다.
> ㉣ 목적범의 목적은 내심의 의사로서 이를 직접 증명하는 것이 불가능하므로 고의 등과 같이 내심의 의사를 인정하는 통상적인 방법에 따라 정황사실 또는 간접사실 등에 의하여 이를 증명하여야 한다.

① ㉠ ○ ㉡ ○ ㉢ ○ ㉣ ×
② ㉠ ○ ㉡ × ㉢ ○ ㉣ ○
③ ㉠ × ㉡ ○ ㉢ × ㉣ ×
④ ㉠ × ㉡ × ㉢ ○ ㉣ ○

해설

㉠ 【 × 】 내란선동죄에서 '국헌을 문란할 목적'이란 "헌법 또는 법률에 정한 절차에 의하지 아니하고 헌법 또는 법률의 기능을 소멸시키는 것(형법 제91조 제1호)" 또는 "헌법에 의하여 설치된 국가기관을 강압에 의하여 전복 또는 그 권능행사를 불가능하게 하는 것(같은 조 제2호)"을 말한다. 국헌문란의 목적은 범죄 성립을 위하여 고의 외에 요구되는 초과주관적 위법요소로서 엄격한 증명사항에 속하나, 확정적 인식임을 요하지 아니하며, 다만 미필적 인식이 있으면 족하다(대판 2015.1.22. 2014도10978 전합).

㉡ 【 × 】 재심의 청구를 받은 법원은 재심청구 이유의 유무를 판단함에 필요한 경우 사실을 조사할 수 있으나(형사소송법 제37조 제3항), 공판절차에 적용되는 엄격한 증거조사 방식에 따라야만 하는 것은 아니다(대결 2019.3.21. 2015모2229 전합).

㉢ 【 ○ 】 대판 2018.4.19. 2017도14322 전합

㉣ 【 ○ 】 대판 2010.7.23. 2010도1889 전합

정답 ④

14 증명의 기본원칙에 대한 설명으로 옳지 않은 것은? (다툼이 있는 경우 판례에 의함) 20. 국가직

① 공모공동정범에 있어서 공모는 엄격한 증명을 요한다.
② 「형법」 제87조 내란죄에서 국헌문란의 목적은 범죄성립을 위하여 고의 외에 요구되는 초과주관적 위법요소이므로 엄격한 증명을 요한다.
③ 도로교통법위반(음주운전)죄에서 혈중 알코올농도의 추정방식으로 위드마크 공식을 이용한 경우에 그 적용을 위한 자료인 섭취한 알코올의 양, 음주시각, 체중 등의 사실은 자유로운 증명으로 족하다.
④ 「형법」 제307조 제1항의 명예훼손죄 성립 여부에 있어서 동법 제310조의 위법성조각사유의 존재는 자유로운 증명으로 족하다.

해설

① 【 O 】 대판 1988.9.13. 88도1114
② 【 O 】 대판 2015.1.22. 2014도10978 전합
③ 【 X 】 범행 직후에 행위자의 혈액이나 호흡으로 혈중 알코올농도를 측정할 수 있는 경우가 아니라면 위드마크 공식을 사용하여 그 계산결과로 특정 시점의 혈중 알코올농도를 추정할 수도 있으나, 범죄구성요건사실의 존부를 알아내기 위해 과학공식 등의 경험칙을 이용하는 경우에는 그 법칙 적용의 전제가 되는 개별적이고 구체적인 사실에 대하여는 엄격한 증명을 요한다 할 것이고, 위드마크 공식의 경우 그 적용을 위한 자료로는 음주량, 음주시각, 체중, 평소의 음주정도 등이 필요하므로 그런 전제사실을 인정하기 위해서는 엄격한 증명이 필요하다(대판 2000.6.27. 99도128).
④ 【 O 】 대판 1996.10.25. 95도1473

정답 ③

15 증거와 증명에 대한 설명으로 가장 적절한 것은? (다툼이 있는 경우 판례에 의함) 20. 경찰채용 2차

① 형사소송법 제312조 제4항에서 '특히 신빙할 수 있는 상태'는 증거능력의 요건에 해당하므로 검사가 그 존재에 대하여 구체적으로 주장·증명하여야 하고, 엄격한 증명을 요한다.
② 강간죄에서 공소사실을 인정할 증거로 사실상 피해자의 진술이 유일하고 피고인의 진술은 경험칙상 합리성이 없고 그 자체로 모순되어 믿을 수 없는 경우, 이러한 사정은 법관의 자유판단의 대상이 되지 않는다.
③ 충분한 증명력이 있는 증거를 합리적인 근거 없이 배척하거나 반대로 객관적인 사실에 명백히 반하는 증거를 아무런 합리적인 근거 없이 채택 사용하는 등으로 논리와 경험의 법칙에 어긋나는 것이 아닌 이상, 법관은 자유심증으로 증거를 채택하여 사실을 인정할 수 있다.
④ 몰수는 부가형이자 형벌이므로 몰수의 대상 여부는 엄격한 증명의 대상이나, 추징은 형벌이 아니므로 추징의 대상, 추징액의 인정은 자유로운 증명의 대상이다.

해설

① 【 X 】 형사소송법 제312조 제4항에서 '특히 신빙할 수 있는 상태'란 진술 내용이나 조서 작성에 허위개입의 여지가 거의 없고, 진술 내용의 신빙성이나 임의성을 담보할 구체적이고 외부적인 정황이 있는 것을 말한다. 그리고 이러한 '특히 신빙할 수 있는 상태'는 증거능력의 요건에 해당하므로 검사가 그 존재에 대하여 구체적으로 주장·증명하여야 하지만, 이는 소송상의 사실에 관한 것이므로 엄격한 증명을 요하지 아니하고 자유로운 증명으로 족하다(대판 2012.7.26. 2012도2937).
② 【 X 】 강간죄에서 공소사실을 인정할 증거로 사실상 피해자의 진술이 유일한 경우에 피고인의 진술이 경험칙상 합리성이 없고 그 자체로 모순되어 믿을 수 없다고 하여 그것이 공소사실을 인정하는 직접증거가 되는 것은 아니지만, 이러한 사정은 법관의 자유판단에 따라 피해자 진술의 신빙성을 뒷받침하거나 직접증거인 피해자 진술과 결합하여 공소사실을 뒷받침하는 간접정황이 될 수 있다(대판 2018.10.25. 2018도7709).
③ 【 O 】 대판 2015.8.20. 2013도11650 전합
④ 【 X 】 몰수, 추징의 대상이 되는지 여부나 추징액의 인정은 엄격한 증명을 필요로 하지 아니한다(대판 1993.6.22. 91도3346).

정답 ③

16. 증명에 대한 설명으로 옳은 것만을 모두 고르면? (다툼이 있는 경우 판례에 의함)

21. 국가직 7급

㉠ 검사는 체포영장의 유효기간을 연장할 필요가 있다고 인정하는 때에는 그 사유를 증명하여 다시 체포영장을 청구하여야 하지만, 그 증명은 자유로운 증명으로 족하다.
㉡ 탄핵증거는 범죄사실을 인정하는 증거가 아니므로 엄격한 증거조사를 거쳐야 할 필요가 없다.
㉢ 친고죄에서 적법한 고소가 있었는지 여부는 자유로운 증명의 대상이 된다.
㉣ 교통사고로 인하여 업무상과실치상죄 또는 중과실치상죄를 범한 운전자에 대하여 피해자의 명시한 의사에 반하여 공소를 제기할 수 있도록 하고 있는 「교통사고처리 특례법」 제3조 제2항 단서의 각 호에서 규정한 신호위반 등의 예외사유는 같은 법 제3조 제1항 위반죄의 구성요건 요소에 해당하므로 엄격한 증명을 필요로 한다.

① ㉠, ㉣
② ㉡, ㉢
③ ㉡, ㉢, ㉣
④ ㉠, ㉡, ㉢, ㉣

[해설]

㉠ 【 X 】 검사는 체포영장의 유효기간을 연장할 필요가 있다고 인정하는 때에는 그 사유를 소명하여 다시 체포영장을 청구하여야 한다(규칙 제96조의4).
㉡ 【 O 】 대판 2005.8.19. 2005도2617
㉢ 【 O 】 대판 1967.12.19. 67도1181
㉣ 【 X 】 교통사고로 인하여 업무상과실치상죄 또는 중과실치상죄를 범한 운전자에 대하여 피해자의 명시한 의사에 반하여 공소를 제기할 수 있도록 하고 있는 교통사고처리특례법 제3조 제2항 단서의 각 호에서 규정한 신호위반 등의 예외사유는 같은 법 제3조 제1항 위반죄의 구성요건 요소가 아니라 그 공소제기의 조건에 관한 사유이다(대판 2007.4.12. 2006도4322).

정답 ②

17 증명에 대한 설명으로 옳지 않은 것은?

23. 국가직 7급

① 진정한 양심과 같은 불명확한 사실의 부존재를 증명하는 것은 사회통념상 불가능한 반면 그 존재를 증명하는 것은 좀 더 쉬우므로, 예비군법위반사건에서 양심상의 이유로 예비군훈련 거부의 정당성을 주장하는 피고인은 자신의 양심이 깊고 확고하며 진실하여 '정당한 사유'에 해당한다는 점을 증명하여야 한다.

② 「공직선거법」상 허위사실공표죄에서 의혹을 받을 사실이 존재한다고 적극적으로 주장하는 피고인은 그러한 사실의 존재를 수긍할 만한 소명자료를 제시할 부담을 지고, 검사는 제시된 그 자료의 신빙성을 탄핵하는 방법으로 허위성을 증명할 수 있다.

③ 공판조서의 기재가 명백한 오기인 경우를 제외하고는 공판기일의 소송절차로서 공판조서에 기재된 것은 조서만으로 증명하여야 하고, 그 증명력은 공판조서 이외의 자료에 의한 반증이 허용되지 않는 절대적인 것이다.

④ 수사기관이 영장발부의 사유로 된 범죄혐의사실과 무관한 별개의 증거를 압수한 후에 피압수자에게 환부하고 이를 임의제출받아 다시 압수한 경우, 그 제출에 임의성이 있다는 점에 관하여는 검사가 합리적 의심을 배제할 수 있을 정도로 증명하여야 한다.

해설

① 【 X 】 정당한 사유가 없다는 사실은 범죄구성요건이므로 검사가 증명하여야 한다. 다만 진정한 양심의 부존재를 증명한다는 것은 마치 특정되지 않은 기간과 공간에서 구체화되지 않은 사실의 부존재를 증명하는 것과 유사하다. 위와 같은 불명확한 사실의 부존재를 증명하는 것은 사회통념상 불가능한 반면 그 존재를 주장·증명하는 것이 좀 더 쉬우므로, 이러한 사정은 검사가 증명책임을 다하였는지를 판단할 때 고려하여야 한다. 따라서 양심상의 이유로 예비군훈련 거부를 주장하는 피고인은 자신의 예비군훈련 거부가 그에 따라 행동하지 않고서는 인격적 존재가치가 파멸되고 말 것이라는 절박하고 구체적인 양심에 따른 것이며 그 양심이 깊고 확고하며 진실한 것이라는 사실의 존재를 수긍할 만한 소명자료를 제시하고, 검사는 제시된 자료의 신빙성을 탄핵하는 방법으로 진정한 양심의 부존재를 증명할 수 있다. 이때 예비군훈련 거부자가 제시하여야 할 소명자료는 적어도 검사가 그에 기초하여 정당한 사유가 없다는 것을 증명하는 것이 가능할 정도로 구체성을 갖추어야 한다(대판 2021.1.28. 2018도4708).

② 【 O 】 허위사실공표죄에서 의혹을 받을 일을 한 사실이 없다고 주장하는 사람에 대하여, 의혹을 받을 사실이 존재한다고 적극적으로 주장하는 자는, 그러한 사실의 존재를 수긍할 만한 소명자료를 제시할 부담을 지고, 검사는 제시된 그 자료의 신빙성을 탄핵하는 방법으로 허위성의 증명을 할 수 있다(대판 2018.9.28. 2018도10447).

③ 【 O 】 형사소송법 제56조는 "공판기일의 소송절차로서 공판조서에 기재된 것은 그 조서만으로써 증명한다."고 규정하고 있는데, 이는 공판조서의 기재가 명백한 오기인 경우를 제외하고는 공판기일의 소송절차로서 공판조서에 기재된 것은 그 조서만으로써 증명하여야 하고, 그 증명력은 공판조서 이외의 자료에 의한 반증이 허용되지 않는 절대적인 것을 의미하므로, 검사 제출의 증거서류에 대하여 공판기일에 공판정에서 증거조사가 실시된 것으로 증거목록에 기재된 경우에는 그 증거목록의 기재는 공판조서의 일부로서 명백한 오기가 아닌 이상 절대적 증명력을 가지게 된다(대판 2010.7.22. 2007노3514).

④ 【 O 】 검사 또는 사법경찰관은 범죄수사에 필요한 때에는 피의자가 죄를 범하였다고 의심할 만한 정황이 있는 경우에 판사로부터 발부받은 영장에 의하여 압수·수색을 할 수 있으나, 압수·수색은 영장 발부의 사유로 된 범죄 혐의사실과 관련된 증거에 한하여 할 수 있으므로, 영장 발부의 사유로 된 범죄 혐의사실과 무관한 별개의 증거를 압수하였을 경우 이는 원칙적으로 유죄 인정의 증거로 사용할 수 없다. 다만 수사기관이 별개의 증거를 피압수자 등에게 환부하고 후에 임의제출받아 다시 압수하였다면 증거를 압수한 최초의 절차 위반행위와 최종적인 증거수집 사이의 인과관계가 단절되었다고 평가할 수 있으나, 환부 후 다시 제출하는 과정에서 수사기관의 우월적 지위에 의하여 임의제출 명목으로 실질적으로 강제적인 압수가 행하여질 수 있으므로, 제출에 임의성이 있다는 점에 관하여는 검사가 합리적 의심을 배제할 수 있을 정도로 증명하여야 하고, 임의로 제출된 것이라고 볼 수 없는 경우에는 증거능력을 인정할 수 없다(대판 2016.3.10. 2013도11233).

정답 ①

18 자유심증주의에 대한 설명으로 옳지 않은 것은? (다툼이 있는 경우 판례에 의함) 　　　　17. 검찰 7급

① 피고인이 변호인과 함께 출석한 공판기일의 공판조서에 검사가 제출한 증거에 대하여 동의한다고 기재되어 있다면 그 기재는 절대적인 증명력을 가진다.
② 형의 선고를 하는 때에는 판결이유에 범죄될 사실, 증거의 요지와 법령의 적용을 명시하여야 하며, 여기에서 '증거의 요지'는 어느 증거의 어느 부분에 의하여 범죄사실을 인정하였느냐 하는 이유 설명까지 포함한다.
③ 상고심으로부터 사건을 환송받은 법원은 환송 후의 심리과정에서 새로운 증거가 제시되어 기속적 판단의 기초가 된 증거관계에 변동이 생기지 않는 한 그 사건을 재판함에 있어서 상고법원이 파기이유로 한 사실상 및 법률상의 판단에 기속된다.
④ 자백에 대한 보강증거는 범죄사실의 전부 또는 중요 부분을 인정할 수는 없어도 피고인의 자백이 가공적인 것이 아닌 진실한 것임을 인정할 수 있는 정도만 되면 족하며, 직접증거가 아닌 간접증거도 보강증거가 될 수 있다.

[해설]
① 【O】 대판 2016.3.10. 2015도19139
② 【X】 형사소송법 제323조 제1항은 형의 선고를 하는 때에는 판결이유에 범죄될 사실, 증거의 요지와 법령의 적용을 명시하여야 한다고 규정하고 있는바, 여기에서 '증거의 요지'는 어느 증거의 어느 부분에 의하여 범죄사실을 인정하였느냐 하는 이유 설명까지 할 필요는 없지만 적어도 어떤 증거에 의하여 어떤 범죄사실을 인정하였는가를 알아볼 정도로 증거의 중요부분을 표시하여야 한다 (대판 2000.3.10. 99도5312).
③ 【O】 대판 1996.12.10. 95도830
④ 【O】 대판 1998.3.13. 98도159

정답 ②

19 자유심증주의에 관한 설명으로 가장 적절하지 않은 것은? (다툼이 있는 경우 판례에 의함) 　　　　25. 경찰승진

① 공판기일의 소송절차로서 공판조서에 기재된 것은 당연히 증거능력이 인정되며, 법관은 그 기재된 내용을 자유심증주의에 따라 판단한다.
② 심신장애 판단에 있어 법원은 반드시 전문감정인의 정신감정 의견에 기속을 받는 것은 아니고, 그러한 감정 결과뿐만 아니라 범행의 경위, 수단, 범행 전후의 피고인의 행동 등 기록에 나타난 제반 자료 등을 종합하여 단독적으로 심신장애의 유무를 판단하여야 한다.
③ 경찰에서의 자술서, 검사작성의 각 피의자신문조서, 다른 형사사건의 공판조서의 기재와 당해 사건의 공판정에서의 같은 사람의 증인으로서의 진술이 상반되는 경우 반드시 공판정에서의 증언은 믿어야 된다는 법칙은 없고, 상반된 증언, 감정 중에 그 어느 것을 사실인정의 자료로 인용할 것인가는 오로지 사실심법원의 자유심증에 속한다.
④ 형사재판에서 이와 관련된 다른 형사사건의 확정판결에서 인정된 사실은 특별한 사정이 없는 한 유력한 증거자료가 되는 것이나, 당해 형사재판에서 제출된 다른 증거 내용에 비추어 관련 형사사건의 확정판결에서의 사실판단을 그대로 채택하기 어렵다고 인정될 경우에는 이를 배척할 수 있다.

해설

① 【 X 】 공판조서의 기재가 명백한 오기인 경우를 제외하고는 공판기일의 소송절차로서 공판조서에 기재된 것은 조서만으로써 증명하여야 하고 그 증명력은 공판조서 이외의 자료에 의한 반증이 허용되지 않는 절대적인 것이다(대판 2012.6.14. 2011도12571).
② 【 O 】 형법 제10조 소정의 심신장애의 유무는 법원이 형벌제도의 목적 등에비추어 판단하여야 할 법률문제로서, 그 판단에 있어서는 전문감정인의 정신감정 결과가 중요한 참고자료가 되기는 하나, 법원으로서는 반드시 그 의견에 기속을 받는 것은 아니고, 그러한 감정 결과뿐만 아니라 범행의 경위, 수단, 범행 전후의 피고인의 행동 등 기록에 나타난 제반 자료 등을 종합하여 단독적으로 심신장애의 유무를 판단하여야 한다(대판 1995.2.24. 94도3163).
③ 【 O 】 경찰에서의 자술서, 검사작성의 각 피의자신문조서, 다른 형사사건의 공판조서의 기재와 당해 사건의 공판정에서의 같은 사람의 증인으로서의 진술이 상반되는 경우 반드시 공판정에서의 증언은 믿어야 된다는 법칙은 없고, 상반된 증언, 감정중에 그 어느 것을 사실인정의 자료로 인용할 것인가는 오로지 사실심법원의 자유심증에 속한다(대판 1986.9.23. 86도1547).
④ 【 O 】 형사재판에서 이와 관련된 다른 형사사건의 확정판결에서 인정된 사실은 특별한 사정이 없는 한 유력한 증거자료가 되는 것이나, 당해 형사재판에서 제출된 다른 증거 내용에 비추어 관련 형사사건 확정판결의 사실판단을 그대로 채택하기 어렵다고 인정될 경우에는 이를 배척할 수 있다(대판 2012.6.14. 2011도15653).

정답 ①

20 음주측정에 대한 설명으로 가장 적절하지 않은 것은? (다툼이 있는 경우 판례에 의함)

18. 경찰채용 2차

① 운전자가 음주측정요구를 받을 당시에 술에 취한 상태에 있었다고 인정할 만한 상당한 이유가 있음에도 정당한 이유없이 이에 불응하여 음주측정불응죄가 인정되었다면, 운전자가 다시 스스로 경찰공무원에게 혈액채취의 방법에 의한 음주측정을 요구하여 그 결과 음주운전으로 처벌할 수 없는 혈중알콜농도 수치가 나왔더라도 음주측정거부죄가 성립한다.
② 호흡측정기에 의한 음주측정치와 혈액검사에 의한 음주측정치가 다른 경우에, 혈액의 채취 또는 검사과정에서 혈액채취에 의한 검사결과를 믿지 못할 특별한 사정이 없는 한, 혈액검사에 의한 음주측정치가 호흡측정기에 의한 음주측정치보다 측정 당시의 혈중알콜농도에 더 근접한 음주측정치라고 보는 것이 경험칙에 부합한다.
③ 주취운전의 혐의자에게 호흡측정기에 의한 주취 여부의 측정에 응할 것을 요구하고 이에 불응할 경우에는 음주측정거부죄로 처벌하는 것은, 자기부죄금지의 원칙을 규정한 헌법 제12조 제2항에 위반된다고 할 수 없다.
④ 운전자가 술에 취한 상태에서 자동차를 운전하였다고 인정할 만한 상당한 이유가 있어서, 경찰관이 음주감지기에 의한 시험을 요구한 경우, 그 시험결과에 따라 음주측정기에 의한 측정이 예정되어 있고 운전자가 그러한 사정을 인식하였음에도 음주감지기에 의한 시험에 명시적으로 불응함으로써 음주측정을 거부하겠다는 의사를 표명하였더라도, 음주감지기에 의한 시험을 거부한 행위만으로는 음주측정거부죄에 해당할 수 없다.

해설

① 【 O 】 대판 2004.10.15. 2004도4789
② 【 O 】 대판 2004.2.13. 2003도6905
③ 【 O 】 헌재결 1997.3.27. 96헌가11
④ 【 X 】 경찰공무원이 운전자에게 음주 여부를 확인하기 위하여 음주측정기에 의한 측정의 전 단계에 실시되는 음주감지기에 의한 시험을 요구하는 경우 그 시험 결과에 따라 음주측정기에 의한 측정이 예정되어 있고, 운전자가 그러한 사정을 인식하였음에도 음주감지기에 의한 시험에 불응함으로써 음주측정을 거부하겠다는 의사를 표명한 것으로 볼 수 있다면, 음주감지기에 의한 시험을 거부한 행위도 음주측정기에 의한 측정에 응할 의사가 없음을 객관적으로 명백하게 나타낸 것으로 볼 수 있(대판 2017.6.8. 2016도16121).

정답 ④

21 과학적 증거에 대한 판례의 태도로서 옳지 않은 것은?

21. 국가직

① 범죄구성요건에 해당하는 사실을 증명하기 위한 근거가 되는 과학적인 연구 결과는 적법한 증거조사를 거친 증거능력 있는 증거에 의하여 엄격한 증명으로 증명되어야 한다.
② 유전자검사나 혈액형검사 등 과학적 증거방법은 그 전제로 하는 사실이 모두 진실임이 입증되고 그 추론의 방법이 과학적으로 정당하여 오류의 가능성이 전무하거나 무시할 정도로 극소한 것으로 인정되는 경우에는 법관이 사실인정을 함에 있어 상당한 정도로 구속력을 가진다.
③ 전문 감정인이 공인된 표준 검사기법으로 분석한 후 법원에 제출한 과학적 증거는 모든 과정에서 시료의 동일성이 인정되고 인위적인 조작·훼손·첨가가 없었음이 담보되었다면, 각 단계에서 시료에 대한 정확한 인수·인계 절차를 확인할 수 있는 기록이 유지되지 않았다 하더라도 사실인정에 있어서 상당한 정도로 구속력을 가진다.
④ 컴퓨터 디스켓에 들어 있는 문건이 증거로 사용되는 경우 그 컴퓨터 디스켓은 그 기재의 매체가 다를 뿐 실질에 있어서는 피고인 또는 피고인 아닌 자의 진술을 기재한 서류와 크게 다를 바 없고, 압수 후의 보관 및 출력과정에 조작의 가능성이 있으며, 기본적으로 반대신문의 기회가 보장되지 않는 점 등에 비추어 그 기재내용의 진실성에 관하여는 전문법칙이 적용된다.

해 설

① 【 O 】 대판 2010.2.11. 2009도2338
② 【 O 】 대판 2009.3.12. 2008도8486
③ 【 X 】 과학적 증거방법이 사실인정에 있어서 상당한 정도로 구속력을 갖기 위해서는 감정인이 전문적인 지식·기술·경험을 가지고 공인된 표준 검사기법으로 분석한 후 법원에 제출하였다는 것만으로는 부족하고, 시료의 채취·보관·분석 등 모든 과정에서 시료의 동일성이 인정되고 인위적인 조작·훼손·첨가가 없었음이 담보되어야 하며 각 단계에서 시료에 대한 정확한 인수·인계 절차를 확인할 수 있는 기록이 유지되어야 한다(대판 2018.2.8. 2017도14222).
④ 【 O 】 대판 1999.9.3. 99도2317

정답 ③

22 위법수집증거에 관한 설명 중 가장 적절하지 않은 것은? (다툼이 있으면 판례에 의함)

16. 경찰승진

① 수사기관이 압수영장 또는 감정처분허가장을 발부받지 아니한 채 피의자의 동의 없이 피의자의 신체로부터 혈액을 채취하고 사후에 지체 없이 영장을 발부받지 않았다면, 그 혈액의 알코올농도에 관한 감정회보는 유죄의 증거로 사용할 수 없다.
② 선거관리위원회 위원·직원이 관계인에게 진술이 녹음된다는 사실을 미리 알려주지 아니한 채 진술을 녹음하였더라도, 그와 같은 조사절차에 의하여 수집한 녹음 파일 내지 그에 터 잡아 작성된 녹취록이 증거능력이 부정된다고 할 수 없다.
③ 검사가 공소제기 후 수소법원 이외의 지방법원 판사에게 청구하여 발부받은 영장에 의하여 압수·수색을 하였다고 하면, 그에 따라 수집된 증거는 원칙적으로 유죄의 증거로 삼을 수 없다.
④ 피고인이 범행 후 피해자에게 전화를 걸어오자 피해자가 증거를 수집하려고 그 전화내용을 녹음한 경우, 그 녹음테이프가 피고인 모르게 녹음된 것이라 하여 이를 위법하게 수집된 증거라고 할 수 없다.

[해설]
① 【 O 】 대판 2011.4.27. 2009도2109
② 【 X 】 공직선거법 제272조의2 제6항은 선거관리위원회 위원·직원이 선거범죄와 관련하여 질문·조사하거나 자료의 제출을 요구하는 경우에는 관계인에게 그 신분을 표시하는 증표를 제시하고 소속과 성명을 밝히고 그 목적과 이유를 설명하여야 한다고 규정하고 있는데, 이는 선거범죄 조사와 관련하여 조사를 받는 관계인의 사생활의 비밀과 자유 내지 자신에 대한 정보를 결정할 자유, 재산권 등이 침해되지 않도록 하기 위한 절차적 규정이므로, 선거관리위원회 직원이 관계인에게 사전에 설명할 '조사의 목적과 이유'에는 조사할 선거범죄혐의의 요지, 관계인에 대한 조사가 필요한 이유뿐만 아니라 관계인의 진술을 기록 또는 녹음·녹화한다는 점도 포함된다. 따라서 선거관리위원회 위원·직원이 관계인에게 진술이 녹음된다는 사실을 미리 알려 주지 아니한 채 진술을 녹음하였다면, 그와 같은 조사절차에 의하여 수집한 녹음파일 내지 그에 터 잡아 작성된 녹취록은 형사소송법 제308조의2에서 정하는 '적법한 절차에 따르지 아니하고 수집한 증거'에 해당하여 원칙적으로 유죄의 증거로 쓸 수 없다(대판 2014.10.15. 2011도3509).
③ 【 O 】 대판 2011.4.28. 2009도10412
④ 【 O 】 대판 1997.3.28. 97도240

정답 ②

23 위법수집증거에 관한 설명 중 가장 적절하지 않은 것은? (다툼이 있으면 판례에 의함)   16. 경찰승진

① 위법하게 수집된 증거는 피고인이 증거로 함에 동의하더라도 증거능력이 인정되지 않는 것이 원칙이다.
② 경찰관이 이른바 전화사기죄 범행의 혐의자를 긴급체포하면서 그가 보관하고 있던 다른 사람의 주민등록증, 운전면허증 등을 압수한 사안에서, 이는 적법한 압수로서 위 혐의자의 점유이탈물횡령죄 범행에 대한 증거로 사용할 수 있다.
③ 강도 현행범으로 체포된 피고인이 진술거부권을 고지받지 아니한 채 자백을 하고, 이후 40여일이 지난 후에 변호인의 충분한 조력을 받으면서 공개된 법정에서 임의로 자백한 경우에 법정에서의 피고인의 자백은 증거로 사용할 수 있다.
④ 수사기관이 압수·수색영장을 제시하고 압수·수색을 실시하여 일단 그 집행을 종료하였더라도 그 영장의 유효기간이 남아있는 한, 유효기간 내 이를 제시하고 다시 압수수색을 하는 것은 위법하다고 할 수 없다.

[해설]
① 【 O 】 대판 2009.12.24. 2009도11041
② 【 O 】 대판 2008.7.10. 2008도2245
③ 【 O 】 대판 2009.3.12. 2008도11437
④ 【 X 】 형사소송법 제215조에 의한 압수·수색영장은 수사기관의 압수·수색에 대한 허가장으로서 거기에 기재되는 유효기간은 집행에 착수할 수 있는 종기를 의미하는 것일 뿐이므로, 수사기관이 압수·수색영장을 제시하고 집행에 착수하여 압수·수색을 실시하고 그 집행을 종료하였다면 이미 그 영장은 목적을 달성하여 효력이 상실되는 것이고, 동일한 장소 또는 목적물에 대하여 다시 압수·수색할 필요가 있는 경우라면 그 필요성을 소명하여 법원으로부터 새로운 압수·수색영장을 발부 받아야 하는 것이지, 앞서 발부 받은 압수·수색영장의 유효기간이 남아있다고 하여 이를 제시하고 다시 압수·수색을 할 수는 없다(대결 1999.12.1. 99모161).

정답 ④

24 위법수집증거배제법칙에 관한 다음 설명 중 가장 적절하지 않은 것은? (다툼이 있으면 판례에 의함)

16. 경찰채용 1차

① 형사소송법 제217조 제2항, 제3항에 위반하여 압수·수색영장을 청구하여 이를 발부받지 아니하고도 즉시 반환하지 아니한 압수물은 이를 유죄의 증거로 사용할 수 없는 것이나, 피고인이나 변호인이 이를 증거로 함에 동의하면 유죄의 증거로 사용할 수 있다.
② 수사기관이 영장 또는 감정처분허가장을 발부받지 아니한 채 피의자의 동의 없이 피의자의 신체로부터 혈액을 채취하고 사후에도 지체 없이 영장을 발부받지 않았다면, 그 혈액 중 알코올농도에 관한 감정의뢰회보는 원칙적으로 유죄의 증거로 사용할 수 없다.
③ 피고인이 범행 후 피해자에게 전화를 걸어오자 피해자가 증거를 수집하려고 그 전화내용을 녹음한 경우, 그 녹음테이프가 피고인 모르게 녹음된 것이라 하여 이를 위법하게 수집된 증거라고 할 수 없다.
④ 수사기관이 피의자 甲의 「공직선거법」 위반 범행을 영장 범죄사실로 하여 발부받은 압수·수색영장의 집행과정에서 乙, 丙 사이의 대화가 녹음된 녹음파일(이하 '녹음파일'이라 한다)을 압수하여 乙, 丙의 「공직선거법」 위반 혐의사실을 발견한 사안에서, 압수·수색영장에 기재된 '피의자' 甲이 녹음파일에 의하여 의심되는 혐의사실과 무관한 이상, 수사기관이 별도의 압수·수색영장을 발부받지 않고 압수한 위 녹음파일은 위법수집증거로서 증거능력이 없다.

해설

① 【 X 】 형사소송법 제216조 제1항 제2호, 제217조 제2항, 제3항은 사법경찰관은 형사소송법 제200조의3(긴급체포)의 규정에 의하여 피의자를 체포하는 경우에 필요한 때에는 영장 없이 체포현장에서 압수·수색을 할 수 있고, 압수한 물건을 계속 압수할 필요가 있는 경우에는 지체 없이 압수수색영장을 청구하여야 하며, 청구한 압수수색영장을 발부받지 못한 때에는 압수한 물건을 즉시 반환하여야 한다고 규정하고 있는바, 형사소송법 제217조 제2항, 제3항에 위반하여 압수수색영장을 청구하여 이를 발부받지 아니하고도 즉시 반환하지 아니한 압수물은 이를 유죄 인정의 증거로 사용할 수 없는 것이고, 헌법과 형사소송법이 선언한 영장주의의 중요성에 비추어 볼 때 피고인이나 변호인이 이를 증거로 함에 동의하였다고 하더라도 달리 볼 것은 아니다(대판 2009.12.24. 2009도11401).
② 【 O 】 대판 2011.4.27. 2009도2109
③ 【 O 】 대판 1997.3.28. 97도240
④ 【 O 】 대판 2014.1.16. 2013도7101

정답 ①

25 위법수집증거에 관한 다음 설명 중 가장 옳지 않은 것은? (다툼이 있는 경우 판례에 의함)

16. 법원직

① 판례는 비진술증거인 증거물에 대하여도 위법수집증거의 배제원칙을 인정하고 있다.
② 아직 피의자의 지위에 있지 않은 사람에 대하여는 진술거부권이 고지되지 않았더라도 위법수집증거로 보아 그 진술의 증거능력을 부정할 것이 아니다.
③ 수사기관이 사전에 영장을 제시하지 않은 채 구속영장을 집행한 다음 공소제기 후에 이루어진 피고인의 법정진술은 이른바 2차적 증거로서 위법수집증거의 배제원칙에 따라 증거능력이 없다는 것이 판례이다.
④ 판례는 고소인이 피고인의 주거에 침입하여 절취한 증거물의 증거능력을 인정하였다.

해설

① 【 O 】 종래 판례는 이른바 성질·형상 불변론을 채택하여 위법수집증거배제법칙을 적용하지 않고 증거능력을 인정하였었다. 그러나 대법원(제주지사실 압수·수색사건)은 판례를 변경하여 "압수절차가 위법하더라도 압수물의 증거능력은 인정된다는 이유만으로 압수물의 증거능력을 인정한 것은 위법하다."라고 판시함으로써(대판 2007.11.15. 2007도3061 전합), 성질·형상불변론을 폐기하고 위법하게 수집된 비진술증거에도 위법수집증거배제법칙을 적용하기에 이르렀다.

② 【 O 】 대판 2011.11.10. 2011도8125

③ 【 X 】 사전에 구속영장을 제시하지 아니한 채 구속영장을 집행하고, 그 구속 중 수집한 피고인의 진술증거 중 피고인의 제1심 법정진술은, 피고인이 구속집행절차의 위법성을 주장하면서 청구한 구속적부심사의 심문 당시 구속영장을 제시받은 바 있어 그 이후에는 구속영장에 기재된 범죄사실에 대하여 숙지하고 있었던 것으로 보이고, 구속 이후 원심에 이르기까지 구속적부심사와 보석의 청구를 통하여 구속집행절차의 위법성만을 다투었을 뿐, 그 구속 중 이루어진 진술증거의 임의성이나 신빙성에 대하여는 전혀 다투지 않았을 뿐만 아니라, 변호인과의 충분한 상의를 거친 후 공소사실 전부에 대하여 자백한 것이라면, 유죄 인정의 증거로 삼을 수 있는 예외적인 경우에 해당한다(대판 2009.4.23. 2009도526).

④ 【 O 】 대판 2010.9.9. 2008도3990

정답 ③

26 압수·수색에 관한 다음 설명 중 가장 옳지 않은 것은? (다툼이 있는 경우 판례에 의함) 16. 법원직

① 전자정보에 대한 압수·수색영장을 집행할 때, 특별한 사정에 의해 저장매체 자체를 수사기관 사무실 등으로 옮겼다 하더라도, 범죄 혐의 관련성에 대한 구분 없이 저장된 전자정보 중 임의로 문서출력 혹은 파일복사를 하는 행위는 원칙적으로 영장주의에 반하는 위법한 집행이다.

② 압수된 디지털 저장매체로부터 출력한 문건을 진술증거로 사용하는 경우, 그 기재 내용의 진실성에 관하여는 전문법칙이 적용되므로 형사소송법 제313조 제1항에 따라 작성자 또는 진술자의 진술에 의하여 성립의 진정함이 증명되어야 이를 증거로 할 수 있다.

③ 범죄의 피해자인 검사가 그 사건의 수사에 관여하거나, 압수·수색영장의 집행에 참여한 검사가 다시 수사에 관여하였다는 이유만으로 바로 그 수사가 위법하다거나 그에 따른 참고인이나 피의자의 진술에 임의성이 없다고 볼 수 없다.

④ 우편물 통관검사절차에서 이루어지는 우편물의 개봉, 시료채취, 성분분석 등의 검사는 행정조사의 성격을 가지는 것이라 하더라도 수사기관의 강제처분의 성격도 함께 가지므로 압수·수색영장 없이 이루어졌다면 원칙적으로 위법하다.

해설

① 【 O 】 대결 2011.5.26. 2009모1190; 대판 2012.3.29. 2011도10508

② 【 O 】 압수된 디지털 저장매체로부터 출력한 (피고인이 작성한) 문건을 진술증거로 사용하는 경우, 그 기재 내용의 진실성에 관하여는 전문법칙이 적용되므로 형사소송법 제313조 제1항에 따라 그 작성자 또는 진술자의 진술에 의하여 그 성립의 진정함이 증명된 때에 한하여 이를 증거로 사용할 수 있다(대판 1999.9.3. 99도2317; 대판 2007.12.13. 2007도7257).

③ 【 O 】 범죄의 피해자인 검사가 그 사건의 수사에 관여하거나, 압수·수색영장의 집행에 참여한 검사가 다시 수사에 관여하였다는 이유만으로 바로 그 수사가 위법하다거나 그에 따른 참고인이나 피의자의 진술에 임의성이 없다고 볼 수는 없다(대판 2013.9.12. 2011도12918).

④ 【 X 】 관세법 제246조 제1항, 제2항, 제257조, '국제우편물 수입통관 사무처리' 제1-2조 제2항, 제1-3조, 제3-6조, 구 '수출입물품 등의 분석사무 처리에 관한 시행세칙'등과 관세법이 관세의 부과·징수와 아울러 수출입물품의 통관을 적정하게 함을 목적으로 한다는 점(관세법 제1조)에 비추어 보면, 우편물 통관검사절차에서 이루어지는 우편물의 개봉, 시료채취, 성분분석 등의 검사는 수출입물품에 대한 적정한 통관 등을 목적으로 한 행정조사의 성격을 가지는 것으로서 수사기관의 강제처분이라고 할 수 없으므로, 압수·수색영장 없이 우편물의 개봉, 시료채취, 성분분석 등 검사가 진행되었다 하더라도 특별한 사정이 없는 한 위법하다고 볼 수 없다(대판 2013.9.26. 2013도7718).

정답 ④

27 다음 설명 중 옳지 않은 것은? (다툼이 있는 경우 판례에 의함)

16. 국가직

① 선거관리위원회 위원·직원이 관계인에게 진술이 녹음된다는 사실을 미리 알려 주지 아니한 채 진술을 녹음하였다면, 그와 같은 조사절차에 의하여 수집한 녹음파일 내지 그에 터 잡아 작성된 녹취록은 형사소송법 제308조의2에서 정하는 '적법한 절차에 따르지 아니하고 수집한 증거'에 해당하여 원칙적으로 유죄의 증거로 쓸 수 없다.
② 위법한 강제연행 상태에서 호흡측정방법에 의한 음주측정을 한 다음, 강제연행 상태로부터 시간적·장소적으로 단절되었다고 볼 수 없는 상황에서 피의자가 호흡측정결과를 탄핵하기 위하여 스스로 혈액채취방법에 의한 측정을 할 것을 요구하여 혈액채취가 이루어진 경우 그러한 혈액채취에 의한 측정결과는 유죄 인정의 증거로 쓸 수 있다.
③ 현장에서 압수·수색을 당하는 사람이 여러 명일 경우에는 그 사람들 모두에게 개별적으로 영장을 제시해야 하는 것이 원칙이다.
④ 수사기관이 甲으로부터 乙의 마약류 관리에 관한 법률 위반 범행에 대한 진술을 듣고 추가적인 증거를 확보할 목적으로, 구속수감 중인 甲에게 그의 압수된 휴대전화를 제공하여 乙과 통화하고 범행에 관한 통화 내용을 녹음하게 한 행위는 불법감청에 해당하고, 그 녹음자체는 물론 이를 근거로 작성된 녹취록 첨부 수사보고서도 증거로 사용할 수 없다.

[해설]

① 【 O 】 대판 2014.10.15. 2011도3509
② 【 X 】 위법한 강제연행 상태에서 호흡측정 방법에 의한 음주측정을 한 다음 강제연행 상태로부터 시간적·장소적으로 단절되었다고 볼 수도 없고 피의자의 심적 상태 또한 강제연행 상태로부터 완전히 벗어났다고 볼 수 없는 상황에서 피의자가 호흡측정 결과에 대한 탄핵을 하기 위하여 스스로 혈액채취 방법에 의한 측정을 할 것을 요구하여 혈액채취가 이루어졌다고 하더라도 그 사이에 위법한 체포 상태에 의한 영향이 완전하게 배제되고 피의자의 의사결정의 자유가 확실하게 보장되었다고 볼 만한 다른 사정이 개입되지 않은 이상 불법체포와 증거수집 사이의 인과관계가 단절된 것으로 볼 수는 없다. 따라서 그러한 혈액채취에 의한 측정 결과 역시 유죄 인정의 증거로 쓸 수 없다고 보아야 한다. 그리고 이는 수사기관이 위법한 체포 상태를 이용하여 증거를 수집하는 등의 행위를 효과적으로 억지하기 위한 것이므로, 피고인이나 변호인이 이를 증거로 함에 동의하였다고 하여도 달리 볼 것은 아니다(대판 2013.3.14. 2010도2094).
③ 【 O 】 대판 2009.3.12. 2008도763
④ 【 O 】 대판 2010.10.14. 2010도9016

정답 ②

28 형사소송법에 관한 설명 중 가장 적절하지 않은 것은? (다툼이 있으면 판례에 의함) 16. 경찰승진

① 적법한 절차에 따르지 아니하고 수집한 증거는 증거로 할 수 없다.
② 압수·수색영장에는 피고인의 성명, 죄명, 압수할 물건, 수색할 장소, 신체, 물건, 발부연월일, 유효기간과 그 기간을 경과하면 집행에 착수하지 못하며 영장을 반환하여야 한다는 취지를 기재하여야 한다.
③ 정보저장매체 등을 압수할 때에는 원칙적으로 기억된 정보의 범위를 정하여 출력하거나 복제하여 제출받아야 한다.
④ 기피신청의 사유로서 법관이 불공평한 재판을 할 염려가 있는 때라 함은 당사자가 불공평한 재판이 될지도 모른다고 추측할 만한 주관적인 사정이 있는 때를 말한다.

해설

① 【O】제308조의2
② 【O】제114조 제1항
③ 【O】제106조 제3항
④ 【X】기피원인에 관한 형사소송법 제18조 제1항 제2호 소정의 "불공평한 재판을 할 염려가 있는 때"라 함은, 당사자가 불공평한 재판이 될지도 모른다고 추측할 만한 주관적인 사정이 있는 때를 말하는 것이 아니라, 통상인의 판단으로써 법관과 사건과의 관계상 불공평한 재판을 할 것이라는 의혹을 갖는 것이 합리적이라고 인정할 만한 객관적인 사정이 있는 때를 말한다(대결 1995.4.3. 95모10).

정답 ④

29 다음 중 위법수집증거로서 증거능력이 배제되는 것이 아닌 것은? (다툼이 있는 경우 판례에 의함) 17. 국가직

① 군검사가 피고인을 뇌물수수 혐의로 기소한 후 형사사법공조절차를 거치지 아니한 채 외국에 현지 출장하여 그곳에서 우리나라 국민인 뇌물공여자를 상대로 작성한 참고인 진술조서
② 사법경찰관이 피의자 소유의 쇠파이프를 피의자의 주거지 앞 마당에서 발견하였으면서도 그 소유자, 소지자 또는 보관자가 아닌 피해자로부터 임의로 제출받는 형식으로 압수한 쇠파이프
③ 사법경찰관이 압수·수색영장을 제시하여 압수·수색을 실시하고 그 집행을 종료한 후 영장의 유효기간 내에 종전의 영장을 제시하고 동일한 장소 또는 목적물에 대하여 다시 압수·수색한 경우 그 압수물
④ 사법경찰관이 음란물유포의 혐의로 압수·수색영장을 발부받아 피의자의 주거지를 수색하면서 대마를 발견하여 피의자를 현행범으로 체포하고 대마를 압수하였으나 그 다음날 피의자를 석방하고도 사후 압수·수색영장을 발부받지 않은 경우 그 대마

해설

① 【증거능력○】대판 2011.7.14. 2011도3809
② 【증거능력×】대판 2010.1.28. 2009도10092
③ 【증거능력×】대결 1999.12.1. 99모161
④ 【증거능력×】대판 2009.5.14. 2008도10914

정답 ①

30 위법수집증거에 대한 설명 중 가장 적절하지 않은 것은? (다툼이 있는 경우 판례에 의함)

17. 여경

① 수사기관이 영장 또는 감정처분허가장을 발부받지 아니한 채 피의자의 동의 없이 피의자 신체로부터 혈액을 채취하고 사후에도 지체 없이 영장을 발부받지 않았다면, 그 혈액 중 알코올농도에 관한 감정의뢰회보서는 원칙적으로 유죄의 증거로 사용할 수 없다.

② 수사기관으로부터 참고인 자격으로 조사를 받으면서 진술거부권을 고지받지 않았다고 하더라도 그 이유만으로 그 진술조서가 위법수집증거로서 증거능력이 없다고 할 수 없다.

③ 범행 현장에서 지문채취 대상물에 대한 지문채취가 먼저 이루어지고 수사기관이 그 이후에 지문채취 대상물을 적법한 절차에 의하지 아니한 채 압수한 경우, 압수 이전에 채취된 지문은 위법하게 압수한 지문채취 대상물로부터 획득한 2차적 증거에 해당하므로 위법수집증거라 할 수 있다.

④ 위법한 강제연행 상태에서 호흡측정 방법에 의한 음주측정을 한 다음, 강제연행 상태로부터 시간적·장소적으로 단절되었다고 볼 수 없는 상황에서 피의자가 호흡측정 결과를 탄핵하기 위하여 스스로 혈액채취 방법에 의한 측정을 할 것을 요구하여 혈액채취가 이루어진 경우, 그러한 혈액채취에 의한 측정결과를 유죄 인정의 증거로 쓸 수는 없다.

【해설】

① 【 O 】 대판 2011.4.27. 2009도2109
② 【 O 】 대판 2011.11.10. 2011도8125
③ 【 X 】 범죄 현장에서 지문채취 대상물에 대한 지문채취가 먼저 이루어진 이상, 수사기관이 그 이후에 지문채취 대상물을 적법한 절차에 의하지 아니한 채 압수하였다고 하더라도, 위와 같이 채취된 지문은 위법하게 압수한 지문채취 대상물로부터 획득한 2차적 증거에 해당하지 아니함이 분명하므로 이를 가리켜 위법수집증거라고 할 수 없다(대판 2008.10.23. 2008도7471).
④ 【 O 】 대판 2013.3.14. 2010도2094

정답 ③

31 위법수집증거배제법칙에 대한 설명으로 옳은 것만을 모두 고른 것은? (다툼이 있는 경우 판례에 의함)

17. 검찰 7급

㉠ 수사기관이 압수·수색영장에 기하여 피의자의 주거지에서 증거물 A를 압수하고, 며칠 후 영장 유효기간이 도과하기 전에 위 영장으로 다시 같은 장소에서 증거물 B를 압수한 경우, 증거물 B는 위법수집증거이다.

㉡ 수사기관이 영장을 발부받지 아니한 채 교통사고로 의식불명인 피의자의 동의 없이 그의 아버지의 동의를 받아 피의자의 혈액을 채취하고 사후에도 지체 없이 영장을 발부받지 않았다면 그 혈액에 대한 혈중알코올 농도에 관한 감정의뢰회보는 위법수집증거이다.

㉢ 甲이 휴대전화기로 乙과 통화한 후 예우차원에서 바로 전화를 끊지 않고 기다리던 중 그 휴대전화기로부터 乙과 丙이 대화하는 내용이 들리자 이를 그 휴대전화기로 녹음한 경우, 이 녹음은 위법하다고 할 수 없다.

㉣ 수사기관이 범행현장에서 지문채취 대상물인 유리컵에서 지문을 채취한 후, 그 유리컵을 적법한 절차에 의하지 아니한 채 압수하였다면 채취된 지문도 위법수집증거이다.

① ㉠, ㉡   ② ㉠, ㉣   ③ ㉡, ㉢   ④ ㉢, ㉣

해설

㉠ 【 O 】 대결 1999.12.1. 99모161
㉡ 【 O 】 대판 2014.11.13. 2013도1228
㉢ 【 X 】 이 휴대전화기로 乙과 통화한 후 예우차원에서 바로 전화를 끊지 않고 기다리던 중 그 휴대전화기로부터 乙과 丙이 대화하는 내용이 들리자 이를 그 휴대전화기로 녹음한 경우, 이 녹음은 위법하다고 할 수 있다(대판 2016.5.12. 2013도15616).
㉣ 【 X 】 수사기관이 범행현장에서 지문채취 대상물인 유리컵에서 지문을 채취한 후, 그 유리컵을 적법한 절차에 의하지 아니한 채 압수하였다면 채취된 지문도 위법수집증거라고 할 수 없다(대판 2008.10.23. 2008도7471).

정답 ①

32 위법수집증거배제법칙에 대한 다음 설명 중 가장 적절하지 않은 것은? (다툼이 있는 경우 판례에 의함)

18. 경찰승진

① 수사기관이 법원으로부터 영장 또는 감정처분허가장을 발부받지 아니한 채 피의자의 동의 없이 피의자의 신체로부터 혈액을 채취하고 사후적으로도 지체 없이 이에 대한 영장을 발부받지도 아니한 채 강제채혈한 피의자의 혈액 중 알콜농도에 관한 감정이 이루어졌다면, 이러한 감정결과보고서 등은 위법수집증거로서 증거능력이 없다.
② 현장에서 압수·수색을 당하는 사람이 여러 명일 경우에는 그 사람들 모두에게 개별적으로 영장을 제시해야 하는 것이 원칙이고, 수사기관이 압수·수색에 착수하면서 물건을 소지하고 있는 다른 사람으로부터 이를 압수하고자 하는 때에는 그 사람에게 따로 영장을 제시하여야 한다.
③ 음란물 유포의 범죄혐의를 이유로 압수수색영장을 발부받은 사법경찰관이 피고인의 주거지를 수색하는 과정에서 대마를 발견하자, 피고인을 마약류관리에 관한 법률 위반죄의 현행범으로 체포하면서 대마를 압수하였으나 그 다음 날 피고인을 석방하고도 사후 압수수색영장을 발부받지 않은 사안에서, 위 압수물과 압수조서는 형사소송법상 영장주의를 위반하여 수집한 증거로서 증거능력이 부정된다.
④ 「형사소송법」 제219조가 준용하는 제118조는 '압수수색영장은 처분을 받는 자에게 반드시 제시하여야 한다'고 규정하고 있으므로, 피처분자가 현장에 없거나 현장에서 그를 발견할 수 없는 경우 등 영장제시가 현실적으로 불가능한 경우에도 영장을 제시하지 아니한 채 압수·수색을 하였다면 이는 위법하다고 보아야 한다.

해설

① 【 O 】 대판 2011.4.27. 2009도2109
② 【 O 】 대판 2009.3.12. 2008도763
③ 【 O 】 대판 2009.5.14. 2008도10914
④ 【 X 】 형사소송법 제219조가 준용하는 제118조는 "압수·수색영장은 처분을 받는 자에게 반드시 제시하여야 한다."고 규정하고 있으나, 이는 영장제시가 현실적으로 가능한 상황을 전제로 한 규정으로 보아야 하고, 피처분자가 현장에 없거나 현장에서 그를 발견할 수 없는 경우 등 영장제시가 현실적으로 불가능한 경우에는 영장을 제시하지 아니한 채 압수·수색을 하더라도 위법하다고 볼 수 없다(대판 2015.1.22. 2014도10978).

정답 ④

33 위법수집증거배제법칙에 대한 설명 중 가장 적절하지 않은 것은? (다툼이 있는 경우 판례에 의함)   18. 경찰승진

① 범행 현장에서 지문채취대상물에 대한 지문채취가 먼저 이루어지고 수사기관이 그 이후에 지문채취 대상물을 적법한 절차에 의하지 아니한 채 압수한 경우, 압수 이전에 채취된 지문은 위법하게 압수한 지문채취대상물로부터 획득한 2차적 증거에 해당하지 아니함이 분명하여 이를 가리켜 위법수집증거라고 할 수 없다.

② 우편물 통관검사절차에서 이루어지는 우편물의 개봉, 시료채취, 성분분석 등의 검사는 수출입물품에 대한 적정한 통관 등을 목적으로 한 행정조사의 성격을 가지는 것으로서 수사기관의 강제처분이라고 할 수 없으므로, 압수·수색영장 없이 우편물의 개봉, 시료채취, 성분분석 등의 검사가 진행되었다고 하더라도 특별한 사정이 없는 한 위법하다고 볼 수 없다.

③ 수사기관이 법관의 영장에 의하지 아니하고 신용카드 매출전표의 거래명의자에 관한 정보를 획득한 경우, 이에 터 잡아 수집한 2차적 증거들의 증거능력을 판단할 때, 수사기관이 의도적으로 영장주의의 정신을 회피하는 방법으로 증거를 확보한 것이 아니라고 볼 만한 사정, 체포되었던 피의자가 석방된 후 상당한 시간이 경과하였음에도 다시 동일한 내용의 자백을 하였다거나 그 범행의 피해품을 수사기관에 임의로 제출하였다는 사정 등은 통상 2차적 증거의 증거능력을 인정할 만한 정황에 속한다.

④ 선거관리위원회 위원·직원이 관계인에게 진술이 녹음된다는 사실을 미리 알려주지 아니한 채 진술을 녹음하였다 하더라도, 그와 같은 조사절차에 의하여 수집한 녹음파일 내지 그에 터 잡아 작성된 녹취록은 위법수집증거에 해당하지 아니하여 유죄의 증거로 쓸 수 있다.

해설

① 【 O 】 대판 2008.10.23. 2008도7471
② 【 O 】 대판 2013.9.26. 2013도7718
③ 【 O 】 대판 2013.3.28. 2012도13607
④ 【 X 】 선거관리위원회 위원·직원이 관계인에게 진술이 녹음된다는 사실을 미리 알려 주지 아니한 채 진술을 녹음하였다면, 그와 같은 조사절차에 의하여 수집한 녹음파일 내지 그에 터 잡아 작성된 녹취록은 형사소송법 제308조의2에서 정하는 '적법한 절차에 따르지 아니하고 수집한 증거'에 해당하여 원칙적으로 유죄의 증거로 쓸 수 없다(대판 2014.10.15. 2011도3509).

정답 ④

34. 다음 중 원칙적으로 피고인에 대한 유죄 인정의 증거로 삼을 수 없는 증거를 모두 고른 것은? (다툼이 있는 경우 판례에 의함)

18. 법원직

> ㉠ 경찰이 피고인의 집에서 20m 떨어진 곳에서 피고인을 체포한 후 피고인의 집안을 수색하여 칼과 합의서를 압수하였고, 적법한 시간 내에 압수수색영장을 청구하여 발부받지 않은 경우, 위 칼과 합의서를 기초로 한 2차 증거인 '임의제출동의서', '압수조서 및 목록', '압수품 사진'
> ㉡ 미성년자인 피고인의 음주운전과 관련된 도로교통법 위반죄의 수사를 위하여 의식을 잃은 피고인을 대신하여 법정대리인인 아버지의 동의를 받아 혈액을 채취하였으나 사후 영장은 발부받지 않은 경우, 피고인의 혈중알코올농도에 대한 국립과학수사연구소의 감정의뢰회보
> ㉢ 피고인에 대하여 「성매매알선 등 행위의 처벌에 관한 법률 위반」으로 공소가 제기된 사건에서 피고인 아닌 갑(甲)을 사실상 강제연행한 상태에서 받은 자술서 및 진술조서
> ㉣ 피고인에 대하여 뇌물수수죄로 공소가 제기된 사건에서 공판절차 진행 중 수소법원 이외의 지방법원 판사로부터 발부받은 뇌물공여자 을(乙)에 대한 압수·수색 영장에 의해 수집한 '자립예탁금 거래내역표' 및 '수표 사본'

① ㉠, ㉢   ② ㉠, ㉡, ㉣   ③ ㉡, ㉢, ㉣   ④ ㉠, ㉡, ㉢, ㉣

해설

모두 증거능력이 없다.
㉠ 【증거능력×】 대판 2010.7.22. 2009도14376
㉡ 【증거능력×】 대판 2014.11.13. 2013도1228
㉢ 【증거능력×】 대판 2011.6.30. 2009도6717
㉣ 【증거능력×】 대판 2011.4.28. 2009도10412

정답 ④

35. 위법수집증거배제법칙에 대한 설명으로 옳지 않은 것은? (다툼이 있는 경우 판례에 의함)

18. 국가직

① 위법한 절차에 의하여 수집된 증거의 증거능력을 부정하는 증거법칙으로 「형사소송법」은 이를 명문으로 규정하고 있다.
② 위법수집증거배제법칙은 진술증거와 비진술증거 모두에 적용된다.
③ 수사기관의 절차위반행위가 적법절차의 실질적 내용을 침해하는 경우에 해당하지 않는다면, 법원은 예외적으로 위법하게 수집된 증거를 유죄 인정의 증거로 사용할 수 있다.
④ 소송사기의 피해자가 제3자에 의하여 절취된 피고인 회사의 업무일지를 수사기관에 증거로 제출한 경우 피고인의 사생활영역에 대한 현저한 침해의 결과가 초래되므로 이를 증거로 사용하는 것은 위법하다.

해설

① 【O】 제308조의2
② 【O】 대판 2007.11.15. 2007도3061
③ 【O】 대판 2009.3.12. 2008도11437
④ 【X】 사문서위조·위조사문서행사 및 소송사기로 이어지는 일련의 범행에 대하여 피고인을 형사소추하기 위해서는 이 사건 업무일지가 반드시 필요한 증거로 보이므로, 설령 그것이 제3자에 의하여 절취된 것으로서 위 소송사기 등의 피해자측이 이를 수사기관에 증거자료로 제출하기 위하여 대가를 지급하였다 하더라도, 공익의 실현을 위하여는 이 사건 업무일지를 범죄의 증거로 제출하는 것이 허용되어야 하고, 이로 말미암아 피고인의 사생활 영역을 침해하는 결과가 초래된다 하더라도 이는 피고인이 수인하여야 할 기본권의 제한에 해당된다(대판 2008.6.26. 2008도1584).

정답 ④

36. 위법수집증거배제법칙에 대한 설명으로 가장 적절한 것은? (다툼이 있는 경우 판례에 의함) 18. 경찰채용 2차

① 피고사건에 관하여 검사가 공소제기 후 「형사소송법」 제215조에 따라 관할지방법원 판사에게 청구하여 발부받은 영장에 의하여 압수·수색을 하였다면, 이를 통해 수집된 증거는 적법한 절차에 따른 것으로서 원칙적으로 유죄의 증거로 삼을 수 있다.

② 수사기관이 필로폰 매매범에 대한 증거를 확보할 목적으로 구속수감되어 있던 필로폰 투약범에게 그의 압수된 휴대전화를 제공하여 필로폰 매매범과 통화하면서 그 내용을 녹음하게 한 다음 그 휴대전화를 제출받은 경우, 그 녹음된 진술은 증거능력이 있다.

③ 압수·수색영장은 처분을 받는 자에게 반드시 제시하여야 하므로, 피처분자가 현장에 없거나 현장에서 그를 발견할 수 없는 경우 등 영장제시가 현실적으로 불가능한 경우라도 영장을 제시하지 아니한 채 압수·수색을 하였다면 이는 위법하다고 보아야 한다.

④ 교도관이 재소자가 맡긴 비망록을 수사기관에 임의로 제출하였다면 그 비망록의 증거사용에 대하여도 재소자의 사생활의 비밀 기타 인격적 법익이 침해되는 등의 특별한 사정이 없는 한 반드시 그 재소자의 동의를 받아야 하는 것은 아니며, 검사가 교도관으로부터 그가 보관하고 있던 피고인의 비망록을 임의로 제출받아 이를 압수한 경우, 피고인의 승낙 및 영장이 없더라도 적법절차를 위반한 위법이 있다고 할 수 없다.

[해설]

① **[X]** 검사가 공소제기 후 형사소송법 제215조에 따라 수소법원 이외의 지방법원 판사에게 청구하여 발부받은 영장에 의하여 압수·수색을 하였다면, 그와 같이 수집된 증거는 기본적 인권 보장을 위해 마련된 적법한 절차에 따르지 않은 것으로서 원칙적으로 유죄의 증거로 삼을 수 없다(대판 2011.4.28. 2009도10412).

② **[X]** 수사기관이 甲으로부터 피고인의 마약류관리에 관한 법률 위반(향정) 범행에 대한 진술을 듣고 추가적인 증거를 확보할 목적으로, 구속수감되어 있던 甲에게 그의 압수된 휴대전화를 제공하여 피고인과 통화하고 위 범행에 관한 통화 내용을 녹음하게 한 행위는 불법감청에 해당하므로, 그 녹음 자체는 물론 이를 근거로 작성된 녹취록 첨부 수사보고는 피고인의 증거동의에 상관없이 그 증거능력이 없다(대판 2010.10.14. 2010도9016).

③ **[X]** 형사소송법 제219조가 준용하는 제118조는 "압수·수색영장은 처분을 받는 자에게 반드시 제시하여야 한다."고 규정하고 있으나, 이는 영장제시가 현실적으로 가능한 상황을 전제로 한 규정으로 보아야 하고, 피처분자가 현장에 없거나 현장에서 그를 발견할 수 없는 경우 등 영장제시가 현실적으로 불가능한 경우에는 영장을 제시하지 아니한 채 압수·수색을 하더라도 위법하다고 볼 수 없다(대판 2015.1.22. 2014도10978).

④ **[O]** 대판 2008.5.15. 2008도1097

정답 ④

37 위법수집증거배제법칙에 대한 설명으로 가장 적절하지 않은 것은? (다툼이 있는 경우 판례에 의함)

18. 경찰채용 3차

① 범행 현장에서 지문채취 대상물에 대한 지문채취가 먼저 이루어진 이상, 수사기관이 그 이후에 지문채취 대상물을 적법한 절차에 의하지 아니한 채 압수하였다고 하더라도, 이와 같이 채취된 지문은 위법하게 압수한 지문채취 대상물로부터 획득한 2차적 증거에 해당하지 아니한다.

② 수사기관이 피의자를 신문함에 있어서 피의자에게 미리 진술거부권을 고지하지 않은 때에는 그 피의자의 진술은 위법하게 수집된 증거로서 진술의 임의성이 인정되는 경우라도 증거능력이 부인되어야 한다.

③ 비진술증거인 압수물은 압수절차가 위법하다 하더라도 그 물건자체의 성질, 형태에 변경을 가져오는 것은 아니어서 그 형태 등에 관한 증거가치에는 변함이 없다 할 것이므로 증거능력이 있다.

④ 피의자가 변호인의 참여를 원한다는 의사를 명백하게 표시하였음에도 수사기관이 정당한 사유 없이 변호인을 참여하게 하지 아니한 채 피의자를 신문하여 작성한 피의자신문조서는 증거능력이 인정되지 않는다.

[해설]

① 【 O 】 대판 2008.10.23. 2008도7471
② 【 O 】 대판 1992.6.23. 92도682
③ 【 X 】 종래 성질·형상불변론 체제하에서의 판시사항을 지문화한 것이다. 그러나 대법원은 이른바 제주지사실 압수·수색사건을 통해 압수절차가 위법하더라도 압수물의 증거능력은 인정된다는 이유만으로 압수물의 증거능력을 인정한 것은 위법하다고 판시하여 성질·형상불변론을 폐기하였다(대판 2007.11.15. 2007도3061 전합). 따라서 위법하게 수집된 비진술증거에 대해서도 위법수집증거배제법칙을 적용하게 되었다.
④ 【 O 】 대판 2013.3.28. 2010도3359

[정답] ③

38 위법수집증거배제법칙에 대한 설명으로 가장 적절하지 않은 것은? (다툼이 있는 경우 판례에 의함)

19. 경찰승진

① 「형사소송법」 제219조가 준용하는 제118조는 '압수·수색영장은 처분을 받는 자에게 반드시 제시하여야 한다.'고 규정하고 있으므로, 피처분자가 현장에 없거나 현장에서 그를 발견할 수 없는 경우 등 영장제시가 현실적으로 불가능한 경우에도 영장을 제시하지 아니한 채 압수·수색을 하였다면 위법하다고 보아야 한다.
② 압수·수색영장의 집행과정에서 폭행 등의 피해를 당한 검사 등이 수사에 관여하였다는 이유만으로 그 검사 등이 작성한 참고인 진술조서 등의 증거능력이 부정될 수 없다.
③ 수사기관으로부터 집행을 위탁받은 통신기관 등이 통신제한조치의 집행에 필요한 설비가 없을 때에는 수사기관에 설비의 제공을 요청하여야 하고, 그러한 요청 없이 통신제한조치허가서에 기재된 사항을 준수하지 아니하고 통신제한조치를 집행하여 취득한 전기통신의 내용 등은 유죄의 증거로 사용할 수 없다.
④ 검찰관이 피고인을 뇌물수수 혐의로 기소한 후, 형사사법공조절차를 거치지 아니한 채 외국에 현지출장하여 그곳에서 뇌물공여자를 상대로 참고인 진술조서를 작성한 경우 그 진술조서는 위법수집증거에 해당하지 않는다.

해설

① 【 X 】 형사소송법 제219조가 준용하는 제118조는 "압수·수색영장은 처분을 받는 자에게 반드시 제시하여야 한다."고 규정하고 있으나, 이는 영장제시가 현실적으로 가능한 상황을 전제로 한 규정으로 보아야 하고, 피처분자가 현장에 없거나 현장에서 그를 발견할 수 없는 경우 등 영장제시가 현실적으로 불가능한 경우에는 영장을 제시하지 아니한 채 압수·수색을 하더라도 위법하다고 볼 수 없다(대판 2015.1.22. 2014도10978 전합).
② 【 O 】 대판 2013.9.12. 2011도12918
③ 【 O 】 대판 2016.1.13. 2016도8137
④ 【 O 】 대판 2011.7.14. 2011도3809. 다만, 동 사안에서 대법원은 동 참고인진술조서의 특신상태가 증명되지 않았음을 이유로 증거능력을 부정한 바 있다.

정답 ①

39 위법수집증거에 대한 설명으로 옳은 것은? (다툼이 있는 경우 판례에 의함)

19. 국가직

① 지문채취 대상물을 적법한 절차에 의하지 아니하고 압수한 경우에는 그 압수 이전에 범행현장에서 지문채취 대상물로부터 채취한 지문일지라도 그 지문의 증거능력은 없다.
② 위법하게 수집된 증거도 당사자의 동의가 있으면 증거능력이 인정된다.
③ 증인이 친분이 있던 피해자와 통화를 마친 후 전화가 끊기지 않은 상태에서 휴대전화를 통하여 몸싸움을 연상시키는 '악' 하는 소리와 '우당탕' 소리를 1~2분 들었다고 증언한 경우, 그 소리는 「통신비밀보호법」에서 말하는 타인 간의 대화에 해당하지 않는다.
④ 피고인이 범행 후 피해자에게 전화를 걸어오자 피해자가 증거를 수집하려고 그 전화내용을 녹음한 경우, 그 녹음테이프가 피고인 모르게 녹음된 것이면 그 녹음테이프는 위법하게 수집된 증거이다.

해설

① 【 X 】 범행 현장에서 지문채취 대상물에 대한 지문채취가 먼저 이루어진 이상, 수사기관이 그 이후에 지문채취 대상물을 적법한 절차에 의하지 아니한 채 압수하였다고 하더라도, 위와 같이 채취된 지문은 위법하게 압수한 지문채취 대상물로부터 획득한 2차적 증거에 해당하지 아니함이 분명하여, 이를 가리켜 위법수집증거라고 할 수 없다(대판 2008.10.23. 2008도7471).
② 【 X 】 위법수집증거는 원칙적으로 증거동의의 대상이 되지 않는다.
③ 【 O 】 통신비밀보호법 제1조, 제3조 제1항 본문, 제4조, 제14조 제1항, 제2항의 문언, 내용, 체계와 입법 취지 등에 비추어 보면, 통신비밀보호법에서 보호하는 타인 간의 '대화'는 원칙적으로 현장에 있는 당사자들이 육성으로 말을 주고받는 의사소통행위를 가리킨다. 따라서 사람의 육성이 아닌 사물에서 발생하는 음향은 타인 간의 '대화'에 해당하지 않는다. 또한 사람의 목소리라고 하더라도 상대방에게 의사를 전달하는 말이 아닌 단순한 비명소리나 탄식 등은 타인과 의사소통을 하기 위한 것이 아니라면 특별한 사정이 없는 한 타인 간의 '대화'에 해당한다고 볼 수 없다(대판 2017.3.15. 2016도19843).
④ 【 X 】 피고인이 범행 후 피해자에게 전화를 걸어오자 피해자가 증거를 수집하려고 그 전화내용을 녹음한 경우, 그 녹음테이프가 피고인 모르게 녹음된 것이라 하여 이를 위법하게 수집된 증거라고 할 수 없다(대판 1997.3.28. 97도240).

정답 ③

40 다음 중 ㉠~㉣의 설명에 대하여 옳고 그름의 표시(○, ×)가 모두 바르게 된 것은? (다툼이 있는 경우 판례에 의함)

19. 경찰채용 2차

㉠ 조사대상자의 진술 내용이 제3자의 피의사실뿐만 아니라 자신의 피의사실에 관한 것이기도 하여 그 실질이 피의자신문조서의 성격을 가지는 경우에 수사기관은 진술을 듣기 전에 미리 진술거부권을 고지하여야 한다.
㉡ 수사기관이 피의자를 조사하는 경우에는 그 조사과정을 기록하여야 하나 피의자가 아닌 자를 조사하는 과정에서 그 진술을 청취하여 증거로 남기는 방법으로 진술조서가 아닌 진술서를 작성·제출받는 경우에는 그 절차를 준수할 것을 요하지 아니한다.
㉢ 선거관리위원회 위원·직원이 관계인에게 진술이 녹음된다는 사실을 미리 알려 주지 아니한 채 진술을 녹음하였다면, 그와 같은 조사절차에 의하여 수집한 녹음파일 내지 그에 터 잡아 작성된 녹취록은 적법한 절차에 따르지 아니하고 수집한 증거에 해당한다.
㉣ 수사기관이 정보저장매체에 기억된 정보 중에서 검색을 통해 범죄 혐의사실과 관련 있는 정보를 선별한 다음 정보저장매체와 동일한 방식으로 복제하여 생성한 파일을 제출받아 압수한 후 수사기관의 사무실에서 압수된 파일을 탐색·복제·출력하는 경우에도 수사기관은 피의자 등에게 참여의 기회를 보장하여야 한다.

① ㉠ ○ ㉡ ○ ㉢ × ㉣ ×
② ㉠ ○ ㉡ × ㉢ ○ ㉣ ○
③ ㉠ ○ ㉡ × ㉢ ○ ㉣ ×
④ ㉠ × ㉡ ○ ㉢ × ㉣ ○

해설

㉠ 【 O 】 대판 2015.10.29. 2014도5939
㉡ 【 X 】 피고인이 아닌 자가 수사과정에서 진술서를 작성하였지만 수사기관이 그에 대한 조사과정을 기록하지 아니하여 형사소송법 제244조의4 제3항, 제1항에서 정한 절차를 위반한 경우에는, 특별한 사정이 없는 한 '적법한 절차와 방식'에 따라 수사과정에서 진술서가 작성되었다 할 수 없으므로 증거능력을 인정할 수 없다(대판 2015.4.23. 2013도3790).
㉢ 【 O 】 대판 2014.10.15. 2011도3509
㉣ 【 X 】 수사기관이 정보저장매체에 기억된 정보 중에서 키워드 또는 확장자 검색 등을 통해 범죄 혐의사실과 관련 있는 정보를 선별한 다음 정보저장매체와 동일하게 비트열방식으로 복제하여 생성한 파일을 제출받아 압수하였다면 이로써 압수의 목적물에 대한 압수·수색 절차는 종료된 것이므로, 수사기관이 수사기관 사무실에서 위와 같이 압수된 이미지 파일을 탐색·복제·출력하는 과정에서도 피의자 등에게 참여의 기회를 보장하여야 하는 것은 아니다(대판 2018.2.8. 2017도13263).

정답 ③

41 증거능력에 대한 설명으로 옳지 않은 것은? (다툼이 있는 경우 판례에 의함) 17. 국가직

① 피의자에게 진술거부권을 행사할 수 있음을 알려 주고 그 행사 여부를 질문했더라도 그것에 대한 피의자의 답변이 자필로 기재되어 있지 않은 사법경찰관 작성의 피의자신문조서는 특별한 사정이 없는 한 증거능력이 없다.
② 세관공무원이 우편물 통관검사절차에서 압수·수색영장 없이 진행한 우편물의 개봉, 시료채취, 성분분석과 같은 검사의 결과는 원칙적으로 증거능력이 없다.
③ 약식명령에 불복하여 정식재판을 청구한 피고인이 정식재판절차의 제1심에서 2회 불출정하여 증거동의가 간주된 후 증거조사를 완료한 이상, 비록 피고인이 항소심에 출석하여 간주된 증거동의를 철회 또는 취소한다는 의사표시를 하더라도 증거능력이 상실되는 것은 아니다.
④ 구성요건 사실은 엄격한 증명에 의하여 인정하여야 하고, 증거능력이 없는 증거는 구성요건 사실을 추인하게 하는 간접사실이나 구성요건 사실을 입증하는 직접증거의 증명력을 보강하는 보조사실의 인정자료로서도 허용되지 아니한다.

[해설]

① 【O】 대판 2013.3.28. 2010도3359
② 【X】 관세법 제246조 제1항, 제2항, 제257조, '국제우편물 수입통관 사무처리'(2011.9.30. 관세청고시 제2011-40호) 제1-2조 제2항, 제1-3조, 제3-6조, 구 '수출입물품 등의 분석사무 처리에 관한 시행세칙'(2013.1.4. 관세청훈령 제1507호로 개정되기 전의 것) 등과 관세법이 관세의 부과·징수와 아울러 수출입물품의 통관을 적정하게 함을 목적으로 한다는 점(관세법 제1조)에 비추어 보면, 우편물 통관검사절차에서 이루어지는 우편물의 개봉, 시료채취, 성분분석 등의 검사는 수출입물품에 대한 적정한 통관 등을 목적으로 한 행정조사의 성격을 가지는 것으로서 수사기관의 강제처분이라고 할 수 없으므로, 압수·수색영장 없이 우편물의 개봉, 시료채취, 성분분석 등 검사가 진행되었다 하더라도 특별한 사정이 없는 한 위법하다고 볼 수 없다(대판 2013.9.26. 2013도7718).
③ 【O】 대판 2010.7.15. 2007도5776
④ 【O】 대판 2008.12.11. 2008도7112

정답 ②

42 증거능력에 대한 설명 중 옳고 그름의 표시(○, ×)가 바르게 된 것은? (다툼이 있는 경우 판례에 의함)

17. 여경

> ㉠ 위법한 체포에 의한 유치 중에 작성된 피의자신문조서는 위법하게 수집된 증거로서 특별한 사정이 없는 한 이를 유죄의 증거로 할 수 없다.
> ㉡ 피고인이 범행 후 피해자에게 전화를 걸어오자 피해자가 증거를 수집하려고 그 전화내용을 녹음한 경우, 이는 위법하게 수집된 증거에 해당하여 증거능력이 없다.
> ㉢ 수사기관이 피의자를 신문함에 있어서 피의자에게 미리 진술거부권을 고지하지 않은 때에는 그 피의자 진술은 위법하게 수집된 증거에 해당하나, 그 진술의 임의성이 인정되는 경우에는 증거능력이 인정된다.
> ㉣ 비변호인과의 접견이 금지된 상태에서 작성된 피의자신문조서는 당연히 임의성이 부정된다.

① ㉠ ○ ㉡ × ㉢ × ㉣ ×   ② ㉠ × ㉡ ○ ㉢ × ㉣ ○
③ ㉠ ○ ㉡ × ㉢ ○ ㉣ ×   ④ ㉠ × ㉡ ○ ㉢ ○ ㉣ ○

[해설]

㉠ 【 O 】 대판 2008.3.27. 2007도11400
㉡ 【 X 】 피고인이 범행 후 피해자에게 전화를 걸어오자 피해자가 증거를 수집하려고 그 전화내용을 녹음한 경우, 그 녹음테이프가 피고인 모르게 녹음된 것이라 하여 이를 위법하게 수집된 증거라고 할 수 없다(대판 1997.3.28. 97도240).
㉢ 【 X 】 수사기관이 피의자를 신문함에 있어서 피의자에게 미리 진술거부권을 고지하지 않은 때에는 그 피의자의 진술은 위법하게 수집된 증거로서 진술의 임의성이 인정되는 경우라도 증거능력이 부인되어야 한다(대판 2010.5.27. 2010도1755).
㉣ 【 X 】 검사의 접견금지 결정으로 피고인들의 접견이 제한된 상황하에서 피의자 신문조서가 작성되었다는 사실만으로 바로 그 조서가 임의성이 없는 것이라고는 볼 수 없다(대판 1984.7.10. 84도846).

정답 ①

43 위법수집증거 배제법칙에 대한 설명 중 가장 적절하지 않은 것은? (다툼이 있는 경우 판례에 의함)

20. 경찰채용 1차

① 적법한 절차를 따르지 않고 수집한 증거를 예외적으로 유죄 인정의 증거로 사용할 수 있는 구체적이고 특별한 사정이 존재한다는 점에 대한 입증책임은 검사에게 있다.
② 적법절차에 위배되는 행위의 영향이 차단되거나 소멸되었다고 볼 수 있는 상태에서 수집한 증거는 그 증거능력을 인정하더라도 적법절차의 실질적 내용에 대한 침해가 일어나지는 않았기 때문에 그 증거능력을 부정할 이유는 없다.
③ 위법수집증거 배제법칙은 헌법 제12조의 적법절차를 보장하기 위한 성격을 가지기 때문에, 자신의 기본권을 침해당한 사람만이 위법수집증거 배제법칙을 주장할 수 있다. 따라서 수사기관이 피고인 아닌 자를 상대로 적법한 절차에 따르지 아니하고 수집한 증거는 원칙적으로 피고인에 대한 유죄 인정의 증거로 삼을 수 있다.
④ 위법하게 수집된 증거에서 파생하는 2차적 증거는 원칙적으로 증거능력이 배제되어야 하지만, 절차에 따르지 않은 증거수집과 2차적 증거수집 사이의 인과관계의 희석 또는 단절여부를 중심으로 2차적 증거수집과 관련된 모든 사정을 전체적·종합적으로 고려하여 예외적인 경우에는 2차적 증거의 증거능력을 인정할 수 있다.

[해설]
① 【 O 】 대판 2009.3.12. 2008도11437
② 【 O 】 대판 2013.3.14. 2010도2094
③ 【 X 】 형사소송법 제308조의2는 "적법한 절차에 따르지 아니하고 수집한 증거는 증거로 할 수 없다."고 규정하고 있는데, 수사기관이 헌법과 형사소송법이 정한 절차에 따르지 아니하고 수집한 증거는 유죄 인정의 증거로 삼을 수 없는 것이 원칙이므로, 수사기관이 피고인 아닌 자를 상대로 적법한 절차에 따르지 아니하고 수집한 증거는 원칙적으로 피고인에 대한 유죄 인정의 증거로 삼을 수 없다(대판 2011.6.30. 2009도6717).
④ 【 O 】 대판 2007.11.15. 2007도3061 전합

정답 ③

44 증거능력에 관한 설명 중 가장 적절한 것은? (다툼이 있는 경우 판례에 의함)

20. 경찰승진

① 강도 현행범으로 체포된 피고인에게 진술거부권을 고지하지 아니한 채 강도범행에 대한 자백을 받았다면 그 이후 진술거부권을 고지받고 40여 일이 지난 후 공개된 법정에서 변호인의 조력을 받으며 임의로 이루어진 피고인의 자백이라도 위법한 자백에 기초하여 획득한 2차적 증거이므로 증거로 사용할 수 없다.
② 검사가 조사과정에서 피의자의 진술을 진술조서의 형식으로 작성한 경우 이는 피의자신문조서와 다르므로 피의자에게 진술거부권을 고지할 필요는 없고, 고지하지 않고 작성된 위 진술조서라도 증거능력이 있다.
③ 사법경찰관이 피의자신문조서를 작성하면서 피의자에게 진술거부권 등을 고지하고 행사여부를 질문하였다 하더라도 형사소송법 제244조의3 제2항에 규정된 방식인 자필 또는 사법경찰관이 피의자 답변을 작성한 부분에 피의자의 기명날인 또는 서명의 형식으로 답변이 기재되어 있지 아니하다면 그 피의자신문조서는 증거능력이 인정되지 않는다.
④ 수사기관이 구속수감되어 있던 자에게 그의 압수된 휴대전화를 제공하여 피고인과 통화하게 하고 범행에 관한 통화 내용을 녹음하게 하였더라도 그 녹음 자체는 수사기관이 아닌 사인이 수집한 증거에 해당하므로 피고인이 증거로 함에 동의한 이상 증거능력이 인정된다.

해설

① 【 X 】 강도 현행범으로 체포된 피고인이 진술거부권을 고지받지 아니한 채 자백을 하고, 이후 40여일이 지난 후에 변호인의 충분한 조력을 받으면서 공개된 법정에서 임의로 자백한 경우에 법정에서의 피고인의 자백은 증거로 사용할 수 있다(대판 2009.3.12. 2008도11437).

② 【 X 】 검사가 조사과정에서 피의자의 진술을 진술조서의 형식으로 작성한 경우 진술조서의 내용이 피의자신문조서와 실질적으로 같고, 진술의 임의성이 인정되는 경우라도 미리 피의자에게 진술거부권을 고지하지 않았다면 위법수집증거에 해당한다(대판 2009.8.20. 2008도8213).

③ 【 O 】 대판 2013.3.28. 2010도3359

④ 【 X 】 수사기관이 갑으로부터 피고인의 마약류관리에 관한 법률 위반(향정) 범행에 대한 진술을 듣고 추가적인 증거를 확보할 목적으로, 구속수감되어 있던 갑에게 그의 압수된 휴대전화를 제공하여 피고인과 통화하고 위 범행에 관한 통화 내용을 녹음하게 한 행위는 불법감청에 해당하므로, 그 녹음자체는 물론 이를 근거로 작성된 녹취록 첨부 수사보고는 피고인의 증거동의에 상관없이 그 증거능력이 없다(대판 2010.10.14. 2010도9016).

정답 ③

45 증거능력에 대한 설명으로 가장 적절하지 않은 것은? (다툼이 있는 경우 판례에 의함) 20. 경찰채용 2차

① 수사기관이 영장 없이 범죄 수사를 목적으로 금융회사로부터 획득한 금융실명거래 및 비밀보장에 관한 법률 제4조 제1항의 '거래정보등'은 원칙적으로 형사소송법 제308조의2에서 정하는 '적법한 절차에 따르지 아니하고 수집한 증거'에 해당하여 유죄의 증거로 삼을 수 없다.

② 영장 발부의 사유로 된 범죄사실과 별개의 증거를 압수하였을 경우 이는 원칙적으로 유죄 인정의 증거로 사용할 수 없으나, 예외적으로 그 범죄사실과 객관적 인적 관련성이 있는 때에는 사용할 수 있다. 이때 객관적 관련성은 압수 수색영장에 기재된 혐의사실의 내용과 수사의 대상, 수사 경위 등을 종합하여 혐의사실과 구체적 개별적 연관관계가 있는 경우뿐만 아니라 단순히 동종 또는 유사 범행인 경우도 인정된다.

③ 형사소송법은 전문진술에 대하여 제316조에서 실질상 단순한 전문의 형태를 취하는 경우에 한하여 예외적으로 그 증거능력을 인정하는 규정을 두고 있을 뿐, 재전문진술이나 재전문진술을 기재한 조서에 대하여는 달리 그 증거능력을 인정하는 규정을 두고 있지 아니하고 있으므로, 피고인이 증거로 하는 데 동의하지 아니하는 한 형사소송법 제310조의2의 규정에 의하여 이를 증거로 할 수 없다.

④ 형사소송법 제218조를 위반하여 소유자, 소지자 또는 보관자가 아닌 자로부터 제출받은 물건을 영장 없이 압수한 경우 그 '압수물' 및 '압수물을 찍은 사진'은 피고인이나 변호인이 이를 증거로 함에 동의하였다고 하더라도, 유죄 인정의 증거로 사용할 수 없다.

해설

① 【 O 】 대판 2013.3.28. 2012도13607

② 【 X 】 형사소송법 제215조 제1항은 "검사는 범죄수사에 필요한 때에는 피의자가 죄를 범하였다고 의심할 만한 정황이 있고 해당 사건과 관계가 있다고 인정할 수 있는 것에 한정하여 지방법원판사에게 청구하여 발부받은 영장에 의하여 압수, 수색 또는 검증을 할 수 있다."라고 정하고 있다. 따라서 영장 발부의 사유로 된 범죄 혐의사실과 무관한 별개의 증거를 압수하였을 경우 이는 원칙적으로 유죄 인정의 증거로 사용할 수 없다. 그러나 압수·수색의 목적이 된 범죄나 이와 관련된 범죄의 경우에는 그 압수·수색의 결과를 유죄의 증거로 사용할 수 있다.
압수·수색영장의 범죄 혐의사실과 관계있는 범죄라는 것은 압수·수색영장에 기재한 혐의사실과 객관적 관련성이 있고 압수·수색영장 대상자와 피의자 사이에 인적 관련성이 있는 범죄를 의미한다. 그중 혐의사실과의 객관적 관련성은 압수·수색영장에 기재된 혐의사실 자체 또는 그와 기본적 사실관계가 동일한 범행과 직접 관련되어 있는 경우는 물론 범행 동기와 경위, 범행수단과 방법, 범행 시간과 장소 등을 증명하기 위한 간접증거나 정황증거 등으로 사용될 수 있는 경우에도 인정될 수 있다. 그 관련성은 압수·수색영장에 기재된 혐의사실의 내용과 수사의 대상, 수사 경위 등을 종합하여 구체적·개별적 연관관계가 있는 경우에만 인정되고, 혐의사실과 단순히 동종 또는 유사 범행이라는 사유만으로 관련성이 있다고 할 것은 아니다(대판 2017.12.5. 2017도13458).

③ 【 O 】 대판 2000.3.10. 2000도159

④ 【 O 】 대판 2010.1.28. 2009도10092

정답 ②

46 위법수집증거배제법칙에 대한 설명으로 가장 적절한 것은? (다툼이 있는 경우 판례에 의함) 21. 경찰승진

① 위법수집증거배제법칙은 영미법상 판례에 의해 확립된 증거법칙으로, 우리나라 「형사소송법」에는 명문의 규정이 없지만 일반적인 형사법의 대원칙으로 자리잡고 있다.
② 수사기관이 영장 또는 감정처분허가장을 발부받지 아니한 채 피의자의 동의 없이 피의자의 신체로부터 혈액을 채취하고 사후에도 지체 없이 영장을 발부받지 않았다면, 그 혈액 중 알코올 농도에 관한 감정의뢰회보는 원칙적으로 유죄의 증거로 사용할 수 없다.
③ 사법경찰관이 피의자를 긴급체포하는 현장에서 영장 없이 압수한 물건을 계속 압수할 필요가 있어 압수·수색영장을 청구하였으나 이를 발부받지 못하고도 즉시 반환하지 아니한 압수물은 이를 유죄 인정의 증거로 사용할 수 없지만, 피고인이나 변호인이 이를 증거로 함에 동의하였다면 유죄의 증거로 사용할 수 있다.
④ 비진술증거인 압수물은 압수절차가 위법하다 하더라도 그 물건자체의 성질, 형태에 변경을 가져오는 것은 아니어서 그 형태 등에 관한 증거가치에는 변함이 없으므로 증거능력이 인정된다.

해설

① 【 X 】 위법수집증거배제법칙은 형사소송법 제308조의2에 명문화되어 있다.
② 【 O 】 대판 2011.4.27. 2009도2109
③ 【 X 】 형사소송법 제216조 제1항 제2호, 제217조 제2항, 제3항은 사법경찰관은 형사소송법 제200조의3(긴급체포)의 규정에 의하여 피의자를 체포하는 경우에 필요한 때에는 영장 없이 체포현장에서 압수·수색을 할 수 있고, 압수한 물건을 계속 압수할 필요가 있는 경우에는 지체 없이 압수수색영장을 청구하여야 하며, 청구한 압수수색영장을 발부받지 못한 때에는 압수한 물건을 즉시 반환하여야 한다고 규정하고 있는바, 형사소송법 제217조 제2항, 제3항에 위반하여 압수수색영장을 청구하여 이를 발부받지 아니하고도 즉시 반환하지 아니한 압수물은 이를 유죄 인정의 증거로 사용할 수 없는 것이고, 헌법과 형사소송법이 선언한 영장주의의 중요성에 비추어 볼 때 피고인이나 변호인이 이를 증거로 함에 동의하였다고 하더라도 달리 볼 것은 아니다(대판 2009.12.24. 2009도11401).
④ 【 X 】 종래 성질·형상불변론 체제하에서의 판시사항을 지문화한 것이다. 그러나 대법원은 이른바 제주지사실 압수·수색사건을 통해 압수절차가 위법하더라도 압수물의 증거능력은 인정된다는 이유만으로 압수물의 증거능력을 인정한 것은 위법하다고 판시하여 성질·형상불변론을 폐기하였다(대판 2007.11.15. 2007도3061 전합). 따라서 위법하게 수집된 비진술증거에 대해서도 위법수집증거배제법칙을 적용하게 되었다.

정답 ②

47 위법수집증거배제법칙에 대한 설명으로 가장 적절하지 않은 것은? (다툼이 있는 경우 판례에 의함) 21. 경찰채용 1차

① 수사기관이 헌법과 「형사소송법」이 정한 절차에 따르지 아니하고 수집한 증거는 유죄 인정의 증거로 삼을 수 없는 것이 원칙이므로, 수사기관이 피고인 아닌 자를 상대로 적법한 절차에 따르지 아니하고 수집한 증거는 원칙적으로 피고인에 대한 유죄 인정의 증거로 삼을 수 없다.
② 법원의 증인신문절차 공개금지결정이 피고인의 공개재판을 받을 권리를 침해하는 경우, 그 절차에 의하여 이루어진 증인의 증언은 변호인의 반대신문권이 보장되지 않는 한 증거능력이 없다.
③ 제3자가 전화통화 당사자 중 일방만의 동의를 받고 통화 내용을 녹음하였더라도 그 상대방의 동의가 없었다면, 「통신비밀보호법」을 위반한 불법감청으로 그 녹음된 통화 내용의 증거능력을 인정할 수 없다.
④ "범행 중 또는 범행 직후의 범죄 장소에서 긴급을 요하여 법원 판사의 영장을 받을 수 없는 때에는 영장 없이 압수·수색 또는 검증을 할 수 있다. 이 경우에는 사후에 지체 없이 영장을 받아야 한다."고 규정하고 있는 「형사소송법」 제216조 제3항의 요건 중 어느 하나라도 갖추지 못한 경우에 그러한 압수·수색 또는 검증은 위법하며, 이에 대하여 사후에 법원으로부터 영장을 발부받았다고 하여 그 위법성이 치유되지 아니한다.

[해설]
① 【 O 】 대판 2011.6.30. 2009도6717
② 【 X 】 헌법 제27조 제3항 후문, 제109조와 법원조직법 제57조 제1항, 제2항의 취지에 비추어 보면, 헌법 제109조, 법원조직법 제57조 제1항에서 정한 공개금지사유가 없음에도 불구하고 재판의 심리에 관한 공개를 금지하기로 결정하였다면 그러한 공개금지결정은 피고인의 공개재판을 받을 권리를 침해한 것으로서 그 절차에 의하여 이루어진 증인의 증언은 증거능력이 없고, 변호인의 반대신문권이 보장되었더라도 달리 볼 수 없으며, 이러한 법리는 공개금지결정의 선고가 없는 등으로 공개금지결정의 사유를 알 수 없는 경우에도 마찬가지이다(대판 2013.7.26. 2013도2511).
③ 【 O 】 대판 2002.10.8. 2002도123
④ 【 O 】 대판 2017.11.29. 2014도16080

정답 ②

48 위법수집증거배제법칙에 대한 설명으로 옳지 않은 것은? (다툼이 있는 경우 판례에 의함) 21. 국가직

① 사인이 위법하게 수집한 증거에 대해서는 효과적인 형사소추 및 형사소송에서의 진실발견이라는 공익과 개인의 인격적 이익 등의 보호이익을 비교형량하여 그 허용 여부를 결정하여야 한다.
② '악'과 같은 대화가 아닌 사람의 목소리를 녹음하거나 청취하는 행위가 개인의 사생활의 비밀과 자유 또는 인격권을 중대하게 침해하여 사회통념상 허용되는 한도를 벗어난 것이 아니라면 위와 같은 목소리를 들었다는 진술을 형사절차에서 증거로 사용할 수 있다.
③ 압수·수색영장의 집행과정에서 별건 범죄혐의와 관련된 증거를 우연히 발견하여 압수한 경우에는 별건 범죄혐의에 대해 별도의 압수·수색영장을 발부받지 않았다 하더라도 위법한 압수·수색에 해당하지 않는다.
④ 위법수집증거배제법칙에 대한 예외를 인정하기 위해서는 예외적인 경우에 해당한다고 볼 만한 구체적이고 특별한 사정이 존재한다는 점을 검사가 증명하여야 한다.

[해설]
① 【 O 】 대판 2013.11.28. 2010도12244
② 【 O 】 대판 2017.3.15. 2016도19843
③ 【 X 】 전자정보에 대한 압수·수색이 종료되기 전에 혐의사실과 관련된 전자정보를 적법하게 탐색하는 과정에서 별도의 범죄혐의와 관련된 전자정보를 우연히 발견한 경우라면, 수사기관은 더 이상의 추가 탐색을 중단하고 법원에서 별도의 범죄혐의에 대한 압수·수색영장을 발부받은 경우에 한하여 그러한 정보에 대하여도 적법하게 압수·수색을 할 수 있다(대결 2015.7.16. 2011모1839 전합).
④ 【 O 】 대판 2009.3.12. 2008도11437

정답 ③

49 위법수집증거배제법칙에 대한 설명으로 가장 적절한 것은? (다툼이 있는 경우 판례에 의함) 21. 경찰간부

① 제1심에서 피고인에 대하여 무죄판결이 선고되어 검사가 항소한 후, 수사기관이 항소심 공판기일에 증인으로 신청하여 신문할 수 있는 사람을 특별한 사정없이 미리 수사기관에 소환하여 작성한 진술조서는 피고인이 증거로 할 수 있음에 동의하지 않는 한 증거능력이 없으나, 위 참고인이 나중에 법정에 증인으로 출석하여 위 진술조서의 성립의 진정을 인정하고 피고인측에 반대신문의 기회가 부여된다면, 위 진술조서의 증거능력을 인정할 수 있다.
② 강도 현행범으로 체포된 피고인에게 진술거부권을 고지하지 아니한 채 자백을 받았다면, 비록 최초 자백 이후 40여 일이 지난 후에 변호인의 충분한 조력을 받으면서 공개된 법정에서 피고인이 다시 임의로 자백하였다고 하더라도 그 법정자백은 증거로 할 수 없다.
③ 수사기관이 법원으로부터 영장 또는 감정처분허가장을 발부받지 않고 의식불명상태인 피의자의 동의없이 피의자의 신체로부터 혈액을 채취하고 사후에도 지체 없이 영장을 발부받지 않았더라도 그 혈액 중 알코올농도에 관한 감정을 의뢰하여 얻은 감정의뢰회보는 피고인이나 변호인이 동의하면 유죄의 증거로 사용할 수 있다.
④ 음주운전 피의자에 대해 위법한 강제연행 상태에서 호흡측정방법에 의한 음주측정을 한 다음, 강제연행 중인 그 자리에서 즉시 피의자가 자신의 호흡측정 결과에 대한 탄핵을 하기 위하여 스스로 혈액채취방법에 의한 측정을 할 것을 요구하여 혈액채취가 이루어진 경우, 호흡측정에 의한 측정결과는 물론 혈액채취에 의한 측정결과도 증거능력이 없다.

해설

① 【 X 】 제1심에서 피고인에 대하여 무죄판결이 선고되어 검사가 항소한 후, 수사기관이 항소심 공판기일에 증인으로 신청하여 신문할 수 있는 사람을 특별한 사정 없이 미리 수사기관에 소환하여 작성한 진술조서는 피고인이 증거로 할 수 있음에 동의하지 않는 한 증거능력이 없다. 검사가 공소를 제기한 후 참고인을 소환하여 피고인에게 불리한 진술을 기재한 진술조서를 작성하여 이를 공판절차에 증거로 제출할 수 있게 한다면, 피고인과 대등한 당사자의 지위에 있는 검사가 수사기관으로서의 권한을 이용하여 일방적으로 법정 밖에서 유리한 증거를 만들 수 있게 하는 것이므로 당사자주의·공판중심주의·직접심리주의에 반하고 피고인의 공정한 재판을 받을 권리를 침해하기 때문이다. 위 참고인이 나중에 법정에 증인으로 출석하여 위 진술조서의 성립의 진정을 인정하고 피고인 측에 반대신문의 기회가 부여된다 하더라도 위 진술조서의 증거능력을 인정할 수 없음은 마찬가지이다. 위 참고인이 법정에서 위와 같이 증거능력이 없는 진술조서와 같은 취지로 피고인에게 불리한 내용의 진술을 한 경우, 그 진술에 신빙성을 인정하여 유죄의 증거로 삼을 것인지는 증인신문 전 수사기관에서 진술조서가 작성된 경위와 그것이 법정진술에 영향을 미쳤을 가능성 등을 종합적으로 고려하여 신중하게 판단하여야 한다(대판 2019.11.28. 2013도6825).
② 【 X 】 강도 현행범으로 체포된 피고인에게 진술거부권을 고지하지 아니한 채 강도범행에 대한 자백을 받고, 이를 기초로 여죄에 대한 진술과 증거물을 확보한 후 진술거부권을 고지하여 피고인의 임의자백 및 피해자의 피해사실에 대한 진술을 수집한 사안에서, 제1심 법정에서의 피고인의 자백은 진술거부권을 고지받지 않은 상태에서 이루어진 최초 자백 이후 40여 일이 지난 후에 변호인의 충분한 조력을 받으면서 공개된 법정에서 임의로 이루어진 것이고, 피해자의 진술은 법원의 적법한 소환에 따라 자발적으로 출석하여 위증의 벌을 경고받고 선서한 후 공개된 법정에서 임의로 이루어진 것이어서, 예외적으로 유죄 인정의 증거로 사용할 수 있는 2차적 증거에 해당한다고 한 사례(대판 2009.3.12. 2008도11437).
③ 【 X 】 형사소송법 제215조 제2항, 제216조 제3항, 제221조, 제221조의4, 제173조 제1항의 규정을 위반하여 수사기관이 법원으로부터 영장 또는 감정처분허가장을 발부받지 아니한 채 피의자의 동의 없이 피의자의 신체로부터 혈액을 채취하고 사후적으로도 지체 없이 이에 대한 영장을 발부받지도 아니한 채 강제채혈한 피의자의 혈액 중 알콜농도에 관한 감정이 이루어졌다면, 이러한 감정결과보고서 등은 형사소송법상 영장주의 원칙을 위반하여 수집되거나 그에 기초한 증거로서 그 절차 위반행위가 적법절차의 실질적인 내용을 침해하는 정도에 해당하고, 이러한 증거는 피고인이나 변호인의 증거동의가 있다고 하더라도 유죄의 증거로 사용할 수 없다(대판 2011.4.28. 2009도2109).
④ 【 O 】 대판 2013.3.14. 2010도2094

정답 ④

50 위법수집증거에 관한 다음 설명 중 가장 옳지 않은 것은? (다툼이 있는 경우 판례에 의함) 21. 법원직

① 영장 발부의 사유로 된 범죄 혐의사실과 무관한 별개의 증거를 압수하였을 경우 이는 원칙적으로 유죄 인정의 증거로 사용할 수 없다. 그러나 압수·수색의 목적이 된 범죄나 이와 관련된 범죄의 경우에는 그 압수·수색의 결과를 유죄의 증거로 사용할 수 있다.

② 수사기관에 의한 진술거부권 고지 대상이 되는 피의자 지위는 수사기관이 조사대상자에 대한 범죄혐의를 인정하여 수사를 개시하는 행위를 한 때 인정되는 것으로 보아야 한다. 따라서 이러한 피의자 지위에 있지 아니한 자에 대하여는 진술거부권이 고지되지 아니하였더라도 진술의 증거능력을 부정할 것은 아니다.

③ 제1심에서 피고인에 대하여 무죄판결이 선고되어 검사가 항소한 후, 수사기관이 항소심 공판기일에 증인으로 신청하여 신문할 수 있는 사람을 특별한 사정 없이 미리 수사기관에 소환하여 작성한 진술조서는 피고인이 증거로 할 수 있음에 동의하지 않는 한 증거능력이 없으나 위 참고인이 나중에 법정에 증인으로 출석하여 위 진술조서의 성립의 진정을 인정하고 피고인 측에 반대신문의 기회가 부여된다면 위 진술조서의 증거능력을 인정할 수 있다.

④ 범행 현장에서 지문채취 대상물에 대한 지문채취가 먼저 이루어진 이상, 수사기관이 그 이후에 지문채취 대상물을 적법한 절차에 의하지 아니한 채 압수하였다고 하더라도, 위와 같이 채취된 지문을 위법수집증거라고 할 수 없다.

[해설]

① 【 O 】 대판 2020.2.13. 2019도14341, 2019전도130
② 【 O 】 대판 2011.11.10. 2011도8125
③ 【 X 】 제1심에서 피고인에 대하여 무죄판결이 선고되어 검사가 항소한 후, 수사기관이 항소심 공판기일에 증인으로 신청하여 신문할 수 있는 사람을 특별한 사정 없이 미리 수사기관에 소환하여 작성한 진술조서는 피고인이 증거로 할 수 있음에 동의하지 않는 한 증거능력이 없다. 검사가 공소를 제기한 후 참고인을 소환하여 피고인에게 불리한 진술을 기재한 진술조서를 작성하여 이를 공판절차에 증거로 제출할 수 있게 한다면, 피고인과 대등한 당사자의 지위에 있는 검사가 수사기관으로서의 권한을 이용하여 일방적으로 법정 밖에서 유리한 증거를 만들 수 있게 하는 것이므로 당사자주의·공판중심주의·직접심리주의에 반하고 피고인의 공정한 재판을 받을 권리를 침해하기 때문이다.
위 참고인이 나중에 법정에 증인으로 출석하여 위 진술조서의 성립의 진정을 인정하고 피고인 측에 반대신문의 기회가 부여된다 하더라도 위 진술조서의 증거능력을 인정할 수 없음은 마찬가지이다(대판 2019.11.28. 2013도6825).
④ 【 O 】 대판 2008.10.23. 2008도7471

정답 ③

51 위법수집증거배제법칙에 관한 설명으로 가장 적절하지 않은 것은? (다툼이 있는 경우 판례에 의함)

25. 경찰승진

① 경찰이 피고인 아닌 甲, 乙을 사실상 강제연행하여 불법체포한 상태에서 甲, 乙 간의 성매매행위나 피고인들의 유흥업소 영업행위를 처벌하기 위하여 甲, 乙에게서 자술서를 받고 甲, 乙에 대한 진술조서를 작성한 경우, 위 각 자술서와 진술조서는 헌법과 「형사소송법」이 규정한 체포·구속에 관한 영장주의 원칙에 위배하여 수집된 것으로서 피고인들에 대한 유죄 인정의 증거로 삼을 수 없다.

② 판사가 증거보전절차로 증인신문을 할 때 피고인과 변호인에게 참여 기회를 주지 않은 경우에도 피고인과 변호인이 증인신문조서를 증거로 할 수 있음에 동의하여 별다른 이의없이 적법하게 증거조사를 거친 경우에는 증인신문조서에 증거능력이 부여된다.

③ 수사기관이 임의제출받은 정보저장매체가 그 기능과 속성상 임의제출에 따른 적법한 압수의 대상이 되는 전자정보와 그렇지 않은 전자정보가 혼재될 여지가 거의 없어 사실상 대부분 압수의 대상이 되는 전자정보만이 저장되어 있는 경우에는 소지·보관자의 임의제출에 따른 통상의 압수절차 외에 피압수자에게 참여의 기회를 보장하지 않고 전자정보 압수목록을 작성·교부하지 않았다는 점만으로 곧바로 증거능력을 부정할 것은 아니다.

④ 범행 중 또는 범행 직후의 범죄 장소에서 긴급을 요하여 법원 판사의 영장을 받을 수 없는 때에는 영장 없이 압수·수색 또는 검증을 할 수 있지만 사후에 지체 없이 영장을 받아야 한다는 「형사소송법」 제216조 제3항의 요건 중 어느 하나라도 갖추지 못한 압수·수색 또는 검증은 위법하지만, 그에 대하여 사후에 법원으로부터 영장을 발부받는다면 선의의 예외이론에 따라 그 위법성은 치유된다.

① 【O】 형사소송법 제308조의2는 "적법한 절차에 따르지 아니하고 수집한 증거는 증거로 할 수 없다."고 규정하고 있는데, 수사기관이 헌법과 형사소송법이 정한 절차에 따르지 아니하고 수집한 증거는 유죄 인정의 증거로 삼을 수 없는 것이 원칙이므로, 수사기관이 피고인 아닌 자를 상대로 적법한 절차에 따르지 아니하고 수집한 증거는 원칙적으로 피고인에 대한 유죄 인정의 증거로 삼을 수 없다. ⇒ 유흥주점 업주와 종업원인 피고인들이 이른바 '티켓영업' 형태로 성매매를 하면서 금품을 수수하였다고 하여 구 식품위생법위반으로 기소된 사안에서, 경찰이 피고인 아닌 갑, 을을 사실상 강제연행한 상태에서 받은 각 자술서 및 이들에 대하여 작성한 각 진술조서는 위법수사로 얻은 진술증거에 해당하여 증거능력이 없다는 이유로, 이를 피고인들에 대한 유죄 인정의 증거로 삼을 수 없다고 한 사례(대판 2011.6.30. 2009도6717).

② 【O】 판사가 형사소송법 제184조에 의한 증거보전절차로 증인신문을 하는 경우에는 동법 제221조의2에 의한 증인신문의 경우와는 달리 동법 제163조에 따라 검사, 피의자 또는 변호인에게 증인신문의 시일과 장소를 미리 통지하여 증인신문에 참여할 수 있는 기회를 주어야 하나 참여의 기회를 주지 아니한 경우라도 피고인과 변호인이 증인신문조서를 증거로 할 수 있음에 동의하여 별다른 이의없이 적법하게 증거조사를 거친 경우에는 위 증인신문조서는 증인신문절차가 위법하였는지의 여부에 관계없이 증거능력이 부여된다(대판 1988.11.8. 86도1646).

③ 【O】 수사기관이 임의제출받은 정보저장매체가 그 기능과 속성상 임의제출에 따른 적법한 압수의 대상이 되는 전자정보와 그렇지 않은 전자정보가 혼재될 여지가 거의 없어 사실상 대부분 압수의 대상이 되는 전자정보만이 저장되어 있는 경우에는 소지·보관자의 임의제출에 따른 통상의 압수절차 외에 피압수자에게 참여의 기회를 보장하지 않고 전자정보 압수목록을 작성·교부하지 않았다는 점만으로 곧바로 증거능력을 부정할 것은 아니다(대판 2021.11.25. 2019도7342).

④ 【X】 범행 중 또는 범행 직후의 범죄 장소에서 긴급을 요하여 법원 판사의 영장을 받을 수 없는 때에는 영장 없이 압수·수색 또는 검증을 할 수 있으나, 사후에 지체 없이 영장을 받아야 한다(형사소송법 제216조 제3항). 형사소송법 제216조 제3항의 요건 중 어느 하나라도 갖추지 못한 경우에 그러한 압수·수색 또는 검증은 위법하며, 이에 대하여 사후에 법원으로부터 영장을 발부받았다고 하여 그 위법성이 치유되지 아니한다(대판 2012.2.9. 2009도14884).

정답 ④

52 사인(私人)에 의한 위법수집증거에 대한 설명으로 가장 적절한 것은? (다툼이 있는 경우 판례에 의함)

21. 경찰승진

① 위법수집증거배제법칙은 국가기관의 기본권 침해와 위법한 수사활동을 규제하기 위한 원칙이므로, 사인이 타인의 기본권을 침해하는 방법으로 수집한 증거에 대해서는 항상 적용되지 않는다.
② 피고인이 범행 후 피해자에게 전화를 걸어오자 피해자가 증거를 수집하려고 그 전화내용을 녹음한 경우, 그 녹음테이프가 피고인 모르게 녹음된 것이라 하여 이를 위법하게 수집된 증거라고 할 수 없다.
③ 소송사기의 피해자가 제3자로부터 대가를 지급하고 취득한 업무일지는 그것이 제3자에 의해 절취된 것이라면 위법수집증거에 해당하며, 그로 인하여 피고인의 사생활 영역을 침해하는 결과가 초래된다면 공익의 실현을 위한 것이라도 사기죄에 대한 증거로 사용할 수 없다.
④ 제3자가 대화당사자 일방만의 동의를 받고 통화내용을 녹음한 경우, 그 통화내용은 다른 상대방의 동의가 없었다고 하더라도 증거능력이 인정된다.

해설

① 【 X 】 사인이 타인의 기본권을 침해하여 위법하게 수집한 증거도 위법수집증거배제법칙이 적용되는지 문제가 된다. 이에 대해 판례는 "국민의 사생활 영역에 관계된 모든 증거의 제출이 곧바로 금지되는 것으로 볼 수는 없고, 법원으로서는 효과적인 형사소추 및 형사소송에서의 진실발견이라는 공익과 개인의 사생활의 보호이익을 비교형량하여 그 허용여부를 결정하여야 한다(대판 1997.9.30. 97도1230)."라고 하여 이익형량설에 따라 위법수집증거배제법칙 적용여부를 판단하고 있다.
② 【 O 】 대판 1997.3.28. 97도240
③ 【 X 】 사문서위조·위조사문서행사 및 소송사기로 이어지는 일련의 범행에 대하여 피고인을 형사소추하기 위해서는 이 사건 업무일지가 반드시 필요한 증거로 보이므로, 설령 그것이 제3자에 의하여 절취된 것으로서 위 소송사기 등의 피해자측이 이를 수사기관에 증거자료로 제출하기 위하여 대가를 지급하였다 하더라도, 공익의 실현을 위하여는 이 사건 업무일지를 범죄의 증거로 제출하는 것이 허용되어야 하고, 이로 말미암아 피고인의 사생활 영역을 침해하는 결과가 초래된다 하더라도 이는 피고인이 수인하여야 할 기본권의 제한에 해당된다(대판 2008.6.26. 2008도1584).
④ 【 X 】 제3자의 경우는 설령 전화통화 당사자 일방의 동의를 받고 그 통화내용을 녹음하였다 하더라도 그 상대방의 동의가 없었던 이상, 사생활 및 통신의 불가침을 국민의 기본권의 하나로 선언하고 있는 헌법규정과 통신비밀의 보호와 통신의 자유신장을 목적으로 제정된 통신비밀보호법의 취지에 비추어 이는 동법 제3조 제1항위반이 된다고 해석하여야 할 것이다(이 점은 제3자가 공개되지 아니한 타인간의 대화를 녹음한 경우에도 마찬가지이다)(대판 2002.10.8. 2002도123).

정답 ②

53 다음 설명 중 옳은 것만을 모두 고르면? (다툼이 있는 경우 판례에 의함)

20. 국가직

㉠ 국가는 무죄판결이 확정되어 당해 사건의 피고인이었던 자에 대하여 그 재판에 소요된 비용을 보상할 경우에 그 비용의 보상은 피고인이었던 자의 청구에 따라 무죄판결을 선고한 법원의 합의부에서 결정으로 한다. 다만, 이 청구는 무죄판결이 확정된 사실을 안 날부터 3년, 무죄판결이 확정된 때부터 5년 이내에 하여야 한다.

㉡ 피의자의 지위에 있지 아니한 자가 한 진술은 수사기관에 의하여 진술거부권이 고지되지 아니하였더라도 증거능력을 부정할 것은 아니다.

㉢ 사법경찰관이 피의자에게 진술거부권을 행사할 수 있음을 알려 주고 그 행사 여부를 질문하였더라도, 진술거부권 행사 여부에 대한 피의자의 답변이 자필로 기재되어 있지 아니하거나 그 답변 부분에 피의자의 기명날인 또는 서명이 되어 있지 아니한 사법경찰관 작성의 피의자신문조서는 특별한 사정이 없는 한 적법한 절차와 방식에 따라 작성된 조서라 할 수 없으므로 증거능력이 인정되지 않는다.

㉣ 음주운전자가 정당한 이유 없이 상당한 시간이 경과한 후에야 경찰관의 호흡측정 결과에 이의를 제기하면서 2차 호흡측정 또는 혈액채취의 방법에 의한 측정을 요구하는 경우에, 경찰공무원이 2차 호흡측정 또는 혈액채취의 방법에 의한 측정을 실시하지 않았다고 하더라도 1차 호흡측정기에 의한 측정의 결과만으로 음주운전 사실을 증명할 수 있다.

① ㉠, ㉡   ② ㉠, ㉢, ㉣   ③ ㉡, ㉢, ㉣   ④ ㉠, ㉡, ㉢, ㉣

해설

㉠ 【O】 제194조의3 제1항, 제2항
㉡ 【O】 대판 2011.11.10. 2011도8125
㉢ 【O】 대판 2013.3.28. 2010도3359
㉣ 【O】 대판 2002.3.15. 2001도7121

정답 ④

54 다음 설명 중 옳은 것은? (다툼이 있는 경우 판례에 의함)   17. 국가직

① 피처분자가 현장에 없거나 현장에서 그를 발견할 수 없는 경우 등 영장제시가 현실적으로 불가능한 경우에는 영장을 제시하지 아니한 채 압수·수색을 하더라도 위법하다고 볼 수 없다.

② 형사소송법 제72조는 "피고인에 대하여 범죄사실의 요지, 구속의 이유와 변호인을 선임할 수 있음을 말하고 변명할 기회를 준 후가 아니면 구속할 수 없다"고 규정하고 있는데, 이는 구속영장을 집행함에 있어 집행기관이 취해야 하는 절차를 규정한 것이다.

③ 검사는 형벌권의 존부와 범위에 관해서 거증책임을 지므로 공연히 사실을 적시하여 사람의 명예를 훼손한 행위가 진실한 사실로서 오로지 공공의 이익에 관한 때에 해당하지 않는다는 점에 대해서도 검사가 거증책임을 진다.

④ 피고인이 된 피의자가 자신에 대한 검사작성의 피의자신문조서의 실질적 진정성립을 부인하는 경우 검사는 영상녹화물이나 조사관 또는 조사 과정에 참여한 통역인 등의 증언의 방법으로 실질적 진정성립을 증명할 수 있다.

해설

① 【 O 】 대판 2015.1.22. 2014도10978

② 【 X 】 형사소송법 제72조는 "피고인에 대하여 범죄사실의 요지, 구속의 이유와 변호인을 선임할 수 있음을 말하고 변명할 기회를 준 후가 아니면 구속할 수 없다."고 규정하고 있는바, 이는 피고인을 구속함에 있어 법관에 의한 사전 청문절차를 규정한 것으로서, 구속영장을 집행함에 있어 집행기관이 취하여야 하는 절차가 아니라 구속영장 발부함에 있어 수소법원 등 법관이 취하여야 하는 절차라 할 것이므로, 법원이 피고인에 대하여 구속영장을 발부함에 있어 사전에 위 규정에 따른 절차를 거치지 아니한 채 구속영장을 발부하였다면 그 발부결정은 위법하다고 할 것이나, 위 규정은 피고인의 절차적 권리를 보장하기 위한 규정이므로 이미 변호인을 선정하여 공판절차에서 변명과 증거의 제출을 다하고 그의 변호 아래 판결을 선고받은 경우 등과 같이 위 규정에서 정한 절차적 권리가 실질적으로 보장되었다고 볼 수 있는 경우에는, 이에 해당하는 절차의 전부 또는 일부를 거치지 아니한 채 구속영장을 발부하였다 하더라도 이러한 점만으로 그 발부결정이 위법하다고 볼 것은 아니다(대판 2000.11.10. 2000모134).

③ 【 X 】 공연히 사실을 적시하여 사람의 명예를 훼손한 행위가 형법 제310조의 규정에 따라서 위법성이 조각되어 처벌대상이 되지 않기 위하여는 그것이 진실한 사실로서 오로지 공공의 이익에 관한 때에 해당된다는 점을 행위자가 증명하여야 하는 것이나, 그 증명은 유죄의 인정에 있어 요구되는 것과 같이 법관으로 하여금 의심할 여지가 없을 정도의 확신을 가지게 하는 증명력을 가진 엄격한 증거에 의하여야 하는 것은 아니므로, 이 때에는 전문증거에 대한 증거능력의 제한을 규정한 형사소송법 제310조의2는 적용될 여지가 없다(대판 1996.10.25. 95도1473).

④ 【 X 】 실질적 진정성립을 증명할 수 있는 방법으로서 형사소송법 제312조 제2항에 예시되어 있는 영상녹화물의 경우 형사소송법 및 형사소송규칙에 의하여 영상녹화의 과정, 방식 및 절차 등이 엄격하게 규정되어 있는데다(형사소송법 제244조의2, 형사소송규칙 제134조의2 제3항, 제4항, 제5항 등) 피의자의 진술을 비롯하여 검사의 신문 방식 및 피의자의 답변 태도 등 조사의 전 과정이 모두 담겨 있어 피고인이 된 피의자의 진술 내용 및 취지를 과학적·기계적으로 재현해 낼 수 있으므로 조서의 내용과 검사 앞에서의 진술 내용을 대조할 수 있는 수단으로서의 객관성이 보장되어 있다고 볼 수 있으나, 피고인을 피의자로 조사하였거나 조사에 참여하였던 자들의 증언은 오로지 증언자의 주관적 기억 능력에 의존할 수밖에 없어 객관성이 보장되어 있다고 보기 어렵다. 결국 검사 작성의 피의자신문조서에 대한 실질적 진정성립을 증명할 수 있는 수단으로서 형사소송법 제312조 제2항에 규정된 '영상녹화물이나 그 밖의 객관적인 방법'이란 형사소송법 및 형사소송규칙에 규정된 방식과 절차에 따라 제작된 영상녹화물 또는 그러한 영상녹화물에 준할 정도로 피고인의 진술을 과학적·기계적·객관적으로 재현해 낼 수 있는 방법만을 의미하고, 그 외에 조사관 또는 조사 과정에 참여한 통역인 등의 증언은 이에 해당한다고 볼 수 없다(대판 2016.2.18. 2015도16586).

정답 ①

55. 자백의 임의성에 관한 설명 중 가장 적절하지 않은 것은? (다툼이 있으면 판례에 의함)

① 검찰에서의 자백이 잠을 재우지 아니한 상태에서 임의로 진술된 것이 아닌 경우 이를 유죄의 증거로 삼을 수는 없다.
② 임의성 없는 자백은 탄핵증거로도 사용할 수 없다.
③ 자백의 임의성에 다툼이 있을 때에는 그 임의성을 의심할 만한 합리적이고 구체적인 사실을 검사가 아니라 피고인이 입증하여야 한다.
④ 자백의 임의성은 조서의 형식과 내용, 진술자의 신분·학력·지능 등 여러 사정을 종합하여 자유로운 심증으로 판단할 수 있다.

해설

① 【 O 】 대판 1997.6.27. 95도1964
② 【 O 】 대판 1998.2.27. 97도1770
③ 【 X 】 임의성 없는 진술의 증거능력을 부정하는 취지는, 허위진술을 유발 또는 강요할 위험성이 있는 상태하에서 행하여진 진술은 그 자체가 실체적 진실에 부합하지 아니하여 오판을 일으킬 소지가 있을 뿐만 아니라 그 진위 여부를 떠나서 진술자의 기본적 인권을 침해하는 위법 부당한 압박이 가하여지는 것을 사전에 막기 위한 것이므로, 그 임의성에 다툼이 있을 때에는 그 임의성을 의심할 만한 합리적이고 구체적인 사실을 피고인이 증명할 것이 아니고 검사가 그 임의성의 의문점을 해소하는 증명을 하여야 한다(대판 2006.1.26. 2004도517).
④ 【 O 】 대판 1994.11.4. 94도129

정답 ③

56. 자백배제법칙에 대한 설명 중 가장 적절하지 않은 것은? (다툼이 있는 경우 판례에 의함)

① 피고인이 수사기관에서 가혹행위 등으로 인하여 임의성 없는 자백을 하고 그 후 법정에서도 임의성 없는 심리상태가 계속되어 동일한 내용의 자백을 하였다면 법정에서의 자백도 임의성 없는 자백이라고 보아야 한다.
② 피고인의 자백이 신문에 참여한 검찰주사가 피의사실을 자백하면 피의사실부분은 가볍게 처리하고 보호감호의 청구를 하지 않겠다는 각서를 작성하여 주면서 자백을 유도한 것에 기인한 것이라 하여도 위 자백이 기망에 의하여 임의로 진술한 것이 아니라고 의심할 만한 이유가 있는 때에 해당한다고 볼 수 없다.
③ 일정한 증거가 발견되면 피의자가 자백하겠다고 한 약속이 검사의 강요나 위계에 의하여 이루어졌다든가 또는 불기소나 경한 죄의 소추 등 이익과 교환조건으로 된 것으로 인정되지 않는다면 이러한 약속 하에 한 자백이라 하여 곧 임의성 없는 자백이라 단정할 수 없다.
④ 피고인이 검사 이전의 수사기관에서 가혹행위로 인하여 임의성 없는 자백을 하고 그 후 검사 조사단계에서도 임의성 없는 심리상태가 계속되어 동일한 내용의 자백을 하였다면 검사 조사단계에서 고문 등 자백의 강요행위가 없었더라도 검사 앞에서의 자백은 임의성 없는 자백이라고 보아야 한다.

해설

① 【 O 】 대판 2012.11.29. 2010도3029
② 【 X 】 피고인의 자백이 신문에 참여한 검찰주사가 피의사실을 자백하면 피의사실부분은 가볍게 처리하고 보호감호의 청구를 하지 않겠다는 각서를 작성하여 주면서 자백을 유도한 것에 기인한 것이라면 위 자백은 기망에 의하여 임의로 진술한 것이 아니라고 의심할 만한 이유가 있는 때에 해당하여 형사소송법 제309조 및 제312조 제1항의 규정에 따라 증거로 할 수 없다(대판 1985.12.10. 85도2182).
③ 【 O 】 대판 1983.9.13. 83도712
④ 【 O 】 대판 1981.10.13. 81도2160

정답 ②

57 자백배제법칙에 대한 설명으로 가장 적절하지 않은 것은? (다툼이 있는 경우 판례에 의함) 18. 경찰채용 1차

① 임의성이 인정되지 아니하여 증거능력이 없는 진술증거는 피고인이 증거로 함에 동의하더라도 증거로 삼을 수 없다.

② 일정한 증거가 발견되면 피의자가 자백하겠다고 한 약속이 검사의 강요나 위계에 의하여 이루어졌다던가 또는 불기소나 경한 죄의 소추 등 이익과 교환조건으로 된 것으로 인정되지 않는다면 위와 같은 자백의 약속하에 된 자백이라 하여 곧 임의성 없는 자백이라고 단정할 수는 없다.

③ 「형사소송법」 제309조는 "피고인의 자백이 고문, 폭행, 협박, 신체구속의 부당한 장기화 또는 기망 기타의 방법으로 임의로 진술한 것이 아니라고 의심할 만한 이유가 있을 때에는 이를 유죄의 증거로 하지 못한다"고 규정하고 있는데, 위 법조에서 규정된 피고인의 진술의 자유를 침해하는 위법사유는 원칙적으로 예시사유로 보아야 한다.

④ 피고인이 수사기관에서 가혹행위 등으로 인하여 임의성 없는 자백을 하고 그 후 법정에서도 임의성 없는 심리상태가 계속되어 동일한 내용의 자백을 하였더라도 법정에서의 자백은 임의성 없는 자백이라고 볼 수 없다.

[해설]

① 【O】 대판 2006.11.23. 2004도7900
② 【O】 대판 1983.9.13. 83도712
③ 【O】 대판 1985.2.26. 82도2413
④ 【X】 피고인이 수사기관에서 가혹행위 등으로 인하여 임의성 없는 자백을 하고 그 후 법정에서도 임의성 없는 심리상태가 계속되어 동일한 내용의 자백을 하였다면 법정에서의 자백도 임의성 없는 자백이라고 보아야 한다(대판 2012.11.29. 2010도3029).

정답 ④

58 자백의 증거능력에 대한 설명으로 옳은 것은? (다툼이 있는 경우 판례에 의함)

① 자백하면 가벼운 형으로 처벌되도록 하겠다고 약속하거나 또는 일정한 증거가 발견되면 자백하겠다는 약속하에 이루어진 자백이라고 하여 곧 임의성이 부정되는 것은 아니다.
② 수사기관이 피의자를 신문함에 있어서 피의자에게 미리 진술거부권을 고지하지 않은 경우라 하더라도 진술의 임의성이 있으면 증거능력이 인정된다.
③ 피고인이 경찰수사 단계에서 고문 등 가혹행위로 인하여 임의성 없는 자백을 하고, 그 후에도 임의성 없는 심리상태가 검사 조사단계에서도 계속된 경우에는 검사 앞에서의 자백도 임의성이 부정된다.
④ 공범인 공동피고인의 법정 자백은 피고인들 간에 이해관계가 상반되지 않는 경우에만 다른 공동피고인에 대하여 독립한 증거능력이 있다.

해설

① 【 X 】 피고인이 처음 검찰조사시에 범행을 부인하다가 뒤에 자백을 하는 과정에서 금 200만원을 뇌물로 받은 것으로 하면 특정범죄 가중처벌 등에 관한 법률 위반으로 중형을 받게 되니 금 200만원 중 금 30만원을 술값을 갚은 것으로 조서를 허위작성한 것이라면 이는 단순 수뢰죄의 가벼운 형으로 처벌되도록 하겠다고 약속하고 자백을 유도한 것으로 위와 같은 상황하에서 한 자백은 그 임의성에 의심이 가고 따라서 진실성이 없다는 취지에서 이를 배척하였다 하여 자유심증주의의 한계를 벗어난 위법이 있다고는 할 수 없다(대판 1984.5.9. 83도2782).
② 【 X 】 형사소송법 제200조 제2항은 검사 또는 사법경찰관이 출석한 피의자의 진술을 들을 때에는 미리 피의자에 대하여 진술을 거부할 수 있음을 알려야 한다고 규정하고 있는바, 이러한 피의자의 진술거부권은 헌법이 보장하는 형사상 자기에 불리한 진술을 강요당하지 않는 자기부죄거부의 권리에 터잡은 것이므로 수사기관이 피의자를 신문함에 있어서 피의자에게 미리 진술거부권을 고지하지 않은 때에는 그 피의자의 진술은 위법하게 수집된 증거로서 진술의 임의성이 인정되는 경우라도 증거능력이 부인되어야 한다(대판 1992.6.23. 92도682).
③ 【 O 】 대판 1992.11.24. 92도2409
④ 【 X 】 형사소송법 제310조 소정의 "피고인의 자백"에 공범인 공동피고인의 진술은 포함되지 아니하므로 공범인 공동피고인의 진술은 다른 공동피고인에 대한 범죄사실을 인정하는 증거로 할 수 있는 것일 뿐만 아니라 공범인 공동피고인들의 각 진술은 상호간에 서로 보강증거가 될 수 있다(대판 1990.10.30. 90도1939).

정답 ③

59 자백배제법칙에 관한 설명으로 가장 적절하지 않은 것은? (다툼이 있는 경우 판례에 의함)

25. 경찰승진

① 피고인의 자백이 「형사소송법」 제309조 소정의 사유로 임의성이 없다고 의심할 만한 이유가 있는 경우 그 자백과 임의성이 없다고 의심하게 된 사유 사이에 인과관계의 존재가 추정되는 것은 아니다.
② 임의성에 다툼이 있을 때에는 그 임의성을 의심할 만한 합리적이고 구체적인 사실을 피고인이 증명할 것이 아니고 검사가 그 임의성의 의문점을 없애는 증명을 하지 못한 경우에는 그 진술증거는 증거능력이 부정된다.
③ 범죄사실의 인정 여부와는 관계없이 자기에게 맡겨진 사무를 처리한 사무 내역을 그때그때 계속적, 기계적으로 기재한 항해일지, 진료일지 등은 설사 그 문서가 우연히 피고인이 작성하였고 그 문서의 내용 중 공소사실에 일부 부합되는 사실의 기재가 있다고 하더라도 피고인이 범죄사실을 자백하는 문서라고 볼 수는 없다.
④ 피고인의 자백이 심문에 참여한 검찰주사가 피의사실을 자백하면 피의사실 부분은 가볍게 처리하고 보호감호의 청구를 하지 않겠다는 각서를 작성하여 주면서 자백을 유도한 것에 기인한 것이라면 위 자백은 기망에 의하여 임의로 진술한 것이 아니라고 할 만한 이유가 있는 때에 해당하여 증거로 할 수 없다.

해설

① 【 X 】 피고인의 자백이 동조 소정의 사유로 임의성이 없다고 의심할 만한 이유가 있는 경우라도 그 자백과 임의성이 없다고 의심하게 된 사유와 사이에 인과관계가 존재하지 않는 것이 명백하여 그 자백이 임의성있는 것임이 인정되는 때에는 그 자백은 증거능력을 가진다 할 것이지만 이와 같이 임의성이 없다고 의심할 만한 이유가 있는 자백은 그 인과관계의 존재가 추정되는 것이므로 이를 유죄의 증거로 하려면 적극적으로 그 인과관계가 존재하지 아니하는 것이 인정되어야 할 것이다(대판 1984.11.27. 84도2252).
② 【 O 】 임의성 없는 진술의 증거능력을 부정하는 취지는, 허위진술을 유발 또는 강요할 위험성이 있는 상태하에서 행하여진 진술은 그 자체가 실체적 진실에 부합하지 아니하여 오판을 일으킬 소지가 있을 뿐만 아니라 그 진위를 떠나서 진술자의 기본적 인권을 침해하는 위법 부당한 압박이 가하여지는 것을 사전에 막기 위한 것이므로, 그 임의성에 다툼이 있을 때에는 그 임의성을 의심할 만한 합리적이고 구체적인 사실을 피고인이 증명할 것이 아니고 검사가 그 임의성의 의문점을 없애는 증명을 하여야 할 것이고, 검사가 그 임의성의 의문점을 없애는 증명을 하지 못한 경우에는 그 진술증거는 증거능력이 부정된다(대판 2006.11.23. 2004도7900).
③ 【 O 】 상업장부나 항해일지, 진료일지 또는 이와 유사한 금전출납부 등과 같이 범죄사실의 인정 여부와는 관계없이 자기에게 맡겨진 사무를 처리한 사무 내역을 그때그때 계속적, 기계적으로 기재한 문서 등의 경우는 사무처리 내역을 증명하기 위하여 존재하는 문서로서 그 존재 자체 및 기재가 그러한 내용의 사무가 처리되었음의 여부를 판단할 수 있는 별개의 독립된 증거자료이고, 설사 그 문서가 우연히 피고인이 작성하였고 그 문서의 내용 중 피고인의 범죄사실의 존재를 추론해 낼 수 있는, 즉 공소사실에 일부 부합되는 사실의 기재가 있다고 하더라도, 이를 일컬어 피고인이 범죄사실을 자백하는 문서라고 볼 수는 없다(대판 1996.10.17. 94도2865 전합).
④ 【 O 】 피고인의 자백이 심문에 참여한 검찰주사가 피의사실을 자백하면 피의사실부분은 가볍게 처리하고 보호감호의 청구를 하지 않겠다는 각서를 작성하여 수녀서 사백을 유도한 깃에 기인한 것이리면 위 자백은 기망에 의하여 임의로 진술한 것이 아니라고 의심할 만한 이유가 있는 때에 해당하여 형사소송법 제309조 및 제312조 제1항의 규정에 따라 증거로 할 수 없다(대판 1985.12.10. 85도2182).

정답 ①

60 진술증거의 증거능력에 대한 설명으로 옳지 않은 것은? (다툼이 있는 경우 판례에 의함) 18. 국가직

① 임의성이 인정되지 아니하여 증거능력이 없는 진술증거는 피고인이 증거로 함에 동의하더라도 증거로 삼을 수 없다.
② 참고인으로 조사를 받으면서 수사기관으로부터 진술거부권을 고지받지 않았다면 그 진술조서는 위법수집증거로서 증거능력이 없다.
③ 공판기일에 피고인의 진술을 기재한 조서는 전문법칙에도 불구하고 증거로 할 수 있다.
④ 공판기일에 피고인에게 유리한 증언을 한 증인을 이후 검사가 소환하여 일방적으로 번복시키는 방식으로 작성한 진술조서는 증거능력이 없다.

[해설]
① 【 O 】 대판 2006.11.23. 2004도7900
② 【 X 】 피의자에 대한 진술거부권 고지는 피의자의 진술거부권을 실효적으로 보장하여 진술이 강요되는 것을 막기 위해 인정되는 것인데, 이러한 진술거부권 고지에 관한 형사소송법 규정내용 및 진술거부권 고지가 갖는 실질적인 의미를 고려하면 수사기관에 의한 진술거부권 고지 대상이 되는 피의자 지위는 수사기관이 조사대상자에 대한 범죄혐의를 인정하여 수사를 개시하는 행위를 한 때 인정되는 것으로 보아야 한다. 따라서 이러한 피의자 지위에 있지 아니한 자에 대하여는 진술거부권이 고지되지 아니하였더라도 진술의 증거능력을 부정할 것은 아니다(대판 2011.11.10. 2011도8125).
③ 【 O 】 제311조
④ 【 O 】 대판 2000.6.15. 99도1108 전합

정답 ②

61 자백배제법칙에 대한 설명으로 가장 적절하지 않은 것은? (다툼이 있는 경우 판례에 의함) 21. 경찰승진

① 일정한 증거가 발견되면 피의자가 자백하겠다고 한 약속이 검사의 강요나 위계에 의하여 이루어졌다던가 또는 불기소나 경한 죄의 소추 등 이익과 교환 조건으로 된 것으로 인정되지 않는다면 위와 같은 자백의 약속하에 된 자백이라 하여 곧 임의성이 없는 자백이라고 단정할 수 없다.
② 피고인이 수사기관에서 가혹행위 등으로 인하여 임의성 없는 자백을 하고, 그 후 법정에서도 임의성 없는 심리상태가 계속되어 동일한 내용의 자백을 하였다면 법정에서의 자백도 임의성 없는 자백이라고 보아야 한다.
③ 진술의 임의성에 다툼이 있을 때에는 검사가 그 임의성의 의문점을 없애는 증명을 하여야 하며, 검사가 이를 증명하지 못하면 그 진술증거의 증거능력은 부정된다.
④ 검찰에서의 피고인의 자백이 임의성이 있어 그 증거능력이 부여된다면 자백의 진실성과 신빙성까지도 당연히 인정된다.

[해설]
① 【 O 】 대판 1983.9.13. 83도712
② 【 O 】 대판 2012.11.29. 2010도3029
③ 【 O 】 대판 2006.11.23. 2004도7900
④ 【 X 】 자백의 임의성이 인정된다고 하더라도 이것은 그 자백이 엄격한 증명의 자료로서 사용될 자격 즉 증거능력이 있다는 것에 지나지 않고 그 자백의 진실성과 신빙성 즉 증명력까지도 당연히 인정되어야 하는 것은 아니다(대판 1983.9.13. 83도712).

정답 ④

62 자백배제법칙에 대한 설명으로 가장 적절한 것은? (다툼이 있는 경우 판례에 의함)

20. 경찰채용 2차

① 피고인이나 그 변호인이 검사 작성의 당해 피고인에 대한 피의자신문조서의 임의성을 인정하는 진술을 하였다가 이를 번복하는 경우에는 검사가 아니라 피고인이 그 임의성의 의문점을 없애는 증명을 하여야 한다.
② 임의성이 의심되는 자백은 피고인이 증거동의를 하더라도 유죄의 증거로는 사용할 수 없으나, 탄핵증거로는 사용할 수 있다.
③ 진술거부권을 고지하지 아니하고 받은 자백도 진술의 임의성이 인정되는 경우에는 증거능력이 인정된다.
④ 일정한 증거가 발견되면 피의자가 자백하겠다고 한 약속이 검사의 강요나 위계에 의하여 이루어졌다던가 또는 불기소나 경한 죄의 소추 등 이익과 교환 조건으로 된 것으로 인정되지 않는다면 위와 같은 자백의 약속하에 된 자백이라 하여 곧 임의성이 없는 자백이라고 단정할 수 없다.

[해설]

① 【X】 검사 작성의 당해 피고인에 대한 피의자신문조서에 기재된 진술의 임의성에 다툼이 있을 때에는 그 임의성을 의심할 만한 합리적이고 구체적인 사실을 피고인이 증명할 것이 아니라 검사가 그 임의성의 의문점을 없애는 증명을 하여야 하고, 검사가 그 임의성의 의문점을 없애는 증명을 하지 못한 경우에는 그 조서는 유죄 인정의 증거로 사용할 수 없는데, 이러한 법리는 피고인이나 그 변호인이 검사 작성의 당해 피고인에 대한 피의자신문조서의 임의성을 인정하는 진술을 하였다가 이를 번복하는 경우에도 마찬가지로 적용되어야 한다. 따라서 증거조사를 마친 조서의 임의성을 다투는 주장이 받아들여지게 되면, 그 조서는 구 형사소송규칙(2007.10.29. 대법원규칙 제2106호로 개정되기 전의 것) 제139조 제4항의 증거배제결정을 통하여 유죄 인정의 자료에서 제외하여야 한다(대판 2008.7.10. 2007도7760).
② 【X】 임의성이 의심되는 자백은 절대적으로 증거능력이 없다. 따라서 피고인의 동의가 있어도 증거능력이 생기지 않으며, 탄핵증거로도 사용할 수 없다.
③ 【X】 형사소송법 제200조 제2항은 검사 또는 사법경찰관이 출석한 피의자의 진술을 들을 때에는 미리 피의자에 대하여 진술을 거부할 수 있음을 알려야 한다고 규정하고 있는바, 이러한 피의자의 진술거부권은 헌법이 보장하는 형사상 자기에 불리한 진술을 강요당하지 않는 자기부죄거부의 권리에 터잡은 것이므로 수사기관이 피의자를 신문함에 있어서 피의자에게 미리 진술거부권을 고지하지 않은 때에는 그 피의자의 진술은 위법하게 수집된 증거로서 진술의 임의성이 인정되는 경우라도 증거능력이 부인되어야 한다(대판 1992.6.23. 92도682).
④ 【O】 대판 1983.9.13. 83도712

정답 ④

63 증거능력에 대한 다음의 설명(㉠~㉣) 중 옳고 그름의 표시(○, ×)가 바르게 된 것은? (다툼이 있는 경우 판례에 의함)

20. 경찰채용 1차

> ㉠ 대화 내용을 녹음한 파일 등의 전자매체는 성질상 작성자나 진술자의 서명 혹은 날인이 없을 뿐만 아니라, 녹음자의 의도나 특정한 기술에 의하여 내용이 편집·조작될 위험성이 있음을 고려하여 대화 내용을 녹음한 원본이거나 혹은 원본으로부터 복사한 사본일 경우에는 복사과정에서 편집되는 등 인위적 개작 없이 원본의 내용 그대로 복사된 사본임이 입증되어야만 하고, 그러한 입증이 없는 경우에는 쉽게 그 증거능력을 인정할 수 없다.
>
> ㉡ 수사기관이 참고인을 조사하는 과정에서 「형사소송법」 제221조 제1항에 따라 작성한 영상녹화물은 다른 법률에서 달리 규정하고 있는 등의 특별한 사정이 없는 한, 공소사실을 직접 증명할 수 있는 독립적인 증거로 사용될 수 있다고 해석함이 타당하다.
>
> ㉢ 정보통신망을 통하여 공포심이나 불안감을 유발하는 글을 반복적으로 상대방에게 도달하게 하는 행위를 하였다는 공소사실에 대하여 휴대전화기에 저장된 문자정보가 그 증거가 되는 경우 「형사소송법」 제310조의2에서 정한 전문법칙이 적용되지 않는다.
>
> ㉣ 수사기관이 甲으로부터 피고인의 마약류관리에 관한 법률 위반(향정) 범행에 대한 진술을 듣고 추가적인 증거를 확보할 목적으로, 구속수감되어 있던 甲에게 그의 압수된 휴대전화를 제공하여 피고인과 통화하고 위 범행에 관한 통화 내용을 녹음하게 하여 작성된 녹취록 첨부 수사보고는 피고인이 동의하는 한 증거능력이 있다.

① ㉠ ○ ㉡ × ㉢ × ㉣ ○
② ㉠ ○ ㉡ × ㉢ ○ ㉣ ×
③ ㉠ × ㉡ ○ ㉢ ○ ㉣ ○
④ ㉠ ○ ㉡ × ㉢ × ㉣ ×

해설

㉠ 【 ○ 】 대판 2007.3.15. 2006도8869

㉡ 【 × 】 2007.6.1. 법률 제8496호로 개정되기 전의 형사소송법에는 없던 수사기관에 의한 피의자 아닌 자(이하 '참고인'이라 한다) 진술의 영상녹화를 새로 정하면서 그 용도를 참고인에 대한 진술조서의 실질적 진정성립을 증명하거나 참고인의 기억을 환기시키기 위한 것으로 한정하고 있는 현행 형사소송법의 규정 내용을 영상물에 수록된 성범죄 피해자의 진술에 대하여 독립적인 증거능력을 인정하고 있는 성폭력범죄의 처벌 등에 관한 특례법 제30조 제6항 또는 아동·청소년의 성보호에 관한 법률 제26조 제6항의 규정과 대비하여 보면, 수사기관이 참고인을 조사하는 과정에서 형사소송법 제221조 제1항에 따라 작성한 영상녹화물은, 다른 법률에서 달리 규정하고 있는 등의 특별한 사정이 없는 한, 공소사실을 직접 증명할 수 있는 독립적인 증거로 사용될 수는 없다고 해석함이 타당하다(대판 2014.7.10. 2012도5041).

㉢ 【 ○ 】 대판 2008.11.13. 2006도2556

㉣ 【 × 】 수사기관이 갑으로부터 피고인의 마약류관리에 관한 법률 위반(향정) 범행에 대한 진술을 듣고 추가적인 증거를 확보할 목적으로, 구속수감되어 있던 갑에게 그의 압수된 휴대전화를 제공하여 피고인과 통화하고 위 범행에 관한 통화 내용을 녹음하게 한 행위는 불법감청에 해당하므로, 그 녹음 자체는 물론 이를 근거로 작성된 녹취록 첨부 수사보고는 피고인의 증거동의에 상관없이 그 증거능력이 없다고 한 사례(대판 2010.10.14. 2010도9016).

정답 ②

64 증거에 관한 설명으로 가장 적절하지 않은 것은? (다툼이 있는 경우 판례에 의함)

21. 경찰채용 2차

① 공연히 사실을 적시하여 사람의 명예를 훼손한 행위가 형법 제310조의 규정에 따라서 위법성이 조각되기 위하여는 그것이 진실한 사실로서 오로지 공공의 이익에 관한 때에 해당된다는 점을 행위자가 증명하여야 하나, 그 증명은 엄격한 증거에 의할 것을 요하지 아니하므로 전문증거의 증거능력에 관한 형사소송법 제310조의2는 적용될 여지가 없다.

② 정보통신망을 통하여 공포심이나 불안감을 유발하는 글을 반복적으로 상대방에게 도달하게 하는 행위를 하였다는 공소사실에 대하여 휴대전화기에 저장된 문자정보가 그 증거가 되는 경우, 그 문자정보는 범행의 직접적인 수단이고 경험자의 진술에 갈음하는 대체물에 해당하지 않으므로 형사소송법 제310조의2에서 정한 전문법칙이 적용되지 않는다.

③ 영장발부의 사유로 된 범죄 혐의사실과 무관한 별개의 증거를 압수하였을 경우 이는 원칙적으로 유죄의 증거로 사용할 수 없으나, 수사기관이 그 증거를 피압수자에게 환부한 후에 임의제출받아 다시 압수하였다면 최초의 절차 위반행위와 최종적인 증거수집 사이의 인과관계가 단절되었다고 평가할 수 있고, 제출에 임의성이 있다는 점을 검사가 합리적 의심을 배제할 수 있을 정도로 증명한 경우에는 증거능력을 인정할 수 있다.

④ 피고인의 수사기관에서나 제1심 법정에서의 자백이 항소심에서의 법정진술과 다른 경우 그 자백의 증명력 내지 신빙성이 의심스럽다고 할 것이고, 같은 사람의 검찰에서의 진술과 법정에서의 증언이 다를 경우 검찰에서의 진술을 믿고서 범죄사실을 인정하는 것은 자유심증주의의 한계를 벗어나는 것이다.

[해설]

① 【 O 】 대판 1996.10.25. 95도1473
② 【 O 】 대판 2008.11.13. 2006도2556
③ 【 O 】 대판 2016.3.10. 2013도11233
④ 【 X 】 검찰에서의 피고인의 자백등이 법정진술과 다르다는 사유만으로 그 자백의 신빙성이 의심스럽다고 할 사유로 삼아야 한다고 볼 수 없다(대판 1985.7.9. 85도826).

정답 ④

65 다음 중 전문증거에 해당하는 것은? (다툼이 있는 경우 판례에 의함)

19. 국가직

① 甲이 정보통신망을 통하여 공포심이나 불안감을 유발하는 글을 반복적으로 상대방에게 도달하게 하는 행위를 하였음을 공소사실로 하여 기소되었는데, 검사가 위 죄에 대한 유죄의 증거로 휴대전화기에 저장된 문자정보를 제출한 경우
② 증인이 법정에서 "甲이 ○○ 체육관 부지를 공시지가로 매입하게 해 주겠다고 말하였다."라고 증언하였는데, 그 증언이 甲이 그와 같이 말한 사실의 존재를 증명하기 위한 증거로 제출된 경우
③ 甲이 반국가단체 구성원 A와 회합한 후 A로부터 지령을 받고 국가기밀을 탐지·수집하였다는 공소사실로 기소되었고, 甲의 컴퓨터에서 "A 선생 앞: 2011년 면담은 1월 30일 북경에서 하였으면 하는 의견입니다."라는 등의 내용이 담겨져 있는 파일이 발견되었는데, 이 파일이 甲과 A의 회합을 입증하기 위한 증거로 제출된 경우
④ 甲이 반국가단체로부터 지령을 받고 국가기밀을 탐지·수집하였다는 공소사실로 기소되었는데 甲의 컴퓨터에 저장되어 있던 국가기밀을 담은 서류가 증거로 제출된 경우

[해설]

어떤 증거가 전문증거인지 여부는 요증사실과 관계에서 정하여지는바, 원진술의 내용인 사실이 요증사실인 경우에는 전문증거이나, 원진술의 존재자체가 요증사실인 경우, 예컨대 명예훼손사건에 있어서 명예훼손적 발언을 들은 자의 증언과 같은 경우는 본래증거이지 전문증거가 아니다(대판 2008.9.25. 2008도5347).

① 【 X 】 형사소송법 제310조의2는 사실을 직접 경험한 사람의 진술이 법정에 직접 제출되어야 하고 이에 갈음하는 대체물인 진술 또는 서류가 제출되어서는 안 된다는 이른바 전문법칙을 선언한 것이다. 그런데 정보통신망을 통하여 공포심이나 불안감을 유발하는 글을 반복적으로 상대방에게 도달하게 하는 행위를 하였다는 공소사실에 대하여 휴대전화기에 저장된 문자정보가 그 증거가 되는 경우, 그 문자정보는 범행의 직접적인 수단이고 경험자의 진술에 갈음하는 대체물에 해당하지 않으므로, 형사소송법 제310조의2에서 정한 전문법칙이 적용되지 않는다(대판 2008.11.13. 2006도2556).
② 【 X 】 공소외 1은 제1심 법정에서 '피고인 1이 88체육관 부지를 공시지가로 매입하게 해 주고 KBS와의 시설이주 협의도 2개월 내로 완료하겠다고 말하였다'고 진술하였고, 공소외 2, 6도 피고인의 진술을 내용으로 한 진술을 하였음을 알 수 있는데, 피고인 1의 위와 같은 원진술의 존재 자체가 이 부분 각 사기죄 또는 변호사법 위반죄에 있어서의 요증사실이므로, 이를 직접 경험한 공소외 1 등이 피고인으로부터 위와 같은 말을 들었다고 하는 진술은 전문증거가 아니라 본래증거에 해당한다(대판 2012.7.26. 2012도2937).
③ 【 O 】 대판 1999.9.3. 99도2317
④ 【 X 】 반국가단체의 구성원과 문건을 주고받는 방법으로 통신을 한 경우, 반국가단체로부터 지령을 받고 국가기밀을 탐지·수집하였다는 공소사실과 관련하여 수령한 지령 및 탐지·수집하여 취득한 국가기밀이 문건의 형태로 존재하는 경우나 편의제공의 목적물이 문건인 경우 등에는, 문건 내용의 진실성이 문제 되는 것이 아니라 그러한 내용의 문건이 존재하는 것 자체가 증거가 되는 것으로서, 위와 같은 공소사실에 대하여는 전문법칙이 적용되지 않는다고 보아 해당 부분의 공소사실에 관한 증거로 제출된 출력 문건들의 증거능력이 인정된다(대판 2013.7.26. 2013도2511).

정답 ③

66 전문법칙에 관한 다음 설명 중 가장 옳지 않은 것은? (다툼이 있는 경우 판례에 의함)

16. 법원직

① 어떤 진술이 범죄사실에 대한 직접증거로 사용함에 있어서는 전문증거가 된다고 하더라도 그와 같은 진술을 하였다는 것 자체 또는 그 진술의 진실성과 관계없는 간접사실에 대한 정황증거로 사용함에 있어서는 반드시 전문증거가 되는 것은 아니다.
② 정보통신망을 통하여 공포심이나 불안감을 유발하는 글을 반복적으로 상대방에게 도달하게 하는 행위를 하였다는 공소사실에 대하여 휴대전화기에 저장된 문자정보가 그 증거가 되는 경우, 그 문자정보는 범행의 직접적인 수단이고 경험자의 진술에 갈음하는 대체물에 해당하지 않으므로, 전문법칙이 적용되지 않는다.
③ 디지털 녹음기에 녹음된 내용을 전자적 방법으로 테이프에 전사한 사본인 녹음테이프를 대상으로 법원이 검증절차를 진행하여, 녹음된 내용이 녹취록의 기재와 일치하고 그 음성이 진술자의 음성임을 확인하였다면, 녹음테이프의 증거능력을 인정할 수 있다.
④ 참고인의 진술에 임의성이 인정되지 아니하여 그 진술조서가 증거능력이 없는 경우에는 피고인이 증거로 함에 동의하더라도 이를 증거로 삼을 수 없다.

해설

① 【 O 】 대판 2000.2.25. 99도1252
② 【 O 】 대판 2008.11.13. 2006도2556
③ 【 X 】 법원이 녹음테이프에 대하여 실시한 검증의 내용이 녹음테이프에 녹음된 전화대화 내용이 녹취서에 기재된 것과 같다는 것에 불과한 경우 증거자료가 되는 것은 여전히 녹음테이프에 녹음된 대화 내용임에는 변함이 없으므로, 그와 같은 녹음테이프의 녹음 내용이나 검증조서의 기재는 실질적으로는 공판준비 또는 공판기일에서의 진술에 대신하여 진술을 기재한 서류와 다를 바 없어서 형사소송법 제311조 내지 제315조에 규정한 것이 아니면 이를 유죄의 증거로 할 수 없다(대판 1996.10.15. 96도1669).
④ 【 O 】 기록상 진술증거의 임의성에 관하여 의심할 만한 사정이 나타나 있는 경우에는 법원은 직권으로 그 임의성 여부에 관하여 조사를 하여야 하고, 임의성이 인정되지 아니하여 증거능력이 없는 진술증거는 피고인이 증거로 함에 동의하더라도 증거로 삼을 수 없다(대판 2006.11.23. 2004도7900).

정답 ③

67 증거 등에 관한 다음 설명 중 가장 옳지 않은 것은? (다툼이 있는 경우 판례에 의함)
20. 법원직

① 피고인이 수표를 발행하였으나 예금부족 또는 거래정지처분으로 지급되지 아니하게 하였다는 부정수표단속법위반의 공소사실을 증명하기 위하여 제출되는 수표는 그 서류의 존재 또는 상태 자체가 증거가 되는 것이어서 증거물인 서면에 해당하므로 그 증거능력은 증거물의 예에 의하여 판단하여야 하고, 이에 대하여는 형사소송법 제310조의2에서 정한 전문법칙이 적용될 여지가 없다.

② 검사 작성의 피의자신문조서에 대한 실질적 진정성립을 증명할 수 있는 수단으로서 형사소송법 제312조 제2항에 규정된 '영상녹화물이나 그 밖의 객관적인 방법'이란 피고인의 진술을 과학적·기계적·객관적으로 재현해 낼 수 있는 방법만을 의미하고, 그 외에 조사관 또는 조사 과정에 참여한 통역인 등의 증언은 이에 해당한다고 볼 수는 없다.

③ 경찰이 피고인의 집에서 20m 떨어진 곳에서 피고인을 체포한 후 피고인의 집안을 수색하여 칼과 합의서를 압수하고도 적법한 시간 내에 압수수색영장을 청구하여 발부받지 않은 경우에, 위 칼과 합의서는 위법하게 압수된 것으로서 증거능력이 없고 이를 기초로 한 2차 증거인 '임의제출동의서', '압수조서 및 목록', '압수품 사진' 역시 증거능력이 없다.

④ 피고인 甲, 乙의 간통 범행을 고소한 甲의 남편 丙이 甲의 주거에 침입하여 수집한 후 수사기관에 제출한 혈흔이 묻은 휴지들 및 침대시트를 목적물로 하여 이루어진 감정의뢰회보는 甲의 주거의 자유나 사생활의 비밀을 침해하여 얻은 것이므로 증거능력이 없다.

해설

① 【 O 】 대판 2015.4.23. 2015도2275
② 【 O 】 대판 2016.2.18. 2015도16586
③ 【 O 】 대판 2010.7.22. 2009도14376
④ 【 X 】 피고인 갑, 을의 간통 범행을 고소한 갑의 남편 병이 갑의 주거에 침입하여 수집한 후 수사기관에 제출한 혈흔이 묻은 휴지들 및 침대시트를 목적물로 하여 이루어진 감정의뢰회보에 대하여, 병이 갑의 주거에 침입한 시점은 갑이 그 주거에서의 실제상 거주를 종료한 이후이고, 위 회보는 피고인들에 대한 형사소추를 위하여 반드시 필요한 증거이므로 공익의 실현을 위해서 증거로 제출하는 것이 허용되어야 하고, 이로 말미암아 갑의 주거의 자유나 사생활의 비밀이 일정 정도 침해되는 결과를 초래하더라도 이는 갑이 수인하여야 할 기본권의 제한에 해당한다는 이유로, 위 회보의 증거능력을 인정한 원심판단을 수긍한 사례(대판 2010.9.9. 2008도3990).

정답 ④

68 다음 설명 중 옳지 않은 것은? (다툼이 있는 경우 판례에 의함)   16. 검찰 7급

① 피고인이 수표를 발행하였으나 예금부족 또는 거래정지처분으로 지급되지 아니하게 하였다는 부정수표단속법위반의 공소사실을 증명하기 위하여 제출된 수표는 그 존재 또는 상태 자체가 증거가 되고 어떠한 사실을 직접 경험한 사람의 진술에 갈음하는 대체물이 아니므로 전문법칙이 적용될 여지가 없다.
② 서류에 기재된 진술내용의 진실성이 범죄사실에 대한 직접증거로 사용되는 경우는 전문증거가 되나, 압수된 디지털 저장매체로부터 출력한 문건을 진술증거로 사용하는 경우는 그 기재 내용의 진실성에 관하여 전문법칙이 적용되지 않는다.
③ 범행의 직접적인 수단이 된 문자정보가 저장된 휴대전화기의 화면을 촬영한 사진이 증거로 제출된 경우, 이를 증거로 사용하려면 문자정보가 저장된 휴대전화기를 법정에 제출할 수 없거나 그 제출이 곤란한 사정이 있고, 그 사진의 영상이 휴대전화기의 화면에 표시된 문자정보와 정확하게 같다는 사실이 증명되어야 한다.
④ "검거 당시 피고인이 범행사실을 순순히 자백하였다."라는 경찰관의 법정증언은 피고인이 공판정에서 범행을 부인하는 이상 증거능력이 인정되지 않는다.

[해설]
① 【 O 】 대판 2015.4.23. 2015도2275
② 【 X 】 압수된 디지털 저장매체로부터 출력한 문건을 진술증거로 사용하는 경우, 그 기재 내용의 진실성에 관하여는 전문법칙이 적용되므로 형사소송법 제313조 제1항에 따라 공판준비나 공판기일에서의 그 작성자 또는 진술자의 진술에 의하여 그 성립의 진정함이 증명된 때에 한하여 이를 증거로 사용할 수 있다(대판 2013.6.13. 2012도16001).
③ 【 O 】 대판 2008.11.13. 2006도2556
④ 【 O 】 대판 2005.11.25. 2005도5831

[정답] ②

69 전문법칙에 대한 설명으로 옳고 그름의 표시(○, ×)가 바르게 된 것은? (다툼이 있는 경우 판례에 의함)

17. 여경

㉠ "甲이 乙을 살해하는 것을 목격했다"라는 丙의 말을 들은 丁이 丙의 진술내용을 증언하는 경우, 甲의 살인 사건에 대하여는 전문증거이지만, 丙의 명예훼손 사건에 대하여는 전문증거가 아니다.

㉡ 사인(私人)인 제3자가 절취한 업무일지를 소송사기의 피해자가 대가를 지급하고 취득한 경우, 그 업무일지는 사기죄에 대한 증거로 사용될 수 있다.

㉢ 상업장부, 항해일지, 사인(私人)인 의사의 진단서와 같이 기타 업무상 필요로 작성한 문서는 「형사소송법」제315조에 의하여 당연히 증거능력이 인정된다.

㉣ 「형사소송법」은 전문진술에 대하여 제316조에서 실질상 단순한 전문의 형태를 취하는 경우에 한하여 예외적으로 그 증거능력을 인정하는 규정을 두고 있을 뿐, 재전문진술이나 재전문진술을 기재한 조서에 대하여는 달리 그 증거능력을 인정하는 규정을 두고 있지 아니하고 있으므로, 피고인이 증거로 하는 데 동의하지 아니하는 한 「형사소송법」제310조의2의 규정에 의하여 이를 증거로 할 수 없다.

㉤ 사인(私人)이 피고인이 아닌 자의 진술을 녹음한 녹음테이프에 대하여 법원이 실시한 검증의 내용이 녹음테이프에 녹음된 대화내용이 검증조서에 첨부된 녹취서에 기재된 내용과 같다는 것에 불과한 경우, 그 검증조서는 「형사소송법」제311조의 '법원의 검증의 결과를 기재한 조서'에 해당하여 그 조서 중 위 진술내용은 위 제311조에 의하여 증거능력이 인정된다.

① ㉠ ○   ㉡ ○   ㉢ ×   ㉣ ○   ㉤ ×
② ㉠ ×   ㉡ ×   ㉢ ○   ㉣ ×   ㉤ ○
③ ㉠ ○   ㉡ ×   ㉢ ○   ㉣ ×   ㉤ ×
④ ㉠ ×   ㉡ ○   ㉢ ×   ㉣ ○   ㉤ ○

해설

㉠ 【 O 】 "甲이 乙을 살해하는 것을 목격했다."라는 丙의 말을 들은 丁이 丙의 진술내용을 증언하는 경우, 甲의 살인 사건에 대하여는 丙의 진술은 그 의미내용이 문제되므로 전문증거이지만, 丙의 명예훼손 사건에 대하여는 丙의 진술의 존재자체가 문제되므로 전문증거가 아니다. 판례도 같은 취지에서 "어떤 증거가 전문증거인지 여부는 요증사실과 관계에서 정하여지는바, 원진술의 내용인 사실이 요증사실인 경우에는 전문증거이나, 원진술의 존재자체가 요증사실인 경우, 예컨대 명예훼손사건에 있어서 명예훼손적 발언을 들은 자의 증언과 같은 경우는 본래증거이지 전문증거가 아니다."라고 판시한바 있다(대판 2008.9.25. 2008도5347).

㉡ 【 O 】 대판 2008.6.26. 2008도1584

㉢ 【 X 】 사인(私人)인 의사가 작성한 진단서는 당연히 증거능력이 있는 서류가 아니므로 제313조 제1항에 의하여 증거능력이 인정되어야 한다(대판 1969.3.31. 69도179).

㉣ 【 O 】 대판 2000.3.10. 2000도159

㉤ 【 X 】 법원이 녹음테이프에 대하여 실시한 검증의 내용이 녹음테이프에 녹음된 전화대화 내용이 녹취서에 기재된 것과 같다는 것에 불과한 경우 증거자료가 되는 것은 여전히 녹음테이프에 녹음된 대화 내용임에는 변함이 없으므로, 그와 같은 녹음테이프의 녹음 내용이나 검증조서의 기재는 실질적으로는 공판준비 또는 공판기일에서의 진술에 대신하여 진술을 기재한 서류와 다를 바 없어서 형사소송법 제311조 내지 제315조에 규정한 것이 아니면 이를 유죄의 증거로 할 수 없다(대판 1996.10.15. 96도1669).

정답 ①

70 증거능력에 대한 설명으로 옳지 않은 것은? (다툼이 있는 경우 판례에 의함)

16. 검찰 7급

① 피고인이 아닌 자가 수사과정에서 진술서를 작성하였지만 수사기관이 그에 대한 조사과정을 기록하지 아니한 경우에는 특별한 사정이 없는 한 적법한 절차와 방식에 따라 작성되었다고 할 수 없으므로 증거능력을 인정할 수 없다.

② 수사기관이 참고인을 조사하는 과정에서 작성한 영상녹화물은 다른 법률에서 달리 규정하고 있는 등의 특별한 사정이 없는 한, 공소사실을 직접 증명할 수 있는 독립적인 증거로 사용할 수 없다.

③ 대화내용을 녹음한 녹음테이프가 원본으로부터 복사한 사본일 경우, 그 녹음테이프의 증거능력이 인정되기 위해서는 복사 과정에서 편집되는 등의 인위적 개작 없이 원본의 내용 그대로 복사된 사본임이 증명되어야 한다.

④ 조사관 또는 조사 과정에 참여한 통역인 등의 증언은 검사 작성의 피의자신문조서에 대한 실질적 진정성립을 증명할 수 있는 수단으로서 「형사소송법」 제312조 제2항에 규정된 '영상녹화물이나 그 밖의 객관적인 방법'에 해당한다.

[해설]

① 【 O 】 대판 2015.4.23. 2013도3790
② 【 O 】 대판 2014.7.10. 2012도5041
③ 【 O 】 대판 2014.8.26. 2011도6035
④ 【 X 】 실질적 진정성립을 증명할 수 있는 방법으로서 형사소송법 제312조 제2항에 예시되어 있는 영상녹화물의 경우 형사소송법 및 형사소송규칙에 의하여 영상녹화의 과정, 방식 및 절차 등이 엄격하게 규정되어 있는데다(형사소송법 제244조의2, 형사소송규칙 제134조의2 제3항, 제4항, 제5항 등) 피의자의 진술을 비롯하여 검사의 신문 방식 및 피의자의 답변 태도 등 조사의 전 과정이 모두 담겨 있어 피고인이 된 피의자의 진술 내용 및 취지를 과학적·기계적으로 재현해 낼 수 있으므로 조서의 내용과 검사 앞에서의 진술 내용을 대조할 수 있는 수단으로서의 객관성이 보장되어 있다고 볼 수 있으나, 피고인을 피의자로 조사하였거나 조사에 참여하였던 자들의 증언은 오로지 증언자의 주관적 기억 능력에 의존할 수밖에 없어 객관성이 보장되어 있다고 보기 어렵다. 결국 검사 작성의 피의자신문조서에 대한 실질적 진정성립을 증명할 수 있는 수단으로서 형사소송법 제312조 제2항에 규정된 '영상녹화물이나 그 밖의 객관적인 방법'이란 형사소송법 및 형사소송규칙에 규정된 방식과 절차에 따라 제작된 영상녹화물 또는 그러한 영상녹화물에 준할 정도로 피고인의 진술을 과학적·기계적·객관적으로 재현해 낼 수 있는 방법만을 의미하고, 그 외에 조사관 또는 조사 과정에 참여한 통역인 등의 증언은 이에 해당한다고 볼 수 없다(대판 2016.2.18. 2015도16586).

정답 ④

71 전문법칙에 대한 설명으로 가장 적절하지 않은 것은? (다툼이 있으면 판례에 의함)

16. 경찰채용 2차

① 상업장부나 항해일지, 진료일지 또는 이와 유사한 금전출납부 등과 같이 범죄사실의 인정 여부와는 관계없이 자기에게 맡겨진 사무를 처리한 내역을 그때그때 계속적, 기계적으로 기재한 문서는 사무처리 내역을 증명하기 위하여 존재하는 문서로서 당연히 증거능력이 인정된다.

② 정보통신망을 통하여 공포심이나 불안감을 유발하는 글을 반복적으로 상대방에게 도달하게 하는 행위를 하였다는 공소사실에 대하여 휴대전화기에 저장된 문자정보가 그 증거가 되는 경우, 그 문자정보는 범행의 직접적인 수단이고 경험자의 진술에 갈음하는 대체물에 해당하지 않으므로, 「형사소송법」 제310조의2에서 정한 전문법칙이 적용되지 않는다.

③ 사법경찰관이 수사의 경위 및 결과를 내부적으로 보고하기 위하여 수사보고서를 작성하면서 그 수사보고서에 검증의 결과와 관련한 기재를 하였더라도 그 수사보고서를 두고 「형사소송법」 제312조 제1항(현행 제312조 제6항)이 규정하고 있는 '검사 또는 사법경찰관이 검증의 결과를 기재한 조서'라고 할 수는 없다.

④ 증인신문조서가 증거보전절차에서 피고인이 증인으로서 증언한 내용을 기재한 것이 아니라 증인의 증언내용을 기재한 것이고 다만 피의자였던 피고인이 당사자로 참여하여 자신의 범행사실을 시인하는 전제하에 위 증인에게 반대신문한 내용이 기재되어 있을 뿐이라면 위 조서는 공판준비 또는 공판기일에 피고인 등의 진술을 기재한 조서도 아니고, 반대신문과정에서 피의자가 한 진술에 관한 한 「형사소송법」 제184조에 의한 증인신문조서도 아니므로 위 조서 중 피의자의 진술기재부분에 대하여는 「형사소송법」 제311조에 의한 증거능력을 인정할 수 있다.

해설

① 【 O 】 대판 2015.7.16. 2015도2625 전합; 대판 1996.10.17. 94도2865 전합

② 【 O 】 대판 2008.11.13. 2006도2556

③ 【 O 】 수사보고서에 검증의 결과에 해당하는 기재가 있는 경우, 그 기재 부분은 검찰사건사무규칙 제17조에 의하여 검사가 범죄의 현장 기타 장소에서 실황조사를 한 후 작성하는 실황조서 또는 사법경찰관리집무규칙 제49조 제1항, 제2항에 의하여 사법경찰관이 수사상 필요하다고 인정하여 범죄현장 또는 기타 장소에 임하여 실황을 조사할 때 작성하는 실황조사서에 해당하지 아니하며, 단지 수사의 경위 및 결과를 내부적으로 보고하기 위하여 작성된 서류에 불과하므로 그 안에 검증의 결과에 해당하는 기재가 있다고 하여 이를 형사소송법 제312조 제1항의 '검사 또는 사법경찰관이 검증의 결과를 기재한 조서'라고 할 수 없을 뿐만 아니라 이를 같은 법 제313조 제1항의 '피고인 또는 피고인이 아닌 자가 작성한 진술서나 그 진술을 기재한 서류'라고 할 수도 없고, 같은 법 제311조, 제315조, 제316조의 적용대상이 되지 아니함이 분명하므로 그 기재 부분은 증거로 할 수 없다(대판 2001.5.29. 2000도2933).

④ 【 X 】 증인신문조서가 증거보전절차에서 피고인이 증인으로서 증언한 내용을 기재한 것이 아니라 증인의 증언내용을 기재한 것이고 다만 피의자였던 피고인이 당사자로 참여하여 자신의 범행사실을 시인하는 전제하에 위 증인에게 반대신문한 내용이 기재되어 있을 뿐이라면, 위 조서는 공판준비 또는 공판기일에 피고인 등의 진술을 기재한 조서도 아니고, 반대신문과정에서 피의자가 한 진술에 관한 한 형사소송법 제184조에 의한 증인신문조서도 아니므로 위 조서 중 피의자의 진술기재부분에 대하여는 형사소송법 제311조에 의한 증거능력을 인정할 수 없다(대판 1984.5.15. 84도508).

정답 ④

72 전문법칙에 대한 설명 중 가장 적절하지 않은 것은? (다툼이 있는 경우 판례에 의함)

18. 경찰승진

① 검사 또는 사법경찰관이 검증의 결과를 기재한 조서는 적법한 절차와 방식에 따라 작성된 것으로서 공판준비 또는 공판기일에서의 피고인의 진술에 따라 그 성립의 진정함이 증명된 때에는 증거로 할 수 있다.
② 공판준비 또는 공판기일에 피고인이나 피고인 아닌 자의 진술을 기재한 조서와 법원 또는 법관의 검증의 결과를 기재한 조서는 증거로 할 수 있다.
③ 검사 이외의 수사기관이 작성한 피의자신문조서는 적법한 절차와 방식에 따라 작성된 것으로서 공판준비 또는 공판기일에 그 피의자였던 피고인 또는 변호인이 그 내용을 인정할 때에 한하여 증거로 할 수 있다.
④ 피고인 아닌 자의 공판준비 또는 공판기일에서의 진술이 피고인 아닌 타인의 진술을 그 내용으로 하는 것인 때에는 원진술자가 사망, 질병, 외국거주, 소재불명 그 밖에 이에 준하는 사유로 인하여 진술할 수 없고, 그 진술이 특히 신빙할 수 있는 상태하에서 행하여졌음이 증명된 때에 한하여 이를 증거로 할 수 있다.

해설

① 【 X 】 검사 또는 사법경찰관이 검증의 결과를 기재한 조서는 적법한 절차와 방식에 따라 작성된 것으로서 공판준비 또는 공판기일에서의 작성자의 진술에 따라 그 성립의 진정함이 증명된 때에는 증거로 할 수 있다(제312조 제6항).
② 【 O 】 제311조
③ 【 O 】 제312조 제3항
④ 【 O 】 제316조 제2항

정답 ①

73 전문증거의 증거능력 등에 관한 다음 설명 가장 옳지 않은 것은? (다툼이 있는 경우 판례에 의함)

18. 법원직 변형

① 피고인 본인의 진술에 의한 실질적 진정성립의 인정은 공판준비 또는 공판기일에서 한 명시적인 진술에 의하여야 하지만, 피고인이 실질적 진정성립에 대하여 이의하지 않았고 조서 작성 절차와 방식의 적법성을 인정하였다면 실질적 진정성립을 인정한 것으로 볼 수 있다.
② 피고인이 아닌 자가 수사과정에서 진술서를 작성하였지만, 수사기관이 그에 대한 조사과정을 기록하지 아니하였다면 특별한 사정이 없으면 그 증거능력을 인정할 수 없다.
③ 수사기관이 피의자를 신문하면서 피의자에게 미리 진술거부권을 고지하지 않은 때에는 그 피의자의 진술은 진술의 임의성이 인정되는 경우라도 그 증거능력이 부인되어야 한다.
④ 검사의 참고인에 대한 참고인조사 당시 참고인의 진술을 통역한 통역인의 증언은 검사 작성 참고인진술조서에 대한 실질적 진정성립을 증명할 수 있는 수단에 해당한다고 볼 수 없다.

해설

① 【 X 】 피고인 본인의 진술에 의한 실질적 진정성립의 인정은 공판준비 또는 공판기일에서 한 명시적인 진술에 의하여야 하고, 단지 피고인이 실질적 진정성립에 대하여 이의하지 않았다거나 조서 작성절차와 방식의 적법성을 인정하였다는 것만으로 실질적 진정성립까지 인정한 것으로 보아서는 아니 된다. 또한 특별한 사정이 없는 한 이른바 '입증취지 부인'이라고 진술한 것만으로 이를 조서의 진정성립을 인정하는 전제에서 그 증명력만을 다투는 것이라고 가볍게 단정해서도 안 된다(대판 2013.3.14. 2011도8325).
② 【 O 】 대판 2015.4.23. 2013도3790
③ 【 O 】 대판 1992.6.23. 92도682
④ 【 O 】 대판 2016.2.18. 2015도16586

정답 ①

74 증거능력에 대한 설명으로 옳은 것만을 모두 고른 것은? (다툼이 있는 경우 판례에 의함)
17. 검찰 7급

> ㉠ 검사가 작성한 피의자신문조서의 진정성립과 관련하여 조사과정에 참여한 통역인의 증언은 '영상녹화물이나 그 밖의 객관적인 방법'에 해당한다.
> ㉡ 피고인과 공범관계가 있는 다른 피의자에 대한 사법경찰관 작성의 피의자신문조서는 그 다른 피의자가 사망하여 법정에서 진술할 수 없는 때에는 형사소송법 제314조에 따라 증거능력이 인정된다.
> ㉢ 피고인 아닌 자가 작성한 진술서에 대하여 작성자가 그 진정성립을 부인하는 경우에는 과학적 분석결과에 기초한 디지털포렌식 자료, 감정 등 객관적인 방법으로 성립의 진정이 증명되고, 반대신문의 기회가 제공되었다면 증거로 할 수 있다.
> ㉣ 피고인이 수표를 발행한 후 예금부족으로 지급되지 않도록 한 혐의로 공소제기된 부정수표단속법 위반 사실을 증명하기 위하여 제출된 원본수표를 복사한 사본에는 전문법칙이 적용되지 않는다.

① ㉠, ㉡ ② ㉠, ㉢ ③ ㉡, ㉢ ④ ㉢, ㉣

해설

㉠ 【 X 】 검사 작성의 피의자신문조서에 대한 실질적 진정성립을 증명할 수 있는 수단으로서 형사소송법 제312조 제2항에 규정된 '영상녹화물이나 그 밖의 객관적인 방법'이란 형사소송법 및 형사소송규칙에 규정된 방식과 절차에 따라 제작된 영상녹화물 또는 그러한 영상녹화물에 준할 정도로 피고인의 진술을 과학적·기계적·객관적으로 재현해 낼 수 있는 방법만을 의미하고, 그 외에 조사관 또는 조사 과정에 참여한 통역인 등의 증언은 이에 해당한다고 볼 수 없다(대판 2016.2.18. 2015도16586).

㉡ 【 X 】 구 형사소송법(2007.6.1. 법률 제8496호로 개정되기 전의 것. 이하 같다) 제312조 제2항은 검사 이외의 수사기관이 작성한 당해 피고인에 대한 피의자신문조서를 유죄의 증거로 하는 경우뿐만 아니라 검사 이외의 수사기관이 작성한 당해 피고인과 공범관계에 있는 다른 피고인이나 피의자에 대한 피의자신문조서를 당해 피고인에 대한 유죄의 증거로 채택할 경우에도 적용된다. 따라서 당해 피고인과 공범관계가 있는 다른 피의자에 대한 검사 이외의 수사기관 작성의 피의자신문조서는 그 피의자의 법정진술에 의하여 그 성립의 진정이 인정되더라도 당해 피고인이 공판기일에서 그 조서의 내용을 부인하면 증거능력이 부정되므로 그 당연한 결과로 그 피의자신문조서에 대하여는 사망 등 사유로 인하여 법정에서 진술할 수 없는 때에 예외적으로 증거능력을 인정하는 규정인 구 형사소송법 제314조가 적용되지 아니한다(대판 2008.9.25. 2008도5189)

㉢ 【 O 】 제313조 제1항, 제2항

㉣ 【 O 】 대판 2015.4.23. 2015도2275

정답 ④

75 전문법칙에 대한 설명으로 옳지 않은 것은? (다툼이 있는 경우 판례에 의함)
17. 검찰 7급

① 우리나라 법원의 형사사법공조 요청에 따라 미합중국 법원이 지명한 미합중국 검사가 작성한 피해자 및 공범에 대한 증언녹취서는 형사소송법 제312조 또는 제313조에 해당하는 조서 또는 서류로서, 원진술자가 공판기일에서 진술할 수 없는 때에는 형사소송법 제314조에 의하여 증거능력을 인정할 수 있다.

② 정보통신망을 통하여 공포심이나 불안감을 유발하는 글을 반복적으로 상대방에게 도달하게 한 죄의 증거로 문자정보가 저장되어 있는 피해자의 휴대전화기를 법정에 제출하는 경우 그 문자정보는 피고인이 성립의 진정을 인정하지 않으면 증거능력이 없다.

③ 대화내용을 녹음한 원본파일로부터 대화내용을 복사한 사본을 증거로 제출하는 경우, 원본 제출이 불능 또는 곤란하고 원본내용 그대로 복사된 사본임이 입증되어야만 증거능력을 인정할 수 있다.

④ 디지털 저장매체에 저장된 로그파일을 복사한 사본의 일부 내용을 요약·정리하여 작성한 새로운 문서파일에서 출력한 문서를 진술증거로 사용하기 위해서는 그 작성자 또는 진술자의 진술에 의하여 성립의 진정이 증명되어야 한다.

[해설]
① 【O】 대판 1997.7.25. 97도1351
② 【X】 정보통신망을 통하여 공포심이나 불안감을 유발하는 글을 반복적으로 상대방에게 도달하게 하는 행위를 하였다는 공소사실에 대하여 휴대전화기에 저장된 문자정보가 그 증거가 되는 경우, 그 문자정보는 범행의 직접적인 수단이고 경험자의 진술에 갈음하는 대체물에 해당하지 않으므로, 형사소송법 제310조의2에서 정한 전문법칙이 적용되지 않는다(대판 2008.11.13. 2006도2556).
③ 【O】 대판 2015.1.22. 2014도10978 전합
④ 【O】 대판 2015.8.27. 2015도3467

정답 ②

76 피의자신문조서에 관한 다음 설명 중 틀린 것은 모두 몇 개인가? (다툼이 있으면 판례에 의함)

16. 경찰채용 1차 변형

㉠ 당해 피고인과 공범관계에 있는 공동피고인에 대해 검사 이외의 수사기관이 작성한 피의자신문조서는 그 공동피고인의 법정진술에 의하여 성립의 진정이 인정되더라도 당해 피고인이 공판기일에서 그 조서의 내용을 부인하면 증거능력이 부정된다.

㉡ 형사소송법 제312조 제3항의 '그 내용을 인정할 때'라 함은 피의자신문조서의 기재 내용이 진술 내용대로 기재되어 있다는 의미이고, 그와 같이 진술한 내용이 실제 사실과 부합한다는 것을 의미하는 것은 아니다.

㉢ 조서 중 일부에 관하여만 실질적 진정성립을 인정하는 경우에는 법원은 당해 조서 중 어느 부분이 그 진술대로 기재되어 있고 어느 부분이 달리 기재되어 있는지 여부를 구체적으로 심리함이 없이 전체 조서의 증거능력을 부정하여야 한다.

㉣ 피의자의 진술을 녹취 내지 기재한 서류 또는 문서가 수사기관에서의 조사 과정에서 작성된 것이라면, 그것이 '진술조서, 진술서, 자술서'라는 형식을 취하였다고 하더라도 피의자신문조서와 달리 볼 수 없다.

① 0개   ② 1개   ③ 2개   ④ 3개

[해설]
틀린 것은 ㉡㉢이다.
㉠ 【O】 대판 2009.7.9. 2009도2865
㉡ 【X】 형사소송법 제312조 제3항에 의하면, 검사 이외의 수사기관 작성의 피의자신문조서는 공판준비 또는 공판기일에 그 피의자였던 피고인이나 변호인이 그 내용을 인정할 때에 한하여 증거로 할 수 있다고 규정하고 있는바, 위 규정에서 '그 내용을 인정할 때'라 함은 피의자신문조서의 기재 내용이 진술 내용대로 기재되어 있다는 의미가 아니고 그와 같이 진술한 내용이 실제 사실과 부합한다는 것을 의미한다(대판 2010.6.24. 2010도5040).
㉢ 【X】 수사기관이 작성한 조서의 내용이 원진술자가 진술한 대로 기재된 것이라 함은 조서 작성 당시 원진술자의 진술대로 기재되었는지의 여부만을 의미하는 것으로, 그와 같이 진술하게 된 연유나 그 진술의 신빙성 여부는 고려할 것이 아니며, 한편 검사가 피의자나 피의자 아닌 자의 진술을 기재한 조서 중 일부에 관하여만 원진술자가 공판준비 또는 공판기일에서 실질적 진정성립을 인정하는 경우에는 법원은 당해 조서 중 어느 부분이 원진술자가 진술한 대로 기재되어 있고 어느 부분이 달리 기재되어 있는지 여부를 구체적으로 심리한 다음 진술한 대로 기재되어 있다고 하는 부분에 한하여 증거능력을 인정하여야 하고, 그 밖에 실질적 진정성립이 부정되는 부분에 대해서는 증거능력을 부정하여야 한다(대판 2005.6.10. 2005도1849).
㉣ 【O】 대판 1983.7.26. 82도385

정답 ③

77 피의자신문조서의 증거능력에 관한 설명 중 가장 적절하지 않은 것은? (다툼이 있으면 판례에 의함)

16. 경찰승진 변형

① 피의자신문조서는 검사가 작성한 것이든 검사 이외의 수사기관이 작성한 것이든 적법한 절차와 방식에 따라 작성된 것이라야 증거로 할 수 있다.
② 검사 이외의 수사기관이 작성한 피의자신문조서는 공판준비 또는 공판기일에 그 피의자였던 피고인 또는 변호인이 그 내용을 인정할 때에 한하여 증거로 할 수 있다.
③ 검사가 작성한 피의자신문조서는 적법한 절차와 방식에 따라 작성된 것으로서 실질적 진정성립과 특신상태가 증명되면, 피고인이 내용을 부인하더라도 증거능력이 인정된다.
④ 피의자가 변호인 참여를 원하는 의사를 표시하였는데도 수사기관이 정당한 사유 없이 변호인을 참여하게 하지 아니한 채 피의자를 신문하여 작성한 피의자신문조서는 증거능력이 없다.

[해설]
① 【 O 】 제312조 제1항, 제3항
② 【 O 】 제312조 제3항
③ 【 X 】 검사가 피고인이 된 피의자의 진술을 기재한 조서는 적법한 절차와 방식에 따라 작성된 것으로서 피고인이나 변호인이 내용을 인정한 경우에 한하여 증거로 할 수 있다(제312조 제1항).
④ 【 O 】 대판 2013.3.28. 2010도3359

정답 ③

78 사법경찰관 작성 피의자신문조서의 증거능력에 대한 설명으로 가장 적절하지 않은 것은? (다툼이 있는 경우 판례에 의함)

18. 경찰채용 1차

① 사법경찰관이 작성한 피의자신문조서는 적법한 절차와 방식에 따라 작성된 것으로서 공판준비 또는 공판기일에 그 피의자였던 피고인 또는 변호인이 그 내용을 인정할 때에 한하여 증거로 할 수 있다.
② 피의자의 진술을 녹취 내지 기재한 서류 또는 문서가 수사기관에서의 조사 과정에서 작성된 것이지만 그것이 진술서라는 형식을 취하였다면 피의자신문조서와 달리 보아야 한다.
③ 당해 피고인과 공범관계가 있는 다른 피의자에 대한 사법경찰관 작성 피의자신문조서에 대하여는 사망 등 사유로 인하여 법정에서 진술할 수 없는 때에 예외적으로 증거능력을 인정하는 규정인 「형사소송법」 제314조가 적용되지 아니한다.
④ 「형사소송법」 제312조 제3항은 사법경찰관이 작성한 당해 피고인에 대한 피의자신문조서를 유죄의 증거로 하는 경우뿐만 아니라 사법경찰관이 작성한 당해 피고인과 공범관계에 있는 다른 피고인이나 피의자에 대한 피의자신문조서를 당해 피고인에 대한 유죄의 증거로 채택할 경우에도 적용된다.

[해설]
① 【 O 】 제312조 제3항
② 【 X 】 피의자의 진술을 녹취 내지 기재한 서류 또는 문서가 수사기관에서의 조사과정에서 작성된 것이라면, 그것이 '진술조서, 진술서, 자술서'라는 형식을 취하였다고 하더라도 피의자신문조서와 달리 볼 수 없다(대판 2011.11.10. 2010도8294).
③④ 【 O 】 대판 2004.7.15. 2003도7185 전합

정답 ②

79 다음 설명 중 가장 옳지 않은 것은? (다툼이 있는 경우 판례에 의함)   20. 법원직

① 사법경찰관이 피의자에게 진술거부권을 행사할 수 있음을 알려주고 그 행사 여부를 실제로 질문하였다 하더라도, 진술거부권 행사 여부에 대한 피의자의 답변이 자필로 기재되어 있지 않거나 그 답변 부분에 피의자의 기명날인 또는 서명이 되어 있지 않다면, 그 사법경찰관 작성의 피의자신문조서는 그 증거능력을 인정할 수 없다.

② 공범인 공동피고인의 경우 해당 소송절차에서는 피고인의 지위에 있으므로 다른 공동피고인에 대한 공소사실에 관하여 증인이 될 수 없으나, 소송절차가 분리되면 다른 공동피고인에 대한 공소사실에 관하여 증인이 될 수 있다.

③ 재판장은 피고인에 대하여 통상 인정신문을 하기 이전에 진술거부권에 관하여 1회 고지하면 되지만, 공판절차를 갱신하는 때에는 다시 진술거부권에 관하여 고지하여야 한다.

④ 진술거부권을 고지하지 않은 상태에서 임의로 행해진 피고인의 자백에 기초하여 피해자 신원이 밝혀지게 되었다면, 설령 그 피해자가 독립적 판단에 의해 적법한 소환절차에 따라 자발적으로 출석하여 공개된 법정에서 임의로 진술을 하였더라도 그 진술은 위법수집증거로서 유죄 인정의 증거로 사용할 수 없다.

해설

① 【 O 】 대판 2013.3.28. 2010도3359
② 【 O 】 대판 2008.6.26. 2008도3300
③ 【 O 】 규칙 제144조 제1항 제1호
④ 【 X 】 강도 현행범으로 체포된 피고인에게 진술거부권을 고지하지 아니한 채 강도범행에 대한 자백을 받고, 이를 기초로 여죄에 대한 진술과 증거물을 확보한 후 진술거부권을 고지하여 피고인의 임의자백 및 피해자의 피해사실에 대한 진술을 수집한 사안에서, 제1심 법정에서의 피고인의 자백은 진술거부권을 고지받지 않은 상태에서 이루어진 최초 자백 이후 40여 일이 지난 후에 변호인의 충분한 조력을 받으면서 공개된 법정에서 임의로 이루어진 것이고, 피해자의 진술은 법원의 적법한 소환에 따라 자발적으로 출석하여 위증의 벌을 경고받고 선서한 후 공개된 법정에서 임의로 이루어진 것이어서, 예외적으로 유죄 인정의 증거로 사용할 수 있는 2차적 증거에 해당한다고 한 사례(대판 2009.3.12. 2008도11437).

정답 ④

80 사법경찰관 작성 피의자신문조서의 증거능력에 대한 설명으로 가장 적절하지 않은 것은? (다툼이 있는 경우 판례에 의함)

19. 경찰승진·20. 경찰채용 1차

① 검사 이외의 수사기관이 작성한 피의자신문조서는 적법한 절차와 방식에 따라 작성된 것으로서 공판준비 또는 공판기일에 그 피의자였던 피고인 또는 변호인이 그 내용을 인정할 때에 한하여 증거로 할 수 있다.
② 피고인이 제1심 제4회 공판기일부터 공소사실을 일관되게 부인하여 경찰 작성 피의자신문조서의 진술 내용을 인정하지 않는 경우, 제1심 제4회 공판기일에 피고인이 그 서증의 내용을 인정한 것으로 공판조서에 기재된 것은 착오 기재 등으로 보아 피의자신문조서의 증거능력을 부정하여야 한다.
③ 미국 연방수사국(FBI) 수사관들에 의한 조사를 받는 과정에서 피고인이 작성하여 수사관들에게 제출한 진술서는 그 성립의 진정이 인정되는 이상 피고인이 그 내용을 부인하더라도 증거능력이 있다.
④ 피의자가 변호인 참여를 원하는 의사를 표시하였는데도 수사기관이 정당한 사유 없이 변호인을 참여하게 하지 아니한 채 피의자를 신문하여 작성한 피의자신문조서는 증거능력이 없다.

해설

① 【O】 제312조 제3항
② 【O】 대판 1995.5.23. 94도1735; 대판 2001.9.28. 2001도3997
③ 【X】 형사소송법 제312조 제3항은 검사 이외의 수사기관이 작성한 피의자신문조서는 그 피의자였던 피고인이나 변호인이 그 내용을 인정할 때에 한하여 증거로 할 수 있다고 규정하고 있는바, 피고인이 검사 이외의 수사기관에서 범죄 혐의로 조사받는 과정에서 작성하여 제출한 진술서는 그 형식 여하를 불문하고 당해 수사기관이 작성한 피의자신문조서와 달리 볼 수 없고, 피고인이 수사과정에서 범행을 자백하였다는 검사 아닌 수사기관의 진술이나 같은 내용의 수사보고서 역시 피고인이 공판 과정에서 앞서의 자백의 내용을 부인하는 이상 마찬가지로 보아야 하며, 여기서 말하는 검사 이외의 수사기관에는 달리 특별한 사정이 없는 한 외국의 권한 있는 수사기관도 포함된다(대판 2006.1.13. 2003도6548).
미국 범죄수사대(CID), 연방수사국(FBI)의 수사관들이 작성한 수사보고서 및 피고인이 위 수사관들에 의한 조사를 받는 과정에서 작성하여 제출한 진술서는 피고인이 그 내용을 부인하는 이상 증거로 쓸 수 없다고 한 원심의 조치를 정당하다고 한 사례.
④ 【O】 대판 2013.3.28. 2010도3359

정답 ③

81 조서에 관한 아래 ㉠부터 ㉣까지의 설명 중 옳고 그름의 표시(○, ×)가 바르게 된 것은? (다툼이 있는 경우 판례에 의함)

20. 경찰승진, 21. 경찰간부 종합

㉠ 당해 피고인과 공범 관계에 있는 다른 피의자에 대한 사법경찰관 작성 피의자신문조서는 그 공범인 공동피고인의 법정 진술에 의하여 성립의 진정이 인정되는 등 형사소송법 제312조 제4항의 요건을 갖추었다면 당해 피고인이 공판기일에서 그 조서의 내용을 부인하더라도 증거능력이 인정된다.

㉡ 검사가 피의자나 피의자 아닌 자의 진술을 기재한 조서는 전체로서 완결성을 갖는 것이므로 원진술자는 조서 전체의 실질적 진정성립을 인정하거나 부인할 수는 있어도 조서 중 일부에 관하여만 실질적 진정성립을 인정할 수는 없다.

㉢ 행위자가 아닌 법인 또는 개인이 양벌규정에 따라 기소된 경우 검사 이외의 수사기관이 행위자에 대하여 작성한 피의자신문조서는 행위자가 그 내용을 인정한 경우에라도 당해 피고인인 법인 또는 개인이 그 내용을 부인하는 경우에는 형사소송법 제312조 제3항이 적용되어 증거능력이 없고, 형사소송법 제314조를 적용하여 증거능력을 인정할 수도 없다.

㉣ 형사소송법 제312조 제3항에서 '그 내용을 인정할 때'라 함은 피의자신문조서의 기재 내용이 진술 내용대로 기재되어 있다는 의미이다.

① ㉠ × ㉡ × ㉢ ○ ㉣ ×
② ㉠ × ㉡ ○ ㉢ × ㉣ ×
③ ㉠ × ㉡ × ㉢ ○ ㉣ ○
④ ㉠ ○ ㉡ × ㉢ × ㉣ ○

[해설]

㉠ 【×】 구 형사소송법(2007.6.1. 법률 제8496호로 개정되기 전의 것. 이하 같다) 제312조 제3항은 검사 이외의 수사기관이 작성한 당해 피고인에 대한 피의자신문조서를 유죄의 증거로 하는 경우뿐만 아니라 검사 이외의 수사기관이 작성한 당해 피고인과 공범관계에 있는 다른 피고인이나 피의자에 대한 피의자신문조서를 당해 피고인에 대한 유죄의 증거로 채택할 경우에도 적용된다. 따라서 당해 피고인과 공범관계가 있는 다른 피의자에 대한 검사 이외의 수사기관 작성의 피의자신문조서는 그 피의자의 법정진술에 의하여 그 성립의 진정이 인정되더라도 당해 피고인이 공판기일에서 그 조서의 내용을 부인하면 증거능력이 부정되므로 그 당연한 결과로 그 피의자신문조서에 대하여는 사망 등 사유로 인하여 법정에서 진술할 수 없는 때에 예외적으로 증거능력을 인정하는 규정인 구 형사소송법 제314조가 적용되지 아니한다(대판 2008.9.25. 2008도5189).

㉡ 【×】 실질적 진정성립을 부인하는 경우에는 피고인 또는 변호인은 부인의 대상이 되는 진술을 특정하여야 한다(규칙 제134조 제3항).

㉢ 【○】 형사소송법 제312조 제3항은 검사 이외의 수사기관이 작성한 해당 피고인에 대한 피의자신문조서를 유죄의 증거로 하는 경우뿐만 아니라 검사 이외의 수사기관이 작성한 해당 피고인과 공범관계에 있는 다른 피고인이나 피의자에 대한 피의자신문조서를 해당 피고인에 대한 유죄의 증거로 채택할 경우에도 적용된다. 따라서 해당 피고인과 공범관계가 있는 다른 피의자에 대하여 검사 이외의 수사기관이 작성한 피의자신문조서는 그 피의자의 법정진술에 의하여 성립의 진정이 인정되는 등 형사소송법 제312조 제4항의 요건을 갖춘 경우라도 해당 피고인이 공판기일에서 그 조서의 내용을 부인한 이상 이를 유죄 인정의 증거로 사용할 수 없고, 그 당연한 결과로 위 피의자신문조서에 대하여는 사망 등 사유로 인하여 법정에서 진술할 수 없는 때에 예외적으로 증거능력을 인정하는 규정인 형사소송법 제314조가 적용되지 아니한다. 그리고 이러한 법리는 공동정범이나 교사범, 방조범 등 공범관계에 있는 자들 사이에서뿐만 아니라, 법인의 대표자나 법인 또는 개인의 대리인, 사용인, 그 밖의 종업원 등 행위자의 위반행위에 대하여 행위자가 아닌 법인 또는 개인이 양벌규정에 따라 기소된 경우, 이러한 법인 또는 개인과 행위자 사이의 관계에서도 마찬가지로 적용된다고 보아야 한다(대판 2020.6.11. 2016도9367).

㉣ 【×】 형사소송법 제312조 제3항에 의하면, 검사 이외의 수사기관 작성의 피의자신문조서는 공판준비 또는 공판기일에 그 피의자였던 피고인이나 변호인이 그 내용을 인정할 때에 한하여 증거로 할 수 있다고 규정하고 있는바, 위 규정에서 '그 내용을 인정할 때'라 함은 피의자신문조서의 기재 내용이 진술 내용대로 기재되어 있다는 의미가 아니고 그와 같이 진술한 내용이 실제 사실과 부합한다는 것을 의미한다(대판 2010.6.24. 2010도5040).

[정답] ①

82 전문법칙 예외요건에 대한 설명으로 가장 적절하지 않은 것은? (다툼이 있는 경우 판례에 의함)

18. 경찰채용 2차

① 피고인 甲이 공판정에서 공동피고인인 공범 乙에 대한 사법경찰관 작성 피의자신문조서의 내용을 부인하면 乙이 법정에서 그 조서의 내용을 인정하더라도 그 조서를 피고인 甲의 공소사실에 대한 증거로 사용할 수 없다.
② 참고인과의 전화대화내용을 문답형식으로 기재한 사법경찰리 작성의 수사보고서는 진술자의 서명 또는 날인이 없으므로 「형사소송법」 제313조의 진술기재서류가 아니지만, 피고인이 증거로 함에 동의한 경우에는 증거로 사용할 수 있다.
③ 「형사소송법」 제314조에 규정된 '특히 신빙할 수 있는 상태'란 그 진술내용이나 조서의 작성에 허위개입의 여지가 거의 없고, 그 진술내용의 신용성이나 임의성을 담보할 구체적이고 외부적인 정황이 있는 경우를 말하며, 검사가 자유로운 증명을 통하여 증명하여야 한다.
④ 검사 또는 사법경찰관이 검증의 결과를 기재한 조서는 적법한 절차와 방식에 따라 작성된 것으로서 공판준비 또는 공판기일에서의 원진술자의 진술에 따라 그 성립의 진정함이 증명된 때에는 증거로 할 수 있다.

【 해설 】
① 【 O 】 대판 2009.7.9. 2009도2865
② 【 O 】 외국에 거주하는 참고인과의 전화 대화내용을 문답형식으로 기재한 검찰주사보 작성의 수사보고서는 제313조의 진술을 기재한 서류의 요건을 충족하여야 증거능력이 인정되는데, 제313조가 적용되기 위하여는 그 진술을 기재한 서류에 그 진술자의 서명 또는 날인이 있어야 한다(대판 1999.2.26. 98도2742). 다만, 서명 또는 날인이 없어 제313조 제1항의 요건을 갖추지 못한 서류라도, 증거동의시 증거능력이 인정될 수 있다(제318조 제1항).
③ 【 O 】 대판 2007.1.11. 2006도7228
④ 【 X 】 검사 또는 사법경찰관이 검증의 결과를 기재한 조서는 적법한 절차와 방식에 따라 작성된 것으로서 공판준비 또는 공판기일에서의 작성자의 진술에 의해 그 성립의 진정함이 증명된 때에는 증거로 할 수 있다(제312조 제6항).

정답 ④

83 사인이 동의를 받고 피해자와 피고인이 아닌 자 간의 대화내용을 촬영한 비디오테이프의 증거능력에 대한 설명으로 가장 적절한 것은? (다툼이 있는 경우 판례에 의함)

18. 경찰채용 2차

① 수사기관이 아닌 사인이 피고인 아닌 사람들 간의 대화 내용을 촬영한 비디오테이프는 수사과정에서 피고인이 아닌 자가 작성한 진술서에 관한 규정이 준용된다.
② 피고인이 비디오테이프를 증거로 함에 동의하지 아니하는 이상, 그 진술부분에 대하여 증거능력을 부여하기 위해서는 비디오테이프가 원본이어야만 한다.
③ 비디오테이프는 공판준비나 공판기일에서 작성자인 촬영자의 진술에 의하여 그 비디오테이프에 녹음된 진술내용이 진술한 대로 녹음된 것이라는 점이 인정되어야 성립의 진정을 인정할 수 있다.
④ 비디오테이프의 내용에 인위적인 조작이 가해지지 않은 것을 전제로, 원진술자가 비디오테이프의 시청을 마친 후 피촬영자인 자신의 모습과 음성을 확인하고 자신과 동일인이라고 진술한 것은 비디오테이프에 녹음된 진술내용이 자신이 진술한 대로 녹음된 것이라는 취지의 진술을 한 것으로 보아야 한다.

해설

① 【 X 】 수사기관이 아닌 사인이 피고인 아닌 사람들 간의 대화 내용을 촬영한 비디오테이프는 제313조 제1항 소정의 피고인 아닌 자가 작성한 피고인 아닌 자의 진술을 기재한 서류에 해당한다. 2016.5.29. 개정 형사소송법 제313조 제1항은 특수매체기록도 서류에 준하여 판단함을 명시한 바 있다.

② 【 X 】 녹음테이프는 그 성질상 작성자나 진술자의 서명 혹은 날인이 없을 뿐만 아니라, 녹음자의 의도나 특정한 기술에 의하여 그 내용이 편집, 조작될 위험성이 있음을 고려할 때, 그 대화내용을 녹음한 원본이거나 혹은 원본으로부터 복사한 사본일 경우에는 복사과정에서 편집되는 등의 인위적 개작 없이 원본의 내용 그대로 복사된 사본임이 입증되어야만 하고, 그러한 입증이 없는 경우에는 쉽게 그 증거능력을 인정할 수 없다(대판 2005.12.23. 2005도2945).

③ 【 X 】 피고인 아닌 자(피해자)가 작성한 피고인 아닌 자(원진술자)의 진술이 담긴 비디오테이프는 제313조 제1항 본문에 따라 원진술자의 공판정진술에 의한 성립의 진정이 인정되어야 증거능력이 인정된다.

④ 【 O 】 대판 2004.9.13. 2004도3161

정답 ④

84 전문법칙에 대한 설명으로 옳은 것은? (다툼이 있는 경우 판례에 의함) 18. 국가직

① "甲이 도둑질 하는 것을 보았다"라는 乙의 발언사실을 A가 법정에서 증언하는 경우, 乙의 명예훼손 사건에 대한 전문증거로서 전문법칙이 적용된다.
② 조사과정에 참여한 통역인의 증언은 검사작성 피의자신문조서에 대한 실질적 진정성립을 증명할 수 있는 수단으로서 「형사소송법」 제312조 제2항에 규정된 '영상녹화물이나 그 밖의 객관적인 방법'에 해당한다고 볼 수 없다.
③ 사법경찰관작성의 공동피고인(乙)에 대한 피의자신문조서를 乙이 법정에서 진정성립 및 내용을 인정한 경우, 공동피고인(甲)이 그 피의자신문조서의 진정성립 및 내용을 인정하지 않더라도 甲에 대하여 증거능력이 있다.
④ 의사가 작성한 진단서는 업무상 필요에 의하여 순서적, 계속적으로 작성되는 것이고 그 작성이 특히 신빙할 만한 정황에 의하여 작성된 문서이므로 당연히 증거능력이 인정되는 서류라고 할 수 있다.

해설

① 【 X 】 어떤 증거가 전문증거인지 여부는 요증사실과 관계에서 정하여지는바, 원진술의 내용인 사실이 요증사실인 경우에는 전문증거이니, 원진술의 존재지체기 요증사실인 경우, 예컨대 명예훼손사건에 있어서 명예훼손적 발언을 들은 자의 증언과 같은 경우는 본래증거이지 전문증거가 아니다(대판 2008.9.25. 2008도5347).

② 【 O 】 대판 2016.2.18. 2015도16586

③ 【 X 】 형사소송법 제312조 제2항은 검사 이외의 수사기관이 작성한 당해 피고인에 대한 피의자신문조서를 유죄의 증거로 하는 경우뿐만 아니라 검사 이외의 수사기관이 작성한 당해 피고인과 공범관계에 있는 다른 피고인이나 피의자에 대한 피의자신문조서를 당해 피고인에 대한 유죄의 증거로 채택할 경우에도 적용되는바, 당해 피고인과 공범관계가 있는 다른 피의자에 대한 검사 이외의 수사기관 작성의 피의자신문조서는 그 피의자의 법정진술에 의하여 그 성립의 진정이 인정되더라도 당해 피고인이 공판기일에서 그 조서의 내용을 부인하면 증거능력이 부정되므로 그 당연한 결과로 그 피의자신문조서에 대하여는 사망 등 사유로 인하여 법정에서 진술할 수 없는 때에 예외적으로 증거능력을 인정하는 규정인 형사소송법 제314조가 적용되지 아니한다(대판 2004.7.15. 2003도7185 전합).

④ 【 X 】 사인인 의사가 작성한 개개의 진단서는 통상문서라고 볼 수 없다는 것이 판례의 태도이다(대판 1969.3.31. 69도179).

정답 ②

85 다음 사례에 대한 설명으로 옳은 것은? (다툼이 있는 경우 판례에 의함)

19. 국가직

> 甲은 출근길 지하철에서 휴대전화로 여성의 은밀한 신체 부위를 몰래 촬영하는 乙을 발견하고 소리를 지른 후 주위 사람들과 합세하여 乙을 현행범인으로 체포하였고, 이후 출동한 사법경찰관 丙에게 인계하였다. 丙은 인계받은 乙로부터 휴대전화를 임의제출 받아 영치하였지만 사후에 압수영장을 발부받지는 않았다. 한편 甲은 丙의 요청으로 인근 지하철 수사대 사무실로 가서 자신이 목격한 사실을 자필 진술서로 작성하여 丙에게 제출하였다. 이후 乙에 대한 공소가 제기되어 형사재판이 진행되었으나 甲의 소재 불명으로 법정 출석이 불가능하게 되자 검사는 甲의 진술서와 乙의 휴대전화를 증거로 제출하였다.

① 검사가 증거로 제출한 휴대전화는 위법수집증거로서 증거능력이 인정되지 않는다.
② 甲이 소재불명이라 하더라도 공판기일에 丙이 출석하여 甲의 진술서 작성사실에 대한 진정성립을 인정하면 甲의 진술서의 증거능력이 인정된다.
③ 甲이 소재불명이므로 甲의 진술서는 특히 신빙할 수 있는 상태에서 작성되었음이 증명된 경우에 한해 증거능력이 인정된다.
④ 위 ③의 특신상태의 증명은 단지 그러할 개연성이 있다는 정도로 충분하다.

해설

① 【 X 】 乙로부터 휴대전화를 임의제출 받은 것은 임의제출물의 압수(형사소송법 제218조)에 해당한다. 그런데 임의제출물의 압수는 압수과정뿐만 아니라 사후에도 영장을 받을 필요가 없다. 따라서 사후영장을 받지 않았지만 임의제출물의 압수는 적법한 압수로서 증거능력이 인정된다.
② 【 X 】 甲이 작성하여 제출한 진술서는 수사과정에서 작성된 진술서(제312조 제5항)로 보아야 한다. 따라서 甲이 제출한 진술서는 제312조 제4항에 따라 참고인진술조서의 요건을 충족하면 증거능력이 인정된다. 이때 진술을 요하는 원진술자 甲이 출석하지 않아 진술을 할 수 없는 때에는 제314조의 요건을 갖춘 경우에 한해 증거능력을 인정할 수 있는 것이지, 丙이 진정성립을 인정하였다 하여 증거능력을 부여받을 수는 없는 것이다.
③ 【 O 】 참고인진술조서의 경우 원진술자(진술서의 작성자)가 성립의 진정을 인정하지 않더라도 제314조의 요건을 갖추면 증거능력이 인정될 수 있다. 따라서 소재불명인 이상 특신상태의 증명이 있으면 증거능력이 인정될 수 있다.
④ 【 X 】 형사소송법 제314조의 참고인의 진술 또는 작성이 '특히 신빙할 수 있는 상태하에서 행하여졌음에 대한 증명'은 단지 그러할 개연성이 있다는 정도로는 부족하고 합리적인 의심의 여지를 배제할 정도에 이르러야 한다(대판 2014.4.30. 2012도725).

정답 ③

86 전문법칙에 대한 설명으로 가장 적절하지 않은 것은? (다툼이 있는 경우 판례에 의함) 〈21. 경찰승진〉

① 압수된 디지털 저장매체로부터 출력한 문건을 진술증거로 사용하는 경우, 그 기재 내용의 진실성에 관하여는 전문법칙이 적용되므로 「형사소송법」 제313조 제1항에 따라 그 작성자 또는 진술자의 진술에 의하여 그 성립의 진정함이 증명된 때에는 이를 증거로 사용할 수 있다.
② 검사 또는 사법경찰관이 검증의 결과를 기재한 조서는 적법한 절차와 방식에 따라 작성된 것으로서 공판준비 또는 공판기일에서의 작성자의 진술에 따라 그 성립의 진정함이 증명된 때에는 증거로 할 수 있다.
③ 대화 내용을 녹음한 파일 등 전자매체는 성질상 작성자나 진술자의 서명 또는 날인이 없을 뿐만 아니라, 녹음자의 의도나 특정한 기술에 의하여 내용이 편집·조작될 위험성이 있음을 고려하여, 대화 내용을 녹음한 원본이거나 원본으로부터 복사한 사본일 경우에는 복사과정에서 편집되는 등의 인위적 개작 없이 원본의 내용 그대로 복사된 사본임이 입증되어야 한다.
④ 피고인 또는 피고인 아닌 사람이 컴퓨터용디스크에 입력하여 기억된 문자정보 또는 그 출력물을 증거로 사용하는 경우 컴퓨터용디스크 자체를 물증으로 취급하여야 하므로 그 기재내용의 진실성에 관하여는 전문법칙이 적용되지 않는다.

해설

① 【 O 】 대판 2013.6.13. 2012도16001
② 【 O 】 제312조 제6항
③ 【 O 】 대판 2015.1.22. 2014도10978 전합
④ 【 X 】 피고인 또는 피고인 아닌 사람이 컴퓨터용디스크 그 밖에 이와 비슷한 정보저장매체에 입력하여 기억된 문자정보 또는 그 출력물을 증거로 사용하는 경우, 이는 실질에 있어서 피고인 또는 피고인 아닌 사람이 작성한 진술서나 그 진술을 기재한 서류와 크게 다를 바 없고, 압수 후의 보관 및 출력과정에 조작의 가능성이 있으며, 기본적으로 반대신문의 기회가 보장되지 않는 점 등에 비추어 그 내용의 진실성에 관하여는 전문법칙이 적용되고, 따라서 원칙적으로 형사소송법 제313조 제1항에 의하여 작성자 또는 진술자의 진술에 의하여 성립의 진정함이 증명된 때에 한하여 이를 증거로 사용할 수 있다. 다만 정보저장매체에 기억된 문자정보의 내용의 진실성이 아닌 그와 같은 내용의 문자정보의 존재 자체가 직접 증거로 되는 경우에는 전문법칙이 적용되지 아니한다(대판 2013.2.15. 2010도3504).

정답 ④

87 전문법칙에 대한 설명으로 적절한 것만을 고른 것은 모두 몇 개인가? (다툼이 있는 경우 판례에 의함)

21. 경찰채용 1차

㉠ 다른 사람의 진술을 내용으로 하는 진술이 전문증거인지는 요증사실이 무엇인지에 따라 정해지는 바, 다른 사람의 진술, 즉 원진술의 내용인 사실이 요증사실인 경우에는 전문증거이지만 원진술의 존재 자체가 요증사실인 경우에는 본래증거이지 전문증거가 아니다.
㉡ 어떤 진술이 기재된 서류가 어떠한 내용의 진술을 하였다는 사실 자체에 대한 정황증거로 사용될 것이라는 이유로 서류의 증거능력을 인정한 다음 그 사실을 다시 진술 내용이나 그 진실성을 증명하는 간접사실로 사용하는 경우에 그 서류는 전문증거에 해당한다.
㉢ 甲이 乙로부터 들은 피고인 A의 진술내용을 수사기관이 진술조서에 기재하여 증거로 제출하였다면, 그 진술조서 중 피고인 A의 진술을 기재한 부분은 乙이 증거로 하는 데 동의하지 않는 한 「형사소송법」 제310조의2의 규정에 의하여 이를 증거로 할 수 없다.
㉣ 「형사소송법」 제312조부터 제316조까지의 규정에 따라 증거로 할 수 없는 서류나 진술이라도 공판준비 또는 공판기일에서의 피고인 또는 피고인 아닌 자의 진술의 증명력을 다투기 위하여 증거로 할 수 있다.

① 1개 ② 2개 ③ 3개 ④ 4개

해설

㉠【O】대판 2012.7.26. 2012도2937
㉡【O】대판 2019.8.29. 2018도13792 전합
㉢【X】전문진술이나 전문진술을 기재한 조서는 형사소송법 제310조의2의 규정에 의하여 원칙적으로 증거능력이 없으나, 다만 피고인 아닌 자의 공판준비 또는 공판기일에서의 진술이 피고인의 진술을 그 내용으로 하는 것인 때에는 형사소송법 제316조 제1항의 규정에 따라 그 진술이 특히 신빙할 수 있는 상태하에서 행하여진 때에 한하여 이를 증거로 할 수 있고, 그 전문진술이 기재된 조서는 형사소송법 제312조 내지 314조의 규정에 의하여 그 증거능력이 인정될 수 있는 경우에 해당하여야 함은 물론 나아가 형사소송법 제316조 제1항의 규정에 따른 위와 같은 조건을 갖춘 때에 예외적으로 증거능력을 인정하여야 할 것이다(대판 2000.9.8. 99도4814).
㉣【O】제318조의2 제1항

 정답 ③

88 전문증거의 증거능력에 대한 설명으로 옳지 않은 것은? (다툼이 있는 경우 판례에 의함) 21. 국가직

① 「형사소송법」 제312조 제4항에서 '적법한 절차와 방식에 따라 작성한다는 것'은 「형사소송법」이 피고인 아닌 사람의 진술에 대한 조서 작성 과정에서 지켜야 한다고 정한 여러 절차를 준수하고 조서의 작성 방식에도 어긋나지 않아야 한다는 것을 의미한다.

② 「형사소송법」 제313조에 따르면 피고인이 작성한 진술서는 공판준비나 공판기일에서의 피고인의 진술에 의하여 그 성립의 진정함이 증명된 때에만 증거로 할 수 있고, 피고인이 그 성립의 진정을 부인한 경우에는 증거로 할 수 있는 방법은 없다.

③ 「형사소송법」 제314조의 '외국거주'는 진술을 하여야 할 사람이 외국에 있다는 사정만으로는 부족하고, 가능하고 상당한 수단을 다하더라도 그 사람을 법정에 출석하게 할 수 없는 사정이 있어야 예외적으로 그 요건이 충족될 수 있다.

④ 「형사소송법」 제316조 제2항에서 '그 진술이 특히 신빙할 수 있는 상태하에서 행하여졌음'이란 진술 내용에 허위가 개입할 여지가 거의 없고, 진술 내용의 신빙성이나 임의성을 담보할 구체적이고 외부적인 정황이 있는 경우를 의미한다.

해설

① 【 O 】 대판 2017.7.18. 2015도12981, 2015전도218
② 【 X 】 진술서의 작성자가 공판준비나 공판기일에서 그 성립의 진정을 부인하는 경우에는 과학적 분석결과에 기초한 디지털포렌식 자료, 감정 등 객관적 방법으로 성립의 진정함이 증명되는 때에는 증거로 할 수 있다(제313조 제2항 본문).
③ 【 O 】 대판 2016.2.18. 2015도17115
④ 【 O 】 대판 2017.7.18. 2015도12981, 2015전도218

정답 ②

89 전문증거에 관한 다음 설명 중 가장 옳은 것은? (다툼이 있는 경우 판례에 의함)   21. 법원직

① 피고인과 공범관계가 있는 다른 피의자에 대하여 검사 이외의 수사기관이 작성한 피의자신문조서는 그 피의자의 법정진술에 의하여 성립의 진정이 인정되는 등 형사소송법 제312조 제4항의 요건을 갖춘 경우라면 해당 피고인이 공판기일에서 그 조서의 내용을 부인하여도 이를 유죄 인정의 증거로 사용할 수 있다.

② 수사기관에서 진술한 참고인이 법정에서 증언을 거부하여 피고인이 반대신문을 하지 못한 경우에는 증인이 정당하게 증언거부권을 행사한 것이 아니라면 형사소송법 제314조의 '그 밖에 이에 준하는 사유로 인하여 진술할 수 없는 때'에 해당한다고 보아야 한다.

③ 수사기관이 참고인을 조사하는 과정에서 참고인의 동의를 받아 작성한 영상녹화물은, 다른 법률에서 달리 규정하고 있는 등의 특별한 사정이 없는 한, 공소사실을 직접 증명할 수 있는 독립적인 증거로 사용될 수 있다.

④ 형사소송법은 전문진술에 대하여 제316조에서 실질상 단순한 전문의 형태를 취하는 경우에 한하여 예외적으로 그 증거능력을 인정하는 규정을 두고 있을 뿐, 재전문진술이나 재전문진술을 기재한 조서에 대하여는 달리 그 증거능력을 인정하는 규정을 두고 있지 아니하므로, 피고인이 증거로 하는 데 동의하지 아니하는 한 형사소송법 제310조의2의 규정에 의하여 이를 증거로 할 수 없다.

해설

① 【 X 】 구 형사소송법(2007.6.1. 법률 제8496호로 개정되기 전의 것. 이하 같다) 제312조 제2항은 검사 이외의 수사기관이 작성한 당해 피고인에 대한 피의자신문조서를 유죄의 증거로 하는 경우뿐만 아니라 검사 이외의 수사기관이 작성한 당해 피고인과 공범관계에 있는 다른 피고인이나 피의자에 대한 피의자신문조서를 당해 피고인에 대한 유죄의 증거로 채택할 경우에도 적용된다. 따라서 당해 피고인과 공범관계가 있는 다른 피의자에 대한 검사 이외의 수사기관 작성의 피의자신문조서는 그 피의자의 법정진술에 의하여 그 성립의 진정이 인정되더라도 당해 피고인이 공판기일에서 그 조서의 내용을 부인하면 증거능력이 부정되므로 그 당연한 결과로 그 피의자신문조서에 대하여는 사망 등 사유로 인하여 법정에서 진술할 수 없는 때에 예외적으로 증거능력을 인정하는 규정인 구 형사소송법 제314조가 적용되지 아니한다(대판 2008.9.25. 2008도5189).

② 【 X 】 [다수의견] 수사기관에서 진술한 참고인이 법정에서 증언을 거부하여 피고인이 반대신문을 하지 못한 경우에는 정당하게 증언거부권을 행사한 것이 아니라도, 피고인이 증인의 증언거부 상황을 초래하였다는 등의 특별한 사정이 없는 한 형사소송법 제314조의 '그 밖에 이에 준하는 사유로 인하여 진술할 수 없는 때'에 해당하지 않는다고 보아야 한다. 따라서 증인이 정당하게 증언거부권을 행사하여 증언을 거부한 경우와 마찬가지로 수사기관에서 그 증인의 진술을 기재한 서류는 증거능력이 없다.

다만 피고인이 증인의 증언거부 상황을 초래하였다는 등의 특별한 사정이 있는 경우에는 형사소송법 제314조의 적용을 배제할 이유가 없다. 이러한 경우까지 형사소송법 제314조의 '그 밖에 이에 준하는 사유로 인하여 진술할 수 없는 때'에 해당하지 않는다고 보면 사건의 실체에 대한 심증 형성은 법관의 면전에서 본래증거에 대한 반대신문이 보장된 증거조사를 통하여 이루어져야 한다는 실질적 직접심리주의와 전문법칙에 대하여 예외를 정한 형사소송법 제314조의 취지에 반하고 정의의 관념에도 맞지 않기 때문이다(대판 2019.11.21. 2018도13945 전합).

③ 【 X 】 2007.6.1. 법률 제8496호로 개정되기 전의 형사소송법에는 없던 수사기관에 의한 피의자 아닌 자(이하 '참고인'이라 한다) 진술의 영상녹화를 새로 정하면서 그 용도를 참고인에 대한 진술조서의 실질적 진정성립을 증명하거나 참고인의 기억을 환기시키기 위한 것으로 한정하고 있는 현행 형사소송법의 규정 내용을 영상물에 수록된 성범죄 피해자의 진술에 대하여 독립적인 증거능력을 인정하고 있는 성폭력범죄의 처벌 등에 관한 특례법 제30조 제6항 또는 아동·청소년의 성보호에 관한 법률 제26조 제6항의 규정과 대비하여 보면, 수사기관이 참고인을 조사하는 과정에서 형사소송법 제221조 제1항에 따라 작성한 영상녹화물은, 다른 법률에서 달리 규정하고 있는 등의 특별한 사정이 없는 한, 공소사실을 직접 증명할 수 있는 독립적인 증거로 사용될 수는 없다고 해석함이 타당하다(대판 2014.7.10. 2012도5041).

④ 【 O 】 대판 2000.3.10. 2000도159

정답 ④

90 사법경찰관이 작성한 조서의 증거능력에 관한 설명으로 가장 적절한 것은? (다툼이 있는 경우 판례에 의함)

21. 경찰채용 2차

① 검사 이외의 수사기관이 작성한 피의자신문조서의 증거능력에 관한 형사소송법 제312조 제3항은 당해 사건에서 작성한 피의자신문조서뿐만 아니라 별개 사건에서 작성한 피의자신문조서에 대해서도 적용되므로, 피의자였던 피고인이 별개 사건에서 작성된 피의자신문조서의 내용을 부인하는 이상 그 조서는 당해 사건에 대한 유죄의 증거로 할 수 없다.

② 형사소송법 제312조 제3항은 검사 이외의 수사기관이 작성한 당해 피고인 甲에 대한 피의자신문조서를 유죄의 증거로 하는 경우에만 적용되고 甲과 공범관계에 있는 다른 피의자 乙에 대한 피의자신문조서에는 적용되지 않으므로, 乙에 대한 사법경찰관 작성의 피의자신문조서는 甲이 공판기일에서 그 조서의 내용을 부인하더라도 乙의 법정진술에 의하여 그 성립의 진정이 인정되면 증거로 할 수 있다.

③ 사법경찰관이 피의자 아닌 자의 진술을 기재한 조서를 작성함에 있어서 진술자의 성명을 가명으로 기재하였다면 그 이유만으로도 그 조서는 적법한 절차와 방식에 따라 작성되었다고 할 수 없고, 공판기일에 원진술자가 출석하여 자신의 진술을 기재한 조서임을 확인함과 아울러 그 조서의 실질적 진정성립을 인정하고 나아가 그에 대한 반대신문이 이루어졌다고 하더라도 그 증거능력이 인정되지 않는다.

④ 사법경찰관이 피의자를 조사하는 경우와는 달리 피의자가 아닌 자를 조사하는 경우에는 조사과정의 진행경과를 확인하기 위하여 필요한 사항을 조서에 기록하거나 별도의 서면에 기록한 후 수사기록에 편철할 것을 요하지 않으므로, 사법경찰관이 그 조사과정을 기록하지 아니하였더라도 다른 특별한 사정이 없는 한 피의자 아닌 자가 조사과정에서 작성한 진술서는 증거로 할 수 있다.

해 설

① 【O】대판 1995.3.24. 94도2287

② 【X】형사소송법 제312조 제2항은 검사 이외의 수사기관이 작성한 당해 피고인에 대한 피의자신문조서를 유죄의 증거로 하는 경우뿐만 아니라 검사 이외의 수사기관이 작성한 당해 피고인과 공범관계에 있는 다른 피고인이나 피의자에 대한 피의자신문조서를 당해 피고인에 대한 유죄의 증거로 채택할 경우에도 적용되는바, 당해 피고인과 공범관계가 있는 다른 피의자에 대한 검사 이외의 수사기관 작성의 피의자신문조서는 그 피의자의 법정진술에 의하여 그 성립의 진정이 인정되더라도 당해 피고인이 공판기일에서 그 조서의 내용을 부인하면 증거능력이 부정되므로 그 당연한 결과로 그 피의자신문조서에 대하여는 사망 등 사유로 인하여 법정에서 진술할 수 없는 때에 예외적으로 증거능력을 인정하는 규정인 형사소송법 제314조가 적용되지 아니한다(대판 2004.7.15. 2003도7185 전합).

③ 【X】형사소송법 제312조 제4항은 검사 또는 사법경찰관이 피고인이 아닌 자의 신술을 기재한 소서의 증거능력이 인정되려면 '적법한 절차와 방식에 따라 작성된 것'이어야 한다고 규정하고 있다. 여기서 적법한 절차와 방식이라 함은 피의자 또는 제3자에 대한 조서 작성 과정에서 지켜야 할 진술거부권의 고지 등 형사소송법이 정한 제반 절차를 준수하고 조서의 작성방식에도 어긋남이 없어야 한다는 것을 의미한다. 그런데 형사소송법은 조서에 진술자의 실명 등 인적 사항을 확인하여 이를 그대로 밝혀 기재할 것을 요구하는 규정을 따로 두고 있지는 아니하다. 따라서 「특정범죄신고자 등 보호법」 등에서처럼 명시적으로 진술자의 인적 사항의 전부 또는 일부의 기재를 생략할 수 있도록 한 경우가 아니라 하더라도, 진술자와 피고인의 관계, 범죄의 종류, 진술자 보호의 필요성 등 여러 사정으로 볼 때 상당한 이유가 있는 경우에는 수사기관이 진술자의 성명을 가명으로 기재하여 조서를 작성하였다고 해서 그 이유만으로 그 조서가 '적법한 절차 및 방식'에 따라 작성되지 않았다고 할 것은 아니다. 그러한 조서라도 공판기일 등에 원진술자가 출석하여 자신의 진술을 기재한 조서임을 확인함과 아울러 그 조서의 실질적 진정성립을 인정하고 나아가 그에 대한 반대신문이 이루어지는 등 형사소송법 제312조 제4항에서 규정한 조서의 증거능력 인정에 관한 다른 요건이 모두 갖추어진 이상 그 증거능력을 부정할 것은 아니라고 할 것이다(대판 2012.5.24. 2011도7757).

④ 【X】형사소송법 제221조 제1항, 제244조의4 제1항, 제3항, 제312조 제4항, 제5항 및 그 입법 목적 등을 종합하여 보면, 피고인이 아닌 자가 수사과정에서 진술서를 작성하였지만 수사기관이 그에 대한 조사과정을 기록하지 아니하여 형사소송법 제244조의4 제3항, 제1항에서 정한 절차를 위반한 경우에는, 특별한 사정이 없는 한 '적법한 절차와 방식'에 따라 수사과정에서 진술서가 작성되었다 할 수 없으므로 증거능력을 인정할 수 없다(대판 2015.4.23. 2013도3790).

정답 ①

91 전문증거의 증거능력에 대한 설명으로 옳은 것은?

23. 국가직

① 진술이 기재된 서류가 그 진술을 하였다는 사실 자체에 대한 정황증거로 사용될 것이라는 이유로 그 서류의 증거능력이 인정된 다음 그 사실을 다시 진술 내용의 진실성을 증명하는 간접사실로 사용하면 그 서류는 전문증거에 해당한다.
② 검사가 작성한 피고인 아닌 자에 대한 진술조서에 관하여 피고인이 공판정 진술과 배치되는 부분은 부동의한다고 진술하였다면, 진술조서 중 부동의한 부분을 제외한 나머지 부분에 대해서는 피고인이 그 조서를 증거로 함에 동의한다는 취지로 해석하여야 한다.
③ 검사의 조사를 받은 참고인이 법정에서 증언을 거부하여 피고인이 반대신문을 하지 못한 경우라도 그 증언 거부권 행사가 정당하다면 형사소송법 제314조의 '그 밖에 이에 준하는 사유로 인하여 진술할 수 없는 때'에 해당하므로 특별한 사정이 없는 한 참고인에 대한 검사작성 조서는 증거능력이 인정된다.
④ 참고인의 진술을 내용으로 하는 조사자의 증언은, 그 참고인이 법정에 출석하여 조사 당시의 진술을 부인하는 취지로 증언하였더라도, 그 진술이 '특히 신빙할 수 있는 상태하에서 행하여졌음'이 증명되면 증거능력이 인정된다.

해설

① 【 O 】 대판 2019.8.29. 2018도14303
② 【 X 】 검사작성의 피고인아닌 자에 대한 진술조서에 관하여 피고인이 공판정 진술과 배치되는 부분은 부동의한다고 진술한 것은 조서내용의 특정부분에 대하여 증거로 함에 동의한다는 특별한 사정이 있는 때와는 달리 그 조서를 증거로 함에 동의하지 아니한다는 취지로 해석하여야 한다(대판 1984.10.10. 84도1552).
③ 【 X 】 수사기관에서 진술한 참고인이 법정에서 증언을 거부하여 피고인이 반대신문을 하지 못한 경우에는 정당하게 증언거부권을 행사한 것이 아니라도, 피고인이 증인의 증언거부 상황을 초래하였다는 등의 특별한 사정이 없는 한 형사소송법 제314조의 '그 밖에 이에 준하는 사유로 인하여 진술할 수 없는 때'에 해당하지 않는다고 보아야 한다. 따라서 증인이 정당하게 증언거부권을 행사하여 증언을 거부한 경우와 마찬가지로 수사기관에서 그 증인의 진술을 기재한 서류는 증거능력이 없다(대판 2019.11.21. 2018도13945).
④ 【 X 】 형사소송법 제316조 제2항은 "피고인 아닌 자의 공판준비 또는 공판기일에서의 진술이 피고인 아닌 타인의 진술을 그 내용으로 하는 것인 때에는 원진술자가 사망, 질병, 외국거주, 소재불명, 그 밖에 이에 준하는 사유로 인하여 진술할 수 없고, 그 진술이 특히 신빙할 수 있는 상태하에서 행하여졌음이 증명된 때에 한하여 이를 증거로 할 수 있다"고 규정하고 있고, 같은 조 제1항에 따르면 위 '피고인 아닌 자'에는 공소제기 전에 피고인 아닌 타인을 조사하였거나 그 조사에 참여하였던 자(이하 '조사자'라고 한다)도 포함된다. 따라서 조사자의 증언에 증거능력이 인정되기 위해서는 원진술자가 사망, 질병, 외국거주, 소재불명, 그 밖에 이에 준하는 사유로 인하여 진술할 수 없어야 하는 것이라서, 원진술자가 법정에 출석하여 수사기관에서 한 진술을 부인하는 취지로 증언한 이상 원진술자의 진술을 내용으로 하는 조사자의 증언은 증거능력이 없다(대판 2008.9.25. 2008도6985).

정답 ①

92 검사 및 사법경찰관 작성 피의자신문조서와 진술조서에 관한 설명으로 가장 적절하지 않은 것은? (다툼이 있는 경우 판례에 의함)

25. 경찰승진

① 양벌규정에 따라 처벌되는 행위자와 행위자가 아닌 법인 간의 관계는 행위자가 저지른 법규위반행위가 사업주의 법규 위반행위와 사실관계가 동일하거나 적어도 중요 부분을 공유한다는 점에서 내용상 불가분적 관련성을 지닌다고 보아야 하므로 「형법」 총칙의 공범관계 등과 마찬가지로 인권보장적인 요청에 따라 「형사소송법」 제312조 제3항이 적용된다.

② 사법경찰관이 피의자에게 진술거부권을 행사할 수 있음을 알려 주고 그 행사 여부를 질문하였다 하더라도, 「형사소송법」 제244조의3 제2항에 규정한 방식에 위반하여 피의자신문조서를 작성하였다면 특별한 사정이 없는 한 동법 제312조 제3항에서 정한 '적법한 절차와 방식'에 따라 작성된 조서라 할 수 없다.

③ 제1심에서 피고인에 대하여 무죄판결이 선고되어 검사가 항소한 후, 수사기관이 항소심 공판기일에 증인으로 신청하여 신문할 수 있는 사람을 특별한 사정 없이 미리 수사기관에 소환하여 작성한 진술조서는 피고인이 증거로 할 수 있음에 동의하더라도 증거능력이 없다.

④ 수사기관이 작성한 조서의 내용이 원진술자가 진술한 대로 기재된 것이라 함은 조서 작성 당시 원진술자의 진술대로 기재되었는지의 여부만을 의미하는 것으로, 그와 같이 진술하게 된 연유나 그 진술의 신빙성 여부는 고려할 것이 아니다.

해설

① 【 O 】 형사소송법 제312조 제3항은 검사 이외의 수사기관이 작성한 해당 피고인에 대한 피의자신문조서를 유죄의 증거로 하는 경우뿐만 아니라 검사 이외의 수사기관이 작성한 해당 피고인과 공범관계에 있는 다른 피고인이나 피의자에 대한 피의자신문조서를 해당 피고인에 대한 유죄의 증거로 채택할 경우에도 적용된다. 따라서 해당 피고인과 공범관계가 있는 다른 피의자에 대하여 검사 이외의 수사기관이 작성한 피의자신문조서는 그 피의자의 법정진술에 의하여 성립의 진정이 인정되는 등 형사소송법 제312조 제4항의 요건을 갖춘 경우라도 해당 피고인이 공판기일에서 그 조서의 내용을 부인한 이상 이를 유죄 인정의 증거로 사용할 수 없고, 그 당연한 결과로 위 피의자신문조서에 대하여는 사망 등 사유로 인하여 법정에서 진술할 수 없는 때에 예외적으로 증거능력을 인정하는 규정인 형사소송법 제314조가 적용되지 아니한다. 그리고 이러한 법리는 공동정범이나 교사범, 방조범 등 공범관계에 있는 자들 사이에서뿐만 아니라, 법인의 대표자나 법인 또는 개인의 대리인, 사용인, 그 밖의 종업원 등 행위자의 위반행위에 대하여 행위자가 아닌 법인 또는 개인이 양벌규정에 따라 기소된 경우, 이러한 법인 또는 개인과 행위자 사이의 관계에서도 마찬가지로 적용된다고 보아야 한다(대판 2020.6.11. 2016도9367).

② 【 O 】 헌법 제12조 제2항, 형사소송법 제244조의3 제1항, 제2항, 제312조 제3항에 비추어 보면, 비록 사법경찰관이 피의자에게 진술거부권을 행사할 수 있음을 알려 주고 그 행사 여부를 질문하였다 하더라도, 형사소송법 제244조의3 제2항에 규정한 방식에 위반하여 진술거부권 행사 여부에 대한 피의자의 답변이 자필로 기재되어 있지 아니하거나 그 답변 부분에 피의자의 기명날인 또는 서명이 되어 있지 아니한 사법경찰관 작성의 피의자신문조서는 특별한 사정이 없는 한 형사소송법 제312조 제3항에서 정한 '적법한 절차와 방식'에 따라 작성된 조서라 할 수 없으므로 그 증거능력을 인정할 수 없다(대판 2013.3.28. 2010도3359).

③ 【 X 】 제1심에서 피고인에 대하여 무죄판결이 선고되어 검사가 항소한 후, 수사기관이 항소심 공판기일에 증인으로 신청하여 신문할 수 있는 사람을 특별한 사정 없이 미리 수사기관에 소환하여 작성한 진술조서는 피고인이 증거로 할 수 있음에 동의하지 않는 한 증거능력이 없다(대판 2019.11.28. 2013도6825).

④ 【 O 】 수사기관이 작성한 조서의 내용이 원진술자가 진술한 대로 기재된 것이라 함은 조서 작성 당시 원진술자의 진술대로 기재되었는지의 여부만을 의미하는 것으로, 그와 같이 진술하게 된 연유나 그 진술의 신빙성 여부는 고려할 것이 아니다(대판 2005.6.10. 2005도1849).

정답 ③

93 증거에 대한 설명으로 옳지 않은 것은? (다툼이 있는 경우 판례에 의함) 21. 국가직 7급

① 유류물의 경우 영장 없이 압수하였더라도 영장주의를 위반한 잘못이 있다 할 수 없고, 압수 후 압수조서의 작성 및 압수목록의 작성·교부 절차가 제대로 이행되지 아니한 잘못이 있다 하더라도, 그것이 적법절차의 실질적인 내용을 침해하는 경우에 해당하는 것은 아니다.

② 제1심에서 피고인에 대하여 무죄판결이 선고되어 검사가 항소한 후, 수사기관이 항소심 공판기일에 증인으로 신청하여 신문할 수 있는 사람을 특별한 사정 없이 미리 수사기관에 소환하여 작성한 진술조서나 피의자신문조서는 피고인이 증거로 삼는 데 동의하지 않는 한 증거능력이 없지만, 참고인 등이 나중에 법정에 증인으로 출석하여 위 진술조서 등의 진정성립을 인정하고 피고인 측에 반대신문의 기회까지 충분히 부여되었다면 하자가 치유되었다고 할 것이므로 위 진술조서 등의 증거능력을 인정할 수 있다.

③ 피고인의 사용인이 위반행위를 하여 피고인이 양벌규정에 따라 기소된 경우, 사용인에 대하여 사법경찰관이 작성한 피의자신문조서에 대하여는 그 사용인이 사망하여 진술할 수 없더라도「형사소송법」제314조가 적용되지 않는다.

④ 압수조서의 '압수경위'란에 피고인이 범행을 저지르는 현장을 목격한 사법경찰관 및 사법경찰리의 진술이 담겨 있고, 그 하단에 피고인의 범행을 직접 목격하면서 위 압수조서를 작성한 사법경찰관 및 사법경찰리의 각 기명날인이 들어가 있다면, 위 압수조서 중 '압수경위'란에 기재된 내용은「형사소송법」제312조 제5항에서 정한 '피고인이 아닌 자가 수사과정에서 작성한 진술서'에 준하는 것으로 볼 수 있다.

해설

① 【 O 】 대판 2011.5.26. 2011도1902
② 【 X 】 제1심에서 피고인에 대하여 무죄판결이 선고되어 검사가 항소한 후, 수사기관이 항소심 공판기일에 증인으로 신청하여 신문할 수 있는 사람을 특별한 사정 없이 미리 수사기관에 소환하여 작성한 진술조서는 피고인이 증거로 할 수 있음에 동의하지 않는 한 증거능력이 없다고 할 것이다. 검사가 공소를 제기한 후 참고인을 소환하여 피고인에게 불리한 진술을 기재한 진술조서를 작성하여 이를 공판절차에 증거로 제출할 수 있게 한다면, 피고인과 대등한 당사자의 지위에 있는 검사가 수사기관으로서의 권한을 이용하여 일방적으로 법정 밖에서 유리한 증거를 만들 수 있게 하는 것이므로 당사자주의·공판중심주의·직접심리주의에 반하고 피고인의 공정한 재판을 받을 권리를 침해하기 때문이다(대판 2019.11.28. 2013도6825).
③ 【 O 】 대판 2020.6.11. 2016도9367
④ 【 O 】 대판 2019.11.14. 2019도13290

정답 ②

94 전문법칙에 대한 설명으로 옳은 것을 모두 고른 것은? (다툼이 있는 경우 판례에 의함) 18. 경찰승진

㉠ 검사가 작성한 진술조서의 진정성립과 관련하여 조사과정에 참여한 통역인의 증언은 '영상녹화물이나 그 밖의 객관적인 방법'에 해당한다고 볼 수 없다.
㉡ 전문의 진술을 증거로 함에 있어서는 전문진술자가 원진술자로부터 진술을 들을 당시 원진술자가 증언능력에 준하는 능력을 갖춘 상태에 있어야 하는 것은 아니다.
㉢ 수사기관에서 진술한 피해자인 유아가 공판정에서 진술을 하였더라도 증인신문 당시 일정한 사항에 관하여 기억이 나지 않는다는 취지로 진술하여 그 진술의 일부가 재현 불가능하게 된 경우, 「형사소송법」 제314조, 제316조 제2항에서 말하는 '원진술자가 진술을 할 수 없는 때'에 해당한다.
㉣ 증인의 주소지가 아닌 곳으로 소환장을 보내 송달불능이 되자 그 곳을 중심한 소재탐지 끝에 소재불능 회보를 받은 경우에는 「형사소송법」 제314조에서 말하는 원진술자가 공판정에서 진술할 수 없는 때에 해당한다.

① ㉠, ㉡   ② ㉠, ㉢   ③ ㉠, ㉣   ④ ㉢, ㉣

해설

㉠ 【O】 대판 2016.2.18. 2015도16586
㉡ 【X】 전문의 진술을 증거로 함에 있어서는 전문진술자가 원진술자로부터 진술을 들을 당시 원진술자가 증언능력에 준하는 능력을 갖춘 상태에 있어야 할 것인데, 증인의 증언능력은 증인 자신이 과거에 경험한 사실을 그 기억에 따라 공술할 수 있는 정신적인 능력이라 할 것이므로, 유아의 증언능력에 관해서도 그 유무는 단지 공술자의 연령만에 의할 것이 아니라 그의 지적수준에 따라 개별적이고 구체적으로 결정되어야 함은 물론 공술의 태도 및 내용 등을 구체적으로 검토하고, 경험한 과거의 사실이 공술자의 이해력, 판단력 등에 의하여 변식될 수 있는 범위 내에 속하는가의 여부도 충분히 고려하여 판단하여야 한다(대판 2006.4.14. 2005도9561).
㉢ 【O】 대판 1999.11.26. 99도3786
㉣ 【X】 형사소송법 제314조에서 말하는 "공판기일에 진술을 요할 자가 사망, 질병 기타 사유로 인하여 진술할 수 없을 때"라 함은 단순히 소환장이 주소불명 등으로 송달불능된 것만으로는 부족하고, 송달불능이 되어 소재탐지촉탁까지 하여 소재수사를 하였음에도 불구하고, 그 소재를 확인할 수 없어 출석하지 아니한 경우에 비로소 이에 해당한다고 할 것이며, 증인의 주소지가 아닌 곳으로 소환장을 보내 송달불능이 되자 그 곳을 중심으로 소재탐지를 한 끝에 소재탐지불능 회보를 받은 경우에는 이에 해당한다고 볼 수 없다(대판 2006.12.22. 2006도7479)

정답 ②

95 다음 중 형사소송법 제314조에 규정된 '진술을 요할 자가 사망·질병·외국거주·소재불명, 그 밖에 이에 준하는 사유로 진술할 수 없는 때'에 해당되는 경우는 모두 몇 개인가? (다툼이 있는 경우 판례에 의함)

16. 법원직

> ㉠ 법정에 출석한 증인이 정당하게 증언거부권을 행사하여 증언을 거부한 경우
> ㉡ 피고인이 증거서류의 진정성립을 묻는 검사의 질문에 대하여 진술거부권을 행사하여 진술을 거부한 경우
> ㉢ 진술을 요할 자가 법원의 소환에 계속 불응하고, 구인하여도 구인장이 집행되지 아니하는 등 법정에서의 신문이 불가능한 상태의 경우
> ㉣ 진술을 요할 자가 외국에 있고 그를 공판정에 출석시켜 진술하게 할 가능하고 상당한 모든 수단을 다하더라도 출석하게 할 수 없는 경우
> ㉤ 공판기일에 진술을 요하는 자가 노인성 치매로 인한 기억력 장애 등으로 진술할 수 없는 상태일 때

① 1개   ② 2개   ③ 3개   ④ 4개

[해설]

해당하는 것은 ㉢㉣㉤ 총 3개이다.

- ㉠ **[해당하지 않음]** 법정에 출석한 증인이 형사소송법 제148조, 제149조 등에서 정한 바에 따라 정당하게 증언거부권을 행사하여 증언을 거부한 경우는 형사소송법 제314조의 '그 밖에 이에 준하는 사유로 인하여 진술할 수 없는 때'에 해당하지 아니한다(대판 2012.5.17. 2009도6788 전합).
- ㉡ **[해당하지 않음]** 헌법은 모든 국민은 형사상 자기에게 불리한 진술을 강요당하지 아니한다고 선언하고(제12조 제2항), 형사소송법은 피고인은 진술하지 아니하거나 개개의 질문에 대하여 진술을 거부할 수 있다고 규정하여(제283조의2 제1항), 진술거부권을 피고인의 권리로서 보장하고 있다. 현행 형사소송법 제314조의 문언과 개정 취지, 진술거부권 관련 규정의 내용 등에 비추어 보면, 피고인이 증거서류의 진정성립을 묻는 검사의 질문에 대하여 진술거부권을 행사하여 진술을 거부한 경우는 형사소송법 제314조의 '그 밖에 이에 준하는 사유로 인하여 진술할 수 없는 때'에 해당하지 아니한다고 할 것이다(대판 2013.6.13. 2012도16001).
- ㉢ **[해당함]** 형사소송법 제314조에 의하여 동법 제312조의 조서나 동법 제313조의 진술서, 서류 등을 증거로 하기 위하여는 진술을 요할 자가 사망, 질병 기타 사유로 인하여 공판정에 출정하여 진술을 할 수 없는 경우이어야 하고 그 진술 또는 서류의 작성이 특히 신빙할 수 있는 상태 하에 행하여진 것이라야 한다는 두 가지 요건이 갖추어져야 할 것인바, 첫째 요건을 형사소송의 공공성에 비추어 볼 때 진술을 요할 자가 출정증언을 원하지 않는다고 하여 그 적용을 부정할 수는 없고 법원이 그 진술을 요할 자를 법정에서 심문할 수 없는 사정이 있으면 그 적용이 있다고 할 것이므로, 진술을 요할 자가 일정한 주거를 가지고 있더라도 법원의 소환에 계속 불응하고 구인하여도 구인장이 집행되지 않는 등 법정에서의 심문이 불가능한 상태이면 그 요건은 충족되었다고 보아야 한다(대판 1989.6.27. 89도351).
- ㉣ **[해당함]** 구 형사소송법 제314조의 필요성 요건 중 '외국거주'라 함은 진술을 요할 자가 외국에 있다는 것만으로는 부족하고, 수사과정에서 수사기관이 그 진술을 청취하면서 그 진술자의 외국거주 여부와 장래 출국 가능성을 확인하고 만일 그 진술자의 거주지가 외국이거나 그가 가까운 장래에 출국하여 장기간 외국에 체류하는 등의 사정으로 향후 공판정에 출석하여 진술을 할 수 없는 경우가 발생할 개연성이 있다면 그 진술자의 외국 연락처를, 일시 귀국할 예정이 있다면 그 귀국 시기와 귀국시 체류 장소와 연락 방법 등을 사전에 미리 확인하고 그 진술자에게 공판정 진술을 하기 전에는 출국을 미루거나, 출국한 후라도 공판 진행 상황에 따라 일시 귀국하여 공판정에 출석하여 진술하게끔 하는 방안을 확보하여 그 진술자로 하여금 공판정에 출석하여 진술할 기회를 충분히 제공하며, 그 밖에 그를 공판정에 출석시켜 진술하게 할 모든 수단을 강구하는 등 가능하고 상당한 수단을 다하더라도 그 진술을 요할 자를 법정에 출석하게 할 수 없는 사정이 있어야 예외적으로 그 요건이 충족된다(대판 2008.2.28. 2007도10004).
- ㉤ **[해당함]** 사법경찰리 작성의 피해자에 대한 진술조서와 검사 및 사법경찰리 작성의 피고인에 대한 각 피의자신문조서 중 피해자의 진술부분은 비록 피고인이 이를 증거로 함에 동의하지 아니하였고 또 피해자가 제1심이나 원심에서 그 진정성립을 인정한 바도 없지만, 피해자는 제1심에서 증인으로 소환할 당시부터 노인성 치매로 인한 기억력 장애, 분별력 상실 등으로 인하여 진술할 수 없는 상태하에 있었고 나아가 위 각 진술이 그 내용에 있어서 시종 일관되며 특히 검사 및 사법경찰리 작성의 각 피의자신문조서상의 각 진술부분은 피고인과의 대질하에서 이루어진 것인 점 등에 비추어 그 각 진술내용의 신용성이나 임의성을 담보할 만한 구체적인 정황이 있는 경우에 해당되어 특히 신빙할 수 있는 상태하에서 행하여진 것이라고 보여지므로, 각 형사소송법 제314조에 의하여 증거능력이 있는 증거라 할 것이다(대판 1992.3.13. 91도2281).

정답 ③

96 형사소송법 제314조에 규정된 '진술을 요하는 자가 사망·질병·외국거주·소재불명 그 밖의 이에 준하는 사유로 진술할 수 없는 때'에 해당하지 않은 것은? (다툼이 있으면 판례에 의함)   16. 경찰승진

① 10세 남짓의 성추행 피해자인 진술자가 만 5세 무렵에 당한 성추행으로 인하여 외상 후 스트레스 증후군을 앓고 있다는 등의 이유로 공판정에 출석하지 아니한 경우
② 증인으로 소환당할 당시부터 노인성 치매로 인한 기억력 장애, 분별력 상실 등으로 인하여 진술할 수 없는 상태하에 있는 경우
③ 증인으로 출석해야 할 자가 외국에 거주하면서 법원의 소환에 계속 불응하고, 구인장 집행도 불가능한 상태에 있는 등 가능하고 상당한 수단을 다하더라도 그 진술을 요할 자를 법정에 출석하게 할 수 없는 경우
④ 진술을 요할 자가 중풍·언어장애 등 3급 5호의 장애로 인하여 법정에 출석할 수 없었고, 그 후 신병을 치료하기 위하여 속초로 간 후에는 그에 대한 소재탐지가 불가능하게 된 경우

[해설]
① 【 X 】 대판 2006.5.25. 2004도3619
② 【 O 】 대판 1992.3.13. 91도2281
③ 【 O 】 대판 2009.7.26. 2006도9294
④ 【 O 】 대판 1999.5.14. 99도202

정답 ①

97 형사소송법 제314조에 규정된 '공판준비 또는 공판기일에 진술을 요하는 자가 사망·질병·외국거주·소재불명 그 밖에 이에 준하는 사유로 인하여 진술할 수 없는 때'에 대한 설명으로 옳지 않은 것은? (다툼이 있는 경우 판례에 의함)   17. 국가직

① '외국거주'라 함은 진술을 요할 자가 외국에 있다는 것만으로는 부족하고, 그를 공판정에 출석시켜 진술하게 할 모든 수단을 강구하는 등 가능하고 상당한 수단을 다하더라도 그 진술을 요할 자를 법정에 출석하게 할 수 없는 사정이 있는 예외적인 경우를 말한다.
② 증인이 '소재불명이거나 그 밖에 이에 준하는 사유로 인하여 진술할 수 없는 때'에 해당한다고 인정할 수 있으려면 증인의 법정 출석을 위한 가능하고도 충분한 노력을 다하였음에도 불구하고 부득이 증인의 법정 출석이 불가능하게 되었다는 사정이 있어야 하며, 이는 검사가 증명하여야 한다.
③ 수사기관에서 진술한 피해자인 유아가 공판정에서 진술을 하였더라도 증인신문 당시 일정한 사항에 관하여 기억이 나지 않는다는 취지로 진술하여 그 진술의 일부가 재현 불가능하게 된 경우는 '원진술자가 진술을 할 수 없는 때'에 해당하지 않는다.
④ 법정에 출석한 증인이 정당하게 증언거부권을 행사하여 증언을 거부한 경우는 '그 밖에 이에 준하는 사유로 인하여 진술할 수 없는 때'에 해당하지 않는다.

[해설]
① 【 O 】 대판 2016.2.18. 2015도17115
② 【 O 】 대판 2013.10.17. 2013도5001
③ 【 X 】 수사기관에서 진술한 피해자인 유아가 공판정에서 진술을 하였더라도 증인신문 당시 일정한 사항에 관하여 기억이 나지 않는다는 취지로 진술하여 그 진술의 일부가 재현 불가능하게 된 경우, 형사소송법 제314조, 제316조 제2항에서 말하는 '원진술자가 진술을 할 수 없는 때'에 해당한다고 한 사례(대판 2006.4.14. 2005도9561).
④ 【 O 】 대판 2012.5.17. 2009도6788 전합

정답 ③

98 형사소송법 제314조 증거능력 예외에 관한 설명으로 옳은 것은 모두 몇 개인가? (다툼이 있는 경우 판례에 의함)

25. 경찰승진

㉠ 소환장이 주소불명 등으로 송달불능이 되어 소재탐지촉탁까지 하여 소재수사를 하였어도 그 소재를 확인할 수 없는 경우는 '공판준비 또는 공판기일에 진술을 요할 자가 사망, 질병 기타 사유로 인하여 진술할 수 없을 때'에 포함될 수 있다.
㉡ 수사기관에서 진술한 참고인이 법정에서 증언을 거부하여 피고인이 반대신문을 하지 못한 경우에는 정당하게 증언거부권을 행사한 것이 아니라도, 피고인이 증인의 증언거부 상황을 초래하였다는 등의 특별한 사정이 없는 한 '그 밖에 이에 준하는 사유로 인하여 진술할 수 없는 때'에 해당하지 않는다.
㉢ 법원이 증인으로 채택하여 수차례 소환을 하였으나 피고인의 보복이 두렵다는 이유로 주거를 옮기고 또 소환에도 응하지 아니하여 결국 구인장을 발부하였지만 그 집행이 되지 않은 증인에 대해 법정에서의 신문이 불가능한 상태의 경우라면 「형사소송법」 제314조 본문 요건이 충족될 수 있다.
㉣ 법정에 출석한 증인이 「형사소송법」 제148조, 제149조 등에서 정한 바에 따라 정당하게 증언거부권을 행사하여 증언을 거부한 경우는 '그 밖에 이에 준하는 사유로 인하여 진술할 수 없는 때'에 해당하지 않는다.

① 1개 ② 2개 ③ 3개 ④ 4개

[해설]

㉠ 【 O 】 법원이 수회에 걸쳐 진술을 요할 자에 대한 증인소환장이 송달되지 아니하여 그 소재탐지촉탁까지 하였으나 그 소재를 알지 못하게 된 경우 또는 진술을 요할 자가 일정한 주거를 가지고 있더라도 법원의 소환에 계속 불응하고 구인하여도 구인장이 집행되지 아니하는 등 법정에서의 신문이 불가능한 상태의 경우에는 형사소송법 제314조 소정의 "공판정에 출정하여 진술을 할 수 없는 때"에 해당한다고 할 것이다(대판 2005.9.30. 2005도2654).

㉡ 【 O 】 수사기관에서 진술한 참고인이 법정에서 증언을 거부하여 피고인이 반대신문을 하지 못한 경우에는 정당하게 증언거부권을 행사한 것이 아니라도, 피고인이 증인의 증언거부 상황을 초래하였다는 등의 특별한 사정이 없는 한 형사소송법 제314조의 '그 밖에 이에 준하는 사유로 인하여 진술할 수 없는 때'에 해당하지 않는다고 보아야 한다. 따라서 증인이 정당하게 증언거부권을 행사하여 증언을 거부한 경우와 마찬가지로 수사기관에서 그 증인의 진술을 기재한 서류는 증거능력이 없다(대판 2019.11.21. 2018도13945 전합).

㉢ 【 O 】 법원이 증인으로 채택하여 수차례 소환을 하였으나 피고인의 보복이 두렵다는 이유로 주거를 옮기고 또 소환에도 응하지 아니하여 결국 구인장을 발부하였지만 그 집행이 되지 않은 증인에 대해 법정에서의 신문이 불가능한 상태의 경우라면 「형사소송법」 제314조 본문 요건이 충족될 수 있다(대판 1995.6.13. 95도523).

㉣ 【 O 】 법정에 출석한 증인이 형사소송법 제148조, 제149조등에서 정한 바에 따라 정당하게 증언거부권을 행사하여 증언을 거부한 경우는 형사소송법 제314조의 '그 밖에 이에 준하는 사유로 인하여 진술할 수 없는 때'에 해당하지 아니한다(대판 2012.5.17. 2009도6788 전합).

[정답] ④

99 형사소송법 제315조에 의하여 당연히 증거능력이 인정되는 것으로 가장 적절한 것은? (다툼이 있으면 판례에 의함)

16. 경찰승진

① 육군과학수사연구소 실험분석관이 작성한 감정서
② 검사의 공소장
③ 미국 연방범죄수사관이 범죄현장을 확인하고 작성한 보고서
④ 일본하관 세관서 통괄심리관 작성의 범칙물건감정서등본과 분석의뢰서

해설

① 【 X 】 대판 1976.10.12. 76도2960
② 【 X 】 대판 1978.5.23. 78도575
③ 【 X 】 대판 1997.7.25. 97도1351
④ 【 O 】 대판 1984.2.28. 83도3145

정답 ④

100 형사소송법 제315조에 의해서 당연히 증거능력이 인정되는 것으로 가장 적절하지 않은 것은? (다툼이 있는 경우 판례에 의함)

17. 경찰채용 2차

① 미국 연방수사국(FBI)의 수사관이 작성한 수사보고서
② 성매매업소에서 영업에 참고하기 위하여 성매매상대방에 관한 정보를 입력하여 작성한 메모리카드의 내용
③ 구속적부심사절차에서 피의자를 심문하고 그 진술을 기재한 구속적부심문조서
④ 다른 피고인에 대한 형사사건의 공판조서

해설

① 【 X 】 범행 직후 미합중국 주검찰 수사관이 작성한 피해자 및 공범에 대한 질문서(interrogatory)와 우리나라 법원의 형사사법공조요청에 따라 미합중국 법원의 지명을 받은 수명자(미합중국 검사)가 작성한 피해자 및 공범에 대한 증언녹취서(deposition)는 이를 형사소송법 제315조 소정의 당연히 증거능력이 인정되는 서류로는 볼 수 없다고 하더라도, 같은 법 제312조 또는 제313조에 해당하는 조서 또는 서류로서 그 원진술자가 공판기일에서 진술을 할 수 없는 때에 해당하고, 그 각 진술 내용이나 조서 또는 서류의 작성에 허위 개입의 여지가 거의 없으며 그 진술 내용의 신빙성이나 임의성을 담보할 구체적이고 외부적인 정황이 있다고 할 것이어서 그 진술 또는 서류의 작성이 특히 신빙할 수 있는 상태하에서 행하여진 것이라고 보기에 충분하므로, 형사소송법 제314조의 규정에 의하여 그 증거능력을 인정할 수 있다(대판 1997.7.25. 97도1351).
② 【 O 】 대판 2007.7.26. 2007도3219
③ 【 O 】 대판 2004.1.16. 2003도5693
④ 【 O 】 대판 1966.7.12. 66도617

정답 ①

101 다음 중 형사소송법 제315조의 각 호에 해당하여 증거능력이 인정될 수 있는 증거가 아닌 것은? (다툼이 있는 경우 판례에 의함)

18. 법원직

① 특별한 자격을 갖추지 아니한 채 범칙물자에 대한 시가감정업무에 4~5년 종사해 온 것에 불과한 세관공무원이 세관에 비치된 기준과 수입신고서에 기재된 가격을 참작하여 작성한 감정서
② 성매매업소에 고용된 여성들이 성매매를 업으로 하면서 영업에 참고하기 위하여 성매매 상대방의 아이디와 전화번호 및 성매매 방법 등을 메모지에 적어두었다가 그 내용을 직접 입력하여 작성한 메모리카드의 기재 내용
③ 법원 또는 합의부원, 검사, 변호인, 청구인이 구속된 피의자를 심문하고 그에 대한 피의자의 진술 등을 기재한 구속적부심문조서
④ 보험사기 사건에서 건강보험심사평가원이 수사기관의 의뢰에 따라 수사기관이 보내온 자료를 토대로 입원진료의 적정성에 대한 의견을 제시하는 내용의 '건강보험심사평가원의 입원진료 적정성 여부 등 검토의뢰에 대한 회신'

해설

① 【 O 】 특별한 자격이 있지는 아니하나 범칙물자에 대한 시가감정업무에 4~5년 종사해온 세관공무원이 세관에 비치된 기준과 수입신고서에 기재된 가격을 참작하여 작성한 감정서는 공무원이 그 직무상 작성한 공문서라 할 것이므로 피고인의 동의여부에 불구하고 형사소송법 제315조 제1호에 의하여 당연히 증거능력이 있다고 할 것이며 또 그 증명력에 무슨 하자가 있다고도 할 수 없다(대판 1985.4.9. 85도225).
② 【 O 】 대판 2007.7.26. 2007도3219
③ 【 O 】 대판 2004.1.16. 2003도5693
④ 【 X 】 사무처리 내역을 계속적, 기계적으로 기재한 문서가 아니라 범죄사실의 인정 여부와 관련 있는 어떠한 의견을 제시하는 내용을 담고 있는 문서는 형사소송법 제315조 제3호에서 규정하는 당연히 증거능력이 있는 서류에 해당한다고 볼 수 없으므로, 이른바 보험사기 사건에서 건강보험심사평가원이 수사기관의 의뢰에 따라 그 보내온 자료를 토대로 입원진료의 적정성에 대한 의견을 제시하는 내용의 '건강보험심사평가원의 입원진료 적정성 여부 등 검토의뢰에 대한 회신'은 형사소송법 제315조 제3호의 '기타 특히 신용할 만한 정황에 의하여 작성된 문서'에 해당하지 않는다(대판 2017.12.5. 2017도12671).

정답 ④

102 형사소송법 제315조에 의하여 당연히 증거능력이 인정되는 것으로 가장 적절하지 않은 것은? (다툼이 있는 경우 판례에 의함)

19. 경찰승진

① 보험사기 사건에서 건강보험심사평가원이 수사기관의 의뢰에 따라 수사기관이 보내온 자료를 토대로 입원진료의 적정성에 대한 의견을 제시하는 내용의 건강보험심사평가원의 입원진료 적정성 여부 등 검토의뢰에 대한 회신
② 일본 세관공무원 작성의 필로폰에 대한 범칙물건감정서등본과 분석의뢰서 및 분석 회답서등본
③ 다른 피고인에 대한 형사사건의 공판조서 중 일부인 증인신문조서
④ 성매매업소에 고용된 여성들이 성매매를 업으로 하면서 영업에 참고하기 위하여 성매매 상대방의 아이디와 전화번호 및 성매매방법 등을 메모지에 적어두었다가 직접 메모리카드에 입력하거나 업주가 고용한 다른 여직원이 그 내용을 입력한 경우의 메모리카드 내용

해설

① 【 X 】 사무처리 내역을 계속적, 기계적으로 기재한 문서가 아니라 범죄사실의 인정 여부와 관련 있는 어떠한 의견을 제시하는 내용을 담고 있는 문서는 형사소송법 제315조 제3호에서 규정하는 당연히 증거능력이 있는 서류에 해당한다고 볼 수 없으므로, 이른바 보험사기 사건에서 건강보험심사평가원이 수사기관의 의뢰에 따라 그 보내온 자료를 토대로 입원진료의 적정성에 대한 의견을 제시하는 내용의 '건강보험심사평가원의 입원진료 적정성 여부 등 검토의뢰에 대한 회신'은 형사소송법 제315조 제3호의 '기타 특히 신용할 만한 정황에 의하여 작성된 문서'에 해당하지 않는다(대판 2017.12.5. 2017도12671).

② 【O】 대판 1984.2.28. 83도3145
③ 【O】 대판 2005.4.28. 2004도4428
④ 【O】 대판 2007.7.26. 2007도3219

정답 ①

103 형사소송법 제315조에 규정된 당연히 증거능력 있는 서류에 해당하는 것(○)과 해당하지 않는 것(×)을 바르게 연결한 것은? (다툼이 있는 경우 판례에 의함)

20. 국가직

㉠ 보험사기 사건에서 건강보험심사평가원이 수사기관의 의뢰에 따라 그 수사기관이 보내온 자료를 토대로 작성한 입원진료의 적정성에 대한 의견을 제시하는 내용의 '입원진료 적정성 여부 등 검토의뢰에 대한 회신'
㉡ 대한민국 주중국 대사관 영사가 공무수행과정에서 작성하였지만 공적인 증명보다는 상급자에 대한 보고를 목적으로 작성한 사실확인서(공인(公印) 부분은 제외)
㉢ 검찰에서 피고인이 소지·탐독을 인정한 유인물에 대하여, 사법경찰관이 그 내용을 분석하고 이를 기계적으로 복사하여 그 말미에 그대로 첨부하여 작성한 수사보고서
㉣ 성매매업소에서 성매매 여성들이 영업에 참고하기 위하여 성매매 상대방의 아이디, 전화번호 등에 관한 정보를 입력하여 작성한 메모리카드의 내용

① ㉠ ○ ㉡ × ㉢ ○ ㉣ ×   ② ㉠ × ㉡ × ㉢ ○ ㉣ ×
③ ㉠ ○ ㉡ ○ ㉢ × ㉣ ○   ④ ㉠ × ㉡ × ㉢ ○ ㉣ ○

해설

㉠ 【X】 형사소송법 제315조 제3호에서 규정한 '기타 특히 신용할 만한 정황에 의하여 작성된 문서'는 형사소송법 제315조 제1호와 제2호에서 열거된 공권적 증명문서 및 업무상 통상문서에 준하여 '굳이 반대신문의 기회 부여 여부가 문제 되지 않을 정도로 고도의 신용성의 정황적 보장이 있는 문서'를 의미한다. 따라서 사무처리 내역을 계속적, 기계적으로 기재한 문서가 아니라 범죄사실의 인정 여부와 관련 있는 어떠한 의견을 제시하는 내용을 담고 있는 문서는 형사소송법 제315조 제3호에서 규정하는 당연히 증거능력이 있는 서류에 해당한다고 볼 수 없으므로, 이른바 보험사기 사건에서 건강보험심사평가원이 수사기관의 의뢰에 따라 그 보내온 자료를 토대로 입원진료의 적정성에 대한 의견을 제시하는 내용의 '건강보험심사평가원의 입원진료 적정성 여부 등 검토의뢰에 대한 회신'은 형사소송법 제315조 제3호의 '기타 특히 신용할 만한 정황에 의하여 작성된 문서'에 해당하지 않는다(대판 2017.12.5. 2017도12671).
㉡ 【X】 대한민국 주중국 대사관 영사가 작성한 사실확인서 중 공인 부분을 제외한 나머지 부분이 비록 영사의 공무수행 과정 중 작성되었지만 공적인 증명보다는 상급자 등에 대한 보고를 목적으로 하는 것인 경우, 형사소송법 제315조 제1호의 '공무원의 직무상 증명할 수 있는 사항에 관하여 작성한 문서' 또는 제3호의 '기타 특히 신뢰할 만한 정황에 의하여 작성된 문서'라고 볼 수 없으므로 증거능력이 없다고 한 사례(대판 2007.12.13. 2007도7257).
㉢ 【O】 사법경찰관 작성의 새세대 16호에 대한 수사보고서는 피고인이 검찰에서 소지 탐독사실을 인정하고 있는 새세대 16호라는 유인물의 내용을 분석하고, 이를 기계적으로 복사하여 그 말미에 그대로 첨부한 문서로서 그 신용성이 담보되어 있어 형사소송법 제315조 제3호 소정의 "기타 특히 신용할 만한정황에 의하여 작성된 문서"에 해당되는 문서로서 당연히 증거능력이 인정된다(대판 1992.8.14. 92도1211).
㉣ 【O】 성매매업소에 고용된 여성들이 성매매를 업으로 하면서 영업에 참고하기 위하여 성매매 상대방의 아이디와 전화번호 및 성매매방법 등을 메모지에 적어두었다가 직접 메모리카드에 입력하거나 업주가 고용한 다른 여직원이 그 내용을 입력한 사안에서, 위 메모리카드의 내용은 형사소송법 제315조 제2호의 '영업상 필요로 작성한 통상문서'로서 당연히 증거능력 있는 문서에 해당한다고 한 사례(대판 2007.7.26. 2007도3219).

정답 ④

104 형사소송법 제315조의 '당연히 증거능력이 있는 서류'에 대한 설명으로 옳지 않은 것은? (다툼이 있는 경우 판례에 의함)

20. 검찰 7급

① 변호사가 피고인에 대한 법률자문 과정에 작성하여 피고인에게 전송한 전자문서를 출력한 법률의견서는 '업무상 필요로 작성한 통상문서'에 해당하지 않는다.
② '기타 특히 신용할 만한 정황에 의하여 작성된 문서'는 굳이 반대신문의 기회 부여 여부가 문제되지 않을 정도로 고도의 신용성의 정황적 보장이 있는 문서를 의미한다.
③ 다른 피고인에 대한 형사사건의 공판조서 중 일부인 증인신문조서는 '기타 특히 신용할 만한 정황에 의하여 작성된 문서'에 해당한다.
④ 특별한 자격이 없이 범칙물자에 대한 시가감정업무에 4~5년 종사해 온 세관공무원이 세관에 비치된 기준과 수입신고서에 기재된 가격을 참작하여 작성한 감정서는 '공무원의 직무상 증명할 수 있는 사항에 관하여 작성한 문서'에 해당하지 않는다.

[해설]
① 【○】 대판 2012.5.17. 2009도6788 전합
② 【○】 헌재결 2013.10.24. 2011헌바79
③ 【○】 대판 1966.7.12. 66도617
④ 【X】 특별한 자격이 있지는 아니하나 범칙물자에 대한 시가감정업무에 4~5년 종사해온 세관공무원이 세관에 비치된 기준과 수입신고서에 기재된 가격을 참작하여 작성한 감정서는 공무원이 그 직무상 작성한 공문서라 할 것이므로 피고인의 동의여부에 불구하고 형사소송법 제315조 제1호에 의하여 당연히 증거능력이 있다고 할 것이며 또 그 증명력에 무슨 하자가 있다고도 할 수 없다(대판 1985.4.9. 85도225).

정답 ④

105 전문법칙에 대한 설명 중 가장 적절하지 않은 것은? (다툼이 있는 경우 판례에 의함)

18. 경찰승진

① 어떤 진술이 기재된 서류가 그 내용의 진실성이 범죄사실에 대한 직접증거로 사용될 때는 전문증거가 된다고 하더라도 그와 같은 진술을 하였다는 것 자체 또는 그 진술의 진실성과 관계없는 간접사실에 대한 정황증거로 사용될 때는 반드시 전문증거가 되는 것은 아니다.
② 정보통신망을 통하여 공포심이나 불안감을 유발하는 글을 반복적으로 상대방에게 도달하게 하는 행위를 하였다는 공소사실에 대하여 휴대전화기에 저장된 문자정보가 그 증거가 되는 경우 그 문자정보는 범행의 직접적인 수단이고 경험자의 진술에 갈음하는 대체물에 해당하지 않으므로 전문법칙이 적용되지 않는다.
③ 디지털녹음기에 녹음된 내용을 전자적 방법으로 테이프에 전사한 사본인 녹음테이프를 대상으로 법원이 검증절차를 진행하여 녹음된 내용이 녹취록의 기재와 일치하고 그 음성이 진술자의 음성임을 확인하였다면, 그것만으로 녹음테이프의 증거능력을 인정할 수 있다.
④ 상업장부나 항해일지, 진료일지 또는 이와 유사한 금전출납부 등과 같이 범죄사실의 인정여부와는 관계없이 자기에게 맡겨진 사무를 처리한 내역을 그때그때 계속적, 기계적으로 기재한 문서는 사무처리 내역을 증명하기 위하여 존재하는 문서로서 당연히 증거능력이 인정된다.

해설

① 【 O 】 대판 2000.2.25. 99도1252
② 【 O 】 대판 2008.11.13. 2006도2556
③ 【 X 】 피고인과 피해자 사이의 대화내용에 관한 녹취서가 공소사실의 증거로 제출되어 그 녹취서의 기재내용과 녹음테이프의 녹음내용이 동일한지 여부에 관하여 법원이 검증을 실시한 경우에 증거자료가 되는 것은 녹음테이프에 녹음된 대화내용 그 자체이고, 그 중 피고인의 진술내용은 실질적으로 형사소송법 제311조, 제312조의 규정 이외에 피고인의 진술을 기재한 서류와 다름없어 피고인이 그 녹음테이프를 증거로 할 수 있음에 동의하지 않은 이상 그 녹음테이프 검증조서의 기재 중 피고인의 진술내용을 증거로 사용하기 위해서는 형사소송법 제313조 제1항 단서에 따라 공판준비 또는 공판기일에서 그 작성자인 피해자의 진술에 의하여 녹음테이프에 녹음된 피고인의 진술내용이 피고인이 진술한 대로 녹음된 것임이 증명되고 나아가 그 진술이 특히 신빙할 수 있는 상태 하에서 행하여진 것임이 인정되어야 할 것이고, 녹음테이프는 그 성질상 작성자나 진술자의 서명 혹은 날인이 없을 뿐만 아니라, 녹음자의 의도나 특정한 기술에 의하여 그 내용이 편집, 조작될 위험성이 있음을 고려하여, 그 대화내용을 녹음한 원본이거나 혹은 원본으로부터 복사한 사본일 경우에는 복사과정에서 편집되는 등의 인위적 개작 없이 원본의 내용 그대로 복사된 사본임이 입증되어야만 하고, 그러한 입증이 없는 경우에는 쉽게 그 증거능력을 인정할 수 없다(대판 2005.12.23. 2005도2945).
④ 【 O 】 대판 2015.7.16. 2015도2625 전합

정답 ③

106 전문증거에 대한 설명으로 옳지 않은 것은? (다툼이 있는 경우 판례에 의함)

19. 검찰 7급

① 「형사소송법」제314조에서의 '진술 또는 작성이 특히 신빙할 수 있는 상태하에서 행하여졌음에 대한 증명'은 단지 그러한 개연성이 있다는 정도로는 부족하고, 합리적인 의심의 여지를 배제할 정도에 이르러야 한다.
② 타인의 진술을 내용으로 하는 진술이 전문증거인지 여부는 요증사실과의 관계에서 정해지므로, 요증사실이 원진술의 내용인 사실이 아니라 원진술의 존재 자체인 경우에도 전문증거에 해당한다.
③ 피고인이 수표를 발행하였으나 예금부족 또는 거래정지처분으로 지급되지 아니하게 하였다는 「부정수표 단속법」위반의 공소사실을 증명하기 위하여 제출되는 수표에 대하여는 「형사소송법」제310조의2에 따른 전문법칙이 적용되지 않는다.
④ 체포·구속인접견부는 유치된 피의자가 죄증을 인멸하거나 도주를 기도하는 등 유치장의 안전과 질서를 위태롭게 하는 것을 방지하기 위한 목적으로 작성되는 서류일 뿐이므로, 「형사소송법」제315조에 따른 당연히 증거능력이 있는 서류로 볼 수 없다.

해설

① 【 O 】 대판 2014.4.30. 2012도725
② 【 X 】 어떤 증거가 전문증거인지 여부는 요증사실과 관계에서 정하여지는바, 원진술의 내용인 사실이 요증사실인 경우에는 전문증거이나, 원진술의 존재자체가 요증사실인 경우, 예컨대 명예훼손사건에 있어서 명예훼손적 발언을 들은 자의 증언과 같은 경우는 본래증거이지 전문증거가 아니다(대판 2008.9.25. 2008도5347).
③ 【 O 】 대판 2015.4.23. 2015도2275
④ 【 O 】 체포·구속인접견부는 유치된 피의자가 죄증을 인멸하거나 도주를 기도하는 등 유치장의 안전과 질서를 위태롭게 하는 것을 방지하기 위한 목적으로 작성되는 서류로 보일 뿐이어서 형사소송법 제315조 제2, 3호에 규정된 당연히 증거능력이 있는 서류로 볼 수는 없다(대판 2012.10.25. 2011도5459).

정답 ②

107 전문증거에 대한 설명으로 가장 적절하지 않은 것은? (다툼이 있는 경우 판례에 의함)

19. 경찰채용 1차

① 전문진술이 기재된 조서로서 재전문서류는 「형사소송법」 제312조 또는 제314조의 전문서류의 증거능력 인정요건을 갖추어야 함은 물론 나아가 「형사소송법」 제316조 제2항의 전문진술의 증거능력 인정요건을 모두 갖추어야 증거능력이 인정된다.
② 디지털 저장매체에 저장된 로그파일의 원본이 아니라 그 복사본의 일부내용을 요약·정리하는 방식으로 새로운 문서파일이 작성된 경우에 피고인이 증거사용에 동의하지 않은 상황에서 새로운 문서파일에 대해 진술증거로서 증거능력을 인정하기 위해서는 로그파일 원본과의 동일성이 인정되는 외에 전문법칙에 따라 작성자 또는 진술자의 진술에 의해 성립의 진정이 증명되어야 한다.
③ 구속적부심문조서는 법원 또는 법관의 면전에서 작성된 조서로서 법원 또는 법관의 검증의 결과를 기재한 조서이므로 「형사소송법」 제311조에 따라 당연히 증거능력이 인정된다.
④ 대한민국 법원의 형사사법공조요청에 따라 미합중국 법원의 지명을 받은 수명자(미합중국 검사)가 작성한 피해자 및 공범에 대한 증언녹취서(deposition)는 이를 「형사소송법」 제315조 소정의 당연히 증거능력이 인정되는 서류로 볼 수 없다.

해설

① 【 O 】 대판 2000.9.8. 99도4814
② 【 O 】 대판 2015.8.27. 2015도3467
③ 【 X 】 구속적부심문조서는 형사소송법 제311조가 규정한 문서에는 해당하지 않는다 할 것이나, 특히 신용할 만한 정황에 의하여 작성된 문서라고 할 것이므로 특별한 사정이 없는 한, 피고인이 증거로 함에 부동의하더라도 형사소송법 제315조 제3호에 의하여 당연히 그 증거능력이 인정된다(대판 2004.1.16. 2003도5693).
④ 【 O 】 범행 직후 미합중국 주검찰 수사관이 작성한 피해자 및 공범에 대한 질문서(interrogatory)와 우리나라 법원의 형사사법공조요청에 따라 미합중국 법원의 지명을 받은 수명자(미합중국 검사)가 작성한 피해자 및 공범에 대한 증언녹취서(deposition)는 이를 형사소송법 제315조 소정의 당연히 증거능력이 인정되는 서류로는 볼 수 없다고 하더라도, 같은 법 제312조 또는 제313조에 해당하는 조서 또는 서류로서 그 원진술자가 공판기일에서 진술을 할 수 없는 때에 해당하고, 그 각 진술 내용이나 조서 또는 서류의 작성에 허위 개입의 여지가 거의 없으며 그 진술 내용의 신빙성이나 임의성을 담보할 구체적이고 외부적인 정황이 있다고 할 것이어서 그 진술 또는 서류의 작성이 특히 신빙할 수 있는 상태하에서 행하여진 것이라고 보기에 충분하므로, 형사소송법 제314조의 규정에 의하여 그 증거능력을 인정할 수 있다(대판 1997.7.25. 97도1351).

정답 ③

108 증거능력에 대한 설명으로 옳지 않은 것은? (다툼이 있는 경우 판례에 의함)
18. 국가직

① 조서말미에 피고인의 서명만 있고 간인이 없는 검사 작성의 피고인에 대한 피의자신문조서에 대해, 간인이 없는 것이 피고인이 간인을 거부하였기 때문이라는 취지가 조서말미에 기재되었다면, 그 조서의 증거능력을 인정할 수 있다.
② 문자메시지가 표시된 휴대전화기의 화면을 촬영한 사진을 증거로 사용하려면 그 휴대전화기를 법정에 제출할 수 없거나 제출이 곤란한 사정이 있고, 그 사진이 휴대전화기의 화면에 표시된 문자메시지와 정확하게 같다는 사실이 증명되어야 한다.
③ 「형사소송법」 제314조의 '특신상태'와 관련된 법리는 원진술자의 소재불명 등을 전제로 하고 있는 「형사소송법」 제316조 제2항의 '특신상태'에 관한 해석과 동일하다.
④ 피고인이 아닌 자가 수사과정에서 진술서를 작성하였으나 수사기관이 그에 대한 조사과정을 기록하지 아니한 경우, 특별한 사정이 없는 한 그 진술서의 증거능력을 인정할 수 없다.

[해설]

① 【 X 】 조서말미에 피고인의 서명만이 있고, 그 날인(무인 포함)이나 간인이 없는 검사 작성의 피고인에 대한 피의자신문조서는 증거능력이 없다고 할 것이고, 그 날인이나 간인이 없는 것이 피고인이 그 날인이나 간인을 거부하였기 때문이어서 그러한 취지가 조서말미에 기재되었다거나, 피고인이 법정에서 그 피의자신문조서의 임의성을 인정하였다고 하여 달리 볼 것은 아니다(대판 1999.4.13. 99도237).
② 【 O 】 대판 2008.11.13. 2006도2556
③ 【 O 】 대판 2014.4.30. 2012도725
④ 【 O 】 대판 2015.4.23. 2013도3790

정답 ①

109 전문증거에 대한 설명으로 가장 적절하지 않은 것은? (다툼이 있는 경우 판례에 의함)
18. 경찰채용 3차

① 구속적부심문절차에서 구속된 피의자의 진술 등을 기재한 구속적부심문조서는 「형사소송법」 제311조의 법관면전조서로서 당연히 증거능력이 인정된다.
② 검사 또는 사법경찰관이 검증의 결과를 기재한 조서는 적법한 절차와 방식에 따라 작성된 것으로서 공판준비 또는 공판기일에서의 작성자의 진술에 따라 그 성립의 진정함이 증명된 때에는 증거로 할 수 있다.
③ 공소제기 전에 피고인을 피의자로 조사한 자의 법정진술이 피고인의 진술을 그 내용으로 하는 때에는 그 진술이 특히 신빙할 수 있는 상태하에서 행하여졌음이 증명되면 증거로 할 수 있다.
④ 피의자의 진술을 영상녹화하기 위해서는 미리 피의자에게 영상녹화사실을 알려주어야 하는 반면, 피의자 아닌 자의 진술을 영상녹화하기 위해서는 그의 동의가 필요하다.

[해설]

① 【 X 】 구속적부심문조서는 형사소송법 제311조가 규정한 문서에는 해당하지 않는다 할 것이나, 특히 신용할 만한 정황에 의하여 작성된 문서라고 할 것이므로 특별한 사정이 없는 한, 피고인이 증거로 함에 부동의하더라도 형사소송법 제315조 제3호에 의하여 당연히 그 증거능력이 인정된다(대판 2004.1.16. 2003도5693).
② 【 O 】 제312조 제6항
③ 【 O 】 제316조 제1항
④ 【 O 】 제244조의2 제1항, 제221조 제1항

정답 ①

110 전문법칙에 대한 설명으로 옳은 것만을 모두 고른 것은? (다툼이 있는 경우 판례에 의함)

16. 국가직

㉠ 사인(私人)인 제3자가 절취한 업무일지를 소송사기의 피해자가 대가를 지급하고 취득한 경우, 그 업무일지는 사기죄에 대한 증거로 사용될 수 있다.
㉡ 상업장부・항해일지・사인(私人)인 의사의 진단서와 같이 기타 업무상 필요로 작성한 문서는 형사소송법 제315조에 의하여 당연히 증거능력이 인정된다.
㉢ 사법경찰리 작성의 피해자에 대한 진술조서가 피해자의 화상으로 인한 서명불능을 이유로 입회하고 있던 피해자의 동생에게 대신 읽어 주고 그 동생으로 하여금 서명・날인하게 하는 방법으로 작성된 경우 형사소송법 제313조 제1항에 의하여 증거능력이 인정된다.
㉣ 피고인 甲이 공판정에서 공범 乙에 대한 사법경찰관 작성의 피의자신문조서의 내용을 부인하면 乙이 법정에서 그 조서의 내용을 인정하더라도 그 조서를 피고인 甲의 공소사실에 대한 증거로 사용할 수 없다.

① ㉠, ㉡ ② ㉠, ㉣ ③ ㉡, ㉢ ④ ㉢, ㉣

[해설]

㉠ 【 O 】 대판 2008.6.26. 2008도1584
㉡ 【 X 】 상업장부와 항해일지는 제315조 제2호에 의하여 당연히 증거능력이 인정되지만, 사인인 의사가 작성한 진단서는 당연히 증거능력이 있는 서류가 아니므로 제313조 제1항에 의하여 증거능력이 인정되어야 한다(대판 1969.3.31. 69도179).
㉢ 【 X 】 사법경찰리 작성의 피해자에 대한 진술조서가 피해자의 화상으로 인한 서명불능을 이유로 입회하고 있던 피해자의 동생에게 대신 읽어 주고 그 동생으로 하여금 서명・날인하게 하는 방법으로 작성된 경우, 이는 형사소송법 제313조 제1항 소정의 형식적 요건을 결여한 서류로서 증거로 사용할 수 없다(대판 1997.4.11. 96도2865).
㉣ 【 O 】 대판 2010.2.25. 2009도14409

정답 ②

111 증거능력에 대한 설명으로 옳지 않은 것은? (다툼이 있는 경우 판례에 의함)

16. 국가직

① 제척사유가 있는 통역인이 통역한 증인의 증인신문조서는 유죄인정의 증거로 사용할 수 없다.
② 압수된 디지털 저장매체로부터 출력한 문건을 진술증거로 사용하는 경우에 그 기재 내용의 진실성에 관하여는 전문법칙이 적용된다.
③ 어떤 진술이 기재된 서류가 그 진술의 진실성과 관계없는 간접사실에 대한 정황증거로 사용될 경우 반드시 전문증거가 되는 것은 아니다.
④ 체포・구속인접견부는 특히 신용할 만한 정황에 의하여 작성된 문서로서 형사소송법 제315조 제2호, 제3호에 규정된 '당연히 증거능력이 있는 서류'에 해당된다.

[해설]

① 【 O 】 대판 2011.4.14. 2010도13583
② 【 O 】 대판 2013.6.13. 2012도16001
③ 【 O 】 대판 2014.12.24. 2014도10199
④ 【 X 】 체포・구속인접견부는 유치된 피의자가 죄증을 인멸하거나 도주를 기도하는 등 유치장의 안전과 질서를 위태롭게 하는 것을 방지하기 위한 목적으로 작성되는 서류로 보일 뿐이어서 형사소송법 제315조 제2, 3호에 규정된 당연히 증거능력이 있는 서류로 볼 수는 없다(대판 2012.10.25. 2011도5459).

정답 ④

112 전문증거에 관한 설명 중 가장 적절하지 않은 것은? (다툼이 있는 경우 판례에 의함) 20. 경찰승진

① 조서말미에 피고인의 서명만이 있고, 그 날인(무인 포함)이나 간인이 없는 검사 작성의 피고인에 대한 피의자신문조서는 피고인이 법정에서 그 피의자신문조서의 임의성을 인정하였다고 하여도 증거능력이 없다.
② 사법경찰리 작성의 피해자에 대한 진술조서가 피해자의 화상으로 인한 서명불능이라는 이유로 입회하고 있던 동생에게 대신 읽어 주고 그 동생으로 하여금 서명·날인하게 한 서류인 경우, 그 진술조서는 형식적 요건을 결여한 서류로서 증거로 사용할 수 없다.
③ 정보통신망을 통하여 공포심이나 불안감을 유발하는 글을 반복적으로 상대방에게 도달하게 하는 행위를 하였다는 공소사실에 대하여 휴대전화기에 저장된 피고인이 보낸 문자정보는 피고인의 진술을 갈음하는 대체물로 형사소송법 제310조의2가 적용되는 전문증거에 해당한다.
④ 재전문진술이나 재전문진술을 기재한 조서는 형사소송법상 그 증거능력을 인정하는 규정을 두고 있지 아니하므로, 피고인이 증거로 하는데 동의하지 아니하는 한 형사소송법 제310조의2의 규정에 의하여 이를 증거로 할 수 없다.

[해설]
① 【 O 】 대판 1999.4.13. 99도237
② 【 O 】 대판 1997.4.11. 96도2865
③ 【 X 】 정보통신망을 통하여 공포심이나 불안감을 유발하는 글을 반복적으로 상대방에게 도달하게 하는 행위를 하였다는 공소사실에 대하여 휴대전화기에 저장된 피고인이 보낸 문자정보가 그 증거가 되는 경우, 그 문자정보는 범행의 직접적인 수단이고 경험자의 진술에 갈음하는 대체물에 해당하지 않으므로, 형사소송법 제310조의2에서 정한 전문법칙이 적용되지 않는다(대판 2008.11.13. 2006도2556).
④ 【 O 】 대판 2000.3.10. 2000도159

정답 ③

113 전문진술에 관한 설명 중 가장 적절하지 않은 것은? (다툼이 있는 경우 판례에 의함) 20. 경찰승진

① 피고인을 피의자로 조사하였던 자는 공판기일에서 피고인의 진술을 그 내용으로 하는 진술을 할 수 있고 피고인의 원진술이 특히 신빙할 수 있는 상태하에서 행하여졌음이 증명된 경우에는 증거능력이 있다.
② 피고인 아닌 자의 공판기일에서의 진술이 피고인의 진술을 그 내용으로 하는 것인 때에는 형사소송법 제316조 제1항이 적용되므로, 피고인 아닌 자의 공판기일에서의 진술이 공동피고인의 진술을 그 내용으로 하는 것인 때에도 공동피고인 역시 피고인의 지위인 이상 형사소송법 제316조 제1항이 적용된다.
③ 형사소송법 제316조 제2항의 피고인 아닌 자에는 공소제기 전에 피고인 아닌 타인을 조사하였던 자도 포함되지만 원진술자가 법정에 출석하여 수사기관에서의 진술을 부인하는 이상 원진술자의 진술을 내용으로 하는 조사자의 증언은 증거능력이 없다.
④ 전문의 진술을 증거로 함에 있어서는 전문진술자가 원진술자로 부터 진술을 들을 당시 원진술자가 증언능력에 준하는 능력을 갖춘 상태에 있어야 한다.

해설
① 【 O 】 제316조 제1항
② 【 X 】 형사소송법 제316조 제2항에 의하면 피고인 아닌 자의 공판준비 또는 공판기일에서의 진술이 피고인 아닌 타인의 진술을 그 내용으로 하는 것인 때에는 원진술자가 사망, 질병 기타 사유로 인하여 진술할 수 없고 그 진술이 특히 신빙할 수 있는 상태 하에서 행하여진 때에 한하여 이를 증거로 할 수 있다고 규정하고 있는데, 여기서 말하는 피고인 아닌 자라고 함은 제3자는 말할 것도 없고 공동피고인이나 공범자를 모두 포함한다고 해석된다(대판 2007.2.23. 2004도8654).
③ 【 O 】 대판 2008.9.25. 2008도6985
④ 【 O 】 대판 2006.4.14. 2005도9561

정답 ②

114 특신상태에 관한 설명으로 가장 적절하지 않은 것은? (다툼이 있는 경우 판례에 의함)   25. 경찰승진

① 「형사소송법」 제313조 제1항 및 제316조 제1항의 특신상태는 증거능력의 요건에 해당하므로 검사가 그 존재에 대하여 구체적으로 주장·입증해야 한다.
② 「형사소송법」 제314조 및 제316조 제1항의 특신상태 증명은 단지 그러할 개연성이 있다는 정도로는 부족하고 합리적인 의심의 여지를 배제할 정도에 이르러야 한다.
③ 「형사소송법」 제314조의 특신상태와 관련된 법리는 원진술자의 소재불명 등을 전제로 하고 있는 동법 제316조 제2항의 특신상태에 관한 해석에는 그대로 적용되지 않는다.
④ 「형사소송법」 제312조 제4항 및 제314조의 특신상태는 그 진술의 내용이나 조서 또는 서류의 작성에 허위 개입의 여지가 거의 없고 그 진술 내용의 신빙성이나 임의성을 담보할 구체적이고 외부적인 정황이 증명된 때에 한하여 예외적으로 증거능력을 인정하고자 하는 취지이다.

해설
① 【 O 】 피고인의 자필로 작성된 진술서의 경우에는 서류의 작성자가 동시에 진술자이므로 진정하게 성립된 것으로 인정되어 형사소송법 제313조 단서에 의하여 그 진술이 특히 신빙할 수 있는 상태 하에서 행하여진 때에는 증거능력이 있고, 이러한 특신상태는 증거능력의 요건에 해당하므로 검사가 그 존재에 대하여 구체적으로 주장·입증하여야 하는 것이지만, 이는 소송상의 사실에 관한 것이므로, 엄격한 증명을 요하지 아니하고 자유로운 증명으로 족하다(대판 2001.9.4. 2000도1743).
② 【 O 】 형사소송법 제314조가 참고인의 소재불명 등의 경우에 그 참고인이 진술하거나 작성한 진술조서나 진술서에 대하여 증거능력을 인정하는 것은, 형사소송법이 제312조 또는 제313조에서 참고인 진술조서 등 서면증거에 대하여 피고인 또는 변호인의 반대신문권이 보장되는 등 엄격한 요건이 충족될 경우에 한하여 증거능력을 인정할 수 있도록 함으로써 직접심리주의 등 기본원칙에 대한 예외를 인정한 데 대하여 다시 중대한 예외를 인정하여 원진술자 등에 대한 반대신문의 기회조차 없이 증거능력을 부여할 수 있도록 한 것이므로, 그 경우 참고인의 진술 또는 작성이 '특히 신빙할 수 있는 상태하에서 행하여졌음에 대한 증명'은 단지 그러할 개연성이 있다는 정도로는 부족하고 합리적인 의심의 여지를 배제할 정도에 이르러야 한다(대판 2014.4.30. 2012도725).
③ 【 X 】 형사소송법 제314조의 '특신상태'와 관련된 법리는 마찬가지로 원진술자의 소재불명 등을 전제로 하고 있는 형사소송법 제316조 제2항의 '특신상태'에 관한 해석에도 그대로 적용된다(대판 2014.4.30. 2012도725).
④ 【 O 】 진술 또는 조서 작성이 특히 신빙할 수 있는 상태하에서 행하여진 때라 함은 그 진술내용이나 조서 또는 서류의 작성에 허위 개입의 여지가 거의 없고 그 진술내용의 신용성이나 임의성을 담보할 구체적이고 외부적인 정황이 있는 경우를 가리킨다고 할 것이다(대판 1999.4.23. 98도1923).

정답 ③

115 증거능력에 관한 설명으로 가장 적절한 것은? (다툼이 있는 경우 판례에 의함) 25. 경찰승진

① 폭력행위 등 처벌에 관한 법률 위반(야간·공동상해)죄에서 공소외인의 상해부위를 촬영한 사진은 전문법칙이 적용된다.
② 검사 또는 사법경찰관이 피고인이 아닌 자를 조사하는 과정에서 「형사소송법」제221조 제1항에 따라 제작한 영상녹화물은 특별한 사정이 있더라도 공소사실을 직접 증명할 수 있는 독립적인 증거로 사용할 수 없다.
③ 정보저장매체에 기억된 문자정보의 내용의 진실성이 아닌 그와 같은 내용의 문자정보의 존재 자체는 전문법칙이 적용된다.
④ 피고인과 피해자(녹음테이프의 작성자) 사이의 대화내용에 관한 녹취서가 증거로 제출되어 녹음테이프의 녹음 내용과의 동일성 여부를 법원이 검증한 경우, 검증조서의 기재 중 피고인이 그에 대한 증거동의를 하지 않는 피고인의 진술내용을 증거로 사용하기 위해서는 「형사소송법」제313조 제1항 단서가 충족되고, 인위적 개작 없이 원본의 내용 그대로 복사된 사본임이 입증되어야 한다.

[해설]

① 【X】'상해부위를 촬영한 사진'은 비진술증거로서 전문법칙이 적용되지 않는다(대판 2007.7.26. 2007도3906).
② 【X】2007.6.1. 법률 제8496호로 개정되기 전의 형사소송법에는 없던 수사기관에 의한 피의자 아닌 자(이하 '참고인'이라 한다) 진술의 영상녹화를 새로 정하면서 그 용도를 참고인에 대한 진술조서의 실질적 진정성립을 증명하거나 참고인의 기억을 환기시키기 위한 것으로 한정하고 있는 현행 형사소송법의 규정 내용을 영상물에 수록된 성범죄 피해자의 진술에 대하여 독립적인 증거능력을 인정하고 있는 성폭력범죄의 처벌 등에 관한 특례법 제30조 제6항 또는 아동·청소년의 성보호에 관한 법률 제26조 제6항의 규정과 대비하여 보면, 수사기관이 참고인을 조사하는 과정에서 형사소송법 제221조 제1항에 따라 작성한 영상녹화물은, 다른 법률에서 달리 규정하고 있는 등의 특별한 사정이 없는 한, 공소사실을 직접 증명할 수 있는 독립적인 증거로 사용될 수는 없다고 해석함이 타당하다(대판 2014.7.10. 2012도5041).
③ 【X】피고인 또는 피고인 아닌 사람이 컴퓨터용디스크 그 밖에 이와 비슷한 정보저장매체에 입력하여 기억된 문자정보 또는 그 출력물을 증거로 사용하는 경우, 이는 실질에 있어서 피고인 또는 피고인 아닌 사람이 작성한 진술서나 그 진술을 기재한 서류와 크게 다를 바 없고, 압수 후의 보관 및 출력과정에 조작의 가능성이 있으며, 기본적으로 반대신문의 기회가 보장되지 않는 점 등에 비추어 그 내용의 진실성에 관하여는 전문법칙이 적용되고, 따라서 원칙적으로 형사소송법 제313조 제1항에 의하여 작성자 또는 진술자의 진술에 의하여 성립의 진정함이 증명된 때에 한하여 이를 증거로 사용할 수 있다. 다만 정보저장매체에 기억된 문자정보의 내용의 진실성이 아닌 그와 같은 내용의 문자정보의 존재 자체가 직접 증거로 되는 경우에는 전문법칙이 적용되지 아니한다(대판 2013.2.15. 2010도3504).
④ 【O】피고인과 상대방 사이의 대화 내용에 관한 녹취서가 공소사실의 증거로 제출되어 녹취서의 기재 내용과 녹음테이프의 녹음 내용이 동일한지에 대하여 법원이 검증을 실시한 경우에, 증거자료가 되는 것은 녹음테이프에 녹음된 대화 내용 자체이고, 그 중 피고인의 진술 내용은 실질적으로 형사소송법 제311조, 제312조의 규정 이외에 피고인의 진술을 기재한 서류와 다름없어, 피고인이 녹음테이프를 증거로 할 수 있음에 동의하지 않은 이상 녹음테이프에 녹음된 피고인의 진술 내용을 증거로 사용하기 위해서는 형사소송법 제313조 제1항 단서에 따라 공판준비 또는 공판기일에서 작성자인 상대방의 진술에 의하여 녹음테이프에 녹음된 피고인의 진술 내용이 피고인이 진술한 대로 녹음된 것임이 증명되고 나아가 그 진술이 특히 신빙할 수 있는 상태하에서 행하여진 것임이 인정되어야 한다. 또한 대화 내용을 녹음한 파일 등 전자매체는 성질상 작성자나 진술자의 서명 또는 날인이 없을 뿐만 아니라, 녹음자의 의도나 특정한 기술에 의하여 내용이 편집·조작될 위험성이 있음을 고려하여, 대화 내용을 녹음한 원본이거나 원본으로부터 복사한 사본일 경우에는 복사과정에서 편집되는 등의 인위적 개작없이 원본의 내용 그대로 복사된 사본임이 증명되어야 한다(대판 2012.9.13. 2012도7461).

정답 ④

116 특수한 증거방법의 증거능력에 대한 설명으로 옳지 않은 것은? (다툼이 있는 경우 판례에 의함) 16. 국가직

① 사인(私人)이 녹음한 녹음테이프의 검증조서 기재 중 피고인의 진술내용을 증거로 하기 위해서는 피고인이 내용을 인정하여야 한다.
② 디지털 녹음기에 녹음된 내용을 전자적 방법으로 테이프에 전사한 사본인 녹음테이프를 대상으로 법원이 검증절차를 진행하여, 녹음된 내용이 녹취록의 기재와 일치하고 그 음성이 진술자의 음성임을 확인하였더라도, 그것만으로 녹음테이프의 증거능력을 인정할 수 없다.
③ 무인장비에 의한 속도위반차량 단속은 제한속도를 위반하여 차량을 주행하는 범죄가 현재 행하여지고 있고, 긴급하게 증거보전을 할 필요가 있는 상태에서 일반적으로 허용되는 한도를 넘지 않는 상당한 방법에 의한 것이므로 차량번호 등을 촬영한 사진은 증거능력이 인정된다.
④ 피고인이 범행 후 피해자에게 전화를 걸어오자 피해자가 증거를 수집하려고 그 전화내용을 녹음한 경우 그 것이 피고인 모르게 녹음된 것이라 하여 이를 위법하게 수집된 증거라고 할 수 없다.

해설

① 【 X 】 피고인과 피해자 사이의 대화내용에 관한 녹취서가 공소사실의 증거로 제출되어 그 녹취서의 기재내용과 녹음테이프의 녹음내용이 동일한지 여부에 관하여 법원이 검증을 실시한 경우에 증거자료가 되는 것은 녹음테이프에 녹음된 대화내용 그 자체이고, 그 중 피고인의 진술내용은 실질적으로 형사소송법 제311조, 제312조의 규정 이외에 피고인의 진술을 기재한 서류와 다름없어 피고인이 그 녹음테이프를 증거로 할 수 있음에 동의하지 않은 이상 그 녹음테이프 검증조서의 기재 중 피고인의 진술내용을 증거로 사용하기 위해서는 형사소송법 제313조 제1항 단서에 따라 공판준비 또는 공판기일에서 그 작성자인 피해자의 진술에 의하여 녹음테이프에 녹음된 피고인의 진술내용이 피고인이 진술한 대로 녹음된 것임이 증명되고 나아가 그 진술이 특히 신빙할 수 있는 상태하에서 행하여진 것임이 인정되어야 할 것이고, 녹음테이프는 그 성질상 작성자나 진술자의 서명 혹은 날인이 없을 뿐만 아니라, 녹음자의 의도나 특정한 기술에 의하여 그 내용이 편집, 조작될 위험성이 있음을 고려하여, 그 대화내용을 녹음한 원본이거나 혹은 원본으로부터 복사한 사본일 경우에는 복사과정에서 편집되는 등의 인위적 개작 없이 원본의 내용 그대로 복사된 사본임이 입증되어야만 하고, 그러한 입증이 없는 경우에는 쉽게 그 증거능력을 인정할 수 없다(대판 2005.12.23. 2005도2945).
② 【 O 】 대판 2008.12.24. 2008도9414
③ 【 O 】 대판 1999.12.7. 98도3329
④ 【 O 】 대판 1997.3.28. 97도240

정답 ①

117 전문증거의 증거능력에 관한 설명 중 옳지 않은 것은? (다툼이 있는 경우 판례에 의함)

20. 변호사시험

① 정보통신망을 통하여 공포심이나 불안감을 유발하는 글을 반복적으로 상대방에게 도달하게 하는 행위를 하였다는 공소사실에 대하여 휴대전화기에 저장된 문자정보가 그 증거가 되는 경우, 그 문자정보는 범행의 직접적인 수단이고 경험자의 진술에 갈음하는 대체물에 해당하지 않으므로 전문법칙이 적용되지 않는다.

② 성폭력 피해아동이 어머니에게 진술한 내용을 어머니가 상담원에게 전한 후, 상담원이 그 내용을 검사 면전에서 진술하여 작성된 진술조서는 이른바 '재전문진술을 기재한 조서'로서, 피고인이 동의하지 않는 한 증거능력이 인정되지 아니한다.

③ A가 특정범죄 가중처벌 등에 관한 법률 위반(알선수재)죄로 기소된 피고인으로부터 건축허가를 받으려면 담당공무원에게 사례비를 주어야 한다는 말을 들었다는 취지의 법정진술을 한 경우, 원진술의 존재 자체가 알선수재죄에서의 요증사실이므로 A의 진술은 전문증거가 아니라 본래증거에 해당한다.

④ 수사기관이 참고인을 조사하는 과정에서 촬영한 영상녹화물은, 다른 법률에서 달리 규정하고 있는 등의 특별한 사정이 없는 한, 공소사실을 직접 증명할 수 있는 독립적인 증거로 사용할 수 없다.

⑤ 보험사기 사건에서 건강보험심사평가원이 수사기관의 의뢰에 따라 그 보내온 자료를 토대로 입원진료의 적정성에 대한 의견을 제시하는 내용의 '건강보험심사평가원의 입원진료 적정성 여부 등 검토의뢰에 대한 회신'은 「형사소송법」 제315조 제3호의 '기타 특히 신용할 만한 정황에 의하여 작성된 문서'에 해당한다.

해 설

① 【 O 】 대판 2008.11.13. 2006도2556
② 【 O 】 형사소송법은 전문진술에 대하여 제316조에서 실질상 단순한 전문의 형태를 취하는 경우에 한하여 예외적으로 그 증거능력을 인정하는 규정을 두고 있을 뿐, 재전문진술이나 재전문진술을 기재한 조서에 대하여는 달리 그 증거능력을 인정하는 규정을 두고 있지 아니하고 있으므로, 피고인이 증거로 하는 데 동의하지 않는 한 형사소송법 제310조의2의 규정(전문법칙)에 의하여 이를 증거로 할 수 없다(대판 2000.3.10. 2000도159).
③ 【 O 】 공소외 2는 전화를 통하여 피고인으로부터 2005.8.경 건축허가 담당 공무원이 외국연수를 가므로 사례비를 주어야 한다는 말과 2006.2.경 건축허가 담당 공무원이 4,000만 원을 요구하는데 사례비로 2,000만 원을 주어야 한다는 말을 들었다는 취지로 수사기관, 제1심 및 원심 법정에서 진술하였음을 알 수 있는데, 피고인의 위와 같은 원진술의 존재 자체가 이 사건 알선수재죄에 있어서의 요증사실이므로, 이를 직접 경험한 공소외 2가 피고인으로부터 위와 같은 말들을 들었다고 하는 진술들은 전문증거가 아니라 본래증거에 해당된다(대판 2008.11.13. 2008도8007).
④ 【 O 】 수사기관이 참고인을 조사하는 과정에서 형사소송법 제221조 제1항에 따라 작성한 영상녹화물은, 다른 법률에서 달리 규정하고 있는 등의 특별한 사정이 없는 한, 공소사실을 직접 증명할 수 있는 독립적인 증거로 사용될 수는 없다고 해석함이 타당하다(대판 2014.7.10. 2012도5041).
⑤ 【 X 】 사무처리 내역을 계속적, 기계적으로 기재한 문서가 아니라 범죄사실의 인정 여부와 관련 있는 어떠한 의견을 제시하는 내용을 담고 있는 문서는 형사소송법 제315조 제3호에서 규정하는 당연히 증거능력이 있는 서류에 해당한다고 볼 수 없으므로, 이른바 보험사기 사건에서 건강보험심사평가원이 수사기관의 의뢰에 따라 그 보내온 자료를 토대로 입원진료의 적정성에 대한 의견을 제시하는 내용의 '건강보험심사평가원의 입원진료 적정성 여부 등 검토의뢰에 대한 회신'은 형사소송법 제315조 제3호의 '기타 특히 신용할 만한 정황에 의하여 작성된 문서'에 해당하지 않는다(대판 2017.12.5. 2017도12671).

정답 ⑤

118 녹음테이프의 증거능력에 대한 설명으로 옳지 않은 것은? (다툼이 있는 경우 판례에 의함)

16. 국가직

① 사인(私人)이 피고인 아닌 사람과의 대화내용을 녹음한 녹음테이프는 원본으로서 공판준비나 공판기일에서 원진술자의 진술에 의하여 녹음된 각자의 진술내용이 자신이 진술한 대로 녹음된 것이라는 점이 인정되더라도 피고인이 동의하지 않는다면 증거로 사용할 수 없다.

② 피고인이 A의 대화를 녹음한 녹취록에 관하여 피고인이 위 녹취록에 대하여 부동의한 사건에서, A가 위 대화를 자신이 녹음하였고 위 녹취록의 내용이 다 맞다고 1심 법정에서 진술하였을 뿐 그 이외에 위 녹취록에 그 작성자가 기재되어 있지 않을 뿐만 아니라 검사는 위 녹취록 작성의 토대가 된 위 대화내용을 녹음한 원본 녹음테이프 등을 증거로 제출하지도 아니하는 경우, 위 녹취록의 기재는 증거능력이 없이 이를 증거로 사용할 수 없다.

③ 사인(私人)이 피고인 아닌 사람과의 대화내용을 녹음한 녹음테이프에 대해 법원이 그 진술당시 진술자의 상태 등을 확인하기 위하여 작성한 검증조서는 법원의 검증 결과를 기재한 조서로서 형사소송법 제311조에 의하여 증거로 할 수 있다.

④ 피고인이 범행 후 피해자에게 전화를 걸어오자 피해자가 증거를 수집하려고 그 전화내용을 녹음한 경우 그 녹음테이프가 피고인 모르게 녹음된 것이라 하더라도 위법수집증거는 아니다.

해설

① 【 X 】 수사기관 아닌 사인(私人)이 피고인 아닌 사람과의 대화내용을 녹음한 녹음테이프는 형사소송법 제311조, 제312조 규정 이외의 피고인 아닌 자의 진술을 기재한 서류와 다를 바 없으므로, 피고인이 녹음테이프를 증거로 할 수 있음에 동의하지 아니하는 이상 그 증거능력을 부여하기 위해서는, 첫째 녹음테이프가 원본이거나 원본으로부터 복사한 사본일 경우 복사과정에서 편집되는 등의 인위적 개작 없이 원본 내용 그대로 복사된 사본일 것, 둘째 형사소송법 제313조 제1항에 따라 공판준비나 공판기일에서 원진술자의 진술에 의하여 녹음테이프에 녹음된 각자의 진술내용이 자신이 진술한 대로 녹음된 것이라는 점이 인정되어야 한다(대판 2011.9.8. 2010도7497).

② 【 O 】 대판 2010.3.11. 2009도14525

③ 【 O 】 대판 2008.7.10. 2007도10755

④ 【 O 】 대판 1997.3.28. 97도240

정답 ①

119 디지털 저장매체에 저장되어 있는 피고인 아닌 자가 작성한 문서를 출력하여 제출한 경우, 그 증거능력 인정요건에 대한 설명으로 옳지 않은 것은? (증거동의가 없음을 전제하고, 다툼이 있는 경우 판례에 의함)   19. 국가직

① 디지털 저장매체의 사용자 및 소유자, 로그기록 등 저장매체에 남은 흔적, 초안 문서의 존재, 작성자만의 암호 사용 여부, 전자서명의 유무 등 객관적 사정에 의하여 동일인이 작성하였다고 볼 수 있다면 그 작성자의 부인에도 불구하고 진정성립을 인정할 수 있다.
② 디지털 저장매체 원본에 저장된 내용과 출력 문건의 동일성이 인정되어야 하고, 이를 위해서는 정보저장매체 원본이 압수 시부터 문건 출력 시까지 변경되지 않았다는 무결성이 담보되어야 한다.
③ 작성자가 자기에게 맡겨진 사무를 처리한 내역을 그때그때 계속적·기계적으로 기재하여 저장해 놓은 문서로서 업무상 필요로 작성한 통상문서에 해당하면 증거능력이 인정된다.
④ 디지털 저장매체에 저장된 로그파일의 원본이 아니라 그 복사본의 일부 내용을 요약·정리하는 방식으로 새로운 문서파일이 작성된 경우, 새로 작성한 파일을 출력한 문서는 로그파일의 복사본과 원본의 동일성이 인정되더라도 로그파일 원본의 내용을 증명하는 증거로 사용할 수 없다.

해설

① 【O】 피고인 아닌 자가 작성한 진술서가 증거능력이 인정되기 위해서는 자필이거나 날인 또는 서명이 있는 것으로서, 작성자인 피고인 아닌 자가 공판준비 또는 공판기일에 그 성립의 진정함을 인정하여야 한다(제313조 제1항 본문). 제313조 제1항의 명문규정상 진정성립은 작성자의 공판정 진술에 의하여 이루어져야 함이 원칙이다. 그러나, 제313조 제1항 본문에도 불구하고 진술서의 작성자가 공판준비나 공판기일에서 그 성립의 진정을 부인하는 경우에는 과학적 분석결과에 기초한 디지털포렌식 자료, 감정 등 객관적 방법으로 성립의 진정함이 증명되고, 피고인 또는 변호인이 공판준비 또는 공판기일에 그 기재 내용에 관하여 작성자를 신문할 수 있었을 때에는 증거로 할 수 있다(제313조 제2항).
② 【O】 대판 2013.7.26. 2013도2511
③ 【O】 대판 2015.7.16. 2015도2625 전합
④ 【X】 디지털 저장매체에 저장된 로그파일의 원본이 아니라 그 복사본의 일부 내용을 요약·정리하는 방식으로 새로운 문서파일이 작성된 경우 그 문서파일 또는 거기에서 출력한 문서를 로그파일 원본의 내용을 증명하는 증거로 사용하기 위하여는 피고인이 이를 증거로 하는 데 동의하지 아니하는 이상 그 문서파일의 기초가 된 로그파일 복사본과 로그파일 원본의 동일성도 인정되어야 한다(대판 2015.8.27. 2015도3467).

정답 ④

120 사진 및 영상녹화물의 증거능력에 대한 설명으로 가장 적절하지 않은 것은? (다툼이 있는 경우 판례에 의함)

19. 경찰채용 1차

① 「성폭력범죄의 처벌 등에 관한 특례법」 제30조에 의하면 성폭력범죄의 피해자가 19세 미만인 경우 피해자의 진술내용과 조사과정을 영상녹화하여야 하는데, 해당 영상물에 수록된 피해자의 진술은 공판준비기일 또는 공판기일에 피해자의 진술에 의하여 성립의 진정이 증명되면 증거능력이 인정된다.

② 사법경찰관이 작성한 검증조서에 피의자이던 피고인이 검사 이외의 수사기관 앞에서 자백한 범행내용을 현장에 따라 진술·재연한 내용이 기재되고 그 재연 과정을 촬영한 사진이 첨부되어 있다면, 그러한 사진은 피고인이 공판정에서 그 진술내용 및 범행재연의 상황을 모두 부인하는 이상 증거능력이 없다.

③ 「정보통신망 이용촉진 및 정보보호 등에 관한 법률」에 의하면 정보통신망을 통하여 공포심을 유발하는 글을 반복적으로 상대방에게 도달케 하는 행위를 처벌하고 있는데, 검사가 위 죄에 대한 증거로 휴대전화기에 저장된 문자정보를 촬영한 사진을 법원에 제출한 경우, 해당 증거에 대해서는 피고인이 성립 및 내용의 진정을 부인하면 증거능력이 부정된다.

④ 검사가 피의자와 그 사건에 관하여 대화하는 내용과 장면을 녹화한 비디오테이프에 대한 법원의 검증조서는 이러한 비디오테이프의 녹화내용이 피의자의 진술을 기재한 피의자신문조서와 실질적으로 같다고 볼 것이므로 피의자신문조서에 준하여 그 증거능력을 가려야 한다.

해설

① 【 O 】 성폭력범죄의 피해자가 19세 미만이거나 신체장애 또는 정신상의 장애로 사물을 변별하거나 의사를 결정할 능력이 미약한 때에는 피해자 또는 법정대리인이 이를 원하지 않는 경우가 아닌 한 피해자의 진술내용과 조사과정을 비디오녹화기 등 영상물 녹화장치에 의하여 촬영·보존하도록 강제하고 있다(성폭력범죄의 처벌 등에 관한 특례법 제30조 제1항). 촬영한 영상물에 수록된 피해자의 진술은 공판준비 또는 공판기일에서 피해자 또는 조사과정에 동석하였던 신뢰관계에 있는 자 또는 진술조력인의 진술에 의하여 그 성립의 진정함이 인정된 때에는 증거로 할 수 있다고 규정하고 있다(동법 제30조 제6항).

② 【 O 】 사법경찰관 작성의 검증조서에 대하여 피고인이 증거로 함에 동의만 하였을 뿐 공판정에서 검증조서에 기재된 진술내용 및 범행을 재연한 부분에 대하여 그 성립의 진정 및 내용을 인정한 흔적을 찾아볼 수 없고 오히려 이를 부인하고 있는 경우에는 그 증거능력을 인정할 수 없고, 위 검증조서 중 범행에 부합되는 피고인의 진술을 기재한 부분과 범행을 재연한 부분을 제외한 나머지 부분만을 증거로 채용하여야 한다(대판 1998.3.13. 98도159).

③ 【 X 】 형사소송법 제310조의2는 사실을 직접 경험한 사람의 진술이 법정에 직접 제출되어야 하고 이에 갈음하는 대체물인 진술 또는 서류가 제출되어서는 안 된다는 이른바 전문법칙을 선언한 것이다. 그런데 정보통신망을 통하여 공포심이나 불안감을 유발하는 글을 반복적으로 상대방에게 도달하게 하는 행위를 하였다는 공소사실에 대하여 휴대전화기에 저장된 문자정보가 그 증거가 되는 경우, 그 문자정보는 범행의 직접적인 수단이고 경험자의 진술에 갈음하는 대체물에 해당하지 않으므로, 형사소송법 제310조의2에서 정한 전문법칙이 적용되지 않는다(대판 2008.11.13. 2006도12556).

④ 【 O 】 대판 1992.6.23. 92도682

정답 ③

121 다음 설명 중 가장 옳지 않은 것은? (다툼이 있는 경우 판례에 의함)   20. 법원직

① 압수물인 디지털 저장매체로부터 출력한 문건을 증거로 사용하기 위해서는 디지털 저장매체 원본에 저장된 내용과 출력한 문건의 동일성이 인정되어야 하고, 이를 위해서는 디지털 저장매체 원본이 압수시부터 문건 출력시까지 변경되지 않았음이 담보되어야 한다.

② 수사기관이 법원으로부터 영장 또는 감정처분허가장을 발부받지 아니한 채 피의자의 동의 없이 피의자의 신체로부터 혈액을 채취하고 사후적으로도 지체 없이 영장을 발부받지 아니한 채 알콜농도에 관한 감정이 이루어졌다면, 이러한 감정결과보고서 등은 영장주의를 위반한 위법수집증거에 해당하고, 피고인이나 변호인의 증거동의가 있다고 하더라도 유죄의 증거로 사용할 수 없다.

③ 피고인이 범행 후 피해자에게 전화를 걸어오자 피해자가 증거를 수집하려고 그 전화내용을 녹음한 경우, 그 녹음테이프가 피고인 모르게 녹음되었다 하더라도 이를 위법하게 수집된 증거라고 할 수 없다.

④ 수사기관이 범죄 피해자를 참고인으로 조사하는 과정에서 형사소송법 제221조 제1항에 따라 그 참고인의 진술을 녹화한 영상녹화물은 피고인의 공소사실을 직접 증명할 수 있는 별개의 독립적인 증거로 사용될 수 있다.

해설

① 【O】 대판 2013.6.13. 2012도16001
② 【O】 대판 2011.4.27. 2009도2109
③ 【O】 대판 1997.3.28. 97도240
④ 【X】 2007.6.1. 법률 제8496호로 개정되기 전의 형사소송법에는 없던 수사기관에 의한 피의자 아닌 자(이하 '참고인'이라 한다) 진술의 영상녹화를 새로 정하면서 그 용도를 참고인에 대한 진술조서의 실질적 진정성립을 증명하거나 참고인의 기억을 환기시키기 위한 것으로 한정하고 있는 현행 형사소송법의 규정 내용을 영상물에 수록된 성범죄 피해자의 진술에 대하여 독립적인 증거능력을 인정하고 있는 성폭력범죄의 처벌 등에 관한 특례법 제30조 제6항 또는 아동·청소년의 성보호에 관한 법률 제26조 제6항의 규정과 대비하여 보면, 수사기관이 참고인을 조사하는 과정에서 형사소송법 제221조 제1항에 따라 작성한 영상녹화물은, 다른 법률에서 달리 규정하고 있는 등의 특별한 사정이 없는 한, 공소사실을 직접 증명할 수 있는 독립적인 증거로 사용될 수는 없다고 해석함이 타당하다(대판 2014.7.10. 2012도5041).

정답 ④

122 다음 사례에 대한 설명으로 옳지 않은 것은? (다툼이 있는 경우 판례에 의함)

16. 국가직

> 평상시 남편의 가정폭력으로 이혼을 결심한 A는 남편 甲과의 이혼소송에 대비하여, 甲과의 대화 도중 甲 모르게 대화내용을 스마트폰으로 녹음하였다. 이에는 甲이 격분하여 "3년 전에 내가 X도 죽였는데 너는 못 죽이겠냐. 내 말 안 듣고 이혼을 요구하면 죽여 버린다."라며 협박한 내용과 X를 살해한 사실을 자백하는 내용이 포함되어 있었다.

① 대화 일방 당사자인 A의 녹음은 위법수집증거에 해당되지 않는다.
② 甲의 협박죄 사건의 공판정에서 "내 말 안 듣고 이혼을 요구하면 죽여 버린다."라고 甲이 말하였다고 A가 증언하였다면 이는 전문증거이다.
③ X의 사망사건 수사에 관하여 검사가 작성한 A의 진술조서에 甲이 "내가 X도 죽였다."고 말했다는 취지의 부분이 기재되어 있다면 전문진술이 기재된 조서로 재전문서류에 해당한다.
④ 대화 내용을 녹음한 파일 등 저장매체는 대화 내용을 녹음한 원본이거나 원본으로부터 복사한 사본일 경우 복사과정에서 편집되는 등의 인위적 개작 없이 원본의 내용 그대로 복사된 사본임이 증명되어야 한다.

해설

① 【O】 대화당사자간 1인이 상대방 몰래 비밀녹음을 한 경우 통신비밀보호법의 적용을 받아 증거능력을 부정하여야 하는지에 대해 견해의 대립이 있다. 이에 대해 판례는 대화 당사자 사이의 녹음은 타인간의 대화를 녹음한 것이 아니어서 통신비밀보호법 제14조의 적용을 받지 않는다고 보아 대화당사자 중 일방의 비밀녹음은 증거사용이 가능하다고 보았다(대판 2001.10.9. 2001도3106).
② 【X】 진술의 의미내용이 아니라 그 존재자체가 문제될 때에는 본래증거이지 전문증거가 아니다(대판 2008.9.25. 2008도5347). 따라서 협박죄에서 협박성 발언을 한 것은 존재자체가 문제되기 때문에 본래증거가 된다.
③ 【O】 X에 대한 사망사건(살인)과 관련한 甲의 발언은 진술의 의미내용이 문제되므로 전문증거에 해당한다. 따라서 검사가 작성한 A에 대한 진술조서에 甲의 진술이 기재된 경우 이는 전문진술이 기재된 조서로서 제312조 제4항과 제316조 제1항의 요건을 모두 갖추면 甲의 피고사건에 증거능력이 인정된다.
④ 【O】 대판 2014.8.26. 2011도6035

정답 ②

123 甲은 휴대전화기를 이용하여 A에게 공포심을 유발하는 글을 반복적으로 도달하게 한 혐의로 정보통신망 이용촉진 및 정보보호 등에 관한 법률 위반죄로 기소되었다. 검사는 乙이 甲의 부탁을 받고 甲의 휴대전화기를 보관하고 있다는 사실을 알고 乙에게 부탁하여 甲의 휴대전화기를 임의제출 받았다. 한편 A는 B의 휴대전화기에 "甲으로부터 수차례 협박 문자메시지를 받았다"는 내용의 문자메시지를 발송하였다. 이에 대한 설명으로 옳은 것은? (다툼이 있는 경우 판례에 의함)

17. 국가직

① 甲의 휴대전화기는 甲의 승낙이나 영장 없이 위법하게 수집된 증거로서 증거능력이 부정된다.
② 甲의 휴대전화기 자체가 아니라 甲의 휴대전화기 화면에 표시된 문자메시지를 촬영한 사진이 증거로 제출된 경우 甲이 그 성립 및 내용의 진정을 부인하는 때에는 이를 증거로 사용할 수 없다.
③ 甲의 휴대전화기 화면을 촬영한 사진을 증거로 사용하려면 甲의 휴대전화기를 법정에 제출할 수 없거나 그 제출이 곤란한 사정이 있고, 그 사진의 영상이 甲의 휴대전화기 화면에 표시된 문자정보와 정확하게 같다는 사실이 증명되어야 한다.
④ B의 휴대전화기에 저장된 문자메시지는 본래증거로서 형사소송법 제310조의2가 정한 전문법칙이 적용될 여지가 없다.

해설

① 【 X 】 비록 甲의 동의나 승낙이 없었다고 하여도 乙은 보관자의 지위에 있기 때문에 乙이 임의로 제출한 휴대전화기는 적법한 압수로서 증거능력이 부여된다(대판 2008.5.15. 2008도1097).
② 【 X 】 정보통신망을 통하여 공포심이나 불안감을 유발하는 글을 반복적으로 상대방에게 도달하게 하는 행위를 하였다는 공소사실에 대하여 휴대전화기에 저장된 문자정보가 그 증거가 되는 경우, 그 문자정보는 범행의 직접적인 수단이고 경험자의 진술에 갈음하는 대체물에 해당하지 않으므로, 형사소송법 제310조의2에서 정한 전문법칙이 적용되지 않는다(대판 2008.11.13. 2006도2556).
③ 【 O 】 대판 2008.11.13. 2006도2556
④ 【 X 】 B의 휴대전화기에 저장된 문자메시지는 전문증거로서 피해자의 진술서에 준하는 것이다. 따라서 문자메시지의 내용에 관하여는 전문법칙이 적용되어야 한다. 판례도 유사한 사례에서 "피해자가 피고인으로부터 당한 공갈 등 피해 내용을 담아 남동생에게 보낸 문자메시지를 촬영한 사진은 형사소송법 제313조에 규정된 '피해자의 진술서'에 준하는 것인데, 제반 사정에 비추어 그 진정성립이 인정되어 증거로 할 수 있다(대판 2010.11.25. 2010도8735)"고 하여 전문증거라고 판시한 바 있다.

정답 ③

124 증거능력에 대한 설명이다. 아래 ㉠부터 ㉢까지의 설명 중 옳고 그름의 표시(○, ×)가 바르게 된 것은? (다툼이 있는 경우 판례에 의함)

19. 경찰승진

> ㉠ 디지털 녹음기에 녹음된 내용을 전자적 방법으로 테이프에 전사한 사본인 녹음테이프를 대상으로 법원이 검증절차를 진행하여, 녹음된 내용이 녹취록의 기재와 일치하고 그 음성이 진술자의 음성임을 확인하였다면 그것만으로 녹음테이프의 증거능력을 인정할 수 있다.
> ㉡ 법정에 출석한 증인이 「형사소송법」 제148조, 제149조 등에서 정한 바에 따라 정당하게 증언거부권을 행사하여 증언을 거부한 경우는 「형사소송법」 제314조의 '그 밖에 이에 준하는 사유로 인하여 진술할 수 없는 때'에 해당하지 아니한다.
> ㉢ 수사기관이 피의자를 신문함에 있어서 피의자에게 미리 진술거부권을 고지하지 않은 때에는 그 피의자의 진술은 위법하게 수집된 증거이나, 진술의 임의성이 인정되는 경우에는 증거능력이 인정된다.
> ㉣ 검사 작성의 피의자신문조서에 대한 실질적 진정성립을 증명할 수 있는 수단으로서 「형사소송법」 제312조 제2항에 규정된 '영상녹화물이나 그 밖의 객관적인 방법'이란 조사관 또는 조사 과정에 참여한 통역인 등의 증언도 이에 해당한다.

① ㉠ ○ ㉡ ○ ㉢ × ㉣ ×
② ㉠ × ㉡ × ㉢ ○ ㉣ ○
③ ㉠ × ㉡ ○ ㉢ × ㉣ ×
④ ㉠ ○ ㉡ × ㉢ ○ ㉣ ○

해설

㉠ 【 × 】 디지털 녹음기에 녹음된 내용을 전자적 방법으로 테이프에 전사한 사본인 녹음테이프를 대상으로 법원이 검증절차를 진행하여, 녹음된 내용이 녹취록의 기재와 일치하고 그 음성이 진술자의 음성임을 확인하였더라도, 그것만으로 녹음테이프의 증거능력을 인정할 수 없다고 한 사례(대판 2008.12.24. 2008도9414).

㉡ 【 ○ 】 대판 2012.5.17. 2009도6788

㉢ 【 × 】 형사소송법 제200조 제2항은 검사 또는 사법경찰관이 출석한 피의자의 진술을 들을 때에는 미리 피의자에 대하여 진술을 거부할 수 있음을 알려야 한다고 규정하고 있는바, 이러한 피의자의 진술거부권은 헌법이 보장하는 형사상 자기에 불리한 진술을 강요당하지 않는 자기부죄거부의 권리에 터잡은 것이므로 수사기관이 피의자를 신문함에 있어서 피의자에게 미리 진술거부권을 고지하지 않은 때에는 그 피의자의 진술은 위법하게 수집된 증거로서 진술의 임의성이 인정되는 경우라도 증거능력이 부인되어야 한다(대판 1992.6.23. 92도682).

㉣ 【 × 】 실질적 진정성립을 증명할 수 있는 방법으로서 형사소송법 제312조 제2항에 예시되어 있는 영상녹화물의 경우 형사소송법 및 형사소송규칙에 의하여 영상녹화의 과정, 방식 및 절차 등이 엄격하게 규정되어 있는데다(형사소송법 제244조의2, 형사소송규칙 제134조의2 제3항, 제4항, 제5항 등) 피의자의 진술을 비롯하여 검사의 신문 방식 및 피의자의 답변 태도 등 조사의 전 과정이 모두 담겨 있어 피고인이 된 피의자의 진술 내용 및 취지를 과학적·기계적으로 재현해 낼 수 있으므로 조서의 내용과 검사 앞에서의 진술 내용을 대조할 수 있는 수단으로서의 객관성이 보장되어 있다고 볼 수 있으나, 피고인을 피의자로 조사하였거나 조사에 참여하였던 자들의 증언은 오로지 증언자의 주관적 기억 능력에 의존할 수밖에 없어 객관성이 보장되어 있다고 보기 어렵다. 결국 검사 작성의 피의자신문조서에 대한 실질적 진정성립을 증명할 수 있는 수단으로서 형사소송법 제312조 제2항에 규정된 '영상녹화물이나 그 밖의 객관적인 방법'이란 형사소송법 및 형사소송규칙에 규정된 방식과 절차에 따라 제작된 영상녹화물 또는 그러한 영상녹화물에 준할 정도로 피고인의 진술을 과학적·기계적·객관적으로 재현해 낼 수 있는 방법만을 의미하고, 그 외에 조사관 또는 조사 과정에 참여한 통역인 등의 증언은 이에 해당한다고 볼 수 없다(대판 2016.2.18. 2015도16586).

정답 ③

125 증거능력과 증명력에 대한 설명으로 옳지 않은 것은?

23. 국가직 7급

① 거짓말탐지기 검사결과는 항상 진실에 부합한다고 단정할 수 없다 하더라도 검사를 받는 사람의 진술의 신빙성을 가늠하는 정황증거로서 기능을 하므로, 그 검사결과만으로 범행 당시의 상황이나 범행 이후 정황에 부합하는 진술의 신빙성을 부정할 수 있다.

② 수사기관에서 진술한 참고인이 법정에서 증언을 거부하여 피고인이 반대신문을 하지 못한 경우에는 정당하게 증언거부권을 행사한 것이 아니라도, 피고인이 증인의 증언거부 상황을 초래하였다는 등의 특별한 사정이 없는 한 「형사소송법」 제314조의 '그 밖에 이에 준하는 사유로 인하여 진술할 수 없는 때'에 해당하지 않는다.

③ 검사가 공판기일에 증인으로 신청하여 신문할 사람을 특별한 사정없이 미리 수사기관에 소환하여 면담하는 절차를 거친 후에 그 사람이 증인으로 소환되어 법정에서 피고인에게 불리한 내용의 진술을 한 경우, 검사가 증인신문 전 면담과정에서 증인에 대한 회유나 압박, 답변유도나 암시 등으로 증인의 법정진술에 영향을 미치지 않았다는 점이 담보되어야 증인의 법정진술을 신빙할 수 있다.

④ 전문진술이 기재된 조서는 「형사소송법」 제312조 또는 제314조에 따라 증거능력이 인정될 수 있는 경우에 해당하여야 하며, 원진술자가 사망, 질병, 외국거주, 소재불명 그 밖에 이에 준하는 사유로 인하여 진술할 수 없고, 그 진술이 특히 신빙할 수 있는 상태하에서 행하여졌음이 증명된 때에 한하여 예외적으로 이를 증거로 할 수 있다.

해설

① 【 X 】 거짓말탐지기의 검사는 그 기구의 성능, 조작기술 등에 있어 신뢰도가 극히 높다고 인정되고 그 검사자가 적격자이며, 검사를 받는 사람이 검사를 받음에 동의하였으며, 검사서가 검사자 자신이 실시한 검사의 방법, 경과 및 그 결과를 충실하게 기재하였다는 등의 전제조건이 증거에 의하여 확인되었을 경우에만 형사소송법 제313조 제2항에 의하여 이를 증거로 할 수 있는 것이고, 위와 같은 조건이 모두 충족되어 증거능력이 있는 경우에도 그 검사결과는 검사를 받는 사람의 진술의 신빙성을 가늠하는 정황증거로서의 기능을 하는데 그치는 것인 바, 이 사건에 있어서 위의 거짓말탐지기 검사결과는 그 정확성을 보장할 수 있는 전제조건들을 구비하였다고 단정하기도 어려울 뿐만 아니라 설사 그러한 조건을 구비하였다 하더라도 수사기관이래 원심법정에 이르기까지의 피고인의 일관된 변소내용에 비추어 볼 때 위 거짓말탐지기 검사결과에 나타난 반응을 그대로 받아들일 수는 없으며 그밖에 공소사실을 인정할 만한 다른 증거가 없다(대판 1987.7.21. 87도968).

② 【 O 】 수사기관에서 진술한 참고인이 법정에서 증언을 거부하여 피고인이 반대신문을 하지 못한 경우에는 정당하게 증언거부권을 행사한 것이 아니라도, 피고인이 증인의 증언거부 상황을 초래하였다는 등의 특별한 사정이 없는 한 형사소송법 제314조의 '그 밖에 이에 준하는 사유로 인하여 진술할 수 없는 때'에 해당하지 않는다고 보아야 한다. 따라서 증인이 정당하게 증언거부권을 행사하여 증언을 거부한 경우와 마찬가지로 수사기관에서 그 증인의 진술을 기재한 서류는 증거능력이 없다(대법원 2019.11.21. 선고 2018도13945).

③ 【 O 】 검사가 공판기일에 증인으로 신청하여 신문할 사람을 특별한 사정 없이 미리 수사기관에 소환하여 면담하는 절차를 거친 후 증인이 법정에서 피고인에게 불리한 내용의 진술을 한 경우, 검사가 증인신문 전 면담 과정에서 증인에 대한 회유나 압박, 답변유도나 암시 등으로 증인의 법정진술에 영향을 미치지 않았다는 점이 담보되어야 증인의 법정진술을 신빙할 수 있다고 할 것이다(대판 2021.6.10. 2020도15891).

④ 【 O 】 형사소송법 제314조(증거능력에 대한 예외) 제312조 또는 제313조의 경우에 공판준비 또는 공판기일에 진술을 요하는 자가 사망·질병·외국거주·소재불명 그 밖에 이에 준하는 사유로 인하여 진술할 수 없는 때에는 그 조서 및 그 밖의 서류(피고인 또는 피고인 아닌 자가 작성하였거나 진술한 내용이 포함된 문자·사진·영상 등의 정보로서 컴퓨터용디스크, 그 밖에 이와 비슷한 정보저장매체에 저장된 것을 포함한다)를 증거로 할 수 있다. 다만, 그 진술 또는 작성이 특히 신빙할 수 있는 상태하에서 행하여졌음이 증명된 때에 한한다.

정답 ①

126 다음 사례에 대한 〈보기〉의 설명으로 옳은 것만을 모두 고르면? (다툼이 있는 경우 판례에 의함) 19. 검찰 7급

〈사례〉

2018.5.7. 21:00경 乙은 자신의 집에서 甲에게 금품을 강취당하면서 甲이 "돈을 안 주면 죽이겠다."라고 말하는 것을 자신의 휴대폰으로 녹음하였다. 한편, 사정을 모르는 乙의 친구 A가 전화를 걸자, 乙은 甲의 지시에 따라 평상시와 같이 A의 전화를 받고 통화를 마쳤으나 전화가 미처 끊기기 전에 A는 '악' 하는 乙의 비명소리와 '우당탕' 하는 소리를 듣게 되었다. 검사는 甲을 강도죄로 기소하고, 乙의 휴대폰에 저장된 甲의 협박이 담긴 녹음파일의 사본을 증거로 제출하였다. 또한, A는 수사기관의 참고인 조사에서 乙과의 통화 도중 들은 것에 대하여 진술하였다. 한편, 甲은 녹음파일의 사본과 A의 진술을 증거로 하는 것에 동의하지 않았다.

㉠ 乙의 녹음파일 사본에 대한 증거능력이 인정되기 위해서는, 해당 사본이 복사과정에서 편집되는 등 인위적 개작 없이 원본 내용 그대로 복사된 것임이 증명되어야 한다.

㉡ 녹음파일에 있는 甲의 진술을 증거로 함에 있어서는 공판준비 또는 공판기일에서 乙의 진술에 의하여 녹음파일에 있는 진술 내용이 甲이 진술한 대로 녹음된 것임이 증명되고, 그 진술이 특히 신빙할 수 있는 상태하에서 행하여진 것임이 인정되어야 한다.

㉢ 乙의 '악' 하는 비명소리는 「통신비밀보호법」에서 보호하는 타인 간의 '대화'에 해당하여 증거로 할 수 없지만, '우당탕' 하는 소리는 음향으로서 「통신비밀보호법」에서 보호하는 타인 간의 '대화'에 해당하지 않아 甲의 폭행사실에 대한 증거로 사용할 수 있다.

① ㉠, ㉡   ② ㉠, ㉢   ③ ㉡, ㉢   ④ ㉠, ㉡, ㉢

해설

㉠ 【 O 】 대판 2018.2.8. 2017도13263
㉡ 【 O 】 위 녹음파일은 피고인 아닌 乙이 피고인 甲의 진술을 녹음한 것으로서, 피고인 아닌 자가 작성한 피고인의 진술을 기재한 서류에 준하여(제313조 제1항 단서), 공판준비 또는 공판기일에서 작성자인 乙의 진술에 의하여 성립의 진정이 인정되고, 甲의 진술이 특히 신빙할 만한 상태에서 행하여졌음이 증명된 경우에 한하여 증거로 할 수 있다.
㉢ 【 X 】 사람의 육성이 아닌 사물에서 발생하는 음향은 타인 간의 '대화'에 해당하지 않는다. 또한 사람의 목소리라고 하더라도 상대방에게 의사를 전달하는 말이 아닌 단순한 비명소리나 탄식 등은 타인과 의사소통을 하기 위한 것이 아니라면 특별한 사정이 없는 한 타인 간의 '대화'에 해당한다고 볼 수 없다(대판 2017.3.15. 2016도19843). 즉, 사물에서 나는 소리인 "우당탕"이라는 소리뿐만 아니라 "악"이라는 비명소리도 통신비밀보호법의 적용을 받지 아니한다.

정답 ①

127 다음 설명 중 옳은 것만을 모두 고르면? (다툼이 있는 경우 판례에 의함)

19. 검찰 7급

> ㉠ 수사기관이, 정보저장매체에 기억된 정보 중에서 키워드 또는 확장자 검색 등을 통해 범죄 혐의사실과 관련 있는 정보를 선별한 다음, 정보저장매체와 동일하게 비트열 방식으로 복제하여 생성한 파일을 제출받아 압수한 경우, 수사기관이 수사기관 사무실에서 위와 같이 압수된 이미지 파일을 탐색·복제·출력하는 과정에서도 피의자 등에게 참여의 기회를 보장하여야 하는 것은 아니다.
> ㉡ 수사기관이 범죄 증거를 수집할 목적으로 피의자의 동의 없이 피의자의 소변을 채취하는 경우, 법원으로부터 감정허가장 또는 감정유치장을 받아야 하고, 압수·수색의 방법으로는 할 수 없다.
> ㉢ 「통신비밀보호법」상 '전기통신의 감청'은 전기통신이 이루어지고 있는 상황에서 실시간으로 전기통신의 내용을 지득·채록하는 경우, 통신의 송·수신을 직접적으로 방해하는 경우, 이미 수신이 완료된 전기통신에 관하여 남아 있는 기록이나 내용을 열어보는 경우 등을 의미한다.
> ㉣ 피고인이 아닌 자가 수사과정에서 진술서를 작성하였지만 수사기관이 그에 대한 조사과정을 기록하지 아니하여 「형사소송법」 제244조의4 제3항 및 제1항에서 정한 절차를 위반한 경우, 특별한 사정이 없는 한 '적법한 절차와 방식'에 따라 수사과정에서 진술서가 작성되었다 할 수 없으므로 증거능력을 인정할 수 없다.

① ㉠, ㉡   ② ㉠, ㉣   ③ ㉡, ㉢   ④ ㉢, ㉣

해설

㉠ 【 O 】 대판 2018.2.8. 2017도13263
㉡ 【 X 】 수사기관이 범죄 증거를 수집할 목적으로 피의자의 동의 없이 피의자의 혈액을 취득·보관하는 행위는 법원으로부터 감정처분허가장을 받아 형사소송법 제221조의4 제1항, 제173조 제1항에 의한 '감정에 필요한 처분'으로도 할 수 있지만, 형사소송법 제219조, 제106조 제1항에 정한 압수의 방법으로도 할 수 있고, 압수의 방법에 의하는 경우 혈액의 취득을 위하여 피의자의 신체로부터 혈액을 채취하는 행위는 혈액의 압수를 위한 것으로서 형사소송법 제219조, 제120조 제1항에 정한 '압수영장의 집행에 있어 필요한 처분'에 해당한다(대판 2012.11.15. 2011도15258).
㉢ 【 X 】 통신비밀보호법상 '감청'이란, 현재 송신 중이거나 수신 중인 전기통신을 지득하는 행위만을 의미하고, 이미 수신이 완료된 전기통신의 내용을 지득하는 행위는 포함되지 않는다(대판 2012.10.25. 2012도4644).
㉣ 【 O 】 피고인이 아닌 자가 수사과정에서 진술서를 작성하였지만 수사기관이 그에 대한 조사과정을 기록하지 아니하여 형사소송법 제244조의4 제3항, 제1항에서 정한 절차를 위반한 경우에는, 특별한 사정이 없는 한 '적법한 절차와 방식'에 따라 수사과정에서 진술서가 작성되었다 할 수 없으므로 증거능력을 인정할 수 없다(대판 2015.4.23. 2013도3790).

정답 ②

128 형사절차에 대한 설명 중 옳은 것을 모두 고른 것은? (다툼이 있는 경우 판례에 의함)

19. 법학경채

> ㉠ 불심검문의 대상이 되는 자에게 반드시 「형사소송법」상 체포나 구속에 이를 정도의 범죄혐의가 있을 것을 요하는 것은 아니다.
> ㉡ 수사기관이 압수·수색영장의 집행을 종료하였더라도 그 압수·수색영장의 유효기간이 아직 남아 있다면 그 영장을 제시하고 다시 압수·수색을 할 수 있다.
> ㉢ 수사기관에 의한 위법한 임의동행 도중 피의자가 도주한 경우 형법상 도주죄가 성립한다.
> ㉣ 범죄사실의 존재에 대하여 검사에게 증명책임이 있는 이상 알리바이의 부존재에 대하여도 검사에게 증명책임이 있다.
> ㉤ 피고인이 경찰에서 조사받을 때 조사를 담당하였던 경찰관이 법정에서 피고인의 경찰수사시의 진술내용을 증언한 경우에는 그 피고인의 원진술이 특히 신빙할 수 있는 상태하에서 행하여졌음이 증명된 때에 한하여 유죄 인정의 증거로 쓸 수 있다.

① ㉠, ㉡, ㉢   ② ㉡, ㉢, ㉣   ③ ㉠, ㉣, ㉤   ④ ㉠, ㉡, ㉤

해설

㉠ 【O】 대판 2014.2.27. 2011도13999
㉡ 【X】 형사소송법 제215조에 의한 압수·수색영장은 수사기관의 압수·수색에 대한 허가장으로서 거기에 기재되는 유효기간은 집행에 착수할 수 있는 종기를 의미하는 것일 뿐이므로, 수사기관이 압수·수색영장을 제시하고 집행에 착수하여 압수·수색을 실시하고 그 집행을 종료하였다면 이미 그 영장은 목적을 달성하여 효력이 상실되는 것이고, 동일한 장소 또는 목적물에 대하여 다시 압수·수색할 필요가 있는 경우라면 그 필요성을 소명하여 법원으로부터 새로운 압수·수색영장을 발부 받아야 하는 것이지, 앞서 발부 받은 압수·수색영장의 유효기간이 남아있다고 하여 이를 제시하고 다시 압수·수색을 할 수는 없다(대결 1999.12.1. 99모161).
㉢ 【X】 임의동행이 위법한 경우, 피고인은 불법체포된 자로서 형법 제145조 제1항 소정의 법률에 의하여 체포 또는 구금된 자가 아니어서 도주죄의 주체가 될 수 없다(대판 2006.7.6. 2005도6810).
㉣ 【O】 공소사실에 대한 거증책임은 검사에게 있으므로, 알리바이의 부존재에 대하여도 검사에게 증명책임이 있다.
㉤ 【O】 제316조 제1항

정답 ③

129 증거동의에 관한 다음 설명 중 가장 옳지 않은 것은? (다툼이 있는 경우 판례에 의함)

16. 법원직

① 수사기관이 영장주의에 위반하여 수집하였거나 불법감청으로 수집한 증거물은 비록 피고인이나 변호인이 이를 증거로 함에 동의하였다 하더라도 이를 유죄 인정의 증거로 쓸 수 없다는 것이 판례이다.
② 피고인의 출정 없이 증거조사를 할 수 있는 경우에 피고인 및 그 대리인이나 변호인이 모두 출정하지 아니한 때에는 동의가 있는 것으로 간주한다.
③ 피고인과 변호인이 재판장의 허가 없이 퇴정한 경우 피고인의 진의와 관계없이 동의가 있는 것으로 간주한다.
④ 피고인이 공시송달의 방법에 의한 공판기일의 소환을 2회 이상 받고도 출석하지 않아 소송촉진 등에 관한 특례법에 따라 피고인의 출정 없이 증거조사를 하는 경우에는, 증거동의를 간주할 수 없다.

[해설]
① 【 O 】 판례는 반대신문권을 침해한 증인신문조서 등 일정한 경우에는 예외적으로 위법수집증거도 증거동의의 대상이 된다고 보나, 영장주의 위반, 불법감청 등의 결과물과 같은 위법수집증거에 대해서는 증거동의를 허용한 사례가 없다(대판 2009.12.24. 2009도11401 참조).
② 【 O 】 제318조 제2항
③ 【 O 】 필요적 변호사건이라 하여도 피고인이 재판거부의 의사를 표시하고 재판장의 허가 없이 퇴정하고 변호인마저 이에 동조하여 퇴정하여 버린 것은 모두 피고인측의 방어권 남용 내지 변호권의 포기로 볼 수밖에 없는 것이므로 수소법원으로서는 형사소송법 제330조에 의하여 피고인이나 변호인의 재정 없이도 심리판결할 수 있다. 위와 같이 피고인과 변호인이 출석하지 않은 상태에서 증거조사를 할 수밖에 없는 경우에는 형사소송법 제318조 제2항의 규정상 피고인의 진의와는 관계없이 형사소송법 제318조 제1항의 동의가 있는 것으로 간주하게 되어 있다(대판 1991.6.28. 91도865).
④ 【 X 】 약식명령에 대한 정식재판청구사건에 관하여는 형사소송법 제458조 제2항이 항소심에서의 피고인 불출석 재판에 관한 같은 법 제365조를 준용하고 있는데, 위 제365조는 피고인이 적법한 소환을 받고도 정당한 사유 없이 2회 이상 불출석하면 피고인의 진술 없이 판결을 할 수 있다고 정한다. 이와 같이 피고인의 진술없이 증거조사할 수 있는 이상 제318조 제2항에 따라 증거동의가 의제된다(대판 2013.3.28. 2012도12843).

정답 ④

130 증거동의에 관한 설명 중 가장 적절하지 않은 것은? (다툼이 있으면 판례에 의함) 16. 경찰승진

① 피고인은 증거로 할 수 있음에 동의하는 의사표시를 하였더라도 증거조사가 완료되기 전까지 그 의사를 철회할 수 있다.
② 긴급체포를 할 당시 물건을 압수하였는데 그 후 압수수색영장을 발부받지 않았음에도 즉시 반환하지 않은 경우 피고인이나 변호인이 이를 증거로 함에 동의하더라도 증거능력은 인정되지 않는다.
③ 검사와 피고인이 증거로 할 수 있음을 동의한 서류 또는 물건은 진정한 것으로 인정한 때에는 증거로 할 수 있다.
④ 소유자, 소지자 또는 보관자가 아닌 자로부터 제출받은 물건을 영장 없이 압수한 경우 그 '압수물' 및 '압수물을 찍은 사진'은 이를 유죄 인정의 증거로 사용할 수 없는 것이지만, 피고인이나 변호인이 이를 증거로 함에 동의하였다면 유죄 인정의 증거로 사용할 수 있다.

[해설]
① 【 O 】 대판 1996.12.10. 1096도2507
② 【 O 】 대판 2009.12.24. 2009도11401
③ 【 O 】 제318조 제1항
④ 【 X 】 형사소송법 제218조의 규정에 위반하여 소유자, 소지자 또는 보관자가 아닌 자로부터 제출받은 물건을 영장 없이 압수한 경우 그 압수물 및 압수물을 찍은 사진은 이를 유죄 인정의 증거로 사용할 수 없는 것이고, 피고인이나 변호인이 이를 증거로 함에 동의하였다고 하더라도 달리 볼 것은 아니다(대판 2010.1.28. 2009도10092).

정답 ④

131 증거동의에 대한 설명으로 옳지 않은 것은? (다툼이 있는 경우 판례에 의함) 16. 검찰 7급

① 증거동의의 의사표시는 증거조사가 완료되기 전까지 취소 또는 철회할 수 있으나, 일단 증거조사가 완료된 뒤에는 취소 또는 철회가 인정되지 아니한다.
② 증거동의는 명시적으로 하여야 하므로 피고인이 신청한 증인의 전문진술에 대하여 피고인이 별 의견이 없다고 진술한 것만으로는 그 증언을 증거로 함에 동의한 것으로 볼 수 없다.
③ 피고인의 증거동의 의사표시가 하나하나의 증거에 대하여 형사소송법상의 증거조사방식을 거쳐 이루어진 것이 아니라 검사가 제시한 모든 증거에 대하여 증거로 함에 동의한다는 방식으로 이루어졌더라도 증거동의의 효력이 있다.
④ 필요적 변호사건이라 하여도 피고인이 재판거부의 의사를 표시하고 재판장의 허가 없이 퇴정하고 변호인마저 이에 동조하여 퇴정해 버렸다면, 법원은 피고인이나 변호인의 재정 없이도 심리·판결할 수 있고 이 경우 피고인의 진의와는 관계없이 증거동의가 있는 것으로 간주된다.

해설

① 【 O 】 대판 2015.8.27. 2015도3467
② 【 X 】 피고인이 신청한 증인의 증언이 피고인 아닌 타인의 진술을 그 내용으로 하는 전문진술이라고 하더라도 피고인이 그 증언에 대하여 별 의견이 없다고 진술하였다면 그 증언을 증거로 함에 동의한 것으로 볼 수 있으므로 이는 증거능력 있다(대판 1983.9.27. 83도516).
③ 【 O 】 대판 1983.3.8. 82도2873
④ 【 O 】 대판 1991.6.28. 91도865

정답 ②

132 당사자의 동의와 증거능력에 대한 설명으로 가장 적절한 것은? (다툼이 있으면 판례에 의함) 16. 경찰채용 2차

① 피고인의 변호인은 피고인의 명시한 의사에 반하지 아니하는 한 피고인을 대리하여 증거동의를 할 수 있으나 피고인이 증거조사 완료 후에 변호인의 증거동의에 관해 이의를 제기하였다면 법원은 해당증거의 증거능력을 인정하여서는 아니 된다.
② 검사 작성의 피고인 아닌 자에 대한 진술조서에 관하여 피고인이 공판정진술과 배치되는 부분은 부동의 한다고 진술한 것은 조사 내용의 특정부분에 관하여 증거로 함에 동의한다는 특별한 사정이 있는 때와는 달리 그 조서를 증거로 함에 동의하지 아니한다는 취지로 해석하여야 한다.
③ 피고인이 사법경찰관 작성의 피해자진술조서를 증거로 동의함에 있어서 그 동의가 법률적으로 어떠한 효과가 있는지를 모르고 한 것이었다고 주장한다면 설령 변호인이 그 동의 시 공판정에 재정하고 있었고 피고인이 하는 동의에 대하여 아무런 이의나 취소를 제기 한 사실이 없다 하더라도 그 동의에는 법률상 하자가 존재한다고 볼 수밖에 없다.
④ 긴급체포를 하며 압수한 물건에 관하여 「형사소송법」 제217조 제2항, 제3항에 위반하여 압수수색영장을 청구하여 이를 발부받지 아니하고도 즉시 반환하지 아니한 압수물은 이를 유죄 인정의 증거로 사용할 수 없으나 피고인이 이를 증거로 함에 동의하였다면 유죄인정의 증거로 사용할 수 있다.

해설

① 【 X 】 증거로 함에 대한 동의의 주체는 소송주체인 당사자라 할 것이지만 변호인은 피고인의 명시한 의사에 반하지 아니하는 한 피고인을 대리하여 이를 할 수 있음은 물론이므로 피고인이 증거로 함에 동의하지 아니한다고 명시적인 의사표시를 한 경우 이외에는 변호인은 서류나 물건에 대하여 증거로 함에 동의할 수 있고 이 경우 변호인의 동의에 대하여 피고인이 즉시 이의하지 아니하는 경우에는 변호인의 동의로 증거능력이 인정되고 증거조사 완료 전까지 앞서의 동의가 취소 또는 철회하지 아니한 이상 일단 부여된 증거능력은 그대로 존속한다(대판 1999.8.20. 99도2029).

② 【 O 】 대판 1984.10.10. 84도1552

③ 【 X 】 피고인이 사법경찰관작성의 피해자진술조서를 증거로 동의함에 있어서 그 동의가 법률적으로 어떠한 효과가 있는지를 모르고 한 것이었다고 주장하더라도 변호인이 그 동의시 공판정에 재정하고 있으면서 피고인이 하는 동의에 대하여 아무런 이의나 취소를 한 사실이 없다면 그 동의에 무슨 하자가 있다고 할 수 없다(대판 1983.6.28. 83도1019).

④ 【 X 】 형사소송법 제217조 제2항, 제3항에 위반하여 압수수색영장을 청구하여 이를 발부받지 아니하고도 즉시 반환하지 아니한 압수물은 이를 유죄 인정의 증거로 사용할 수 없는 것이고, 헌법과 형사소송법이 선언한 영장주의의 중요성에 비추어 볼 때 피고인이나 변호인이 이를 증거로 함에 동의하였다고 하더라도 달리 볼 것은 아니다(대판 2009.12.24. 2009도11401).

정답 ②

133 증거동의에 대한 설명으로 가장 적절하지 않은 것은? (다툼이 있는 경우 판례에 의함)

17. 경찰채용 2차

① 필요적 변호사건이라 하여도 피고인이 재판거부의 의사를 표시하고 재판장의 허가 없이 퇴정하고 변호인마저 이에 동조하여 퇴정해 버렸다면, 법원은 피고인이나 변호인의 재정 없이도 심리 판결 할 수 있고 이 경우 피고인의 진의와는 관계없이 증거동의가 있는 것으로 간주된다.

② 개개의 증거에 대하여 개별적인 증거조사방식을 거치지 아니하고 검사가 제시한 모든 증거에 대하여 피고인이 증거로 함에 동의한다는 방식의 증거동의도 효력이 있다.

③ 약식명령에 불복하여 정식재판을 청구한 피고인이 정식재판 절차의 제1심에서 2회 불출정하여 「형사소송법」 제318조 제2항에 따른 증거동의가 간주된 후 증거조사를 완료하였더라도 피고인이 항소심에 출석하여 간주된 증거동의를 철회 또는 취소한다는 의사표시를 하면 제1심에서 부여된 증거의 증거능력은 상실된다.

④ 피고인이 신청한 증인의 증언이 피고인 아닌 타인의 진술을 그 내용으로 하는 전문진술이라고 하더라도 피고인이 그 증언에 대하여 별 의견이 없다고 진술하였다면 그 증언을 증거로 함에 동의한 것으로 볼 수 있으므로 이는 증거능력이 있다.

해설

① 【 O 】 대판 1991.6.28. 91도865
② 【 O 】 대판 1983.3.8. 82도2873
③ 【 X 】 약식명령에 불복하여 정식재판을 청구한 피고인이 정식재판절차의 제1심에서 2회 불출정하여 형사소송법 제318조 제2항에 따른 증거동의가 간주된 후 증거조사를 완료한 이상, 간주의 대상인 증거동의는 증거조사가 완료되기 전까지 철회 또는 취소할 수 있으나 일단 증거조사를 완료한 뒤에는 취소 또는 철회가 인정되지 아니하는 점, 증거동의 간주가 피고인의 진의와는 관계없이 이루어지는 점 등에 비추어, 비록 피고인이 항소심에 출석하여 공소사실을 부인하면서 간주된 증거동의를 철회 또는 취소한다는 의사표시를 하더라도 그로 인하여 적법하게 부여된 증거능력이 상실되는 것이 아니다(대판 2010.7.15. 2007도5776).
④ 【 O 】 대판 1983.9.27. 83도516

정답 ③

134 증거동의에 관한 다음 설명 중 가장 옳지 않은 것은? (다툼이 있는 경우 판례에 의함)

18. 법원직

① 증거동의는 공판절차의 갱신이 있거나, 심급을 달리하는 경우에도 미친다. 따라서 제1심에서 한 증거동의는 항소심에서도 그 효력이 있다.
② 약식명령에 불복하여 정식재판을 청구한 피고인이 정식재판절차에서 2회 불출석하여 법원이 피고인의 출석 없이 증거조사를 하는 경우에 증거동의가 간주된다.
③ 증거동의는 구두변론 종결시까지 철회할 수 있다.
④ 피고인의 명시적 의사에 반하지 않는 한 변호인은 피고인을 대리하여 증거동의를 할 수 있다.

[해설]

① 【 O 】 대판 1990.2.13. 89도2366
② 【 O 】 대판 2010.7.15. 2007도5776
③ 【 X 】 형사소송법 제318조에 규정된 증거동의의 의사표시는 증거조사가 완료되기 전까지 취소 또는 철회할 수 있다(대판 1996.12.10. 96도2507).
④ 【 O 】 대판 1988.11.8. 88도1628

정답 ③

135 증거동의에 대한 설명으로 가장 적절하지 않은 것은? (다툼이 있는 경우 판례에 의함)

18. 경찰채용 3차

① 검사와 피고인이 증거로 할 수 있음을 동의한 서류 또는 물건은 진정한 것으로 인정한 때에는 증거로 할 수 있다.
② 일단 증거조사가 종료된 후에 증거동의의 의사표시를 취소 또는 철회하더라도 취소 또는 철회 이전에 이미 취득한 증거능력은 상실되지 않는다.
③ 피고인이 증거로 함에 동의하지 아니한다고 명시적인 의사표시를 한 경우가 아니라면 변호인도 증거동의할 수 있다.
④ 개개의 증거에 대하여 개별적인 증거조사방식을 거치지 아니하고 검사가 제시한 모든 증거에 대하여 피고인이 증거로 함에 동의한다는 방식은 증거동의로서의 효력이 없다.

[해설]

① 【 O 】 제318조 제1항
② 【 O 】 대판 1996.12.10. 96도2507
③ 【 O 】 대판 1988.11.8. 88도1628
④ 【 X 】 개개의 증거에 대하여 개별적인 증거조사방식을 거치지 아니하고 검사가 제시한 모든 증거에 대하여 피고인이 증거로 함에 동의한다는 방식으로 이루어진 것이라 하여도 증거동의로서의 효력을 부정할 이유가 되지 못한다(대판 1983.3.8. 82도2873).

정답 ④

136 증거동의에 대한 설명으로 옳은 것만을 모두 고르면? (다툼이 있는 경우 판례에 의함)

18. 검찰 7급

> ㉠ 형사소송법 제318조 제1항은 "검사와 피고인이 증거로 할 수 있음을 동의한 서류 또는 물건은 진정한 것으로 인정한 때에는 증거로 할 수 있다."라고 규정하고 있을 뿐 진정한 것으로 인정하는 방법을 제한하고 있지 아니하므로, 증거동의가 있는 서류 또는 물건은 법원이 제반 사정을 참작하여 진정한 것으로 인정하면 증거로 할 수 있다.
> ㉡ 변호인의 증거동의에 대하여 피고인이 즉시 이의하지 아니하는 경우에는 변호인의 동의로 증거능력이 인정되어 증거조사 완료 전까지 그 동의가 취소 또는 철회되지 아니한 이상 일단 부여된 증거능력은 그대로 존속한다.
> ㉢ 제1회 공판기일에서 피고인과 변호인이 함께 출석하여 검사가 제출한 일부 증거에 대하여 증거로 함에 부동의한다는 의견이 진술된 경우, 그 후 피고인이 출석하지 아니한 제2회 공판기일에 변호인만이 출석하여 종전 의견을 번복하여 이들 증거에 대하여 증거로 함에 동의하였다 하더라도 이는 특별한 사정이 없는 한 효력이 없다.
> ㉣ 변호인이 검사가 공판기일에 제출한 증거 중 뇌물공여자가 작성한 고발장에 대하여는 증거 부동의 의견을 밝히고, 같은 고발장을 첨부문서로 포함하고 있는 검찰주사보 작성의 수사보고에 대하여는 증거에 동의하여 증거조사가 행하여진 경우, 수사보고에 대한 증거동의의 효력은 첨부된 고발장에도 당연히 미친다.

① ㉠, ㉣   ② ㉡, ㉢   ③ ㉠, ㉡, ㉢   ④ ㉠, ㉡, ㉢, ㉣

해설

㉠ 【 O 】 대판 2015.8.27. 2015도3467
㉡ 【 O 】 대판 1988.11.8. 88도1628
㉢ 【 O 】 대판 2013.3.28. 2013도3
㉣ 【 X 】 검찰관이 공판기일에 제출한 증거 중 뇌물공여자 갑이 작성한 고발장에 대하여 피고인의 변호인이 증거 부동의 의견을 밝히고, 같은 고발장을 첨부문서로 포함하고 있는 검찰주사보 작성의 수사보고에 대하여는 증거에 동의하여 증거조사가 행하여졌는데, 원심법원이 수사보고에 대한 증거동의의 효력이 첨부된 고발장에도 당연히 미친다고 본 사안에서, 위 고발장을 유죄의 증거로 삼을 수 없다고 한 사례(대판 2011.7.14. 2011도3809).

정답 ③

137 증거동의에 관한 설명 중 옳지 않은 것은? (다툼이 있는 경우 판례에 의함)
20. 변호사시험

① 증거동의는 검사가 제시한 모든 증거에 대하여 피고인이 증거로 함에 동의한다는 방식으로 하여도 효력이 있다.
② 변호인은 피고인의 명시한 의사에 반하여 증거로 함에 동의할 수 있다.
③ 간이공판절차에서는 검사, 피고인 또는 변호인이 증거로 함에 이의가 없는 한 전문증거에 대하여 동의가 있는 것으로 간주한다.
④ 제1심 공판절차에서 피고인이 공시송달의 방법에 의한 공판기일 소환을 2회 이상 받고도 출석하지 아니하여 「소송촉진 등에 관한 특례법」 제23조 본문에 따라 피고인의 출정 없이 증거조사를 하는 때에는, 「형사소송법」 제318조 제2항에 따른 증거동의가 간주된다.
⑤ 필요적 변호사건에서 피고인과 변호인이 재판거부의 의사를 표시하고 재판장의 허가 없이 퇴정한 경우, 「형사소송법」 제318조 제2항에 따라 증거동의가 간주된다.

> **해설**

① 【O】 개개의 증거에 대하여 개별적인 증거조사방식을 거치지 아니하고 검사가 제시한 모든 증거에 대하여 피고인이 증거로 함에 동의한다는 방식으로 이루어진 것이라 하여도 증거동의로서의 효력을 부정할 이유가 되지 못한다(대판 1983.3.8. 82도2873).
② 【X】 형사소송법 제318조에 규정된 증거동의의 주체는 소송 주체인 검사와 피고인이고, 변호인은 피고인을 대리하여 증거동의에 관한 의견을 낼 수 있을 뿐이므로 피고인의 명시한 의사에 반하여 증거로 함에 동의할 수는 없다(대판 2013.3.28. 2013도3).
③ 【O】 형사소송법 제318조의3
④ 【O】 피고인이 공시송달의 방법에 의한 공판기일의 소환을 2회 이상 받고도 출석하지 아니하여 법원이 피고인의 출정 없이 증거조사를 하는 경우에는 형사소송법 제318조 제2항에 따른 피고인의 증거동의가 있는 것으로 간주된다고 할 것이다(대판 2011.3.10. 2010도15977).
⑤ 【O】 대법원은 피고인과 변호인이 임의퇴정해 버린 것은 피고인 측의 방어권남용 내지 변호권의 포기로서 법 제330조에 의하여 피고인이나 변호인의 재정없이도 심리·판결할 수 있고 제318조 제2항의 규정상 제318조 제1항의 증거동의의제도 가능하다고 판시한바 있다(대판 1991.6.28. 91도865).

정답 ②

---

138 증거동의에 대한 설명으로 옳지 않은 것은? (다툼이 있는 경우 판례에 의함)
19. 국가직

① 피고인이 제1심에서 사법경찰관 작성 조서에 대해 증거로 함에 동의하고 증거조사를 마쳤다면, 그 후 항소심에서 범행인정 여부를 다투고 있다 하여도 이미 한 증거동의의 효과에 아무런 영향이 없다.
② 피고인의 증거동의가 있으면 별도로 변호인의 동의는 필요 없지만, 변호인은 피고인의 명시한 의사에 반하지 않는 한 피고인을 대리하여 증거동의를 할 수 있다.
③ 피고인의 유죄증거에 대한 반대증거로 제출된 서류는 그것이 유죄사실을 인정하는 증거가 되지 않는 이상 증거동의가 없더라도 증거판단의 자료로 삼을 수 있다.
④ 피고인이 참고인의 진술조서에 대하여 이견이 없다고 진술하고 공판정에서도 그 진술조서의 기재내용과 부합되는 진술을 하였다 하더라도 증거동의에 대한 명시적 의사표시가 없는 한, 그 진술조서를 증거로 채용하는 데 동의한 것으로 볼 수 없다.

[해설]

① 【 O 】 대판 1990.2.13. 89도2366
② 【 O 】 대판 1988.11.8. 88도1628
③ 【 O 】 대판 1974.8.30. 74도1687
④ 【 X 】 피고인이 신청한 증인의 증언이 피고인 아닌 타인의 진술을 그 내용으로 하는 전문진술이라고 하더라도 피고인이 그 증언에 대하여 별 의견이 없다고 진술하였다면 그 증언을 증거로 함에 동의한 것으로 볼 수 있으므로 이는 증거능력 있다(대판 1983.9.27. 83도516).

[정답] ④

139 당사자의 동의와 증거능력에 관한 다음 설명 중 가장 옳지 않은 것은? (다툼이 있는 경우 판례에 의함)

19. 법원직

① 약식명령에 불복하여 정식재판을 청구한 피고인이 정식재판절차의 제1심에서 2회 불출정하여 증거동의로 간주되어 증거조사를 완료한 경우에 피고인이 항소심에 출석하여 공소사실을 부인하면서 간주된 증거동의를 철회 또는 취소하면 제1심에서 부여된 증거능력은 상실된다.
② 임의성이 인정되지 아니하여 증거능력이 없는 진술증거는 피고인이 증거로 함에 동의하더라도 증거로 삼을 수 없다.
③ 피고인의 출정 없이 증거조사를 할 수 있는 경우에 피고인이 출정하지 아니한 때에는 피고인의 증거동의가 있는 것으로 간주한다. 단, 대리인 또는 변호인이 출정한 때에는 예외로 한다.
④ 피고인이 출석한 공판기일에서 증거로 함에 부동의 한다는 의견이 진술된 경우에는 그 후 피고인이 출석하지 아니한 공판기일에 변호인만이 출석하여 종전 의견을 번복하여 증거로 함에 동의하였다 하더라도 이는 특별한 사정이 없는 한 효력이 없다.

[해설]

① 【 X 】 약식명령에 불복하여 정식재판을 청구한 피고인이 정식재판절차의 제1심에서 2회 불출정하여 형사소송법 제318조 제2항에 따른 증거동의가 간주된 후 증거조사를 완료한 이상, 간주의 대상인 증거동의는 증거조사가 완료되기 전까지 철회 또는 취소할 수 있으나 일단 증거조사를 완료한 뒤에는 취소 또는 철회가 인정되지 아니하는 점, 증거동의 간주가 피고인의 진의와는 관계없이 이루어지는 점 등에 비추어, 비록 피고인이 항소심에 출석하여 공소사실을 부인하면서 간주된 증거동의를 철회 또는 취소한다는 의사표시를 하더라도 그로 인하여 적법하게 부여된 증거능력이 상실되는 것이 아니다(대판 2010.7.15. 2007도5776).
② 【 O 】 대판 2006.11.23. 2004도7900
③ 【 O 】 제318조 제2항
④ 【 O 】 대판 2013.3.28. 2013도3

[정답] ①

140 다음 증거 중 피고인이 증거로 함에 동의한 경우 증거능력이 인정될 수 있는 것은? (다툼이 있는 경우 판례에 의함)

19. 경찰승진

① 수사기관이 법원으로부터 영장 또는 감정처분허가장을 발부받지 아니한 채 피의자의 동의 없이 피의자의 신체로부터 혈액을 채취하고 사후적으로도 지체 없이 이에 대한 영장을 발부받지 아니하고서 강제 채혈한 피의자의 혈액 중 알코올농도에 관한 감정이 이루어진 경우 '감정결과보고서'
② 사법경찰관이 피의자 소유의 쇠파이프를 피의자 주거지 앞 마당에서 발견하였으면서도 그 소유자, 소지자, 또는 보관자가 아닌 피해자로부터 임의로 제출받는 형식으로 압수한 '쇠파이프'
③ 강압수사로 인한 정신적 강압상태가 계속된 상태에서 작성된 것으로 의심되어 그 임의성을 의심할 만한 사정이 있는데도 검사가 그 임의성의 의문점을 없애는 증명을 하지 못하고, 법원의 직권조사 결과 임의성이 인정되지 아니하여 증거능력이 없는 참고인에 대한 '검찰진술조서'
④ 공판기일에서 피고인에게 유리한 증언을 한 증인을 검사가 소환한 후 피고인에게 유리한 그 증언내용을 추궁하여 이를 일방적으로 번복시키는 방식으로 작성한 '참고인 진술조서'

[해설]
① 【증거동의×】 대판 2011.4.27. 2009도2109
② 【증거동의×】 대판 2010.1.28. 2009도10092
③ 【증거동의×】 대판 2006.11.23. 2004도7900
④ 【증거동의○】 대판 2000.6.15. 99도1108 전합

정답 ④

141 증거동의에 관한 설명 중 가장 적절한 것은? (다툼이 있는 경우 판례에 의함)

20. 경찰승진

① 수사기관이 긴급체포 시 압수한 물건에 관하여 형사소송법 제217조 제2항, 제3항의 규정에 의한 압수수색영장을 발부받지 않고 즉시 반환도 하지 않은 경우라도 피고인이나 변호인이 이를 증거로 함에 동의하였다면 위법성이 치유되므로 유죄의 증거로 사용할 수 있다.
② 공판기일에서 피고인에게 유리한 증언을 한 증인을 검사가 소환한 후 그 증언 내용을 추궁하여 이를 일방적으로 번복시키는 방식으로 작성한 조서는 공판중심주의를 형해화하는 것이므로 증거 동의의 대상이 될 수 없다.
③ 피고인이나 그 변호인이 검사 작성의 당해 피고인에 대한 피의자 신문조서의 성립의 진정함을 인정하는 진술을 하였다 하더라도, 그 피의자신문조서에 대하여 증거조사가 완료되기 전에는 최초의 진술을 번복함으로써 그 피의자신문조서를 유죄인정의 자료로 사용할 수 없도록 할 수 있다.
④ 약식명령에 불복하여 정식재판을 청구한 피고인이 정식재판절차에서 2회 불출석하여 법원이 피고인의 출정 없이 증거조사를 하는 경우라도 피고인의 명시적인 동의 의사가 없는 이상 증거 동의가 간주될 수 없다.

해설

① 【 X 】 형사소송법 제216조 제1항 제2호, 제217조 제2항, 제3항은 사법경찰관은 형사소송법 제200조의3(긴급체포)의 규정에 의하여 피의자를 체포하는 경우에 필요한 때에는 영장 없이 체포현장에서 압수·수색을 할 수 있고, 압수한 물건을 계속 압수할 필요가 있는 경우에는 지체 없이 압수수색영장을 청구하여야 하며, 청구한 압수수색영장을 발부받지 못한 때에는 압수한 물건을 즉시 반환하여야 한다고 규정하고 있는바, 형사소송법 제217조 제2항, 제3항에 위반하여 압수수색영장을 청구하여 이를 발부받지 아니하고도 즉시 반환하지 아니한 압수물은 이를 유죄 인정의 증거로 사용할 수 없는 것이고, 헌법과 형사소송법이 선언한 영장주의의 중요성에 비추어 볼 때 피고인이나 변호인이 이를 증거로 함에 동의하였다고 하더라도 달리 볼 것은 아니다(대판 2009.12.24. 2009도11401).
② 【 X 】 공판준비 또는 공판기일에서 이미 증언을 마친 증인을 검사가 소환한 후 증언내용을 일방적으로 번복시키는 방식으로 작성한 진술조서는 피고인이 증거로 할 수 있음에 동의하지 아니하는 한 증거능력이 없다(대판 2000.6.15. 99도1108 전합).
③ 【 O 】 대판 2008.7.10. 2007도7760
④ 【 X 】 약식명령에 불복하여 정식재판을 청구한 피고인이 정식재판절차의 제1심에서 2회 불출정하여 형사소송법 제318조 제2항에 따른 증거동의가 간주된 후 증거조사를 완료한 이상, 간주의 대상인 증거동의는 증거조사가 완료되기 전까지 철회 또는 취소할 수 있으나 일단 증거조사를 완료한 뒤에는 취소 또는 철회가 인정되지 아니하는 점, 증거동의 간주가 피고인의 진의와는 관계없이 이루어지는 점 등에 비추어, 비록 피고인이 항소심에 출석하여 공소사실을 부인하면서 간주된 증거동의를 철회 또는 취소한다는 의사표시를 하더라도 그로 인하여 적법하게 부여된 증거능력이 상실되는 것이 아니다(대판 2010.7.15. 2007도5776).

정답 ③

142 증거동의에 대한 설명 중 가장 적절하지 않은 것은? (다툼이 있는 경우 판례에 의함)

20. 경찰채용 1차

① 개개의 증거에 대하여 개별적인 증거조사방식을 거치지 아니하고 검사가 제시한 모든 증거에 대하여 피고인이 증거로 함에 동의한다는 방식은 증거동의로서의 효력을 가질 수 없다.
② 피고인과 변호인이 재판장의 허가 없이 퇴정한 상태에서 증거조사를 할 수밖에 없는 경우에는 피고인의 진의와는 관계없이 피고인의 증거동의가 있는 것으로 간주된다.
③ 사법경찰관 A는 살인죄 혐의로 B를 긴급체포하면서 흉기를 긴급히 압수할 필요가 있다고 판단하여 압수·수색 영장 없이 압수하였음에도 영장을 발부받지 못하였다면, 이후 공판절차에서 B가 그 흉기를 증거로 사용함에 동의하였더라도 그 압수물의 증거능력은 인정할 수 없다.
④ 증거동의의 주체는 검사와 피고인이지만 피고인이 증거로 함에 동의하지 아니한다고 명시적인 의사표시를 한 경우 외에는 변호인은 서류나 물건에 대하여 증거로 함에 동의할 수 있고 이에 대해 피고인이 즉시 이의하지 아니하는 경우에는 증거능력이 인정된다.

해설

① 【 X 】 개개의 증거에 대하여 개별적인 증거조사방식을 거치지 아니하고 검사가 제시한 모든 증거에 대하여 피고인이 증거로 함에 동의한다는 방식으로 이루어진 것이라 하여도 증거동의로서의 효력을 부정할 이유가 되지 못한다(대판 1983.3.8. 82도2873).
② 【 O 】 대판 1991.6.28. 91도865
③ 【 O 】 대판 2009.12.24. 2009도11401
④ 【 O 】 대판 2013.3.28. 2013도3

정답 ①

143 증거동의에 대한 설명으로 가장 적절하지 않은 것은? (다툼이 있는 경우 판례에 의함) 21. 경찰승진

① 검사와 피고인이 증거로 할 수 있음을 동의한 서류 또는 물건은 법원이 진정한 것으로 인정한 때에는 증거로 할 수 있다.
② 공판준비 또는 공판기일에서 피고인에게 유리한 증언을 한 증인을 수사기관이 법정 외에서 다시 참고인으로 조사하면서 그 증언을 번복하게 하여 작성한 참고인진술조서는 피고인이 동의하더라도 증거로 사용할 수 없다.
③ 피고인의 출정 없이 증거조사를 할 수 있는 경우에 피고인이 출정하지 아니한 때에는 피고인의 대리인 또는 변호인이 출정한 때를 제외하고 피고인이 증거로 함에 동의한 것으로 간주한다.
④ 경찰의 검증조서 중 일부에 대한 증거동의는 가능하다.

해설

① 【 O 】 제318조 제1항
② 【 X 】 [다수의견] 공판준비 또는 공판기일에서 이미 증언을 마친 증인을 검사가 소환한 후 피고인에게 유리한 그 증언 내용을 추궁하여 이를 일방적으로 번복시키는 방식으로 작성한 진술조서를 유죄의 증거로 삼는 것은 당사자주의·공판중심주의·직접주의를 지향하는 현행 형사소송법의 소송구조에 어긋나는 것일 뿐만 아니라, 헌법 제27조가 보장하는 기본권, 즉 법관의 면전에서 모든 증거자료가 조사·진술되고 이에 대하여 피고인이 공격·방어할 수 있는 기회가 실질적으로 부여되는 재판을 받을 권리를 침해하는 것이므로, 이러한 진술조서는 피고인이 증거로 할 수 있음에 동의하지 아니하는 한 그 증거능력이 없다고 하여야 할 것이고, 그 후 원진술자인 종전 증인이 다시 법정에 출석하여 증언을 하면서 그 진술조서의 성립의 진정함을 인정하고 피고인측에 반대신문의 기회가 부여되었다고 하더라도 그 증언 자체를 유죄의 증거로 할 수 있음은 별론으로 하고 위와 같은 진술조서의 증거능력이 없다는 결론은 달리할 것이 아니다(대판 2000.6.15. 99도1108 전합).
③ 【 O 】 제318조 제2항
④ 【 O 】 피고인들이 제1심 법정에서 경찰의 검증조서 가운데 범행부분만 부동의하고 현장상황 부분에 대해서는 모두 증거로 함에 동의하였다면, 위 검증조서 중 범행상황 부분만을 증거로 채용한 제1심판결에 잘못이 없다(대판 1990.7.24. 90도1303).

정답 ②

144 증거동의에 관한 설명으로 옳은 것은 모두 몇 개인가? (다툼이 있는 경우 판례에 의함)

21. 경찰채용 2차

㉠ 소유자, 소지자 또는 보관자가 아닌 자로부터 제출받은 물건을 영장 없이 압수한 경우 그 압수물 및 압수물을 찍은 사진은 유죄의 증거로 사용할 수 없고, 피고인이나 변호인이 이를 증거로 함에 동의하였다고 하더라도 달리 볼 것은 아니다.

㉡ 긴급체포현장에서 영장 없이 압수한 물건에 대하여 압수·수색영장을 청구하여 이를 발부받지 아니하고도 즉시 반환하지 아니한 경우 그 압수물은 유죄의 증거로 사용할 수 없고, 피고인이나 변호인이 이를 증거로 함에 동의하였다고 하더라도 달리 볼 것은 아니다.

㉢ 수사기관이 법원으로부터 영장 또는 감정처분허가장을 발부받지 아니한 채 피의자의 동의 없이 피의자의 신체로부터 혈액을 채취하고 사후적으로도 지체 없이 그에 대한 영장을 발부받지도 아니한 채 피의자의 혈액 중 알콜농도에 관한 감정이 이루어졌다면, 그 감정결과보고서는 영장주의 원칙을 위반하여 수집한 증거로서 피고인이나 변호인의 증거동의가 있다고 하더라도 유죄의 증거로 사용할 수 없다.

㉣ 수사기관이 마약사범 수사에 협조해 온 공소외인으로부터 피고인의 필로폰 판매 범행에 대한 진술을 들은 다음, 추가증거를 확보할 목적으로 필로폰 투약혐의로 구속수감되어 있는 공소외인에게 압수된 그의 휴대전화기를 제공하여 그로 하여금 피고인과 통화하고 범행에 관한 통화내용을 몰래 녹음하게 한 행위는 불법감청에 해당하고, 그 녹취내용은 피고인의 증거동의에 상관없이 증거능력이 없다.

① 1개　　② 2개　　③ 3개　　④ 4개

해설

모두 타당한 설명이다.
㉠ 【 O 】 대판 2010.1.28. 2009도10092
㉡ 【 O 】 대판 2009.12.24. 2009도11401
㉢ 【 O 】 대판 2011.4.27. 2009도2109
㉣ 【 O 】 대판 2010.10.14. 2010도9016

정답 ④

145
甲은 A를 살해하려다 미수에 그친 사건으로 수사를 받게 되었다. 甲이 변호사 L로부터 도움을 받으려고 하는 경우에 관한 설명 중 옳은 것을 모두 고른 것은? (다툼이 있는 경우 판례에 의함)

21. 변호사시험

㉠ L이 변호인이 되려는 의사를 표시하였고 객관적으로 변호인이 될 가능성이 있다고 인정되는 경우에는 「형사소송법」 제34조 "변호인이 되려는 자"의 지위를 갖는다.

㉡ 甲이 피내사자로서 임의동행 형식으로 연행된 경우에도 甲에게 변호인으로 선임된 L과 접견교통권이 인정된다.

㉢ 변호인으로 선임된 L이 피의자신문 절차에서 인정신문을 시작하기 전에 검사에게 피의자 甲의 수갑을 해제하여 달라고 계속 요구하였으나 검사가 도주, 자해, 다른 사람에 대한 위해 등의 위험이 없음에도 L의 요구를 거부한 경우, 검사의 거부 조치에 대해서 L은 「형사소송법」 제417조의 준항고를 제기할 수 있다.

㉣ 甲이 피고인으로 출석한 공판기일에서 증거로 함에 부동의한다는 의견이 진술된 경우, 그 후 甲이 출석하지 아니한 공판기일에 변호인으로 선임된 L만이 출석하여 甲의 종전 의견을 번복하여 증거로 함에 동의하였더라도 특별한 사정이 없는 한 증거동의 효력이 인정되지 않는다.

㉤ 피고인 甲과 변호인으로 선임된 L에게 최종의견 진술의 기회를 주지 않고 변론을 종결하고 판결을 선고하는 것은 소송절차의 법령위반에 해당한다.

① ㉠, ㉢, ㉣
② ㉠, ㉡, ㉢, ㉤
③ ㉠, ㉡, ㉣, ㉤
④ ㉡, ㉢, ㉣, ㉤
⑤ ㉠, ㉡, ㉢, ㉣, ㉤

해설

㉠ 【○】 헌재결 2019.2.28. 2015헌마1204

㉡ 【○】 대결 1996.6.3. 96모18

㉢ 【○】 검사 또는 사법경찰관이 구금된 피의자를 신문할 때 피의자 또는 변호인으로부터 보호장비를 해제해 달라는 요구를 받고도 거부한 조치는 형사소송법 제417조 제1항에서 정한 '구금에 관한 처분'에 해당한다고 보아야 한다(대결 2020.3.17. 2015모2357).

㉣ 【○】 형사소송법 제318조에 규정된 증거동의의 주체는 소송 주체인 검사와 피고인이고, 변호인은 피고인을 대리하여 증거동의에 관한 의견을 낼 수 있을 뿐이므로 피고인의 명시한 의사에 반하여 증거로 함에 동의할 수는 없다. 따라서 피고인이 출석한 공판기일에서 증거로 함에 부동의한다는 의견이 진술된 경우에는 그 후 피고인이 출석하지 아니한 공판기일에 변호인만이 출석하여 종전 의견을 번복하여 증거로 함에 동의하였다 하더라도 이는 특별한 사정이 없는 한 효력이 없다고 보아야 한다(대판 2013.3.28. 2013도3).

㉤ 【○】 형사소송법 제303조는 "재판장은 검사의 의견을 들은 후 피고인과 변호인에게 최종의 의견을 진술할 기회를 주어야 한다."라고 정하고 있으므로, 최종의견 진술의 기회는 피고인과 변호인 모두에게 주어져야 한다. 이러한 최종의견 진술의 기회는 피고인과 변호인의 소송법상 권리로서 피고인과 변호인이 사실관계의 다툼이나 유리한 양형사유를 주장할 수 있는 마지막 기회이므로, 피고인이나 변호인에게 최종의견 진술의 기회를 주지 아니한 채 변론을 종결하고 판결을 선고하는 것은 소송절차의 법령위반에 해당한다(대판 2018.3.29. 2018도327).

정답 ⑤

146 증거동의에 대한 설명으로 옳지 않은 것은? (다툼이 있는 경우 판례에 의함) 21. 국가직 7급

① 경찰의 검증조서 가운데 범행부분은 부동의하고 현장상황부분에 대해서만 동의하는 것도 가능하고, 그 효력은 동의한 부분에 한하여 발생한다.
② 재전문진술을 기재한 조서도 동의의 대상이 된다.
③ 검사가 제시한 모든 증거에 대하여 동의한다는 포괄적 방식은 효력이 없다.
④ 증거신청시 그 입증취지를 명시하여 개별적으로 하지 않았음에도 증거동의를 거쳐 법원이 증거로 채택하는 결정을 하였다면 그 결정이 취소되지 않는 이상 단순히 입증취지를 명시하여 개별적으로 신청하지 않았다는 이유만을 내세워 그 증거에 대한 조사가 위법하다고 할 수 없다.

[해설]
① 【 O 】 대판 1998.3.13. 98도159
② 【 O 】 대판 2000.3.10. 2000도159
③ 【 X 】 판례는 개개의 증거에 대하여 개별적인 증거조사방식을 거치지 아니하고 "검사가 제시한 모든 증거에 대하여 피고인이 증거로 함에 동의한다"는 방식으로 이루어진 것이라 하여도 증거동의로서의 효력이 인정된다고 보아(대판 1983.3.8. 82도2873) 포괄적 증거동의도 허용하는 취지로 판시한 바 있다.
④ 【 O 】 대판 2009.10.29. 2009도5945

정답 ③

147 탄핵증거에 관한 다음 설명 중 가장 적절하지 않은 것은? (다툼이 있는 경우 판례에 의함) 16. 경찰채용 1차

① 검사가 유죄의 자료로 제출한 사법경찰리 작성의 피고인에 대한 피의자신문조서는 피고인이 그 내용을 부인하는 이상 증거능력이 없으나, 그것이 임의로 작성된 것이 아니라고 의심할 만한 사정이 없는 한 피고인의 법정에서의 진술을 탄핵하기 위한 반대증거로 사용할 수 있다.
② 탄핵증거는 범죄사실을 인정하는 증거가 아니므로 엄격한 증거조사를 거쳐야 할 필요가 없음은 형사소송법 제318조의2의 규정에 따라 명백하고 법정에서 이에 대한 탄핵증거로서의 증거조사도 필요 없다.
③ 탄핵증거의 제출에 있어서도 상대방에게 이에 대한 공격방어의 수단을 강구할 기회를 사전에 부여하여야 한다는 점에서 그 증거와 증명하고자 하는 사실과의 관계 및 입증취지 등을 미리 구체적으로 명시하여야 할 것이므로, 증명력을 다투고자 하는 증거의 어느 부분에 의하여 진술의 어느 부분을 다투려고 한다는 것을 사전에 상대방에게 알려야 한다.
④ 형사소송법 제318조의2에 규정된 이른바 탄핵증거는 범죄사실을 인정하는 증거가 아니어서 엄격한 증거능력을 요하지 아니하는 것이다.

[해설]
① 【 O 】 대판 2005.8.19. 2005도2617
② 【 X 】 탄핵증거는 범죄사실을 인정하는 증거가 아니므로 엄격한 증거조사를 거쳐야 할 필요가 없음은 형사소송법 제318조의2의 규정에 따라 명백하나 법정에서 이에 대한 탄핵증거로서의 증거조사는 필요한 것이다(대판 2005.8.19. 2005도2617).
③ 【 O 】 대판 2005.8.19. 2005도2617
④ 【 O 】 대판 2005.8.19. 2005도2617

정답 ②

148 탄핵증거에 관한 다음 설명 중 옳은 것(○)과 옳지 않은 것(×)을 올바르게 조합한 것은? (다툼이 있는 경우 판례에 의함)

16. 법원직

> ㉠ 탄핵증거는 유죄증거에 관한 소송법상의 엄격한 증거능력을 요하지 아니한다.
> ㉡ 사법경찰리 작성의 피고인에 대한 피의자신문조서와 피고인이 작성한 자술서들은 모두 검사가 유죄의 자료로 제출한 증거들로서 피고인이 각 그 내용을 부인하는 이상 증거능력이 없으나 그러한 증거라 하더라도 그것이 임의로 작성된 것이 아니라고 의심할 만한 사정이 없는 한 피고인의 법정에서의 진술을 탄핵하기 위한 반대증거로 사용할 수 있다.
> ㉢ 검사가 피고인의 부인진술을 탄핵하기 위해 신청한 체포·구속인접견부 사본은 피고인의 진술의 증명력을 다투기 위한 탄핵증거가 될 수 있다.

① ㉠ ○　㉡ ×　㉢ ○
② ㉠ ×　㉡ ○　㉢ ×
③ ㉠ ○　㉡ ○　㉢ ×
④ ㉠ ○　㉡ ○　㉢ ○

해설

㉠ 【 O 】 제312조에서 제316조에 따라 증거능력없는 서류 또는 진술이라도 탄핵증거로 사용될 수 있으므로(제318조의2 제1항), 탄핵증거는 엄격한 증거능력을 요하지 않는다. 이러한 의미에서 탄핵증거는 자유로운 증명으로 충분하다고 설명한다.

㉡ 【 O 】 사법경찰리 작성의 피고인에 대한 피의자신문조서와 피고인이 작성한 자술서들은 모두 검사가 유죄의 자료로 제출한 증거들로서 피고인이 각 그 내용을 부인하는 이상 증거능력이 없으나 그러한 증거라 하더라도 그것이 임의로 작성된 것이 아니라고 의심할 만한 사정이 없는 한 피고인의 법정에서의 진술을 탄핵하기 위한 반대증거로 사용할 수 있다(대판 1998.2.27. 97도1770).

㉢ 【 X 】 범죄사실의 인정은 합리적인 의심이 없는 정도의 증명에 이르러야 하나(형사소송법 제307조 제2항), 사실인정의 전제로 행하여지는 증거의 취사선택 및 증명력에 대한 판단은 자유심증주의의 한계를 벗어나지 않는 한 사실심 법원의 재량에 속한다(형사소송법 제308조). 그리고 탄핵증거는 진술의 증명력을 감쇄하기 위하여 인정되는 것이고 범죄사실 또는 그 간접사실의 인정의 증거로서는 허용되지 않는다. 원심은 검사가 탄핵증거로 신청한 체포·구속인접견부 사본은 피고인의 부인진술을 탄핵한다는 것이므로 결국 검사에게 입증책임이 있는 공소사실 자체를 입증하기 위한 것에 불과하므로 형사소송법 제318조의2 제1항 소정의 피고인의 진술의 증명력을 다투기 위한 탄핵증거로 볼 수 없다는 이유로 그 증거신청을 기각하였다. 관련 법리와 기록에 비추어 살펴보면 원심의 이 부분 판단은 정당한 것으로 수긍이 가고, 거기에 탄핵증거에 관한 법리를 오해하거나 채증법칙을 위반한 위법이 없다(대판 2012.10.25. 2011도5459).

정답 ③

149 증명력에 대한 설명으로 옳지 않은 것은? (다툼이 있는 경우 판례에 의함) 16. 검찰 7급

① 탄핵증거는 진술의 증명력을 감쇄하기 위한 증거로서 뿐만 아니라 범죄사실 또는 그 간접사실을 인정하기 위한 증거로도 사용될 수 있다.
② 피고인이 변호인과 함께 출석한 공판기일의 공판조서에 검사가 제출한 증거에 대하여 동의한다는 기재가 되어 있다면 이는 피고인이 증거동의를 한 것으로 보아야 하고, 그 기재는 절대적인 증명력을 가진다.
③ 자백의 임의성에 다툼이 있을 때에는 검사가 그 임의성의 의문점을 없애는 증명을 하여야 하고, 그 임의성의 의문점을 없애는 증명을 하지 못한 경우에는 그 진술증거는 증거능력이 부정된다.
④ 범죄사실의 인정은 법관으로 하여금 합리적인 의심을 할 여지가 없을 정도의 확신을 가지게 하는 증명력이 있는 엄격한 증거에 의하여야 하고, 법관은 검사의 증명이 위와 같은 확신을 가지게 하는 정도에 이르지 못한 경우에는 피고인의 이익으로 판단하여야 한다.

[해설]
① 【 X 】 탄핵증거는 진술의 증명력을 다투기 위한 것으로서 그 증거를 범죄사실 또는 간접사실을 인정하기 위해서는 사용할 수 없다. 판례도 마찬가지이다(대판 2006.12.8. 2006도6356).
② 【 O 】 대판 2012.5.10. 2012도2496
③ 【 O 】 대판 2015.9.10. 2012도9879
④ 【 O 】 대판 1996.4.12. 94도3309

정답 ①

150 탄핵증거에 대한 설명으로 옳은 것은? (다툼이 있는 경우 판례에 의함) 17. 국가직

① 탄핵증거로 사용될 수 있는 전문증거에는 전문서류만이 포함되며 전문진술은 제외된다.
② 탄핵증거로 사용되기 위해서는 상대방이 증거로 함에 동의함을 요한다.
③ 탄핵증거는 진술의 증명력을 감쇄하기 위해서 뿐만 아니라 범죄사실 또는 그 간접사실의 인정증거로서도 허용된다.
④ 탄핵증거의 제출에 있어서는 증명력을 다투고자 하는 증거의 어느 부분에 의하여 진술의 어느 부분을 다투려고 한다는 것을 사전에 상대방에게 알려야 한다.

[해설]
① 【 X 】 탄핵증거로 사용될 수 있는 전문증거에는 전문서류뿐만 아니라 전문진술도 포함된다(제318조의2 제1항).
② 【 X 】 유죄의 자료가 되는 것으로 제출된 증거의 반대증거서류에 대하여는 그것이 유죄사실을 인정하는 증거가 되는 것이 아닌 이상 반드시 그 진정성립이 증명되지 아니하거나 이를 증거로 함에 있어 상대방의 동의가 없다고 하더라도 증거판단의 자료로 할 수 있다(대판 1974.8.30. 74도1687).
③ 【 X 】 탄핵증거는 진술의 증명력을 다투기 위한 것으로서 그 증거를 범죄사실 또는 간접사실을 인정하기 위해서는 사용할 수 없다.
④ 【 O 】 대판 2005.8.19. 2005도2617

정답 ④

151 다음 설명 중 옳지 않은 것은? (다툼이 있는 경우 판례에 의함)

16. 검찰 7급

① 임의동행의 적법성은 오로지 피의자의 자발적인 의사에 의하여 수사관서 등의 동행이 이루어졌음이 객관적인 사정에 의하여 명백하게 입증된 경우에 한하여 인정될 수 있다.
② 경찰이 피의자의 집에서 20m 떨어진 곳에서 피고인을 체포하여 수갑을 채운 후 피고인의 집으로 가서 집안을 수색하여 칼과 합의서를 압수하였고 적법한 시간 내에 압수·수색영장을 청구하여 발부받지도 않았다면, 사후에 경찰이 피의자로부터 칼과 합의서에 대한 임의제출동의서를 받았다고 하더라도 증거능력이 인정되지 아니한다.
③ 검사 작성의 피의자신문조서에 작성자인 검사의 서명·날인이 되어 있지 아니하더라도 그 피의자신문조서에 진술자인 피고인의 서명·날인이 되어 있거나 피고인이 법정에서 그 피의자신문조서에 대하여 진정성립과 임의성을 인정하였다면 증거로 할 수 있다.
④ 검사가 유죄의 자료로 제출한 사법경찰관 작성의 피고인에 대한 피의자신문조서는 피고인이 그 내용을 부인하는 이상 증거능력이 없으나, 그것이 임의로 작성된 것이 아니라고 의심할 만한 사정이 없는 한 피고인의 법정에서의 진술을 탄핵하기 위한 반대증거로 사용할 수 있다.

해설

① 【O】 대판 2006.7.6. 2005도6810
② 【O】 대판 2010.7.22. 2009도14376
③ 【X】 형사소송법 제57조 제1항은 공무원이 작성하는 서류에는 법률에 다른 규정이 없는 때에는 작성년월일과 소속공무소를 기재하고 서명·날인하여야 한다고 규정하고 있는바, 그 서명·날인은 공무원이 작성하는 서류에 관하여 그 기재 내용의 정확성과 완전성을 담보하는 것이므로 검사 작성의 피의자신문조서에 작성자인 검사의 서명·날인이 되어 있지 아니한 경우 그 피의자신문조서는 공무원이 작성하는 서류로서의 요건을 갖추지 못한 것으로서 위 법규정에 위반되어 무효이고 따라서 이에 대하여 증거능력을 인정할 수 없다고 보아야 할 것이며, 그 피의자신문조서에 진술자인 피고인의 서명·날인이 되어 있다거나, 피고인이 법정에서 그 피의자신문조서에 대하여 진정성립과 임의성을 인정하였다고 하여 달리 볼 것은 아니다(대판 2001.9.28. 2001도4091).
④ 【O】 대판 2005.8.19. 2005도2617

정답 ③

152 탄핵증거에 대한 설명으로 가장 적절하지 않은 것은? (다툼이 있는 경우 판례에 의함)

18. 경찰채용 1차

① 탄핵증거는 진술의 증명력을 감쇄하기 위하여 인정되는 것이고 범죄사실 또는 그 간접사실의 인정의 증거로서는 허용되지 않는다.
② 피고인의 진술을 내용으로 하는 영상녹화물은 공판준비 또는 공판기일에 피고인 진술의 증명력을 다투기 위한 증거로 사용할 수 없다.
③ 탄핵증거의 제출에 있어서도 상대방에게 이에 대한 공격방어의 수단을 강구할 기회를 사전에 부여하여야 한다는 점에서 그 증거와 증명하고자 하는 사실과의 관계 및 입증취지 등을 미리 구체적으로 명시하여야 할 것이므로, 증명력을 다투고자 하는 증거의 어느 부분에 의하여 진술의 어느 부분을 다투려고 한다는 것을 사전에 상대방에게 알려야 한다.
④ 탄핵증거는 범죄사실을 인정하는 증거가 아니므로 엄격한 증거조사를 거쳐야 할 필요가 없으며, 법정에서 이에 대한 탄핵증거로서의 증거조사도 필요하지 않다.

해설

① 【 O 】 대판 2012.10.25. 2011도5459
② 【 O 】 영상녹화물은 탄핵증거로 사용할 수 없고 실질적 성립의 진정을 증명하는 자료로 사용하거나 기억환기용으로만 사용할 수 있다(제318조의2 제2항).
③ 【 O 】 대판 2005.8.19. 2005도2617
④ 【 X 】 탄핵증거는 범죄사실을 인정하는 증거가 아니므로 엄격한 증거조사를 거쳐야 할 필요가 없음은 형사소송법 제318조의2의 규정에 따라 명백하다고 할 것이나, 법정에서 이에 대한 탄핵증거로서의 증거조사는 필요하다(대판 1998.2.27. 97도1770).

정답 ④

153 증거에 대한 설명으로 가장 적절하지 않은 것은? (다툼이 있는 경우 판례에 의함)

18. 경찰채용 3차

① 피해자가 피고인으로부터 당한 공갈 등 피해 내용을 담아 자신의 남동생에게 보낸 문자메시지의 내용을 촬영한 사진은 증거서류 중 피해자의 진술서에 준하는 것으로 보아야 한다.
② 「형사소송법」 제318조의2 제1항에 규정된 이른바 탄핵증거는 범죄사실을 인정하는 증거가 아니어서 엄격한 증거능력을 요하지 않으므로, 이를 유죄 증거의 증명력을 다투기 위한 반대증거로 사용할 수 있다.
③ 공모공동정범에서 공모나 모의는 '범죄될 사실'이므로, 이를 인정하기 위하여는 엄격한 증명에 의해야 하고 그 증거는 판결에 표시되어야 한다.
④ 피고인의 검찰 진술의 임의성의 유무가 다투어지는 경우에는 법원은 법률이 자격을 인정한 증거에 의하여 법률이 규정한 증거조사방식에 따라 증명하여야 한다는 엄격한 증명의 방법으로 그 임의성 유무를 판단하여야 한다.

해설

① 【 O 】 대판 2010.11.25. 2010도8735
② 【 O 】 대판 1996.1.26. 95도1333
③ 【 O 】 대판 1988.9.13. 88도1114
④ 【 X 】 피고인이 그 진술을 임의로 한 것이 아니라고 다투는 경우에는 법원은 구체적인 사건에 따라 당해 조서의 형식과 내용, 피고인의 학력, 경력, 직업, 사회적 지위, 지능정도 등 제반 사정을 참작하여 자유로운 심증으로 피고인이 그 진술을 임의로 한 것인지의 여부를 판단하면 된다(대판 1994.11.4. 94도129).

정답 ④

154 탄핵증거에 대한 설명으로 가장 적절하지 않은 것은? (다툼이 있는 경우 판례에 의함) 19. 경찰승진

① 탄핵증거는 진술의 증명력을 감쇄하기 위하여 인정되는 것이고 범죄사실 또는 그 간접사실 인정의 증거로서는 허용되지 않는다.
② 검사가 탄핵증거로 신청한 체포·구속인접견부 사본은 피고인의 부인진술을 탄핵한다는 것이므로 결국 검사에게 입증책임이 있는 공소사실 자체를 입증하기 위한 것에 불과하므로 탄핵증거로 볼 수 없다.
③ 탄핵증거는 엄격한 증거조사를 거쳐야 할 필요가 없지만 법정에서 이에 대한 탄핵증거로서의 증거조사는 필요하다.
④ 탄핵증거의 제출에 있어서도 상대방에게 이에 대한 공격방어의 수단을 강구할 기회를 사전에 부여하여야 하지만, 증명력을 다투고자 하는 증거의 어느 부분에 의하여 진술의 어느 부분을 다투려고 한다는 것인지를 사전에 상대방에게 알려야 할 필요는 없다.

해설

① 【 O 】 대판 1996.9.6. 95도2945
② 【 O 】 대판 2012.10.25. 2011도5459
③ 【 O 】 대판 2005.8.19. 2005도2617
④ 【 X 】 증거신청의 방식에 관하여 규정한 형사소송규칙 제132조 제1항의 취지에 비추어 보면 탄핵증거의 제출에 있어서도 상대방에게 이에 대한 공격방어의 수단을 강구할 기회를 사전에 부여하여야 한다는 점에서 그 증거와 증명하고자 하는 사실과의 관계 및 입증취지 등을 미리 구체적으로 명시하여야 할 것이므로, 증명력을 다투고자 하는 증거의 어느 부분에 의하여 진술의 어느 부분을 다투려고 한다는 것을 사전에 상대방에게 알려야 한다(대판 2005.8.19. 2005도2617).

정답 ④

155 탄핵증거에 대한 설명 중 가장 적절한 것은? (다툼이 있는 경우 판례에 의함) 20. 경찰채용 1차

① 사법경찰리 작성의 피고인에 대한 피의자신문조서와 피고인이 작성한 자술서들은 모두 검사가 유죄의 자료로 제출한 증거들로서 피고인이 각 그 내용을 부인하는 이상 증거능력이 없으므로 그것이 임의로 작성된 것이 아니라고 의심할 만한 사정이 없더라도 피고인의 법정에서의 진술을 탄핵하기 위한 반대증거로도 사용할 수 없다.
② 탄핵증거의 제출에 있어서도 상대방에게 이에 대한 공격방어의 수단을 강구할 기회를 사전에 부여하여야 할 것이지만, 증명을 다투고자 하는 증거의 어느 부분에 의하여 진술의 어느 부분을 다투려고 한다는 것을 사전에 상대방에게 알려야 할 필요는 없다.
③ 탄핵증거는 진술의 증명력을 감쇄하기 위하여 인정되는 것이지만, 범죄사실 또는 간접사실의 인정의 증거로도 허용된다.
④ 검사가 탄핵증거로 신청한 체포·구속인접견부 사본은 피고인의 부인진술을 탄핵한다는 것이므로 결국 검사에게 입증책임이 있는 공소사실 자체를 입증하기 위한 것에 불과하므로 「형사소송법」 제318조의2 제1항 소정의 피고인의 진술의 증명력을 다투기 위한 탄핵증거로 볼 수 없다.

[해설]
① 【 X 】 사법경찰리 작성의 피고인에 대한 피의자신문조서와 피고인이 작성한 자술서들은 모두 검사가 유죄의 자료로 제출한 증거들로서 피고인이 각 그 내용을 부인하는 이상 증거능력이 없으나 그러한 증거라 하더라도 그것이 임의로 작성된 것이 아니라고 의심할 만한 사정이 없는 한 피고인의 법정에서의 진술을 탄핵하기 위한 반대증거로 사용할 수 있다(대판 1998.2.27. 97도1770).
② 【 X 】 검사가 유죄의 자료로 제출한 사법경찰리 작성의 피고인에 대한 피의자신문조서는 피고인이 그 내용을 부인하는 이상 증거능력이 없으나, 그것이 임의로 작성된 것이 아니라고 의심할 만한 사정이 없는 한 피고인의 법정에서의 진술을 탄핵하기 위한 반대증거로 사용할 수 있으며, 또한 탄핵증거는 범죄사실을 인정하는 증거가 아니므로 엄격한 증거조사를 거쳐야 할 필요가 없음은 형사소송법 제318조의2의 규정에 따라 명백하나 법정에서 이에 대한 탄핵증거로서의 증거조사는 필요한 것이고, 한편 증거신청의 방식에 관하여 규정한 형사소송규칙 제132조 제1항의 취지에 비추어 보면 탄핵증거의 제출에 있어서도 상대방에게 이에 대한 공격방어의 수단을 강구할 기회를 사전에 부여하여야 한다는 점에서 그 증거와 증명하고자 하는 사실과의 관계 및 입증취지 등을 미리 구체적으로 명시하여야 할 것이므로, 증명력을 다투고자 하는 증거의 어느 부분에 의하여 진술의 어느 부분을 다투려고 한다는 것을 사전에 상대방에게 알려야 한다(대판 2005.8.19. 2005도2617).
③ 【 X 】 탄핵증거는 진술의 증명력을 감쇄하기 위하여 인정되는 것이고 범죄사실 또는 그 간접사실의 인정의 증거로서는 허용되지 않는다(대판 2012.10.25. 2011도5459).
④ 【 O 】 대판 2012.10.25. 2011도5459

정답 ④

156 탄핵증거에 대한 설명으로 옳지 않은 것은? (다툼이 있는 경우 판례에 의함)
20. 국가직

① 탄핵증거는 엄격한 증거조사 없이 증거로 사용할 수 있으므로, 탄핵증거를 제출하는 자는 어느 부분에 의하여 진술의 어느 부분을 다투려고 한다는 점을 사전에 상대방에게 알릴 필요가 없다.
② 탄핵증거는 진술의 증명력을 감쇄하기 위하여 인정되는 것이고, 범죄사실 또는 그 간접사실을 인정하는 증거로는 허용되지 않는다.
③ 피고인의 공판정 외의 자백에 관하여 피고인이 그 내용을 부인하더라도 그것이 임의로 작성된 것이 아니라고 의심할 만한 사정이 없는 한, 그 자백은 피고인의 공판정에서의 진술의 증명력을 다투기 위한 탄핵증거로 사용할 수 있다.
④ 진술자의 서명·날인이 없어 성립의 진정이 인정되지 아니한 증거도 탄핵증거가 될 수 있다.

[해설]
① 【 X 】 증거신청의 방식에 관하여 규정한 형사소송규칙 제132조 제1항의 취지에 비추어 보면 탄핵증거의 제출에 있어서도 상대방에게 이에 대한 공격방어의 수단을 강구할 기회를 사전에 부여하여야 한다는 점에서 그 증거와 증명하고자 하는 사실과의 관계 및 입증취지 등을 미리 구체적으로 명시하여야 할 것이므로, 증명력을 다투고자 하는 증거의 어느 부분에 의하여 진술의 어느 부분을 다투려고 한다는 것을 사전에 상대방에게 알려야 한다(대판 2005.8.19. 2005도2617).
② 【 O 】 대판 2012.10.25. 2011도5459
③ 【 O 】 대판 2005.8.19. 2005도2617
④ 【 O 】 대판 1994.11.11. 94도1159

정답 ①

157 탄핵증거에 대한 설명으로 가장 적절하지 않은 것은? (다툼이 있는 경우 판례에 의함) 21. 경찰승진

① 탄핵증거의 제출에 있어서도 상대방에게 이에 대한 공격방어의 수단을 강구할 기회를 사전에 부여하여야 한다.
② 탄핵증거에 대해서는 유죄증거에 관한 소송법상의 엄격한 증거능력을 요하지 아니한다.
③ 검사가 유죄의 자료로 제출한 사법경찰관 작성의 피고인에 대한 피의자신문조서는 피고인이 그 내용을 부인하는 이상 증거능력이 없고, 그것이 임의로 작성된 것이라도 피고인의 법정에서의 진술을 탄핵하기 위한 반대증거로도 사용할 수 없다.
④ 탄핵증거는 진술의 증명력을 감쇄하기 위하여 인정되는 것이고 범죄사실 또는 그 간접사실의 인정의 증거로서는 허용되지 않는다.

해설

① 【 O 】 대판 2005.8.19. 2005도2617
② 【 O 】 대판 1996.1.26. 95도1333
③ 【 X 】 사법경찰리 작성의 피고인에 대한 피의자신문조서와 피고인이 작성한 자술서들은 모두 검사가 유죄의 자료로 제출한 증거들로서 피고인이 각 그 내용을 부인하는 이상 증거능력이 없으나 그러한 증거라 하더라도 그것이 임의로 작성된 것이 아니라고 의심할 만한 사정이 없는 한 피고인의 법정에서의 진술을 탄핵하기 위한 반대증거로 사용할 수 있다(대판 1998.2.27. 97도1770).
④ 【 O 】 대판 1996.9.6. 95도2945

정답 ③

158 탄핵증거에 대한 설명으로 가장 적절하지 않은 것은? (다툼이 있는 경우 판례에 의함) 21. 경찰채용 1차

① 탄핵증거는 범죄사실을 인정하는 증거가 아니어서 엄격한 증거능력을 요하지 아니한다.
② 법정에서 증거로 제출된 바가 없어 전혀 증거조사가 이루어지지 아니한 채 수사기록에만 편철되어 있는 증거를 피고인의 진술을 탄핵하는 증거로 사용할 수는 없다.
③ 검사가 유죄의 자료로 제출한 사법경찰리 작성의 피고인에 대한 피의자신문조서는 피고인이 그 내용을 부인하는 이상 증거능력이 없지만, 그것이 임의로 작성된 것이 아니라고 하더라도 피고인의 법정에서의 진술을 탄핵하기 위한 반대증거로는 사용할 수 있다.
④ 비록 증거목록에 기재되지 않았고 증거결정이 있지 아니하였다 하더라도 공판과정에서 그 입증취지가 구체적으로 명시되고 제시까지 된 이상, 그 제시된 증거에 대하여 탄핵증거로서의 증거조사는 이루어졌다고 보아야 할 것이다.

해설

① 【 O 】 대판 1996.1.26. 95도1333
② 【 O 】 법정에서 증거로 제출된 바가 없어 전혀 증거조사가 이루어지지 아니한 채 수사기록에만 편철되어 있는 소득세징수액집계표(수사기록)를 피고인 및 그 사무실 직원 공소외 1 등의 진술을 탄핵하는 증거로 사용하였는바, 이러한 원심의 조치에는 탄핵증거의 조사방법에 관한 법리오해의 위법이 있다 할 것이다(대판 1998.2.27. 97도1770).
③ 【 X 】 사법경찰리 작성의 피고인에 대한 피의자신문조서와 피고인이 작성한 자술서들은 모두 검사가 유죄의 자료로 제출한 증거들로서 피고인이 각 그 내용을 부인하는 이상 증거능력이 없으나 그러한 증거라 하더라도 그것이 임의로 작성된 것이 아니라고 의심할 만한 사정이 없는 한 피고인의 법정에서의 진술을 탄핵하기 위한 반대증거로 사용할 수 있다(대판 1998.2.27. 97도1770).
④ 【 O 】 대판 2006.5.26. 2005도6271

정답 ③

159 증거에 대한 설명 중 옳은 것만을 모두 고르면? (다툼이 있는 경우 판례에 의함) 　　20. 검찰 7급

> ㉠ 탄핵증거의 제출에 있어서는 증명력을 다투고자 하는 증거의 어느 부분에 의하여 진술의 어느 부분을 다투려고 한다는 것을 사전에 상대방에게 알려야 한다.
> ㉡ 수사기관이 구속수감된 甲으로부터 피고인의 범행에 대한 진술을 들은 다음 추가적인 증거를 확보할 목적으로 甲에게 그의 압수된 휴대전화를 제공하여, 이와 같은 사정을 모르는 피고인과 통화하게 하고 그 범행에 관한 통화내용을 녹음하게 한 경우, 그 녹취록은 피고인이 증거로 함에 동의하면 증거능력이 있다.
> ㉢ 피고인이 도로교통법위반(음주운전)으로 기소된 사안에서, 피고인이 음주측정을 위해 경찰서에 동행할 것을 요구받고 자발적인 의사로 경찰차에 탑승하였고, 경찰서로 이동 중 하차를 요구하였으나 그 직후 수사과정에 관한 설명을 듣고 빨리 가자고 요구하였다면, 피고인에 대한 임의동행은 적법하고 그 후 이루어진 음주측정 결과는 증거능력이 있다.
> ㉣ 제1심법원에서 이미 증거능력이 있었던 증거는 항소심에서도 증거능력이 그대로 유지되어 심판의 기초가 될 수 있고, 다시 증거조사를 할 필요가 없다.

① ㉠, ㉡　　② ㉠, ㉢　　③ ㉠, ㉢, ㉣　　④ ㉡, ㉢, ㉣

[해설]

㉠ 【O】 대판 2005.8.19. 2005도2617
㉡ 【X】 수사기관이 갑으로부터 피고인의 마약류관리에 관한 법률 위반(향정) 범행에 대한 진술을 듣고 추가적인 증거를 확보할 목적으로, 구속수감되어 있던 갑에게 그의 압수된 휴대전화를 제공하여 피고인과 통화하고 위 범행에 관한 통화내용을 녹음하게 한 행위는 불법감청에 해당하므로, 그 녹음 자체는 물론 이를 근거로 작성된 녹취록 첨부 수사보고는 피고인의 증거동의에 상관없이 그 증거능력이 없다(대판 2010.10.14. 2010도9016).
㉢ 【O】 대판 2016.9.28. 2015도2798
㉣ 【O】 대판 1998.2.27. 97도3421

정답 ③

160 자백의 보강증거에 관한 설명 중 가장 적절하지 않은 것은? (다툼이 있으면 판례에 의함) 　　16. 경찰승진

① 자백에 대한 보강증거는 직접증거가 아닌 간접증거나 정황증거도 보강증거가 될 수 있다.
② 피고인이 업무추진 과정에서 지출한 자금내역을 기입한 수첩의 기재내용은 피고인의 자백에 대한 보강증거가 될 수 없다.
③ 공범인 공동피고인들의 각 진술은 상호간에 서로 보강증거가 될 수 있다.
④ 실체적 경합범은 실질적으로 수죄이므로 각 범죄사실에 관하여 자백에 대한 보강증거가 있어야 한다.

[해설]

① 【O】 대판 2002.1.8. 2001도1897
② 【X】 피고인이 업무추진 과정에서 지출한 자금내역을 기입한 수첩의 기재내용은 피고인의 자백에 대한 보강증거가 될 수 있다(대판 1996.10.17. 94도2865 전합).
③ 【O】 대판 1990.10.30. 90도1939
④ 【O】 대판 2008.2.14. 2007도10937

정답 ②

161 보기의 사례에 관한 다음 설명 중 가장 적절하지 않은 것은? (다툼이 있는 경우 판례에 의함) 16. 경찰채용 1차

> 甲과 乙은 공동으로 공원에서 술에 취하여 잠을 자고 있는 피해자 丙의 손목시계를 절취하였다는 공소사실로 기소되어 공동피고인으로 재판을 받고 있다. 공판정에서 甲은 공소사실을 자백하고 있으나, 乙은 공소사실을 부인하고 있다.

① 형사소송법 제310조의 피고인의 자백에는 공범인 공동피고인의 진술은 포함되지 않는다.
② 乙의 진술은 甲에 대한 범죄사실을 인정하는데 있어서 증거로 쓸 수 있다.
③ 위 ②항의 경우 그에 대한 보강증거의 요부는 법관의 자유심증에 맡긴다.
④ 甲이 범행을 자백하는 것을 들었다는 丁의 진술내용은 형사소송법 제310조의 피고인의 자백에는 포함되지 아니하나 이는 피고인의 자백의 보강증거로는 될 수 있다.

해설

①②③ 【 O 】 대판 1990.10.30. 90도1939
④ 【 X 】 피고인이 범행을 자인하는 것을 들었다는 피고인 아닌 자의 진술내용은 형사소송법 제310조의 피고인의 자백에는 포함되지 아니하나 이는 피고인의 자백의 보강증거로 될 수 없다(대판 2008.2.14. 2007도10937).

정답 ④

162 자백의 보강증거에 대한 설명으로 옳은 것만을 모두 고른 것은? (다툼이 있는 경우 판례에 의함) 16. 국가직

> ㉠ 피고인 甲이 업무수행에 필요한 자금을 지출하면서, 스스로 그 지출한 자금내역을 자료로 남겨두기 위해 뇌물자금과 기타자금을 구별하지 아니하고 그 지출내역을 그때그때 계속적·기계적으로 수첩에 직접 기재한 기재내용은 뇌물 공여사실에 대한 보강증거가 될 수 있다.
> ㉡ 형사소송법 제310조 소정의 '피고인의 자백'에 공범인 공동피고인의 진술은 포함되지 아니하므로 공범인 공동피고인의 진술은 다른 공동피고인에 대한 범죄사실을 인정하는 증거로 할 수 있을 뿐만 아니라 공범인 공동피고인들의 각 진술은 상호 간에 서로 보강증거가 될 수 있다.
> ㉢ 피고인 甲이 乙로부터 필로폰을 매수하면서 그 대금을 乙이 지정하는 은행계좌로 송금한 사실에 대한 압수·수색·검증영장 집행보고는 피고인 甲의 필로폰 매수행위와 실체적 경합범 관계에 있는 필로폰 투약행위에 대한 보강증거가 될 수 있다.
> ㉣ 자백에 대한 보강증거는 범죄사실 전부나 그 중요부분의 전부에 일일이 그 보강증거를 필요로 하는 것은 아니며, 간접증거 내지 정황증거는 보강증거가 될 수 없다.

① ㉠, ㉡   ② ㉡, ㉢   ③ ㉢, ㉣   ④ ㉠, ㉡, ㉣

해설

㉠ 【 O 】 대판 1996.10.17. 94도2865 전합
㉡ 【 O 】 대판 1990.10.30. 90도1939
㉢ 【 X 】 실체적 경합범은 실질적으로 수죄이므로 각 범죄사실에 관하여 자백에 대한 보강증거가 있어야 한다. 필로폰 매수 대금을 송금한 사실에 대한 증거가 필로폰 매수죄와 실체적 경합범 관계에 있는 필로폰 투약행위에 대한 보강증거가 될 수 없다(대판 2008.2.14. 2007도10937).
㉣ 【 X 】 자백에 대한 보강증거는 범죄사실의 전부 또는 중요 부분을 인정할 수 있는 정도가 되지 아니하더라도 피고인의 자백이 가공적인 것이 아닌 진실한 것임을 인정할 수 있는 정도만 되면 족할 뿐만 아니라 직접증거가 아닌 간접증거나 정황증거도 보강증거가 될 수 있다(대판 1998.3.13. 98도159).

정답 ①

163 자백과 보강증거에 대한 설명으로 옳은 것(○)과 옳지 않은 것(×)을 바르게 표시한 것은? (다툼이 있는 경우 판례에 의함)

16. 검찰 7급

㉠ 피고인이 범행을 자인하는 것을 들었다는 피고인 외의 제3자의 진술이 기재된 검찰 진술조서는 피고인의 자백에 대한 보강증거로 사용할 수 없다.
㉡ 자백에 대한 보강증거는 범죄사실의 전부 또는 중요 부분을 인정할 수 있는 정도이어야 하고, 자백과 보강 증거가 서로 어울려서 전체로서 범죄사실을 인정할 수 있어야 한다.
㉢ 일정한 증거가 발견되면 자백하겠다고 한 피의자의 약속이 검사의 강요나 위계에 의하여 이루어진 것이 아니라 경한 죄의 소추 등 이익과 교환조건으로 이루어진 경우, 그 약속에 의한 자백은 임의성 없는 자백이라 할 수 없다.
㉣ 피고인이 피해자의 재물을 절취하려다가 미수에 그쳤다는 내용의 공소사실을 자백한 경우, 피고인을 현행범인으로 체포한 피해자가 수사기관에서 한 진술 또는 현장사진이 첨부된 수사보고서는 피고인 자백의 진실성을 담보하기에 충분한 보강증거가 될 수 있다.

① ㉠ ○ ㉡ × ㉢ × ㉣ ○
② ㉠ ○ ㉡ ○ ㉢ × ㉣ ×
③ ㉠ × ㉡ ○ ㉢ ○ ㉣ ×
④ ㉠ ○ ㉡ × ㉢ ○ ㉣ ○

해설

㉠ 【 O 】 대판 2008.2.14. 2007도10937
㉡ 【 X 】 자백에 대한 보강증거는 범죄사실의 전부 또는 중요부분을 인정할 수 있는 정도가 되지 아니하더라도 피고인의 자백이 가공적인 것이 아닌 진실한 것임을 인정할 수 있는 정도만 되면 족할 뿐만 아니라 직접증거가 아닌 간접증거나 정황증거도 보강증거가 될 수 있으며, 또한 자백과 보강증거가 서로 어울려서 전체로서 범죄사실을 인정할 수 있으면 유죄의 증거로 충분하다(대판 2008.11.27. 2008도7883).
㉢ 【 X 】 일정한 증거가 발견되면 피의자가 자백하겠다고 한 약속이 검사의 강요나 위계에 의하여 이루어졌다던가 또는 불기소나 경한 죄의 소추 등 이익과 교환조건으로 된 것으로 인정되지 않는다면 위와 같은 자백의 약속하에 된 자백이라 하여 곧 임의성 없는 자백이라고 단정할 수는 없다(대판 1983.9.13. 83도712).
㉣ 【 O 】 피고인이 갑과 합동하여 을의 재물을 절취하려다가 미수에 그쳤다는 내용의 공소사실을 자백한 사안에서, 피고인을 현행범으로 체포한 을의 수사기관에서의 진술과 현장사진이 첨부된 수사보고서가 피고인 자백의 진실성을 담보하기에 충분한 보강증거가 되는데도, 이와 달리 본 원심판결에 법리오해의 위법이 있다(대판 2011.9.29. 2011도8015).

정답 ①

164 자백에 대한 보강증거에 관한 설명으로 가장 적절하지 않은 것은? (다툼이 있으면 판례에 의함)

16. 경찰채용 2차

① 자백에 대한 보강증거는 피고인의 임의적인 자백사실이 가공적인 것이 아니고 진실하다고 인정될 정도의 증거이면 직접증거이거나 간접증거이거나 보강증거 능력이 있다 할 것이나 적어도 그 증거만으로 객관적 구성요건에 해당하는 사실을 인정할 수 있는 정도는 되어야 한다.
② 「형사소송법」제310조 소정의 "피고인의 자백"에 공범인 공동피고인의 진술은 포함되지 아니하므로 공범인 공동피고인의 진술은 다른 공동피고인에 대한 범죄사실을 인정하는 증거로 할 수 있는 것일 뿐만 아니라 공범인 공동피고인들의 각 진술은 상호간에 서로 보강증거가 될 수 있다.
③ 자동차등록증에 차량의 소유자가 피고인으로 등록·기재된 것이 피고인이 그 차량을 운전하였다는 사실의 자백 부분에 대한 보강증거가 될 수 있고 결과적으로 피고인의 무면허운전이라는 전체 범죄사실의 보강증거로 충분하다.
④ 뇌물공여의 상대방인 공무원이 뇌물을 수수한 사실을 부인하면서도 그 일시 경에 뇌물공여자를 만났던 사실 및 공무에 관한 청탁을 받기도 한 사실 자체는 시인하였다면, 이는 뇌물을 공여하였다는 뇌물공여자의 자백에 대한 보강증거가 될 수 있다.

해설

① 【 X 】 자백에 대한 보강증거는 범죄사실의 전부 또는 중요부분을 인정할 수 있는 정도가 되지 아니하더라도 피고인의 자백이 가공적인 것이 아닌 진실한 것임을 인정할 수 있는 정도만 되면 족할 뿐만 아니라 직접증거 아닌 간접증거나 정황증거도 보강증거가 될 수 있으며, 또한 자백과 보강증거가 서로 어울려서 전체로서 범죄사실을 인정할 수 있으면 유죄의 증거로 충분하다(대판 2008.11.27. 2008도7883).
② 【 O 】 대판 1990.10.30. 90도1939
③ 【 O 】 대판 2000.9.26. 2000도2365
④ 【 O 】 대판 1995.6.30. 94도993

정답 ①

---

165 자백보강법칙에 대한 설명 중 가장 적절하지 않은 것은? (다툼이 있는 경우 판례에 의함)

17. 여경

① 「형사소송법」제310조의 피고인의 자백에는 공범인 공동피고인의 진술은 포함되지 않는다.
② 피고인이 업무추진 과정에서 그 업무수행에 필요한 자금을 지출하면서, 스스로 지출한 자금내역을 자료로 남겨두기 위하여 뇌물자금과 기타 자금을 구별하지 아니하고 그 지출 일시, 금액, 상대방 등의 내역을 계속적, 기계적으로 기입한 수첩의 기재내용은 피고인의 자백에 대한 보강증거가 될 수 없다.
③ 피고인이 범행을 자인하는 것을 들었다는 피고인 아닌 자의 진술내용은 피고인의 자백에 대한 보강증거가 될 수 없다.
④ 피고인의 습벽을 범죄구성요건으로 하는 포괄일죄인 상습범에 있어서도 이를 구성하는 각 행위에 관하여 개별적으로 보강증거를 요구한다.

해설
① 【 O 】 대판 1990.10.30. 90도1939
② 【 X 】 피고인이 뇌물공여 혐의를 받기 전에 이와는 관계없이 준설공사에 필요한 각종 인·허가 등의 업무를 위임받아 이를 추진하는 과정에서 그 업무수행에 필요한 자금을 지출하면서, 스스로 그 지출한 자금내역을 자료로 남겨두기 위하여 뇌물자금과 기타 자금을 구별하지 아니하고 그 지출 일시, 금액, 상대방 등 내역을 그때그때 계속적, 기계적으로 기입한 수첩의 기재 내용은, 피고인이 자신의 범죄사실을 시인하는 자백이라고 볼 수 없으므로, 증거능력이 있는 한 피고인의 금전출납을 증명할 수 있는 별개의 증거라고 할 것인즉, 피고인의 검찰에서의 자백에 대한 보강증거가 될 수 있다(대판 1996.10.17. 94도2865 전합).
③ 【 O 】 대판 2008.2.14. 2007도10937
④ 【 O 】 대판 1996.2.13. 95도1794

정답 ②

166 자백의 보강법칙에 대한 설명으로 가장 적절하지 않은 것은? (다툼이 있는 경우 판례에 의함) 17. 경찰채용 2차

① 뇌물수수자가 무자격자인 뇌물공여자로 하여금 건축공사를 하도급 받도록 알선하고 그 하도급계약을 승인받을 수 있도록 하였으며, 공사와 관련된 각종의 편의를 제공한 사실을 인정할 수 있는 증거들은 뇌물공여자의 자백에 대한 보강증거가 될 수 있다.

② 2010.2.18. 01:35경 자동차를 타고 온 피고인으로부터 필로폰을 건네받은 후 피고인이 위 차량을 운전해 갔다고 한 甲의 진술과 2010.2.20. 피고인으로부터 채취한 소변에서 나온 필로폰 양성 반응은, 피고인이 2010.2.18. 02:00경의 필로폰 투약으로 정상적으로 운전하지 못할 우려가 있는 상태에 있었다는 도로교통법위반 공소사실 부분에 대한 자백을 보강하는 증거가 되기에 충분하다.

③ 피고인이 자신이 거주하던 다세대주택의 여러 세대에서 7건의 절도행위를 한 것으로 기소되었는데 그 중 4건은 범행장소인 구체적 호수가 특정되지 않은 사안에서, 위 4건에 관한 피고인의 범행 관련 진술이 매우 사실적·구체적·합리적이고 진술의 신빙성을 의심할 만한 사유도 없어 자백의 진실성이 인정되므로, 피고인의 집에서 해당 피해품을 압수한 압수조서와 압수물 사진은 위 자백에 대한 보강증거가 된다.

④ 피고인이 甲과 합동하여 乙의 재물을 절취하려다가 미수에 그쳤다는 내용의 공소사실을 자백한 사안에서, 피고인을 현행범으로 체포한 乙의 수사기관에서의 진술과 현장사진이 첨부된 수사보고서가 피고인 자백에 대한 보강증거가 될 수 없다.

해설
① 【 O 】 대판 1998.12.22. 98도2890
② 【 O 】 대판 2010.12.23. 2010도11272
③ 【 O 】 대판 2008.5.29. 2008도2343
④ 【 X 】 피고인이 甲과 합동하여 乙의 재물을 절취하려다가 미수에 그쳤다는 내용의 공소사실을 자백한 사안에서, 피고인을 현행범으로 체포한 乙의 수사기관에서의 진술과 현장사진이 첨부된 수사보고서가 피고인 자백의 진실성을 담보하기에 충분한 보강증거가 되는데도, 이와 달리 본 원심판결에 법리오해의 위법이 있다고 한 사례(대판 2011.9.29. 2011도8015).

정답 ④

167 자백에 대한 보강증거에 대한 설명으로 가장 적절한 것은? (다툼이 있는 경우 판례에 의함) 18. 경찰승진

① 자백에 대한 보강증거는 범죄사실의 전부 또는 중요부분을 인정할 수 있는 정도가 되지 아니하더라도 피고인의 자백이 가공적인 것이 아닌 진실한 것임을 인정할 수 있는 정도만 되면 족하다.
② 피고인의 범행을 자인하는 것을 들었다는 피고인 아닌 자의 진술내용은 「형사소송법」 제310조의 피고인의 자백에 포함되지 아니하므로 피고인의 자백의 보강증거가 될 수 있다.
③ 자백보강법칙은 일반형사사건은 물론이고 간이공판절차와 약식명령절차 및 즉결심판절차에서도 적용된다.
④ 공범인 공동피고인의 진술은 다른 공동피고인에 대한 범죄사실을 인정하는 증거로 할 수 없다.

[해설]

① 【O】 대판 1998.3.13. 98도159
② 【X】 피고인이 범행을 자인하는 것을 들었다는 피고인 아닌 자의 진술내용은 형사소송법 제310조의 피고인의 자백에는 포함되지 아니하나 이는 피고인의 자백의 보강증거로 될 수 없다(대판 2008.2.14. 2007도10937).
③ 【X】 보강법칙은 정식재판, 즉 일반 형사소송절차에서 적용되므로 즉결심판과 소년보호사건에서는 보강법칙이 적용되지 않는다. 그러나 형사사건인 이상 간이공판절차와 약식명령절차에 있어서도 보강법칙이 적용된다.
④ 【X】 형사소송법 제310조 소정의 "피고인의 자백"에 공범인 공동피고인의 진술은 포함되지 아니하므로 공범인 공동피고인의 진술은 다른 공동피고인에 대한 범죄사실을 인정하는 증거로 할 수 있는 것일 뿐만 아니라 공범인 공동피고인들의 각 진술은 상호간에 서로 보강증거가 될 수 있다(대판 1990.10.30. 90도1939).

정답 ①

168 자백보강법칙에 대한 설명으로 옳은 것(○)과 옳지 않은 것(×)을 바르게 연결한 것은? (다툼이 있는 경우 판례에 의함) 18. 국가직

㉠ 피고인이 위조신분증을 제시·행사한 사실을 자백하고 있는 때에는 그 신분증의 현존은 자백을 보강하는 간접증거가 된다.
㉡ 피고인이 범행을 자인하는 것을 들었다는 피고인 아닌 자의 진술은 피고인의 자백의 보강증거가 될 수 있다.
㉢ 즉결심판이나 소년보호사건에서는 피고인의 자백만을 증거로 범죄사실을 인정할 수 있다.

① ㉠ ○ ㉡ × ㉢ ○
② ㉠ × ㉡ ○ ㉢ ×
③ ㉠ × ㉡ ○ ㉢ ○
④ ㉠ ○ ㉡ × ㉢ ×

[해설]

㉠ 【O】 대판 1983.2.22. 82도3107
㉡ 【X】 피고인이 범행을 자인하는 것을 들었다는 피고인 아닌 자의 진술내용은 형사소송법 제310조의 피고인의 자백에는 포함되지 아니하나 이는 피고인의 자백의 보강증거로 될 수 없다(대판 2008.2.14. 2007도10937).
㉢ 【O】 보강법칙은 정식재판, 즉 일반 형사소송절차에서 적용되므로 즉결심판과 소년보호사건에서는 보강법칙이 적용되지 않는다. 그러나 형사사건인 이상 간이공판절차와 약식명령절차에 있어서도 보강법칙은 적용된다.

정답 ①

169 자백에 대한 설명으로 옳지 않은 것은? (다툼이 있는 경우 판례에 의함)
18. 검찰 7급

① 피고인이 경찰에서 임의성 없는 자백을 한 후 검찰이나 심지어 법정에서도 임의성 없는 심리상태가 계속되어 동일한 내용의 자백을 한 경우 각 자백의 임의성은 인정되지 아니한다.
② 자백의 임의성에 다툼이 있는 때에는 검사가 그 임의성의 의문점을 없애는 증명을 하여야 하고, 검사가 그 임의성의 의문점을 없애는 증명을 하지 못한 경우, 그 진술증거는 증거능력이 부정된다.
③ 피고인이 우연히 작성한 항해일지의 내용 중 공소사실에 일부 부합되는 사실의 기재가 있는 경우, 이 항해일지는 피고인이 범죄사실을 자백하는 문서라고 볼 수 있다.
④ 직접증거가 아닌 간접증거나 정황증거도 자백의 보강증거가 될 수 있고, 자백과 보강증거가 서로 어울려서 전체로서 범죄사실을 인정할 수 있으면 유죄의 증거로 충분하다.

[해 설]

①② 【 O 】 대판 2012.11.29. 2010도3029
③ 【 X 】 상법장부나 항해일지, 진료일지 또는 이와 유사한 금전출납부 등과 같이 범죄사실의 인정 여부와는 관계없이 자기에게 맡겨진 사무를 처리한 사무 내역을 그때그때 계속적, 기계적으로 기재한 문서 등의 경우는 사무처리 내역을 증명하기 위하여 존재하는 문서로서 그 존재 자체 및 기재가 그러한 내용의 사무가 처리되었음의 여부를 판단할 수 있는 별개의 독립된 증거자료이고, 설사 그 문서가 우연히 피고인이 작성하였고 그 문서의 내용 중 피고인의 범죄사실의 존재를 추론해 낼 수 있는, 즉 공소사실에 일부 부합되는 사실의 기재가 있다고 하더라도, 이를 일컬어 피고인이 범죄사실을 자백하는 문서라고 볼 수는 없다(대판 1996.10.17. 94도2865 전합).
④ 【 O 】 대판 2008.11.27. 2008도7883

정답 ③

170 자백의 보강법칙에 대한 설명으로 가장 적절한 것은? (다툼이 있는 경우 판례에 의함)
18. 경찰채용 2차

① 피고인이 범행을 자인하는 것을 들었다는 피고인 아닌 자의 진술내용은 「형사소송법」 제310조의 피고인의 자백에 포함되지 아니하므로 피고인의 자백에 대한 보강증거가 될 수 있다.
② 즉결심판절차에는 자백의 보강법칙이 적용된다.
③ 자백에 대한 보강증거는 범죄사실의 전부 또는 중요 부분을 인정할 수 있는 정도가 되어야 하고, 피고인의 자백이 가공적인 것이 아닌 진실한 것임을 인정할 수 있는 정도만 되면 충분하다.
④ 금전출납부 등과 같이 자기에게 맡겨진 사무를 처리한 사무내역을 그때그때 계속적, 기계적으로 기재한 문서의 경우는 그 존재 자체 및 기재가 그러한 내용의 사무가 처리되었음의 여부를 판단할 수 있는 별개의 독립된 증거자료이므로, 피고인이 우연히 작성한 그 문서의 내용 중 공소사실에 일부 부합되는 사실의 기재가 있다면 피고인의 자백에 대한 보강증거가 될 수 있다.

[해 설]

① 【 X 】 피고인이 범행을 자인하는 것을 들었다는 제3자의 진술은 피고인의 자백의 보강증거로 될 수 없다(대판 2008.2.14. 2007도10937).
② 【 X 】 자백의 보강법칙은 정식재판, 즉 일반 형사소송절차에서 적용되므로 즉결심판과 소년보호사건에서는 보강법칙이 적용되지 않는다.
③ 【 X 】 자백에 대한 보강증거는 범죄사실의 전부 또는 중요 부분을 인정할 수 있는 정도가 되지 아니하더라도 피고인의 자백이 가공적인 것이 아닌 진실한 것임을 인정할 수 있는 정도만 되면 족하다(대판 2008.11.27. 2008도7883).
④ 【 O 】 대판 1996.10.17. 94도2865 전합

정답 ④

171 자백의 보강증거에 대한 설명으로 가장 적절하지 않은 것은? (다툼이 있는 경우 판례에 의함) 19. 경찰승진

① 자백에 대한 보강증거는 범죄사실의 전부 또는 중요 부분을 인정할 수 있는 정도가 되지 아니하더라도 피고인의 자백이 가공적인 것이 아닌 진실한 것임을 인정할 수 있는 정도만 되면 족할 뿐만 아니라 직접증거가 아닌 간접증거나 정황증거도 보강증거가 될 수 있다.
② 피고인이 범행을 자인하는 것을 들었다는 피고인 아닌 자의 진술내용은 피고인의 자백에 대한 보강증거가 될 수 없다.
③ '피고인이 필로폰을 매수하면서 그 대금을 은행계좌로 송금한 사실'에 대한 압수수색검증영장 집행보고는 필로폰 매수행위와 실체적 경합범 관계에 있는 필로폰 투약행위에 대해서도 보강증거가 될 수 있다.
④ 피고인이 피해자의 재물을 절취하려다가 미수에 그쳤다는 내용의 공소사실을 자백한 경우 피고인을 현행범으로 체포한 피해자의 수사기관에서 한 진술과 현장사진이 첨부된 수사보고서는 피고인 자백의 진실성을 담보하기에 충분한 보강증거가 될 수 있다.

[해설]

① 【 O 】 대판 2008.11.27. 2008도7883
② 【 O 】 대판 2008.2.14. 2007도10937
③ 【 X 】 실체적 경합범은 실질적으로 수죄이므로 각 범죄사실에 관하여 자백에 대한 보강증거가 있어야 한다(대판 2008.11.27. 2008도7883).
④ 【 O 】 대판 2011.9.29. 2011도8015

정답 ③

172 자백의 보강법칙에 관한 다음 설명 중 가장 옳지 않은 것은? (다툼이 있는 경우 판례에 의함) 19. 법원직

① 필로폰 매수 대금을 송금한 사실에 대한 증거는 필로폰 매수죄와 실체적 경합범 관계에 있는 필로폰 투약행위의 자백에 대한 보강증거가 될 수 있다.
② 2010.2.18. 01:35경 자동차를 타고 온 피고인으로부터 필로폰을 건네받은 후 피고인이 위 차량을 운전해 갔다고 한 甲의 진술과 2010.2.20. 피고인으로부터 채취한 소변에서 나온 필로폰 양성 반응은, 피고인이 2010.2.18. 02:00경의 필로폰 투약으로 정상적으로 운전하지 못할 우려가 있는 상태에 있었다는 공소사실 부분에 대한 자백을 보강하는 증거가 되기에 충분하다.
③ 피고인이 자신이 거주하던 다세대주택의 여러 세대에서 7건의 절도행위를 한 것으로 기소되었는데 그 중 4건은 범행장소인 구체적 호수가 특정되지 않은 사안에서, 위 4건에 관한 피고인의 범행 관련 진술이 매우 사실적·구체적·합리적이고 진술의 신빙성을 의심할 만한 사유도 없어 자백의 진실성이 인정되므로, 피고인의 집에서 해당 피해품을 압수한 압수조서와 압수물 사진은 위 자백에 대한 보강증거가 된다.
④ 자동차등록증에 차량의 소유자가 피고인으로 등록·기재된 것이 피고인이 그 차량을 운전하였다는 사실의 자백 부분에 대한 보강증거가 될 수 있고, 결과적으로 피고인의 무면허운전이라는 전체 범죄사실의 보강증거로 충분하다.

해설
① 【 X 】 필로폰 매수 대금을 송금한 사실에 대한 증거가 필로폰 매수죄와 실체적 경합범 관계에 있는 필로폰 투약행위에 대한 보강증거가 될 수 없다(대판 2008.2.14. 2007도10937).
② 【 O 】 대판 2010.12.23. 2010도11272
③ 【 O 】 대판 2008.5.29. 2008도2343
④ 【 O 】 대판 2000.9.26. 2000도2365

정답 ①

173 자백에 대한 설명으로 가장 적절하지 않은 것은? (다툼이 있는 경우 판례에 의함) 19. 경찰채용 1차

① 「형사소송법」제310조 소정의 '피고인의 자백'에 공범인 공동피고인의 진술은 포함되지 아니하므로 공범인 공동피고인들의 각 진술은 상호간에 서로 보강증거가 될 수 있다.
② 검찰에서의 피고인의 자백이 법정진술과 다르다는 사유만으로는 그 자백의 신빙성이 의심스럽다고 볼 수 없다.
③ 일정한 증거가 발견되면 피의자가 자백하겠다고 한 약속이 검사의 강요나 위계에 의하여 이루어졌다든가 경한 죄의 소추 등 이익과 교환조건으로 된 것으로 인정되지 않는 한, 위와 같은 약속하에 된 자백이라 하여 곧 임의성 없는 자백이라고 단정할 수는 없다.
④ 피고인의 자백에 임의성이 없다고 의심할 만한 사유가 있다면, 임의성이 없다고 의심하게 된 사유와 피고인의 자백과의 사이에 인과관계 여부를 불문하고 그 자백의 증거능력은 부정된다.

해설
① 【 O 】 형사소송법 제310조 소정의 "피고인의 자백"에 공범인 공동피고인의 진술은 포함되지 아니하므로 공범인 공동피고인의 진술은 다른 공동피고인에 대한 범죄사실을 인정하는 증거로 할 수 있는 것일 뿐만 아니라 공범인 공동피고인들의 각 진술은 상호간에 서로 보강증거가 될 수 있다(대판 1990.10.30. 90도1939).
② 【 O 】 검찰에서의 피고인의 자백 등이 법정진술과 다르다는 사유만으로 그 자백의 신빙성이 의심스럽다고 할 사유로 삼아야 한다고 볼 수 없다(대판 1985.7.9. 85도826).
③ 【 O 】 일정한 증거가 발견되면 피의자가 자백하겠다고 한 약속이 검사의 강요나 위계에 의하여 이루어졌다던가 또는 불기소나 경한 죄의 소추등 이익과 교환조건으로 된 것으로 인정되지 않는다면 위와 같은 자백의 약속하에 된 자백이라 하여 곧 임의성 없는 자백이라고 단정할 수는 없다(대판 1983.9.13. 83도712).
④ 【 X 】 피고인의 자백이 임의성이 없다고 의심할 만한 사유가 있는 때에 해당한다 할지라도 그 임의성이 없다고 의심하게 된 사유들과 피고인의 자백과의 사이에 인과관계가 존재하지 않은 것이 명백한 때에는 그 자백은 임의성이 있는 것으로 인정된다(대판 1984.11.27. 84도2252).

정답 ④

174 자백보강법칙에 대한 설명으로 옳은 것은? (다툼이 있는 경우 판례에 의함)
19. 검찰 7급

① 자백보강법칙은 「즉결심판에 관한 절차법」에 따른 즉결심판절차에 적용된다.
② 피고인의 습벽을 범죄구성요건으로 하는 포괄일죄로서의 상습범에 있어서는 이를 구성하는 각 행위에 관하여 개별적으로 보강증거를 필요로 하지 않는다.
③ 피고인이 범행을 인정하는 것을 들었다는 참고인의 검찰 진술조서의 진술기재는 피고인의 자백에 대한 보강증거가 될 수 있다.
④ 자동차등록증에 차량의 소유자가 피고인으로 등록・기재된 사실은 피고인이 그 차량을 운전하였다는 사실의 자백 부분에 대한 보강증거가 될 수 있고, 결과적으로 피고인의 무면허운전이라는 전체 범죄사실의 보강증거가 될 수 있다.

[해설]
① 【 X 】 자백의 보강법칙은 정식재판, 즉 일반 형사소송절차에서 적용되므로 즉결심판에는 적용되지 않는다(즉결심판에 관한 절차법 제10조).
② 【 X 】 포괄일죄인 상습범과 관련하여 개별행위별로 보강증거를 요한다(대판 1996.2.23. 95도1794).
③ 【 X 】 피고인이 범행을 자인하는 것을 들었다는 제3자의 진술은 피고인의 자백의 보강증거로 될 수 없다(대판 2008.2.14. 2007도10937).
④ 【 O 】 대판 2000.9.26. 2000도2365

정답 ④

175 자백보강법칙에 대한 설명 중 가장 적절하지 않은 것은? (다툼이 있는 경우 판례에 의함)
19. 법학경채

① 자백보강법칙은 자백을 유일한 증거로 하여 처벌하지 못하고 독립한 보강증거를 요하는 법리로서 헌법에 명문의 규정을 두고 있다.
② 자백보강법칙은 증명력의 판단에 관한 법관의 자유심증주의가 제한되는 경우이다.
③ 피고인이 범행을 자인하는 것을 들었다는 피고인 아닌 자의 진술내용은 피고인의 자백을 보강하는 증거로 될 수 없다.
④ 피고인에게 20만 원 이하의 벌금, 구류 또는 과료에 처할 경미한 범죄사건을 신속하게 심판하기 위한 즉결심판절차에서도 자백보강법칙은 적용된다.

[해설]
① 【 O 】 헌법 제12조 제7항
② 【 O 】 자백에 대한 보강증거가 없을 때에는 자백에 의하여 유죄의 심증을 얻는 경우에도 유죄를 선고할 수 없다는 점에서 자백의 보강법칙은 자유심증주의의 예외가 된다.
③ 【 O 】 대판 2008.2.14. 2007도10937
④ 【 X 】 즉결심판절차에 있어서는 형사소송법 제310조(자백의 보강법칙)의 규정은 적용하지 아니한다(즉결심판에 관한 절차법 제10조).

정답 ④

176 자백에 대한 설명 중 가장 적절하지 않은 것은? (다툼이 있는 경우 판례에 의함)

20. 경찰채용 1차

① 「형사소송법」 제309조의 자백배제법칙을 인정하는 것은 자백취득과정에서의 위법성 때문에 그 증거능력을 부정하는 것이므로 만약 자백에서 임의성을 의심할만한 사유가 있으면 그 사유와 자백간의 인과관계가 명백히 없더라도 자백의 증거능력을 부정한다.
② 「형사소송법」 제309조에서 피고인의 진술이 임의로 한 것이 아니라고 특히 의심할 사유의 입증은 자유로운 증명으로 족하다.
③ 피고인이 위조신분증을 제시 행사한 사실을 자백하고 있고 위 제시 행사한 신분증이 현존한다면 그 자백이 임의성이 없는 것이 아닌 한 위 신분증은 피고인의 위 자백사실의 진실성을 인정할 간접증거가 된다.
④ 자백에 대한 보강증거는 범죄사실의 전부 또는 중요부분을 인정할 수 있는 정도가 되지 아니하더라도 피고인의 자백이 가공적인 것이 아닌 진실한 것임을 인정할 수 있는 정도만 되면 족할 뿐만 아니라 직접증거가 아닌 간접증거나 정황증거도 보강증거가 될 수 있으며 또한 자백과 보강증거가 서로 어울려서 전체로서 범죄사실을 인정할 수 있으면 유죄의 증거로 충분하다.

[해설]

① 【 X 】 피고인의 자백이 임의성이 없다고 의심할 만한 사유가 있는 때에 해당한다 할지라도 그 임의성이 없다고 의심하게 된 사유들과 피고인의 자백과의 사이에 인과관계가 존재하지 않은 것이 명백한 때에는 그 자백은 임의성이 있는 것으로 인정된다(대판 1984.11.27. 84도2252).
② 【 O 】 대판 1994.11.4. 94도129
③ 【 O 】 대판 1983.2.22. 82도3107
④ 【 O 】 대판 2008.11.27. 2008도7883

정답 ①

177 자백의 보강증거에 관한 설명 중 가장 적절하지 않은 것은? (다툼이 있는 경우 판례에 의함)

20. 경찰승진

① 공동피고인의 자백은 원칙적으로 피고인의 자백에 대한 보강증거가 될 수 있으나 피고인들 간에 이해관계가 상반되는 경우에는 그 진실성을 담보할 수 없으므로 공동피고인의 자백이 피고인의 자백에 대한 보강증거가 될 수 없다.
② 뇌물공여의 상대방이 뇌물을 수수한 사실을 부인하면서도 그 일시경에 뇌물공여자를 만났던 사실 및 공무에 관한 청탁을 받기도 한 사실 자체는 시인하였다면, 이는 뇌물을 공여하였다는 뇌물공여자의 자백에 대한 보강증거가 될 수 있다.
③ 피고인의 자백을 내용으로 하는 피고인 아닌 자의 진술은 피고인의 자백에 대한 보강증거가 될 수 없다.
④ 전과에 관한 사실은 엄격한 의미에서의 범죄사실과는 구별되는 것으로서 피고인의 자백만으로서도 이를 인정할 수 있다.

[해설]

① 【 X 】 본조에서 말하는 피고인의 자백이란 함은 문리해석상으로도 다른 공동피고인(공범인 경우이건 아니건 가리지 않는다)의 자백을 포함한다 하는 취지로 되어 있지 않을 뿐 아니라 실제 문제로서도 이 공동피고인의 자백에 대하여는 반대신문권도 충분히 보장되어 있는 것이므로 증인으로 신문한 경우나 다를 바가 없으므로 이러한 의미에서 공동피고인의 자백도 증거능력이 있다 할 것이다(대판 1963.7.25. 63도185).
② 【 O 】 대판 1995.6.30. 94도993
③ 【 O 】 대판 2008.2.14. 2007도10937
④ 【 O 】 대판 1979.8.21. 79도1528

정답 ①

178 증거에 대한 설명으로 옳지 않은 것은? (다툼이 있는 경우 판례에 의함) 　　20. 검찰 7급

① 피고인의 증거동의의 의사표시가 검사가 제시한 모든 증거에 대하여 증거로 함에 동의한다는 방식으로 이루어진 것이라도 증거동의의 효력이 인정된다.
② 피고인이 범행을 자인하는 것을 들었다는 피고인 아닌 자의 진술내용은 피고인의 자백에 포함되지 않으므로 피고인의 자백의 보강증거가 될 수 있다.
③ 수사기관에서 진술한 참고인이 법정에서 증언을 거부하여 피고인이 반대신문을 하지 못한 경우, 정당하게 증언거부권을 행사한 것이 아니라도 피고인이 증인의 증언거부 상황을 초래하였다는 등의 특별한 사정이 없는 한 「형사소송법」 제314조의 '그 밖에 이에 준하는 사유로 인하여 진술할 수 없는 때'에 해당하지 않으므로 수사기관에서 그 증인의 진술을 기재한 서류는 증거능력이 없다.
④ 실체적 경합범은 실질적으로 수죄이기 때문에 각 범죄사실에 관한 자백에 대하여는 각각 보강증거가 있어야 한다.

[해설]

① 【 O 】 대판 1983.3.8. 82도2873
② 【 X 】 피고인이 범행을 자인하는 것을 들었다는 피고인 아닌 자의 진술내용은 형사소송법 제310조의 피고인의 자백에는 포함되지 아니하나 이는 피고인의 자백의 보강증거로 될 수 없다(대판 2008.2.14. 2007도10937).
③ 【 O 】 [다수의견] 수사기관에서 진술한 참고인이 법정에서 증언을 거부하여 피고인이 반대신문을 하지 못한 경우에는 정당하게 증언거부권을 행사한 것이 아니라도, 피고인이 증인의 증언거부상황을 초래하였다는 등의 특별한 사정이 없는 한 형사소송법 제314조의 '그 밖에 이에 준하는 사유로 인하여 진술할 수 없는 때'에 해당하지 않는다고 보아야 한다. 따라서 증인이 정당하게 증언거부권을 행사하여 증언을 거부한 경우와 마찬가지로 수사기관에서 그 증인의 진술을 기재한 서류는 증거능력이 없다.
다만 피고인이 증인의 증언거부상황을 초래하였다는 등의 특별한 사정이 있는 경우에는 형사소송법 제314조의 적용을 배제할 이유가 없다. 이러한 경우까지 형사소송법 제314조의 '그 밖에 이에 준하는 사유로 인하여 진술할 수 없는 때'에 해당하지 않는다고 보면 사건의 실체에 대한 심증 형성은 법관의 면전에서 본래증거에 대한 반대신문이 보장된 증거조사를 통하여 이루어져야 한다는 실질적 직접심리주의와 전문법칙에 대하여 예외를 정한 형사소송법 제314조의 취지에 반하고 정의의 관념에도 맞지 않기 때문이다(대판 2019.11.21. 2018도13945).
④ 【 O 】 대판 2008.2.14. 2007도10937

정답 ②

---

179 자백보강법칙에 관한 다음 설명 중 가장 옳은 것은? (다툼이 있는 경우 판례에 의함) 　　21. 법원직

① 자백에 대한 보강증거는 피고인의 자백이 가공적인 것이 아닌 진실한 것임을 인정할 수 있는 정도로는 부족하고 범죄사실의 전부 또는 중요부분을 인정할 수 있는 정도가 되어야 한다.
② 형사소송법 제310조 소정의 피고인의 자백에 공범인 공동피고인의 진술은 포함되지 아니하므로 공범인 공동피고인의 진술은 다른 공동피고인에 대한 범죄사실을 인정하는 증거로 할 수 있는 것일 뿐만 아니라 공범인 공동피고인들의 각 진술은 상호간에 서로 보강증거가 될 수 있다.
③ 피고인이 범행을 자인하는 것을 들었다는 피고인 아닌 자의 진술내용은 형사소송법 제310조의 피고인의 자백에는 포함되지 아니하므로 피고인의 자백의 보강증거로 될 수 있다.
④ 자백에 대한 보강증거는 자백과 보강증거가 서로 어울려서 전체로서 범죄사실을 인정할 수 있으면 유죄의 증거로 충분하나 직접증거가 아닌 간접증거나 정황증거는 자백에 대한 보강증거가 될 수 없다.

해설

① 【 X 】 자백에 대한 보강증거는 범죄사실의 전부 또는 중요부분을 인정할 수 있는 정도가 되지 아니하더라도 피고인의 자백이 가공적인 것이 아닌 진실한 것임을 인정할 수 있는 정도만 되면 족할 뿐만 아니라 직접증거가 아닌 간접증거나 정황증거도 보강증거가 될 수 있으며, 또한 자백과 보강증거가 서로 어울려서 전체로서 범죄사실을 인정할 수 있으면 유죄의 증거로 충분하다(대판 2008.11.27. 2008도7883).
② 【 O 】 대판 1998.3.13. 98도159
③ 【 X 】 피고인이 범행을 자인하는 것을 들었다는 피고인 아닌 자의 진술내용은 형사소송법 제310조의 피고인의 자백에는 포함되지 아니하나 이는 피고인의 자백의 보강증거도 될 수 없다(대판 2008.2.14. 2007도10937).
④ 【 X 】 자백에 대한 보강증거는 범죄사실의 전부 또는 중요부분을 인정할 수 있는 정도가 되지 아니하더라도 피고인의 자백이 가공적인 것이 아닌 진실한 것임을 인정할 수 있는 정도만 되면 족할 뿐만 아니라 직접증거가 아닌 간접증거나 정황증거도 보강증거가 될 수 있으며, 또한 자백과 보강증거가 서로 어울려서 전체로서 범죄사실을 인정할 수 있으면 유죄의 증거로 충분하다(대판 2008.11.27. 2008도7883).

정답 ②

180 다음 사례에 대한 설명으로 옳은 것은? (다툼이 있는 경우 판례에 의함)

18. 검찰 7급

민원인 甲이 건축허가 담당공무원 乙에게 건축허가를 신청하자 乙이 건축허가와 관련하여 뇌물을 요구하였고, 이에 甲은 뇌물을 제공하였다. 이후 검사는 뇌물죄에 대한 혐의로 甲과 乙을 공동피고인으로 기소하였다.

① 甲과 乙이 서로 뇌물을 주고받은 사실이 없다고 주장하며 다투는 경우, 이들은 소송절차가 분리되어 피고인의 지위에서 벗어나더라도 다른 공동피고인에 대한 공소사실에 관하여 증인이 될 수 없다.
② 甲이 공판정에서 "乙로부터 '해외여행을 가려고 하는데 여행사에 대금을 대신 내주면 잘 봐 주겠다'라는 말을 들었다."는 취지의 진술을 한 경우, 甲의 진술로 증명하고자 하는 사실이 '乙이 위와 같은 내용의 말을 하였다'는 것이라면 甲이 乙로부터 위와 같은 말을 들었다고 하는 진술은 전문증거가 아니라 본래증거에 해당한다.
③ 만약 甲만이 검거되어 검사가 甲을 증뢰죄로 기소하였다면, 그로 인한 공소시효 정지의 효력은 乙의 수뢰죄에 대하여도 미친다.
④ 공판정에서 甲은 범행을 자백하였으나 乙이 범행을 부인하고 있는 경우, 甲의 자백이 乙에게 불이익한 유일한 증거라면 법원은 甲의 자백을 乙의 범죄사실을 인정하는데 있어서 증거로 쓸 수 없다.

해설

① 【 X 】 피고인의 지위에 있는 공동피고인은 다른 공동피고인에 대한 공소사실에 관하여 증인이 될 수 없으나, 소송절차가 분리되어 피고인의 지위에서 벗어나게 되면 다른 공동피고인에 대한 공소사실에 관하여 증인이 될 수 있고, 이는 대향범인 공동피고인의 경우에도 다르지 않다(대판 2012.3.29. 2009도11249).
② 【 O 】 어떤 증거가 전문증거인지 여부는 요증사실과의 관계에서 정하여지는바, 원진술의 내용인 사실이 요증사실인 경우에는 전문증거이나, 원진술의 존재자체가 요증사실인 경우는 본래증거이지 전문증거가 아니다(2008.9.25. 2008도5347).
③ 【 X 】 형사소송법 제253조 제2항(공범에 대한 공소시효의 정지)에서 말하는 '공범'에는 뇌물공여죄와 뇌물수수죄 사이와 같은 대향범 관계에 있는 자는 포함되지 않는다(대판 2015.2.12. 2012도4842).
④ 【 X 】 형사소송법 제310조 소정의 "피고인의 자백"에 공범인 공동피고인의 진술은 포함되지 아니하므로 공범인 공동피고인의 진술은 다른 공동피고인에 대한 범죄사실을 인정하는 증거로 할 수 있는 것일 뿐만 아니라 공범인 공동피고인들의 각 진술은 상호간에 서로 보강증거가 될 수 있다(대판 1990.10.30. 90도1939).

정답 ②

181 공동피고인에 대한 설명으로 옳지 않은 것은? (다툼이 있는 경우 판례에 의함)   17. 검찰 7급

① 피고인을 위하여 원심판결을 파기하는 경우 파기의 이유가 상소한 공동피고인에게 공통된다면 그 공동피고인에 대하여도 원심판결을 파기하여야 한다.
② 공범관계에 있는 피고인들 중 일부가 국민참여재판을 원하지 않아 국민참여재판의 진행에 어려움이 있다고 인정되는 경우 법원은 결정으로 국민참여재판을 하지 않을 수 있다.
③ 공범인 공동피고인의 공판정에서의 자백은 이에 대한 피고인의 반대신문권이 보장되어 있어 증인으로 신문한 경우와 다를 바 없으므로 피고인들 간에 이해관계가 상반되는 경우를 제외하고는 독립한 증거능력이 있다.
④ 피고인이 공동피고인과 공범관계에 있다고 하더라도 검사는 수사단계에서 피고인에 대한 증거를 미리 보전하기 위하여 필요한 경우라면 판사에게 공동피고인을 증인으로 신문할 것을 청구할 수 있다.

해설

① 【 O 】 제364조의2, 제392조
② 【 O 】 국민의 형사재판 참여에 관한 법률 제9조 제1항 제2호
③ 【 X 】 본조에서 말하는 피고인의 자백이란 함은 문리해석상으로도 다른 공동피고인(공범인 경우이건 아니건 가리지 않는다)의 자백을 포함한다 하는 취지로 되어 있지 않을 뿐 아니라 실지문제로서도 이 공동피고인의 자백에 대하여는 반대신문권도 충분히 보장되어 있는 것이므로 증인으로 신문한 경우나 다를 바가 없으므로 이러한 의미에서 공동피고인의 자백도 증거능력이 있다 할 것이다(대판 1963.7.25. 63도185).
④ 【 O 】 대판 1988.11.8. 86도1646

정답 ③

182 甲과 乙은 "공모하여 마약류취급자가 아니면서 2017년 1월에서 3월 사이 일자불상 03:00경 S시 소재 상호불상의 모텔에서 청소년 A에게 메스암페타민(일명 필로폰)을 투약하였다"는 공소사실로 기소되었다. 경찰수사 과정에서 甲은 "乙과 함께 A에게 필로폰을 투약하였다"고 자백하였으나, 乙은 "甲과 범행을 공모한 적은 없고 단지 甲이 누군가에게 투약한다고 하면서 필로폰을 구해달라고 부탁하기에 필로폰을 구해주었을 뿐이다"라고 진술하였다. 이에 대한 설명으로 옳지 않은 것은? (다툼이 있는 경우 판례에 의함)   17. 국가직

① 공소사실의 일시나 장소가 다소 개괄적으로 기재되었더라도 그 기재가 다른 사실과 식별이 곤란하다거나 피고인의 방어권 행사에 지장을 초래할 정도라고 보기 어렵다면 공소사실은 특정되었다고 보아야 한다.
② 乙에 대해 사법경찰관이 작성한 피의자신문조서는 甲이 공판기일에 그 내용을 부인하면 증거로 할 수 없다.
③ 甲이 乙에 대한 사법경찰관작성 피의자신문조서의 내용을 부인하더라도 乙이 법정에서 "경찰수사를 받던 중에 피의자신문조서에 기재된 것과 같은 내용으로 진술하였다"는 취지로 증언하였다면 그 증언은 甲의 유죄 인정의 증거로 할 수 있다.
④ 만약 甲과 乙이 모두 공소사실을 인정하는 자백을 하였다면 자백 이외에 다른 증거가 없더라도 법원은 甲과 乙에게 유죄를 선고할 수 있다.

[해설]
① 【 O 】 대판 2014.10.30. 2014도6107
② 【 O 】 대판 2009.7.9. 2009도2865
③ 【 X 】 형사소송법 제312조 제3항은 검사 이외의 수사기관이 작성한 당해 피고인에 대한 피의자신문조서를 유죄의 증거로 하는 경우뿐만 아니라, 검사 이외의 수사기관이 작성한 당해 피고인과 공범관계에 있는 다른 피고인이나 피의자에 대한 피의자신문조서를 당해 피고인에 대한 유죄의 증거로 채택할 경우에도 적용된다. 따라서 당해 피고인과 공범관계에 있는 공동피고인에 대해 검사 이외의 수사기관이 작성한 피의자신문조서는 그 공동피고인의 법정진술에 의하여 성립의 진정이 인정되더라도 당해 피고인이 공판기일에서 그 조서의 내용을 부인하면 증거능력이 부정된다. 그리고 이러한 경우 그 공동피고인이 법정에서 경찰수사 도중 피의자신문조서에 기재된 것과 같은 내용으로 진술하였다는 취지로 증언하였다고 하더라도, 이러한 증언은 원진술자인 공동피고인이 그 자신에 대한 경찰 작성의 피의자신문조서의 진정성립을 인정하는 취지에 불과하여 위 조서와 분리하여 독자적인 증거가치를 인정할 것은 아니므로, 앞서 본 바와 같은 이유로 위 조서의 증거능력이 부정되는 이상 위와 같은 증언 역시 이를 유죄 인정의 증거로 쓸 수 없다(대판 2009.10.15. 2009도1889).
④ 【 O 】 대판 1990.10.30. 90도1939

[정답] ③

183 공동피고인의 소송관계에 대한 설명으로 가장 적절하지 않은 것은? (다툼이 있는 경우 판례에 의함)

18. 경찰채용 3차

① 피고인 甲과 공범관계에 있는 공동피고인 乙에 대해 검사 이외의 수사기관이 작성한 피의자신문조서는, 乙의 법정진술에 의하여 그 성립의 진정이 인정되는 등 「형사소송법」 제312조 제4항의 요건을 갖춘 경우라고 하더라도 甲이 공판기일에서 그 조서의 내용을 부인한 이상 이를 甲의 공소사실에 대한 유죄 인정의 증거로 사용할 수 없다.
② 「형사소송법」 제310조의 피고인의 자백에는 공범인 공동피고인의 진술은 포함되지 않으며, 이러한 공동피고인의 진술에 대하여는 피고인의 반대신문권이 보장되어 있어 독립한 증거능력이 있다.
③ 공범인 공동피고인은 당해 소송절차에서는 피고인의 지위에 있으므로 다른 공동피고인에 대한 공소사실에 관하여 증인이 될 수 없으나, 소송절차가 분리되어 피고인의 지위에서 벗어나게 되면 다른 공동피고인에 대한 공소사실에 관하여 증인이 될 수 있다.
④ 절도범과 장물범이 공동피고인으로 재판을 받는 경우 절도범과 장물범은 공범인 공동피고인의 관계에 있으므로 법정에서 장물범이 행한 자백은 절도범이 증거로 함에 부동의해도 절도범의 범죄사실을 인정하는 증거로 사용할 수 있다.

[해설]
① 【 O 】 대판 2009.7.9. 2009도2865
② 【 O 】 대판 1990.10.30. 90도1939
③ 【 O 】 대판 2008.6.26. 2008도3300
④ 【 X 】 절도범과 장물범은 공범 아닌 자로서 이들이 함께 기소되면 이른바 공범 아닌 공동피고인에 해당한다. 판례는 공범 아닌 공동피고인은 제3자로서 증인이 된다는 입장을 취하고 있는바, 선서없이 한 공동피고인의 법정진술은 피고인의 공소 범죄사실을 인정하는 증거로 할 수 없다(대판 1982.9.14. 82도1000). 따라서 장물이 행한 선서없는 법정자백은 다른 공동피고인인 절도범에게 증거로 사용할 수 없다.

[정답] ④

184 甲과 乙은 합동하여 평소 알고 지내던 A의 집에서 현금 1,000만 원을 절취하였다는 사실로 특수절도로 공소가 제기되어 함께 재판을 받고 있다. 이에 관한 설명 중 옳은 것을 모두 고른 것은? (다툼이 있는 경우 판례에 의함)

21. 변호사시험

> ㉠ 乙이 피고인으로서 공판정에서 자백진술을 하면 그 진술은 甲에 대한 유죄의 증거로 사용할 수 있다.
> ㉡ 甲과 乙의 소송절차가 분리되면 甲은 乙에 대한 공소사실에 관하여 증인이 될 수 있다.
> ㉢ 경찰과 검찰에서 甲은 범행을 모두 부인하였고, 乙은 범행을 모두 자백하였는데, 사법경찰관 작성의 乙에 대한 피의자신문조서는 甲이 그 내용을 부인하면 甲에 대한 유죄의 증거로 사용할 수 없다.
> ㉣ 사법경찰관 작성의 검증조서에 甲이 A의 거실에서 현금을 가지고 나오면서 "빨리 도망가자"라고 말한 진술기재 부분과 범행을 재연하는 사진이 첨부되어 있는 경우, 甲이 법정에서 검증조서에 대해서만 증거로 활용함에 동의하고 진술기재 부분과 재연사진에 대해서는 그 성립의 진정 및 내용을 부인하였다면, 위 진술기재 부분과 재연사진은 유죄의 증거로 사용할 수 없다.
> ㉤ 검사가 유죄의 자료로 제출한 사법경찰관 작성의 甲에 대한 피의자신문조서는 甲이 그 내용을 부인하는 이상 증거능력이 없으나, 그것이 임의로 작성된 것이 아니라고 의심할 만한 사정이 없는 한 甲의 법정에서의 진술을 탄핵하기 위한 반대증거로 사용할 수 있다.

① ㉠, ㉡, ㉣
② ㉠, ㉡, ㉢, ㉤
③ ㉠, ㉢, ㉣, ㉤
④ ㉡, ㉢, ㉣, ㉤
⑤ ㉠, ㉡, ㉢, ㉣, ㉤

해설

㉠ 【O】 보강이 필요한 제310조의 자백은 공판정의 자백이나 공판정 외의 자백을 불문한다. 따라서 피고인이 공판정에서 자백하였다 하더라도 보강증거가 없으면 피고인에게 유죄판결을 할 수 없다(대판 1960.6.22. 4292형상1043)

㉡ 【O】 甲과 乙은 특수절도죄의 공범으로서, 사법경찰관 작성 공범乙에 대한 피의자신문조서는 형사소송법 제312조 제3항에 따라 증거능력이 판단된다(대판 2009.7.9. 2009도2865). 따라서 사경작성 乙에 대한 피의자신문조서는 당해피고인 甲이 내용을 부인한 이상 甲의 피고사건에서는 증거능력이 없다.

㉢ 【O】 甲의 증거동의의 효과는 검증부분에만 미치고, 검증조서에 기재된 甲의 진술부분과 범행재연사진부분은 검증조서와 분리되어 독립된 조서로 평가된다. 따라서 사법경찰관 작성 피의자신문조서에 준하여(형사소송법 제312조 제3항) 당해 피고인 甲이 내용을 부인한 이상 甲의 진술부분과 범행재연부분은 증거능력이 없다(형사소송법 제310조의2). 판례도 같은 취지이다(대판 1998.3.13. 98도159).

㉣ 【O】 사법경찰관 작성의 검증조서에 대하여 피고인이 증거로 함에 동의만 하였을 뿐 공판정에서 검증조서에 기재된 진술내용 및 범행을 재연한 부분에 대하여 그 성립의 진정 및 내용을 인정한 흔적을 찾아 볼 수 없고 오히려 이를 부인하고 있는 경우에는 그 증거능력을 인정할 수 없고, 위 검증조서 중 범행에 부합되는 피고인의 진술을 기재한 부분과 범행을 재연한 부분을 제외한 나머지 부분만을 증거로 채용하여야 한다(대판 1998.3.13. 98도159).

㉤ 【O】 사법경찰리 작성의 피고인에 대한 피의자신문조서와 피고인이 작성한 자술서들은 모두 검사가 유죄의 자료로 제출한 증거들로서 피고인이 각 그 내용을 부인하는 이상 증거능력이 없으나 그러한 증거라 하더라도 그것이 임의로 작성된 것이 아니라고 의심할 만한 사정이 없는 한 피고인의 법정에서의 진술을 탄핵하기 위한 반대증거로 사용할 수 있다(대판 1998.2.27. 97도1770).

정답 ⑤

185 공판조서에 대한 설명 중 가장 적절하지 않은 것은? (다툼이 있는 경우 판례에 의함)

18. 경찰승진

① 피고인의 공판조서에 대한 열람 또는 등사청구에 법원이 불응하여 피고인의 열람 또는 등사청구권이 침해된 경우에는 그 공판조서를 유죄의 증거로 할 수 없으나, 공판조서에 기재된 증인의 진술은 증거로 할 수 있다.
② 공판조서의 기재가 명백한 오기인 경우를 제외하고는 공판기일의 소송절차로서 공판조서에 기재된 것은 조서만으로써 증명하여야 하고, 그 증명력은 공판조서 이외의 자료에 의한 반증이 허용되지 않는 절대적인 것이다.
③ 공판기일의 소송절차에 관하여는 참여한 법원사무관등이 공판조서를 작성하여야 한다.
④ 검사 제출의 증거에 관하여 동의 또는 진정성립 여부 등에 관한 피고인의 의견이 증거목록에 기재된 경우에는 그 증거목록의 기재는 공판조서의 일부로서 명백한 오기가 아닌 이상 절대적인 증명력을 가지게 된다.

[해설]

① 【 X 】 형사소송법 제55조 제1항이 피고인에게 공판조서의 열람 또는 등사청구권을 부여한 이유는 공판조서의 열람 또는 등사를 통하여 피고인으로 하여금 진술자의 진술내용과 그 기재된 조서의 기재내용의 일치 여부를 확인할 수 있도록 기회를 줌으로써 그 조서의 정확성을 담보함과 아울러 피고인의 방어권을 충실하게 보장하려는 데 있으므로 피고인의 공판조서에 대한 열람 또는 등사청구에 법원이 불응하여 피고인의 열람 또는 등사청구권이 침해된 경우에는 그 공판조서를 유죄의 증거로 할 수 없을 뿐만 아니라, 공판조서에 기재된 당해 피고인이나 증인의 진술도 증거로 할 수 없다(대판 2003.10.10. 2003도3282).
②④ 【 O 】 대판 2012.6.14. 2011도12571
③ 【 O 】 제51조 제1항

정답 ①

186 공판조서 등 소송 관련 서류에 관한 다음 설명 중 가장 옳지 않은 것은? (다툼이 있는 경우 판례에 의함)

18. 법원직

① 공판기일의 소송절차로서 공판조서에 기재된 것은 조서만으로 증명하여야 하고 그 증명력은 공판조서 이외의 자료에 의한 반증이 허용되지 않는 절대적인 것이다.
② 증거목록도 공판조서의 일부인 이상 검사 제출의 증거에 관한 피고인의 동의 또는 진정성립 여부 등에 관한 의견이 증거목록에 기재된 경우에는 명백한 오기가 아닌 이상 그 기재 내용도 절대적인 증명력을 갖는다.
③ 당해 공판기일에 열석하지 아니한 판사가 재판장으로서 서명·날인한 공판조서는 적식의 공판조서라고 할 수 없어 소송법상 무효이므로, 공판기일에 있어서의 소송절차를 증명할 공판조서로서의 증명력은 인정될 수 없다.
④ 피고인이 자신의 진술 내용을 확인하기 위해 공판조서에 대한 열람·등사 청구를 하였으나 법원이 이에 불응하여 열람·등사청구권이 침해된 경우에도 공판조서의 기재 내용 자체에는 영향이 없으므로 위 공판조서에 기재된 당해 피고인의 진술은 유죄의 증거로 할 수 있다.

[해설]

① 【 O 】 대판 2003.10.10. 2003도3282
② 【 O 】 대판 1998.12.22. 98도2890
③ 【 O 】 대판 1983.2.8. 82도2940
④ 【 X 】 형사소송법 제55조 제1항이 피고인에게 공판조서의 열람 또는 등사청구권을 부여한 이유는 공판조서의 열람 또는 등사를 통하여 피고인으로 하여금 진술자의 진술내용과 그 기재된 조서의 기재내용의 일치 여부를 확인할 수 있도록 기회를 줌으로써 그 조서의 정확성을 담보함과 아울러 피고인의 방어권을 충실하게 보장하려는 데 있으므로 피고인의 공판조서에 대한 열람 또는 등사청구에 법원이 불응하여 피고인의 열람 또는 등사청구권이 침해된 경우에는 그 공판조서를 유죄의 증거로 할 수 없을 뿐만 아니라, 공판조서에 기재된 당해 피고인이나 증인의 진술도 증거로 할 수 없다(대판 2003.10.10. 2003도3282).

정답 ④

187 공판조서에 관한 다음 설명 중 가장 옳지 않은 것은? (다툼이 있는 경우 판례에 의함) 19. 법원직

① 결심공판에 검사가 출석하여 의견을 진술하였다고 하더라도 결심공판에 관한 공판조서에 검사의 의견진술이 누락되어 있다면 검사의 의견진술이 없는 것으로 보아야 하므로 판결에 영향을 미친 잘못이 있다.
② 공판조서에 그 공판에 관여한 법관의 성명이 기재되어 있지 않다면 공판절차가 법령에 위반되어 판결에 영향을 미친 위법이 있다.
③ 공판조서에 재판장이 판결서에 의하여 판결을 선고하였음이 기재되어 있다면 동 판결선고 절차는 적법하게 이루어졌음이 증명되었다고 할 것이고 여기에는 다른 자료에 의한 반증은 허용되지 않는다.
④ 공판조서의 기재가 명백한 오기인 경우에는 공판조서의 기재에도 불구하고 공판조서에 기재된 내용과 다른 사실을 인정할 수 있다.

[해설]
① 【 X 】 결심공판에 출석한 검사가 사실과 법률적용에 관하여 의견을 진술하지 않더라도 공판절차가 무효로 되는 것은 아니며 위 공판조서에 검사의 의견진술이 누락되어 있다 하여도 이로써 판결에 영향을 미친 법률위반이 있는 경우에 해당한다고는 볼 수 없다 (대판 1977.5.10. 74도3293).
② 【 O 】 대판 1970.9.22. 70도1312
③ 【 O 】 대판 1983.10.25. 82도571
④ 【 O 】 대판 1995.4.14. 95도110

정답 ①

188 공판조서의 증명력에 대한 설명 중 옳은 것만을 모두 고르면? (다툼이 있는 경우 판례에 의함) 20. 검찰 7급

㉠ 공판기일에 검사가 제출한 증거에 관하여 동의 또는 진정성립 여부 등에 관한 피고인의 의견이 증거목록에 기재된 경우에 그 증거목록의 기재는 공판조서의 일부로서 명백한 오기가 아닌 이상 절대적인 증명력을 가진다.
㉡ 동일한 사항에 관하여 두 개의 서로 다른 내용이 기재된 공판조서가 병존하는 경우에 그 중 어느 쪽이 진실한 것으로 볼 것인지는 법관의 자유로운 심증에 따를 수밖에 없다.
㉢ 피고인이 변호인과 함께 출석한 공판기일의 공판조서에 검사가 제출한 증거에 대하여 동의한다는 기재가 되어 있다면 이는 피고인이 증거동의를 한 것으로 보아야 하고, 그 기재는 절대적인 증명력을 가진다.
㉣ 공판조서에 재판장이 판결서에 의하여 판결을 선고하였음이 기재되어 있다면 검찰서기의 판결서 없이 판결선고되었다는 내용의 보고서가 있더라도 공판조서의 기재내용이 허위라고 판정할 수 없다.

① ㉠, ㉣   ② ㉡, ㉢   ③ ㉡, ㉢, ㉣   ④ ㉠, ㉡, ㉢, ㉣

[해설]
㉠ 【 O 】 대판 2012.6.14. 2011도12571
㉡ 【 O 】 대판 1988.11.8. 86도1646
㉢ 【 O 】 대판 2016.3.10. 2015도19139
㉣ 【 O 】 대판 1983.10.25. 82도571

정답 ④

189 증거에 대한 설명으로 가장 적절하지 않은 것은? (다툼이 있는 경우 판례에 의함)

19. 경찰채용 2차

① 자백에 대한 보강증거는 피고인의 자백이 가공적인 것이 아닌 진실한 것임을 인정할 수 있는 정도만 되면 충분하고, 직접증거가 아닌 간접증거나 정황증거도 보강증거가 될 수 있다.

② 피고인이 수표를 발행하였으나 예금부족 또는 거래정지처분으로 지급되지 아니하게 하였다는 부정수표단속법위반의 공소사실을 증명하기 위하여 제출되는 수표는 증거물인 서면에 해당하므로 그 증거능력은 증거물의 예에 의하여 판단하여야 한다.

③ 피고인이 변호인과 함께 출석한 공판기일의 공판조서에 검사가 제출한 증거에 대하여 동의한다는 기재가 되어 있다면 피고인이 증거동의를 한 것으로 보아야 하고, 그 기재는 절대적인 증명력을 가진다.

④ 보험사기 사건에서 건강보험심사평가원이 수사기관의 의뢰에 따라 보내온 자료를 토대로 입원진료의 적정성에 대한 의견을 제시하는 내용의 건강보험심사평가원의 입원진료 적정성 여부 등 검토의뢰에 대한 회신은 「형사소송법」 제315조 제3호의 '기타 특히 신용할 만한 정황에 의하여 작성된 문서'에 해당한다.

해설

① 【 O 】 대판 1998.3.13. 98도159
② 【 O 】 대판 2015.4.23. 2015도2275
③ 【 O 】 대판 2008.4.24. 2007도10058
④ 【 X 】 사무처리 내역을 계속적, 기계적으로 기재한 문서가 아니라 범죄사실의 인정 여부와 관련 있는 어떠한 의견을 제시하는 내용을 담고 있는 문서는 형사소송법 제315조 제3호에서 규정하는 당연히 증거능력이 있는 서류에 해당한다고 볼 수 없으므로, 이른바 보험사기 사건에서 건강보험심사평가원이 수사기관의 의뢰에 따라 그 보내온 자료를 토대로 입원진료의 적정성에 대한 의견을 제시하는 내용의 '건강보험심사평가원의 입원진료 적정성 여부 등 검토의뢰에 대한 회신'은 형사소송법 제315조 제3호의 '기타 특히 신용할 만한 정황에 의하여 작성된 문서'에 해당하지 않는다(대판 2017.12.5. 2017도12671).

정답 ④

최정훈

주요 약력

고려대학교 대학원(석사)
現) 세종사이버대학교 겸임교수
    경찰공제회 형법, 형사소송법 전임교수
    박문각 경찰, 공무원 형법, 형사소송법 전임교수
前) 해커스 공무원 형법 전임교수
    에듀윌 형법 전임
    백석대학교 경찰행정학과 강사

주요 저서

2025 박문각 공무원 최정훈 형사소송법 기본 이론서
2025 박문각 공무원 최정훈 형법총론 기본 이론서
2025 박문각 공무원 최정훈 형법각론 기본 이론서
최신판 박문각 공무원 최정훈 형법총론 단원별 기출문제집
최신판 박문각 공무원 최정훈 형법각론 단원별 기출문제집
최신판 박문각 공무원 최정훈 형사소송법 단원별 기출문제집
최신판 박문각 경찰 최정훈 형사소송법(수사와 증거) 기출문제집
박문각 공무원 최정훈 퍼펙트 형법총론 핵심노트
박문각 공무원 최정훈 퍼펙트 형법각론 핵심노트

최정훈 형사소송법
기출문제집 수사와 증거

초판 인쇄 | 2025. 12. 15.   **초판 발행** | 2025. 12. 18.   **편저자** | 최정훈
발행인 | 박 용   **발행처** | (주)박문각출판   **등록** | 2015년 4월 29일 제2019-000137호
주소 | 06654 서울시 서초구 효령로 283 서경 B/D 4층   **팩스** | (02)584-2927
전화 | 교재 문의 (02)6466-7202

저자와의 협의하에 인지생략

이 책의 무단 전재 또는 복제 행위를 금합니다.

정가 26,000원
ISBN 979-11-7519-257-7